確実に合格する
介護福祉士
ワークブック 2016

ミネルヴァ書房ワークブック編集委員会　編

ミネルヴァ書房

はじめに

　本書は、介護職の国家資格である「介護福祉士」資格を取得しようとする人のための、国家試験受験対策ワークブックです。指定試験機関である公益財団法人社会福祉振興・試験センターが定める「出題基準」に沿って、筆記試験の出題傾向を分析し、出題範囲の重要事項を体系的に学べる工夫をこらしたものです。無理なく、確実に、合格する実力がつく構成となっています。

　介護福祉士国家試験は、「社会福祉士及び介護福祉士法」に基づき、年に1回（おおむね、筆記試験が1月、実技試験が3月）、全国の会場（30以上の都道府県）で行われています。これまで、資格を得る方法は、規定の養成課程を修了すること、3年以上の実務経験または福祉系高等学校卒業ののちに国家試験を受験して合格することの2つがありました。これが法改正によって改められ、新試験制度のもとでは、なんらかのプロセスを経たのちに国家試験を受験する方法に一元化されました。

　新試験制度は2011（平成23）年度から段階的に実施されており、試験内容も同年度（第24回試験）から新たな「出題基準」による科目構成に変わりました。本書の内容もこれに基づいています。

　筆記試験科目は3領域に分かれ、領域「人間と社会」が3科目（人間の尊厳と自立、人間関係とコミュニケーション、社会の理解）、領域「介護」が4科目（介護の基本、コミュニケーション技術、生活支援技術、介護過程）、領域「こころとからだのしくみ」が4科目（発達と老化の理解、認知症の理解、障害の理解、こころとからだのしくみ）という11科目。出題数は120問で各1点、試験時間は210分です。全120問のうち12問は総合問題（事例形式で4事例、各3問）で、3領域の知識・技術を横断的に問うものです。合格には総得点の60％以上で、かつ全科目群での得点が必要です。科目のうち「人間の尊厳と自立」と「介護の基本」、「人間関係とコミュニケーション」と「コミュニケーション技術」が同一科目群で、他は単独。総合問題を加えて全10科目群になります。

　各科目の内容をみてみると、対人援助の基本理念の理解、介護の対象となる人に対する理解、社会の理解、福祉や保健医療制度についての理解、介護技法とボディメカニクス、介護職の心身の健康についての理解、ケアマネジメントや生活支援技術などの専門知識と技術の理解、人の心身のしくみの理解、認知症や生活習慣病、廃用症候群（生活不活発病）などの疾病や障害についての理解、など、大変幅広いことがわかります。長年の介護職の経験がある人でも、にわか勉強では合格はおぼつかないでしょう。しかしながら、きちんと準備して臨めば、きっと結果はついてきます。ちなみに、筆記試験合格率は、第24回が63.9％、第25回が64.4％、第26回が64.6％、第27回が61.0％でした。

　本書は、筆記試験の全科目について、網羅的に計画的に学習できる構成ですので、受験準備のよりどころとするのに最適です。本書で学ばれた受験者の、1人でも多い合格を祈念しています。

ミネルヴァ書房ワークブック編集委員会

確実に合格する 本書の

この手順で10科目群（11科目と総

出題傾向をつかもう
出題基準にそって出題実績を分析。頻出分野、受験対策のポイントがわかります。

基礎知識をまとめておこう
その科目の前提となる事項、単元をこえてまとめられる事項など。図や表で確認します。

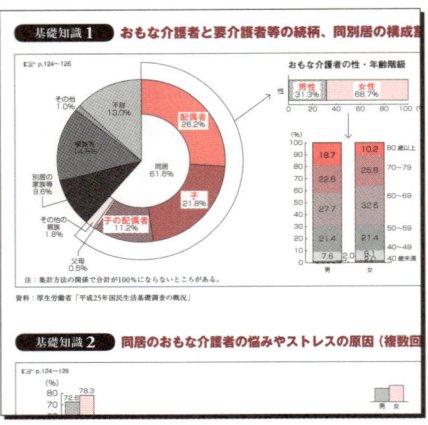

この3ステップで万全！

Step 1
重要項目を覚えよう

どれも覚えておきたい事柄ですが、特に次のマークに注意。

|基本|：基本的におさえておくべきこと|

|頻出|：国家試験によく出る項目|

|出題実績| ▶ 27〔1〕：過去に出題の実績あり
　　　　　　　　　↳ 第27回問題1

活用法

（合問題）をマスター！

各単元
単元ごとにじっくり取り組みましょう。

キーワードチェック
巻末にリストアップ。科目群ごとに2回チェックできます。索引代わりにも使えます。

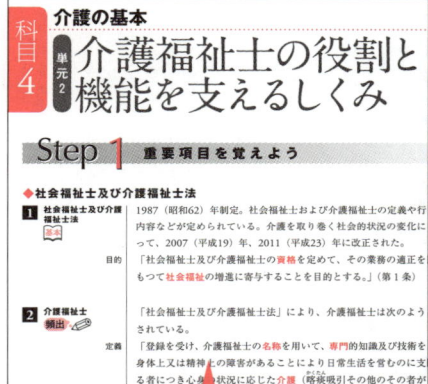

Step 2
一問一答で確かめよう
ポイントを確認するための簡単な問いを並べています。

赤い暗記シートで隠して答え、着実に身につけましょう。

Step 3
過去問に挑戦！
その単元の内容にぴったりの過去問題を掲載しています。

 理解が不十分なときは示された番号の重要項目に戻りましょう。

確実に合格する
介護福祉士ワークブック2016
目次

はじめに …… 1
確実に合格する本書の活用法 …… 2

領域：人間と社会

科目1　人間の尊厳と自立　　9

- 出題傾向をつかもう …………………………………………………… 10
- 基礎知識をまとめておこう …………………………………………… 12
  - 単元1　人間の尊厳と自立 ………………………………………… 14
  - 単元2　介護における尊厳の保持・自立支援 …………………… 18

科目2　人間関係とコミュニケーション　　21

- 出題傾向をつかもう …………………………………………………… 22
- 基礎知識をまとめておこう …………………………………………… 24
  - 単元1　人間関係の形成 …………………………………………… 26
  - 単元2　コミュニケーションの基礎 ……………………………… 28

科目 3　社会の理解　33

　　出題傾向をつかもう……………………………………… 34
　　基礎知識をまとめておこう……………………………… 38
　　単元1　生活と福祉 ………………………………… 42
　　単元2　社会保障制度 ……………………………… 50
　　単元3　介護保険制度 ……………………………… 62
　　単元4　障害者自立支援制度 ……………………… 86
　　単元5　介護実践に関連する諸制度 ……………… 96

領域：介護

科目 4　介護の基本　111

　　出題傾向をつかもう……………………………………… 112
　　基礎知識をまとめておこう……………………………… 118
　　単元1　介護福祉士を取り巻く状況 ……………… 122
　　単元2　介護福祉士の役割と機能を支えるしくみ … 130
　　単元3　尊厳を支える介護 ………………………… 136
　　単元4　自立に向けた介護 ………………………… 138
　　単元5　介護を必要とする人の理解 ……………… 144
　　単元6　介護サービス ……………………………… 152
　　単元7　介護実践における連携 …………………… 158
　　単元8　介護従事者の倫理 ………………………… 162
　　単元9　介護における安全の確保とリスクマネジメント … 166
　　単元10　介護従事者の安全 ………………………… 172

科目 5　コミュニケーション技術　177

　　出題傾向をつかもう……………………………………… 178
　　基礎知識をまとめておこう……………………………… 182
　　単元1　介護におけるコミュニケーションの基本 … 184
　　単元2　介護場面における利用者・家族とのコミュニケーション … 188
　　単元3　介護におけるチームのコミュニケーション … 196

科目6 生活支援技術　203

　　出題傾向をつかもう　204
　　基礎知識をまとめておこう　212
　　単元1　生活支援　218
　　単元2　自立に向けた居住環境の整備　220
　　単元3　自立に向けた身じたくの介護　228
　　単元4　自立に向けた移動の介護　234
　　単元5　自立に向けた食事の介護　242
　　単元6　自立に向けた入浴、清潔保持の介護　250
　　単元7　自立に向けた排泄の介護　258
　　単元8　自立に向けた家事の介護　266
　　単元9　自立に向けた睡眠の介護　272
　　単元10　終末期の介護　276

科目7 介護過程　283

　　出題傾向をつかもう　284
　　基礎知識をまとめておこう　288
　　単元1　介護過程の意義／介護過程の展開　290
　　単元2　介護過程の実践的展開／介護過程とチームアプローチ　296

領域：こころとからだのしくみ

科目8 発達と老化の理解　299

　　出題傾向をつかもう　300
　　基礎知識をまとめておこう　304
　　単元1　人間の成長と発達の基礎的理解　306
　　単元2　老年期の発達と成熟　310
　　単元3　老化にともなうこころとからだの変化と日常生活　314
　　単元4　高齢者と健康　320

科目 9 認知症の理解　337

- 出題傾向をつかもう　338
- 基礎知識をまとめておこう　342
- 単元1　認知症を取り巻く状況　344
- 単元2　医学的側面からみた認知症の基礎　348
- 単元3　認知症にともなうこころとからだの変化と日常生活　356
- 単元4　連携と協働　360
- 単元5　家族への支援　362

科目 10 障害の理解　365

- 出題傾向をつかもう　366
- 基礎知識をまとめておこう　370
- 単元1　障害の基礎的理解　372
- 単元2　障害の医学的側面の基礎的知識　380
- 単元3　連携と協働　390
- 単元4　家族への支援　392

科目 11 こころとからだのしくみ　395

- 出題傾向をつかもう　396
- 基礎知識をまとめておこう　402
- 単元1　こころのしくみの理解　408
- 単元2　からだのしくみの理解　418
- 単元3　身じたくに関連したこころとからだのしくみ　434
- 単元4　移動に関連したこころとからだのしくみ　440
- 単元5　食事に関連したこころとからだのしくみ　446
- 単元6　入浴、清潔保持に関連したこころとからだのしくみ　456
- 単元7　排泄に関連したこころとからだのしくみ　460
- 単元8　睡眠に関連したこころとからだのしくみ　466
- 単元9　死にゆく人のこころとからだのしくみ　470

全領域

| 全科目 | **総合問題** | 475 |

　　出題傾向をつかもう …………………………………………… 476
　　過去問に挑戦！ ……………………………………………… 480

キーワードチェック …… 486

※特に記載がないかぎり、本書の内容は2015年5月の情報に基づきます。

領域：人間と社会

科目 1
人間の尊厳と自立

この科目の単元

単元1 人間の尊厳と自立
単元2 介護における尊厳の保持・自立支援

科目 1 人間の尊厳と自立
出題傾向をつかもう

　国家試験の出題基準によると、**領域「人間と社会」の出題予定数は16問**であり、例年、うち各**2問**が本科目から出題されている。「科目4　介護の基本」と同じ**科目群**で、いずれかで得点が必要である。

最近4回の出題状況

大項目(本書の単元)*1	中項目*1	出題実績*2	出題数
1 人間の尊厳と自立	1) 人間理解と尊厳	25〔2〕13歳で発症して国立の療養所に強制入所させられたAさんの感染症 26〔1〕法律の自立に関する記述	小計2
2 介護における尊厳の保持・自立支援	1) 人権と尊厳	24〔1〕左大腿骨頸部骨折で入院後介護老人保健施設に入所して2週間の、軽度の認知症のあるAさんに対する介護職の支援のあり方 24〔2〕利用者の尊厳保持と自立支援のために介護福祉士に求められるもの 25〔1〕介護福祉士が誠実に業務を行うことを明示した法律 26〔2〕一人ぐらしで軽度の認知症があるAさんから「親族が勝手にお金を使い込んでいるらしい」と聞いた訪問介護員がサービス提供責任者とともに最初に取り組むべきこと 27〔1〕朝日訴訟で争点となった日本国憲法第A条が規定する権利 27〔2〕「障害者差別解消法」	小計6
			合計8

*1　本書の単元は「出題基準」の大項目、単元の下位区分は中項目にならっている。複数の大項目で1単元としたところもある。
*2　「第25回試験問題2」を25〔2〕と表記している。

出題頻度順の出題内容　〈　〉内は最近4回の出題数

出題頻度 第1位　介護における尊厳の保持・自立支援 〈6問〉

　中項目は「1) 人権と尊厳」で、その内容として「権利擁護・アドボカシー」「人権尊重」「身体的・精神的・社会的な自立支援」の小項目があげられている。

領域：人間と社会　科目1／人間の尊厳と自立
出題傾向をつかもう

科目1

　第24回試験での出題は2問（うち1問は**短文事例問題**）、第25回試験での出題は1問（介護福祉士が誠実に業務を行うことを明示した法律＝「社会福祉士及び介護福祉士法」）、第26回試験での出題は1問（短文事例問題）、第27回試験での出題は2問（朝日訴訟で焦点となった日本国憲法が規定する権利＝第25条の**生存権**と「**障害者差別解消法**〈障害を理由とする差別の解消の推進に関する法律〉」）であった。
　「**権利擁護・アドボカシー**」「**人権尊重**」「**基本的人権**」「**自立支援**」などの言葉は今後も出てくるので、確実に身につけておく必要がある。「基本的人権」については、「日本国憲法」の条文に目を通しておいたほうがよい。

出題頻度 第2位　人間の尊厳と自立〈2問〉

　中項目は「1）**人間理解と尊厳**」で、その内容として「『**人間**』**の多面的理解**」「**人間の尊厳**」「**自立・自律**」の小項目があげられている。
　第25回試験での出題は、ある感染症の予防法に基づき、13歳のときに強制的に国立の療養所に入所させられたAさんに関する短文事例問題で、Aさんが罹患した感染症として正しいものを選ばせるもの。「らい予防法」（1996〈平成8〉年廃止）で長く尊厳を侵されたハンセン病患者について、**歴史的事実の知識**が問われた出題だった（→p.17「過去問に挑戦！」）。
　第26回試験での出題は、法律の自立に関する記述についてで、「児童福祉法」「社会福祉法」「老人福祉法」「障害者総合支援法（障害者の日常生活及び社会生活を総合的に支援するための法律）」「ホームレス自立支援法（ホームレスの自立の支援等に関する特別措置法）」が出題された。
　「**尊厳**」「**自立**」「**自律**」という言葉はほかの科目でも頻出し、しかも**実践のうえでの理解**が問われる性格のものである。正しい状況判断ができるようにしておきたい。

受験対策のポイントは…

　利用者の尊厳を守りながら、利用者の自立をめざすことが介護の目的である。このことを適切に実践に結びつけていくには、この科目の踏み込んだ理解が求められる。
　ほかの科目に比べて、この科目は出題範囲に明示されている項目がかなり少ないが、「**科目4　介護の基本**」や「**科目6　生活支援技術**」につながっていくだけでなく、ほかの科目でも「**尊厳**」「**自立**」「**人権尊重**」「**自立支援**」などの理念がベースとなっているので、確実に理解しておくべき事項ばかりである。

科目1 人間の尊厳と自立
基礎知識をまとめておこう

基礎知識1　尊厳の保持　☞p.14〜15

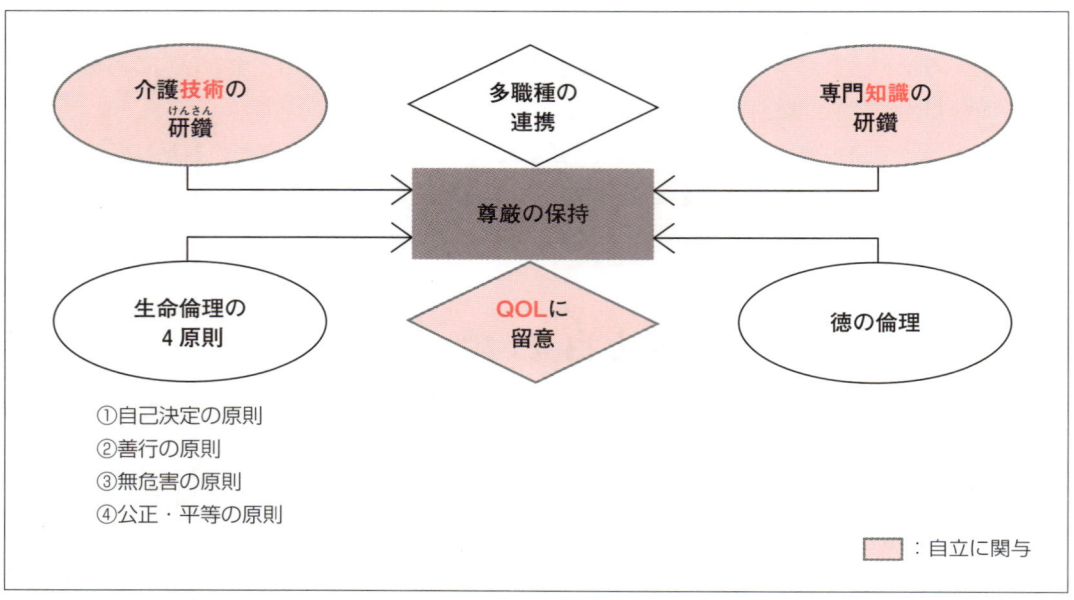

①自己決定の原則
②善行の原則
③無危害の原則
④公正・平等の原則

■：自立に関与

資料：白澤政和編『介護福祉士養成テキストブック　①人間の尊厳と自立』ミネルヴァ書房、2010年、p.38、一部改変

基礎知識2　法律に規定された尊厳の保持　☞p.14

社会福祉法	「福祉サービスは、個人の**尊厳の保持**を旨とし、その内容は、福祉サービスの利用者が心身ともに健やかに育成され、又はその有する能力に応じ自立した日常生活を営むことができるように支援するものとして、良質かつ適切なものでなければならない。」（第3条）
介護保険法	「この法律は、加齢に伴って生ずる心身の変化に起因する疾病等により要介護状態となり、入浴、排せつ、食事等の介護、機能訓練並びに看護及び療養上の管理その他の医療を要する者等について、これらの者が**尊厳を保持**し、その有する能力に応じ自立した日常生活を営むことができるよう、必要な保健医療サービス及び福祉サービスに係る給付を行うため、国民の共同連帯の理念に基づき介護保険制度を設け、その行う保険給付等に関して必要な事項を定め、もって国民の保健医療の向上及び福祉の増進を図ることを目的とする。」（第1条）

基礎知識3　尊厳の保持と自律・自立の関係　p.14〜15

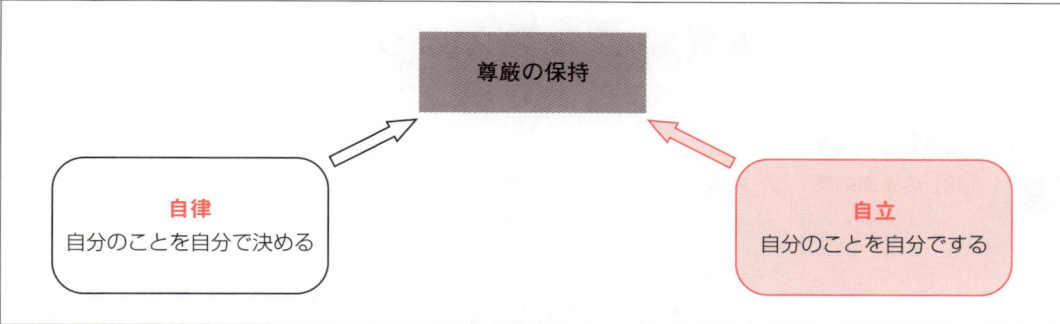

資料：白澤政和編『介護福祉士養成テキストブック　①人間の尊厳と自立』ミネルヴァ書房、2010年、p.34

基礎知識4　基本的人権と日本国憲法　p.18

第11条 （基本的人権の尊重）	国民は、すべての**基本的人権**の享有を妨げられない。この憲法が国民に保障する基本的人権は、侵すことのできない永久の権利として、現在及び将来の国民に与へられる。
第13条 （個人の尊重）	すべて国民は、個人として尊重される。生命、自由及び幸福追求に対する国民の権利については、**公共の福祉**に反しない限り、立法その他の国政の上で、最大の尊重を必要とする。
第14条第1項 （法の下での平等）	すべて国民は、**法の下に平等**であつて、人種、信条、性別、社会的身分又は門地により、政治的、経済的又は社会的関係において、差別されない。
第21条第1項 （表現の自由）	集会、結社及び言論、出版その他一切の**表現の自由**は、これを保障する。
第25条第1項 （生存権）	すべて国民は、**健康で文化的な最低限度**の生活を営む権利を有する。

科目1 人間の尊厳と自立

単元1 人間の尊厳と自立

Step 1　重要項目を覚えよう

◆人間理解と尊厳

1　「人間」の多面的理解

介護職が支援していく相手である「人間」とは、**多面**性をもつ存在だと理解しておくことが大切である。こころとからだの状況、生活者としての意識とこれまでの歴史、築いてきた**人間**関係など、さまざまな要素が、一人の人間をその人らしくしている。したがって、その人を理解するには、**多面**性にそってさまざまな視点をもつことが必要になる。

多面的理解……さまざまな**視点**から理解すること。生活支援を考えるうえでの視点として、たとえば次のような対立軸をあげることができる。

分析的理解……生活状況を要素に**分け**てとらえる。

全人的理解……こころの状況、態度、意欲などを**そのまま**感じ取り、理解する。

2　人間の尊厳　基本

人間の尊厳とは、一人ひとりの人間はかけがえがなく、ほかのものがとって代わることのできない存在で、ほかの何者にも侵すことのできない**不可欠**な存在であることを意味している。　出題実績 ▶ 24〔2〕

3　生命倫理の4原則

生命倫理の4原則は、**自己決定**の原則、**善行**の原則、**無危害**の原則、**公正・平等**の原則の4つから構成される。

4　自己決定の原則　基本

利用者の**自己決定**を尊重し、利用者が自らの意思で自分の方向性を決定できるように支援すること。この原則からは、利用者が自分に関する情報を自分でコントロールする権利も導かれ、介護職は**守秘**義務を守り、**個人情報**の保護に努める必要がある。

5　善行の原則

介護職にとっての善行の原則とは、自立支援を行うことによって、利用者の**ADL**（Activities of Daily Living；**日常生活動作**）（→p.142 🔢）を改善し、**QOL**（Quality of Life；**生活の質**）（→p.136 ■）を高めることであり、これはすなわち、利用者が快適だと感じることができるようなケ

アを提供することである。

6	**無危害の原則**	少なくとも「害を与えない」「害を避ける」ということを意味している。なんらかの理由で、介護職が利用者に身体的な危害や精神的な危害をあたえてしまうことは、人間の尊厳を傷つけてしまうことにつながる。
7	**公正・平等の原則**	差別されることなく平等な扱いを受けることは、基本的人権の一つの平等権として保障され、一人ひとりを平等に扱うことは、尊厳の保持や尊重のために重要である。
8	**徳倫理**	徳倫理とは、介護を実践するときに、思いやりや共感などの「徳」をもった介護職だけが、利用者の尊厳に配慮した介護ができるという考え方。「徳」は簡単に身につくものではなく、毎日一つひとつの介護を大切に積み上げていくことによって備わってくる。
	「徳」の種類	良心、尊厳、清らかさ、誠実さ、敬虔さ、気づかい、思いやり、謙虚さ、優しさ、尊敬、共生、慈しみ、共感、寛容、受容など
9	**自律** 基本	自律とは、規範にしたがって「自己決定ができる」または「自分のことを自分で決めることができる」ということ。認知症（dementia）などで、知的能力が低下している場合でも、利用者の判断能力や自己決定する能力を適切に評価し、必要以上に自己決定権を制限しないということが大切である。
10	**自立** 基本	自立とは、「自分のことを自分でできる」または「自分でできることは自分でする」ということ。従来は、経済的な自立・身体的な自立・精神的な自立・社会的な自立などが自立であるとされてきたが、自立生活運動（IL運動）（→p.376 **12**）などによって、必ずしも自立は目的ではなく、その人がその人らしく生きていくための手段としての自立へと視点が広げられ、自立とは、「自己決定・自己選択・自己管理・自己実現の過程と手段」という概念が広く適用されるようになった。

科目1 人間の尊厳と自立
単元1 人間の尊厳と自立

Step 2 —一問一答で確かめよう

問い	答え
□人間が**多面性**をもつことで、支援にあたり介護職に必要なのは、利用者その人についてのどのような理解？	多面的理解 return **1**
□対象者の生活支援を考えるうえでの視点で、生活状況を要素に分けてとらえることを分析的理解というとき、こころの状況、態度、意欲などを**そのまま感じ取り、理解する**ことは何という？	全人的理解 return **1**
□一人ひとりの人間はかけがえがなく、ほかのものがとって代わることのできない存在で、ほかの何者にも侵すことのできない**不可欠な存在**である。このことを人間の何という？	尊厳 return **2**
□**生命倫理**の4原則とは、**自己決定の原則、善行の原則、無危害の原則**ともう一つは何？	公正・平等の原則 return **3**
□利用者の自己決定を尊重し、支援することが**自己決定の原則**だが、この原則からは、利用者が自分に関する情報を自分でコントロールする権利が導かれる？　導かれない？	導かれる return **4**
□介護職にとって、利用者の**ADL**（Activities of Daily Living；日常生活動作）を改善し、**QOL**（Quality of Life；生活の質）を高めるための自立支援を行うことは、**生命倫理の4原則**のうちどれにあたる？	善行の原則 return **3 5**
□**無危害の原則**は、少なくとも「害を与えない」「害を避ける」ということを意味しているが、なんらかの理由で介護職が利用者に身体的な危害や精神的な危害を与えてしまうとき、傷つけることになるのは、利用者の何？	（人間の）尊厳 return **6**
□差別されることなく**平等な扱いを受ける**ことは**基本的人権**の一つだが、これは何という権利？	平等権 return **7**
□思いやりや共感などの「**徳**」をもった介護職だけが**利用者の尊厳に配慮した介護**ができるという考え方は何？	徳倫理 return **8**
□「**自己決定ができる**」ことは、**自律・自立**のどちら？	自律 return **9 10**

領域：人間と社会　科目1／人間の尊厳と自立
単元1　人間の尊厳と自立

Step 3　過去問に挑戦！

問題　Aさん（84歳、男性）は、「私は13歳のとき、発疹が現れ医師の診察を受けたところ、ある感染症にかかっているという理由で、強制的に国立の療養所に入所させられた」と語った。この入所は、ある感染症の予防法に基づくものであった。
　Aさんは、「療養所では、入所した日から本名を使うことができなかった。また、一時帰宅したが、その後の帰宅を両親から断られた」と続けた。
　この法律は1996（平成8）年に廃止された。
　Aさんが罹患した感染症として、**正しいもの**を1つ選びなさい。　第25回（2013年）〔2〕

1　破傷風（tetanus）
2　コレラ（cholera）
3　痘そう（smallpox）
4　梅毒（syphilis）
5　ハンセン病（Hansen's disease）

答え　　5

　誤った感染症予防政策によって、患者の人としての尊厳が侵された歴史的事実についての出題。1～4の感染症に記述のような事実はない（1～4は誤り）。現在ほとんどの感染症は「感染症の予防及び感染症の患者に対する医療に関する法律」に基づき、1～5類感染症、新型インフルエンザ等感染症、指定感染症、新感染症に分類され、それぞれ予防と発生の折の届け出、患者等の人権に配慮した入院手続きなどが定められている。破傷風は5類感染症、コレラは3類感染症、痘瘡は1類感染症、梅毒は5類感染症である。ハンセン病は、かつてはらい病とよばれ、強制的な隔離政策がとられたが、感染力は非常に弱い。規定する法律は、1907（明治40）年制定の「癩予防ニ関スル件」から1953（昭和28）年制定の「らい予防法」にいたるまで、形を変えて存在し続け、国立療養所への強制入所も続いた。この措置が廃止されたのは、1996（平成8）年になってからで、ハンセン病の患者および元患者へのいわれなき差別の歴史は長い（**5が正しい**）。

科目1 単元2

人間の尊厳と自立
介護における尊厳の保持・自立支援

Step 1 重要項目を覚えよう

◆人権と尊厳

1 権利擁護・アドボカシー 基本

権利擁護・アドボカシーは、**代弁**機能ともよばれる。自分の権利やニーズの主張を行うことが困難な人に代わって権利やニーズを**代弁**し、権利の行使を支援すること。行政やサービス提供事業所などにはたらきかけて、利用者にとって適切なサービスが受けられるように援助することによって、利用者の権利を擁護する。

2 人権尊重 基本

「人権」とは、人間の**尊厳**に基づいて一人ひとりがもつ固有の権利であり、社会を構成するすべての人々が個人としての生存と自由を確保し、社会において幸福な生活を営むために欠かすことのできない権利である。一人ひとりが自分の権利の行使にともなう**責任**を自覚し、自分の人権と同じように他人の人権も**尊重**することが求められる。

3 基本的人権 基本

すべての人が生まれながらにもっている、その人がその人らしく生きていくために必要な権利で、何者も侵すことができない。

日本国憲法

「日本国憲法」では、**自由**に生きる権利、法の下での平等、社会権（**生存**権、教育を受ける権利など）、**参政**権、請求権などを基本的人権として保障している。ただし、それは無制限・無制約に認められるものではなく、**公共**の福祉に反しないかぎり、という制限的なものである。

障害者の基本的人権

当然ながら、基本的人権は**障害**の有無にかかわらずすべての人がもつものであり、「障害者基本法」をはじめとする法律でも明記されている。しかし、現実には、障害を理由として差別され、基本的人権を享有する個人としての**尊厳**が損なわれる事態も跡を断たない。こうした背景から2013（平成25）年に「障害を理由とする**差別**の解消の推進に関する法律（障害者**差別**解消法）」が制定された（施行は2016〈平成28〉年4月1日）。この法律では、おもに行政機関等での差別を禁止し、社会的障壁の除去に向けて**合理**的な配慮をするべく定めている。　出題実績 ▶27〔2〕

諸外国における基本的人権

1776年のアメリカの独立宣言では、前文に基本的人権（特に平等権と自

由権）があげられている。また、1789年のフランスの人権宣言では、人間の自由と平等の原理が示されている。さらに、1919年のドイツのワイマール憲法では、はじめて社会権の保障が定められた。

4 自立支援 基本

身体的・精神的・社会的な自立支援

自立支援とは、利用者の**個別**性を尊重し、**自己決定**能力を高めるように支援すること。寝たきりや認知症（dementia）になり、身体的な自立や経済的な自立が困難な場合でも、利用者の自己決定・自己選択によって自己**実現**をめざすことができるように支援することが大切である。

介護職は、利用者の状況に応じ、身体的・精神的・社会的な自立支援をめざしていく。

身体的自立支援……仮に身体に障害などがあり**ADL**（Activities of Daily Living；**日常生活動作**）が不自由であっても、意思にそった体位や動作ができ、決して身体**拘束**などを受けないようにする。

精神的自立支援……何をしたいか、またはしたくないか、あらゆることを利用者自身の意思で決め、**選択**できるようにする。

社会的自立支援……心身の不自由はあっても、**社会**の一員として役割をもち、**主体**的に生きることができるようにする。

5 パーソン・センタード・ケア

パーソン・センタード・ケアとは、**認知**症（dementia）の人に対して行われる、その人を中心にした介護のこと。1980年代に、キットウッド（Kitwood, T.）によって提唱された。認知症の人の人格は失われるのではなく、しだいに隠されていくものとみなし、各場面でその人格を認めた介護を実践するアプローチである。**残存**機能を少しでも引き出し、利用者の**自己決定**を支援する。利用者のもっている力を引き出すエンパワメント（→p.45 **14**）の視点は重要である。

認知症の人の行動

認知症の人の行動は、①**脳神経**障害、②**性格**傾向、③**生活**歴、④健康状態、⑤その人を取り巻く社会心理的な状態の5つの要因の複雑な相互作用によるものとされている。

Step 2 －問一答で確かめよう

問い
□ 権利擁護、代弁機能ともよばれるのは？
□ 人間の尊厳に基づく、一人ひとりがもつ固有の権利は何？

答え
アドボカシー return **1**
人権 return **2**

科目 1 人間の尊厳と自立
単元 2 介護における尊厳の保持・自立支援

- □ すべての人が**生まれながらにもっている**、その人がその人らしく生きていくために必要な権利は何？ → **基本的人権** return **3**
- □「**日本国憲法**」が保障する、自由に生きる権利、法の下での平等、社会権などの権利は、何に反しないかぎり認められる？ → **公共の福祉** return **3**
- □ すべての障害者が基本的人権を享有する個人として尊厳が重んぜられるとの前提のもと、2013（平成25）年に制定された、**障害を理由とする差別の解消**をめざす法律は何？ → **障害を理由とする差別の解消の推進に関する法律（障害者差別解消法）** return **3**
- □ **自立支援**は、利用者のどのような能力を高めるために行われる？ → **自己決定能力** return
- □ **パーソン・センタード・ケア**は、どのような人の尊厳に配慮した介護？ → **認知症の人** return **5**

Step 3 過去問に挑戦！

問題 利用者の尊厳を保持し、自立支援を行うために介護福祉士に求められるものとして、**適切でないもの**を1つ選びなさい。　　　　第24回（2012年）〔2〕

1 　知り得た秘密の保持
2 　信用失墜行為の禁止
3 　介護に関する知識の向上
4 　福祉サービス関係者等との連携
5 　介護福祉士の主導による方針決定

答え　5

利用者の尊厳を保持し、自立支援を行う介護福祉士の職業倫理は、「社会福祉士及び介護福祉士法」にも明記してある。第46条では「社会福祉士又は介護福祉士は、正当な理由がなく、その業務に関して知り得た人の秘密を漏らしてはならない」と、秘密保持義務が規定されている（1は適切）。同法第45条では「社会福祉士又は介護福祉士の信用を傷つけるような行為をしてはならない」と、信用失墜行為の禁止が規定されている（2は適切）。同法第47条の2では「介護福祉士は」「介護等に関する知識及び技能の向上に努めなければならない」と、資質向上の責務が規定されている（3は適切）。同法47条第2項では「介護福祉士は、その業務を行うに当たつては、その担当する者に、認知症であること等の心身の状況その他の状況に応じて、福祉サービス等が総合的かつ適切に提供されるよう、福祉サービス関係者等との連携を保たなければならない」と、連携が規定されている（4は適切）。利用者の自己決定・自己選択によって自己実現できるよう支援すべきであり、介護福祉士の主導による方針決定は望ましくない（5が適切でない）。　return **4**

領域：人間と社会

科目 2
人間関係とコミュニケーション

この科目の単元

単元1 人間関係の形成
単元2 コミュニケーションの基礎

科目2 人間関係とコミュニケーション
出題傾向をつかもう

　領域「人間と社会」の出題予定数16問のうち、例年各2問が本科目から出題されている。「**科目5　コミュニケーション技術**」と同じ**科目群**で、いずれかで得点が必要である。

最近4回の出題状況

大項目（本書の単元）*1	中項目*1	出題実績*2	出題数
1 人間関係の形成	1) 人間関係と心理	26〔3〕自己覚知のために最も重視するもの 27〔3〕ラポール形成の初期段階のかかわり	小計2
2 コミュニケーションの基礎	1) 対人関係とコミュニケーション 2) コミュニケーションを促す環境 3) コミュニケーションの技法 4) 道具を用いた言語的コミュニケーション	24〔3〕対人援助関係におけるコミュニケーションの基本 24〔4〕施設入所後3日でまだだれとも話をしないBさんに対する、介護職の初期のかかわり方 25〔3〕介護職と利用者のコミュニケーションを促す場面づくり 25〔4〕認知症の父親をもつBさんに対する介護職の、感情の反射を用いた返答 26〔4〕認知症のあるBさんがショートステイ利用1日目、忙しい時間帯に「私はここにいていいの」とくりかえし尋ねたときの介護職の最初の言葉かけ 27〔4〕介護福祉職が、重度の加齢性難聴のあるAさんと日常のやりとりを始めるときのコミュニケーション方法	小計6
			合計8

＊1　本書の単元は「出題基準」の大項目、単元の下位区分は中項目にならっている。複数の大項目で1単元としたところもある。
＊2　「第24回試験問題3」を24〔3〕と表記している。

出題頻度順の出題内容　〈　〉内は最近4回の出題数

 第1位　コミュニケーションの基礎〈6問〉

　第24回～第27回試験のいずれも問題4は**短文事例問題**であり、実践における具体的なコミュニケーションのあり方を問う。小項目は、中項目「1) 対人関係とコミュニケーション」に「対人関係・コミュニケーションの意義」「対人関係・コミュニケーションの概要」、「3) コミュニケ

領域：人間と社会　科目2／人間関係とコミュニケーション
出題傾向をつかもう

科目 2

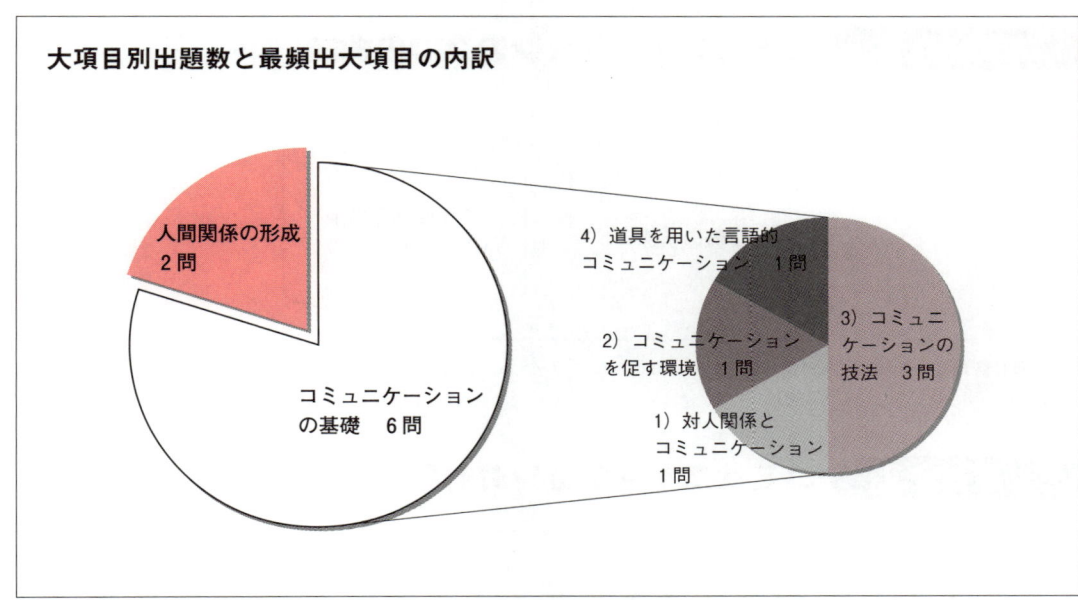

　ーションの技法」に「対人距離（物理的・心理的距離）」「言語的コミュニケーション」「非言語的コミュニケーション」「受容・共感・傾聴」、「4）道具を用いた言語的コミュニケーション」に「機器を用いたコミュニケーション」「記述によるコミュニケーション」があげられている。

出題頻度　第2位　人間関係の形成〈2問〉

　第24回・第25回試験では出題がなかったが、第26回試験では「自己覚知」、第27回試験では「ラポール」が出題された。過去の国家試験では「**共感**」「**受容**」といった言葉もよく出題されており、注意が必要である。

受験対策のポイントは…

　この科目で出てくる専門用語は、意味を理解するだけで終わらずに、態度としてしっかり身につけておくことで、介護福祉士として働くことが可能になる。「**科目5　コミュニケーション技術**」の導入ともいえるので、本科目での理解を深めたうえで、科目5のより具体的なコミュニケーションのあり方へと進もう。

人間関係とコミュニケーション
基礎知識をまとめておこう

基礎知識1　コミュニケーションの2つの機能　☞ p.28

- 情報の伝達
- 共有世界の構築（互いに理解を深めてわかり合う）

資料：野村豊子編『介護福祉士養成テキストブック　⑤コミュニケーション技術』ミネルヴァ書房、2010年、p.2

基礎知識2　コミュニケーションの対象　☞ p.28

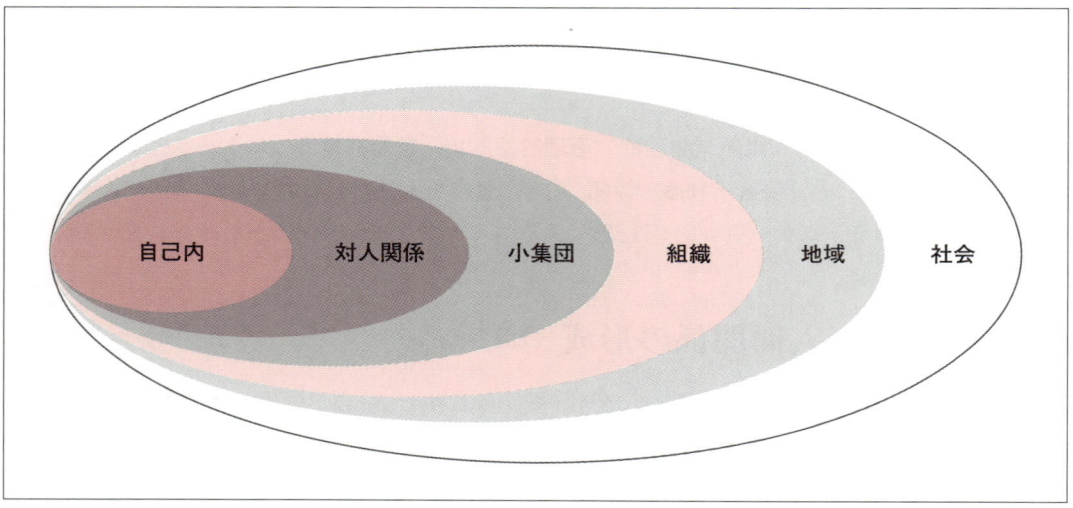

自己内　対人関係　小集団　組織　地域　社会

資料：野村豊子編『介護福祉士養成テキストブック　⑤コミュニケーション技術』ミネルヴァ書房、2010年、p.3

基礎知識3　3種類の伝達方法　☞ p.29

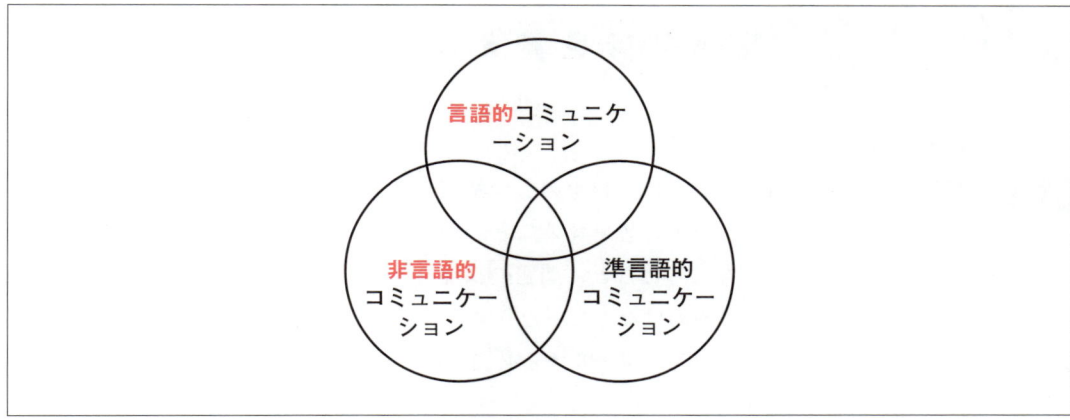

資料：野村豊子編『介護福祉士養成テキストブック　⑤コミュニケーション技術』ミネルヴァ書房、2010年、p.5

基礎知識4　非言語・準言語によるコミュニケーション　☞ p.29

種類	内容
表情	感激の表情、穏やかな表情、不安な表情、困惑した表情、無表情、緊張した表情、おびえた表情、怒りの表情、悲しみの表情、あわれみの表情　など
態度	落ち着きのある態度、余裕のある態度、退屈している態度、心を閉ざした態度　など
身ぶり・手ぶり	指や手による表現、動作、足の動き、腕の組み方、つながりのある動き、一つひとつが完結した動き　など
視線	うつむき加減に話す、目を見て話す、視線を合わせない、泳いだ視線、上目づかい、見下す視線、視線をはずすタイミング、力のある視線　など
姿勢	身を乗り出す、相手に対しての身体の向け方、身体の傾斜、座り方、立ち方、姿勢が変わりやすい、一定の姿勢を保つ　など
距離	話をするときの物理的な距離、心理的な距離　など
服装	場に適した服装、清潔な服装、季節感にあふれる服装、不潔な服装　など
身づくろい	ていねいな身づくろい、きちんとした身だしなみ、化粧、アクセサリー、香水、ヘアスタイル　など
語調・抑揚	話し言葉の調子、声の抑揚、声の大小、話す速度、話すリズム、つぶやき、間のおき方　など
沈黙	感情が豊かに含まれる沈黙、話すタイミングを考えた沈黙、考えを続けているときの沈黙、衝突を避けるための沈黙、抵抗としての沈黙　など

資料：野村豊子編『介護福祉士養成テキストブック　⑤コミュニケーション技術』ミネルヴァ書房、2010年、p.8

科目2 単元1 **人間関係とコミュニケーション**

人間関係の形成

Step 1 重要項目を覚えよう

◆ 人間関係と心理

1 自己覚知 基本

自己覚知とは、自分のもつ感情や性格、価値基準などについて、できるだけ**客観**的に理解すること。介護の場に、介護職が自分の価値観や感情などをもちこむと、問題の状況を誤って判断したり、受容や**非審判**的態度をつらぬけなくなったりする。それを防ぐために、介護職が自らを知り、感情をコントロールする必要がある。　出題実績 ▶ 26〔3〕

2 他者理解

他者理解とは、ほかの人の思考傾向、認知的傾向、行動傾向などを理解すること。コミュニケーションの第一歩として重要である。

他者理解のポイント
①〜③をふまえながら相手の話を**傾聴**することで、理解を深めていく。
①その人の**生活歴**や生きてきた時代背景　②**身体**状況　③**家族関係**

3 ラポール（信頼関係） 基本

ラポール（信頼関係）とは、援助者が利用者との間につくる、**相互**の信頼感に基づき、親近感にあふれた感情的な接触がとれた状態。面接など対人援助場面で重要とされ、援助者はラポールによって**利用者**自身が問題を解決する力を発揮できるように援助する。ラポール形成のためには、まず利用者に**関心**をもち、受容・**共感**的態度で接することが大切である。
出題実績 ▶ 27〔3〕

4 アウトリーチ 基本

アウトリーチとは、福祉サービスの利用に不安を感じていたり、**否定**的な感情をもっていたりして、ソーシャルワーカーなどがかかわることが困難な人に対して、本人からの要請が**ない**場合でも積極的に出向いていき、信頼関係を構築したり、サービス利用の**動機**づけを行ったりするアプローチをいう。

5 ワーカビリティ 基本

ワーカビリティとは、援助者のはたらきかけに利用者が対応して、**利用者**自身が問題解決に取り組んでいこうとする**能力**。利用者の知的能力・身体的能力・対人関係に対する能力などの問題解決に取り組む能力と、

領域：人間と社会　科目2／人間関係とコミュニケーション
単元1 人間関係の形成

利用者の問題解決に対する**意欲**をさす。

Step 2　一問一答で確かめよう

問い

- □**自分のもつ感情や性格、価値基準**などについて、できるだけ**客観的に理解**することを何という？
- □ほかの人の**思考傾向**や**認知的傾向**、**行動傾向**を理解することを何という？
- □援助者が利用者との間につくる、**相互の信頼感**に基づき、親近感にあふれた感情的な接触がとれた状態を何という？
- □福祉サービスの利用に否定的な感情をもっている人のところに出向き、信頼関係を構築し、サービス利用の**動機づけ**を行うアプローチを何という？
- □援助者のはたらきかけに利用者が対応して、**利用者自身が問題解決に取り組んでいこうとする**能力を何という？

答え

- 自己覚知　return 1
- 他者理解　return 2
- ラポール（信頼関係）　return 3
- アウトリーチ　return 4
- ワーカビリティ　return 5

Step 3　過去問に挑戦！

問題　自己覚知のために、最も重視するものを1つ選びなさい。　第26回（2014年）〔3〕

1. 自分の感情の動きとその背景を洞察する。
2. 自分の将来の目標を設定する。
3. 自分中心ではなく、他者中心に考える。
4. 自分を肯定的にとらえる。
5. 自分の価値観に基づいて行動する。

答え　1

自己覚知とは、自分の感情や性格、価値基準などについて、客観的に理解すること。感情の動きやその背景を洞察することが大切（1を最も重視する）。　return 1

科目2　人間関係とコミュニケーション

単元2

コミュニケーションの基礎

Step 1　重要項目を覚えよう

◆対人関係とコミュニケーション

1 対人関係・コミュニケーションの意義　基本

コミュニケーションとは、情報（意思や感情を含む）の伝達であり、また意思疎通のことである。対人関係においては、一方通行ではなく相互に伝達し合い、そのことで、意思・感情が通じ合って理解が深まり、共有世界が構築できる。すなわち、コミュニケーションは対人関係の土台といえるものである。　出題実績 ▶ 24〔3〕

2 コミュニケーションの対象

コミュニケーションは、個人対個人の対人関係においてとらえることが多いが、同じ個人レベルでも相手のない自己内のコミュニケーション（自問自答）があり、範囲が広がると集団レベル、組織レベルのコミュニケーションも成立する。レベルが上がるにつれて言語・文化の違いなどから、コミュニケーションは困難になる。

◆コミュニケーションを促す環境

3 コミュニケーションの基本的態度

利用者は介護職に対して期待と不安を抱いていることを理解して、コミュニケーションをとっていく。やさしく接することのほか、介護の専門職としての信頼を得ることが大切である。
①やさしい言葉かけ
②笑顔で接する
③確かな介護技術
④約束を守る
⑤秘密を守る

◆コミュニケーションの技法

4 対人距離　基本

対人距離には物理的距離と心理的距離があり、物理的距離が遠くても心理的距離が近い場合は感情の交流が行われるが、物理的距離が近くても心理的距離が遠い場合は感情の交流が行われない。

対人援助における位置　相談しやすいのは直角法……四角いテーブルにつく場合、最も効率よく

話ができるのは角をはさんで座る**直角**法。正面に座る**対面**法では、視線をそらしづらく威圧感をあたえることになる。
相手が座っているときは座って話しかける……座っている相手に立ったまま話しかけると、上から見ることになり**威圧**感をあたえる。座って**視線**の高さをそろえてから話しかける。　出題実績 ▶ 25〔3〕

5 言語的コミュニケーション　基本

コミュニケーションには**言語的（バーバル）**コミュニケーションと**非言語的（ノンバーバル）**コミュニケーションがある。言語的コミュニケーションとは、文字どおり言葉によるコミュニケーションで、会話や文字によって行われる。しかし、情報伝達における**言語的**コミュニケーションの割合は20〜30％程度で、70〜80％以上は**非言語的**コミュニケーション（準言語的コミュニケーションを含む）によって行われているといわれる。言語的（バーバル）コミュニケーションは、**言葉**を使って行う、会話や**文字**、**手話**などのコミュニケーションである。

準言語的コミュニケーション

会話は言語だけで成立しているわけではなく、声の**調子**、声の**大きさ**、間のとり方など、**非言語**的な側面ももつ。また、文字によるコミュニケーションでも、文字の書き方、**大きさ**、太さなど**非言語**的な情報が付帯している。これらを**準言語**的コミュニケーションということもある。

留意点
①相手に合った言葉づかいや声の**強弱**、**高低**、**速度**などに配慮する。
②よく聞こえるほうの耳から話しかけ、聞き取った内容を確認する。
③**否定**的な言葉、**指示**的な言葉を使用しない。

6 非言語的コミュニケーション　基本

非言語的（ノンバーバル）コミュニケーションとは、**言葉**によらないコミュニケーションである。たとえば、**表情**、**身ぶり**、**手ぶり**、姿勢、**服装**などで表されるものである。介護職は、言語的（バーバル）コミュニケーションと非言語コミュニケーションの両方を駆使して、利用者と意思疎通していく必要がある。

留意点
①自らの**非言語**的コミュニケーションの発するメッセージを意識して行動する。
②スキンシップや笑顔などで**親近**感を深める。
③言葉ではっきりと示されない利用者の**心**の動きを感知する。

7 受容　基本

受容とは、先入観や価値観、判断を入れずに、利用者を**ありのまま**に受け入れていく姿勢のことである。忘れてはならないのは、利用者の感情は、適切に表現されるとはかぎらないことである。隠れた感情もあるということをふまえて、利用者の気持ちを正しく**受け止める**、受け入れること

科目 2 人間関係とコミュニケーション
単元 2 コミュニケーションの基礎

が必要とされる。

8 共感 基本

共感とは、相手の気持ちに心を寄せて、共に感じ、相手の感情を理解しようとすること。利用者の話を傾聴したうえで、相手の感情を共有し理解を深めることが大切である。援助者の判断をまじえずに、肯定も否定もせずにただ共感する、という態度で接することで、相手との信頼関係（ラポール）が築ける。しかし、相手の感情に支配されてしまうと単なる同情に終わるため、冷静に相談内容を受け止め、理解することが大切である。

9 傾聴 基本

傾聴とは、相手の話にじっくりと耳を傾けることである。ただ話された言葉を聴くだけではなく、表情や態度、声の調子、すべてに心を傾け、利用者の気持ちや考えをくみ取ることである。相手を理解しようとしている、関心があるということが伝わるようにすることで、相手が「話したい」という気持ちになることが大切である。具体的な技法としては以下のような点があげられる。
① 心のこもったあいづちやうなずきで、相手の話をきちんと聴いていることを伝える。
② 共感をもって聴く。
③ 相手の話の腰を折らずにじっくりと聴く。
④ 相手の気持ちを受け止め、相手の言葉をそのままくりかえす（「〇〇だったんですね」など）。

10 非指示的雰囲気

相手にとってよいと思われることでも、介護職が利用者に指示したり誘導したりすることは避ける。生活の主体は利用者であることを重視し、非指示的雰囲気づくりに努めることが大切である。

11 感情の反射

感情の反射とは、利用者の話に出てきた、利用者の感情のよく表れた言葉をそのまま相手に返す技法をいう。利用者にとっては、ありのままの自分が相手に受け止められ理解されたという実感につながり、コミュニケーションの深まりに役立つ。　出題実績 ▶ 25〔4〕

12 感情の明確化

感情の明確化とは、利用者の話に含まれる感情を言語化して相手に伝える技法をいう。利用者にとっては、はっきり自覚していなかった感情が言語化されることによって、自覚や感情の整理につながることがある。

領域：人間と社会　科目2／人間関係とコミュニケーション
単元2　コミュニケーションの基礎

◆道具を用いた言語的コミュニケーション

13 機器を用いたコミュニケーション	障害のある人の自立生活や介護負担の軽減に不可欠な福祉用具などを**テクニカルエイド**といい、そのうちコミュニケーションを促進するものを**コミュニケーション・エイド**という。
コミュニケーション・エイド	パソコンのワープロ機能による文書作成、画面の拡大、画面の音声化、活字の読み上げ、点字入力などが該当する。
14 筆談	高齢者によくある、音は聞こえるが、言葉が明瞭に聞こえにくい**感音**難聴（sensorineural hearing loss）の場合、補聴器はあまり効果がないため、筆談を併用して心理的な負担を減らす方法がとられることがある。 出題実績 ▶ 27〔4〕
15 記述によるコミュニケーション	介護職間あるいは多職種間で**コミュニケーション**をとり、協力して利用者の生活を支援していくためには、各種記録が欠かせない。**記録**は、事実を中心に、正確かつ簡潔に記述することで有益なものとなる。

Step 2　一問一答で確かめよう

問い

- □**感情の交流**があるのは、物理的距離と心理的距離のどちらが近いとき？
- □会話や文字によって行われる、**言葉によるコミュニケーション**を何という？
- □会話における**声の調子**、**大きさ**、**間のとり方**、文字によるコミュニケーションでの**文字の大きさ**、**太さ**などを何という？
- □表情、身ぶり、手ぶり、姿勢、服装などで表される、**言葉によらないコミュニケーション**を何という？
- □先入観や価値観、判断を入れずに、利用者を**ありのままに受け入れていく姿勢**のことを何という？
- □相手の気持ちに心を寄せて、共に感じ、**相手の感情を理解**しようとすることを何という？
- □相手の話にじっくり耳を傾けることを何という？

答え

- 心理的距離　return 4
- 言語的コミュニケーション　return 5
- 準言語的コミュニケーション　return 5
- 非言語的コミュニケーション　return 6
- 受容　return 7
- 共感　return 8
- 傾聴　return 9

科目 2　**人間関係とコミュニケーション**
単元 2　コミュニケーションの基礎

Step 3　過去問に挑戦！

問題　Bさんの父親は認知症（dementia）があり、同じ話をくりかえす。Bさんが、「同じ話を毎日聞いて疲れる。疲れるのは父親のせいだ。つらいです」と介護職に話した。
　このときの介護職の、感情の反射（reflection of feeling）を用いた返答として、**適切なものを1つ選びなさい**。

第25回（2013年）〔4〕

1　「どんなふうにつらいですか」
2　「つらい気持ちなのですね」
3　「うまくいっていないのですね」
4　「つらい気持ちは怒りみたいなものですね」
5　「あなたが話していることは、お父さんに対するつらさですね」

答え　　2

感情の反射とは、利用者の話に出てきた、利用者の感情のよく表れた言葉をそのまま相手に返す技法。「どんなふうにつらいですか」と尋ねることは感情の反射とはならない（1は**不適切**）。Bさんの「つらいです」という発言をくりかえして「つらい気持ちなのですね」と返すことが感情の反射となっている（**2が適切**）。「うまくいっていないのですね」「つらい気持ちは怒りみたいなものですね」「あなたが話していることは、お父さんに対するつらさですね」などの返答には、介護職の解釈的態度が加わっており、感情の反射とはなっていない（3〜5は**不適切**）。→11

領域：人間と社会

科目 3
社会の理解

この科目の単元

- 単元1 生活と福祉
- 単元2 社会保障制度
- 単元3 介護保険制度
- 単元4 障害者自立支援制度
- 単元5 介護実践に関連する諸制度

科目3 社会の理解
出題傾向をつかもう

領域「人間と社会」の出題予定数16問のうち、例年各12問が本科目から出題されている。

最近4回の出題状況

大項目(本書の単元)*1	中項目*1	出題実績*2	出題数
1 生活と福祉	1) 家庭生活の基本機能 2) 家族 3) 地域 4) 社会、組織 5) ライフスタイルの変化 6) 社会構造の変容 7) 生活支援と福祉	24〔5〕核家族 24〔6〕現代の日本の地域社会の変容 24〔7〕今日の福祉の理念 25〔5〕育児と介護 25〔6〕限界集落を定義するときの人口構成 26〔6〕地域におけるさまざまな事業主体やサービス提供主体 26〔7〕ボランティア活動 26〔8〕少子高齢化	小計8
2 社会保障制度	1) 社会保障の基本的な考え方 2) 日本の社会保障制度の発達 3) 日本の社会保障制度のしくみの基礎的理解 4) 現代社会における社会保障制度	24〔8〕「社会福祉法」に規定されているもの 24〔9〕日本の社会保障 24〔10〕社会福祉の歩み 25〔7〕日本の社会保障 25〔8〕国民年金の被保険者 26〔5〕非常勤の訪問介護員として働くCさんの「育児・介護休業法」に基づく育児休業などの取得 26〔9〕市町村における社会福祉に関する計画 26〔10〕社会保障 26〔11〕社会保障制度の歩み 27〔5〕民生委員の委嘱 27〔6〕社会福祉法人 27〔7〕国家が国民に保障する最低限度の生活水準を表す用語 27〔8〕社会福祉の推移	小計13
3 介護保険制度	1) 介護保険制度創設の背景および目的 2) 介護保険制度の動向 3) 介護保険制度のしくみの基礎的理解 4) 介護保険制度における組織、団体の機能と役割	24〔11〕介護保険制度において主任介護支援専門員の配置が義務づけられているもの 25〔9〕介護保険制度 25〔10〕介護保険審査会の設置主体 25〔11〕介護支援専門員(ケアマネジャー) 26〔12〕「介護保険法」 26〔13〕「介護保険法」に規定される要介護認定 26〔14〕地域包括ケアシステムの実現に向けた地	

領域：人間と社会　科目3／社会の理解
出題傾向をつかもう

	5）介護保険制度における専門職の役割	域ケア会議 27〔9〕介護保険制度の動向 27〔10〕介護保険の被保険者 27〔11〕各専門職とその業務	小計10
4 障害者自立支援制度	1）障害者自立支援制度創設の背景および目的 2）障害者自立支援制度のしくみの基礎的理解 3）障害者自立支援制度における組織、団体の機能と役割	24〔12〕「障害者自立支援法」 24〔13〕病気で身体障害者となったCさんの「障害者自立支援法」によるサービス利用 25〔12〕「障害者自立支援法」における「障害者」の定義 25〔13〕地域における障害者の自立支援のシステム 26〔15〕「障害者総合支援法」 27〔12〕精神科病院に10年間入院しているBさんが地域でくらしたいと申し出、面談するときの地域相談支援事業所のC職員の対応 27〔13〕「障害者総合支援法」 27〔14〕国際リハビリテーション協会が定めた「障害者のための国際シンボルマーク」	小計8
5 介護実践に関連する諸制度	1）個人の権利を守る制度の概要 2）保健医療福祉に関する施策の概要 3）介護と関連領域との連携に必要な法規 4）生活保護制度の概要	24〔14〕長男と同居しているDさんにかかわる訪問介護員の、高齢者虐待への対応 24〔15〕「医療法」に基づく医療提供施設の規定 24〔16〕生活保護制度における扶助と給付の方法 25〔14〕介護老人福祉施設に短期入所しているCさんが、日常生活自立支援事業の利用を相談する機関 25〔15〕個人の権利を守る制度 25〔16〕「精神保健福祉法」に規定された精神障害者の入院形態 26〔16〕「障害者虐待防止法」 27〔15〕権利擁護 27〔16〕市町村保健センター	小計9
			合計48

＊1　本書の単元は「出題基準」の大項目、単元の下位区分は中項目にならっている。複数の大項目で1単元としたところもある。
＊2　「第24回試験問題5」を24〔5〕と表記している。

科目3 社会の理解
出題傾向をつかもう

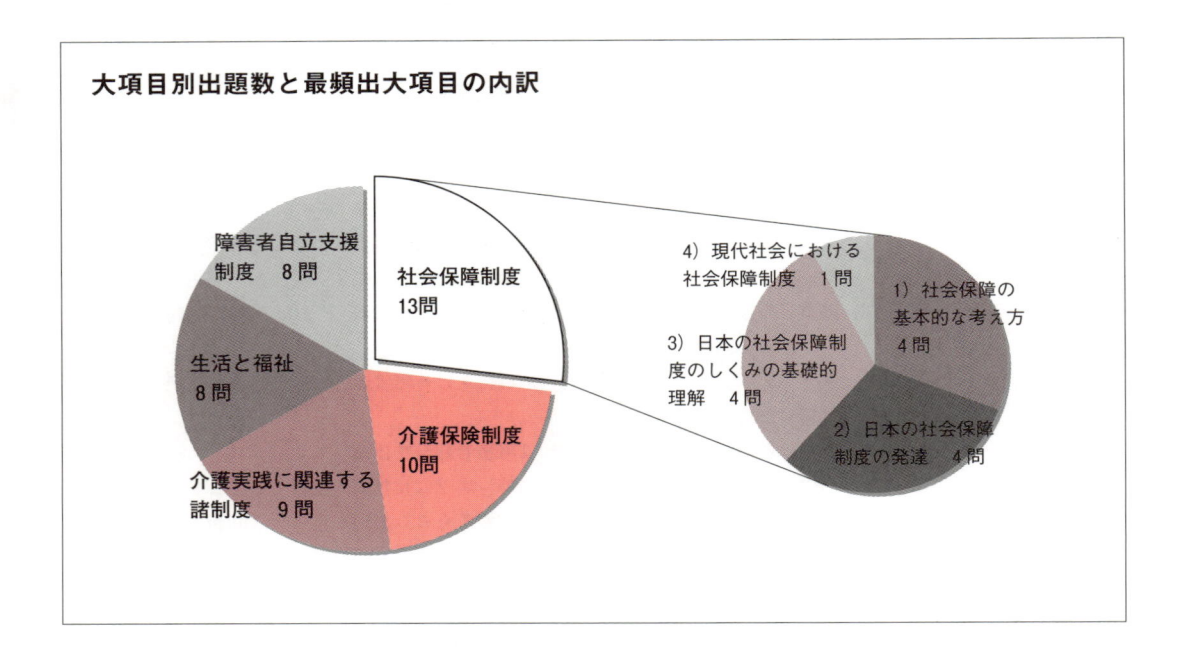

大項目別出題数と最頻出大項目の内訳

- 障害者自立支援制度 8問
- 社会保障制度 13問
  - 1) 社会保障の基本的な考え方 4問
  - 2) 日本の社会保障制度の発達 4問
  - 3) 日本の社会保障制度のしくみの基礎的理解 4問
  - 4) 現代社会における社会保障制度 1問
- 生活と福祉 8問
- 介護保険制度 10問
- 介護実践に関連する諸制度 9問

出題頻度順の出題内容　〈　〉内は最近4回の出題数

出題頻度 第1位　社会保障制度〈13問〉

　歴史がらみの出題に備えるには、小項目の内容を把握しておく必要がある。中項目「2) 日本の社会保障制度の発達」に含まれるのは、「日本の社会保障制度の基本的な考え方、憲法との関係」「戦後の緊急援護と社会保障の基盤整備」「国民皆保険、国民皆年金」「社会福祉法」「福祉六法」「社会保障費用の適正化・効率化」「地方分権」「地域福祉の充実」「社会保障構造改革」である。現に「日本国憲法」、「社会福祉法」、福祉六法体制などの出題がみられる。

　第25回試験の問題7、第26回試験の問題9、問題10、第27回試験の問題8は複合的な内容で、制度全般についての知識が問われている。

出題頻度 第2位　介護保険制度〈10問〉

　第24回試験の出題は1問のみであったが、第25回〜第27回試験では各3問出題されている。出題が多い中項目は「3) 介護保険制度のしくみの基礎的理解」「4) 介護保険制度における組織、団体の機能と役割」「5) 介護保険制度における専門職の役割」など。「科目4　介護の基本」の大項目「6　介護サービス」と重なる内容も多い。サービスの種類とその利用に関する知識など、

領域：人間と社会　科目3／社会の理解
出題傾向をつかもう

万全にしておきたい。

第26回試験の問題14では、**地域ケア会議**について出題された。地域包括ケアシステムの実現に向けて厚生労働省が推進している手法であり、今後も要注意。

出題頻度 第3位　介護実践に関連する諸制度〈9問〉

第24回・第25回試験では、各3問この大項目から出題されている。大項目2〜4以外の制度全般にわたるので、その内容は非常に幅広い。
成年後見制度、高齢者虐待、生活保護制度は頻出である。生活保護制度は、小項目にあげられている扶助以外についても出題されることがあるので注意しよう。

出題頻度 第4位　生活と福祉〈8問〉

多いときは2、3問の出題がある。**家族、世帯、世帯構造、世帯類型**など社会学のさまざまな専門用語が出てくるので、きちんと整理しておこう。

出題頻度 第4位　障害者自立支援制度〈8問〉

第24回・第25回試験で各2問、第26回試験で1問、第27回試験で3問出題されている。第26回試験での出題は、**難病患者等が対象**に加えられた点。制度改正には目配りが必要である。

選択肢には、他制度（介護保険制度、生活保護制度など）に固有の手続きやサービスが含まれることが多い。名称を正確に覚えるだけでも正答率は高まると知っておこう。

受験対策のポイントは…

まずは大項目「1　生活と福祉」で利用者を取り巻く環境の変化を理解したあと、大項目「3　介護保険制度」を重点的に学習し、類似した内容を含む大項目「4　障害者自立支援制度」に進もう。その後、大項目「2　社会保障制度」、大項目「5　介護実践に関連する諸制度」を学習すると、それぞれの内容を理解しやすい。

科目3 社会の理解
基礎知識をまとめておこう

基礎知識1　わが国の戦後の社会福祉の発展

- **日本国憲法公布** ── 1946（昭和21）年公布。第**25**条はその後の社会福祉の基本理念を示す

- **福祉三法の成立**
  - 1946（昭和21）年旧「生活保護法」→1950（昭和25）年新「**生活保護**法」
  - 1947（昭和22）年「**児童福祉**法」制定
  - 1949（昭和24）年「**身体障害者福祉**法」制定　☞p.51

- **社会福祉事業法の制定** ── 1951（昭和26）年制定→2000（平成12）年に改正され、「**社会福祉法**」に　☞p.51

- **福祉六法体制**
  - 1960（昭和35）年「精神薄弱者福祉法」→1998（平成10）年「**知的障害者福祉**法」
  - 1963（昭和38）年「**老人福祉**法」制定
  - 1964（昭和39）年「母子福祉法」→1981（昭和56）年「**母子及び寡婦福祉**法」→2014（平成26）年「母子及び父子並びに寡婦福祉法」　☞p.52

- **福祉関係八法の改正** ── 1990（平成2）年の「老人福祉法等の一部を改正する法律」により、社会福祉関係八法（「老人福祉法」「身体障害者福祉法」「知的障害者福祉法」「児童福祉法」「母子及び父子並びに寡婦福祉法」「社会福祉事業法」「老人保健法」「社会福祉・医療事業団法」）の改正　☞p.52

- **介護保険法の制定** ── 1997（平成9）年制定、2000（平成12）年施行。2005（平成17）年、2011（平成23）年、2014（平成26）年一部改正　☞p.62～64

- **社会福祉基礎構造改革** ── 2000（平成12）年施行。ただし、**措置**制度から**契約**制度への変更、地域福祉計画の策定などは2003（平成15）年施行。国民の社会福祉のニーズに対応するために行われた制度改革　☞p.53

- **障害者自立支援法制定** ── 2005（平成17）年制定→2013（平成25）年「障害者総合支援法」。障害種別に行われてきた福祉サービスを一元的に提供するためにつくられた　☞p.87～89

領域：人間と社会　科目3／社会の理解
基礎知識をまとめておこう

科目3

基礎知識2　社会福祉の実施体制の概要

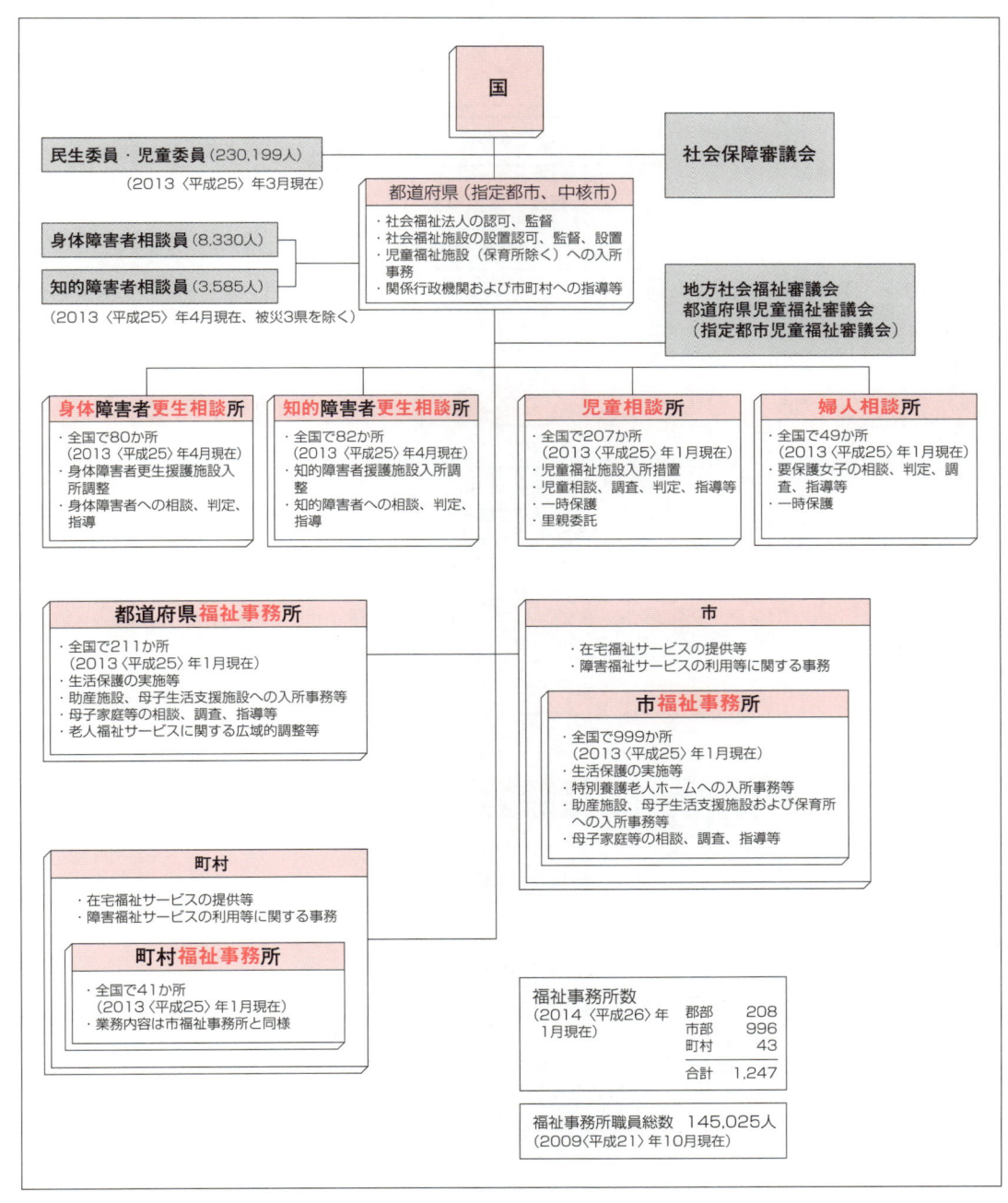

国

社会保障審議会

民生委員・児童委員（230,199人）
（2013〈平成25〉年3月現在）

身体障害者相談員（8,330人）
知的障害者相談員（3,585人）
（2013〈平成25〉年4月現在、被災3県を除く）

都道府県（指定都市、中核市）
・社会福祉法人の認可、監督
・社会福祉施設の設置認可、監督、設置
・児童福祉施設（保育所除く）への入所事務
・関係行政機関および市町村への指導等

地方社会福祉審議会
都道府県児童福祉審議会
（指定都市児童福祉審議会）

身体障害者更生相談所
・全国で80か所
　（2013〈平成25〉年4月現在）
・身体障害者更生援護施設入所調整
・身体障害者への相談、判定、指導

知的障害者更生相談所
・全国で82か所
　（2013〈平成25〉年4月現在）
・知的障害者援護施設入所調整
・知的障害者への相談、判定、指導

児童相談所
・全国で207か所
　（2013〈平成25〉年1月現在）
・児童福祉施設入所措置
・児童相談、調査、判定、指導等
・一時保護
・里親委託

婦人相談所
・全国で49か所
　（2013〈平成25〉年1月現在）
・要保護女子の相談、判定、調査、指導等
・一時保護

都道府県福祉事務所
・全国で211か所
　（2013〈平成25〉年1月現在）
・生活保護の実施等
・助産施設、母子生活支援施設への入所事務等
・母子家庭等の相談、調査、指導等
・老人福祉サービスに関する広域的調整等

市
・在宅福祉サービスの提供等
・障害福祉サービスの利用等に関する事務

市福祉事務所
・全国で999か所
　（2013〈平成25〉年1月現在）
・生活保護の実施等
・特別養護老人ホームへの入所事務等
・助産施設、母子生活支援施設および保育所への入所事務等
・母子家庭等の相談、調査、指導等

町村
・在宅福祉サービスの提供等
・障害福祉サービスの利用等に関する事務

町村福祉事務所
・全国で41か所
　（2013〈平成25〉年1月現在）
・業務内容は市福祉事務所と同様

福祉事務所数
（2014〈平成26〉年1月現在）
郡部	208
市部	996
町村	43
合計	1,247

福祉事務所職員総数　145,025人
（2009〈平成21〉年10月現在）

資料：厚生労働省「平成26年版厚生労働白書」

科目3 社会の理解
基礎知識をまとめておこう

基礎知識3 地域包括支援センター（地域包括ケアシステム）のイメージ ☞ p.79〜80

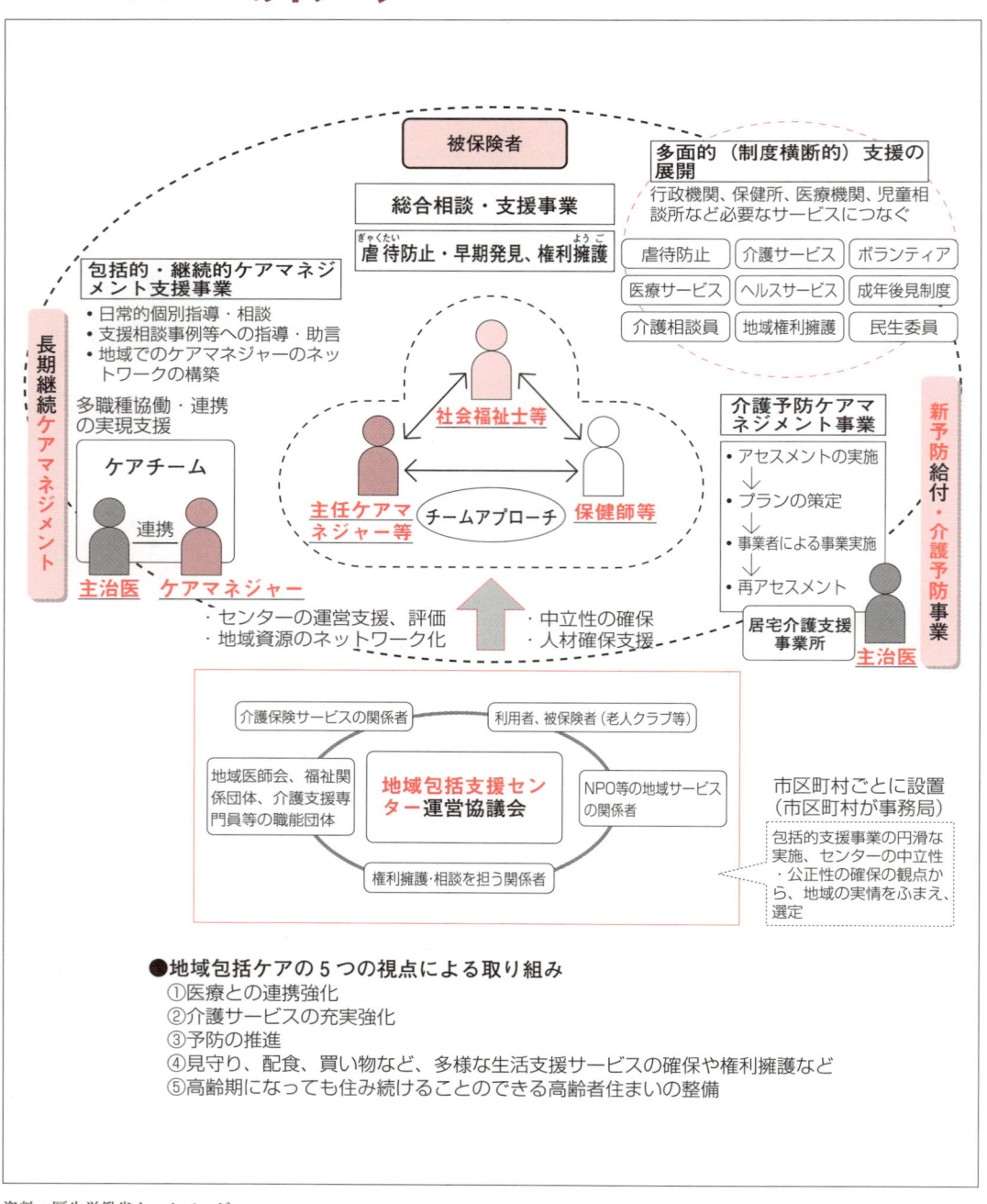

被保険者

総合相談・支援事業
虐待防止・早期発見、権利擁護

多面的（制度横断的）支援の展開
行政機関、保健所、医療機関、児童相談所など必要なサービスにつなぐ

虐待防止	介護サービス	ボランティア
医療サービス	ヘルスサービス	成年後見制度
介護相談員	地域権利擁護	民生委員

包括的・継続的ケアマネジメント支援事業
- 日常的個別指導・相談
- 支援相談事例等への指導・助言
- 地域でのケアマネジャーのネットワークの構築

多職種協働・連携の実現支援

ケアチーム
主治医 ― 連携 ― ケアマネジャー

社会福祉士等
主任ケアマネジャー等 ⇔ チームアプローチ ⇔ 保健師等

長期継続ケアマネジメント

介護予防ケアマネジメント事業
- アセスメントの実施
  ↓
- プランの策定
  ↓
- 事業者による事業実施
  ↓
- 再アセスメント

居宅介護支援事業所　主治医

新予防給付・介護予防事業

・センターの運営支援、評価　　・中立性の確保
・地域資源のネットワーク化　　・人材確保支援

地域包括支援センター運営協議会
- 介護保険サービスの関係者
- 利用者、被保険者（老人クラブ等）
- 地域医師会、福祉関係団体、介護支援専門員等の職能団体
- NPO等の地域サービスの関係者
- 権利擁護・相談を担う関係者

市区町村ごとに設置（市区町村が事務局）

包括的支援事業の円滑な実施、センターの中立性・公正性の確保の観点から、地域の実情をふまえ、選定

●地域包括ケアの5つの視点による取り組み
①医療との連携強化
②介護サービスの充実強化
③予防の推進
④見守り、配食、買い物など、多様な生活支援サービスの確保や権利擁護など
⑤高齢期になっても住み続けることのできる高齢者住まいの整備

資料：厚生労働省ホームページ

基礎知識 4　障害福祉サービス　☞p.89〜90

給付の別	名称	対象	サービスの内容
介護給付	居宅介護（ホームヘルプサービス）	障害者・児	**居宅**において入浴・排泄（はいせつ）・食事等の介護、調理・洗濯・掃除等の家事、生活等に関する相談・助言その他の生活全般にわたる援助を行う
	重度訪問介護	重度の肢体不自由者、知的障害者、精神障害者	居宅において入浴・排泄・食事等の介護、調理・洗濯・掃除等の家事、生活等に関する相談・助言その他の生活全般にわたる援助、外出時における移動中の介護を総合的に行う
	同行援護	視覚障害者・児	**外出**に同行して、移動に必要な情報を提供し、移動の援護、排泄・食事等の介護その他外出時に必要な援助を行う
	行動援護	知的障害者・児、精神障害者・児	行動の際に生じ得る**危険**回避のために必要な援護、外出時における移動中の介護、排泄・食事等の介護その他行動する際に必要な援助を行う
	療養介護	医療を要する障害者	昼間、**病院**で機能訓練、療養上の管理、看護、医学的管理のもとでの介護その他必要な医療、日常生活上の世話を行う
	生活介護	障害者	昼間、**障害者支援**施設等で入浴・排泄・食事等の介護、調理・洗濯・掃除等の家事、生活等に関する相談・助言その他の必要な日常生活上の支援、創作的活動、生産活動の機会の提供その他の身体機能・生活能力の向上のために必要な支援を行う
	短期入所（ショートステイ）	障害者・児	**介護**者の病気等で必要な場合に、障害者支援施設・児童福祉施設等に短期間入所させ、入浴・排泄・食事の介護その他の必要な支援を行う
	重度障害者等包括支援	常時介護を要する重度障害者・児	規定の障害福祉サービス（居宅介護、重度訪問介護、同行援護、行動援護、生活介護、短期入所、共同生活介護、自立訓練、就労移行支援、就労継続支援、共同生活援助）を包括的に提供する
	施設入所支援	生活介護や訓練等を受ける障害者	夜間、入浴・排泄・食事等の介護、生活等に関する相談・助言その他の必要な日常生活上の支援を行う
訓練等給付	自立訓練	障害者	自立した日常生活・社会生活を営むことができるよう、身体機能・生活能力の向上のために必要な訓練などを行う。**機能**訓練（期間は原則1年6か月）と**生活**訓練（期間は原則2年間）がある
	就労移行支援	**就労**を希望し雇用可能と見込まれる65歳未満の障害者	生産活動、職場体験その他の活動の機会を提供し、就労に必要な知識・能力の向上のために必要な訓練、求職活動に関する支援、適性に応じた職場開拓、就職後の職場定着のために必要な相談その他の必要な支援を行う。期間は原則2年間
	就労継続支援	通常の事業所に雇用されることが困難な障害者	就労の**機会**を提供し、生産活動その他の活動を提供することを通じて、知識・能力の向上のために必要な訓練その他の必要な支援を行う。A型（雇用型）とB型（非雇用型）がある
	共同生活援助（グループホーム）	障害者	主として夜間、共同生活を営む住居において相談、入浴・排泄・食事等の介護その他の日常生活上の援助を行う

科目3 単元1 社会の理解

生活と福祉

Step 1 重要項目を覚えよう

◆ 家庭生活の基本機能

1 家族・世帯・家庭 基本

通常、夫婦とその子、親などの**親族**集団を「**家族**」、経済的・社会的にひとまとまりの**消費**生活の単位を「**世帯**」、家族や世帯の構成員が形成する精神的・物理的な共同の**拠点**を「**家庭**」とよぶ。ここでは、学術的な定義、統計上の意味を整理しておく。

学術的定義（家族社会学）
家族……同居親族と他出家族員
世帯……同居親族と同居非親族

国勢調査
一般世帯と**施設**等の世帯に区分され、一般世帯はさらに、世帯員の世帯主との続柄によって次のように分けられる。
親族世帯……2人以上の世帯員からなる世帯のうち、世帯主と**親族**関係にある世帯員のいる世帯。
非親族世帯……2人以上の世帯員からなる世帯のうち、世帯主と親族関係にある者が**いない**世帯。
単独世帯……世帯員が1人の世帯。

国民生活基礎調査
世帯……**住居**および**生計**をともにする者の集まり、または独立して住居を維持し、もしくは独立して生計を営む独身者。
世帯員……世帯を**構成**する各人をさす。ただし、社会福祉施設に入所している者、単身赴任者（出稼ぎ者および長期海外出張者を含む）、遊学・別居中の者、あずけた里子、収監中の者を除く。

親族
「**民法**」第725条により、親族の範囲は次のように規定されている。
①**六親等内の血族**
②**配偶者**
③**三親等内の姻族**

2 世帯構造・世帯類型 基本

「国民生活基礎調査」では、**世帯**構造・**世帯**類型をそれぞれ次のように分類している。

領域：人間と社会　科目3／社会の理解
単元1　生活と福祉

世帯構造		
	単独世帯	①住み込みまたは寄宿舎等に居住する単独世帯、②その他の単独世帯
	核家族世帯	①夫婦のみの世帯、②夫婦と未婚の子のみの世帯、③ひとり親と未婚の子のみの世帯
	三世代世帯	世帯主を中心とした**直系**三世代以上の世帯

表1　世帯構造の分類

世帯類型		
	高齢者世帯	**65歳**以上の者のみで構成するか、またはこれに**18歳未満**の未婚の者が加わった世帯
	母子世帯	死別・離婚・その他の理由（未婚の場合を含む）で、現に配偶者のいない**65歳未満**の**女**（配偶者が長期間生死不明の場合を含む）と**20歳未満**のその子（養子を含む）のみで構成している世帯
	父子世帯	死別・離婚・その他の理由（未婚の場合を含む）で、現に配偶者のいない**65歳未満**の**男**（配偶者が長期間生死不明の場合を含む）と**20歳未満**のその子（養子を含む）のみで構成している世帯

表2　世帯類型の分類

3 家庭生活の基本機能　　家庭生活がもつ基本機能として、生産・労働、**教育**・養育、保健・福祉、**生殖**、安らぎ・交流などがあげられる。家族のライフステージにより、各機能のウエートは変化する。

4 ライフサイクル【基本】　　生涯のうちに起こる大きな出来事（**ライフイベント**）、**就職**、**結婚**、**出産**、**退職**などによって変化する、生活の一連の流れを**ライフサイクル**という。

ライフステージ　　ライフサイクルのなかで、一定期間**継続**する生活段階を**ライフステージ**（生活段階）といい、たとえば、**学童**期、**生産年齢**期などがこれにあたる。

ファミリーライフサイクル　　ライフサイクルに家族の形成や子どもの成育の視点を入れて、**家族**単位でみると、**ファミリーライフサイクル**（**家族**生活周期）をとらえることができる。たとえば、次のような段階がある。
①**前期**……新婚期
②**中期**……家族拡大期、育児期、教育期
③**後期**……家族縮小期、子どもの独立期
④**孤老期**……夫婦の一方が死亡

◆ **家族**

5 家族の種類【基本】　　家族は、規模と構成員によって各種に分類される。人は一生のうちに**定位**家族（**出生**家族）と**創設**家族（生殖家族）の2つを経験するとされる。

定位家族（出生家族）　　そこに**生まれた**ことにより、運命的に所属する家族をさす。

科目 3 社会の理解
単元 1 生活と福祉

	創設家族（生殖家族）	自分の意志で（**結婚**して）つくり、築いていく家族をさす。
		核家族……**夫婦**のみ、または**夫婦**とその未婚の子（あるいはひとり親とその未婚の子）で構成。家族の最小単位。　出題実績 ▶ 24〔5〕
		複婚家族……1人の配偶者を共有する、複数の核家族からなる家族。
		拡大家族……親子関係にある複数の核家族からなる家族。
		夫婦家族……少なくとも親が夫婦そろって健在の間は、どの子も結婚後は**親**と**同居**しない家族。
		直系家族……**1**人の子どもの家族とだけ**親**が同居するもの。
		複合家族……**2**人以上の子の家族と**親**が同居するもの。
6	家族の機能	マードック（Murdock, G. P.）は、**性**、**生殖**、**教育**、**経済**の4つを家族の本質的な機能としている。パーソンズ（Parsons, T.）は、近代家族の機能として、**子ども**の養育と家族員の**精神**的な安定の2つをあげている。
7	家族観の多様化	現代社会においては、個人の**価値**観の多様化、結婚観の多様化などにともない、家族のありようも多様になってきている。すなわち**非婚**、晩婚、**ディンクス**（Double Income No Kids；DINKS）などである。
	ライフコース	個人生活の多様化にともない、ライフコースの視点が重要になってきている。だれもに共通する**年齢**段階でとらえるライフサイクルでなく、各個人の人生の節目となるイベントや社会的**役割**の変化を、**社会**全体の流れのなかでとらえるものである。

◆ 地域

8	地域	地域とは、そこで生活する**人々**のまとまりをとらえる概念であり、近隣、町内会、**市**・町・村、郡などがある。
9	コミュニティ	コミュニティとは、一定の場所に住んで**共属**感情をもつ人の集団のことである。これに対して、共同**関心**を追求する目的で構成される組織体をアソシエーションという。
10	地域社会の集団・組織	集団とは複数の人間の集合であり、成員間に持続的な**相互**行為のあるものをいう。地域社会には発生経緯や存在意義の異なるさまざまな集団がある。
	第一次集団と第二次集団	アメリカの社会学者クーリー（Cooley, C. H.）などが提唱した概念。
		第一次集団……家族、遊び仲間、近隣の人など、人生の初期に社会生活の基本的な態度や価値の学習、**パーソナリティ**形成に貢献する集団。

ゲマインシャフトとゲゼルシャフト	**第二次集団**……一定の**目的**や利害関係に基づき**意図**的に形成される集団。ドイツの社会学者テンニース（Tönnies, F.）の提唱した概念。 **ゲマインシャフト**……人間の**本質**意志による結合がつくる集団で、家族や村落など、**全**人格的な共同体。 **ゲゼルシャフト**……**選択**意志による結合がつくる集団で、企業、学校や大都市など、人格の**一部**のみでつながる契約集団。	

◆ 社会・組織

11 社会
共同生活を営む**人々**の集団を社会という。この意味で社会は大小さまざまあり、その最小単位は**家族**である。社会の役割は、社会意識や社会規範により、**秩序**が守られ統制がなされることであり、またそれにより成員各自の安定が保たれることである。

12 組織
組織とは一定の**目的**のために支配関係、協働関係が制度化された機能集団（第**二**次集団）のことである。組織の役割は、結成目的を達成することにある。

組織化
近年、自然発生的な**血**縁、地縁による集団の力は弱まっており、意図的に**集団**をつくって力を生み出す**組織**化が有効なことも多い。

13 グループ支援
グループづくりやその**維持**の支援をいう。グループの性格や活動内容を問わず、活動**場所**や運営ノウハウの提供などを行う。

14 エンパワメント
利用者には**自ら**の課題を**克服**する力があるという視点から、本人が**潜在**能力を発揮できるように支援し、平等で公平な社会を実現することに価値を見出す概念。このとき、利用者の障害などのマイナス面ではなく、本来もっている権利や能力などの**プラス**面に注目する。

◆ ライフスタイルの変化

15 女性労働の変化
かつて女性の多くは**結婚**・出産で仕事を辞めることが多かったが、近年はその傾向は顕著でなく、結婚しても出産しても就労を続ける、あるいは結婚・出産自体をしないといった選択をする人も増えている。また、一度退職した人も、子どもの**就学**などを機に再度就労することが多い。

16 雇用形態の変化
バブル崩壊後の長期不況のなかで、パートタイマー、アルバイト、契約社員、派遣社員といった**非正規雇用者**の割合が増加し、2014（平成26）年には役員を除く雇用者に占める割合が37.4％となっている。男性では

科目3 社会の理解
単元1 生活と福祉

1997（平成9）年に10％を超え、2014（平成26）年には21.7％になった。女性では、2003（平成15）年に50％を超え、2014年には56.6％になった。特に若年層の割合が大きく、給与**格差**によって、働いても生活できない**ワーキングプア**の増加をもたらしている。

17 少子化（基本）

合計特殊出生率の低下によって、わが国の少子化は進行している。合計特殊出生率は2005（平成17）年には1.26まで低下したが、2013（平成25）年では1.43になっている。しかし、**人口置換水準**の2.07よりもかなり低いため、少子化は進行していくと考えられる。

合計特殊出生率：その年次の**15**歳から**49**歳までの女性の年齢別出生率を合計したもので、一人の女性が仮にその年次の年齢別出生率で**一生**の間に産むとしたときの子どもの数に相当する。

18 ワーク・ライフ・バランス

仕事と生活の**調和**の実現。晩婚化やそれにともなう晩産化だけでなく各家庭の**出生**力の低下も少子化の原因であり、働き方の見直しの機運が高まっている。つまり、**仕事**と私生活とのバランスの見直しである。

19 健康寿命の延伸

健康寿命とは、**平均**寿命から、病気や認知症（dementia）、衰弱などで**要介護**状態となった期間を差し引いた寿命のこと。2014（平成26）年に厚生労働省が発表した2013（平成25）年の**日本**人の健康寿命は**男性**71.19歳（平均寿命は80.21歳）、**女性**74.21（同じく86.61歳）となっており、要**介護**状態の期間をいかに短くするかが課題である。

20 余暇時間

労働時間の短縮、家事労働の**機械**化などにより、現代人の余暇時間はのびている。また、退職後の長い余暇時間を**生涯**学習、地域活動にあてる高齢者も増える傾向にある。

21 生涯学習

人が生涯にわたり学び続けていくことを**生涯学習**という。内閣府が行った2012（平成24）年の「生涯学習に関する世論調査」によると、「生涯学習をしている理由」でいちばん多かったのが「その学習が**好き**であったり、人生を豊かにするため」（59.4％）で、次いで「**健康**の維持・増進のため」（48.8％）、「他の人との親睦を深めたり、友人を得るため」（42.3％）となっている（複数回答）。

22 地域活動への参加

地域活動とは、**地域**のための奉仕的な活動のことで、町内会の活動や地元の**ボランティア**団体に所属して行う活動などがある。

◆社会構造の変容

23 産業化

技術革新の積み重ねによって、農林水産業の第一次産業から、**工業**主体の第二次産業、またはこれと関連する第三次産業の構成比が高まり、これらの生産力が増大していく過程。産業化は人口の都市部への**集中**をもたらすため、**都市**化と深くむすびついている。

24 都市化

都市化とは、村落の人口が都市部に移動し、人口全体に占める**都市**部の人口の割合が高まること。または、**都市**的な社会構造や生活様式が社会全体に浸透していくことをさす場合もある。

25 過疎化 基本

人口が減少して**過疎**になりつつある状態、または過疎がさらに進行する状態。 出題実績 ▶ 24〔6〕

過疎　「人口減少のために一定の**生活水準**を維持することが困難となった状態、たとえば**防災**、**教育**、**保健**などの地域社会の基礎的条件の維持が困難になり、それとともに資源の合理的利用が困難となって地域の**生産**機能が著しく低下すること」（1967〈昭和42〉年、経済審議会地域部会報告）

限界集落　65歳以上人口比**50**％以上の集落をいう。 出題実績 ▶ 25〔6〕

◆生活支援と福祉

26 生活

生活とは、生命、人生、くらし、生き方など広い意味を含み、用いられる文脈によって意味あいが異なる。個人的でありながら**環境**との相互作用で成立するものでもある。社会**福祉**の対象として生活支援を考えるときは、その人の価値観、生活様式、経済状態などもかかわってくる。

27 福祉の考え方の変遷 基本

「**日本国憲法**」第25条で、法律上はじめて「社会福祉」という言葉が用いられ、国民の**生存権**の保障と国の社会的使命が規定された。これをもとに戦後の社会福祉制度は整備されていき、「**生活保護**法」「**児童**福祉法」「**身体障害者**福祉法」の福祉**三法**が成立し、その後「精神薄弱者福祉法」（現在の「**知的障害者**福祉法」）「**老人**福祉法」「**母子**福祉法」（現在の「**母子**及び**父子**並びに**寡婦**福祉法」）を加えた福祉六法となった。しかし、福祉六法は一部の問題を抱えた人のためのものと受け止められており、あらゆる人のさまざまな生活課題（子育てや高齢者介護など）を解決し、人々が地域で自立した生活を営むことができるような、新たな枠組みが求められるようになった。このような展開に対応できるように、**社会福祉基礎構造**改革によって、「**介護保険**法」などが制定された。

科目3 社会の理解
単元1 生活と福祉

28	自助	他人を頼らず、**自分**の責任で自分自身が努力すること。**自助**が基本となり、互助、共助、公助を組み合わせて福祉が行われる。
29	互助・共助	互助は**家族**など身近な人間関係の間で互いに助け合うこと。共助は自助や互助では解決が困難なことを、**地域**社会で組織化して助けること。
30	公助	自助や互助、共助では解決できないことについて、国や都道府県、市町村などの**公的機関**が支援を行うこと。

Step 2 －問一答で確かめよう

問い

- □夫婦とその子、親などの**親族集団**を何という？
- □経済的・社会的にひとまとまりの**消費生活の単位**を何という？
- □**夫婦のみ**または**夫婦とその未婚の子**で構成されるのは、夫婦家族世帯・核家族世帯のどちら？
- □**高齢者世帯**とは、何歳以上の人のみ、あるいはこれに18歳未満の未婚の人が加わったもの？
- □**そこに生まれたこと**により、運命的に所属する家族を何という？
- □企業、学校や大都市など、**人格の一部のみでつながる契約集団**は、ゲマインシャフト・ゲゼルシャフトのどちら？
- □利用者が本来もっている、**課題克服のための潜在能力**を発揮できるように支援する概念を何という？
- □**合計特殊出生率**は、その年次の15歳から何歳までの女性の年齢別出生率を合計したもの？
- □**平均寿命**から、**要介護状態**となった期間を差し引いた寿命のことを何という？
- □技術革新の積み重ねによって、第一次産業主体から**第二次産業や第三次産業主体**へと変わっていく過程を何という？
- □65歳以上の人口比が**50％以上**の集落を何という？
- □自助や互助、共助では解決できないことについて、**公的機関が支援を行うこと**を何という？

答え

- 家族 return **1**
- 世帯 return **1**
- 核家族世帯 return **2** 表1
- 65歳以上 return **2** 表2
- 定位家族（出生家族） return **5**
- ゲゼルシャフト return **10**
- エンパワメント return **14**
- 49歳まで return **17**
- 健康寿命 return **19**
- 産業化 return **23**
- 限界集落 return **25**
- 公助 return **30**

Step 3 過去問に挑戦！

問題 核家族に関する次の記述のうち、**最も適切なもの**を１つ選びなさい。

第24回（2012年）〔５〕

1 経済的な協働がない。
2 生殖がない。
3 家族の基礎的な単位ではない。
4 夫婦、夫婦と子どもまたはひとり親と子どもからなる。
5 拡大家族を構成することはない。

答え　　4

核家族は家族の最小単位。経済は家族の本質的な機能の一つであり、核家族においても経済的な協働がある（**1は不適切**）。生殖も家族の本質的機能である（**2は不適切**）。核家族が家族の基礎的な単位である（**3は不適切**）。夫婦のみの家族、または夫婦と子ども、あるいはひとり親と子どもからなる家族が核家族である（**4が最も適切**）。拡大家族とは、親子関係にある２つまたはそれ以上の核家族からなる家族のこと。つまり、核家族は拡大家族の構成単位である（**5は不適切**）。

科目3 単元2 社会の理解 社会保障制度

Step 1 重要項目を覚えよう

◆社会保障の基本的な考え方

1 社会保障 基本

社会保障とは、**最低**限度の生活水準の確保と生活の安定化を図ることを目的とする**公**的な制度である。一般的に、社会保障は**所得**保障、**医療**保障、社会**福祉**を3本柱とし、その方法は社会**保険**、公的**扶助**、**福祉**サービスに分けられる。　出題実績 ▶ 24〔9〕

◆日本の社会保障制度の発達

2 日本の社会保障制度 基本

「**日本国憲法**」第25条第2項では、「国は、すべての生活部面について、社会福祉、社会保障及び公衆衛生の向上及び増進に努めなければならない。」とあり、ここでの社会保障とは、失業や病気などで所得を失った人々に対する**所得**の保障を意味している。また、**社会保障制度**審議会勧告（1950〈昭和25〉年）の定義では、せまい意味の社会保障として、公的**扶助**、社会**福祉**、社会**保険**、医療・**公衆衛生**、などがあげられ、広い意味での社会保障として、せまい意味の社会保障に恩給、戦争犠牲者援護などを加えている。また、社会保障の関連制度として住宅対策、雇用（失業）対策をあげている。　出題実績 ▶ 25〔7〕

3 戦後の緊急援護

第二次世界大戦後の混乱と生活の困窮のなかで、戦争被災者や戦災孤児などに対する緊急の援護の施策が展開され、1946（昭和21）年に「（旧）**生活保護法**」が制定された。その後、1947（昭和22）年に「**日本国憲法**」が施行されたのを受け、1950（昭和25）年に「生活保護法」は改正された。さらに、1951（昭和26）年には「**社会福祉事業法**」（現在の「**社会福祉法**」）が制定され、**措置**制度による福祉サービスの給付が実施された。措置制度は、**社会福祉基礎構造**改革によって、2000（平成12）年に「社会福祉事業法」が「社会福祉法」に改正されるまで、約50年も継続された。

措置制度

行政が利用者の実態を把握し、援護・育成・更生にかかわる福祉の措置（**行政**処分）を行うことで、サービスが給付される。利用者の申請は必ずしも必要とされない。

領域：人間と社会　科目3／社会の理解
単元2　社会保障制度

4 福祉三法の成立　基本

1946（昭和21）年に旧「生活保護法」（現在は1950〈昭和25〉年に制定された新「生活保護法」）、1947（昭和22）年に「児童福祉法」、1949（昭和24）年に「身体障害者福祉法」が制定され、いわゆる福祉三法が成立した。福祉三法は、戦後の日本の福祉行政の中核であったが、生活保護制度が大きな比重を占め、貧困層に対する援護対策としての色合いが濃いものであった。　出題実績 ▶ 24〔10〕

5 国民皆保険・皆年金　基本

国民皆保険・皆年金とは、すべての国民が公的な医療保険、年金保険に加入し、医療費の保障が整備され、また年金の受給が整備されたことをいう。わが国では、被用者を対象に健康保険制度が設けられて以来、徐々に整備され、1961（昭和36）年の国民健康保険制度、国民年金制度の成立によって達成された。　出題実績 ▶ 26〔11〕

6 社会福祉法　頻出

2000（平成12）年に「社会福祉事業法」が改正され、「社会福祉法」となった。「社会福祉法」では、福祉サービスの基本的理念、地域福祉の推進、福祉事務所、社会福祉法人の設立・運営・管理、福祉サービスの利用、社会福祉に従事する人材の育成・確保などが規定されている。
出題実績 ▶ 24〔8〕・27〔8〕

目的	「社会福祉を目的とする事業の全分野における共通的基本事項を定め、社会福祉を目的とする他の法律と相まって、福祉サービスの利用者の利益の保護及び地域における社会福祉の推進を図るとともに、社会福祉事業の公明かつ適正な実施の確保及び社会福祉を目的とする事業の健全な発達を図り、もつて社会福祉の増進に資することを目的とする。」（第1条）
福祉サービスの基本的理念	「福祉サービスは、個人の尊厳の保持を旨とし、その内容は、福祉サービスの利用者が心身ともに健やかに育成され、又はその有する能力に応じ自立した日常生活を営むことができるように支援するものとして、良質かつ適切なものでなければならない。」（第3条）
地域福祉の推進	「地域住民、社会福祉を目的とする事業を経営する者及び社会福祉に関する活動を行う者は、相互に協力し、福祉サービスを必要とする地域住民が地域社会を構成する一員として日常生活を営み、社会、経済、文化その他あらゆる分野の活動に参加する機会が与えられるように、地域福祉の推進に努めなければならない。」（第4条）
福祉サービスの提供の原則	「社会福祉を目的とする事業を経営する者は、その提供する多様な福祉サービスについて、利用者の意向を十分に尊重し、かつ、保健医療サービスその他の関連するサービスとの有機的な連携を図るよう創意工夫を行いつつ、これを総合的に提供することができるようにその事業の実施

科目3 社会の理解
単元2 社会保障制度

国・地方公共団体の責務

に努めなければならない。」（第5条）

「国及び地方公共団体は、社会福祉を目的とする事業を経営する者と協力して、社会福祉を目的とする事業の**広範**かつ**計画**的な実施が図られるよう、福祉サービスを提供する体制の**確保**に関する施策、福祉サービスの適切な利用の**推進**に関する施策その他の必要な各般の措置を講じなければならない。」（第6条）

7 福祉六法 頻出

1951（昭和26）年の「**社会福祉事業**法」（現在の「社会福祉法」）に続いて、1960（昭和35）年に「**精神薄弱者福祉**法」（現在の「知的障害者福祉法」）、1963（昭和38）年に「**老人福祉**法」、1964（昭和39）年に「**母子福祉**法」（現在の「母子及び父子並びに寡婦福祉法」）が制定され、従来の福祉三法と合わせて、いわゆる**福祉**六法が成立した。これによって日本の福祉制度の基本的な枠組みがつくられたが、あいかわらず生活保護の比重が大きかった。 出題実績 ▶ 24〔10〕・26〔11〕

8 社会保障費用の適正化・効率化

高度経済成長にともなって、児童手当制度や老人医療費**無料**化が導入されるなど、社会保障制度や社会福祉制度の整備・拡大が行われ、1973（昭和48）年は「**福祉元年**」とよばれた。ところが、その年の第一次石油危機によって、わが国の高度経済成長は終わりをむかえ、社会保障や社会福祉の制度について、給付の削減、支給要件の厳格化が行われることとなった。老人医療費無料化が見直され、1982（昭和57）年には「**老人保健**法」（現在の「高齢者の医療の確保に関する法律」）が制定され、高齢者も費用の一部を負担することとなった。また、**児童**手当制度も給付対象年齢が引き下げられ、対象が3歳までに限定された（その後変更）。

9 地域福祉の充実

1980年代以降の分権化・地域福祉の流れのなかで、地方自治体への権限の委譲が進み、1990（平成2）年の「老人福祉法等の一部を改正する法律」（**福祉八法**の改正）により、高齢者や身体障害者の施設入所の措置権が市町村にまかされるようになり、市町村の役割が**大き**くなった。さらに1999（平成11）年に制定された「地方分権の推進を図るための関係法律の整備等に関する法律（**地方分権一括**法）」によって、地方自治体が行う業務（事務）が**法定受託**事務と**自治**事務に分けられ、地方自治体の裁量権や権限が拡大している。

法定受託事務

地方自治体が行う業務のうち、**国**が本来行うべきであるが、適正な処理を行うために地方自治体が代行する業務で、法律または政令で定められている。さまざまなものがあるが、福祉関係では生活保護や**社会福祉**法

	人関連の業務などが該当する。
自治事務	地方自治体が行う業務のうち、**法定受託**事務以外の業務をいう。
10 社会福祉基礎構造改革 [基本]	社会福祉基礎構造改革とは、1990年代後半からの社会福祉サービスの基本的な枠組みや理念を見直すための一連の制度改革や立法の総称。**介護**保険制度の円滑な施行、**成年後見**制度の導入、規制**緩和**推進計画の実施、社会福祉法人による不祥事の防止、地方分権の推進のために行われた。
理念	「個人が尊厳を持ってその人らしい**自立**した生活が送れるよう支える」という社会福祉の理念に基づいて、改革を推進する。
具体的な改革の方向	①個人の**自立**を基本とし、その**選択**を尊重した制度の確立 ②質の高い**福祉**サービスの拡充 ③地域での生活を総合的に支援するための**地域福祉**の充実
改正の内容	①利用者の立場に立った社会福祉制度の構築 ・行政処分による**措置**制度から利用者がサービスを選択する**利用**制度に ・**地域福祉権利**擁護制度創設と苦情解決のしくみの導入 ②サービスの質の向上 ・良質のサービスを支える人材の育成・確保 ・事業者の**自己**評価によるサービスの質の向上、サービスの質を評価する**第三者**機関の育成 ・**情報**提供などによる事業の透明性の確保 ③社会福祉事業の充実・活性化 ・社会福祉事業の範囲の拡充 ・社会福祉法人の設立のための要件の緩和 ・さまざまな事業主体の参入の促進 ・福祉サービスの提供体制の充実 ・社会福祉法人の運営の弾力化 ④地域福祉の推進 ・**地域福祉**計画の策定 ・知的障害者福祉等に関する業務の市町村への委譲 ・社会福祉協議会、共同募金、民生委員・児童委員の活性化

◆日本の社会保障制度のしくみの基礎的理解

11 社会保障関係費 [基本]	社会保障関係費とは、国の一般会計における生活保護費、**社会福祉**費、**年金医療介護保険**給付費、**保健衛生**対策費、**雇用労災**対策費をさす。2014（平成26）年度の予算は30兆5175億円で、一般歳出の約54.0％である。

科目 3 社会の理解
単元 2 社会保障制度

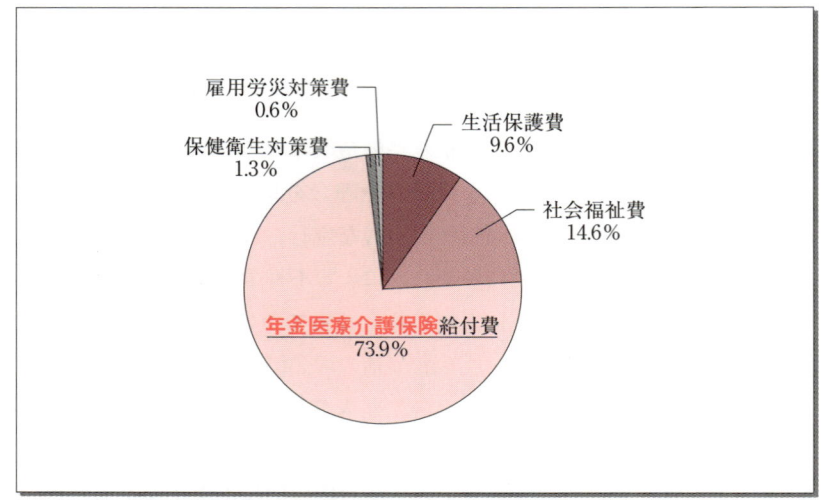

図1　社会保障関係費の内訳（2014〈平成26〉年）
- 雇用労災対策費　0.6%
- 保健衛生対策費　1.3%
- 生活保護費　9.6%
- 社会福祉費　14.6%
- 年金医療介護保険給付費　73.9%

資料：厚生労働省「平成26年版厚生労働白書」

12 社会保険（基本）

勤労者や地域住民などを対象に、予想される生活上のさまざまな**リスク**に対して、**社会保険**のしくみを用いて社会的に準備する制度。わが国の社会保険には、年金保険、**雇用**保険、**労働者災害補償**保険、**医療**保険、**介護**保険がある。保険者は**国**または地方公共団体などで、保険料に加え**国**の補助金などを財源として運営されている。　出題実績 ▶ 26〔10〕

職域保険　厚生年金、雇用保険、労働者災害補償保険（労災保険）、被用者医療保険のように、**事業所**単位で適用されるものをいう。

地域保険　国民年金、国民健康保険のように、住所をもとにして**個人**単位で加入するものをいう。

13 公的扶助（頻出）

公的扶助は、生活困窮者を救済し**最低限度**の生活を保障することを目的とする。保険料を集める社会保険とは異なり、費用はすべて**公費**でまかなわれる。社会保険は制度加入が給付の条件となるが、公的扶助の場合は、事前の状況について問われることはない。資産や能力の活用などを条件に、ニーズの判定などを経て**補足**的な給付が行われる。

ナショナル・ミニマム　国家が**国民**に対して**保障**する最低限度の生活水準のこと。社会福祉・社会**保障**の基本的な考え方の一つで、提唱したのは**イギリス**のウェッブ夫妻（Webb, S. & B.）。　出題実績 ▶ 24〔7〕・26〔10〕・27〔7〕

14 年金保険（頻出）

老齢、障害、死亡などにともなう所得の減少・喪失といった**保険**事故に対して、被保険者またはその遺族に**長期**給付を行い、その生活を保障することを目的とする。**国民**年金と**被用者**年金に大きく分けられる。

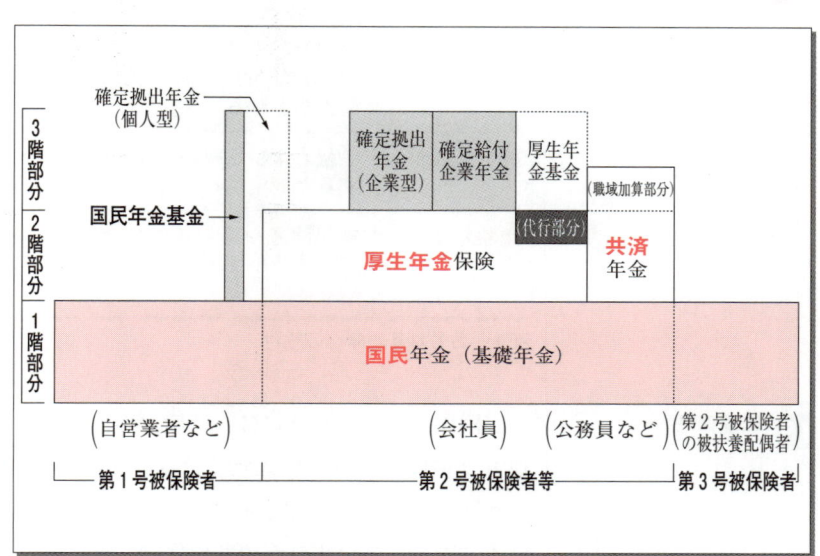

図2　年金制度のしくみ
資料：厚生労働省「平成26年版厚生労働白書」

基礎年金制度　1985（昭和60）年の年金制度の抜本的な改革によって、1986（昭和61）年に**基礎年金**制度が始まった。基礎年金制度では、全国民共通の定額部分（**基礎**年金）を1階部分とし、それに上乗せする2階部分として、被用者保険によって**報酬**比例の給付が支給される。　出題実績▶26〔11〕

被用者年金　民間**企業**や**官公庁**などに雇用されている被用者を対象とする保険。**厚生**年金、**国家**公務員共済、**地方**公務員等共済、**私立学校**教職員共済の各制度がある。被用者年金制度から、基礎**年金**に上乗せして**報酬**に比例した年金が支給され、共済年金ではさらに**職域**加算部分が加算される。
出題実績▶24〔9〕

国民年金　国民共通の**基礎**年金の部分。日本国内に住所のある**20歳以上60歳未満**の人は加入が義務づけられている。　出題実績▶24〔9〕・25〔8〕

被保険者……職業などによって、第1号被保険者、第2号被保険者、第3号被保険者の3種類に区分される。

第1号被保険者	20歳以上60歳未満の**自営業などの非被用者**
第2号被保険者	**厚生年金保険**の被保険者、**共済組合**の組合員、**私立学校教職員共済制度**の加入者
第3号被保険者	第2号被保険者に扶養されている**配偶者**で20歳以上60歳未満の者

表3　国民年金の被保険者の区分

年金の給付……支給される基礎年金には、老齢基礎年金、**障害**基礎年金、**遺族**基礎年金があり、国民年金ではそれ以外に**死亡**一時金、**寡婦**年金、付加年金（付加年金に加入していた場合）が給付される。

科目3 社会の理解
単元2 社会保障制度

老齢基礎年金	原則として受給資格期間（保険料納付済期間・保険料免除期間・合算対象期間）が25年以上ある者が65歳に達したときに支給される
障害基礎年金	1級および2級の身体障害または精神障害などの状態に該当すると認定された者に支給される
遺族基礎年金	被保険者や老齢基礎年金の受給権者が死亡した場合、18歳に達する年度末までの子どもや該当する子のある妻に支給される

表4　おもな基礎年金の給付

15 医療保険 基本

わが国の医療保険制度には、健康保険、国民健康保険、国家公務員共済、地方公務員等共済、私立学校教職員共済、船員保険がある。このうち健康保険は、組合管掌健康保険と全国健康保険協会管掌健康保険に分けられる。国民は、いずれかの医療保険に加入する。　　出題実績 ▶ 24〔9〕

組合管掌健康保険　健康保険組合を保険者とし、おもに大企業の被用者を被保険者とする。健康保険組合には、単一の企業で設立する場合と同種同業の企業が合同で設立する場合とがある。

全国健康保険協会管掌健康保険　全国健康保険協会を保険者とし、健康保険組合に加入している組合員以外の被用者を被保険者とする。2008（平成20）年10月に、政府管掌健康保険から事業が引き継がれた。

国民健康保険　市町村あるいは国民健康保険組合が保険者。市町村が行う場合の被保険者は市町村の区域内に住所を有する者で、被用者医療保険の加入者やその被扶養者、生活保護世帯などを除き、強制加入である。国民健康保険組合が行う場合の被保険者は、医師や歯科医師、薬剤師、弁護士、土木建築業、理容美容業など。

給付の概要……国民健康保険の給付には、医療給付と現金給付がある。医療給付は、現物（サービス）を支給する現物給付。

医療給付（現物給付）……療養の給付、家族療養費、入院時食事療養費、入院時生活療養費、高額療養費、訪問看護療養費などがある。

療養の給付	保険加入者が医療や調剤を受けた場合、費用の7割が給付され、3割を自己負担する
家族療養費	保険加入者の被扶養者が医療や調剤を受けたとき、費用の7割が給付され、3割を自己負担する
入院時食事療養費	入院時の食事に関して、自己負担額を除いた分が給付される
入院時生活療養費	療養病床に入院する65歳以上の者の生活療養に要した費用について給付される

表5　おもな医療給付

現金給付……傷病手当金、**出産**育児一時金などがある。

16 雇用保険
基本

被雇用の労働者を対象に、労働者が失業した場合に必要な**失業**等給付が行われ、労働者の生活の安定や雇用の促進を図る。原則として、離職の日以前の2年間に被保険者期間が通算して**12**か月以上あったとき（倒産・解雇等の非自発的離職の場合には、離職の日以外の1年間に通算6か月以上あったとき）に、**基本**手当が支給される。給付には、**求職者**給付（基本手当・技能習得手当・寄宿手当・傷病手当）、**就職促進**給付（就業促進手当・移転費・広域求職活動費）、**教育訓練**給付、**雇用継続**給付（高年齢雇用継続給付・育児休業給付金・介護休業給付金）の4種類がある。

17 労働者災害補償保険（労災保険）
基本

業務中や**通勤**途中の労働者の傷病・障害・死亡に対して保険給付が行われ、労働者やその遺族の生活の安定を図る。労働者（公務員と船員を除く）を使用する事業に対して**強制**適用され、保険料の拠出は**事業主**のみ。

18 民間保険制度

一定数以上の加入者を確保することによって、リスクの発生率が**一定**化し、**分散**化できるという前提に立っている点や、リスクの発生率によって収支のバランスを考慮する点は、ある程度社会保険と共通した考え方である。しかし、社会保険と異なり、**任意**加入であり、個別のリスクに対応した保険料が設定され、すでに病気にかかっている人や高齢者のようなハイリスクの人は、加入できないことが多い。

◆現代社会における社会保障制度

19 人口動態
基本

一定期間の出生、**死亡**、**死産**、婚姻、**離婚**といった人口の動きを戸籍などの届出書をもとに調査したものを、人口動態という。「人口動態調査」は、**厚生労働**省が行っている。

人口構造

人口構造は、**年少**人口（0～14歳）、**生産年齢**人口（15～64歳）、**老年**人口（65歳以上）という年齢階級別人口で示される。年少人口と老年人口を合わせた人口を**従属**人口という。生産年齢人口は、総人口に占める割合が1992（平成4）年の69.8％以降低下しており、2014（平成26）年には61.3％になった。また、年少人口の割合も低下し続けており、1997（平成9）年以降は**老年**人口が**年少**人口を上回っている（「人口推計平成26年10月1日確定値」）。 出題実績 ▶26〔8〕

人口ピラミッド

男女別に年齢ごとの人口を示したグラフ。わが国の人口ピラミッドは、現在では2つのふくらみをもつ**ひょうたん**型となっている。

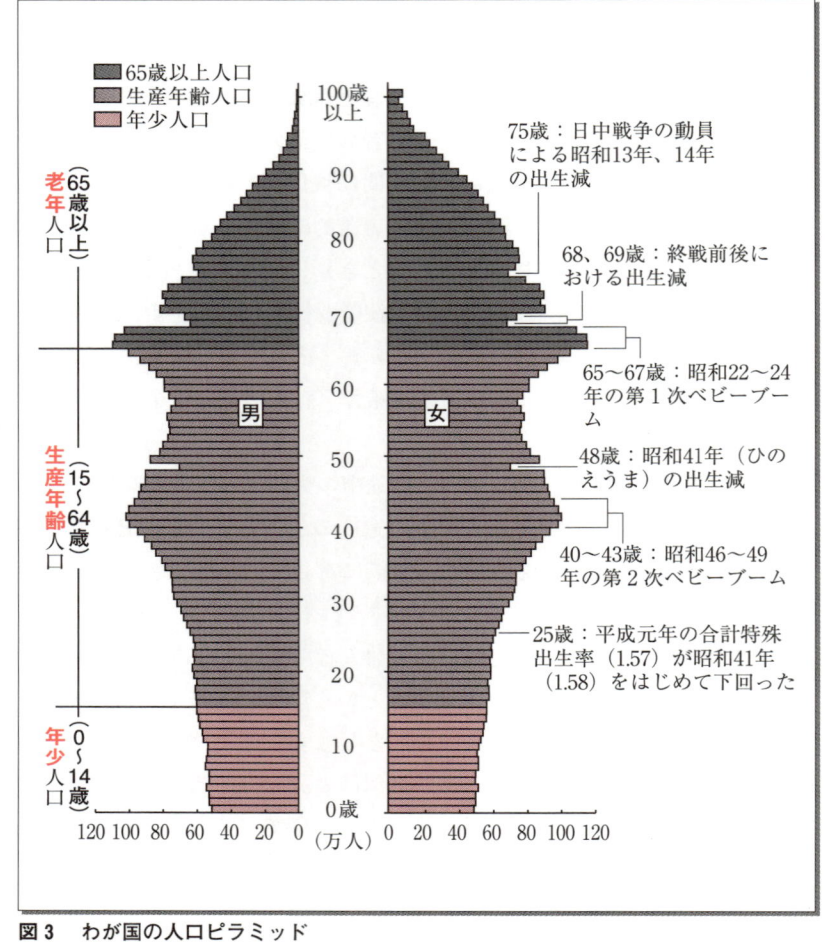

科目3 社会の理解
単元2 社会保障制度

図3 わが国の人口ピラミッド
資料：総務省統計局「人口推計（平成26年10月1日現在推計人口）」

図中注記：
- 75歳：日中戦争の動員による昭和13年、14年の出生減
- 68、69歳：終戦前後における出生減
- 65〜67歳：昭和22〜24年の第1次ベビーブーム
- 48歳：昭和41年（ひのえうま）の出生減
- 40〜43歳：昭和46〜49年の第2次ベビーブーム
- 25歳：平成元年の合計特殊出生率（1.57）が昭和41年（1.58）をはじめて下回った

凡例：■65歳以上人口　■生産年齢人口　■年少人口
（65歳以上）老年人口／（15〜64歳）生産年齢人口／（0〜14歳）年少人口

高齢化率　国の総人口に占める**65**歳以上の高齢者の割合。わが国の高齢化率は上昇を続けており、2005（平成17）年に**20**％を超え、2014（平成26）年には26.0％となっている（「人口推計平成26年10月1日確定値」）。

出題実績 ▶ 26〔8〕

少子高齢化　わが国の高齢化率の高まりは、**出生**数の減少による**少子**化（→p.46 **17**）との相乗効果によるものであり、少子高齢化とよばれる。

20 社会保障の給付と負担

「社会保障費用統計」によると、2012（平成24）年度の**社会保障給付**費は108兆5568億円であり、その内訳は、**年金**が最も多く53兆9861億円（総額の49.7％）、次が**医療**で34兆6230億円（総額の31.9％）、福祉その他が19兆9476億円（総額の18.4％）となっている。機能別社会保障給付費では、**高齢**が53兆2091億円（総額の49.0％）で突出して多く、保健医療が33兆546億円（総額の30.4％）で続いている。この上位2つで8割近く

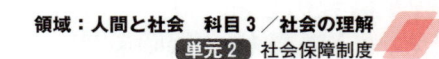

を占め、ほかの遺族（6兆7822億円で6.2％）、家族（5兆5001億円で5.1％）、障害（3兆7257億円で3.4％）、生活保護その他（3兆1462億円で2.9％）などを大きく引き離している。社会保障給付費の財源は、総額127兆555億円で、その内訳は**社会保険**料が61兆4156億円（総額の48.3％）と最も多く、次に**公費**負担が42兆5469億円（総額の33.5％）を占める。少子**高齢**化やライフスタイルの変化などの社会情勢により、旧来の社会保障制度は改革の必要に迫られている。**持続可能**な社会保障制度の構築に向けて、議論は半ばであるが、たとえば男女の役割分担に基づく**世帯**単位モデルの見直し、**雇用**形態の多様化への対応、**少子**化対策のさらなる充実など、課題はいまだ多い。

持続可能な社会保障制度

実力アップ！豆知識　日本国憲法と社会福祉

「社会福祉」という言葉が用いられるようになったのはそれほど昔のことではない。「社会福祉」という言葉が広く使われるようになったきっかけは、次にあげる、1946（昭和21）年に公布された「日本国憲法」第25条第2項である。

「国は、すべての生活部面について、社会福祉、社会保障及び公衆衛生の向上及び増進に努めなければならない。」

この条文に「社会福祉」という言葉が登場したのは、当時のGHQ（連合国軍総司令部）が示した憲法草案に「ソーシャル・ウェルフェア（social welfare）」という言葉があり、これが憲法審議のなかで「社会福祉」と訳されたことによるとされている。

科目3 社会の理解
単元2 社会保障制度

Step 2 一問一答で確かめよう

問い	答え
□社会保障は、**所得保障、医療保障**ともう一つ何から構成される？	社会福祉 ↩1
□戦争被災者や戦災孤児などに対する**緊急の援護の施策**が展開され、1946（昭和21）年に制定された法律は？	生活保護法 ↩3
□「**社会福祉事業法**」（現在の「**社会福祉法**」）に基づいて行われた福祉サービスの給付は、**措置制度・利用制度**のどちらで行われた？	措置制度 ↩3
□いわゆる**福祉三法**とは、「**生活保護法**」「**児童福祉法**」と、もう一つは何？	身体障害者福祉法 ↩4
□すべての国民が、公的な**医療保険、年金保険**に加入し、医療費の保障が整備され、また年金の受給が整備されたことを何という？	国民皆保険・皆年金 ↩5
□2000（平成12）年に「**社会福祉事業法**」が改正されてつくられた法律は？	社会福祉法 ↩6
□福祉六法とは、福祉三法に「**精神薄弱者福祉法**」（現在の「**知的障害者福祉法**」）「**母子福祉法**」（現在の「**母子及び父子並びに寡婦福祉法**」）ともう一つ何を加えたもの？	老人福祉法 ↩7
□「地方分権の推進を図るための関係法律の整備等に関する法律（**地方分権一括法**）」によって、地方自治体が行う業務（事務）は**自治事務**と何に分けられた？	法定受託事務 ↩9
□1990年代後半からの、社会福祉サービスの枠組みなどを見直す一連の**制度改革**や立法の総称を何という？	社会福祉基礎構造改革 ↩10
□国の一般会計における**生活保護費、社会福祉費、年金医療介護保険給付費、保健衛生対策費、雇用労災対策費**をまとめて何という？	社会保障関係費 ↩11
□わが国の社会保険には、**年金保険、雇用保険、労働者災害補償保険、医療保険**ともう一つ何がある？	介護保険 ↩12
□厚生年金、雇用保険、労働者災害補償保険、被用者医療保険のように、**事業所単位**で適用される社会保険は何？	職域保険 ↩12
□国民年金、国民健康保険のように、住所をもとにして**個人単位**で加入する社会保険は何？	地域保険 ↩12

領域：人間と社会　科目3／社会の理解
単元2　社会保障制度

□生活困窮者を救済し、最低限度の生活を保障することを目的とするのは、**社会保険・公的扶助**のどちら？　　公的扶助　return 13

□全国民共通の定額部分（**基礎年金**）を1階部分とし、それに上乗せする2階部分として、**被用者保険**によって報酬比例の給付が支給される制度は何？　　基礎年金制度　return 14

□**国民健康保険**の給付は、医療給付（現物給付）ともう一つは何？　　現金給付　return 15

□被雇用の労働者を対象とし、労働者が失業した場合に必要な**失業給付**が行われる保険は何？　　雇用保険　return 16

□**業務中**や**通勤途中**の労働者の傷病・障害・死亡に対して**保険給付**が行われる保険は何？　　労働者災害補償保険（労災保険）　return 17

□**生産年齢人口**とは、何歳から何歳までの人口をいう？　　15歳から64歳まで　return 19

□国の総人口に占める**65歳以上**の高齢者の割合を何という？　　高齢化率　return 19

Step 3　過去問に挑戦！

問題　日本の社会保障に関する次の記述のうち、**正しいもの**を1つ選びなさい。

第24回（2012年）〔9〕

1. 社会保障制度には、社会保険は含まれない。
2. 公的医療保険制度の加入は任意である。
3. 国民年金の加入は任意である。
4. 労働保険には、雇用保険と労働者災害補償保険がある。
5. 公的年金制度には、厚生年金保険は含まれない。

答え　4

社会保険は、社会保障の大事な方法の一つである（1は誤り）。国民のすべてがいずれかの公的医療保険に加入することになっている（2は誤り）。国民年金への加入は義務である（3は誤り）。労働保険には、失業のリスクに備える雇用保険と、業務中の傷病などに備える労働者災害補償保険（労災保険）がある（4が正しい）。厚生年金保険は、国民年金（基礎年金）に上乗せされる被用者保険（報酬比例の給付）を担う、大切な公的年金である（5は誤り）。　return 1 14 15 16 17

科目3 単元3 社会の理解 介護保険制度

Step 1 重要項目を覚えよう

◆介護保険制度創設の背景および目的

1 創設の背景 基本

それまで「**老人福祉**法」と「**老人保健**法」のもとに独立して提供されてきた介護サービスは、手続きが複雑で、費用負担の面でも不均衡が生じていた。これを是正するために、**1997（平成9）**年に「**介護保険法**」が成立し、**2000（平成12）**年に施行された。介護保険制度は、介護に関する福祉と医療のサービスを総合的・一体的に提供し、**契約**という形で利用者が自由にサービスを選択して利用するしくみである。利用者の選択のために、十分なサービスの量と多様なサービス内容が必要であるため、さまざまなサービス提供事業者が参入できるようになった。

2 介護保険制度の目的 基本

介護保険制度は、介護が必要になった原因を**加齢**によるものと限定し、高齢者だれもが**尊厳**をもって、可能なかぎり住み慣れた地域で**自立**した生活を送れるような支援をめざして、保健・医療・福祉の一元的なサービスを**社会保険**方式で行うことで、**保健医療**の向上と**福祉**の増進を図ることを目的とする。

目的

「**加齢**に伴って生ずる心身の変化に起因する疾病等により**要介護**状態となり、入浴、排せつ、食事等の介護、機能訓練並びに看護及び療養上の管理その他の医療を要する者等について、これらの者が**尊厳**を保持し、その有する能力に応じ**自立**した日常生活を営むことができるよう、必要な**保健医療**サービス及び**福祉**サービスに係る給付を行うため、国民の共同**連帯**の理念に基づき**介護保険**制度を設け、その行う保険給付等に関して必要な事項を定め、もって国民の**保健医療**の向上及び**福祉**の増進を図ることを目的とする。」（「介護保険法」第1条）　出題実績 ▶26〔12〕

◆介護保険制度の動向

3 介護保険制度改革 頻出

介護保険制度は**2000（平成12）**年4月から実施されたが、5年をめどに見直しを行うこととされており、**2005（平成17）**年、2011（平成23）年、2014（平成26）年に大きな法改正が行われた。おもな改正内容は次のと

領域：人間と社会　科目3／社会の理解
単元3　介護保険制度

2005（平成17）年改正	おりである。 **予防**重視型システムへの転換、施設給付の見直し、新たなサービス体系の確立などを柱に、次のような改正が行われた。 ①法の目的として高齢者等の「尊厳」の保持を明記。 ②「**痴呆**」という用語を見直して「認知症」に。 ③施設の**居住**費・食費を入所者の自己負担にし、**所得**状況などにより特定入所者サービス費などを支給。 ④地域密着型サービスの新設。 ⑤要支援者に対する保険給付として予防給付を新設、介護**予防**サービスが体系化された。　出題実績▶25〔9〕・27〔9〕 ⑥**地域支援**事業の創設、それにともなう**地域包括支援**センターの設置。 ⑦介護サービス情報の**公表**制度を新設。
2011（平成23）年改正	医療、介護、予防、すまい、生活支援サービスが切れ目なく提供される「地域包括ケアシステム」の実現に向けて、次のような改正が行われた。 ①国および地方公共団体の責務として、被保険者へのサービスを**医療**・居住に関する施策と有機的な連携を図り**包括**的に推進すべきことを明記。 ②認知症に関する調査研究を推進すべきことを明記。市町村**介護保険**事業計画においても認知症者への支援に関する事項を定めることとした。 ③地域密着型サービスとして、**24**時間対応の**定期巡回・随時対応**型訪問介護看護、複合型サービスを新設。また、事業者指定の公募制を導入。 ④事業所における**労働**法規の遵守を徹底、違反への対応を強化。
2014（平成26）年改正	地域包括ケアシステムの構築と費用負担の公平化をめざし、次のような改正が行われた。 ①在宅医療・介護連携の推進などの地域支援事業の充実とあわせ、予防給付のうち訪問介護と通所介護を**市町村**の地域支援事業に移行（介護予防サービスのうち**介護予防**訪問介護と**介護予防**通所介護を廃止）。 ②指定介護老人福祉施設について、在宅での生活が困難な中重度（原則として要介護**3**以上）の要介護者を支える機能に重点化。 ③第1号保険料標準段階を6段階から**9**段階に。公費による保険料軽減を強化。 ④一定以上の所得のある利用者の自己負担を**2**割に引き上げ、また、高額介護サービス費の見直し（施行は2015〈平成27〉年8月）。 ⑤低所得の施設利用者の食費・居住費を補填する特定入所者介護サービス費等につき、配偶者の所得、預貯金等を勘案（施行は2015〈平成27〉年8月）。

科目 3 社会の理解
単元 3 介護保険制度

	2000年 (平成12)	2005年 (平成17)	2006年 (平成18)	2008年 (平成20)	2010年 (平成22)	2013年 (平成25)
要支援1	290,923	673,542	58,678	551,720	603,560	772,816
要支援2	—	—	45,414	629,071	653,899	770,816
経過的要介護	—	—	654,952	1,460	—	—
要介護1	551,134	1,332,078	1,386,738	769,388	852,325	1,051,891
要介護2	393,691	614,040	651,370	806,110	854,158	992,717
要介護3	316,515	527,329	560,602	711,337	712,847	746,722
要介護4	338,901	496,616	524,989	578,873	629,757	696,080
要介護5	290,457	464,550	465,350	500,255	563,671	612,113
合計	2,181,621	4,108,155	4,348,093	4,548,214	4,870,217	5,643,155

表6 要介護(要支援)認定者数の推移(人) 各年4月末時点
注:「介護保険法」改正時(2006年4月1日施行)に要支援認定を受けていた人は、その認定期間の満了まで「経過的要介護」となっている。
資料:厚生労働省「平成26年版厚生労働白書」

◆介護保険制度のしくみの基礎的理解

4 介護保険の保険者 基本

介護保険の保険者は**市町村**および**特別区**で、第1号被保険者の保険料額を決定する。ただし、被保険者の数が少ないなどの町村では、広域連合や一部事務組合を設けて広域的に対応できる。

5 介護保険の被保険者 基本

介護保険制度の被保険者は、**65**歳以上の第1号被保険者と**40**歳以上65歳未満の第2号被保険者に分かれる。 出題実績 ▶ 27[10]

	第1号被保険者	第2号被保険者
対象者	市町村の区域内に住所を有する65歳以上の人	市町村の区域内に住所を有する40歳以上65歳未満の**医療保険**加入者
受給権者	要介護状態にある人 要支援状態にある人	要介護状態あるいは要支援状態にあり、その原因である障害が**特定疾病**による人
保険料徴収	**市町村**が徴収	**医療保険者**が徴収
徴収方法	一定額以上の年金受給者の場合は年金から天引きされる(**特別**徴収)。それ以外は**普通**徴収	医療保険料に上乗せして徴収

表7 第1号被保険者と第2号被保険者

6 保険給付 基本

「介護保険法」による保険給付には、①要介護状態に関する保険給付(**介護**給付)、②要支援状態に関する保険給付(予防給付)、③要**介護**状態ま

たは要**支援**状態の軽減あるいは悪化の防止に資する保険給付として市町村が条例で定めるもの（**市町村特別**給付）がある。

7 介護給付 〔基本〕

介護給付の種類

介護給付とは、**要介護**者に対する保険給付。次にあげるように、全部で**14**種類が定められている。

①居宅介護サービス費の支給、②特例居宅介護サービス費の支給、③地域密着型介護サービス費の支給、④特例地域密着型介護サービス費の支給、⑤居宅介護福祉用具購入費の支給、⑥居宅介護住宅改修費の支給、⑦居宅介護サービス計画費の支給、⑧特例居宅介護サービス計画費の支給、⑨施設介護サービス費の支給、⑩特例施設介護サービス費の支給、⑪高額介護サービス費の支給、⑫高額医療合算介護サービス費の支給、⑬特定入所者介護サービス費の支給、⑭特例特定入所者介護サービス費の支給。

9割または8割*給付	居宅介護サービス費、特例居宅介護サービス費、地域密着型介護サービス費、特例地域密着型介護サービス費、居宅介護福祉用具購入費、居宅介護住宅改修費、施設介護サービス費、特例施設介護サービス費
10割給付	居宅介護サービス計画費、特例居宅介護サービス計画費
その他	高額介護サービス費、高額医療合算介護サービス費、特定入所者介護サービス費、特例特定入所者介護サービス費

表8　介護給付の割合　　　　　　　　＊2015（平成27）年8月より

居宅介護サービス費

要介護認定を受けた介護保険の被保険者のうち、居宅で介護を受けている人が**居宅介護**サービス（指定居宅サービス事業者から提供されるサービス）を受けたときに、市町村は費用の基準額の**9**割または8割*（一定以上の**所得**のある利用者の場合。以下同じ）を支給する（原則として**現物**給付）。

特例居宅介護サービス費

要介護認定を受けた介護保険の被保険者のうち、居宅で介護を受けている人が次にあげたようなサービスを受けた場合に、市町村はサービス提供費用の基準額の**9**割または8割*を支給する（**償還**払い）。

①要介護認定の効力が生じた日よりも**前**に、緊急その他やむを得ない理由で指定居宅サービスを受けた場合

②指定居宅サービス以外の居宅サービスまたはこれに相当するサービスを受けた場合

③サービスの確保が著しく困難である離島などの地域に住所があり、指定居宅サービスおよび基準該当居宅サービス以外の居宅サービスまたはこれに相当するサービスを受けた場合

地域密着型介護サービス費

要介護認定を受けた介護保険の被保険者のうち、居宅で介護を受けてい

＊2015（平成27）年8月より

科目3 社会の理解
単元3 介護保険制度

特例地域密着型介護サービス費	る人が指定地域密着型サービス事業者から提供された指定地域密着型サービスを受けたとき、指定地域密着型サービスに要した費用について、市町村は費用の基準額の **9**割または**8**割[*]を支給する（原則として**現物**給付）。 要介護認定を受けた介護保険の被保険者のうち、居宅で介護を受けている人が次にあげたようなサービスを受けた場合に、市町村は費用の基準額の**9**割または**8**割[*]を支給する（**償還**払い）。 ①要介護認定の効力が生じた日よりも**前**に、緊急その他やむを得ない理由により指定地域密着型サービスを受けた場合 ②指定地域密着型サービス（地域密着型介護老人福祉施設入所者生活介護を除く）の確保が著しく困難である離島などの地域に住所があり、指定地域密着型サービス以外の地域密着型サービスまたはこれに相当するサービスを受けた場合
居宅介護福祉用具購入費	要介護認定を受けた介護保険の被保険者のうち、居宅で介護を受けている人が**特定福祉用具販売**に係る指定居宅サービス事業者から**特定福祉用具**を購入した場合に、市町村は費用の基準額の**9**割または**8**割[*]を支給する（**償還**払い）。 **特定福祉用具**……福祉用具のうち、入浴または排泄のときに用いられるもの。給付対象となる種目が定められている（→p.74）。
居宅介護住宅改修費	要介護認定を受けた介護保険の被保険者のうち、居宅で介護を受けている人が**住宅改修**を行った場合に、市町村は費用の**9**割または**8**割[*]を支給する。支給を受ける場合は、あらかじめ費用の見積もりや内容などを記載した書類を提出する必要がある（**償還**払い）。 **住宅改修の種類**……①手すりの取り付け、②段差の解消、③滑りの防止および移動の円滑化などのための床材の変更、④引き戸などへの扉の取り替え、⑤洋式便器などへの便器の取り替え、⑥その他①～⑤の住宅改修に付帯して必要となる住宅改修。
居宅介護サービス計画費	要介護認定を受けた介護保険の被保険者のうち、居宅で介護を受けている人が指定居宅介護支援事業者から**居宅サービス計画**作成などの指定居宅介護支援を受けた場合に、市町村が費用の**10**割を支給する（原則として**現物**給付）。
特例居宅介護サービス計画費	要介護認定を受けた介護保険の被保険者のうち、居宅で介護を受けている人が次にあげたようなサービス（**居宅サービス計画**作成など）を受けた場合に、市町村は費用の**10**割を支給する（**償還**払い）。 ①指定居宅介護支援以外の居宅介護支援またはこれに相当するサービスを受けた場合

[*]2015（平成27）年8月より

	②離島などの地域に住所があり、指定居宅介護支援および基準該当居宅介護支援以外の居宅介護支援またはこれに相当するサービスを受けた場合
施設介護サービス費	要介護の被保険者が、指定介護老人福祉施設による介護**福祉**施設サービス、介護老人保健施設による介護**保健**施設サービス、指定介護療養型医療施設（廃止へ）による介護**療養**施設サービス（→p.74 **22**）を受けたとき、指定施設サービス等に要した費用（**食事**の提供に要する費用、**居住**に要する費用、その他の日常生活に要する費用を除く）について、市町村は費用の基準額の **9** 割または 8 割＊を支給する（原則として**現物**給付）。 **ホテルコストの自己負担**……居宅で生活する要介護者などと比較して、介護保険施設の利用者の経済的負担が**軽**すぎるという指摘から、2005（平成17）年の法改正によって、食事の提供に要する費用（食材料費・調理費）、居住に要する費用（部屋代・光熱水費）などは**利用者負担**となった。
特例施設介護サービス費	要介護の被保険者が要介護認定の効力が生じた日よりも前に、緊急その他やむを得ない理由で指定施設サービスなどを受けた場合、市町村は費用の基準額の **9** 割または 8 割＊を支給する（**償還**払い）。
高額介護サービス費	要介護の被保険者が受けた居宅サービス、地域密着型サービスまたは施設サービスにかかった費用の合計額から、支給された居宅介護サービス費、特例居宅介護サービス費、地域密着型介護サービス費、特例地域密着型介護サービス費、施設介護サービス費および特例施設介護サービス費の合計額を引いた額が著しく**高額**である場合に、市町村から支給される。
高額医療合算介護サービス費	要介護の被保険者の介護サービス利用者負担額（**高額介護**サービス費が支給される場合は、その支給額に相当する額を控除した額）および医療費の一部負担金等の額（**高額療養**費が支給される場合は、その支給額に相当する額を控除した額）、その他の医療保険各法または「高齢者の医療の確保に関する法律」に規定するこれに相当する額として政令で定める額の合計額が著しく**高額**である場合に、市町村から支給される。
特定入所者介護サービス費	**特定入所**者（市町村民税の非課税世帯や生活保護の受給者など）が、**特定介護**サービス（指定介護福祉施設サービス・介護保健施設サービス・指定介護療養施設サービス〈廃止へ〉・地域密着型介護老人福祉施設入所者生活介護・短期入所生活介護・短期入所療養介護）を受けたとき、**食事**の提供に要した費用および**居住**などに要した費用が市町村から支給される（原則として現物給付）。
特例特定入所者介護サービス費	特定入所者が要介護認定の効力が生じた日よりも**前**に、緊急その他やむを得ない理由で特定介護サービスを受けた場合、市町村から支給される（**償還**払い）。

＊2015（平成27）年8月より

科目3 社会の理解
単元3 介護保険制度

8 予防給付 基本

要支援者に対する保険給付。次にあげるように、全部で**12**種類が定められている。

予防給付の種類

①介護予防サービス費の支給、②特例介護予防サービス費の支給、③地域密着型介護予防サービス費の支給、④特例地域密着型介護予防サービス費の支給、⑤介護予防福祉用具購入費の支給、⑥介護予防住宅改修費の支給、⑦介護予防サービス計画費の支給、⑧特例介護予防サービス計画費の支給、⑨高額介護予防サービス費の支給、⑩高額医療合算介護予防サービス費の支給、⑪特定入所者介護予防サービス費の支給、⑫特例特定入所者介護予防サービス費の支給。

9割または8割*給付	介護予防サービス費、特例介護予防サービス費、地域密着型介護予防サービス費、特例地域密着型介護予防サービス費、介護予防福祉用具購入費、介護予防住宅改修費
10割給付	介護予防サービス計画費、特例介護予防サービス計画費
その他	高額介護予防サービス費、高額医療合算介護予防サービス費、特定入所者介護予防サービス費、特例特定入所者介護予防サービス費

表9 予防給付の割合 ＊2015（平成27）年8月より

介護予防サービス費

要支援認定を受けた被保険者のうち、居宅で支援を受けている人が、指定介護予防サービス事業者から**指定介護予防**サービスを提供されたとき、市町村は費用の基準額の**9**割または8割＊を支給する（原則として**現物**給付）。

地域密着型介護予防サービス費

要支援認定を受けた被保険者のうち、居宅で支援を受けている人が、指定地域密着型介護予防サービス事業者から**指定地域密着型介護予防**サービスを受けたとき、市町村は費用の基準額の**9**割または8割＊を支給する（原則として**現物**給付）。

9 市町村特別給付

市町村が、要介護の被保険者または要支援認定を受けた被保険者のうち、居宅で支援を受けている人に対し、介護保険制度の保険給付のほかに、条例を定めることによって**独自**に行う給付。その財源は、第1号被保険者の保険料である。

10 利用者負担 基本

介護保険の給付の対象となる介護サービスにかかった費用のうち、保険給付でまかなわれる部分以外は、原則として利用者の負担となる。この利用者の負担は原則**1**割または2割＊（一定以上の**所得**のある利用者の場合。以下同じ）とされている。利用者負担には上限が設けられ、それを超える額には、**高額介護サービス**費、**高額介護予防サービス**費が支給される。その支払い方法としては**現物給付**と**償還払い**がある。現物給付の

＊2015（平成27）年8月より

場合は、サービス事業者などは、介護報酬の基準額の**9**割または**8**割*を市町村等に請求し、残りの**1**割または**2**割*を利用者に請求する。償還払いの場合は、サービス事業者などは**全額**を利用者に請求し、利用者は市町村等に**9**割または**8**割*を請求する。

11 国・都道府県・市町村の負担

介護保険の財源は、被保険者の**保険**料の収入が全体の**50**％、公費の負担が**50**％となる。公費の内訳は、おもな介護給付・予防給付の場合、国が**25**％、都道府県が**12.5**％、市町村が**12.5**％、施設等給付費（介護保険施設、特定施設）の場合、国**20**％、都道府県**17.5**％、市町村**12.5**％になる。

12 介護保険料の算定基準

第1号被保険者については、**市町村**ごとに定額保険料が設定されている。保険料額は、市町村のサービス水準に応じて設定が変わり、**3**年ごとの見直しに基づいて保険料の設定が行われる。第1号被保険者の**所得**段階別に**9**段階（ただし、市町村の実情に応じ、弾力的な設定が可能）の保険料率が設定され、低所得者の負担を軽減し、高所得者の負担は所得に応じたものになっている。

13 受給権者 基本

第1号被保険者は、要介護状態・要支援状態になると、そのまま「介護保険法」の適用対象となるが、第2号保険者は、要介護状態・要支援状態が**特定疾病**によって生じた場合のみ、「介護保険法」の適用を受ける。

特定疾病

①がん（末期のがん〈carcinoma〉）、②関節リウマチ（rheumatoid arthritis）、③筋萎縮性側索硬化症（amyotrophic lateral sclerosis；ALS）、④後縦靱帯骨化症（ossification of posterior longitudinal ligament；OPLL）、⑤骨折をともなう骨粗鬆症（osteoporosis）、⑥初老期における認知症（アルツハイマー病〈Alzheimer's disease〉、血管性認知症〈vascular dementia〉など）、⑦進行性核上性麻痺（progressive supranuclear palsy；PSP）・大脳皮質基底核変性症（cortico-basal degeneration；CBD）・パーキンソン病（Parkinson disease）、⑧脊髄小脳変性症（spinocerebellar degeneration）、⑨脊柱管狭窄症（spinal stenosis）、⑩早老症（progeria）、⑪多系統萎縮症（multiple system atrophy；MSA）、⑫糖尿病性神経障害（diabetic neuropathy）・糖尿病性腎症（diabetic nephropathy）・糖尿病性網膜症（diabetic retinopathy）、⑬脳血管疾患（cere-brovascular disease）、⑭閉塞性動脈硬化症（arteriosclerosis obliterans；ASO）、⑮慢性閉塞性肺疾患（chronic obstructive pulmonary disease）、⑯両側の膝関節または股関節に著しい変形をともなう変形性関節症（arthrosis deformans）。

*2015（平成27）年8月より

科目3 社会の理解
単元3 介護保険制度

14 介護サービス情報の公表

「**介護保険**」法」の改正（2005〈平成17〉年）によって、利用者の権利を擁護し、介護サービスの質の向上を図るために、2006（平成18）年4月から介護サービス情報**公表**制度が設けられた。事業者に、利用者の選択に必要な介護サービス情報の都道府県知事への**報告**が義務づけられ、都道府県知事がその情報について調査し、定期的に公表するというもの。当初は年に1回の調査が義務づけられたが、**2011（平成23）**年の法改正で、事業者の負担軽減などのため必要に応じて調査する方式に改められた。また、公表にかかる事務の効率化等も図られている。

15 介護予防の概念

介護予防とは、**要介護**状態の発生をできるかぎり防いだり遅らせたりすること、そして要介護状態にあってもその**悪化**をできるかぎり防ぐことを意味する。単に高齢者の運動機能や栄養状態といった一つひとつの要素の改善だけをめざすものではなく、**心身**機能の改善や環境調整などを通じて、**健康**寿命（→p.46 **19**）をのばし、一人ひとりの高齢者の活動レベルや社会参加の向上をもたらすことで、高齢者の生きがいや**自己**実現のための取り組みを支援して、**QOL**（Quality of Life；**生活の質**）の向上をめざすものである。

16 要介護認定 基本

要介護者に該当することについての**市町村**の認定を**要介護**認定という。**介護**給付を受けようとする被保険者は必ず受けなければならない。また、**予防**給付を受けようとする被保険者は、要支援者に該当することについて、市町村の認定を受けなければならない。これを**要支援**認定という。要介護認定・要支援認定は、被保険者の**申請**によって開始され、調査票をもとに**一次**判定が行われ、この**一次**判定と医師の**意見書**、特記事項をもとに、市町村に設置された**介護認定**審査会で**二次判定**が行われる。

申請　被保険者やその家族などが申請書に**被保険者**証を添付して、市町村に申請する。**地域包括支援**センターや指定居宅介護支援事業者、地域密着型介護老人福祉施設、あるいは介護保険施設のうちで要介護認定の申請にかかわる援助の規定に違反したことがないものに、申請に関する手続きを代行させることができる。

調査票　市町村の専門職員あるいは委託された市町村事務受託法人の職員が被保険者を訪問し、本人や家族との面接によって**基本**調査などを行い、特記事項とともに調査票を作成する。

一次判定　全国共通の判断基準で調査票を**コンピュータ**に入力し、判定が行われる。

医師の意見書　かかりつけ医（主治医）に、被保険者の身体上または精神上の障害の原因である疾病や負傷の状況などについて**意見書**を求める。かかりつけ医

領域：人間と社会　科目3／社会の理解
単元3　介護保険制度

介護認定審査会	がいない場合などは、市町村指定の医師の診断により、意見書を作成する。保健・医療・福祉の学識経験者など原則**5**名程度で構成される。複数の市町村で**共同**設置することも認められている。
二次判定	一次判定の結果や、医師の意見書、調査票の特記事項をもとに、要介護**1～5**、要支援**1・2**、非該当の判定が行われる。
結果の通知	市町村は、要介護認定の結果を当該**被保険**者に通知しなければならない。
	出題実績 ▶ 26〔13〕
認定の更新	要介護認定には**有効**期間が設けられており、初回認定は原則**6**か月、更新認定は原則**12**か月で、期間満了の**60**日前から満了の日までに要介護更新認定の申請が必要とされる。

17 要介護 基本

	市町村によって、要介護**1～5**の認定が行われる。**要介護**者として認定されれば介護給付を受けられる。
要介護状態	身体上または精神上の障害があるために、入浴、排泄（はいせつ）、食事等の日常生活における基本的な動作の全部または一部について、**6**か月にわたり継続して**常時**介護を要すると見込まれる状態をいう。

18 要支援 基本

	市町村によって、要支援**1・2**の認定が行われる。**要支援**者として認定されれば**予防**給付を受けられる。
要支援状態	①身体上もしくは精神上の障害があるために入浴、排泄（はいせつ）、食事等の日常生活における基本的な動作の全部もしくは一部について、**6**か月にわたり継続して常時介護を要する状態の**軽減**もしくは悪化の**防止**に資する**支援**を要すると見込まれる状態 ②身体上もしくは精神上の障害があるために**6**か月にわたり継続して日常生活を営むのに**支障**があると見込まれる状態

19 居宅サービス計画

指定居宅サービスや指定地域密着型サービスなど、居宅で日常生活を営むために必要な保健医療サービスまたは福祉サービスを適切に利用できるように、要**介護**者の依頼を受けて、その心身の状況、おかれている環境、要介護者と家族の希望などを考えに入れて、利用する指定居宅サービス等の種類と内容、担当者などを定めた計画を、居宅サービス計画という。

20 施設サービス計画

介護老人福祉施設、**介護老人保健**施設などの介護保険施設に入所している要介護者について、これらの施設が提供するサービスの内容、担当者などを定めた計画を、施設サービス計画という。

科目 3　社会の理解
単元 3　介護保険制度

```
                        利用者
                          ↓
                    ┌─────────────┐
                    │  市町村の窓口 │
                    └─────────────┘
                          ↓
                    ┌─────────────┐
                    │  チェックリスト │
                    └─────────────┘
             ↓                      ↓
    ┌─────────────┐         ┌──────────────┐
    │ サービス     │         │ 要介護認定申請 │
    │ 事業対象者   │         └──────────────┘
    └─────────────┘          ↓          ↓
                       医師の意見書  認定調査
                              ↓
                        ┌──────────┐
                        │ 要介護認定 │
                        └──────────┘
```

※明らかに介護予防・生活支援サービス対象外と判断できる場合
※明らかに要介護1以上と判断できる場合
※介護予防訪問看護等の利用が必要な場合
※事業のみ利用
※予防給付を利用

| 非該当 (サービス事業対象者) | 要支援1 要支援2 | 要介護1～要介護5 |

- 介護予防ケアマネジメント
- **介護予防サービス計画**
- 居宅サービス計画

○一般介護予防
※すべての高齢者が利用可
・介護予防普及啓発事業
・地域介護予防活動支援事業
・地域リハビリテーション活動支援事業
など

○介護予防・生活支援サービス事業
・訪問型サービス
・通所型サービス
・生活支援サービス

○介護予防サービス
・介護予防訪問看護
・介護予防通所リハビリテーション
・介護予防居宅療養管理指導
など
○地域密着型介護予防サービス
・介護予防小規模多機能型居宅介護
・介護予防認知症対応型共同生活介護
など

○居宅サービス
・訪問介護
・訪問看護
・通所介護
・短期入所生活介護
など
○地域密着型サービス
・定期巡回・随時対応型訪問介護看護
・小規模多機能型居宅介護
・夜間対応型訪問介護
・認知症対応型共同生活介護
など

○施設サービス
・特別養護老人ホーム
・介護老人保健施設
・介護療養型医療施設（廃止へ）

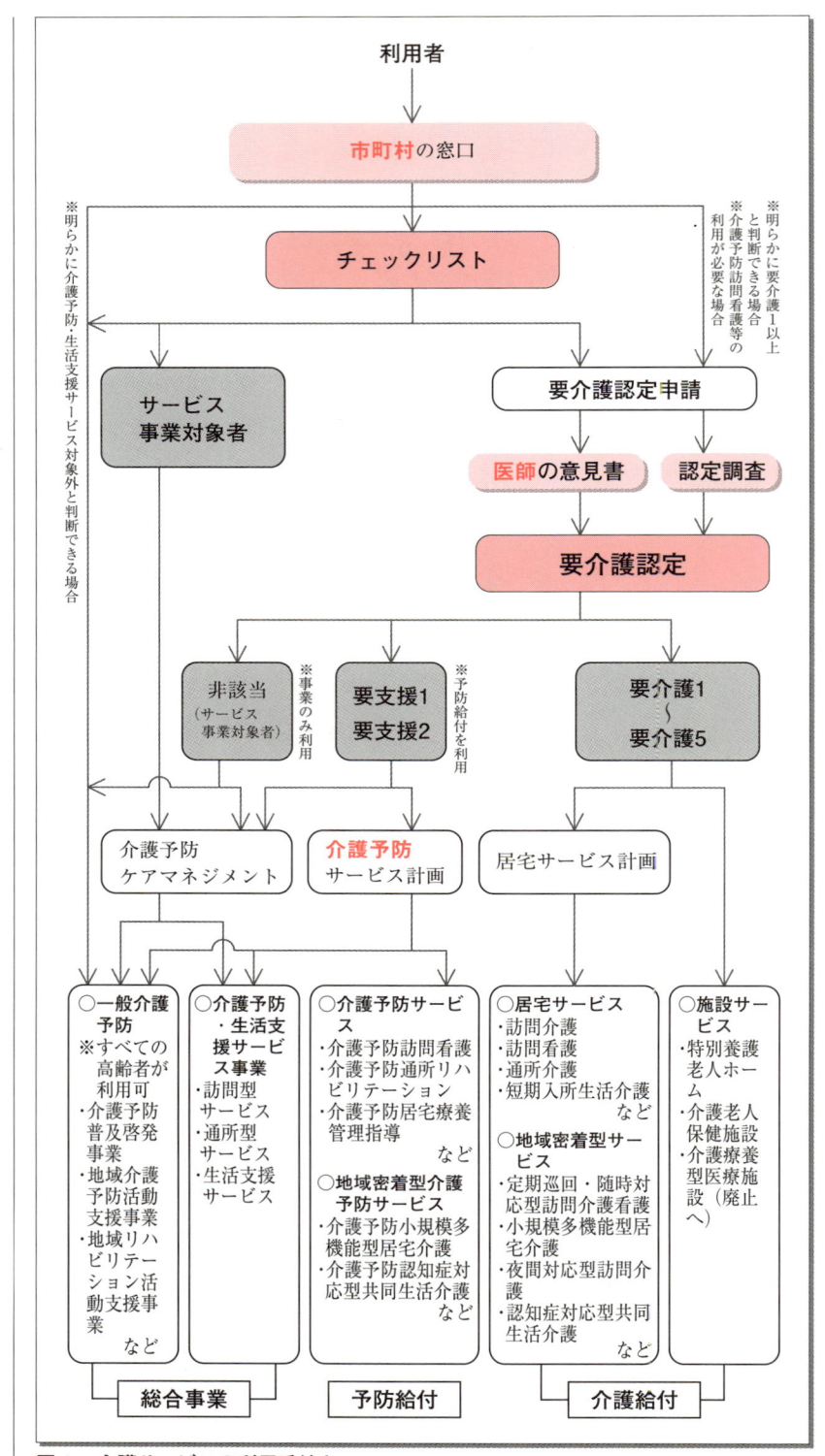

| 総合事業 | 予防給付 | 介護給付 |

図4　介護サービスの利用手続き
資料：厚生労働省「介護予防・日常生活支援総合事業ガイドライン案（概要）」一部改変

21 居宅サービス 基本		訪問介護、訪問入浴介護、訪問看護、訪問リハビリテーション、居宅療養管理指導、通所介護、通所リハビリテーション、短期入所生活介護、短期入所療養介護、特定施設入居者生活介護、福祉用具貸与、特定福祉用具販売がある。
	訪問介護	居宅（軽費老人ホーム・**有料老人ホーム**・**養護老人ホーム**における居室を含む）において介護を受ける要介護者に対して、**介護福祉士**その他の介護員によって行われる入浴・排泄・食事等の介護、調理・洗濯・掃除等の**家事**、生活等に関する**相談**・助言その他の日常生活上の**世話**。ただし、定期巡回・随時対応型訪問介護看護または夜間対応型訪問介護に該当するものを除く。
	訪問入浴介護	要介護者の居宅を訪問し、**浴槽**を提供して行われる入浴の介護。
	訪問看護	かかりつけ医が認めた要介護者の居宅において**看護師**などにより行われる療養上の世話または必要な診療の補助。
	訪問リハビリテーション	要介護者の居宅で、心身の機能の維持回復を図り、日常生活の自立を助けるために行われる**理学療法**、**作業療法**など必要なリハビリテーション。
	居宅療養管理指導	病院、診療所または薬局の医師、歯科医師、薬剤師、管理栄養士などによって行われる**療養**上の管理および指導。
	通所介護	**特別養護老人ホーム**（併設のデイサービスセンター）や**老人デイサービスセンター**などに通わせて、入浴・排泄・食事等の**介護**、生活等に関する相談・助言、**健康**状態の確認その他の日常生活上の世話、機能訓練を行う。ただし、認知症対応型通所介護に該当するものを除く。
	通所リハビリテーション	かかりつけ医が、病状が安定期にあり、施設において医学的管理のもとにおける理学療法などが必要であると認めた要介護者を**介護老人保健**施設、病院、診療所などに通わせて、心身の機能の維持回復を図り、日常生活の自立を助けるために行われる**理学療法**、**作業療法**その他必要なリハビリテーション。
	短期入所生活介護	特別養護老人ホームや**老人短期入所施設**などに短期間入所させ、入浴・排泄・食事等の介護その他の日常生活上の世話、機能訓練を行う。
	短期入所療養介護	**介護老人保健**施設などに短期間入所させ、看護、医学的管理のもとでの介護、機能訓練その他必要な医療、日常生活上の世話を行う。
	特定施設入居者生活介護	特定施設（**有料老人ホーム・養護老人ホーム・軽費老人ホーム**）で地域密着型特定施設ではないものに入居した要介護者に、規定の事項を定めたサービス計画に基づいて、入浴・排泄・食事等の**介護**、洗濯・掃除等の**家事**、生活等に関する**相談**・助言その他の日常生活上の世話、機能訓練、療養上の世話を行う。
	福祉用具貸与	福祉用具**貸与**の種目は、車いす、車いす付属品、特殊寝台、特殊寝台付

科目 3 社会の理解
単元 3 介護保険制度

	属品、床ずれ防止用具、体位変換器、手すり、スロープ、歩行器、歩行補助杖、認知症老人徘徊感知機器、移動用リフト（つり具の部分を除く）、自動排泄処理装置。要介護1では原則として保険給付の対象とならないものもある。
特定福祉用具販売	**特定福祉用具販売**の種目は、腰掛便座、自動排泄処理装置の交換可能部品、入浴補助用具、簡易浴槽、移動用リフトのつり具の部分。

22 施設サービス 基本

	介護保険施設に入所している要介護者に対して行われる**介護福祉施設**サービス、**介護保健施設**サービス、**介護療養施設**サービス（廃止へ）をさす。
介護保険施設	指定**介護老人福祉施設**、**介護老人保健施設**、2011（平成23）年までに指定を受けた指定**介護療養型医療**施設。
指定介護老人福祉施設	入所定員が**30**人以上である**特別養護老人ホーム**で、入所している要介護者に対し、**施設サービス**計画に基づいて、入浴・排泄・食事等の介護その他の日常生活上の世話、機能訓練、健康管理、療養上の世話を行うことを目的とする施設。指定介護老人福祉施設となるには**都道府県知事**の指定が必要とされる。
介護福祉施設サービス	**介護老人福祉**施設に入所する要介護者に対し、**施設サービス**計画に基づいて行われる入浴・排泄・食事等の介護その他の日常生活上の世話、機能訓練、健康管理、療養上の世話をいう。
介護老人保健施設	症状が安定期にある要介護者に対して、**施設サービス**計画に基づいて、看護、医学的管理のもとでの介護および機能訓練その他必要な医療、日常生活上の世話を行うことを目的とする施設。**都道府県知事**の開設許可を受ければ、指定を受けることなく、施設給付の対象となる。
介護保健施設サービス	**介護老人保健**施設に入所する要介護者に対し、**施設サービス**計画に基づいて行われる看護、医学的管理のもとでの介護、機能訓練その他必要な医療、日常生活上の世話をいう。
指定介護療養型医療施設の廃止	旧制度で介護保険施設とされていた指定**介護療養型医療**施設（指定を受けた療養病床等）の制度は廃止され、2012（平成24）年3月31日までにほかの介護保険施設等に転換されることになっていたが、転換期限は**6**年間延長されている。

23 地域密着型サービス 基本

	定期巡回・随時対応型訪問介護看護、夜間対応型訪問介護、認知症対応型通所介護、小規模多機能型居宅介護、認知症対応型共同生活介護、地域密着型特定施設入居者生活介護、地域密着型介護老人福祉施設入所者生活介護、複合型サービスをさす。
特定地域密着型サービス	**地域密着型**サービスのうち、定期巡回・随時対応型訪問介護看護、夜間

定期巡回・随時対応型訪問介護看護	対応型訪問介護、認知症対応型通所介護、小規模多機能型居宅介護、複合型サービスが該当し、住所地特例適用の被保険者が利用できる。 居宅要介護者について、定期的な**巡回訪問**により、または随時通報を受けて行われる、次のいずれかのサービスをいう。 ①**介護福祉士**その他の介護員による入浴・排泄（はいせつ）・食事等の**介護**、調理・洗濯・掃除等の家事、生活等に関する相談・**助言**その他の日常生活上の世話を行うとともに、看護師、保健師、准看護師、**理学**療法士、作業療法士、言語聴覚士による、かかりつけ医が認めた**療養**上の世話または必要な診療の補助を行う。 ②訪問**看護**を行う事業所と連携しつつ、介護福祉士その他の介護員による①の日常生活上の世話を行う。
夜間対応型訪問介護	夜間、定期的な**巡回訪問**により、または通報を受け、要**介護**者の居宅において**介護福祉士**その他の介護員により行われる入浴、排泄、食事等の**介護**、生活等に関する相談・**助言**その他の日常生活上の世話。ただし、定期巡回・随時対応型訪問介護看護に該当するものを除く。
認知症対応型通所介護	**脳血管**疾患（cerebrovascular disease）、**アルツハイマー**病（Alzheimer's disease）その他の要因に基づく脳の器質的な変化により、日常生活に支障が生じる程度にまで記憶機能およびその他の認知機能が低下した状態（**認知症**〈dementia〉）である要介護者を、特別養護老人ホーム（併設のデイサービスセンター）、老人デイサービスセンターなどに通わせ、施設において入浴・排泄・食事等の**介護**、生活等に関する相談・助言、**健康**状態の確認その他の日常生活上の世話、機能訓練を行う。
小規模多機能型居宅介護	居宅の要介護者の心身の状況、そのおかれている環境などに応じて、要**介護**者本人の選択に基づき、その人の居宅あるいは、機能訓練や日常生活の世話を行うことのできるサービスの拠点（**小規模多機能型居宅介護**事業所）に**通わせ**たり、短期間**宿泊**させたりして、入浴・排泄・食事等の介護、調理・洗濯・掃除等の**家事**、生活等に関する相談・助言、健康状態の確認その他の日常生活上の世話、機能訓練を行う。
認知症対応型共同生活介護	認知症の要介護者（認知症の原因となる疾患が急性の状態にあるものを除く）の**共同生活**を営む住居（グループホーム）において、入浴・排泄・食事等の**介護**その他の日常生活上の世話、**機能**訓練を行う。
地域密着型特定施設入居者生活介護	有料老人ホーム、養護老人ホーム、軽費老人ホームのうち、その入居者が要介護者、その配偶者などに限られるもの（介護専用型**特定施設**）で、その入居定員が29人以下であるもの（**地域密着型特定施設**）に入居している要介護者について、規定の事項を定めたサービス計画に基づいて、入浴・排泄・食事等の**介護**、洗濯・掃除等の**家事**、生活等に関する**相談**

科目 3 社会の理解
単元 3 介護保険制度

地域密着型介護老人福祉施設入所者生活介護	・助言その他の日常生活上の世話、機能訓練、**療養**上の世話を行う。 **地域密着型介護老人福祉**施設に入所する要介護者に対し、**地域密着型施設サービス**計画に基づいて、入浴・排泄・食事等の介護その他の日常生活上の世話、機能訓練、健康管理、療養上の世話を行う。 **地域密着型介護老人福祉施設**……入所定員が**29**人以下の特別養護老人ホームに入所する要介護者に対して、**地域密着型施設サービス**計画に基づいて、入浴・排泄・食事等の介護その他の日常生活の世話、機能訓練、健康管理、療養上の世話を行うことを目的とする施設。 **地域密着型施設サービス計画**……**地域密着型介護老人福祉**施設に入所している要介護者に対して提供する**サービス**の計画。サービスの内容、担当者、利用者と家族の生活に対する意向、総合的な援助方針、課題、サービスの目標と達成時期、サービス提供にあたっての留意事項などを定める。
複合型サービス	一体的に行うことで特に効果的かつ効率的となる組み合わせ（具体的には**訪問看護**と**小規模多機能**型居宅介護）で提供されるサービス。
地域密着型通所介護の創設	2014（平成26）年の改正により、通所介護のうち**利用**定員が一定数未満のものを地域密着型通所介護とし、**地域密着**型サービスの類型に含めることになった。
24 介護予防サービス計画	**地域包括支援**センター（→p.159 **9**）の職員で、**保健師**など介護予防支援に関する知識をもつ者が、居宅で支援を受ける要支援者の依頼を受けて、心身の状況、おかれている環境、本人およびその家族の希望などを考慮して、利用する指定介護予防サービスなどの種類と内容、サービス提供担当者などを定めた計画を、介護予防サービス計画という。
25 介護予防サービス	介護予防訪問入浴介護、介護予防訪問看護、介護予防訪問リハビリテーション、介護予防居宅療養管理指導、介護予防通所リハビリテーション、介護予防短期入所生活介護、介護予防短期入所療養介護、介護予防特定施設入居者生活介護、介護予防福祉用具貸与、特定介護予防福祉用具販売をさす。
介護予防訪問入浴介護	**介護予防**を目的に、要支援者の居宅を訪問し、介護予防サービス計画などに定める期間にわたって、**浴槽**を提供して行われる入浴の介護。 **介護予防**……身体上または精神上の障害があるために、入浴、排泄（はいせつ）、食事等の日常生活における基本的な動作の全部もしくは一部について常時介護を要し、または日常生活を営むのに支障がある状態の**軽減**または悪化の**防止**をいう。

介護予防訪問看護	要支援者（病状が安定期にあり、居宅において療養上の世話などが必要とかかりつけ医が認めたものに限る）の居宅で、その介護予防を目的として、**看護師**などにより、**介護予防サービス**計画などに定める期間にわたって行われる、療養上の世話または必要な診療の補助。
介護予防訪問リハビリテーション	要支援者（病状が安定期にあり、居宅において医学的管理のもとに理学療法などが必要とかかりつけ医が認めたものに限る）の居宅において、介護予防を目的に、**介護予防サービス**計画などに定める期間にわたって行われる、**理学療法**、**作業療法**その他、必要なリハビリテーション。
介護予防居宅療養管理指導	介護予防を目的に、病院などの**医師**、**歯科医師**、**薬剤師**などによって行われる**療養**上の**管理**および**指導**。
介護予防通所リハビリテーション	要支援者（かかりつけ医が認めたものに限る）を**介護老人保健**施設、病院、診療所などに通わせ、**介護予防**を目的に、**介護予防サービス**計画などに定める期間にわたって行われる、**理学療法**、**作業療法**その他必要なリハビリテーション。
介護予防短期入所生活介護	居宅の要支援者を**特別養護老人ホーム**、**老人短期入所**施設などに短期間入所させ、介護予防を目的として、**介護予防サービス**計画などに定める期間にわたり、入浴・排泄・食事等の介護その他の日常生活上の支援、機能訓練を行う。
介護予防短期入所療養介護	要支援者を**介護老人保健**施設などに短期間入所させ、その介護予防を目的に、**介護予防サービス**計画などに定める期間にわたって、看護、医学的管理のもとでの介護、機能訓練その他必要な医療、日常生活上の支援を行う。
介護予防特定施設入居者生活介護	**特定施設**（介護専用型特定施設を除く）に入居している要支援者の介護予防を目的として、規定の事項を定めたサービス計画に基づいて、入浴・排泄・食事等の**介護**、洗濯・掃除等の**家事**、生活等に関する**相談**・助言その他の日常生活上の支援、機能訓練、療養上の世話を行う。
介護予防福祉用具貸与	**介護予防**福祉用具貸与の種目は福祉用具貸与（→p.73）と同じだが、要介護1と**要支援**では保険給付対象とならないものがあり、利用できるのは原則として、手すり、スロープ、歩行器、歩行補助杖（つえ）。
特定介護予防福祉用具販売	**特定介護予防**福祉用具販売の種目は特定福祉用具販売（→p.74）と同じ。
26 地域密着型介護予防サービス	介護予防**認知症対応型通所**介護、介護予防**小規模多機能型居宅**介護、介護予防**認知症対応型共同生活**介護をさす。
特定地域密着型介護予防サービス	**地域密着**型介護予防サービスのうち、介護予防認知症対応型通所介護、介護予防小規模多機能型居宅介護が該当し、住所地特例適用の被保険者が利用できる。

科目3 社会の理解
単元3 介護保険制度

介護予防認知症対応型通所介護	認知症（dementia）の要支援者の**介護予防**を目的に、**特別養護老人ホーム**（併設のデイサービスセンター）や**老人デイサービス**センターなどに通わせ、**介護予防サービス**計画などによって定められた期間にわたって、入浴・排泄・食事等の**介護**、生活等に関する相談・助言、**健康**状態の確認その他の日常生活上の支援、機能訓練を行う。
介護予防小規模多機能型居宅介護	要支援者の心身の状況、そのおかれている環境などに応じて、**要支援者**本人の選択に基づき、居宅、あるいは機能訓練や日常生活上の支援を適切に行うことができるサービスの拠点に通わせ、もしくは短期間宿泊させ、介護予防を目的として、入浴・排泄・食事等の**介護**、調理・洗濯・掃除等の**家事**、生活等に関する相談・助言、**健康**状態の確認その他の日常生活上の支援、機能訓練を行う。
介護予防認知症対応型共同生活介護	要支援**2**に該当し、認知症である要支援者（認知症の原因となる疾患が急性の状態にある場合を除く）が**共同生活**を営む住居（グループホーム）で、介護予防を目的に、入浴・排泄・食事等の介護その他の日常生活上の支援、機能訓練を行う。

27 居宅介護支援・介護予防支援

居宅介護支援は居宅の要介護者、**介護予防**支援は居宅の要支援者に対して行われる。

居宅介護支援	要介護者が、指定居宅サービスや指定地域密着型サービスなどの日常生活を営むために必要な**指定居宅サービス**等を適切に利用できるように、居宅介護支援事業者（介護支援専門員）が要介護者の依頼を受けて、**居宅サービス**計画を作成する。また、その居宅サービス計画に基づく居宅サービスなどの提供のために、居宅サービス事業者、地域密着型サービス事業者との連絡調整などを行う。地域密着型介護老人福祉施設または介護保険施設への入所を必要とする場合は、それらの施設への紹介などを行う。
介護予防支援	要支援者が、指定介護予防サービスや指定地域密着型介護予防サービスなどの指定介護予防サービス等を適切に利用できるように、**地域包括支援センター**の職員で介護予防支援に関する知識をもつ**保健師**などが、居宅の要支援者の依頼を受けて、**介護予防サービス**計画を作成する。また、その介護予防サービス計画に基づく介護予防サービスなどの提供のために、介護予防サービス事業者、地域密着型介護予防サービス事業者、特定介護予防・日常生活支援**総合**事業を行う者その他との連絡調整などを行う。

28 地域支援事業

被保険者が**要介護**状態等となることを予防するとともに、要介護状態等となった場合においても、可能なかぎり、**地域**において**自立**した日常生活を営むことができるよう支援するために行われる市町村の事業。2005（平成17）年の法改正で新設され、介護予防事業、包括的支援事業、任意事業が実施されてきたが、**2011（平成23）**年の改正で介護予防・日常生活支援**総合**事業が設けられたことにより、この事業が中心に位置づけられることとなった。

介護予防・日常生活支援総合事業を実施する市町村の事業構成……①介護予防・日常生活支援総合事業、②包括的支援事業、③任意事業

介護予防・日常生活支援総合事業を実施しない市町村の事業構成……①介護予防事業、②包括的支援事業、③任意事業

介護予防・日常生活支援総合事業

要介護状態となることの予防、軽減、悪化の防止と、地域における自立した日常生活支援のための施策を、**総合**的かつ一体的に行うために新設された。

居宅要支援被保険者等が対象……訪問型サービス、**通所**型サービス、生活支援サービス、介護予防**支援**

すべての高齢者（第1号被保険者）が対象……一般介護予防事業

介護予防事業

要支援、要介護になるおそれの高い第1号被保険者を対象に、**二次予防**事業（二次予防事業の対象者把握事業・通所型介護予防事業・訪問型介護予防事業・二次予防事業評価事業）が行われる。また、主として**活動**的な状態にある高齢者を対象に、**一次予防**事業（介護予防普及啓発事業・地域介護予防活動支援事業・一次予防事業評価事業）が行われる。

包括的支援事業

介護予防ケアマネジメント業務、総合**相談支援**業務、**権利擁護**業務、**包括的・継続的**ケアマネジメント支援業務からなる。

介護予防ケアマネジメント業務……二次予防事業対象者について必要に応じ介護予防ケアプランを作成し、地域支援事業における**介護予防**事業等が包括的かつ効率的に実施されるよう、必要な援助を行う。

総合相談支援業務……初期段階での相談対応、継続的・専門的な**相談**支援を行い、その実施にあたって必要となるネットワークの構築、地域の高齢者の状況の**実態**の把握を行う。

権利擁護業務……成年**後見**制度の活用促進、老人福祉施設等への措置の支援、高齢者**虐待**への対応、困難事例への対応、消費者被害の防止に関する諸制度を活用し高齢者の生活の維持を図るなど。

包括的・継続的ケアマネジメント支援業務……地域**ケア**会議等を通じた自立支援に資するケアマネジメントの支援、包括的・継続的なケア体制の構築、地域における介護支援専門員の**ネットワーク**の構築・活用、介

科目 3 社会の理解
単元 3 介護保険制度

地域ケア会議	護支援専門員に対する日常的個別指導・相談、地域の介護支援専門員が抱える支援**困難**事例等への指導・助言を行う。 包括的支援事業の効果的な実施のために、**介護支援**専門員、保健・医療・福祉の専門職、**民生**委員などの関係者、関係機関・団体によって構成される会議。地域支援事業の一環として推奨されてきたが、より効力を高めるため2014（平成26）年に法定化された。　出題実績 ▶ 26〔14〕
任意事業	地域の実情に応じて、**介護給付等費用**適正化事業、家族介護支援事業などを行う。

◆介護保険制度における組織・団体の機能と役割

29 国・地方公共団体の役割

	「介護保険法」第5条「国及び**地方公共団体**の責務」、第5条の2「**認知**症に関する調査研究の推進等」に、基本的な役割が掲げられている。
国の責務	「国は、介護保険事業の運営が健全かつ円滑に行われるよう**保健医療**サービス及び**福祉**サービスを提供する体制の確保に関する施策その他必要な各般の措置を講じなければならない。」（「介護保険法」第5条第1項）
都道府県の責務	「都道府県は、介護保険事業の運営が健全かつ円滑に行われるように、必要な**助言**及び適切な**援助**をしなければならない。」（「介護保険法」第5条第2項）
国・地方公共団体の責務	「国及び地方公共団体は、被保険者が、可能な限り、住み慣れた地域でその有する**能力**に応じ自立した日常生活を営むことができるよう、保険給付に係る**保健医療**サービス及び福祉サービスに関する施策、要介護状態等となることの予防又は要介護状態等の**軽減**若しくは悪化の防止のための施策並びに地域における**自立**した日常生活の支援のための施策を、**医療**及び居住に関する施策との有機的な連携を図りつつ**包括**的に推進するよう努めなければならない。」（「介護保険法」第5条第3項） 「国及び地方公共団体は、被保険者に対して認知症（脳血管疾患、**アルツハイマー**病その他の要因に基づく脳の**器質**的な変化により日常生活に支障が生じる程度にまで記憶機能及びその他の**認知**機能が低下した状態をいう。以下同じ。）に係る適切な保健医療サービス及び福祉サービスを提供するため、認知症の予防、診断及び**治療**並びに認知症である者の心身の特性に応じた**介護**方法に関する調査研究の推進並びにその成果の活用に努めるとともに、認知症である者の支援に係る**人材**の確保及び資質の向上を図るために必要な措置を講ずるよう努めなければならない。」（「介護保険法」第5条の2）
国の事務	①保険給付の円滑な実施を確保するための**基本指針**の策定 ②基本指針に基づく市町村または道府県の計画に対して、必要な情報の

	提供、**助言**その他の援助
	③費用の負担（保険給付に要する費用の負担、調整交付金の**交付**、市町村の地域支援事業に対する費用負担、財政安定化基金への**繰入**金の負担、その他の費用補助など）
	④社会保険診療報酬**支払基金**への指導・監督　など
都道府県の事務	①都道府県介護保険事業**支援**計画の策定（基本指針に即し1期3年）
	②市町村への援助（市町村が認定審査会を共同設置する際の調整や技術的な援助、要介護認定・要支援認定への技術的協力など）
	③指定介護保険施設・指定居宅サービス事業者・指定居宅介護支援事業者・指定介護予防サービス事業者の**指定**、指定地域密着型サービス事業者等の指定に関する市町村長への**助言**・勧告
	④介護サービス**情報**の公表
	⑤介護支援専門員の試験・研修・登録にかかわる事務
	⑥費用負担（保険給付に要する費用の負担、市町村の地域支援事業に対する費用負担、財政安定化**基金**の設置・運営、その他の費用補助など）
	⑦介護保険審査会の設置・運営　など　出題実績 ▶ 25〔10〕

30 市町村の役割

市町村（および**特別区**）は、保険者として**特別**会計を設けて介護保険を行う。保険事務のほか、次のような事務を担う。

市町村の事務
①市町村介護保険**事業**計画の策定（基本指針に即し1期3年）
②一般会計における費用負担（保険給付に要する費用の負担、介護予防等事業に要する費用の負担、特定地域支援事業支援額の負担など）
③要**介護**認定・要支援認定にかかわる事務
④指定**地域密着型**サービス事業者・指定地域密着型介護予防サービス事業者・指定**介護予防**支援事業者の指定　など

31 指定サービス事業者の役割

事業者が申請を行い、それぞれのサービスの種類ごと、事業所ごとに指定が行われる。指定居宅サービス事業者、指定居宅介護支援事業者、指定介護予防サービス事業者の指定は、**都道府県知事**が行う。また、指定介護予防支援事業者については**地域包括支援センター**の申請、指定地域密着型サービス事業者、指定地域密着型介護予防サービス事業者については事業を行う者の申請によって、**市町村長**が指定を行う。

サービス等の基準
事業者のサービス、施設等の基準については、**都道府県**または市町村が**条例**で定める。過去には「指定居宅サービス等の事業の人員、設備及び運営に関する基準」「指定介護老人福祉施設の人員、設備及び運営に関する基準」などの**厚生労働省令**で定められていたが、地域の自主性と自立

科目3 社会の理解
単元3 介護保険制度

	性を高める改革の一環で、2012（平成24）年4月1日から実施。ただし、従来の**厚生労働省令**は「従うべき基準」「標準」「参酌すべき基準」として効力をもつ。 **従うべき基準**……厚生労働省令で定める基準に適合するよう定める。 **標準**……厚生労働省例で定める基準を標準として定める。 **参酌すべき基準**……厚生労働省令で定める基準を参酌する。
基準該当サービス事業者	法人格をもたない場合にも、一定水準のサービスを提供し、**市町村**が個別に判断してその事業者のサービスを保険給付の対象と認める場合は、基準該当サービス事業者として、保険給付の対象となる。
32 国民健康保険団体連合会の役割	国民健康保険団体連合会（国保連）は、市町村と国民健康保険組合が共同設置した公益法人で、**各都道府県**におかれている。基本的には**国民健康**保険の診療報酬の審査や支払いを行っているが、介護保険制度では、**介護**報酬の審査、支払いを行い、市町村や居宅介護支援事業者を経由して、サービスに対する**苦情**や相談に対する対応なども行っている。

◆介護保険制度における専門職の役割

33 介護支援専門員の役割 頻出	介護支援専門員は、要介護者やその家族の相談に応じ、心身状態に応じた適切なサービスを利用できるように、市町村、サービス提供事業者などとの連絡・調整を行う。保健医療・福祉分野で**5**年以上の実務経験を有し、**介護支援専門員実務研修受講**試験に合格し、かつ、**都道府県知事**が行う介護支援専門員実務研修の課程を修了した人は、都道府県知事の介護支援専門員の登録を受けることができる。一般に**ケアマネジャー**とよばれ、**5**年ごとの更新が必要な公的資格である。　出題実績▶25〔11〕・27〔11〕
34 主任介護支援専門員の役割 頻出	地域包括支援センター（→p.159 ❾）に配置される専門職である。**介護支援専門員**の業務に関し十分な知識と**経験**（詳細な条件は都道府県で異なるが、専任で60か月以上など）のある人が、主任介護支援専門員研修を修了して任務につく。主任**ケアマネジャー**ともよばれ、おもに包括的・継続的ケアマネジメント支援事業で専門性を発揮する。　出題実績▶24〔11〕・27〔11〕
35 関連専門職種の役割 基本	介護保険制度では、介護支援専門員（ケアマネジャー）以外にも社会福祉士、介護福祉士、訪問介護員（ホームヘルパー）、医師、保健師、看護師など関連する専門職種の**連携**が大切である。

領域：人間と社会　科目3／社会の理解
単元3　介護保険制度

社会福祉士	「**社会福祉士**及び**介護福祉士**法」に規定された**名称**独占の国家資格（→p.131 **5**）。専門的知識や技術によって、身体上・精神上の障害や環境上の理由で日常生活を営むのに支障がある人に対して、福祉に関する相談に応じ、助言・指導、福祉サービス利用の支援をする。また、福祉サービスを提供する者や医師などの**保健医療**サービスを提供する者との連絡・調整その他の援助も行う。　出題実績 ▶ 27〔11〕
介護福祉士	「**社会福祉士**及び**介護福祉士**法」に基づく**名称**独占の国家資格。専門的知識や技術によって、身体上・精神上の障害で日常生活を営むのに支障がある人に対して心身の状況に応じた介護を行い、利用者やその介護者に対して介護に関する指導を行う。2011（平成23）年の法改正により、介護福祉士の業務に医師の指示のもとに行う「**喀痰**吸引等」が加わった。 出題実績 ▶ 27〔11〕
訪問介護員（ホームヘルパー）	利用者宅を訪問し、入浴・排泄・食事等の身体の介護、調理・洗濯・掃除などの家事を行うとともに、利用者とその家族への相談に対する助言などを行う。**都道府県**が実施する訪問介護員養成研修を修了することで資格が認定されてきたが、この養成研修は制度改正で2013（平成25）年度から介護職員**初任者**研修へ移行、居宅・施設を問わない介護職の養成研修となっている。
医師	1948（昭和23）年に制定された「**医師**法」によって、医師の業務や義務、罰則などが規定されている。「医師法」第1条は、「医師は、**医療**及び保健指導を掌ることによつて**公衆衛生**の向上及び増進に寄与し、もつて国民の健康な生活を確保するものとする」と、医師の任務を規定している。その第17条には「医師でなければ、医業をなしてはならない」とあり、医師が**業務独占**資格（→p.131 **5**）であることを示している。　出題実績 ▶ 27〔11〕
保健師・看護師	1948（昭和23）年に制定された「保健師助産師看護師法」によって、保健師や看護師の業務や義務、罰則などが規定されている。 **保健師**……「**厚生労働**大臣の免許を受けて、保健師の名称を用いて、**保健**指導に従事する」（第2条）。 **看護師**……「**厚生労働**大臣の免許を受けて、傷病者若しくはじよく婦に対する**療養**上の世話又は診療の**補助**を行う」（第5条）。
リハビリテーション専門職	理学療法士（PT）、**作業**療法士（OT）、言語聴覚士（ST）などがかかわっている（職務内容については→p.92）。訪問リハビリテーション、訪問看護、**通所**リハビリテーションなどの事業所、介護老人保健施設などがおもな職場になる。

科目 3 社会の理解
単元 3 介護保険制度

Step 2 —一問一答で確かめよう

問い

- □「**介護保険法**」が施行されたのは何年？
- □ 2005（平成17）年の「**介護保険法**」改正で、**予防重視型システムへの転換**の一環として、創設された事業は何？
- □ 2011（平成23）年の「**介護保険法**」改正で新設された地域密着型サービスは、**複合型サービス**と、もう一つは何？
- □ **第1号被保険者**の保険料額を決定するのはどこ？
- □「**介護保険法**」による**保険給付**は、**介護給付、予防給付**ともう一つは何？
- □ **地域密着型介護予防サービス費**の給付割合は何割？
- □ **市町村特別給付**の財源は、**第1号被保険者**の保険料・**第2号被保険者**の保険料のどちら？
- □ 一定の所得に満たない要介護者が**居宅介護サービス**を受けたとき、利用者の自己負担割合は何割？
- □ **介護給付**の場合、公費のうち**市町村**の負担割合は何％？
- □ **第1号被保険者**の定額保険料は、どこごとに設定される？
- □ **第2号被保険者**は、**要介護状態・要支援状態**が何によって生じた場合のみ、「**介護保険法**」の適用を受ける？
- □ 要介護状態の発生をできるかぎり防いだり遅らせたりすること、そして要介護状態にあってもその悪化をできるかぎり防ぐことを何という？
- □ **要介護認定・要支援認定**は、市町村・都道府県のどちらが行う？
- □ **介護認定審査会**が行うのは、**一次判定・二次判定**のどちら？
- □ **要支援者**と認定された人が受ける給付は何？
- □ **特定施設入居者生活介護**の対象となる施設は、**有料老人ホーム、養護老人ホーム**ともう一つは何？
- □ 要介護者の状態や希望に応じて、通いを中心に訪問や泊まりを組み合わせて提供される**地域密着型サービス**は何？
- □ 利用する指定介護予防サービスなどの種類と内容などを定めた、**介護予防サービス計画**を作成するのは、どの機関の職員？

答え

2000（平成12）年 return 1

地域支援事業 return 3

定期巡回・随時対応型訪問介護看護 return 3

市町村（特別区） return 4

市町村特別給付 return 6

9割または8割 return 8 表9

第1号被保険者の保険料 return 9

1割 return 10

12.5％ return 11

市町村ごと return 12

特定疾病 return 13

介護予防 return 15

市町村 return 16

二次判定 return 16

予防給付 return 18

軽費老人ホーム return 21

小規模多機能型居宅介護 return 23

地域包括支援センター return 24

領域：人間と社会　科目3／社会の理解
単元3　介護保険制度

□ **介護予防**を目的に、病院などの**医師、歯科医師、薬剤師**などによって行われる療養上の管理および指導を何という？　　**介護予防居宅療養管理指導**　return 25

□ **認知症（dementia）の要支援者の介護予防**を目的に、特別養護老人ホームなどに**通わせ**、日常生活上の支援や機能訓練を行うサービスは何？　　**介護予防認知症対応型通所介護**　return 26

□ 市町村が介護予防・日常生活支援総合事業を実施している場合、その市町村の地域支援事業の構成は、**介護予防・日常生活支援総合事業、任意事業**ともう一つは何？　　**包括的支援事業**　return 28

□ 市町村長が**指定介護予防支援事業者**を指定するときに、**申請**が行えるのはどこ？　　**地域包括支援センター**　return 31

□ **介護支援専門員実務研修受講試験**の受験資格は、保健医療・福祉の分野で何年以上の実務経験を有する者？　　**5年以上**　return 33

Step 3　過去問に挑戦！

問題　介護保険制度に関する次の記述のうち、正しいものを1つ選びなさい。

第25回（2013年）〔9〕

1　支給対象は、介護保険制度の発足時から現在まで、6段階に区分されている。
2　地域密着型サービスは、都道府県がサービス事業者の指定や指揮監督を行う。
3　地域包括支援センターには、身体障害者福祉司の配置が義務づけられている。
4　介護予防ケアマネジメントは、保健所が実施することになっている。
5　2006（平成18）年に施行された介護保険法の改正によって、介護予防サービス（新予防給付）が創設された。

答え　5

支給対象は、2000（平成12）年の制度発足時には要介護1～5の5段階、2006（平成18）年からは要介護1～5と要支援1・2の7段階に区分されている（1は誤り）。地域密着型サービスは、市町村長がサービス事業者の指定を行う。都道府県知事は指定に関する助言・勧告をすることができる（2は誤り）。地域包括支援センターには、主任介護支援専門員・保健師・社会福祉士各1名が配置される。身体障害者福祉司は、身体障害者更生相談所などに配置される（3は誤り）。介護予防ケアマネジメントは、地域包括支援センターが実施する（4は誤り）。介護予防サービス（予防給付）の創設は、2006（平成18）年施行の「介護保険法」改正によるものである（5が正しい）。　return 3 16 17 18 24 29 30 31

科目3 単元4 社会の理解　障害者自立支援制度

Step 1　重要項目を覚えよう

◆ 障害者自立支援制度創設の背景および目的

1　障害者プラン～ノーマライゼーション7か年戦略～

1995（平成7）年、障害者対策推進本部によって策定された。1996（平成8）年度から2002（平成14）年度までの7年間の**障害者**施策の方向と内容を定めたもの。1993（平成5）年度から10年間を計画の期間とする「**障害者対策**に関する新長期計画（新長期計画）」の重点施策実施計画として位置づけられた。

障害者プランの骨格
①地域でともに生活するために、②社会的な**自立**を促進するために、③**バリアフリー**化を促進するために、④**QOL**（Quality of Life；**生活の質**）の向上をめざして、⑤安全なくらしを確保するために、⑥**こころ**のバリアを取り除くために、⑦わが国にふさわしい国際協力・国際交流を、という7つの視点から施策の重点的な推進を図る。

2　措置制度から利用契約制度へ

社会福祉基礎構造改革（→p.53 **10**）によって、2000（平成12）年に「社会福祉事業法」が改正されて「**社会福祉法**」が制定された。これにともなって、行政によってサービスの利用やサービス事業者が決定される**措置**制度から利用者がサービスを選択する**利用**契約制度への移行が行われた。障害福祉の分野でも、利用制度は**支援費**制度として、「身体障害者福祉法」「知的障害者福祉法」「児童福祉法」に導入されることとなった。

支援費制度
支援費制度は2003（平成15）年に始まった。福祉サービスを利用したときに、**障害**の種別、居宅サービスか施設サービスかの区分によって**支援費**が支給された。支援費制度が始まると、居宅サービスの利用者が**急増**し、財政の負担が**大き**くなりすぎ、制度そのものの存続が危ぶまれた。また、地域による支援費の支給の格差が大きくなり、支援費制度によるサービス利用の対象外とされた**精神**障害者との間の格差も生じた。このような現状をふまえ、2005（平成17）年に「**障害者自立支援**法」が制定された。

3　障害者基本計画

「障害者対策に関する新長期計画（新長期計画）」における**リハビリテーション**および**ノーマライゼーション**の理念を継承するとともに、障害者

領域：人間と社会　科目3／社会の理解
単元4　障害者自立支援制度

		の社会への参加・参画に向けた施策の一層の推進を図るため、2003（平成15）年度から2012（平成24）年度までの**10**年間の障害者施策の基本的方向について定めたもの。
	基本的な考え方	21世紀にわが国がめざすべき社会は、障害の有無にかかわらず、国民だれもが相互に人格と個性を尊重し支え合う**共生**社会とする必要がある。共生社会においては、障害者は、社会の**対等**な構成員として人権を尊重され、自己**選択**と自己**決定**のもとに社会のあらゆる活動に参加・参画するとともに、社会の一員としてその責任を分担する。
	横断的視点	①社会の**バリアフリー**化の推進、②**利用者**本位の支援、③**障害**の特性をふまえた施策の展開、④総合的かつ効果的な施策の推進。
	重点的に取り組むべき課題	①活動し**参加**する力の向上（1．疾病、事故等の予防・防止と治療・リハビリテーション、2．福祉用具等の研究開発とユニバーサルデザイン化の促進、3．ITの積極的活用）、②活動し参加する**基盤**の整備（1．自立生活のための地域基盤の整備、2．経済自立基盤の強化）、③**精神**障害者施策の総合的な取り組み、④**アジア太平洋**地域における域内協力の強化
	分野別施策	①啓発・広報、②生活支援、③生活環境、④教育・育成、⑤雇用・就業、⑥保健・医療、⑦情報・コミュニケーション、⑧国際協力。
4 重点施策実施5か年計画		「**障害者基本**計画」の推進のために、具体的な目標などを定め、**2003（平成15）**年度から**2007（平成19）**年度までの5か年計画を策定し、それをもとに障害者施策を推進するために、法改正が行われた。さらに、この法改正後の施行状況などをふまえて、2007（平成19）年に、**2008（平成20）**年度から**2012（平成24）**年度までに重点的に取り組むべき課題について、数値目標やその達成期間などを定めた。
5 障害者自立支援法 📖基本		障害児・者（**18歳以上**）が**地域**で生活できる**自立**と**共生**の社会をつくるために、2005（平成17）年、「障害者自立支援法」が制定され、2006（平成18）年から段階的に施行された。　出題実績▶24〔12〕・27〔13〕
	制定のねらい	①3種類の障害者施策の一元化（身体障害・知的障害・精神障害の制度を一元化。実施主体を**市町村**に一元化し、**都道府県**はバックアップ）
		②**利用者**本位のサービス体系に再編（33種類に分かれていた施設体系を**6**つの事業に再編）
		③就労支援の抜本的強化（新たな就労支援事業を創設。雇用施策との連携を強化）
		④支給決定のしくみの透明化・明確化（**障害程度**区分を導入、審査会の

科目3 社会の理解
単元4 障害者自立支援制度

意見聴取など支援プロセスを明確化）
⑤安定的な財源の確保（国の費用負担の責任を強化し、費用の2分の1を義務的経費として負担。利用者も応分の**自己負担**）

6 障害者総合支援法 頻出

「障害者自立支援法」は、2013（平成25）年4月から「障害者の**日常**生活及び社会生活を総合的に支援するための法律（障害者**総合**支援法）」と改められ、法の目的、基本理念、障害者の範囲も含めた制度改正が行われている。

目的
「この法律は、障害者**基本**法の基本的な理念にのっとり、身体障害者福祉法、知的障害者福祉法、精神保健及び精神障害者福祉に関する法律、児童福祉法その他障害者及び障害児の**福祉**に関する法律と相まって、障害者及び障害児が基本的**人権**を享有する個人としての**尊厳**にふさわしい日常生活又は社会生活を営むことができるよう、必要な障害福祉サービスに係る給付、**地域生活支援**事業その他の支援を**総合**的に行い、もって障害者及び障害児の福祉の増進を図るとともに、**障害**の有無にかかわらず国民が相互に人格と個性を尊重し安心して暮らすことのできる地域社会の実現に寄与することを目的とする。」（第1条） 出題実績 ▶ 27〔13〕

基本理念
「障害者及び障害児が日常生活又は社会生活を営むための支援は、全ての国民が、**障害**の有無にかかわらず、等しく基本的**人権**を享有するかけがえのない個人として尊重されるものであるとの理念にのっとり、全ての国民が、障害の有無によって分け隔てられることなく、相互に人格と個性を尊重し合いながら共生する社会を実現するため、全ての障害者及び障害児が可能な限りその**身近**な場所において必要な日常生活又は社会生活を営むための支援を受けられることにより**社会**参加の機会が確保されること及びどこで誰と生活するかについての**選択**の機会が確保され、地域社会において他の人々と共生することを妨げられないこと並びに障害者及び障害児にとって日常生活又は社会生活を営む上で**障壁**となるような社会における事物、制度、慣行、観念その他一切のものの除去に資することを旨として、**総合**的かつ計画的に行わなければならない。」（第1条の2）

障害者の範囲
発達障害者を対象に含める改正は2010（平成22）年4月施行で行われていたが、さらに制度の谷間のない支援を提供する観点から、障害者の定義に新たに**難病**等を追加し、障害**福祉**サービスの対象とすることとなった（→p.372 **1**）。 出題実績 ▶ 25〔12〕・26〔15〕

同時に施行の改正点
地域生活支援事業の内容を追加、自立支援協議会の名称の弾力化と協議会への当事者・**家族**の参画を明確化など。

領域：人間と社会　科目3／社会の理解
単元4　障害者自立支援制度

| 2014（平成26）年4月施行の改正点 | 障害程度区分から障害**支援**区分へ変更、サービス対象の拡大（重度訪問介護、地域移行支援など）、共同生活介護を共同生活**援助**に一元化など。 |

出題実績 ▶ 26〔15〕

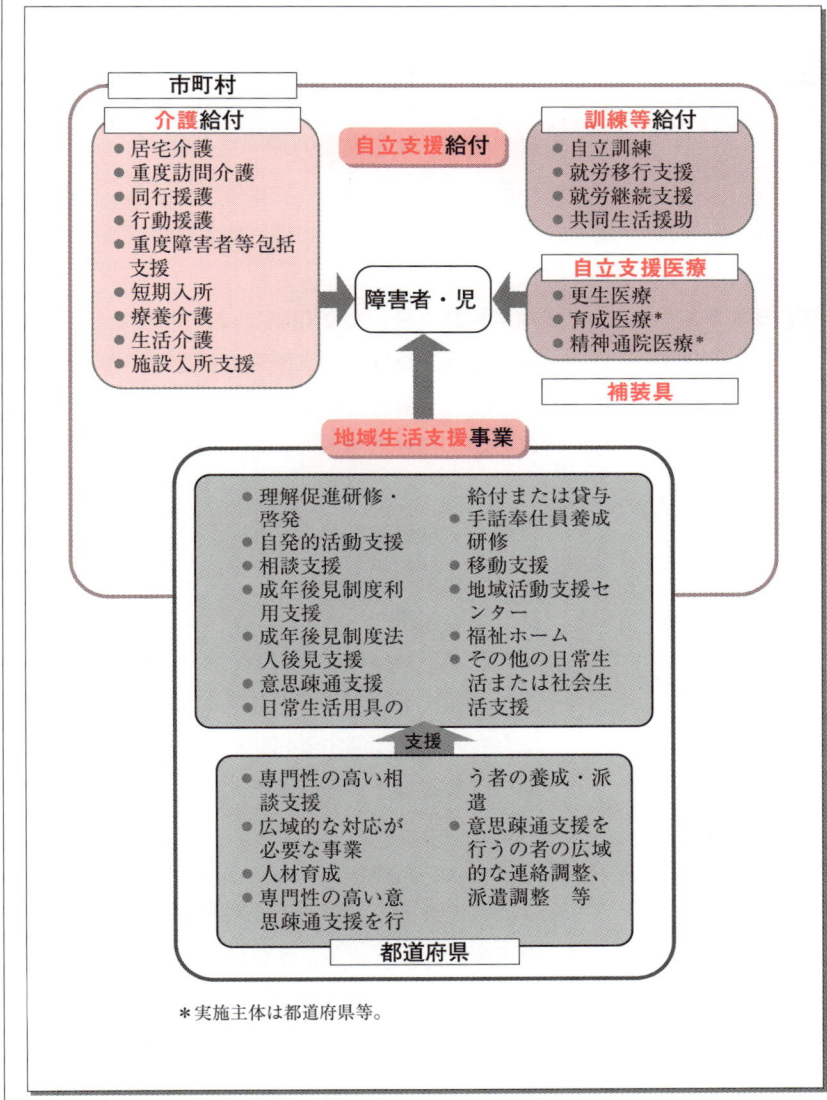

図5　障害者総合支援法によるサービス

```
市町村
┌─────────────────────────────────────┐
│ 介護給付              自立支援給付    訓練等給付        │
│ ・居宅介護                             ・自立訓練       │
│ ・重度訪問介護                         ・就労移行支援   │
│ ・同行援護                             ・就労継続支援   │
│ ・行動援護                             ・共同生活援助   │
│ ・重度障害者等包括                                      │
│   支援              障害者・児       自立支援医療       │
│ ・短期入所                             ・更生医療       │
│ ・療養介護                             ・育成医療＊     │
│ ・生活介護                             ・精神通院医療＊ │
│ ・施設入所支援                                          │
│                                        補装具          │
│                                                         │
│         地域生活支援事業                                │
│ ・理解促進研修・      給付または貸与                    │
│   啓発              ・手話奉仕員養成                    │
│ ・自発的活動支援      研修                              │
│ ・相談支援          ・移動支援                          │
│ ・成年後見制度利    ・地域活動支援セ                    │
│   用支援              ンター                            │
│ ・成年後見制度法    ・福祉ホーム                        │
│   人後見支援        ・その他の日常生                    │
│ ・意思疎通支援        活または社会生                    │
│ ・日常生活用具の      活支援                            │
│              ↑支援                                     │
│ ・専門性の高い相      う者の養成・派                    │
│   談支援              遣                                │
│ ・広域的な対応が    ・意思疎通支援を                    │
│   必要な事業          行うの者の広域                    │
│ ・人材育成            的な連絡調整、                    │
│ ・専門性の高い意      派遣調整　等                      │
│   思疎通支援を行                                        │
└─────────────────────────────────────┘
                  都道府県
```

＊実施主体は都道府県等。

資料：厚生労働省・全国社会福祉協議会「障害福祉サービスの利用について（平成26年4月版）」

◆障害者自立支援制度のしくみの基礎的理解

7　自立支援給付　基本

「障害者総合支援法」第6条に規定されている。**介護**給付、**訓練等**給付、**地域相談支援**給付、**自立支援**医療、**補装具**などがある。

種類　介護給付費・特例介護給付費・訓練等給付費・特例訓練等給付費・特定障害者特別給付費・特例特定障害者特別給付費・地域相談支援給付費・

科目3 社会の理解
単元4 障害者自立支援制度

特例地域相談支援給付費・計画相談支援給付費・特例計画相談支援給付費・自立支援医療費・療養介護医療費・基準該当療養介護医療費・補装具費・高額障害福祉サービス等給付費の支給。

8 障害福祉サービス 基本

「障害者総合支援法」第5条第1項に規定されている。**市町村**から**介護**給付費あるいは**訓練等**給付費が支給される。

介護給付
居宅介護・重度訪問介護・同行援護・行動援護・療養介護・生活介護・短期入所・重度障害者等包括支援・施設入所支援

訓練等給付
自立訓練・就労移行支援・就労継続支援・共同生活援助

9 相談支援

基本相談支援、地域相談支援、計画相談支援がある。このうち地域相談支援とは、地域**移行**支援および地域**定着**支援をいい、計画相談支援とは、サービス利用支援および**継続**サービス利用支援をいう。

基本相談支援
障害者・保護者等からの相談に応じ、**情報**提供と助言を行い、併せて市町村および指定障害福祉サービス事業者等との連絡調整（サービス利用支援および継続サービス利用支援に関するものを除く）その他の便宜を**総合**的に供与する。

地域相談支援
地域移行支援……障害者支援**施設**等に入所している障害者、精神科病院に入院している**精神**障害者、その他地域での生活に移行するために重点的な支援を必要とする人たちに、**住居**の確保その他の地域生活に移行するための活動に関する相談その他の便宜を供与する。　出題実績 ▶ 27〔12〕

地域定着支援……居宅単身者等について、常時の**連絡**体制を確保し緊急事態の相談その他の便宜を供与する。

計画相談支援
サービス利用支援……利用者の心身の状況やおかれている環境、サービス利用の意向などに応じ、障害福祉サービスや地域相談支援の**利用**計画案を作成し、支給決定後の計画作成、連絡調整等を行う。

継続サービス利用支援……**継続**の利用者について、サービス等利用計画の見直し・変更や関係者との連絡調整、支給決定等にかかわる**申請**の勧奨を行う。

10 サービス利用手続き 頻出

サービスを利用しようとするときの手続きは、給付の種類、サービス内容によって異なる部分はあるが、ポイントとなる手続きがいくつかある。

申請
本人・保護者あるいは委託を受けた相談支援事業者が**市町村**に申請する。
出題実績 ▶ 27〔13〕

障害支援区分
障害の多様な特性その他の心身の状態に応じて必要とされる標準的な**支援**の度合いを総合的に示すもの。区分**1**～**6**に分かれる。サービス利用

領域：人間と社会　科目3／社会の理解
単元4　障害者自立支援制度

の前提としてこの認定を受ける。

一次判定……コンピュータによる判定。**80**項目の認定調査項目、**医師**意見書（てんかん、精神障害の機能評価、麻痺・拘縮）による。

二次判定……市町村**審査**会が行う。特記事項、**医師**意見書（一次判定で評価した項目を除く）による。審査・判定にあたり、**本人**、家族等の意見を聞くこともできる。　出題実績 ▶ 25〔13〕・27〔13〕

サービス等利用計画案の作成	市町村は、サービスの利用を申請した利用者に指定**特定**相談支援事業者が作成するサービス等利用**計画**案の提出を求める。
支給決定	提出されたサービス等利用**計画**案や勘案すべき事項をふまえ、支給決定する。
サービス担当者会議	支給**決定**を受け、指定**特定**相談支援事業者がサービス担当者会議を開催する。
サービス等利用計画の作成	サービス事業者等との**連絡**調整を経て、実際に利用するサービス等**利用計画**を作成、サービス利用の開始となる。
相談支援事業者	指定を受け、利用申請前の相談や、申請手続きの支援、サービス利用の計画（案）の作成、関係者との連絡調整などを行う。 **一般相談支援事業者**……基本相談支援および**地域**相談支援のいずれも行う事業者。**都道府県知事**が指定する。 **特定相談支援事業者**……基本相談支援および計画相談支援のいずれも行う事業者。**市町村長**が指定する。

11 自立支援医療費制度

かつての**精神通院**医療、**更生**医療、**育成**医療が自立支援医療に変わり、支給認定の手続きや利用者負担のしくみが共通化された。また、指定医療機関制度が導入され、**都道府県知事**が指定を行う。精神通院医療・育成医療に相当するものは**都道府県**、更生医療に相当するものは**市町村**が支給認定を行う。

12 補装具

「**障害者総合支援**法」による補装具とは、障害者などの身体機能を補ったり、または代わりのはたらきをしたりするもので、長期間にわたり継続して使用される。申請に基づく支給の決定は**市町村**が行う。

種類　義肢、装具、座位保持装置、盲人安全杖、義眼、眼鏡、補聴器、車いす、電動車いす、座位保持いす、起立保持具、歩行器、頭部保持具、排便補助具、歩行補助杖、重度障害者用意思伝達装置。

13 利用者負担
基本

従来の「障害者自立支援法」のもとでは、サービス**量**と**所得**に応じた負担（1割の**定率**負担と所得に応じた負担**上限**額の設定）であったが、

科目3 社会の理解
単元4 障害者自立支援制度

2012（平成24）年4月より、負担能力に応じた負担（**応能**負担）へと改められている。　出題実績 ▶ 26〔15〕

14 地域生活支援事業

おもに**市町村**が中心になって行う、障害者の**自立**した日常生活や社会生活を支援する事業。**相談**支援事業、**成年後見**制度利用支援事業、コミュニケーション支援事業、**日常生活用具**給付等事業、**移動**支援事業、地域活動支援センター機能強化事業、広域的な支援事業などが行われている。

15 専門職の役割 基本

障害者に関連する専門職としては、**理学**療法士（PT）、**作業**療法士（OT）、**言語**聴覚士（ST）、**視能**訓練士（ORT）、**義肢**装具士（PO）、**精神保健**福祉士、看護師、介護福祉士、臨床心理士などがあげられる。

理学療法士（PT）
国家資格に基づく専門職で、医師の指示のもとに、**基本**的な動作能力の回復を図るため、筋力を増強する訓練や運動療法、電気刺激、マッサージなどの**物理**療法などを行う。機能障害レベルの運動の問題、活動制限レベルの動作・行為といった側面にアプローチすることが多い。

作業療法士（OT）
国家資格に基づく専門職で、**応用**的な動作能力の回復を目的としたアプローチを行う。さまざまな作業による**ADL**（Activities of Daily Living：**日常生活動作**）の回復が中心になるが、作業などを通して社会的な適応能力を獲得することも目的の一つである。

言語聴覚士（ST）
国家資格に基づく専門職で、**音声**機能、**言語**機能または**聴覚**機能に障害のある人に対して、その機能を維持したり向上したりするため、言語などの訓練、訓練に必要な検査および助言、指導その他の援助を行う。

視能訓練士（ORT）
国家資格に基づく専門職で、医師の指示のもとに、両眼の**視**機能を回復するための**矯正**（きょうせい）訓練など必要な訓練を行う。

義肢装具士（PO）
国家資格に基づく専門職で、医師の指示のもとに、**義肢**および**装具**の装着部位の採型、義肢および装具の製作、からだへの適合調整を行う。

精神保健福祉士
国家資格に基づく専門職で、**精神**障害者の保健および福祉に関する専門的な知識や技術により、精神科病院などで精神障害の治療を受けたり、**社会**復帰の促進を目的とする施設を利用したりする精神障害者の地域相談支援の利用に関する相談その他の社会復帰に関する**相談**に応じ、助言、指導、日常生活への適応のために必要な訓練その他の援助を行う。

◆障害者自立支援制度における組織・団体の機能と役割

16 国の役割

①**市町村**および都道府県が行う**自立支援**給付、**地域生活支援**事業などの業務が適正かつ円滑に行われるように、必要な助言、情報の提供その他の援助を行う。

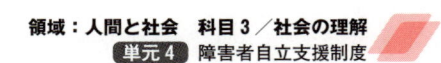

		②市町村と都道府県が**障害福祉計画**を策定するときの指針となる**基本指針**を策定する。
		③**市町村**が支払う費用について一部**負担**または補助する。
		④適正な給付が行われるよう、事業者等に対して**調査**を行う権限をもつ。
17	**都道府県の役割**	①市町村が行う**自立支援**給付および**地域生活支援**事業が適正かつ円滑に行われるように、助言、情報の提供その他の援助を行う。
		②**市町村**と連携を図り、自立支援医療費の支給および**地域生活支援**事業を総合的に行う。
		③障害者等に関する**専門的**知識・技術を要する相談および指導を行う。
		④**市町村**と協力して障害者等の**権利擁護**のための援助を行い、市町村の行う援助が適正かつ円滑に行われるように助言、情報の提供その他の援助を行う。
		⑤**都道府県障害福祉**計画を策定する。
		⑥地域生活支援事業のうち、専門性の高い**相談支援**事業、広域的な支援事業、障害福祉サービス提供者・相談支援提供者を育成する事業、指導者を育成する事業などを行う。
		⑦**市町村**が支払う費用について一部**負担**または補助する。
18	**市町村の役割**	①**自立支援**給付や**地域生活支援**事業を総合的・計画的に行う。
		②障害者等の**福祉**に関する必要な情報を提供し、相談に対応する。
		③意思疎通に支援の必要な障害者等に便宜を供与し、**虐待**の防止・**早期**発見のための関係機関との調整、権利擁護のための援助を行う。
		④**市町村障害福祉**計画を策定する。
		⑤**自立支援**給付の費用を支払う。
19	**指定障害福祉サービス事業者の役割**	事業を行う者としての**申請**を行い、一定の基準を満たしていることを前提に**都道府県知事**の指定を受け、**指定**障害福祉サービス事業者等となる。「障害者総合支援法」第42条に責務が規定されており、専門的な知識や情報をもつとはかぎらない利用者に対して、専門性に基づいた、質の高いサービスを**利用者**本位で提供していくことが求められている。
20	**国民健康保険団体連合会の役割**	**国民健康保険団体連合会**（国保連）は、**市町村**の委託を受けて、事業所や施設からの給付費の請求を受け、それに基づいて、市町村に対して給付費を請求する。

科目3 社会の理解
単元4 障害者自立支援制度

Step 2 一問一答で確かめよう

問い	答え
□障害者対策推進本部によって策定された、1996（平成8）年度から2002（平成14）年度までの7年間の障害者施策の方向と内容を定めたものを何という？	障害者プラン～ノーマライゼーション7か年戦略～ return **1**
□福祉サービスが措置制度から利用制度に変わったのは、何によって、「社会福祉事業法」が改正されたため？	社会福祉基礎構造改革 return **2**
□福祉サービスの利用時に、障害の種別、居宅サービスか施設サービスかの区分によって支援費が支給された制度は？	支援費制度 return **2**
□2003（平成15）年度から2012（平成24）年度までの10年間の障害者施策の基本的方向について定めたものは何？	障害者基本計画 return **3**
□障害児・者が地域で生活できる自立と共生の社会をつくるために、2005（平成17）年に制定された法律の当時の名称は？	障害者自立支援法 return **5**
□障害福祉サービスでは、どこから介護給付費あるいは訓練等給付費が支給される？	市町村 return **8**
□自立支援医療制度で、指定医療機関を指定するのはだれ？	都道府県知事 return **11**
□申請に基づいて補装具を支給するのは市町村・都道府県のどちら？	市町村 return **12**
□相談支援事業、日常生活用具給付等事業、移動支援事業など、障害者の自立生活や社会生活を支援する事業は何？	地域生活支援事業 return **14**
□国家資格に基づく専門職で、医師の指示のもとに、物理療法によって、基本的な動作能力の回復を図るのは？	理学療法士（PT） return **15**
□国が策定するのは、障害福祉計画・基本指針のどちら？	基本指針 return **16**
□専門性の高い相談支援事業を行うのは、都道府県・市町村のどちら？	都道府県 return **17**
□自立支援給付や地域生活支援事業の実施主体となるのは、都道府県・市町村のどちら？	市町村 return **18**
□事業者は、事業を行う者としての申請を行い、一定の基準を満たしていることを前提に、だれからの指定によって指定障害福祉サービス事業者等になれる？	都道府県知事 return **19**
□国民健康保険団体連合会は、どこからの委託を受けて給付費の支払いに関する事務等を行うことができる？	市町村 return **20**

領域：人間と社会　科目3／社会の理解
単元4　障害者自立支援制度

Step 3　過去問に挑戦！

問題　「障害者総合支援法」に関する次の記述のうち、正しいものを1つ選びなさい。

第26回（2014年）〔15〕

1　財源が、税方式から社会保険方式に変更された。
2　対象となる障害者の範囲に、難病患者等が加えられた。
3　利用者負担が、応能負担から応益負担に変更された。
4　地域包括支援センターの設置が、市町村に義務づけられた。
5　重度肢体不自由者に対する重度訪問介護が創設された。
（注）「障害者総合支援法」とは、「障害者の日常生活及び社会生活を総合的に支援するための法律」のことである。

答え　2

国が費用の2分の1、都道府県と市町村がそれぞれ4分の1を負担してまかなわれている（1は誤り）。第4条（定義）で、「障害者」に「治療方法が確立していない疾病その他の特殊の疾病であって政令で定めるものによる障害の程度が厚生労働大臣が定める程度である者であって18歳以上であるもの」が加えられた（**2が正しい**）。利用者負担は応能負担を原則としている（3は誤り）。地域包括支援センターは介護保険制度における機関である（4は誤り）。重度訪問介護は当初からあるサービス。法改正にともない対象の拡大が行われた（5は誤り）。　→ 5　6　13

科目3 単元5 社会の理解 介護実践に関連する諸制度

Step 1 重要項目を覚えよう

◆ **個人の権利を守る制度の概要**

1 個人情報保護に関する制度 頻出

2003（平成15）年に、「**個人情報の保護に関する法律**」（**個人情報保護**法）が制定され、個人情報を取得する場合は、原則として本人に利用目的を伝えなくてはならず、**利用目的**の達成に必要な範囲を超えて個人情報を取り扱ってはいけないことや、個人情報を第三者に提供する場合には原則として本人の**同意**を得ることなどが規定された。　出題実績 ▶ 25〔15〕

個人情報の定義
「**生存する**個人に関する情報であって、当該情報に含まれる氏名、生年月日その他の記述等により特定の個人を識別することができるもの（他の情報と容易に照合することができ、それにより特定の個人を識別することができることとなるものを含む。）をいう。」（第2条第1項）
出題実績 ▶ 27〔15〕

2 成年後見制度 頻出

認知症（dementia）の高齢者、知的障害者、精神障害者など、**判断能力**が不十分な成人を保護し権利を守るための制度。「**民法**」改正で従来の禁治産・準禁治産制度に代わり、2000（平成12）年より実施されている。制度利用の**費用**を助成する成年後見制度利用支援事業も設けられている。成年後見制度には**法定**後見制度と**任意**後見制度がある。

法定後見制度
本人の判断能力に応じて、**後見**、**保佐**、**補助**の3つに分類される。本人、配偶者、四親等以内の親族、任意後見人などの申し立てによって、**家庭**裁判所がそれぞれ**成年後見**人、**保佐**人、**補助**人を選任する。65歳以上の者、知的障害者、精神障害者で、身寄りがないような場合、その福祉を図るために特に必要があると認められる場合は、**市町村長**が審判の請求を行う。法定後見人は財産の管理、身上監護、遺産分割などに対して、本人の能力を補って不利益が生じないようにその権利を守るとともに、社会的に支援する。　出題実績 ▶ 25〔15〕

身上監護……本人の代わりに保健医療・福祉サービスの**契約**等を行うなど日常生活を支援する。

	後見	保佐	補助
対象者	判断能力を喪失した人	判断能力が著しく不十分な人	判断能力が不十分な人
申立人	本人、配偶者、四親等内の親族、任意後見人など		
本人の同意	不要	不要	必要
保護者	成年後見人	保佐人	補助人

表10　法定後見制度の3類型

任意後見制度　判断能力が低下する**前**に、本人が後見人や契約内容を決めて契約を結ぶ。契約には、公証人の**公正証書**が必要とされる。本人の判断能力が低下したときは、家庭裁判所が選任した任意後見監督人の監督のもとに、任意後見人はその内容に沿って本人を援助する。　出題実績　▶27〔15〕

3　社会福祉法における権利擁護のしくみ　頻出

「社会福祉法」の目的の一つに、福祉サービスの利用者の**利益**の保護がある（→p.51　6）。具体的な方策としては、「第8章　福祉サービスの適切な利用」において、**情報**の提供、利用契約にあたっての説明や**紙面**の交付、福祉サービスの質の**向上**のための措置、誇大**広告**の禁止、苦情解決などについて定められ、また、都道府県社会福祉協議会などが行う福祉サービス利用援助事業（日常生活自立支援事業）についても規定されている。

福祉サービス利用援助事業（日常生活自立支援事業）　セーフティネット支援対策等事業においては日常生活自立支援事業とよばれる。**認知症**高齢者、**知的**障害者、精神障害者など判断能力が不十分な人が地域で自立した生活を送れるように、**契約**に基づき、福祉サービス利用手続きの代行や日常的な金銭管理などによってその権利擁護を行う。契約の内容について**判断**しうる能力をもっていると認められることが利用の条件。実施主体は**都道府県**社会福祉協議会、指定都市社会福祉協議会であるが、事業の一部は**市町村**社会福祉協議会が行う。　出題実績
▶25〔14〕・27〔15〕

4　消費者保護　基本

契約に関する十分な説明がないままに契約を結び、不当な支払いを請求される被害が広がっている。このような被害から消費者を**保護**するために、さまざまな法整備が行われている。トラブルに巻き込まれた場合は、すぐに消費者生活センターや**国民生活**センターなどへ相談することが大切である。

国民生活センター　「独立行政法人国民生活センター法」に基づく**消費者**問題における中核的機関。同法第3条に「**国民生活**の**安定**及び**向上**に寄与するため、総合的見地から国民生活に関する情報の提供及び**調査研究**を行うとともに、

科目3 社会の理解
単元5 介護実践に関連する諸制度

重要**消費者紛争**について法による解決のための手続を実施することを目的とする」と規定されている。全国の**消費生活センター**などと連携して、**広報**活動や**消費生活**相談を行い、消費者被害の未然防止・拡大防止にあたっている。消費者庁の発足にともない、同庁が所管する。

消費者庁
生産者側でなく、**消費者**・生活者の利益を考え行動する行政機関として、消費者庁が2009（平成21）年に発足した。

5 特定商取引に関する法律

事業者による違法で悪質な勧誘行為等を防止し消費者の利益を守るための法律。特定の取引を対象に、事業者が守るべきルールと**クーリングオフ**などの消費者を守るルールを定めている。

対象となる取引……①訪問販売、②通信販売、③電話勧誘販売、④連鎖販売取引（販売員として勧誘し次の販売員を勧誘させていく）、⑤特定継続的役務提供（エステサロン、語学教室、家庭教師、学習塾、結婚相手紹介サービス、パソコン教室）、⑥業務提供誘引販売取引（「仕事を提供するので収入が得られる」という口実で消費者を誘引し、仕事に必要であるとして商品等を売って、金銭負担を負わせる）、⑦訪問購入。

その他の法制度
消費生活にかかわる法律は基本的に**消費者**を保護するためのものである。

消費者基本法 1968（昭和43）年制定	消費者の**利益の擁護**・増進に関する総合的な施策の推進を図り、国民の**消費生活**の**安定と向上**を確保することを目的とする
消費者契約法 2000（平成12）年制定	契約上不利な立場にある**消費者**の利益の擁護を図る。業者が重要事項について事実と異なる説明を行った場合などに、**消費者**は契約の取り消しができる
製造物責任法（**PL法**） 1994（平成6）年制定	**製品の欠陥**で消費者が損害を被った場合、消費者は製造業者に損害賠償を求めることができる。被害者保護と商品の安全性を高めることを目的とした法律
金融商品の販売等に関する法律 2000（平成12）年制定	**金融取引**における重要事項説明義務と違反時の損害賠償を金融業者に課した
消費者安全法 2009（平成21）年制定	消費生活における被害を防止して安全を確保するため、内閣総理大臣による基本方針、都道府県・市町村による消費生活相談、消費生活センターの設置、消費者事故等に関する情報の集約、消費者安全調査委員会などについて規定

表11　消費生活にかかわる法律

6 クーリングオフ制度

消費者保護制度の一つ。**定められた期間**内であれば、無条件で申し込み撤回や**解約**ができるというもの。消費者のほうからその旨の**書面**をもって通告する。**通信**販売には原則として適用されない。

契約の種類	期間
訪問販売 電話勧誘販売 特定継続的役務提供 訪問購入	法定契約書を受領してから**8**日間
割賦販売（クレジット・ローン） 宅地建物取引	クーリングオフ制度の告知を受けてから**8**日間
投資顧問契約	法定契約書を受領してから**10**日間
預託取引	法定契約書を受領してから**14**日間
連鎖販売取引（マルチ商法） 業務提供誘引販売取引	法定契約書を受領してから**20**日間
保険契約	クーリングオフ制度の告知または申し込みのうち、**遅い**ほうの日から**8**日間

表12　クーリングオフ制度の適用となる契約の種類と期間の例

7　高齢者虐待の防止、高齢者の養護者に対する支援等に関する法律（高齢者虐待防止法）
頻出

養護者や介護施設の従事者による高齢者に対する虐待の深刻化を受け、2005（平成17）年、「**高齢者虐待の防止、高齢者の養護者に対する支援等**に関する法律（**高齢者虐待防止法**）」が成立した。この法律では、高齢者虐待が定義され、虐待を発見した人に対する市町村への通報の義務、虐待により生命または身体に重大な危険が生じているおそれがあると認められるときの市町村の**立ち入り調査**（必要がある場合は警察署長に対して援助を求めることができる）などが定められている。

出題実績 ▶ 24〔14〕

目的

「高齢者に対する虐待が深刻な状況にあり、高齢者の**尊厳**の保持にとって高齢者に対する虐待を防止することが極めて重要であること等にかんがみ、高齢者虐待の防止等に関する**国**等の責務、高齢者虐待を受けた高齢者に対する**保護**のための措置、養護者の**負担**の軽減を図ること等の養護者に対する養護者による高齢者虐待の防止に資する支援のための措置等を定めることにより、高齢者虐待の防止、養護者に対する支援等に関する施策を促進し、もって高齢者の**権利利益**の擁護に資することを目的とする。」（第1条）

高齢者虐待の定義

養護者や介護施設従事者などによる以下の行為をさす。

出題実績 ▶ 25〔15〕

①**身体的虐待**：高齢者の身体に**外傷**が生じる暴行や外傷が生じるおそれのある暴行を加えること。

②**ネグレクト**：高齢者を**衰弱**させるような著しい減食または長時間の放置、養護者以外の同居人による**虐待**の放置など、養護を著しく怠ること。

③**心理的虐待**：高齢者に対する著しい暴言または著しく拒絶的な対応など、高齢者に著しい**心理的外傷**をあたえる言動を行うこと。

科目 3 社会の理解
単元 5 介護実践に関連する諸制度

④**性的虐待**：高齢者にわいせつな行為をすること、または高齢者にわいせつな行為をさせること。

⑤**経済的虐待**：養護者、**親族**、**介護施設**の従事者等が、高齢者の財産を不当に処分するなど、高齢者から不当に財産上の利益を得ること。

8 障害者虐待の防止、障害者の養護者に対する支援等に関する法律（障害者虐待防止法） 基本

養護者や施設従事者、**使用**者による、障害者に対する虐待を防止するための法律。2011（平成23）年に成立、**2012（平成24）**年10月より施行されている。「児童虐待の防止等に関する法律（**児童虐待防止**法）」「高齢者虐待の防止、高齢者の養護者に対する支援に関する法律（**高齢者虐待防止**法）」にならい、虐待の定義と類型（→p.126）、発見者の**通報**の義務、**立ち入り**調査などが定められている。　出題実績 ▶ 26〔16〕

◆保健医療福祉に関する施策の概要

9 保健所 基本

「**地域保健**法」により基本指針が定められ、地域保健に関する広域的・専門的・技術的な拠点としての機能を強化し、地域の医師会の協力のもとに医療機関との連携を図る。都道府県・**指定都市**・**中核市**・その他の政令で定める市、または特別区に設置。具体的な業務としては、精神保健・**難病**対策、**感染症**対策、食品衛生の監視、環境衛生の監視、医療の監視、薬事の監視など。

10 市町村保健センター 基本

身近で**利用**頻度の高い保健サービスが市町村において一元的に提供されることをふまえて、「**地域保健**法」に「住民に対し、健康相談、保健指導及び健康診査その他地域保健に関し必要な事業を行うことを目的とする施設」（第18条第2項）と規定されている。具体的な業務は、**乳幼児**検診、予防**接種**、**成人**病検診、訪問指導、健康相談など。　出題実績 ▶ 27〔16〕

11 生活習慣病予防 基本

メタボリックシンドローム（内臓脂肪症候群）

生活習慣病（life-style related diseases →p.323 **12**）につながる疾患として**メタボリックシンドローム**（metabolic syndrome；**内臓脂肪症候群**）があり、この予防に努めることが生活習慣病を防ぐうえで非常に重要となる。食生活と生活習慣病との関連については、まだ明らかでない部分もあるが、ある栄養素の摂取過多や欠乏が影響することが知られている。**内臓脂肪**型の肥満を共通の因子として、高血糖・**高血圧**・脂質異常が引き起こされる状態。メタボリックシンドロームによって動脈**硬化**が進行し、虚血性**心**疾患（ischaemic heart disease →p.324 **13**）や**脳血管**疾患（cerebrovascular disease →p.327 **21**）が引き起こされる。

腹囲	男性：**85**cm以上　　女性：**90**cm以上

内臓脂肪の蓄積のチェック。これに加えて次の2項目以上が該当する場合

＋

高血糖	空腹時血糖値：**110**mg/dL以上
高血圧	最高（収縮時）血圧：**130**mmHg以上 最低（拡張時）血圧：**85**mmHg以上　いずれかまたは両方
脂質異常	中性脂肪：**150**mg/dL以上 HDLコレステロール：**40**mg/dL未満　いずれかまたは両方

図6　メタボリックシンドロームの診断基準（厚生労働省）

12 健康日本21

正式名称は「**21世紀**における**国民健康づくり**運動」。生涯にわたった健康づくりの視点のもとに、**一次**予防の重視や健康づくり支援のための環境整備などを基本方針として、2000（平成12）年度から推進され、運動の期間は現在2012（平成24）年度までとされた。

目的　21世紀のわが国を、すべての国民が健やかで心豊かに生活できる活力ある社会とするため、**壮年**期死亡の減少、**健康寿命**の延伸および生活の質の向上を実現すること。

個別目標　9分野（①栄養・**食生活**、②身体活動・**運動**、③休養・こころの健康づくり、④**たばこ**、⑤**アルコール**、⑥歯の健康、⑦糖尿病、⑧循環器病、⑨がん）について80項目の目標を設定。

目標の具体例　2010（平成22）年の目標値として、次のようなものがあげられた。

項目	目標値（成人一日あたり）
栄養・食生活	脂肪エネルギー比率**25**％以下、食塩摂取量**10**g未満、野菜の摂取量**350**g以上など
身体活動・運動	日常生活における歩数：男性**9,200**歩以上・女性**8,300**歩以上（70歳以上の高齢者の場合：男性**6,700**歩、女性**5,900**歩）

表13　おもな目標値（健康日本21）

最終評価　2011（平成23）年10月に最終評価が公表され、59項目（80項目のうち再掲21項目を除く）の目標のうち約**6**割が改善。

13 健康日本21（第二次）

「健康日本21（**21世紀**における**国民健康づくり**運動）」の運動期間が2012（平成24）年度で終了するのを受け、新たな「21世紀における第二次国民健康づくり運動（健康日本21〈第**二**次〉）」の方針が2012年7月、

科目 3 社会の理解
単元 5 介護実践に関連する諸制度

厚生労働省**告示**として出された。運動期間は2013（平成25）年度から**2022（平成34）**年度までの10年間。

基本的な方向
①**健康**寿命の延伸と健康格差の縮小
②**生活習慣**病（life-style related diseases →p.323 **12**）の発症予防と重症化予防の徹底（NCD；非感染性疾患の予防）
③社会生活を営むために必要な機能の維持および**向上**
④健康を支え、守るための社会**環境**の整備
⑤栄養・**食**生活、身体活動・**運動**、休養、**飲酒**、喫煙、歯・**口腔**の健康に関する生活習慣および社会環境の改善

目標
5つの基本的な方向に対応して、53項目（再掲除く）にわたる具体的な目標を設定。健康寿命は、2022年度までの延び幅が**平均**寿命の延び幅を上回ることを目標とする。

目標の具体例
2022年度の目標として、次のようなものがあげられた。

項目	目標値
栄養・食生活	食塩摂取量**8**g、野菜摂取量の平均値350gなど
身体活動・運動	日常生活における歩数：20～64歳男性**9,000**歩・女性**8,500**歩、65歳以上男性**7,000**歩・女性**6,000**歩

表14　おもな目標値（健康日本21〈第二次〉）

14 健康増進法

「**健康日本21**（21世紀における国民健康づくり運動）」を中核とする国民の健康づくり、疾病予防をさらに積極的に推進するため、2002（平成14）年に制定。国民の健康の増進の総合的な推進を図るための基本的な方針を定め、都道府県や市町村の**健康増進**計画の策定や**健康診査**の実施等に関する指針などがもりこまれている。

目的
「我が国における急速な**高齢**化の進展及び疾病構造の変化に伴い、国民の健康の増進の重要性が著しく増大していることにかんがみ、国民の健康の増進の総合的な推進に関し基本的な事項を定めるとともに、国民の**栄養**の改善その他の国民の健康の増進を図るための措置を講じ、もって国民保健の向上を図ることを目的とする。」（第1条）

15 高齢者医療制度

今後の高齢化の進展にともなって、将来にわたって医療保険制度を存続させていくための制度の構築や医療費の適正化を推進するために、2006（平成18）年に「**老人保健法**」が改正されて、「高齢者の医療の確保に関する法律（高齢者医療確保法）」が成立した。この法律に基づいて創設された、おもに**75**歳以上の後期高齢者を対象に、その心身の特性や生活実

領域：人間と社会　科目3／社会の理解
単元5　介護実践に関連する諸制度

	態などをふまえた独立した医療制度を**後期高齢者医療**制度という。
法の目的	「国民の高齢期における適切な医療の確保を図るため、医療費の適正化を推進するための計画の作成及び保険者による**健康診査**等の実施に関する措置を講ずるとともに、高齢者の医療について、国民の共同連帯の理念等に基づき、**前期**高齢者に係る保険者間の費用負担の調整、**後期**高齢者に対する適切な医療の給付等を行うために必要な制度を設け、もつて国民保健の向上及び高齢者の福祉の増進を図ることを目的とする。」（第1条）
法の基本的理念	「国民は、自助と連帯の精神に基づき、自ら加齢に伴つて生ずる心身の変化を自覚して常に健康の**保持増進**に努めるとともに、高齢者の医療に要する費用を**公平**に負担するものとする。」（第2条第1項）
	「国民は、年齢、心身の状況等に応じ、職域若しくは地域又は家庭において、**高齢**期における健康の保持を図るための適切な**保健**サービスを受ける機会を与えられるものとする。」（第2条第2項）
保険者	都道府県を単位に設置されている後期高齢者**医療広域連合**。
被保険者	後期高齢者医療広域連合の区域内に住所を有する**75**歳以上の人と、**65**歳以上75歳未満で、後期高齢者医療広域連合による障害の認定を受けた人。

16 特定健康診査等

「高齢者の医療の確保に関する法律（高齢者医療確保法）」に基づいて、医療保険者は**40～74**歳の加入者に対して**特定健康**診査・**特定保健**指導を行うことが義務づけられた。

特定健康診査	**メタボリックシンドローム**（metabolic syndrome；**内臓脂肪症候群**）に着目したものである。生活習慣病（life-style related diseases →p.323 **12**）に関する健康診査として、身体計測、血圧測定、検尿、血液検査（脂質検査・血糖検査・肝機能検査）などが行われる。
特定保健指導	特定**健康**診査の結果、**生活習慣**病の発症のリスクが高く、生活習慣の改善による生活習慣病の予防効果が期待できる人に対して行われる。情報を提供し、生活習慣の改善の動機づけを支援する。リスクの高い人には積極的な支援も行われる。

17 感染症対策 基本

2006（平成18）年「感染症の**予防**及び感染症の患者に対する**医療**に関する法律（**感染症**法）」が改正され、感染症分類の見直しと、「結核予防法」の「感染症法」への統合が行われた。

感染症の分類	現在、感染症は**1**類感染症から**5**類感染症、**新型インフルエンザ**等感染症、**指定感染症**、**新感染症**に分類され、結核（tuberculosis）は2類感染症、インフルエンザ（Influenza）は5類感染症に分類されている。

科目3 社会の理解
単元5 介護実践に関連する諸制度

18 難病対策 基本

難病は、原因や治療法が未確定、後遺症がある、闘病生活が長期化して経済的・精神的負担が大きいなどで、患者が厳しい状況におかれることが多い。そのため、国は1972（昭和47）年に「難病対策要綱」を示して、総合的な難病対策に着手した。2014（平成26）年には「難病の患者に対する医療等に関する法律」が制定され、各種事業の充実と助成対象の拡大が図られている。

新たな難病対策の概要

①効果的な治療方法の開発と医療の質の向上（研究の推進、難病患者データベースの構築、医療提供体制の確保など）、②公平・安定的な医療費助成のしくみの構築（対象を約300疾病・約150万人〈平成27年度〉に拡大、負担の軽減など）、③国民の理解の促進と社会参加のための施策の充実（普及啓発、福祉サービスの充実、社会参加・就労支援の充実など）。

19 HIV／エイズ予防対策

エイズは後天性免疫不全症候群（acquired immunodeficiency syndrome；AIDS）のことで、HIV（human immunodeficiency virus；ヒト免疫不全ウイルス）によって免疫細胞が破壊され、免疫不全を引き起こす。輸血・血液製剤による感染、性行為による感染、母子感染などがある。「後天性免疫不全症候群に関する特定感染症予防指針」に基づき国としてのエイズ予防施策が実施されている。また1998（平成10）年より、HIV感染による免疫機能障害に対して、身体障害者手帳が交付されている。

◆介護と関連領域との連携に必要な法規

20 医師法

1948（昭和23）年に制定され、医師の業務や義務、罰則などを規定している（→p.83）。

21 保健師助産師看護師法

1948（昭和23）年に制定され、保健師・助産師・看護師の業務や義務、罰則などを規定している（→p.83）。

目的

「この法律は、保健師、助産師及び看護師の資質を向上し、もつて医療及び公衆衛生の普及向上を図ることを目的とする。」（第1条）

22 理学療法士及び作業療法士法

1965（昭和40）年に制定され、理学療法士（PT）と作業療法士（OT）の業務や義務、罰則などを規定している。

理学療法

「身体に障害のある者に対し、主としてその基本的動作能力の回復を図るため、治療体操その他の運動を行なわせ、及び電気刺激、マッサージ、温熱その他の物理的手段を加えることをいう。」（第2条第1項）

作業療法

「身体又は精神に障害のある者に対し、主としてその応用的動作能力又は社会的適応能力の回復を図るため、手芸、工作その他の作業を行なわ

領域：人間と社会　科目3／社会の理解
単元5　介護実践に関連する諸制度

せることをいう。」（第2条第2項）

23 精神保健福祉士法

1997（平成9）年制定。精神保健福祉士の義務として、誠実義務、**信用失墜**行為の禁止、**秘密保持**義務、連携等が定められている。

目的　「精神保健福祉士の資格を定めて、その業務の適正を図り、もって精神保健の向上及び精神障害者の福祉の増進に寄与することを目的とする。」（第1条）

24 医療法 基本

病院、診療所、介護老人保健施設、調剤を実施する薬局、助産所など医療を提供する施設の**開設**および管理・整備の方法を決めるなど、わが国の**医療供給**体制の基本となる法律。1948（昭和23）年に制定され、2008（平成20）年に大きく改正された。

目的　「医療を受ける者の**利益**の保護及び良質かつ適切な医療を**効率**的に提供する体制の確保を図り、もつて国民の**健康**の保持に寄与することを目的とする。」（第1条）

病院　医師または歯科医師が、公衆または特定多数のため**医業**または**歯科医業**を行う施設のうち、病床**20**床以上を有するもの。　出題実績 ▶ 24〔15〕

診療所　同じく、病床をもたないか**19**床以下を有するもの。

地域医療支援病院　病院のうち、他病院・診療所に対して地域における医療の確保のために必要な**支援**を行うものとして**都道府県知事**の承認を得たもの。　出題実績 ▶ 24〔15〕

特定機能病院　病院のうち、**高度**医療を行うものとして**厚生労働大臣**の承認を得たもの。　出題実績 ▶ 24〔15〕

臨床研究中核病院　病院のうち、**特定臨床研究**の計画立案・実施能力などを有するとして**厚生労働大臣**の承認を得たもの。

25 精神保健及び精神障害者福祉に関する法律（精神保健福祉法） 基本

1950（昭和25）年に「精神**衛生**法」として制定され、1987（昭和62）年、1995（平成7）年に改称・改正されている。

目的　「精神障害者の**医療**及び保護を行い、障害者の日常生活及び社会生活を総合的に支援するための法律と相まってその社会**復帰**の促進及びその自立と社会経済**活動**への参加の促進のために必要な援助を行い、並びにその発生の予防その他国民の精神的健康の保持及び増進に努めることによつて、精神障害者の**福祉**の増進及び国民の精神保健の向上を図ることを目的とする。」（第1条）

入院形態　入院しての医療・保護が必要な際、次のような入院形態がとられる。
任意入院……**本人**の同意に基づく入院。

105

科目3 社会の理解
単元5 介護実践に関連する諸制度

措置入院……2名以上の指定医の診察の結果、自傷他害のおそれがあると認められる場合に、**都道府県知事**の措置で行う入院。

緊急措置入院……**措置**入院の手続きがとれない緊急時に行う入院。

医療保護入院……**家族**等（配偶者、親権を行う者、扶養義務者、後見人、保佐人）の同意による入院。

応急入院……急速を要するが本人および**家族**等の同意を得ることができない場合に、**72**時間を限度に入院させることができるもの。 出題実績▶ 25〔16〕

◆生活保護制度の概要

26 生活保護法 基本

1946（昭和21）年に「生活保護法」が成立したが、その後「**日本国憲法**」の成立にともなって1950（昭和25）年に全面改正され、現行の法律となった。基本理念は、**国家責任**の原理（第1条）、**無差別平等**の原理（第2条）、**最低生活保障**の原理（第3条）、**補足性**の原理（第4条）からなる。

目的
「日本国憲法第**25**条に規定する理念に基き、国が生活に困窮するすべての国民に対し、その困窮の程度に応じ、必要な保護を行い、その**最低限度**の生活を保障するとともに、その**自立**を助長することを目的とする。」（第1条）

無差別平等の原理
「すべて国民は、この法律の定める要件を満たす限り、この法律による保護を、**無差別平等**に受けることができる。」（第2条）

最低生活保障の原理
「この法律により保障される最低限度の生活は、**健康**で**文化**的な生活水準を維持することができるものでなければならない。」（第3条）

補足性の原理
「保護は、生活に困窮する者が、その利用し得る資産、能力その他あらゆるものを、その**最低限度**の生活の維持のために活用することを要件として行われる。」（第4条第1項）

27 生活保護の原則

「生活保護法」は、**申請保護**の原則（第7条）、**基準**および**程度**の原則（第8条）、**必要即応**の原則（第9条）、**世帯**単位の原則（第10条）という生活保護の原則を定めている。

申請保護の原則
「保護は、要保護者、その扶養義務者又はその他の同居の親族の**申請**に基いて開始するものとする。但し、要保護者が**急迫**した状況にあるときは、保護の申請がなくても、必要な保護を行うことができる。」（第7条）

基準および程度の原則
「保護は、厚生労働大臣の定める基準により測定した要保護者の**需要**を基とし、そのうち、その者の金銭又は物品で満たすことのできない**不足**分を補う程度において行うものとする。」（第8条第1項）

「前項の基準は、要保護者の年齢別、性別、世帯構成別、所在地域別そ

		の他保護の種類に応じて必要な事情を考慮した**最低限度**の生活の需要を満たすに十分なものであつて、且つ、これをこえないものでなければならない。」（第8条第2項）
	必要即応の原則	「保護は、要保護者の年齢別、性別、健康状態等その個人又は世帯の実際の**必要**の相違を考慮して、有効且つ適切に行うものとする。」（第9条）
	世帯単位の原則	「保護は、**世帯**を単位としてその要否及び程度を定めるものとする。但し、これによりがたいときは、個人を単位として定めることができる。」（第10条）
28 生活保護の給付		**生活**扶助、**教育**扶助、**住宅**扶助、**医療**扶助、**介護**扶助、出産扶助、生業扶助、葬祭扶助の8種類があり、医療扶助と介護扶助は原則として**現物**給付、それ以外の扶助は原則として**金銭**給付となる。　出題実績 ▶ 24〔16〕
		現物給付……物品の給与や貸与、医療の給付、施設の利用、福祉サービスの提供など**金銭**給付以外の方法。
		金銭給付……所定の目的を達成する手段として金銭を支給する。
		被保護者……現在、保護を受けている者。
		要保護者……現在、保護を受けているといないにかかわらず、保護を必要とする状態（**要保護**状態）にある者。
	生活扶助	衣食やその他の日常生活の**需要**を満たすために必要なものや**移送**のための費用の扶助。
	教育扶助	**義務教育**に必要な学用品や通学用品、学校給食や通学交通費、その他の費用の扶助。
	住宅扶助	借間や借家の場合の家賃や住宅の補修など住宅の維持にかかる費用の扶助。住宅の現物給付は**宿所提供**施設で行われる。
	医療扶助	診察や薬剤、**医学**的処置、手術、その他の治療、居宅における**療養**上の管理とそれにともなう世話、病院などへの入院およびその療養にともなう世話、移送にかかる扶助。
	介護扶助	「**介護保険**法」における要介護者や要支援者が「**介護保険**法」に規定された介護サービス、介護予防サービス、介護予防・日常生活支援などを利用するときの扶助。
	出産扶助	分娩などにかかる費用や**入院**料の扶助。
	生業扶助	生業に必要な**資金**などや生業に必要な**技能**の修得にかかる費用、高等学校等就学費、洋服の購入費など**就労**のために必要なものの費用の扶助。
	葬祭扶助	死体の検案や運搬、火葬または埋葬、納骨その他葬祭のために必要な費用の扶助。

科目3 社会の理解
単元5 介護実践に関連する諸制度

29 生活保護受給者の権利と義務

生活保護受給者は、「**生活保護法**」に基づいて、次のような権利・義務をもつ。

不利益変更の禁止	正当な理由がなければ、すでに決定された保護を**不利益に変更されることがない**
公課の禁止	保護金品を標準として、**租税その他の公課を課せられることがない**
差押の禁止	すでに給与を受けた保護金品またはこれを受ける権利を**差し押さえられることがない**

表15 生活保護受給者の権利

譲渡の禁止	保護を受ける権利を**譲り渡すことができない**
生活上の義務	能力に応じて**勤労に励み**、**支出の節約**を図り、その他生活の維持、向上に努めなければならない
届出の義務	収入、支出などの**状況に変動があったとき**や**居住地や世帯の構成に異動があったとき**は、すみやかに保護の実施機関または福祉事務所長に届け出なければならない
指示等にしたがう義務	保護の実施機関が被保護者を救護施設、更生施設などに入所させるなどして**保護を行うことを決定したとき**、あるいは必要な指導または指示をしたときは、これにしたがわなければならない

表16 生活保護受給者の義務

30 保護施設

救護施設、**更生**施設、**医療保護**施設、**授産**施設、**宿所**提供施設の5種類がある。

- 救護施設 　身体上または精神上著しい障害があるために日常生活を営むことが困難な要保護者を入所させて**生活**扶助を行う施設。
- 更生施設 　身体上または精神上の理由により**養護**および**生活指導**を必要とする要保護者を入所させて**生活**扶助を行う施設。
- 医療保護施設 　医療を必要とする要保護者に対して医療の給付を行う施設。
- 授産施設 　身体上もしくは精神上の理由または世帯の事情により**就業**能力の限られている要保護者に、就労または技能の修得のために必要な機会および便宜をあたえて、その**自立**を助長するための施設。
- 宿所提供施設 　住居のない要保護者の世帯に対して**住宅**扶助を行う施設。

領域：人間と社会　科目3／社会の理解
単元5　介護実践に関連する諸制度

Step 2　一問一答で確かめよう

問い

- □個人情報を取得する場合は、原則として本人に何を伝えなければならない？
- □成年後見制度には2種類あるが、それは任意後見制度と何？
- □法定後見制度は、後見、補助ともう一つは何？
- □判断能力が低下する前に本人が後見人や契約内容を決めて契約を結ぶ制度は何？
- □福祉サービス利用援助事業（日常生活自立支援事業）の実施主体は、都道府県・市町村どちらの社会福祉協議会？
- □定められた期間内であれば、無条件で申し込み撤回や解約ができるという消費者保護制度を何という？
- □「高齢者虐待防止法」で定められている虐待とは身体的虐待、ネグレクト、性的虐待、経済的虐待ともう一つは何？
- □精神保健対策や難病対策、感染症対策などを行うのは、保健所・市町村保健センターのどちら？
- □保健所や市町村保健センターの設置を定めた法律は何？
- □内臓脂肪型の肥満を共通の因子として、高血糖、高血圧、脂質異常が引き起こされる状態を何という？
- □生涯にわたった健康づくりの視点のもとに、一次予防の重視や健康づくり支援のための環境整備などを基本方針として2000（平成12）年度から推進されたのは何？
- □「健康日本21」を中核とする国民の健康づくり、疾病予防をさらに積極的に推進するために制定された法律は何？
- □特定健康診査の結果、生活習慣病（life-style related diseases）の発症リスクが高い人に対して行われるものは何？
- □保健師や看護師の業務や義務、罰則などを規定している法律は何？
- □わが国の医療供給体制の基本となる法律は何？
- □「生活保護法」の基本理念は、国家責任の原理、無差別平等の原理、最低生活保障の原理ともう一つは何？
- □生活保護の原則は、申請保護の原則、基準および程度の原則、必要即応の原則ともう一つは何？

答え

- 利用目的　return 1
- 法定後見制度　return 2
- 保佐　return 2
- 任意後見制度　return 2
- 都道府県　return 3
- クーリングオフ制度　return 6
- 心理的虐待　return 7
- 保健所　return 9　10
- 地域保健法　return 9　10
- メタボリックシンドローム（内臓脂肪症候群）　return 11
- 健康日本21（21世紀における国民健康づくり運動）　return 12
- 健康増進法　return 14
- 特定保健指導　return 16
- 保健師助産師看護師法　return 21
- 医療法　return 24
- 補足性の原理　return 26
- 世帯単位の原則　return 27

科目3　単元5　29〜30

科目 3 社会の理解
単元 5 介護実践に関連する諸制度

□ 生活保護の**医療扶助**と**介護扶助**の給付は、現物給付・金銭給付のどちらで行われる？ … **現物給付** return 28

□ 生活保護の**保護施設**は、更生施設、医療保護施設、授産施設、宿所提供施設ともう一つは何？ … **救護施設** return 30

Step 3 過去問に挑戦！

問題 個人の権利を守る制度に関する次の記述のうち、正しいものを1つ選びなさい。

第25回（2013年）〔15〕

1　成年後見制度は、「後見」と「保佐」の2類型で構成される。
2　日常生活自立支援事業では、利用を開始する際に利用者の判断能力は審査しない。
3　日常生活自立支援事業には、初期相談、利用援助契約などを行う「専門員」が配置される。
4　個人情報の保護に関する法律では、個人の同意のない個人情報の提供は例外なく禁止している。
5　「高齢者虐待防止法」は、介護施設従事者による高齢者虐待については規定していない。

（注）「高齢者虐待防止法」とは、「高齢者虐待の防止、高齢者の養護者に対する支援等に関する法律」のことである。

答え 3

成年後見制度のうち法定後見制度は、後見、保佐、補助の3類型で構成される（1は誤り）。日常生活自立支援事業（福祉サービス利用援助事業）では、利用開始前に意思表示能力や理解能力を調査し、意思が確認できない場合は契約締結審査会で審査することがある（2は誤り）。日常生活自立支援事業には、社会福祉士や精神保健福祉士などが研修を経て専門員として配置され、初期相談、利用援助契約などを行う（3が正しい）。「個人情報の保護に関する法律」では、あらかじめ定めた利用目的以外に用いる場合に、本人の同意が必要となる（4は誤り）。「高齢者虐待防止法」には、養護者と養介護施設従事者等による高齢者虐待について規定されている（5は誤り）。 return 1 2 3 7

領域：介護

科目 4
介護の基本

この科目の単元

- 単元1 介護福祉士を取り巻く状況
- 単元2 介護福祉士の役割と機能を支えるしくみ
- 単元3 尊厳を支える介護
- 単元4 自立に向けた介護
- 単元5 介護を必要とする人の理解
- 単元6 介護サービス
- 単元7 介護実践における連携
- 単元8 介護従事者の倫理
- 単元9 介護における安全の確保とリスクマネジメント
- 単元10 介護従事者の安全

科目4 介護の基本
出題傾向をつかもう

　国家試験の出題基準によると、領域「介護」の出題予定数は**52問**であり、例年、うち各**16問**が本科目から出題されている。「**科目1　人間の尊厳と自立**」と同じ**科目群**で、いずれかで得点が必要である。

最近4回の出題状況

大項目(本書の単元)*1	中項目*1	出題実績*2	出題数
1 介護福祉士を取り巻く状況	1) 介護の歴史 2) 介護問題の背景	24〔17〕「国民生活基礎調査（平成19年）」「介護サービス施設・事業所調査（平成21年）」に基づく日本の介護の現状 25〔17〕創設当時（1963〈昭和38〉年）の特別養護老人ホーム 27〔17〕介護福祉士制度が創設された背景にあるもの 27〔18〕2010（平成22）年の「国民生活基礎調査」	小計4
2 介護福祉士の役割と機能を支えるしくみ	1) 社会福祉士及び介護福祉士法 2) 専門職能団体の活動	24〔18〕「社会福祉士及び介護福祉士法」 25〔18〕「社会福祉士及び介護福祉士法」に規定された介護福祉士 26〔18〕「社会福祉士及び介護福祉士法」における介護福祉士 27〔19〕介護福祉士	小計4
3 尊厳を支える介護	1) QOL 2) ノーマライゼーション 3) 利用者主体	24〔19〕家族に負担をかけるのではないかと今後の生活に不安をもつEさんへの支援のあり方 24〔20〕どうしても家族の介助で食事したいFさんへの食事の支援で最初に行うこと 25〔19〕介護老人福祉施設に入所した右片麻痺のある人の、自己決定を尊重した入所当日の食事支援 26〔19〕以前から家族ともども最期のときを安らかに過ごしたいと希望して、介護老人福祉施設で終末期を迎えたDさんへの介護職の対応 26〔20〕2003（平成15）年に高齢者介護研究会が示した「2015年の高齢者介護─高齢者の尊厳を支えるケアの確立に向けて」 27〔20〕施設利用者の生活の質（QOL）を重視した介護福祉の実践	小計6

領域：介護　科目4／介護の基本
出題傾向をつかもう

科目4

4 自立に向けた介護	1) 自立支援 2) 個別ケア 3) ICF 4) リハビリテーション	24〔21〕ユニット型特別養護老人ホーム 24〔22〕ICF 24〔23〕リハビリテーション 25〔20〕介護老人保健施設に入所したDさんの、排泄の自立に向けた入所当日の最初のかかわり 25〔21〕ICFの背景因子を構成するもの 25〔22〕リハビリテーション 26〔21〕ICFの「活動と参加」に分類される内容 26〔22〕介護実践におけるリハビリテーションの考え方 27〔21〕休日の事故で脊髄を損傷、対麻痺で車いす生活になったDさんの、ICFにおける「心身機能・身体構造」と「活動」の関係 27〔27〕セルフヘルプグループの目的	小計10
5 介護を必要とする人の理解	1) 人間の多様性・複雑性の理解 2) 高齢者のくらしの実際 3) 障害のある人のくらしの理解 4) 介護を必要とする人の生活環境の理解	24〔24〕地域の認知症者と家族の支援のために地域のネットワークをつくる会議における、訪問介護事業所のサービス提供責任者の対応 25〔24〕内閣府が2008（平成20）年度に実施した「高齢者の地域社会への参加に関する意識調査」 25〔26〕介護休業制度 26〔17〕内閣府が2011（平成23）年度に実施した「高齢者の経済生活に関する意識調査」における「世話の費用」に関する回答 26〔23〕介護老人保健施設に入所している認知症のあるEさんの言動を理解するための介護職の対応 26〔24〕介護を必要とする人のためのエコマップに記載する情報 27〔22〕介護を必要とする人の個別性・多様性を意識した対応 27〔23〕障害基礎年金	小計8
6 介護サービス	1) 介護サービスの概要 2) 介護サービス提供の場の特性	24〔25〕介護保険制度の居宅サービスにおけるケアマネジメント 24〔26〕介護サービス提供の場 25〔23〕介護予防訪問介護	

113

科目 4　**介護の基本**
出題傾向をつかもう

		25〔27〕地域密着型サービス	
		25〔28〕介護サービス提供の場	
		25〔29〕介護老人福祉施設	
		26〔25〕小規模多機能型居宅介護	
		26〔26〕在宅介護を支える各種の介護サービス	
		27〔24〕ユニットケアの理念に基づく望ましい生活環境	小計 9
7 介護実践における連携	1）多職種連携（チームアプローチ） 2）地域連携	25〔25〕軽度の認知症で訪問介護を利用するEさんの、近所とのトラブルに対するサービス管理責任者の対応	
		25〔30〕民生委員	
		26〔27〕地域包括支援センター	
		27〔25〕居宅サービスのケアマネジメント過程で、介護支援専門員（ケアマネジャー）と連携するサービス提供責任者の役割	
		27〔26〕地域で高齢者虐待防止ネットワーク構築の中心となる機関	小計 5
8 介護従事者の倫理	1）職業倫理 2）利用者の人権と介護 3）プライバシーの保護	24〔28〕高齢者虐待	
		24〔29〕介護サービスにおける個人情報の保護	
		25〔31〕介護老人福祉施設でやむを得ず身体拘束を行う場合	
		27〔28〕入所3か月、不安から夜間に介護職員を呼ぶが駆けつけると何も言えないと話すEさんの、行動の意味を他の職員に伝えるF介護福祉職の支援行動の意味	小計 4
9 介護における安全の確保とリスクマネジメント	1）介護における安全の確保 2）事故防止、安全対策 3）感染対策	24〔27〕服薬	
		24〔30〕介護施設の利用者が転倒し医療職が対応するまでの介護職のかかわり	
		24〔31〕介護施設における介護職の基本的な感染予防	
		25〔32〕感染とその対策	
		26〔28〕利用者の安全を確保するために留意すべきこと	
		26〔29〕社会福祉法人が設置・運営する指定介護老人福祉施設のリスクマネジメント	
		26〔30〕2009（平成21）年度「不慮の事故死亡統計」（厚生労働省）の高齢者の家庭内における不慮の事故による死亡で、窒息、溺死、の次に多い事故の種類Aの予防	

領域：介護　科目4／介護の基本
出題傾向をつかもう

科目4

		26〔31〕ノロウイルスによる感染症	
		27〔29〕車いす操作の安全性	
		27〔30〕内閣府が2010（平成22）年に実施した「高齢者の住宅と生活環境に関する意識調査」の「自宅における転倒事故」に関する回答のなかで、転倒が最も多かった場所	
		27〔31〕疥癬とその対策	小計11
10 介護従事者の安全	1）介護従事者の心身の健康管理	24〔32〕介護従事者の健康管理 26〔32〕介護職の腰痛予防 27〔32〕勤務1年、初めて利用者を看取り、無力感、気持ちの落ち込みで仕事にも支障が出そうになった介護福祉職Gさんへの職場の対応	小計3
			合計64

＊1　本書の単元は「出題基準」の大項目、単元の下位区分は中項目にならっている。複数の大項目で1単元としたところもある。
＊2　「第24回試験問題17」を24〔17〕と表記している。

出題頻度順の出題内容　〈　〉内は最近4回の出題数

出題頻度　第1位　介護における安全の確保とリスクマネジメント〈11問〉

　各中項目に含まれる小項目は、「1）介護における安全の確保」が「観察」「正確な技術」「予測、分析」、「3）感染対策」が「感染予防の意義と介護」「感染予防の基礎知識と技術」「感染管理」「衛生管理」など、「2）事故防止、安全対策」が「セーフティマネジメント」「緊急連絡システム」「転倒・転落防止、骨折予防」「防火・防災対策」「利用者の生活の安全（かぎの閉め忘れ、消費者被害、その他）」である。
　第24回～第27回いずれも感染対策に関する出題がなされている。今後も要注意といえよう。

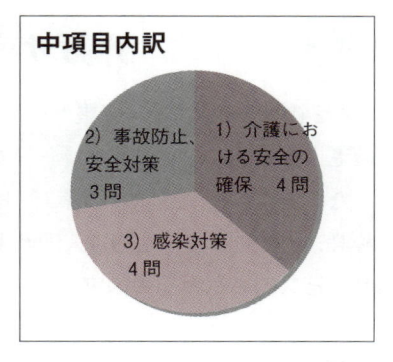

中項目内訳
2）事故防止、安全対策　3問
1）介護における安全の確保　4問
3）感染対策　4問

出題頻度　第2位　自立に向けた介護〈10問〉

　中項目の「1）自立支援」「2）個別ケア」「3）ICF（International Classification of Functioning,

科目 4

介護の基本
出題傾向をつかもう

大項目別出題数
- 介護従事者の安全　3問
- 介護従事者の倫理　4問
- 介護福祉士の役割と機能を支えるしくみ　4問
- 介護福祉士を取り巻く状況　4問
- 介護実践における連携　5問
- 尊厳を支える介護　6問
- 介護を必要とする人の理解　8問
- 介護サービス　9問
- 自立に向けた介護　10問
- 介護における安全の確保とリスクマネジメント　11問

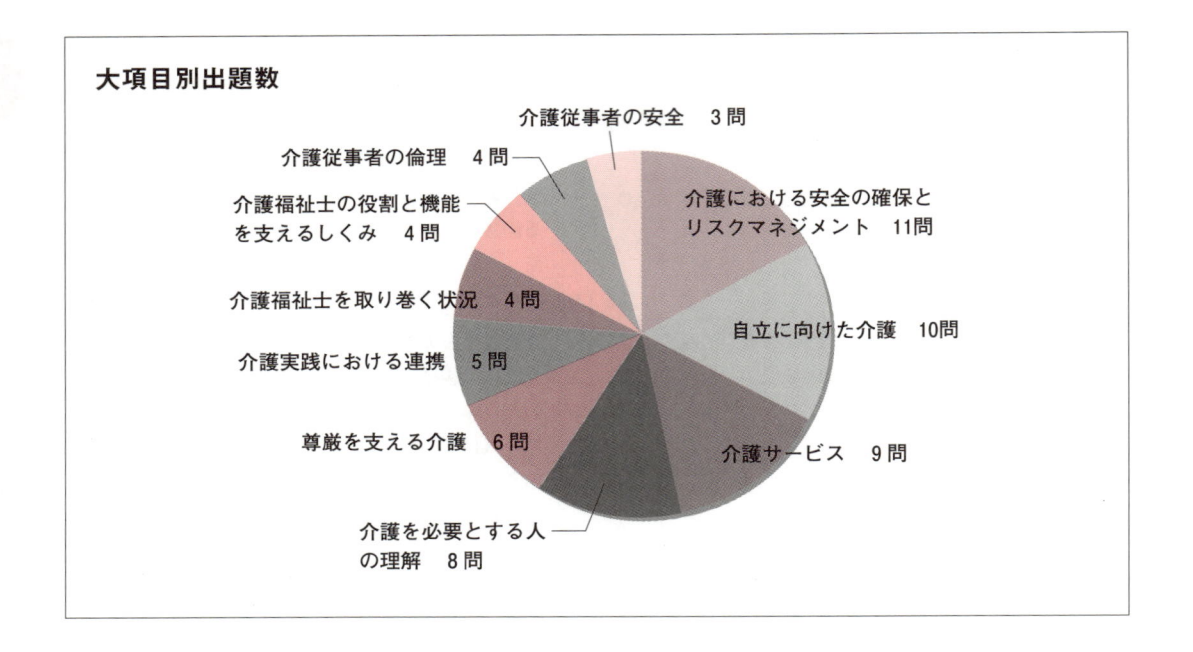

Disability and Health；国際生活機能分類）」「4）リハビリテーション」を通して、自立に向けた介護とはどのようなものかを理解する。

　第24回〜第27回試験のいずれでも、ICF、リハビリテーションについての出題があった。今後も要注意である。理念をよく理解するとともに、**実際の場面での活用**についても考察しておこう。

出題頻度 第3位　介護サービス〈9問〉

　第24回試験の問題26**介護サービス提供の場**についての出題は、認知症対応型共同生活介護、介護老人福祉施設、軽費老人ホーム、介護療養型医療施設、小規模多機能型居宅介護についてであった。また、同じ中項目の第25回試験問題28での出題は、都市型軽費老人ホーム、介護老人保健施設、地域密着型特定施設入居者生活介護、介護老人福祉施設、小規模多機能型居宅介護について。**サービスの名称とその内容**についての理解は、正確でなくてはならない。

出題頻度 第4位　介護を必要とする人の理解〈8問〉

　第25回試験では「高齢者の地域社会への参加に関する意識調査」（内閣府2008〈平成20〉年）、第26回試験では「高齢者の経済生活に関する意識調査」（内閣府2011〈平成23〉年）で明らかになった高齢者の実態についての出題がみられた。関連する資料には留意しておこう。

領域：介護　科目4／介護の基本
出題傾向をつかもう

第27回試験の問題23では**障害基礎年金**についての出題がみられる。制度の基本的知識とともに、改正の動きにも注意しておくべきところである。

出題頻度 第5位　尊厳を支える介護〈6問〉

第24回試験の2問と第26回試験の1問が**短文事例問題**として出題されているように、理念を直接尋ねる設問でなく、**介護場面における支援のあり方**として問う出題が増えている。介護実践に生かせる学びであることが重要である。

出題頻度 第6位　介護実践における連携　ほか

大項目「**介護実践における連携**」では、だれとどのように連携をとっていくか、具体的に理解しておくことが重要である。事実、第25回試験の問題25のように、その場での対応として適切なものを選ばせるといった、実践に即した出題が増えている（→p.161「過去問に挑戦！」）。

第7位の大項目「**介護福祉士を取り巻く状況**」は、出題は4問と多くはないが、介護福祉士の存在意義にかかわる重要な出題範囲である。

同じく第7位の大項目「**介護福祉士の役割と機能を支えるしくみ**」では、中項目「**1）社会福祉士及び介護福祉士法**」が頻出である。

同じく第7位の大項目「**介護従事者の倫理**」の出題は、これまで**虐待**、**身体拘束**、**個人情報保護**がおもなものだったが、第27回試験の問題28は短文事例問題で、正答は**利用者ニーズの代弁**。社団法人日本介護福祉士会「**倫理綱領**」の内容をよく理解しておきたい。職業倫理については、「社会福祉士及び介護福祉士法」の義務規定も要確認である。

第10位の大項目「**介護従事者の安全**」の出題は3問。第24回試験の出題は、おもに労働安全に関するものであった。

受験対策のポイントは…

「科目4　介護の基本」は、「科目3　社会の理解」「科目6　生活支援技術」などと重複した内容を多く含んでいる。重複している内容は非常に重要なものなので、国家試験でもよく出題される。いずれかの科目できちんと整理しておけば、ほかの科目ではその知識が正確に身についているかの確認という作業になる。

科目4 介護の基本
基礎知識をまとめておこう

基礎知識1　おもな介護者と要介護者等の続柄、同別居の構成割合

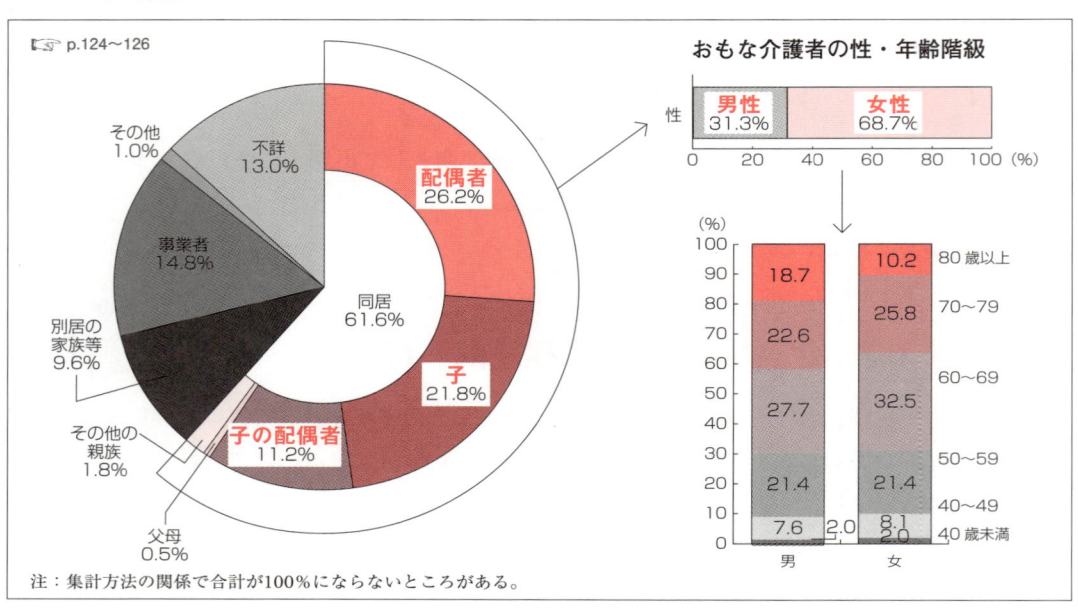

☞ p.124〜126

おもな介護者と要介護者等の続柄（同居の構成割合）
- その他 1.0%
- 不詳 13.0%
- 配偶者 26.2%
- 同居 61.6%
- 子 21.8%
- 子の配偶者 11.2%
- 父母 0.5%
- その他の親族 1.8%
- 別居の家族等 9.6%
- 事業者 14.8%

注：集計方法の関係で合計が100％にならないところがある。

おもな介護者の性・年齢階級

性：男性 31.3%／女性 68.7%

年齢階級（％）
年齢	男	女
80歳以上	18.7	10.2
70〜79	22.6	25.8
60〜69	27.7	32.5
50〜59	21.4	21.4
40〜49	7.6	8.1
40歳未満	2.0	2.0

資料：厚生労働省「平成25年国民生活基礎調査の概況」

基礎知識2　同居のおもな介護者の悩みやストレスの原因（複数回答）

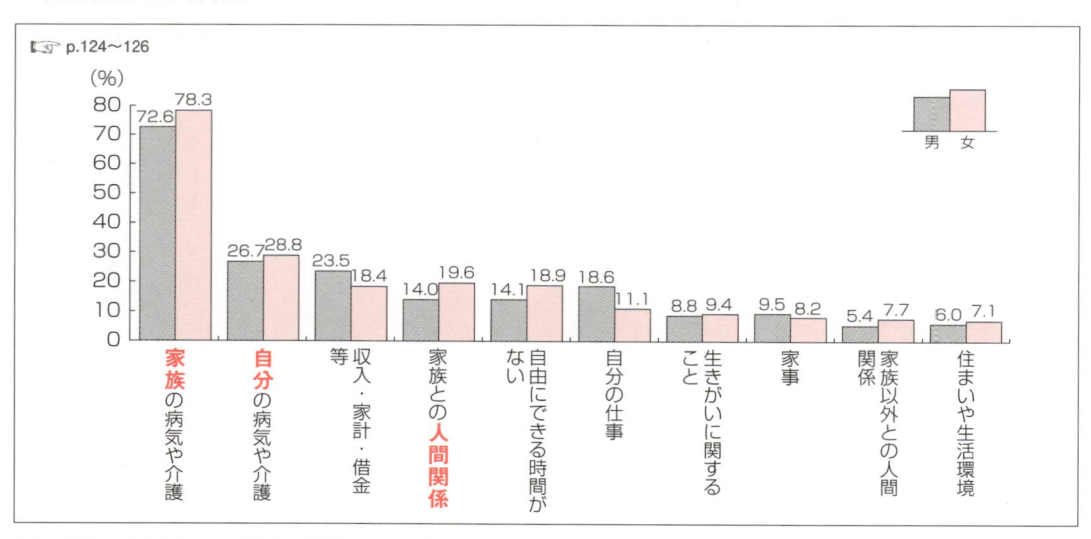

☞ p.124〜126

（男／女　％）
- 家族の病気や介護：72.6 / 78.3
- 自分の病気や介護：26.7 / 28.8
- 収入・家計・借金等：23.5 / 18.4
- 家族との人間関係：14.0 / 19.6
- 自由にできる時間がない：14.1 / 18.9
- 自分の仕事：18.6 / 11.1
- 生きがいに関すること：8.8 / 9.4
- 家事：9.5 / 8.2
- 家族以外との人間関係：5.4 / 7.7
- 住まいや生活環境：6.0 / 7.1

資料：厚生労働省「平成25年国民生活基礎調査の概況」

領域：介護　科目4／介護の基本
基礎知識をまとめておこう

基礎知識3　介護保険法のサービスなど

科目4

	予防給付におけるサービス	介護給付におけるサービス
都道府県（指定都市・中核市）が指定・監督を行うサービス	◎**介護予防**サービス 【訪問サービス】 ○介護予防訪問入浴介護 ○介護予防訪問看護 ○介護予防訪問リハビリテーション ○介護予防居宅療養管理指導 【通所サービス】 ○介護予防通所リハビリテーション 【短期入所サービス】 ○介護予防短期入所生活介護 ○介護予防短期入所療養介護 ○介護予防特定施設入居者生活介護 ○介護予防福祉用具貸与 ○特定介護予防福祉用具販売	◎**居宅**サービス　☞p.154 【訪問サービス】 ○訪問介護 ○訪問入浴介護 ○訪問看護 ○訪問リハビリテーション ○居宅療養管理指導 【通所サービス】 ○通所介護 ○通所リハビリテーション 【短期入所サービス】 ○短期入所生活介護 ○短期入所療養介護 ○特定施設入居者生活介護 ○福祉用具貸与 ○特定福祉用具販売 ◎**居宅介護支援** ◎**施設**サービス　☞p.154 ○介護老人福祉施設 ○介護老人保健施設 （○介護療養型医療施設）* *2012（平成24）年以降新たな指定は行われない。
市町村が指定・監督を行うサービス	◎**介護予防支援** ◎地域密着型介護予防サービス ○介護予防認知症対応型通所介護 ○介護予防小規模多機能型居宅介護 ○介護予防認知症対応型共同生活介護	◎**地域密着型**サービス　☞p.153～154 ○定期巡回・随時対応型訪問介護看護 ○夜間対応型訪問介護 ○認知症対応型通所介護 ○小規模多機能型居宅介護 ○認知症対応型共同生活介護 ○地域密着型特定施設入居者生活介護 ○地域密着型介護老人福祉施設入所者生活介護 ○複合型サービス
その他	○住宅改修	○住宅改修
市町村が実施する事業	◎**地域支援**事業 ○介護予防・日常生活支援総合事業 ○包括的支援事業 　・介護予防ケアマネジメント事業 　・総合相談支援事業 　・権利擁護事業 　・包括的・継続的ケアマネジメント支援事業 ○任意事業	

資料：厚生労働省「介護保険制度改革の概要——介護保険法改正と介護報酬改定」2006年、一部改変

科目4 介護の基本
基礎知識をまとめておこう

基礎知識4　高齢者虐待の徴候を示すサインの一覧　☞p.163〜164

身体的虐待	過度の恐怖心、おびえを示す
□からだに不自然な傷やあざがある	□恐怖、苦痛、不満などを、いかにもオーバーに表現する
□傷やあざに対する説明のつじつまが合わない	□睡眠障害（不眠、過眠、悪夢）などがある
□回復状態がさまざまな段階の傷、あざがある	□食欲不振、過食、拒食などがみられる
□頭、顔、頭皮などに傷がある	□不自然な体重の増減がある
□臀部や手のひら、背中などにやけどの跡がある	**性的虐待**
□わずかなことにおびえやすい（情緒不安定）	□肛門や生殖器に異常（出血、傷、痛み、かゆみなど）がある
□「家にいたくない」「けられる」などの訴えがある	□肛門や生殖器についての話題や援助を避けたがる
□家族が側にいるときといないときでは態度や表情がはっきり違う	□座位や歩行が不自然であったり、困難なときがある
□何かを聞かれて、答えるたびごとに、家族の顔色をうかがう	□理由を明確にしないで、入浴やトイレなどの介助を突然拒否する
□家族が福祉・保健・介護関係の担当者に接触することをためらう	**経済的虐待**
□脱水状態にある	□「年金を取り上げられた」と訴える
□からだに縛られた跡や拘束された証拠がある	□「預金通帳がない」「お金を盗られた」などという
世話の放棄・放任	□介護サービスの利用料や生活費の支払いなどにとどこおりがある
□部屋、住居がきわめて非衛生的、異臭を放っている	□必要と思われる受診や介護サービスが、家族の理由で受けられない
□部屋中に衣類やおむつなどが散乱している	□衣食住にお金がかけられていない
□髪、ひげ、爪がのび放題で汚れている	□身に覚えのない借金の取立人が訪れる
□下着や衣類がぬれたり、汚れたりしたままとなっている	□本人が急に現金を持たなくなる
□からだにかなりの異臭がする	□高価な所有物が知らない間になくなっている
□かなりの程度の潰瘍や褥瘡ができている	**養護者（介護者）からのサイン**
□家族から世話や介護に拒否的な発言がある	□高齢者を介護しているようすが乱暴にみえる
□デイサービスなど利用後に「帰りたくない」などの言葉がきかれる	□高齢者に対して過度に乱暴な口のきき方をする
□外での食事のときに一気に食べたり、飲んだりする	□家族が福祉・保健・介護関係の担当者と接触することをためらう
□食事を作ろうとしても、冷蔵庫に材料が用意されていない	□高齢者に対して、冷淡な態度や無関心さがみられる
□介護者が介護しているようすが乱暴だと感じる（冷淡、無関心を含む）	□高齢者への質問に家族がすべて答えてしまう
	□高齢者の世話や介護に対する拒否的な発言をしばしばする
□家族が他人の助言を聞き入れず、不適切な介護方法にこだわる	□家族が高齢者に面会させない
□家族が福祉・保健・介護関係の担当者と接触することをためらう	□訪ねても高齢者が家にいない
□健康に関心がなく、病状が明らかでも受診させない	**地域からのサイン**
□必要な薬を飲んでいない、介助していない	□家の中から、家族のどなり声や、高齢者の悲鳴が聞こえる
□電気、ガス、水道が止められたり、家賃を滞納している	□家の中から、物を投げる音や、物が壊れる音がする
□かぎのかかった部屋に入れられている	□天気が悪くても、高齢者が長時間、外にたたずんでいる
心理的虐待	□昼間でも、雨戸が閉まったままになっている
□強い無力感、抑うつや、あきらめ、投げやりな態度がみられる	□家族と同居する高齢者が、コンビニやスーパーで、一人分のお弁当を頻繁に買う
□意気消沈して、よく泣いたり、涙ぐんだりする	
□落ち着きがなく、動き回ったり、異常によくおしゃべりする	□配食サービスなどで届けられた食事がとられていない
□自傷行為、からだのゆすり、指しゃぶり、かみつきなどがみられる	□道路にじっと座り込んでいたり、徘徊している

資料：井上千津子編『介護福祉士養成テキストブック　④介護の基本』ミネルヴァ書房、2009年、p.227

領域：介護　科目4／介護の基本
基礎知識をまとめておこう

基礎知識 5　介護職の労働安全に関する法制度　p.173〜174

科目 4

労働安全衛生法	●1972（昭和47）年に「**労働基準**法」から分離する形で制定された。職場における**労働者**の安全と健康を保持し、快適な職場環境の形成を促進することを目的とする法律である ●衛生管理者は、衛生に関する専門的なことを管理する者で、50人以上の労働者を使用する事業場で配置が義務づけられている ●**職場**の安全・衛生体制づくりを義務づけている
労働基準法	●1947（昭和22）年に制定・施行された法律である ●**賃金**、**労働時間**、休憩その他の労働条件に関する基準が示されている
労働者災害補償保険法（労災保険法）	●**業務**上の事由または**通勤**による労働者の負傷、疾病、障害、死亡等に対する補償について定められている ●事業主が**保険料**を負担するもので、原則として非正社員を含むすべての従事者が対象となる
福祉人材確保法	●1992（平成4）年の「社会福祉事業法及び社会福祉施設職員退職手当共済法の一部を改正する法律」のことである ●社会福祉事業における人材を確保するために必要な措置を講じる目的で、「社会福祉事業法」のなかに、「社会福祉事業に従事する者の確保の促進」についての規定がもりこまれた。 ●内容は、**基本指針等**（第89条〜第92条）、**福祉人材センター**（第93条〜第101条）、**福利厚生センター**（第102条〜第106条）である。
社会福祉法	●1992（平成4）年の「**福祉人材確保**法」により「社会福祉事業法」が改正され、「社会福祉事業に従事する者の確保及び国民の社会福祉に関する活動への参加の促進を図るための措置に関する基本的な指針を定めなければならない」と規定された（第89条第1項）。これにより1993（平成5）年に、「社会福祉事業に従事する者の確保を図るための措置に関する基本的な指針（**福祉人材確保指針**）」が策定され、労働環境や教育訓練などの雇用管理の改善措置などについて示された。 ●2000（平成12）年に「社会福祉事業法」が改正され「**社会福祉**法」となった。 ●2007（平成19）年に、新たな「福祉人材確保指針」が策定された。新「福祉人材確保指針」では、人材確保の方策として、①**労働環境**の整備の推進、②**キャリアアップ**のしくみの構築、③福祉・介護サービスの**周知・理解**、④**潜在的**有資格者等の参入の促進等、⑤多様な**人材**の参入・参画の促進、について示されている。

科目4 単元1 介護の基本
介護福祉士を取り巻く状況

Step 1 重要項目を覚えよう

◆介護の歴史

1 介護 基本

介護とは、**身体**上または**精神**上の障害があることにより日常生活に支障がある人を対象に、身体的・精神的・**社会**的に**自立**した生活を営み自己**実現**を図れるよう、包括的に日常生活を支援することである。

2 介護の歴史 基本

従来、要介護者を介護する中心的な担い手は**家族**であった。しかし、少子高齢化の進展、女性就労者の増加、核家族化などといった社会の変化にともなって、1963（昭和38）年に「**老人福祉**法」が制定され、**特別養護**老人ホーム、**養護老人**ホーム、**軽費老人**ホームが設置され、家族奉仕員の派遣事業が始まり、介護を仕事とする介護職が誕生した。さらに、1987（昭和62）年に、「**社会福祉士**及び**介護福祉士**法」が制定され、介護の**専門**職である介護福祉士が登場した。

◆介護問題の背景

3 わが国の高齢化の動向 基本

わが国は急速に高齢化が進み、1970（昭和45）年に**高齢化率**が7％を超えて**高齢化**社会となってからわずか24年後の1994（平成6）年には14％を超えて**高齢**社会となった。アメリカやヨーロッパ諸国に比べて、わが国が高齢化社会から高齢社会になるまでにかかった年数は、非常に**短**い。

国名	65歳以上人口比率の到達年次		所要年数
	7％（**高齢化**社会）	14％（**高齢**社会）	
日本	1970年	1994年	24年
アメリカ	1945年	2015年（推定）	70年
イギリス	1930年	1975年	45年
ドイツ	1930年	1975年	45年
フランス	1865年	1980年	115年
スウェーデン	1890年	1975年	85年

表1　人口高齢化速度の国際比較

領域：介護　科目4／介護の基本
単元1　介護福祉士を取り巻く状況

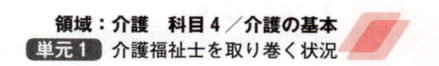

高齢化率	全人口に対する**65**歳以上の人口の割合。老年人口比率ともよばれる。
高齢化社会	65歳以上の老年人口の割合が総人口の**7**％を超えた社会。
高齢社会	65歳以上の老年人口の割合が総人口の**14**％を超えた社会。

4 高齢化の社会的背景 基本

2005（平成17）年に**20**％を超えた高齢化率は、2014（平成26）年には26.0％となった（「人口推計平成26年10月1日確定値」）。わが国の高齢化の要因には、豊かな経済に基づく国民生活の向上、公衆**衛生**の改善や**医学**技術の進歩などによる**平均**寿命の延伸がある。一方、結婚しない人の増加や**晩婚**化によって、**合計特殊**出生率が2005（平成17）年には1.26まで低下した。その後回復して2013（平成25）年では1.43になっているが、**少子**高齢化は依然続いている。

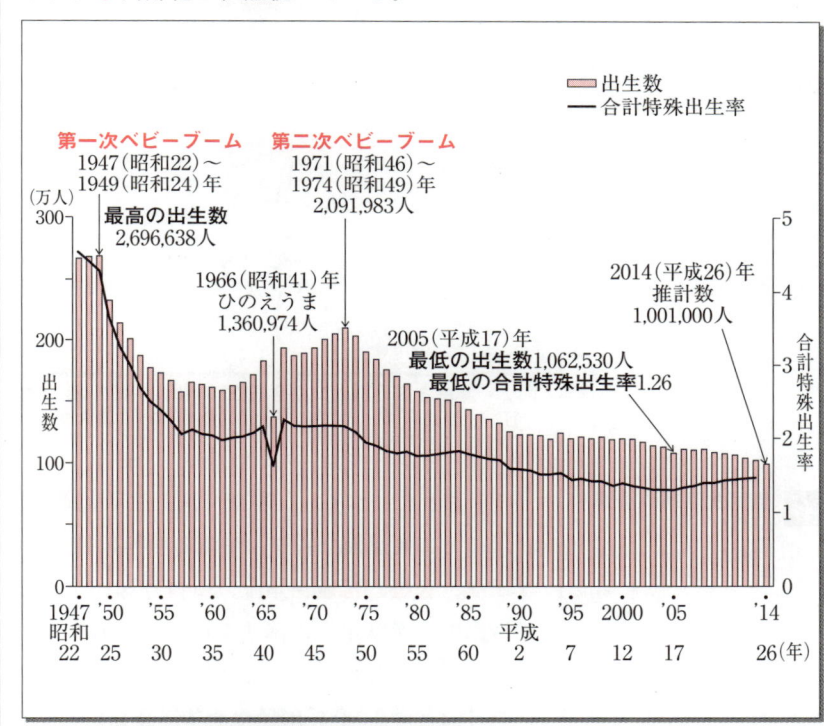

図1　出生数および合計特殊出生率の年次推移
資料：厚生労働省「平成26年人口動態統計の年間推計」

5 年齢3区分別人口 基本

年少人口、**生産年齢**人口、**老年**人口の3つに分けられる。年少人口の割合は1947（昭和22）～1949（昭和24）年の第一次ベビーブームと1971（昭和46）～1974（昭和49）年の第二次ベビーブームの2つのピークのあとは減少し続けており、1997（平成9）年には老年人口が年少人口を**上回り**、今後も人口の高齢化が進んでいくと考えられている。

| 年少人口 | 総人口を年齢により3区分したときの最も年齢の低い区分で、0～**14**歳 |

科目 4 介護の基本
単元 1 介護福祉士を取り巻く状況

生産年齢人口	の人口。総人口を年齢により3区分したときの生産活動に従事しうる年齢層で、**15～64**歳の人口。
老年人口	総人口を年齢により3区分したときの最も年齢の高い区分で、**65**歳以上の人口。老年人口はさらに**65～74**歳の前期老年人口と**75**歳以上の後期老年人口に分けられる。
従属人口	**年少**人口と**老年**人口の合計。

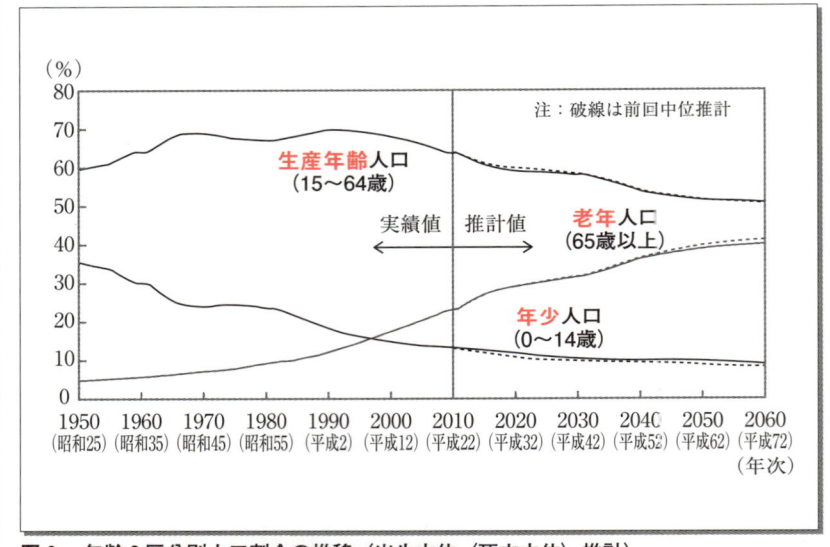

図2　年齢3区分別人口割合の推移（出生中位〈死亡中位〉推計）
資料：国立社会保障・人口問題研究所「日本の将来推計人口（平成24年1月推計）」

6　国民生活基礎調査【基本】

「**統計法**」に基づく**基幹**統計「**国民生活基礎統計**」を作成するための調査。**3**年ごとに大規模な調査、中間の各年に簡易な調査が行われる。

　目的　「**保健**、**医療**、**福祉**、年金、**所得**等国民生活の基礎的事項を調査し、厚生労働省の所掌事務に関する**政策**の企画及び立案に必要な基礎資料を得るとともに、各種調査の調査客体を抽出するための**親**標本を設定することを目的とする。」（「国民生活基礎調査規則」第2条）

7　家族規模の縮小【基本】

現在の日本では、**複合**家族はほとんどみられなくなり、**直系**家族制から**夫婦**家族制への過渡期であるといわれている。それは、統計上にも、世帯人員数の**減少**、単独世帯の**増加**といった形で現れている。その背景には、**少子高齢**社会の進行がある。すなわち、高齢化率の**上昇**、結婚しない人の増加や晩婚化による出生数の**減少**、双方がからんだものである。

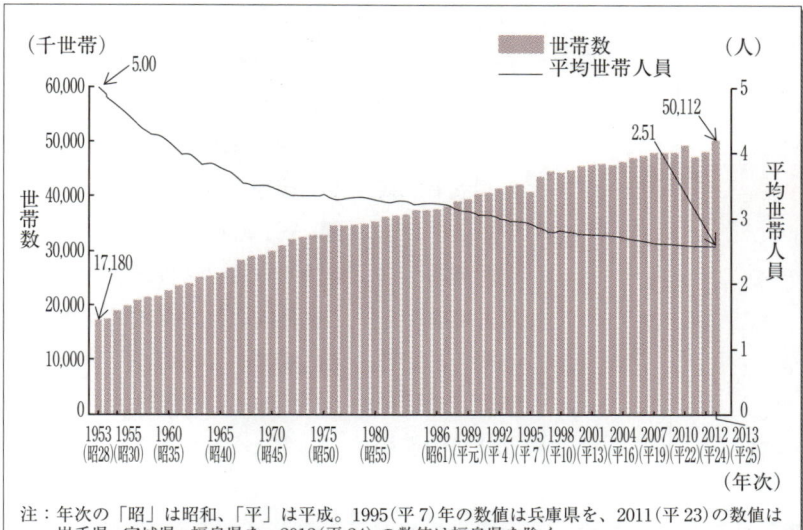

領域：介護　科目4／介護の基本
単元1　介護福祉士を取り巻く状況

図3　世帯数と平均世帯人員の年次推移
資料：厚生労働省「平成25年国民生活基礎調査の概況」

注：年次の「昭」は昭和、「平」は平成。1995（平7）年の数値は兵庫県を、2011（平23）の数値は岩手県・宮城県・福島県を、2012（平24）の数値は福島県を除く。

8 家族機能の変化

近代の産業社会では、社会的**生産**活動は家庭の**外**の社会で行われるようになり、**消費**活動が家庭の中心機能となっている。すなわち近代の小家族は、通常、同じ家に住み、家族の生活を維持するために必要な消費財を購入し、その購入費用を得るために、家族員の1人または複数人が社会的**労働**に携わる。そして、家庭内での消費活動を高めるために、協力して**家事労働**を行う。

介護の社会化

少子化や核家族化など家族のあり方の変化によって、一人ぐらしの高齢者世帯、高齢の夫婦のみの世帯（いわゆる**老老**介護になりがち）、共働き家庭など、家庭内で介護の担い手が不在であるという状況が、国民全体に広がってきた。**介護**の**社会化**とは、家庭では担えなくなった介護の負担を**社会**全体で分担し、社会のしくみとして、介護が必要となったときに十分なサービスを利用できるようにすることである。

9 家族関係の危機　頻出

現代社会では、家族のなかで**家族**関係のゆがみから生じる問題も起きている。近年、社会問題化しているものに、**ドメスティック・バイオレンス**（domestic violence；DV）や**虐待**がある。

ドメスティック・バイオレンス（DV）

家庭内での**配偶者**による**暴力**。一般的には、配偶者だけでなく、恋人など親密な関係間の暴力もさす。**身体**的暴力だけでなく、相手の思考や行動をなえさせるような**心理**的な暴力も含まれる。2001（平成13）年に「**配偶者からの暴力の防止**及び**被害者の保護**に関する法律（**DV防止法**）」が

科目 4 介護の基本
単元 1 介護福祉士を取り巻く状況

虐待	制定されている。 虐待の定義、防止にあたっての方策などは、「**児童虐待の防止等**に関する法律（**児童虐待防止法**）」「**高齢者虐待の防止、高齢者の養護者に対する支援等**に関する法律（**高齢者虐待防止**法）」「障害者虐待の防止、障害者の養護者に対する支援等に関する法律（障害者虐待防止法）」に定められている（→p.99 **7**、p.100 **8**） **児童虐待**……①身体的虐待、②性的虐待、③ネグレクト、④心理的虐待。 **高齢者虐待**……①身体的虐待、②ネグレクト、③心理的虐待、④性的虐待、⑤経済的虐待。　出題実績 ▶ 24〔28〕 **障害者虐待**……①身体的虐待、②性的虐待、③心理的虐待、④ネグレクト、⑤経済的虐待。
10 介護サービス施設・事業所調査	厚生労働省が行う調査で、**介護保険**制度における全国の施設・事業所を対象に、2000（平成12）年から**毎年**実施されている。　出題実績 ▶ 24〔17〕
目的	全国の介護サービスの提供体制、提供内容等を把握することにより、サービス**提供**面に着目した基盤整備に関する基礎資料を得ることを目的とする。
調査の対象	**基本票**……都道府県を対象とし、調査対象施設・事業所の**全**数を把握。 **詳細票**……全国の介護保険施設、介護予防サービス事業所、地域密着型介護予防サービス事業所、介護予防**支援**事業所、居宅介護サービス事業所、**地域密着**型サービス事業所、居宅介護支援事業所を対象とし、これらの施設・事業所の**全**数を調査客体とする。
調査事項	**施設基本票**……法人名、施設名、所在地、活動状況、**定員**。 **事業所基本票**……法人名、事業所名、所在地、活動状況。 **介護保険施設詳細票**……開設・経営主体、在所者数、居室等の状況、従事者数等。 **居宅サービス事業者等詳細票**……開設・経営主体、**利用**者数、従業者数等。 **利用者票**……要**介護**度、認知症高齢者の日常生活**自立**度、障害高齢者の日常生活自立度（**寝たきり**度）等。
調査の時期	毎年10月1日（介護保険施設、訪問看護ステーションの利用者については3年ごと）

試してみて！こんな覚え方　意識化の大切さ

　「覚えるぞ」と意識をしなければ、何時間かけて何度もくりかえし読んだり書いたりしても記憶することができない。ところが意識を集中させて覚えると短い時間で覚えることができる。

　つまり、受験勉強は学習した時間の長さではなく、集中してどのくらいの量と質をやったかが重要である。ここでいう量は時間的なものではなく、問題を何問解いたか、そして質とはその問題をどれくらいマスターしたかである。

　「もう1回テキストを読めば……」「試験の1週間前に確実に覚えれば……」と先のばしにしていると、あとになって大変なことになってしまう。今できることは今やる！

　「絶対、今覚えるぞ」と意識を集中して、問題に取り組み、受験勉強をしていこう。

科目 4 介護の基本
単元 1 介護福祉士を取り巻く状況

Step 2 ─ 一問一答で確かめよう

問い

- □ 身体上または精神上の障害などによって**日常生活に支障**がある人に、**自立した生活**を営み**自己実現**を図れるよう、包括的に日常生活を支援することを何という？
- □ 1963（昭和38）年制定の、**特別養護老人ホーム、養護老人ホーム、軽費老人ホーム**などの設置を定めた法律は何？
- □ 介護の専門職である**介護福祉士**が誕生したのは、何という法律が制定されたため？
- □ **高齢化社会**とは、老年人口の割合が総人口の何％を超えた社会？
- □ **高齢社会**とは、老年人口の割合が総人口の何％を超えた社会？
- □ 日本が**高齢化社会**から**高齢社会**になるのにかかった時間は、アメリカやヨーロッパ諸国と比べて長い？　短い？
- □ **合計特殊出生率**が低下しているのは、結婚をしない人の増加や何が原因と考えられる？
- □ **年齢3区分別人口**とは、**年少人口**と**老年人口**ともう一つ何に分けたもの？
- □ **年少人口**とは、0歳から何歳までの人口のこと？
- □ **老年人口**とは、何歳以上の人口をいう？
- □ **年少人口**と**老年人口**を合わせて何という？
- □ 「**国民生活基礎統計**」を作成するための「**国民生活基礎調査**」は、何年ごとに行われる？
- □ 現在の日本では、**複合家族・夫婦家族**のどちらが多い？
- □ **単独世帯**は増加している？　減少している？
- □ 近代の産業社会では、**社会的生産活動**は家庭の中・外のどちらで行われる？
- □ 家庭では担えなくなった**介護**の負担を社会全体で分担し、社会のしくみとして、介護が必要となったときに十分なサービスを利用できるようにすることを何という？
- □ 家庭内での**配偶者**や恋人など**親密な関係**にある者による**暴力**を何という？

答え

- 介護　return 1
- 老人福祉法　return 2
- 社会福祉士及び介護福祉士法　return 2
- 7％　return 3
- 14％　return 3
- 短い　return 3
- 晩婚化　return 4
- 生産年齢人口　return 5
- 14歳まで　return 5
- 65歳以上　return 5
- 従属人口　return 5
- 3年ごと　return 6
- 夫婦家族　return 7
- 増加している　return 7
- 家庭の外　return 8
- 介護の社会化　return 8
- ドメスティック・バイオレンス（DV）　return 9

領域：介護　科目4／介護の基本
単元1　介護福祉士を取り巻く状況

□児童虐待は、身体的虐待、性的虐待、心理的虐待ともう一つは何？　　　　　　　　　　　　　　　　　　ネグレクト　return 9

□高齢者虐待は、身体的虐待、ネグレクト、心理的虐待、性的虐待ともう一つは何？　　　　　　　　　　　経済的虐待　return 9

□介護保険制度における全国の施設・事業所を対象に、厚生労働省が2000（平成12）年から毎年実施している調査は何？　　　　介護サービス施設・事業所調査　return 10

Step 3　過去問に挑戦！

問題　介護福祉士制度が創設された背景にあるものとして、**最も適切なものを1つ選びなさい**。
第27回（2015年）〔17〕

1. 高齢化率が14％を超えて、高齢社会になった。
2. 介護保険法が制定されて、新しい介護サービス提供のしくみが創設された。
3. 日本学術会議が、介護職員の専門性と資格制度についての意見を出した。
4. 特別養護老人ホームの制度ができて、介護職員が必要になった。
5. 高齢者保健福祉推進十か年戦略（ゴールドプラン）の策定によって、介護サービスの拡充が図られるようになった。

答え　3

介護福祉士制度の創設は、1987（昭和62）年制定の「社会福祉士及び介護福祉士法」による。日本の高齢化率が14％を超えて高齢社会になったのは1994（平成6）年である（**1は不適切**）。介護保険法の制定は1997（平成9）年であり、介護福祉士制度の創設よりずっとあと（**2は不適切**）。1987（昭和62）年2月、日本学術会議社会福祉・社会保障研究連絡委員会が「社会福祉におけるケアワーカー（介護職員）の専門性と資格制度について（意見）」と題する意見書を発表している（**3が最も適切**）。特別養護老人ホームは、1963（昭和38）年制定の「老人福祉法」に基づいて設置された（**4は不適切**）。高齢者保健福祉推進十か年戦略（ゴールドプラン）の策定は1989（平成元）年である（**5は不適切**）。

return 2 3

科目4 介護の基本
単元2 **介護福祉士の役割と機能を支えるしくみ**

Step 1 重要項目を覚えよう

◆ 社会福祉士及び介護福祉士法

1 社会福祉士及び介護福祉士法 〔基本〕

1987（昭和62）年制定。社会福祉士および介護福祉士の定義や行う義務内容などが定められている。介護を取り巻く社会的状況の変化にともなって、2007（平成19）年、2011（平成23）年に改正された。

目的：「社会福祉士及び介護福祉士の**資格**を定めて、その業務の適正を図り、もつて**社会福祉**の増進に寄与することを目的とする。」（第1条）

2 介護福祉士 〔頻出〕

「社会福祉士及び介護福祉士法」により、介護福祉士は次のように定義されている。

定義：「登録を受け、介護福祉士の**名称**を用いて、**専門**的知識及び技術をもつて、身体上又は精神上の障害があることにより日常生活を営むのに支障がある者につき心身の状況に応じた**介護**（喀痰吸引その他のその者が日常生活を営むのに必要な行為であつて、医師の指示の下に行われるものを含む。）を行い、並びにその者及びその介護者に対して介護に関する指導を行うことを業とする者をいう。」（第2条第2項）　出題実績 ▶ 24〔18〕・26〔18〕

3 喀痰吸引等

2011（平成23）年に成立した「介護サービスの基盤強化のための介護保険法等の一部を改正する法律」により「社会福祉士及び介護福祉士法」が改正され、介護福祉士の業務に「**喀痰吸引等**」が加わった。介護福祉士は、それまで看護職のみに認められていた**診療**の補助としての喀痰吸引等を行うことを業とすることができる。実際の業務内容については、「社会福祉士及び介護福祉士法施行規則」第1条によって次のように定められている。いずれも**医師**の指示のもとに行われるものである。
① **口腔**内の喀痰吸引
② **鼻腔**内の喀痰吸引
③ **気管カニューレ**内部の喀痰吸引
④ **胃瘻**または腸瘻による経管栄養の実施
⑤ 経鼻経管栄養の実施

領域：介護　科目4／介護の基本
単元2　介護福祉士の役割と機能を支えるしくみ

4 介護福祉士の義務 頻出

「社会福祉士及び介護福祉士法」では、介護福祉士の義務として、**誠実**義務、**信用失墜**行為の禁止、**秘密保持**義務、連携、資質向上の責務があげられている。

誠実義務
「その担当する者が個人の**尊厳**を保持し、**自立**した日常生活を営むことができるよう、常にその者の立場に立つて、**誠実**にその業務を行わなければならない。」（第44条の2）

信用失墜行為の禁止
「社会福祉士又は介護福祉士の**信用**を傷つけるような行為をしてはならない。」（第45条）

秘密保持義務
「正当な理由がなく、その業務に関して知り得た人の**秘密**を漏らしてはならない。社会福祉士又は介護福祉士でなくなつた後においても、同様とする。」（第46条）　出題実績 ▶ 25〔18〕・26〔18〕

連携
「社会福祉士は、その業務を行うに当たつては、その担当する者に、**福祉**サービス及びこれに関連する**保健医療**サービスその他のサービス（次項において「**福祉サービス等**」という。）が総合的かつ適切に提供されるよう、地域に即した創意と工夫を行いつつ、福祉サービス関係者等との**連携**を保たなければならない。」（第47条第1項）

「介護福祉士は、その業務を行うに当たつては、その担当する者に、**認知症**であること等の心身の状況その他の状況に応じて、**福祉**サービス等が総合的かつ適切に提供されるよう、福祉サービス関係者等との**連携**を保たなければならない。」（第47条第2項）　出題実績 ▶ 25〔18〕

福祉サービス関係者等……第47条の条文中「福祉サービス関係者等」とあるのは、同法第2条により「**福祉**サービスを提供する者又は医師その他の**保健医療**サービスを提供する者その他の関係者」のことである。

資質向上の責務
「社会福祉及び**介護**を取り巻く環境の変化による業務の内容の変化に適応するため、**相談**援助又は**介護**等に関する知識及び技能の向上に努めなければならない。」（第47条の2）　出題実績 ▶ 25〔18〕・27〔19〕

5 業務独占と名称独占 頻出

国家資格は各法に基づき国や指定試験機関などが登録するが、国家資格には、**業務独占**資格と**名称独占**資格がある。

業務独占資格
医師や看護師のように、資格をもつ者だけがその**業務**につくことができ、有資格者以外が携わることを**禁じられている**業務の資格を業務独占資格といい、有資格者以外はその資格**名称**を名乗ることもできない。

名称独占資格
保育士や介護福祉士のように、有資格者でなければその資格**名称**を名乗ってはいけないとされる資格を名称独占資格といい、資格のない者がその業務を行っても違法では**ない**。　出題実績 ▶ 26〔18〕・27〔19〕

科目 4 介護の基本
単元 2 介護福祉士の役割と機能を支えるしくみ

6 介護福祉士の養成制度

介護福祉士の登録資格は、これまでは、養成施設などを卒業することで取得できる場合と、3年以上の実務経験のある人が介護福祉士国家試験を受験し、合格することで取得できる場合があった。しかし、2007（平成19）年の「**社会福祉士及び介護福祉士**法」の改正によって、一定の教育プロセスを経たあとに、必ず介護福祉士**国家試験**を受験する方法に一元化された（完全施行は2016〈平成28〉年度）。

7 登録 頻出

国家試験に合格し、登録資格をもつ人が介護福祉士になるためには、**厚生労働**省に備えられた介護福祉士**登録簿**に登録が必要である（指定登録機関である公益財団法人社会福祉振興・試験センターに申請）。介護福祉士の登録者数は、介護福祉士**国家**試験からの登録者数が98万1381人、養成施設からの登録者数が32万5372人で、合計130万6753人となっている（2015〈平成27〉年）3月末）。　出題実績 ▶ 24〔18〕・27〔19〕

◆ 専門職能団体の活動

8 日本介護福祉士会

公益社団法人日本介護福祉士会は、1994（平成6）年に設立された介護福祉士の職能団体。介護福祉士の**職業**倫理の向上、介護に関する**専門**的教育および研究をとおして、その専門性を高め、介護福祉士の資質の向上と介護に関する知識・技術の普及を図り、国民の福祉の**増進**に寄与することを目的としている。

9 日本介護福祉士会倫理綱領 基本

公益社団法人**日本介護福祉士会**による倫理綱領（1995〈平成7〉年11月17日宣言）の前文には、福祉的な社会の実現に向けた思いが書かれている。さらに本文中には、①**利用者**本位・自立支援、②**専門**的サービスの提供、③**プライバシー**の保護、④**総合**的サービスの提供と積極的な連携・協力、⑤利用者ニーズの**代弁**、⑥**地域福祉**の推進、⑦**後継者**の育成などがあげられている。

前文
「私たち介護福祉士は、**介護福祉**ニーズを有するすべての人々が、住み慣れた地域において安心して老いることができ、そして暮らし続けていくことのできる社会の実現を願っています。そのため、私たち日本介護福祉士会は、一人ひとりの心豊かな暮らしを支える介護福祉の**専門職**として、ここに**倫理綱領**を定め、自らの専門的知識・技術及び**倫理**的**自覚**をもって最善の介護福祉サービスの提供に努めます。」

利用者本位・自立支援
「介護福祉士はすべての人々の**基本的人権**を擁護し、一人ひとりの住民が心豊かな暮らしと老後が送れるよう**利用者**本位の立場から**自己**決定を最大限尊重し、**自立**に向けた介護福祉サービスを提供していきます。」（第

領域：介護　科目4／介護の基本
単元2　介護福祉士の役割と機能を支えるしくみ

	1条）
専門的サービスの提供	「介護福祉士は、常に専門的知識・技術の研鑽に励むとともに、豊かな感性と的確な判断力を培い、深い洞察力をもって専門的サービスの提供に努めます。また、介護福祉士は、介護福祉サービスの質的向上に努め、自己の実施した介護福祉サービスについては、常に専門職としての責任を負います。」（第2条）
プライバシーの保護	「介護福祉士は、プライバシーを保護するため、職務上知り得た個人の情報を守ります。」（第3条）
総合的サービスの提供と積極的な連携・協力	「介護福祉士は、利用者に最適なサービスを総合的に提供していくため、福祉、医療、保健その他関連する業務に従事する者と積極的な連携を図り、協力して行動します。」（第4条）
利用者ニーズの代弁	「介護福祉士は、暮らしを支える視点から利用者の真のニーズを受けとめ、それを代弁していくことも重要な役割であると確認したうえで、考え、行動します。」（第5条）
地域福祉の推進	「介護福祉士は、地域において生じる介護問題を解決していくために、専門職として常に積極的な態度で住民と接し、介護問題に対する深い理解が得られるよう努めるとともに、その介護力の強化に協力していきます。」（第6条）
後継者の育成	「介護福祉士は、すべての人々が将来にわたり安心して質の高い介護を受ける権利を享受できるよう、介護福祉士に関する教育水準の向上と後継者の育成に力を注ぎます。」（第7条）

10 生涯研修

介護福祉士は、資格取得後も介護を取り巻く社会環境や介護のニーズの変化、介護技術の進歩に対応するために、介護の専門的な能力の向上に努めなければならない。厚生労働省の「介護福祉士のあり方及びその養成プロセスの見直し等に関する検討会」の報告書「これからの介護を支える人材について――新しい介護福祉士の養成と生涯を通じた能力開発に向けて」（2006〈平成18〉年7月）によると、資格取得後の能力開発とキャリアアップとして、現任研修や専門介護福祉士などが提言されている。また、公益社団法人日本介護福祉士会では、生涯研修制度を体系化し、介護福祉士の教育に努めている。

現任研修	ファーストステップ研修→技能研修→セカンドステップ研修→介護統括責任者研修
専門介護福祉士	重度の認知症（dementia）や障害への対応、人的資源や運営管理等の管理能力などについて、より専門的な対応ができる人材を育成していく。

科目 4 介護の基本
単元 2 介護福祉士の役割と機能を支えるしくみ

Step 2 —問—答で確かめよう

問い

- □ 1987（昭和62）年に制定され、**社会福祉士**および**介護福祉士**を規定している法律は何？
- □ **2011（平成23）年**の「社会福祉士及び介護福祉士法」改正により、**介護福祉士**の業務として加わったのは何？
- □「社会福祉士又は**介護福祉士の信用**を傷つけるような行為をしてはならない」というのは、介護福祉士の何とよばれる義務？
- □「**社会福祉士及び介護福祉士法**」で介護福祉士の義務としてあげられているのは、**信用失墜行為の禁止、秘密保持義務、連携、資質向上の責務**と、もう一つは何？
- □「**社会福祉士及び介護福祉士法**」で、介護福祉士が義務として**連携すべき相手**は「福祉サービスを提供する者又は医師その他の保健医療サービスを提供する者その他の関係者」であるが、これをまとめて何とよぶ？
- □「**社会福祉士及び介護福祉士法**」で、**秘密保持義務**は、その仕事をやめるとなくなる、それとも続く？
- □ 介護福祉士の資格は、**業務独占資格・名称独占資格**のどちら？
- □ **介護福祉士資格**の取得方法一元化により、**養成施設**を卒業した人は何を受けないと登録資格を得られなくなる？
- □ 介護福祉士の登録人数は、**国家試験**からの人と**養成施設**からの人ではどちらが多い？
- □ 1994（平成6）年に設立された、**介護福祉士**の職能団体を何という？
- □ **日本介護福祉士会**が作成した介護福祉士の**職業倫理**をまとめたものを何という？
- □ 厚生労働省の「介護福祉士のあり方及びその養成プロセスの見直し等に関する検討会」が提言する、重度の認知症（dementia）や障害への対応、人的資源や運営管理等の管理能力などについて、**より専門的**な対応ができる**人材**を何という？

答え

- 社会福祉士及び介護福祉士法　return **1**
- 喀痰吸引等　return **3**
- 信用失墜行為の禁止　return **4**
- 誠実義務　return **4**
- 福祉サービス関係者等　return **4**
- 続く　return **4**
- 名称独占資格　return **5**
- 介護福祉士国家試験　return **6**
- 国家試験からの人　return **7**
- 日本介護福祉士会　return **8**
- 日本介護福祉士会倫理綱領　return **9**
- 専門介護福祉士　return **10**

Step 3 過去問に挑戦！

問題 社会福祉士及び介護福祉士法における介護福祉士に関する次の記述のうち、**適切なもの**を1つ選びなさい。

第26回（2014）〔18〕

1 介護福祉士の業務を社会福祉士が行うことは禁じられている。
2 介護福祉士は、その業を辞したのちは秘密保持義務が解除される。
3 介護福祉士の行う介護は、「入浴、排せつ、食事その他の介護」から「心身の状況に応じた介護」に法改正された。
4 介護福祉士は、環境上の理由により日常生活を営むのに支障がある者に対して介護を行うことが規定されている。
5 介護福祉士は、信用失墜行為をした場合、罰則により1年以下の懲役または30万円以下の罰金に処せられる。

答え　3

介護福祉士は（社会福祉士も）、無資格者がその名称を名乗ることはできないという名称独占の国家資格である。業務独占ではないので、介護福祉士の業務を社会福祉士が行うことは（社会福祉士の業務を介護福祉士が行うことも）禁じられていない（**1は不適切**）。秘密保持義務は介護福祉士でなくなったのちも続く（**2は不適切**）。介護福祉士の行う介護については、2007（平成19）年の改正で「入浴、排せつ、食事その他の介護」から「心身の状況に応じた介護」に改められた（**3が適切**）。介護福祉士の介護の対象は、「身体上又は精神上の障害があることにより日常生活を営むのに支障がある者」（第2条第2項）である（**4は不適切**）。1年以下の懲役または30万円以下の罰金という第50条の罰則規定は、第46条の秘密保持義務に関してである（**5は不適切**）。

科目4 単元3 介護の基本 — 尊厳を支える介護

Step 1　重要項目を覚えよう

◆QOL（生活の質）

1　QOL（生活の質） 基本
QOL（Quality of Life；生活の質）は、生活の状態を、人がどれだけその人らしく望みどおりの生活を送ることができるかという**生活**の質（人生の質、生命の質）から評価しようとするもの。　出題実績 ▶ 27〔20〕

◆ノーマライゼーション

2　ノーマライゼーション 基本
高齢者や障害者など要援助者も、社会から排除されず、一人の人間として生活する**権利**をもっているという考え方。1950年代に**デンマーク**の知的障害児・者の親の会の運動に始まり、やがて中心理念となった。

3　バンク-ミケルセン
ノーマライゼーションの理念を反映した「**1959年法**」を成立させ、「ノーマライゼーションの産みの親」とよばれる。

4　ニィリエの原則
ニィリエ（Nirje, B.）が提唱した、実現すべき8つの原則である。①**一日**のノーマルなリズム、②**一週間**のノーマルなリズム、③**一年間**のノーマルなリズム、④ライフサイクルにおけるノーマルな経験、⑤ノーマルな個人の尊厳と**自己**決定の権利、⑥ノーマルな性的関係（相互関係）、⑦ノーマルな経済水準を得る**権利**、⑧ノーマルな住環境水準の保障。

◆利用者主体

5　利用者主体
援助者と利用者は**対等**な立場。問題解決の主役とされるのは**利用者**であり、援助者は利用者の問題解決を**側面**から援助していくという考え方。

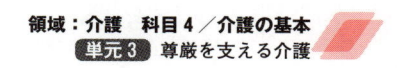

領域：介護　科目4／介護の基本
単元3　尊厳を支える介護

Step 2　一問一答で確かめよう

問い
- □ 人がどれだけその人らしく望みどおりの生活を送ることができるかという**生活の質**を示す概念を何という？
- □ 高齢者や障害者など要援助者も、一人の人間として社会で**生活する権利**をもっているという考え方を何という？
- □ **問題解決の主役は利用者**であり、援助者は利用者の問題解決を側面から援助していくという考え方を何という？

答え
QOL　⤺ 1

ノーマライゼーション　⤺ 2

利用者主体　⤺ 5

Step 3　過去問に挑戦！

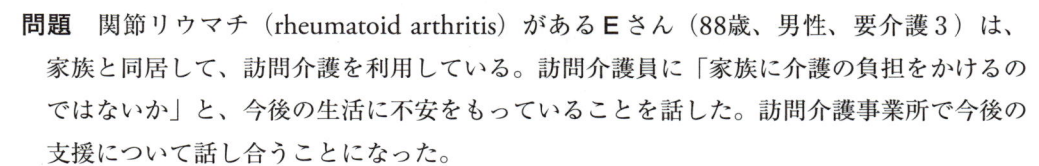

問題　関節リウマチ（rheumatoid arthritis）があるEさん（88歳、男性、要介護3）は、家族と同居して、訪問介護を利用している。訪問介護員に「家族に介護の負担をかけるのではないか」と、今後の生活に不安をもっていることを話した。訪問介護事業所で今後の支援について話し合うことになった。
　Eさんへの支援のあり方として、**最も適切なもの**を1つ選びなさい。　第24回（2012年）〔19〕

1　家族に訪問介護のサービス内容を選択させる。
2　Eさんには訪問介護サービスに関する情報提供を控える。
3　Eさんから今後の介護サービスについての要望を聴く。
4　Eさんの介護は、サービス提供責任者の判断を優先する。
5　Eさんが苦情を述べていないので問題はないと考える。

答え　3

　Eさんの尊厳と自立を守る支援方法を考えるのが基本である。その観点で選択肢をみてみる。家族の介護負担を気に病むEさんであるが、家族にサービス内容を選ばせるのは適切とはいえない（**1は不適切**）。利用者本人に訪問介護サービスの情報を提供しないのは適切でない（**2は不適切**）。Eさん本人がどういう要望をもっているのか、よく意向を尋ねることが必要である（**3が最も適切**）。サービスを提供する側の判断を優先するのは利用者主体の理念に反する（**4は不適切**）。Eさんは直接サービスへの苦情は述べていないが、今後への不安を表明しており、なんらかの改善策を検討すべきである（**5は不適切**）。　⤺ 5

科目4 単元4 介護の基本 — 自立に向けた介護

Step 1　重要項目を覚えよう

◆ 自立支援

1 自己決定・自己選択 〔基本〕
だれにも強制されることなく、利用者自身が自分の意思と判断によって自分の生き方を決定し、問題を解決していくなかで、自己を確立していく。**バイステック**（Biestek, F. P.）の7つの原則（→p.190 9）の一つ。援助者は、利用者の意思や個別性、生活歴などを理解したうえで、利用者の自己**決定**・自己**選択**に必要な**情報**を提供し、利用者が自己決定・自己選択できるように援助する。　出題実績▶25〔19〕

2 自立支援 〔基本〕
自立とは、「他人の手を借りない」ということではない。日常生活において援助が必要であっても、自らの意思で**自己決定**し、**選択と契約**により福祉サービスを利用しながらその人が満足した生活を送ることが自律・自立（→p.15 9 10）であり、それを**支援**するのが介護の役割である。

3 エンパワメント・アプローチ
利用者が**自ら**力を身につけ、**主体**的に問題を認識してその解決を果たすことができるようにするための援助。利用者本人の問題のとらえ方を受け入れ、利用者がすでにもっている力を増強していくことが大切である。

◆ 個別ケア

4 個別ケア
利用者の生活**ニーズ**は一人ひとり異なり、またこれまで一人ひとり違った人生を歩んできた。このため、利用者一人ひとりの**生活**リズムを尊重した**個別**ケアの重要性が注目され、**ユニット**ケアなど個別ケアを実現するための努力が行われている。

◆ ICF（国際生活機能分類）

5 ICF（国際生活機能分類） 〔頻出〕
ICF（International Classification of Functioning, Disability and Health；**国際生活機能分類**）は、**障害**に関する国際的な分類である。2001年、WHO（World Health Organization；世界保健機関）が**ICIDH**（International Classification of Impairments Disabilities and Handicaps；**国際**

障害分類）の改訂版として採択した。

	第1部：生活機能と障害		第2部：背景因子	
構成要素	心身機能・身体構造	活動・参加	環境因子	個人因子
領域	心身機能 身体構造	生活・人生領域（課題・行為）	生活機能と障害への外的影響	生活機能と障害への内的影響
構成概念	心身機能の変化（生理的） 身体構造の変化（解剖学的）	能力 標準的環境における課題の遂行 実行状況 現在の環境における課題の遂行	物的環境や社会的環境、人々の社会的態度による環境の特徴がもつ促進的あるいは阻害的な影響力	個人的な特徴の影響力
肯定的側面	機能的・構造的統合性	活動 参加	促進因子	非該当
	生活機能			
否定的側面	機能障害（構造障害を含む）	活動制限 参加制約	阻害因子	非該当
	障害			

表2 ICFの概要

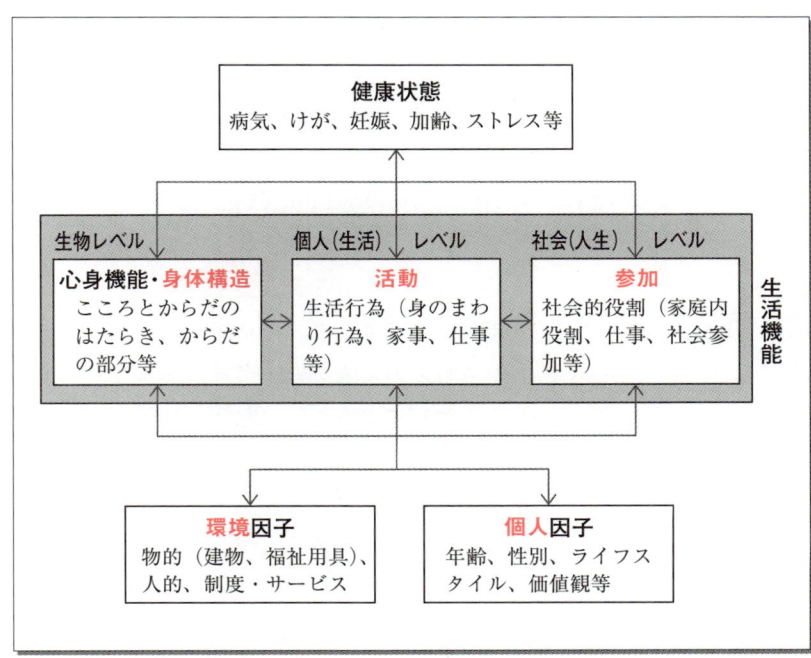

図4 ICFの相互作用
資料：上田敏編『新・セミナー介護福祉〔三訂版〕④リハビリテーションの理論と実際』ミネルヴァ書房、2007年、p.37

科目4 介護の基本
単元4 自立に向けた介護

ICFの特徴	その目的は、健康状況や健康に関連した状況を表すため、**標準**言語と概念的な枠組みを提供することである。生きることの全体像を**生活**機能としてとらえ、障害による否定的な側面だけでなく、潜在的な生活機能を引き出すための**肯定的**な側面にも注目していることが特徴である。 出題実績 ▶ 24〔22〕・27〔21〕
生活機能	「心身機能・**身体構造**」「**活動**」「**参加**」の3つに分けられ、それぞれの相互作用を重視する。 出題実績 ▶ 24〔22〕
背景因子	生活機能に影響をあたえる背景因子として、「**環境**因子」と「**個人**因子」の2つをあげている。 出題実績 ▶ 24〔22〕・25〔21〕
6 医学モデル	医学モデルは、障害を**個人**の問題としてとらえ、病気や外傷などから直接的に生じるものであるとし、専門家による個別的な**治療**やリハビリテーションによる個人の行動の変容を目標としている。
7 社会モデル	社会モデルは、障害を主として**社会**（環境）によってつくられた差別や政治的な問題とみなし、障害のある人の社会への完全な**統合**を目標としている。**ICF**（International Classification of Functioning, Disability and Health；**国際生活機能分類**）では、医学モデルと社会モデルを**統合**したアプローチを求めている。

◆リハビリテーション

8 リハビリテーション 基本	リハビリテーション（rehabilitation）とは、人間らしく生きる権利の回復である全人間的**復権**を意味する。 出題実績 ▶ 24〔23〕
WHOの定義	WHO（World Health Organization；世界保健機関）は**1981**年の**国際障害者**年に、リハビリテーションは「能力**障害**あるいは社会的**不利**を起こす諸条件の悪影響を減少させ、障害者の**社会統合**を実現することを目指すあらゆる措置を含むものであり、障害者を訓練して、その環境に適応させるばかりでなく、とりまく環境や社会全体に介入して、彼らの社会統合を容易にすること」を目的とするとした。
障害者に関する世界行動計画での定義	1982年に、国連は「身体的、精神的、かつまた社会的に最も適した**機能**水準の達成を可能とすることによって、各個人が自らの人生を変革していくための手段を提供していくことを目指し、かつ**時間**を限定したプロセスである」とリハビリテーションを定義した。
身体障害者福祉審議会答申での定義	1982（昭和57）年の答申の中で、リハビリテーションは「障害をもつ故に人間的生活条件から疎外されている人の全人間的**復権**を目指す技術、および社会的、政策的対応の総合的体系である」とされている。つまり、

領域：介護　科目4／介護の基本
単元4　自立に向けた介護

身体の機能の回復をめざすというせまい意味ではなく、人権の視点で可能なかぎりの**自立**と**社会参加**を促進する方法と理解されている。

9 リハビリテーションの領域　基本

リハビリテーションは、その領域により、**医学**的リハビリテーション、**職業**リハビリテーション、**教育**リハビリテーション、**社会**リハビリテーションに分けられる。

医学的リハビリテーション
運動機能やそれに関連する知的機能、心肺機能などの障害を対象に、**生活**機能の向上を図る。**急性**期、**回復**期、**維持**期の各期において、**理学**療法、**作業**療法、言語聴覚療法、ソーシャルワークなどが行われる。

教育リハビリテーション
障害児の身体・精神の両面の**自立**と社会**適応**の向上をめざす教育プログラム。**特別支援**教育では、障害児一人ひとりに対応した教育として行われる。**早期**発見のための体制の整備、**早期**療育の実施、保護者に対するサポートシステムなども重要。　出題実績 ▶ 24〔23〕

職業リハビリテーション
「障害者の**雇用**の促進等に関する法律」では、「障害者に対して職業**指導**、職業**訓練**、職業**紹介**その他この法律に定める措置を講じ、その職業生活における**自立**を図ることをいう」と定義している。障害の種類や程度、希望、適性などに応じて実施されなければならない。　出題実績 ▶ 25〔22〕

社会リハビリテーション
障害者の**社会生活**能力を向上させ、社会参加を実現すること（建築設備、交通機関などの社会システムの**バリア**を減少させることを含む）。「高齢者、障害者等の移動等の円滑化の促進に関する法律（**バリアフリー新**法）」の制定は一例である。

地域リハビリテーション
障害者や高齢者に対して、住み慣れた環境で、その**自立**や**社会参加**を保障するために行われる、医療や保健、福祉などの機関や組織などが協力し合って行う**地域**ぐるみの取り組み。

10 急性期リハビリテーション
急性期とは、発症した**直後**で症状の進行や悪化も考えられる時期。疾患の治療と並行して障害の**評価**が行われ、できるだけ早期に行われる。

11 回復期リハビリテーション
回復期とは、症状が**安定**し日常生活上の機能の**改善**が期待できる時期。運動の面でのアプローチが行われ、早期の**退院**をめざし日常生活の**自立**のためのリハビリテーションが行われる。　出題実績 ▶ 25〔22〕

12 維持期リハビリテーション
前段階までのリハビリテーションの目的を達成したあとに行われ、**残存**機能と福祉用具、社会**資源**の活用によって、障害があっても**自立**的な生活を送れることをめざす。

介護予防
生活の場に戻ってからは、**介護予防**の視点が重要になる。骨折の原因となる**転倒**を防ぐ環境整備、体力維持のための**栄養**管理、精神生活の充実

科目 4 介護の基本
単元 4 自立に向けた介護

などに配慮し、生活基盤のくずれを起こさないことが大切である。

13 ADL（日常生活動作） 基本
ADL（Activities of Daily Living；日常生活動作）は、毎日の生活を営むのに必要な**基本**的動作。立つ、座る、歩く、食べる、排泄するなどの**身体**動作をいう。支援を考える際の、保健医療・福祉分野に共通の指標。

14 IADL（手段的日常生活動作） 基本
IADL（Instrumental Activities of Daily Living；手段的日常生活動作）は、調理、掃除、洗濯、外出、買い物など、基本的動作に加えて必要な家事活動や**社会**生活に関連した動作。ADLとともに大事な支援の指標となる。

15 リハビリテーションの専門職 基本
リハビリテーションには、**医師**や看護師以外に、理学療法士（PT）、作業療法士（OT）、言語聴覚士（ST）、視能訓練士（ORT）、義肢装具士（PO）、精神保健福祉士、臨床心理士などが携わる（→p.92 15）。

Step 2 －問－答で確かめよう

問い	答え
□**自己決定・自己選択**で重視されるのは、利用者・援助者どちらの意思？	利用者　return **1**
□利用者が**自己決定**し、**選択**と**契約**により福祉サービスを利用して満足した生活を送るよう支援することを何という？	自立支援　return **2**
□利用者が**自ら力**を身につけ、主体的に問題を認識して解決ができるようにするための援助を何という？	エンパワメント・アプローチ return **3**
□ICF（International Classification of Functioning, Disability and Health；国際生活機能分類）での**生活機能**の構成要素は、「**心身機能・身体構造**」「**活動**」ともう一つは何？	参加　return **5**
□ICF（International Classification of Functioning, Disability and Health；国際生活機能分類）の**背景因子**とは、「**環境因子**」ともう一つは何？	個人因子　return **5**
□障害を個人の問題としてとらえているのは、**医学モデル・社会モデル**のどちら？	医学モデル　return **6 7**
□リハビリテーションのうち、障害者や高齢者に対して、住み慣れた環境で、その**自立**や**社会参加**を保障するために行われる地域ぐるみの取り組みを何という？	地域リハビリテーション return **9**

領域：介護　科目4／介護の基本
単元4　自立に向けた介護

□ **症状が安定し、日常生活上の機能の改善が期待できる時期**に行われるリハビリテーションを何という？

□ 生活を営むうえで必要な**基本的動作**は、**ADL**（Activities of Daily Living；日常生活動作）・**IADL**（Instrumental Activities of Daily Living；手段的日常生活動作）のどちら？

回復期リハビリテーション
return 11

ADL　return 13 14

Step 3　過去問に挑戦！

問題　Dさん（42歳、男性）は、営業の仕事をしていた。休日に趣味のサイクリングの最中、交通事故に遭った。脊髄を損傷し、対麻痺の状態になり、車いすで移動する生活になった。
　Dさんに関する次の記述のうち、ICF（International Classification of Functioning, Disability and Health；国際生活機能分類）における「心身機能・身体構造」と「活動」の関係を示すものとして、**適切なものを1つ選びなさい**。　　第27回（2015年）〔21〕

1　移動に車いすを使う生活になり、退職することになった。
2　上肢は自由に動かせる状態であり、車いすで移動できるようになった。
3　玄関のまわりをバリアフリーにすることで、一人で外出できるようになった。
4　サイクリングの楽しさを忘れられず、車いすマラソンに取り組む準備を始めた。
5　脊髄損傷のために、排尿のコントロールが困難になった。

答え　2

車いすを使う生活になって退職することになったのは、心身機能・身体構造による参加制約（**1は不適切**）。上肢は動かせるので（心身機能・身体構造）、車いすで移動できるようになった（活動が可能になった。**2が適切**）。玄関まわりをバリアフリーにすることで外出できるようになったのは、環境因子と参加の関係（**3は不適切**）。サイクリングの楽しさを忘れられず、車いすマラソンに取り組む準備を始めたのは、個人因子（**4は不適切**）。脊髄損傷は心身機能・身体構造であり、そのために排尿コントロールが困難になったのは活動制限（**5は不適切**）。　return 5

科目4 単元5 介護の基本 介護を必要とする人の理解

Step 1 重要項目を覚えよう

◆ **人間の多様性・複雑性の理解**

1 その人らしさの理解
人は、生まれてからこれまで生きてきたなかで、その人ならではの**経験**をし、経験に基づく**生活**感と**価値**観を形成しており、それが個性となっている。この個性を理解し尊重することが介護の第一歩となる。

2 生活習慣・生活様式の多様性
その人ならではの**生活**感・**価値**観は、生活のあらゆる面におよぶ。他人からみれば不合理な生活**習慣**、生活**様式**であっても、本人にはいちばん安心できる唯一のものであることが多い。人それぞれに好きな生活のしかた、選び取る生活様式があること、つまり**多様**性を理解しておく。

出題実績 ▶ 27〔22〕

◆ **高齢者のくらしの実際**

3 高齢者の健康 基本
一般に、**加齢**によって心身の機能が低下し、日常生活になんらかの支障が出てくる。これには個人差が**大き**いため、利用者がどのような状態なのかを正しく理解して、**自立**を支援していかなければならない。**身体**的な援助だけでなく、**生活**上の不安などに対する理解も必要とされる。

身体的機能
動作が**緩慢**になり、身体を動かすことが容易でなくなる。**転倒**の危険も高まる。腰痛、関節痛などの身体の痛みを抱えていたり、生理的な機能の減退により呼吸困難、動悸などが生じたり、さまざまな面で困難が生じる。**免疫**力の低下など、機能的な衰えにより**病気**にかかりやすくなり、複数の病気を抱えることも多い。**脳血管**障害（cerebrovascular disorder →p.327 **21**）による後遺症のために、**寝たきり**となる場合もある。

認知機能
記憶力や認知機能が**低下**し、新しいことの理解や**順応**ができにくくなる。

感覚機能
視力、聴力、味覚など、全体に感覚機能の**低下**がみられる。味覚が低下すると**濃**い味付けを好むようになるので、**塩分**のとりすぎに注意が必要。

睡眠
夜の睡眠時間は**短**くなってたびたび目覚めるようになり、日中の**居眠り**も増える。

精神的機能
身体的な機能低下が進むと、外出が**少な**くなって家に閉じこもりがちに

領域：介護　科目4／介護の基本
単元5　介護を必要とする人の理解

なり、精神的にも影響が出るようになる。徐々に意欲や**自立**心が失われ、**依存**心や**恐怖**心が強まる。

| **4** | 有訴者率 | 病気やけが等で**自覚**症状のある人（入院患者を除く）が人口**1000**人あたり何人かという割合。年齢階級が高くなるにしたがって**上昇**する。「国民生活基礎調査」によると、2013（平成25）年の有訴者率は、10〜19歳の176.4が最も低く、80歳以上では537.5となっている。 |

| **5** | 通院者率 | 病気やけがで病院や診療所などに通っている人（入院患者を除く）が人口**1000**人あたり何人かという割合。年齢階級が高くなるにしたがって**上昇**する。「国民生活基礎調査」によると、2013（平成25）年の通院者率は、10〜19歳の133.0が最も低く、80歳以上では734.1となっている。傷病別にみると、男女とも**高血圧**での通院者率が最も高い。 |

| **6** | 生活のリズム | 健康で文化的な生活にはリズムが必要である。規則正しい起床・就寝、食生活の**習慣**がつくるリズムであり、仕事や家事と**余暇**活動がつくるリズムでもある。リズムのくずれは不調や病気へとつながることがある。介護にあたっては、リズムの**ある**生活になるよう支援し、また、人によってリズムは異なるため、個々のリズムを尊重することが求められる。 |

| **7** | 高齢者の生活文化 | 高齢者は、長い人生を生き、一人ひとりが異なる**生活文化**をもっている。**自己**実現のためには、このことを考慮して環境を整える必要がある。 |
| | 生活文化 | 人が生活するにあたって、限られた時間・空間・物で形成するくらしのスタイル。生活文化の展開の場は、おもに**家庭**であるが、職場、地域さらに国や国際社会をも視野に入れて考えることが必要である。 |

| **8** | 高齢者の家族・世帯構成　基本 | 65歳以上の高齢者のいる世帯は、1986（昭和61）年には三世代世帯が最も多かったが、2013（平成25）年には**夫婦のみ**の世帯が最も多く、次いで**単独**世帯、親と未婚の子のみの世帯となっている。 |
| | 高齢者世帯 | **65**歳以上の者のみで構成されるか、これに**18**歳未満の未婚の者が加わった世帯のこと。その数は年々増加し、「国民生活基礎調査」によると、1986（昭和61）年には全世帯数の6.3％であったが、2010（平成22）年には21.0％となり、はじめて2割を超えた。2013（平成25）年では23.2％である。 |

科目 4 介護の基本
単元 5 介護を必要とする人の理解

9 高齢者の役割

生活の場において自分なりの**役割**をもつことが、そこにいる安心感や自分を肯定する気持ちにつながる。**退職**や子どもの自立などにより、高齢者はそれまでもっていた役割を失うことが多いが、なんらかの**役割**をもてるように支援することが大切である。

10 高齢者のすまい 〔基本〕

高齢であることを理由に、賃貸住宅への入居を断られる高齢者が増加し、2001（平成13）年に、「高齢者の居住の安定確保に関する法律（**高齢者住まい法**）」が制定された。また、高齢者が安心してくらしていけるように、市町村による高齢者**住宅等安心確保**事業が行われ、高齢者世話付住宅（シルバーハウジング）の提供も行われている。

高齢者の居住の安定確保に関する法律（高齢者住まい法）

高齢者が安心して生活できる居住環境を実現するために、2001（平成13）年に制定された。2011（平成23）年の改正で、高齢者が日常生活を営むために必要なサービスの提供を受けることができる居住環境を備えた高齢者向け**賃貸**住宅等の**登録**制度が設けられた。

サービス付き高齢者向け住宅制度

バリアフリー構造をもつ賃貸住宅で、介護・医療と連携して高齢者を支援するサービスを提供する「**サービス付き**高齢者向け住宅」を**都道府県**に登録する制度。登録要件を満たせば**有料老人**ホームも登録できる。登録は**5年**ごとに更新する。

提供するサービス……**状況把握**サービス（心身の状況を把握し、一時的な便宜を供与する）、**生活相談**サービス（入居者からの相談に応じ、必要な助言を行う）、その他の福祉サービス。

介護保険の適用……有料老人ホームに該当するものは住所地特例の適用となり、特定地域密着型サービス（→p.74）、特定地域密着型介護予防サービス（→p.77）を利用できる。

高齢者住宅等安心確保事業

市町村が高齢者の**安否**確認や生活相談を行うための基本計画（高齢者**住宅等安心確保**計画）を策定し、**高齢者世話付**住宅などに対する**生活援助員**（**ライフサポート**アドバイザー）の派遣を行い、民生委員、老人クラブ、NPO（Non Profit Organ-ization；民間非営利組織）などによる訪問活動など、安心確保のための連携づくりに対する支援を行う。

高齢者世話付住宅

一人ぐらしや夫婦のみで生活する高齢者が安全かつ快適にくらしていけるように、手すりや**緊急通報**システムなどが設置された公共**賃貸**住宅。シルバーハウジングともいう。10～30戸に1人の**生活援助員**が派遣される。1987（昭和62）年スタートの建設省（現・国土交通省）と厚生省（現・厚生労働省）の共同プロジェクト。

生活援助員……**高齢者世話付**住宅などに入居する高齢者に対して、生活相談・指導、**安否**の確認、**緊急**時の対応、一時的な**家事**援助、関係機関

との連絡などを行う。**ライフサポート**アドバイザーともいう。

11 高齢者の就労・雇用 [基本]

総務省統計局「労働力調査（基本集計2015〈平成27〉年2月分）」によると、65歳以上の**労働力**人口（就業者および完全失業者）は720万人となっている。高齢者の**雇用**の安定化を図り、希望者に就労機会をあたえるための施策も行われている。

高年齢者等の雇用の安定等に関する法律

少なくとも年金支給開始年齢までは、高齢者が意欲と能力のあるかぎり働き続けることができる環境の整備が求められたため、1971（昭和46）年に、「高年齢者等の雇用の安定等に関する法律（**高年齢者雇用安定**法）」が制定された。2004（平成16）年に改正され、**65**歳までの定年の引き上げ、**継続雇用**制度の導入等の義務化、労働者の募集および採用の際に年齢制限を行う場合の理由の提示の義務化、シルバー人材センターなどが行う一般労働者派遣事業の手続きの特例などの措置が定められた。2012（平成24）年の改正では、その方向性をさらに進め、継続雇用制度の対象者を限定できるしくみの**廃止**、義務違反の企業の**公表**規定の導入などが行われている。

シルバー人材センター

臨時的・**短期**的な就労を希望する高年齢者に就業の機会を確保し、組織的に提供することにより、その就業を援助するための法人。原則として**市町村**に1か所ずつ設置される。無料の職業紹介や職業講習も行われる。

12 高齢者の収入・生計 [基本]

高齢者世帯の収入・生計は**公的年金**や恩給に大きく依存している。「国民生活基礎調査」によると、2013（平成25）年の高齢者世帯の1世帯あたり平均所得金額は309万1000円で、全世帯の1世帯あたり平均所得金額の537万2000円よりもかなり低い。ただし、世帯人員1人あたりで比べると、全世帯と高齢者世帯の差は**あまりない**。

13 高齢者の社会活動・余暇活動 [基本]

健康な高齢者は、社会**貢献**や健康**維持**、生きがいなどの理由で、社会への高い**参加**意識をもっている。ボランティアへの関心も高く、健康な高齢者がサービスの担い手となる場面も**増え**ている。地域を基盤とする社会参加・生きがい対策の推進組織に**老人クラブ**がある。

高齢者の地域社会への参加に関する意識調査

内閣府が**5**年ごとに実施。高齢者の地域社会への**参加**に関する意識を把握するとともに、過去の調査などとの時系列分析を行って、以後の高齢社会対策の推進に資することを目的とする。全国の**60**歳以上の男女を対象に、調査員による面接聴取法で行われている。　　出題実績 ▶25〔24〕

老人クラブ

おおむね60歳以上者による、自らの**高齢**期を豊かにするための自主的な組織。趣味・文化・芸能などのサークル活動、寝たきりゼロ運動・クラ

科目 4 介護の基本
単元 5 介護を必要とする人の理解

ブ体操・各種シニアスポーツなどの健康**促進**運動、地域の文化・伝承芸能・民芸などの**伝承**活動、在宅福祉を支える友愛訪問、福祉施設などでの**ボランティア**活動、公園や公共施設の環境の整備や運営・管理などの**社会奉仕**活動などを行っている。

14 レクリエーション

レクリエーションは、精神的・身体的な疲労の回復のための休養や娯楽を意味する外来語として一般的に用いられてきたが、近年では、人間性の**回復**、人間性の**再創造**という大きな意味合いを含むようになっている。また、レクリエーションが、教育や医療、社会**福祉**などの領域で広く行われるようになり、従来のような自由時間の有効活用といった考え方だけではなく、その概念は拡大し変化している。

ノーマライゼーションとレクリエーション

社会福祉におけるレクリエーションの目的は、利用者がレクリエーション活動を通じて**社会**参加し、QOL（Quality of Life；生活の質）を**高める**ことにある。この分野におけるレクリエーションの普及には、**ノーマライゼーション**の影響が大きい。

老人福祉法とレクリエーション

「老人福祉法」では、**地方公共**団体が行う**老人福祉**の増進のための事業として規定されている。

「地方公共団体は、老人の心身の健康の**保持**に資するための**教養**講座、レクリエーションその他広く老人が**自主**的かつ**積極**的に参加することができる事業（以下「老人健康保持事業」という。）を実施するように努めなければならない。」（第13条第1項）

◆障害のある人のくらしの理解

15 障害者の生活ニーズ

2012（平成24）年の「障害者に関する世論調査」（内閣府、調査対象は20歳以上の日本国籍者）によると、**国**や地方公共団体への要望は、多い順に、障害のある子どもの相談・支援体制や**教育**の充実（54.3％）、生活の安定のための年金や**手当**の充実（50.5％）、障害に応じた職業訓練の充実や**雇用**の確保（50.4％）、障害のある人に配慮した住宅や建物、**交通**機関の整備（49.7％）、ホームヘルプサービスなどの**在宅**サービスの充実（46.0％）、保健医療サービスや**リハビリテーション**の充実（40.4％）、障害のある人への**理解**を深めるための啓発・広報活動（39.7％）、点字・手話、字幕放送などによる**情報**提供の充実（36.2％）となっている。

16 障害者の生活を支える基盤 [基本]

障害者の経済的自立を支える**所得**保障として、**障害**基礎年金や障害厚生（共済）年金の制度に加え、負担の軽減が目的の各種**手当**制度、障害基礎年金を受給していない人に対する特別障害給付金制度などがある。こ

れらについては、物価の変動等に合わせて毎年支給額の改定が行われている。なお、障害基礎年金受給者には、配偶者や**子ども**に対する加算がある。　出題実績▶27〔23〕

障害基礎年金		特別児童扶養手当		特別障害者手当	障害児福祉手当	特別障害給付金	
1級	2級	1級	2級			1級	2級
80,500	64,400	49,900	33,230	26,000	14,140	49,700	39,760

表3　年金・手当・給付金の額（2014年度・月額）　（単位：円）
資料：内閣府「平成26年版　障害者白書」

17 障害者の生活を支えるサービス　基本

障害**福祉**サービス（→p.90 8）をはじめ、各種サービスを利用するには原則として障害者**手帳**の取得が必要である。

障害者手帳保持者	手帳の種類		
	身体障害者手帳	療育手帳	精神障害者保健福祉手帳
4,792	3,864	622	568

表4　障害者手帳保持者数　（単位：千人）
資料：厚生労働省「平成23年　生活のしづらさなどに関する調査（全国在宅障害児・者等実態調査）」

◆介護を必要とする人の生活環境の理解

18 生活、生活環境の考え方

次のような生活行為が統合されて、個人の生活が成り立っている。個人と家族の生活は、自然環境や社会環境などの身近な環境と**相互**に作用し合いながら深くむすびついている。

生活行為
① Ⅰ群：コミュニケーション
② Ⅱ群：**ADL**（Activities of Daily Living；**日常生活動作**）
③ Ⅲ群：**IADL**（Instrumental Activities of Daily Living；**手段的日常生活動作**）
④ Ⅳ群：余暇活動、社会活動

19 家族と家庭

人間は家族のなかで誕生し、**家庭**という場で生活している（→p.42 1）。家庭生活は、衣・食・住などの**生活**資材や金銭や空間、時間を媒介して、出生から死にいたるまで、**連続**的な活動を行い、家族の**全人格**的な発達を保障していく。

20 地域性

地域・社会には、そこに住む人ならではの独特の気質や生活習慣など、共通の特性があり、生活様式や生活文化を多様なものにしている。これを**地域**性という。

科目 4 介護の基本
単元 5 介護を必要とする人の理解

Step 2 －問一答で確かめよう

問い

- □ **加齢**による心身の機能低下は**個人差**が大きい？ 小さい？
- □ 加齢によって**味覚が低下**すると、うすい味・濃い味どちらを好むようになる？
- □ 加齢にともなって、**夜の睡眠**は長くなる？ 短くなる？
- □ 病気やけが等で**自覚症状**のある人（入院患者を除く）が、人口1000人あたり何人かという割合を何という？
- □ 病気やけが等で**病院や診療所**などに通っている人（入院患者を除く）が、人口1000人あたり何人かという割合を何という？
- □ 人が生活するにあたって、**限られた時間・空間・物**で形成するくらしのスタイルを何という？
- □ 65歳以上の**高齢者**のいる世帯でいちばん多いのは、**三世代世帯、夫婦のみの世帯、単独世帯**のどれ？
- □ 高齢であることを理由に、**賃貸住宅**への入居を断られる高齢者が増加したことで、**高齢者が安心して居住できる環境**を実現するために制定された法律は何？
- □ 一人ぐらしや夫婦のみで生活する高齢者が安全かつ快適にくらしていけるように、**手すりや緊急通報システム**などが設置された**公共賃貸住宅**は何？
- □ 高齢者世話付住宅（シルバーハウジング）などの入居者に対して、生活相談・指導、安否の確認、緊急時の対応、一時的な家事援助、関係機関との連絡などを行うのはだれ？
- □ 「高年齢者等の雇用の安定等に関する法律（高年齢者雇用安定法）」では、**定年年齢**を何歳まで引き上げた？
- □ **臨時的**で**短期的**な就労を希望する高年齢者に、**就業の機会**を確保し、組織的に提供することにより、その就業を援助するための法人は何？
- □ おおむね60歳以上者による自らの高齢期を豊かにするための**自主的な組織**は何？
- □ 社会福祉の分野における**レクリエーション**の普及には、何とよばれる理念の影響が大きい？

答え

- 大きい return 3
- 濃い味 return 3
- 短くなる return 3
- 有訴者率 return 4
- 通院者率 return 5
- 生活文化 return 7
- 夫婦のみの世帯 return 8
- 高齢者の居住の安定確保に関する法律（高齢者住まい法） return 10
- 高齢者世話付住宅（シルバーハウジング） return 10
- 生活援助員（ライフサポートアドバイザー） return 10
- 65歳まで return 11
- シルバー人材センター return 11
- 老人クラブ return 13
- ノーマライゼーション return 14

領域：介護　科目4／介護の基本
単元5　介護を必要とする人の理解

- □「障害者に関する世論調査」（2012〈平成24〉年内閣府）で、**国や地方公共団体への要望**は、在宅サービスの充実と、職業訓練の充実や雇用の確保のどちらが多い？　　職業訓練の充実や雇用の確保　return 15
- □障害基礎年金を受給していない人に対する給付金を何という？　　特別障害給付金　return 16
- □**障害者手帳**で**保持者**がいちばん多いのは、身体障害者手帳、療育手帳、精神障害者保健福祉手帳のうち、どれ？　　身体障害者手帳　return 17
- □その**地域・社会**ならではの独特の**気質**や**生活習慣**など、共通の特性を何という？　　地域性　return 20

Step 3　過去問に挑戦！

> **問題**　内閣府が2011（平成23）年度に実施した、「高齢者の経済生活に関する意識調査」における「世話の費用」に関する回答のなかで、**最も多かったもの**を1つ選びなさい。
> 第26回（2014年）〔17〕
>
> 1　資産の売却（担保を含む）等でまかなうことになると思う
> 2　子どもからの経済的な援助を受けることになると思う
> 3　特に用意しなくても年金等の収入でまかなうことができると思う
> 4　その場合に必要なだけの貯蓄は用意していると思う
> 5　貯蓄だけでは足りないが、自宅などの不動産を担保にお金を借りてまかなうことになると思う
>
> （注）「世話の費用」とは、「子どもに介護などの世話を受けたり、老人ホームに入居したり、在宅でホームヘルプサービスを受けたりする場合の費用」のことである。

答え　3

2011（平成23）年度「高齢者の経済生活に関する意識調査」によると、世話の費用についての回答は、「特に用意しなくても年金等の収入でまかなうことができると思う」33.5％、「子どもからの経済的な援助を受けることになると思う」15.5％、「その場合に必要なだけの貯蓄は用意していると思う」13.4％、「資産の売却（担保を含む）等でまかなうことになると思う」12.0％、「貯蓄だけでは足りないが、自宅などの不動産を担保にお金を借りてまかなうことになると思う」9.2％となっている。以上の数値は「総数」のもので、「55～59歳」「60歳以上」の年齢層別では一部順位の逆転がみられるが、最も多いのは「特に用意しなくても年金等の収入でまかなうことができると思う」で変わらない（**3**が最も多かった）。　return 12

科目4 単元6 介護の基本 介護サービス

Step 1 重要項目を覚えよう

◆介護サービスの概要

1 ケアマネジメント 基本

適切な時期に適切な状態で適切なサービスを利用できるように、利用者と適切な**社会資源**をむすびつけることをケアマネジメントという。地域で**継続**的に生活できることを目的に支援するためには、さまざまな**ニーズ**に対して複数のサービスが求められるため、必要不可欠なものである。

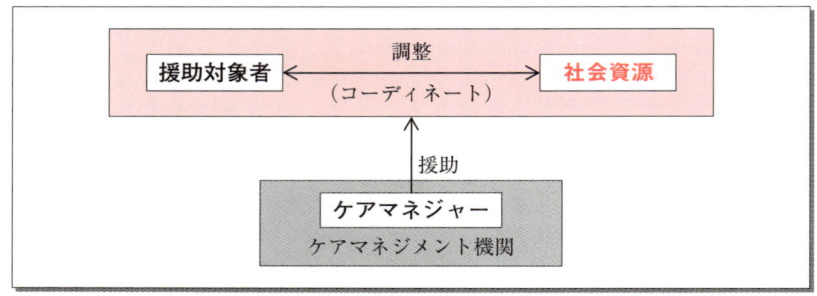

```
┌─────────────────────────────────────────┐
│  援助対象者  ←── 調整 ──→  社会資源      │
│           （コーディネート）              │
│              ↑ 援助                      │
│        ┌──────────────┐                  │
│        │ ケアマネジャー │                  │
│        └──────────────┘                  │
│         ケアマネジメント機関              │
└─────────────────────────────────────────┘
```

図5　ケアマネジメントの平面的構成要素
資料：仲村優一・秋山智久編『新・セミナー介護福祉〔三訂版〕⑤社会福祉援助技術』ミネルヴァ書房、2007年、p.135

2 アセスメント 基本

事前評価ともよばれ、利用者に対する援助を開始するにあたって、現時点での課題や利用者の**ニーズ**を把握するために**面接**して行われる。アセスメントの内容は、現在の課題状況、身体的・精神的な**健康**状態、心理・社会的機能、経済状況、対人関係など。　出題実績 ▶24〔25〕

3 ケアプラン 基本

アセスメントによって明確になった利用者の**ニーズ**に対して、**ケース目標**を設定し、それを達成するためのサービスやサポートを利用するための計画を、ケアプランとよぶ。ケアプランは、関係者の**連携**を図るために、ケアカンファレンスなどによって、関係者の合意が得られた統一的な計画である必要があり、関係者のなかには、利用者やその家族も**含まれる**。介護保険制度では、主として**介護支援専門員**（**ケアマネジャー**）がケアマネジメントを担い、ケアプランを作成する。このとき作成されるケアプランには、介護保険施設における**施設サービス**計画と、居宅での介護

領域：介護　科目4／介護の基本
単元6　介護サービス

や介護予防に対しての**居宅サービス**計画や**介護予防サービス**計画がある。

4 ケアマネジメントの流れ　基本

一般に、①**受理面接（インテーク）**→②**アセスメント**（現状での課題やニーズを評価・査定する）→③ケース**目標**の設定と**ケアプラン**の作成（どこでどのように生活するかの目標を立て、各利用者に対して個別化したサービスを計画する）→④ケアプランの**実施**→⑤**モニタリング**（ケアプランのもとでサービスが円滑に実施されているかどうかの点検確認）および**フォローアップ**（利用者の機能面の変化によってニーズが変化していないかをチェックする）→⑥**再アセスメント**（フォローアップによって新たな課題が出現したときに行われる）→⑦**終結**となる。

```
① 受理面接（インテーク）
  ↓
② アセスメント
  ↓
③ ケース目標の設定とケアプランの作成
  ↓
④ ケアプランの実施
  ↓
⑤ 要援護者およびサービス提供状況についてのモニタリングおよびフォローアップ
  ↓
⑥ 再アセスメント
  ↓
⑦ 終結
```

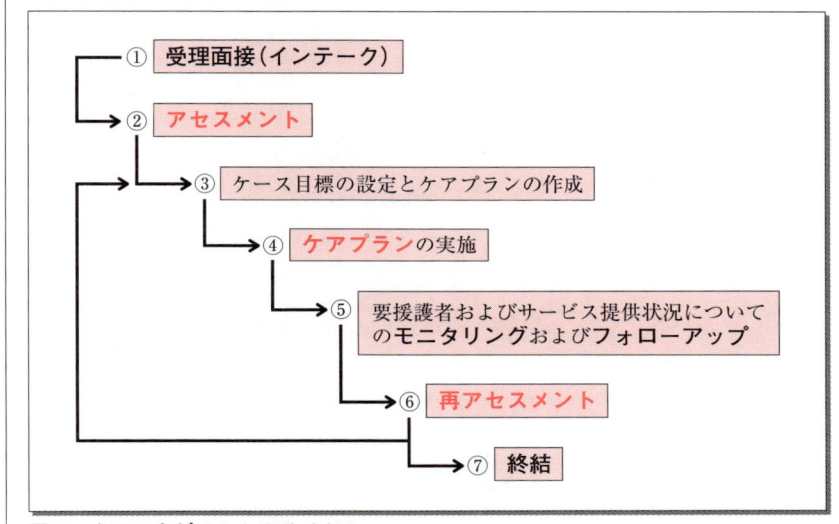

図6　ケアマネジメントのサイクル
資料：仲村優一・秋山智久編『新・セミナー介護福祉〔三訂版〕⑤社会福祉援助技術』ミネルヴァ書房、2007年、p.139、一部改変

5 介護保険のサービスの種類　頻出

「介護保険法」による要介護者を対象としたサービスには、**居宅**サービス（→p.73 ㉑）、**施設**サービス（→p.74 ㉒）、**地域密着型**サービス（→p.74 ㉓）がある。

居宅サービス	訪問介護、訪問**入浴**介護、訪問看護、訪問**リハビリテーション**、居宅療養管理指導、通所介護、通所リハビリテーション、**短期**入所生活介護、短期入所療養介護、**特定施設**入居者生活介護、福祉用具貸与、特定福祉用具販売。
施設サービス	介護福祉施設サービス、介護**保健施設**サービス、介護療養施設サービス（廃止へ）。
地域密着型サービス	定期巡回・随時対応型訪問介護看護、夜間対応型訪問介護、**認知症**対応型通所介護、小規模多機能型居宅介護、認知症対応型共同生活介護、**地**

科目4 介護の基本
単元6 介護サービス

域密着型特定施設入居者生活介護、地域密着型介護老人福祉施設入所者生活介護、複合型サービス。　出題実績▶24〔26〕・25〔27〕・26〔25〕

6 サービスの報酬、算定基準

事業者が利用者に提供した**サービス**の対価として受け取る報酬（**介護報酬**）は、介護給付費単位数表に基づき算定される。算定された報酬の**9**割または**8**割*が保険者から支払われ、残りの**1**割または**2**割*は利用者が直接事業者に支払う。

介護給付費単位数表　**厚生労働**大臣が社会保障審議会介護給付費分科会の意見をもとに定める。①指定**居宅サービス**介護給付費単位数表、②指定居宅介護支援介護給付費単位数表、③指定**施設サービス**等介護給付費単位数表などがある。

*2015（平成27）年8月より

◆介護サービス提供の場の特性

7 居宅介護の特徴（基本）

高齢者が、できるかぎり住み慣れた自宅でくらせるように支援することが、**介護保険**制度の基本的方向であり、そのために訪問介護などの在宅福祉サービスの整備が行われてきた。

家族への支援　在宅介護の支援に携わる介護職は、利用者本人への直接の援助を行うだけでなく、家族介護者の身体的・精神的（心理的）**ストレス**を理解し、**相談**・助言など、適切な支援を行うことが必要である。

虐待の防止　家族の介護負担が**大き**いと、虐待が生じることもある。虐待を引き起こす要因を発見し、虐待を未然に防ぐことも、介護職に求められる。

支援の留意点　それぞれの家庭にそれぞれの事情があり、歴史がある。そのことを理解し、各家庭のルールを尊重して、支援にあたることが必要である。また、**住**環境、**経済**環境など、家庭内には多くの制約がある。限られた条件のなかで、在宅でくらしたいという利用者とその家族の支援のために、さまざまな工夫をし、よりよい介護を提供できるよう努めることが求められる。

8 施設介護の特徴（基本）

施設での介護は、集団生活のなかで行われるが、介護の基本は在宅と同様、一人ひとりの利用者の**個別**性を認識し、生活習慣を尊重して**自立**支援を行うことである。また、効果的な援助を行うために、職員どうしの良好な**チームワーク**が必要である。

入所施設の種類　入所施設には、介護保険施設（指定**介護老人福祉**施設、**介護老人保健**施設）のほか、養護老人ホーム、軽費老人ホーム、有料老人ホームがある。

施設介護の留意点　施設での介護の留意点は、
①**個の重視**……利用者の**プライバシー**を守り、利用者の**自己**決定、主体性を尊重する。
②**チームケア**……職員間の**連絡**を密にし、チームケアを円滑にする。

③**利用者の不安軽減**……信頼関係や、家庭的な雰囲気づくりに努めるなどして、安心感をあたえ、環境変化による**ストレス**を緩和する。
④**人間関係**……利用者、家族、職員間の人間関係を**良好**に保つ。
⑤**生きる喜び**……利用者の**楽しみ**や**意欲**に配慮し、生きる喜びを感じられる創意工夫のある介護に努める。
⑥**家族への支援**……家族と利用者が疎遠にならないように、家族への**支援**や**助言**などを行う。

9 ユニットケアの特徴 〔基本〕

近年では、利用者の**プライバシー**を守り、**QOL**（Quality of Life；**生活の質**）を高めるために、居室の**個室**化や**ユニット**化を推進している。**ユニットケア**とは、施設をおおむね10名以下の**ユニット**（生活**単位**）に分けて**家庭**的な個別ケアをめざす援助形態である。　出題実績 ▶ 27〔24〕

10 地域密着型サービスにおける介護の特徴 〔頻出〕

地域密着型サービスは、住み慣れた**地域**での生活を支えるという理念をよりよく実現するためのもの。地域の**利用者**のニーズに合わせられるよう、基盤整備も**市町村**単位で行われている。サービスの特徴を生かすためにも、介護にあたっては臨機応変に対応する姿勢が求められる。

定期巡回・随時対応型訪問介護看護
単身・重度の要介護者等に、巡回**訪問**または通報により介護・**看護**を提供する。原則として**24**時間体制である。

小規模多機能型居宅介護
「**通い**」を基本としながら、利用者の様態や希望に応じて「**訪問**」や「**泊まり**」を組み合わせることが可能。慣れた場所、職員による介護が**継続**的に受けられることで利用者の安心につながる。　出題実績 ▶ 24〔26〕・25〔28〕・26〔25〕

認知症対応型共同生活介護
認知症対応型共同生活介護（認知症高齢者グループホーム）は、**認知症**（dementia）の要介護者に対して、定員5〜9名の小規模な住環境で、日常生活上の世話および**機能訓練**を行うものである。家庭的な雰囲気のなか、利用者にも適性と意向に応じ**役割**をもってもらう。　出題実績 ▶ 26〔26〕

科目 4 介護の基本
単元 6 介護サービス

Step 2 一問一答で確かめよう

問い	答え
□利用者が適切なサービスを利用できるように、利用者と適切な社会資源を結びつけることを何という？	ケアマネジメント return 1
□事前評価ともよばれ、利用者に対する援助を始めるにあたり、現時点での課題やニーズを把握するために面接して行われるものを何という？	アセスメント return 2
□ケアマネジメントにおいて、利用者のニーズを満たすためのサービスやサポートの利用計画は何？	ケアプラン return 3
□ケアプランは、アセスメントの結果によって設定された何に向けて立てられる？	ケース目標 return 3
□ケアマネジメントの過程で、最初に行われるのは何？	受理面接（インテーク） return 4
□ケアマネジメントの過程で、ケアプランのもとでサービスが円滑に実施されているかどうかの点検確認をすることを何という？	モニタリング return 4
□ケアマネジメントの過程で、利用者の機能面の変化でニーズが変化していないかをチェックすることを何という？	フォローアップ return 4
□ケアマネジメントの過程で、フォローアップによって新たな課題が出現したときに行われるのは何？	再アセスメント return 4
□「介護保険法」による要介護者を対象としたサービスは、居宅サービス、施設サービスともう一つは何？	地域密着型サービス return 5
□介護保険の事業者が受け取る介護報酬の算定に用いられる表は何？	介護給付費単位数表 return 6
□介護保険施設は、介護老人保健施設ともう一つは何？	指定介護老人福祉施設 return 8
□施設をおおむね10名以下のユニット（生活単位）に分けて家庭的な個別ケアをめざす援助形態を何という？	ユニットケア return 9
□「通い」を基本としながら、利用者の様態や希望に応じて「訪問」や「泊まり」を組み合わせることが可能な、地域密着型サービスを何という？	小規模多機能型居宅介護 return 10
□認知症（dementia）の要介護者に対して、定員5〜9名の小規模な住環境で、日常生活上の世話および機能訓練を行うものを何という？	認知症対応型共同生活介護（認知症高齢者グループホーム） return 10

Step 3 過去問に挑戦！

問題 介護サービス提供の場に関する次の記述のうち、**正しいもの**を1つ選びなさい。

第25回（2013年）〔28〕

1 都市型軽費老人ホームは、定員20人以下の施設である。
2 介護老人保健施設は、最後まで住み続けることを目的とした施設である。
3 地域密着型特定施設入居者生活介護は、定員29人以下の特別養護老人ホームのことである。
4 介護老人福祉施設は、厚生労働省の認可を受けた施設である。
5 小規模多機能型居宅介護は、施設サービスに含まれる。

答え　1

都市型軽費老人ホームは、2010（平成22）年に新設された、既成市街地等に設置される小規模な軽費老人ホームであり、定員は20人以下である（**1が正しい**）。介護老人保健施設は、病状が安定期にある要介護者に対して、看護、介護、機能訓練その他必要な医療、日常生活上の世話を行うが、最後まで住み続けることではなく居宅への移行を目的とする（**2は誤り**）。地域密着型特定施設入居者生活介護は、有料老人ホーム、養護老人ホーム、軽費老人ホームなどのうち、入居者が要介護者とその配偶者などに限られるもの（介護専用型特定施設）で、定員が29人以下のものをいう（**3は誤り**）。介護老人福祉施設は、「老人福祉法」に基づく特別養護老人ホームで定員30人以上のものである。介護保険の指定介護老人福祉施設となるには都道府県知事の指定が必要（**4は誤り**）。小規模多機能型居宅介護は、地域密着型サービスに含まれる（**5は誤り**）。 ⤴ 5 8 10

科目4 単元7 **介護の基本 介護実践における連携**

Step 1 重要項目を覚えよう

◆多職種連携（チームアプローチ）

1 多職種連携（チームアプローチ） 基本
高齢者や障害者など介護を必要とする人が、人間の**尊厳**を保ちながら、自立した生活を維持していくためには、福祉、保健医療その他関連する専門職や家族、地域が一つの**チーム**となって、連携してこれらの人を支援すること（**チームアプローチ**）が必要である。

チームアプローチの意義と目的
各人の能力を生かすことで、**総合**的に、利用者に最も効果的な支援ができることがチームアプローチの意義であり、目的でもある。各人が専門職ならではの視点、**知識**、技術を十分に発揮することが重要である。

2 他の福祉職種
介護福祉士が連携する**福祉**職種には、社会福祉士、医療ソーシャルワーカー、精神保健福祉士、保育士、手話通訳士などがある。

3 保健医療職種
介護福祉士が連携する**保健医療**職種には、おもに医師、歯科医師、薬剤師、**保健**師、看護師、理学療法士（PT）、作業療法士（OT）、言語聴覚士（ST）、視能訓練士（ORT）、義肢装具士（PO）などがある。

4 関連職種 頻出
介護保険制度においては、**介護支援専門**員（ケアマネジャー →p.82 33）や**サービス**提供責任者と連携する。そのほか、**住宅**改修にあたる建築士や、福祉用具**専門相談**員などとの連携も必要になる。

介護支援専門員
ケアマネジメントの重要な役割を果たす。介護職は、利用者の身近に接する専門職として、状況の変化や問題点をすみやかに伝え、よりよいサービスが提供できるよう連携する。

サービス提供責任者
介護保険の**訪問**介護事業者、障害福祉サービスの**居宅**介護事業者などに配置されるリーダー。自身もサービスに従事する**介護福祉**士などがあてられ、利用者に応じた**訪問介護**計画立案などを行う。 出題実績 ▶ 27〔25〕

福祉用具専門相談員
福祉用具**貸与**・販売の際、用具選定の助言をする。保健師、看護師、准看護師、**理学**療法士（PT）、作業療法士（OT）、**社会**福祉士、介護福祉士、義肢装具士（PO）のほか、規定の講習の修了者がなることができる。

◆地域連携

5 地域連携 基本

高齢者が住み慣れた地域で尊厳のある生活を継続するためには、介護が必要となっても、福祉・保健医療専門職の連携、民生委員、ボランティアなどの住民活動も含めた連携により、地域にあるさまざまな社会資源を統合した包括的な介護を提供することが重要である。　出題実績 ▶ 24〔24〕

6 フォーマルサービス 基本

公的な制度や機関によるサービスをフォーマルサービスという。民間組織の社会福祉協議会、民間人が起用される民生委員もフォーマルサービスに含まれる。

7 民生委員 基本

民生委員は「民生委員法」に規定される民間の奉仕者。市町村の区域におかれ、都道府県知事の推薦によって厚生労働大臣が委嘱する。任期は3年。民生委員を委嘱されると自動的に児童委員に任命される。地域住民の生活状態を把握し、援助を必要とする人の相談に応じ、助言や、適切に福祉サービスを利用するために必要な情報の提供などを行う。また、関係する行政機関の業務に協力することも求められる。　出題実績 ▶ 25〔30〕

8 インフォーマルサービス 基本

公的な制度や機関によらないサービスをインフォーマルサービスという。当事者団体やボランティア団体の活動のほか、家族、友人、近隣の人による支援などがある。これらを「資源」とみたときは、インフォーマルな社会資源といったよび方をする（→p.393 **5**）。

地域住民　サービスの受け手として制度の拡充を求める立場であるが、サービスの担い手になることもできる。地域福祉の推進にあたりインフォーマルサービスの充実が求められるなか、草の根の助け合いや個人のボランティアとしての参加が期待されている。

ボランティア　自発性・主体性・無償性を原則とする社会貢献活動。近年は活動が多様化している。

9 地域包括支援センター 頻出

地域包括支援センターは地域包括ケアの中核機関。2005（平成17）年の「介護保険法」の改正によって設置された。設置主体は市町村または市町村から委託を受けた法人。第1号被保険者3000〜6000人ごとに、保健師・主任介護支援専門員・社会福祉士（これらに準ずる者を含む）を各1名配置する。　出題実績 ▶ 26〔27〕

目的　「介護保険法」によると、包括的支援事業や厚生労働省令で定める事業を実施し、地域住民の心身の健康の保持や生活の安定のために必要な援助を行うことで、その保健医療の向上や福祉の増進を包括的に支援する。

科目4 介護の基本
単元7 介護実践における連携

事業内容	包括的支援事業……①**介護予防**ケアマネジメント業務、②総合**相談支援**業務、③**権利**擁護業務、④**包括**的・継続的ケアマネジメント支援業務（→p.79）。 出題実績 ▶ 27〔26〕
	多職種協働による地域包括支援ネットワークの構築……**地域ケア**会議（→p.80）の主催など。
	介護予防支援……**市町村長**の指定を受けて、指定介護予防支援事業所として機能する。
地域包括支援センター運営協議会	**市町村**ごとに設置される。地域包括支援センター業務の**評価**等を行うことで、センターの適切・公正・中立な運営の確保をめざすもの。
10 市町村、都道府県の機能と役割	介護保険制度における機能と役割（→p.80 ㉙、p.81 ㉚）のほか、**福祉**サービス全般について、地域住民の適切な利用を進める役割がある。
福祉事務所	「**社会福祉**法」によって規定され、法的には「**福祉**に関する**事務所**」。**都道府県**および**市**（特別区を含む）には設置義務がある。また、**町村**は設置することができる。事務所の長、指導・監督を行う所員、現業を行う所員、事務を行う所員が配置される。都道府県の福祉事務所は「生活保護法」「児童福祉法」「母子及び父子並びに寡婦福祉法」、市町村の福祉事務所は福祉**六**法に規定される援護、育成、更生の措置に関する業務を行う。

Step 2 一問一答で確かめよう

問い	答え
□福祉、**保健医療**その他関連する専門職や家族、地域が**一つのチーム**となって、**連携**して、高齢者や障害者など介護を必要とする人を支援することを何という？	**多職種連携（チームアプローチ）** return **1**
□医師、歯科医師、薬剤師、保健師、看護師、理学療法士（PT）、作業療法士（OT）、言語聴覚士（ST）、視能訓練士（ORT）、義肢装具士（PO）などをまとめて何職種という？	**保健医療職種** return **3**
□介護保険制度において、利用者の身近に接する介護職が連携すべき、**ケアマネジメント**の専門職は何？	**介護支援専門員（ケアマネジャー）** return **4**
□公的な制度や機関による**サービス**はフォーマルサービス？インフォーマルサービス？	**フォーマルサービス** return **6 8**
□**民生委員**を規定する法律は何？	**民生委員法** return **7**
□**民生委員**の任期は何年？	**3年** return **7**

領域：介護　科目4／介護の基本
単元7　介護実践における連携

□ボランティアは、フォーマルサービス？　インフォーマルサービス？　→ **インフォーマルサービス** ⟲8

□2005（平成17）年の「**介護保険法**」の改正によって設置された**地域包括ケアの中核機関**は何？　→ **地域包括支援センター** ⟲9

□地域包括支援センターはどこが設置する？　→ **市町村** ⟲9

□福祉事務所を規定する法律は何？　→ **社会福祉法** ⟲10

□福祉事務所の設置が義務づけられているのは、都道府県ともう一つはどこ？　→ **市（特別区を含む）** ⟲10

10

Step 3　過去問に挑戦！

問題　Eさん（75歳、男性）は、軽度の認知症（dementia）がある。Eさんは息子のFさん（48歳）と二人ぐらしである。Fさんは働きながらEさんの介護をし、朝早く出勤し夕方に戻る生活のため、訪問介護（ホームヘルプサービス）の利用を始めた。Fさんと近所の人たちとの交流はない。先日、Eさんが日中近所でトラブルを起こして、住民が警察に苦情を言った。

　この時点での、サービス提供責任者の対応として、**最も適切なもの**を1つ選びなさい。

第25回（2013年）〔25〕

1　住民が警察に苦情を言ったことを批判し、住民の意識を変える。
2　介護支援専門員（ケアマネジャー）に連絡し、見守り活動などを行っている近所の人たちの協力を得る。
3　Fさんの同意はないが、Fさんの勤務先をボランティアセンターに知らせておく。
4　住民へのはたらきかけより、専門職の研修のほうが重要であると考え、訪問介護員（ホームヘルパー）に研修会への参加を促す。
5　Eさん親子の状況を福祉事務所に連絡し、対応をまかせる。

答え　2

批判はせず、受け止めたうえで協力してもらえるよう理解を促すのが望ましい（**1は不適切**）。介護支援専門員に連絡し、見守り活動を行う近所の人との連携を考えるのはよい方法（**2が最も適切**）。同意を得ずに個人情報を教えてはいけない（**3は不適切**）。専門職と住民の双方で協力体制をつくるようはらきかけたい（**4は不適切**）。工夫次第でまだEさんの支援は可能であり、福祉事務所にまかせる段階ではない（**5は不適切**）。⟲ 4 5 10

161

科目4 単元8 介護の基本 介護従事者の倫理

Step 1 重要項目を覚えよう

◆ 職業倫理

1 介護福祉士の職業倫理 基本
職業倫理は専門職がその職業に従事するときに、必ず守らなければならないルールであり、その職業のよりどころとなる。介護福祉士の場合は、利用者の生活に深く立ち入る活動を行うため、高い倫理性が求められる。「**社会福祉士及び介護福祉士**法」の義務規定（→p.131 **4**）や介護福祉士の職能団体である公益社団法人日本介護福祉士会が採択した「**倫理綱領**」（→p.132 **9**）などが、介護福祉士の職業倫理を示している。

2 介護実践の場で求められる倫理
介護実践の場においては、常に生命倫理の4原則（p.14 **3**）をふまえること、利用者に接するにあたり、徳倫理（p.15 **8**）を備えることも求められる。

◆ 利用者の人権と介護

3 身体拘束禁止 基本
身体を動かしたり、物に触ったりできないように、何かの用具によって行動を制限する行為を**身体拘束**という。2001（平成13）年、厚生労働省の身体拘束ゼロ作戦会議により「身体拘束ゼロへの手引き」がまとめられ、介護保険施設などでの**身体拘束**が原則禁止された。

4 身体拘束となる行為 基本
①**徘徊**防止のために、車いすやベッドに体幹や四肢をひもなどでしばる。
②**転落**防止のために、体幹や四肢をベッドにひもなどでしばる。
③自分でベッドから降りられないように**ベッド**を柵で囲む。
④点滴、経管栄養などの**チューブ**をぬかないように四肢をひもでしばる。
⑤点滴、経管栄養などの**チューブ**をぬかないように、または皮膚をかきむしらないように、手指の機能を制限する**ミトン**型の手袋をつける。
⑥車いすやいすからずり落ちたり、立ち上がったりしないようにY字型**抑制帯**や腰ベルト、車いすテーブルをつける。
⑦立ち上がることのできる人の**立ち上がり**を妨げるいすを使用する。
⑧脱衣やおむつはずしを制限するために、**介護衣**（つなぎ服）を着せる。

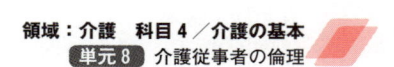

⑨他人への**迷惑行為**を防ぐために、ベッドなどに体幹や四肢をひもなどでしばる。

⑩行動を落ち着かせるために、向精神薬を**過剰**に服用させる。 [出題実績] ▶25〔31〕

⑪自分の意思で開けることのできない居室などに隔離する。

5 身体拘束禁止の例外 頻出

高齢者や障害者が利用する各種施設の運営に関する基準によると、「当該入所者（利用者）又は他の入所者（利用者）等の**生命**又は身体を保護するため**緊急やむを得ない**場合」に、以下の3要件を満たしていれば、身体拘束（こうそく）が認められる場合がある。 [出題実績] ▶25〔31〕

① **切迫**性……利用者本人または他の利用者等の生命または身体が危険にさらされる可能性が著しく高いこと

② **非代替**性……身体拘束その他の行動制限を行う以外に代替する介護方法がないこと

③ **一時**性……身体拘束その他の行動制限が一時的なものであること

身体拘束を行う場合の留意点

①「緊急やむを得ない場合」の判断は、施設**全体**として行われるようルールや手続きを定める。 [出題実績] ▶25〔31〕

②利用者本人および家族に説明し、**了解**を得る。 [出題実績] ▶25〔31〕

③「緊急やむを得ない場合」かどうか常に判断し、要件に該当しなくなった場合は**ただち**に身体拘束を解除する。

④身体拘束を行った場合は、その様態および時間、緊急やむを得なかった理由などを**記録**することが義務づけられている。 [出題実績] ▶25〔31〕

6 高齢者虐待防止 基本

「**高齢者虐待（ぎゃくたい）の防止、高齢者の養護者に対する支援等**に関する法律（**高齢者虐待防止**法）」では、おもに高齢者の保護と養護者の支援について規定されているが、養介護施設従事者等による虐待も想定されており、**介護**職が虐待する立場になる危険性について十分自覚しておくべきである。

早期発見・早期対応

問題が深刻化する前に発見し、高齢者や養護者などに対する支援を開始することが重要である。**民生**委員など地域機関との協力・連携、地域住民への高齢者虐待に関する啓発・普及、保健医療・福祉関係機関などとの**連携**体制の構築などによって、虐待を未然に防ぎ、虐待が起きた場合も**早期**に発見し、対応できるしくみを整えることが必要とされる。

養護者への支援

虐待の発生要因には高齢者や養護者の性格や人間関係上の問題が多いが、**介護**疲れなど養護者自身がなんらかの支援を必要としている場合も多い。また、ほかの家族との関係や**経済**状況などさまざまな問題が虐待の背景にある場合も多い。その家庭が抱えている問題を理解し、高齢者や養護

科目 4 介護の基本
単元 8 介護従事者の倫理

	虐待の自覚の有無	者・家族に対する**社会的**支援を行うことが必要とされる。 高齢者本人や養護者、養介護施設従事者等の虐待に対する自覚の有無にかかわらず、**客観**的に高齢者の権利が**侵害**されていると確認できる場合には、虐待の疑いがあると考えて対応すべきである。
7	児童虐待防止	保護者による**虐待**に加え、入所施設等における**職員**による虐待もみられる。子どもは**保護**され養護される存在であるが、大人が一方的に指示し、服従させる対象ではない点を忘れないことが大切である。
8	障害者虐待防止	障害者**虐待**には、**養護**者による虐待、障害者福祉**施設従事**者等による虐待、使用者による虐待がある。養護者等による虐待の防止と早期**発見**・早期対応に努めると同時に、自ら虐待の当事者にならないよう留意する。

◆ プライバシーの保護

9	個人情報の保護 基本	情報の共有化と同時に、**個人情報**の**保護**に留意する。個人情報が記されている記録や書類は扱いに注意し、利用者の**プライバシー**を守る。また関係者以外は見られないように記録などの管理をする必要がある。介護職の**守秘**義務も忘れてはならない。
10	介護実践の場でのプライバシー保護	利用者の自尊心を守り、**羞恥心**にも配慮した介護を行う。たとえば、入浴や**排泄**の介護では**肌**の露出を極力避ける、カーテンなどで人の**視線**をさえぎる、また、個人的な話は個室で聞くなどである。

Step 2 ―問一答で確かめよう

問い

☐ **専門職**がその職業に従事するときに、必ず守らなければならないルールであり、**職業のよりどころ**となるものは何？

☐ **介護福祉士**の職業倫理を示した「**倫理綱領**」を採択したところはどこ？

☐ 身体を動かしたり、物に触ったりできないように、何かの用具によって**行動を制限**する行為を何という？

☐ **身体拘束**の禁止の**例外**となる緊急やむを得ない場合の要件は、**切迫性、非代替性**ともう一つは何？

答え

職業倫理 return 1

日本介護福祉士会 return 1

身体拘束 return 3

一時性 return 5

領域：介護　科目4／介護の基本
単元8 介護従事者の倫理

□緊急やむを得ない場合に**身体拘束**を行うとき、利用者やその家族の**了解**は必要？　それとも不要？　　　　　　　必要 ⤶ 5

□**身体拘束**を行った場合、その様態や時間、理由などを記録する必要がある？　ない？　　　　　　　　　　　　　　ある ⤶ 5

□高齢者**虐待**、児童虐待、障害者虐待において、**介護職が虐待する立場**になる危険性はある？　ない？　　　　　ある ⤶ 6 7 8

□利用者の**個人情報**を保護するために、介護職に課せられる義務は何？　　　　　　　　　　　　　　　　　　　　守秘義務 ⤶ 9

Step 3　過去問に挑戦！

問題　介護老人福祉施設で、やむを得ず身体拘束を行う場合の記述として、**適切なものを1つ**選びなさい。
第25回（2013年）〔31〕

1　利用者の家族から承諾書を得れば、身体拘束を行ってもよい。
2　身体拘束を行った場合には、拘束の理由などの記録が必要になる。
3　利用者を落ち着かせるために過剰な向精神薬を服用させることは、身体拘束ではない。
4　切迫性と一時性の2つの要件を満たせば、身体拘束を行ってもよい。
5　利用者の安全を確保する身体拘束は、職員一人の判断で実施できる。

答え　2

緊急やむを得ない状況であることを利用者と家族に説明し、了解を得る必要がある（**1は不適切**）。身体拘束を行った場合は、緊急やむを得なかった理由、様態および時間などを記録することが義務づけられている（**2が適切**）。落ち着かせるために向精神薬を過剰に服用させることも身体拘束である（**3は不適切**）。緊急やむを得ず身体拘束が認められる要件は、切迫性、非代替性、一時性の3つである（**4は不適切**）。身体拘束を行う判断は、施設全体として行うようルールや手続きを定める必要がある（**5は不適切**）。⤶ 4 5

介護の基本
科目4 単元9 介護における安全の確保とリスクマネジメント

Step 1 重要項目を覚えよう

◆介護における安全の確保

1 安全を守る介護技術　介護現場での安全を守るために、介護職が一専門職として身につけておくべき基本事項がある。

観察　介護現場の、**場所**としての安全性が確保されているかどうか、**利用者**に気がかりなようすはないかなど、常に観察を怠らないことである。

正確な技術　移動・移乗の介助をはじめ、衣類着脱の介助、食事介助など、正しい**技術**を用いることで安全な介護が実現できる。

予測、分析　これから起こることを**予測**する、起きた事態を**分析**して原因を探る。仮に介護事故等が起きた場合、くりかえさないために重要である。

◆事故防止、安全対策

2 介護事故　施設サービスや居宅サービスなど、介護の現場での事故を**介護**事故という。介護職の**過失**によって発生する場合と、**不可抗力**として発生する場合とがある。介護職の過失による介護事故は、**介護技術**の向上によって防止することができるが、不可抗力による介護事故は、リスクを**最小限**におさえる必要がある。このためにも、事故にはいたらなかったが、事故に直結しそうな**インシデント**を分析する必要がある。

インシデント　医療・介護現場で介護**事故**などの前に気づいた出来事や事象をインシデントとよび、「ヒヤリ・ハット」の報告も含まれる。　　出題実績 ▶ 26〔29〕

ヒヤリ・ハット……事故にはいたらなかったが、「ヒヤリ」としたことや「ハッ」としたこと。「ヒヤリ・ハット」の背景には、多数の安全とはいいがたい状態が存在しているといわれる。

3 セーフティマネジメント　**安全**管理。介護にあたっては、知識・技術の**質**を一定に保ち、安全な介護を習慣にすることで、現場の**安全**を確保することができる。

リスクマネジメント　危機管理とも。**リスク**をあらかじめ予測して、予防対策や管理対策を立てて、セキュリティを万全にしておくことで、実際のリスクを**最小限**におさえる組織づくりを行う。また、事故が発生したときの報告システム

や夜間などの**緊急連絡**システムなど講じておく。　出題実績 ▶ 26〔28・29〕

緊急連絡システム　災害時の**安否**確認のための一斉メール配信、**認知症**高齢者の徘徊に備えGPS（Global Positioning System；全地球測位システム）を利用した位置確認など、さまざまなシステムが開発されている。

4 転倒・転落防止 頻出

高齢者は運動機能や**視**機能の低下により、ちょっとした段差につまずいたり、転んだりする。転倒・転落事故での**死亡**率は高齢になるにつれて高まるが、死亡にいたらなくても、骨折して**寝たきり**になることもあり、転倒・転落防止は常に念頭におく必要がある。仮に事故が起こった場合は、原因究明と**再発**防止に努める。　出題実績 ▶ 24〔30〕・27〔30〕

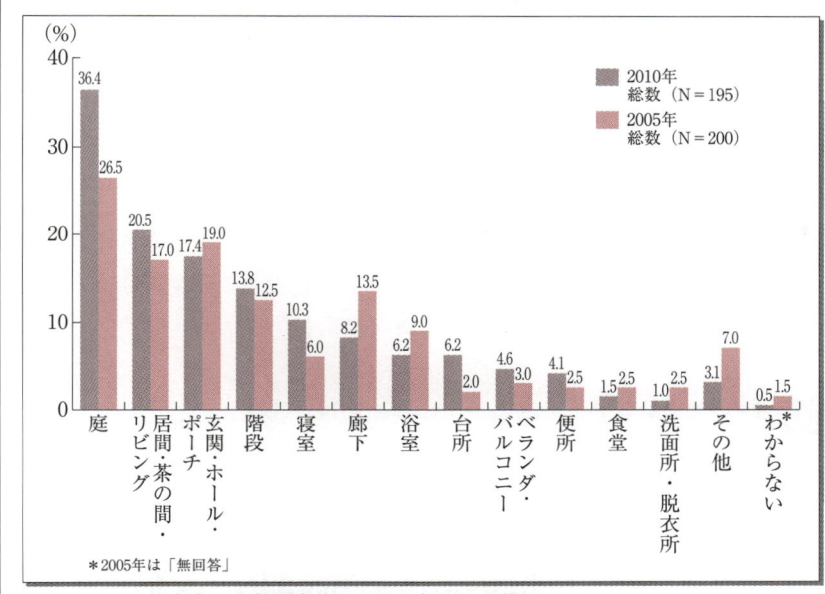

図7　高齢者の自宅での転倒事故における転倒した場所
資料：内閣府「平成22年度高齢者の住宅と生活環境に関する意識調査」

場所	2010年 (N=195)	2005年 (N=200)
庭	36.4	26.5
居間・茶の間・リビング	20.5	17.0
玄関・ホール・ポーチ	17.4	19.0
階段	13.8	12.5
寝室	10.3	6.0
廊下	8.2	13.5
浴室	6.2	9.0
台所	6.2	2.0
ベランダ・バルコニー	4.6	3.0
便所	4.1	2.5
食堂	1.5	2.5
洗面所・脱衣所	1.0	2.5
その他	3.1	7.0
わからない*	0.5	1.5

＊2005年は「無回答」

5 骨折予防

生活機能の低下と**寝たきり**を防ぐため、骨折予防はきわめて重要。介護にあたっては、十分な**栄養**摂取と適度な運動の両面から支援する。

6 防火・防災対策

介護保険施設では、「消防法施行規則」によって、「**非常**災害に関する具体的計画」を策定することが義務づけられている。

緊急時対策
①緊急時の**避難**用に**2**方向以上の経路を確保しておく。
②**緊急通報**装置を設置する。
③高齢になると嗅覚が**おとろえ**、ガスもれや火災に気がつきにくくなるので、**警報**装置などを設置する。
④日ごろから近隣との交流を密にする。

科目 4 介護の基本
単元 9 介護における安全の確保とリスクマネジメント

7 利用者の生活の安全

防犯対策
高齢者の一人ぐらしなどでは、生活の**安全**にも配慮して支援する。もの忘れがふえてくると、かぎの閉め忘れなど防犯上不備も生じる。**家族**や近隣の人の協力も得ながら、対応策を講じておく。

消費者被害への対策
振り込め詐欺や**リフォーム**詐欺などへの対策。身近な人がこまめに声をかける、判断能力がおとろえている場合は**成年後見**制度（→p.96 **2**）を利用するなどによって、被害を防止することが大切である。

◆感染対策

8 感染症 基本
感染症とは、ウイルス、細菌、真菌、寄生虫などの**病原体**に感染して起こる疾患のこと。感染しても発症しないこともある（**不顕性**感染）。

日和見感染
通常の免疫力をもつ人では感染症を起こさないような**弱毒**性の病原体が原因で感染症が引き起こされること。**虚弱**高齢者や免疫抑制剤を使用中の人、エイズ（acquired immunodeficiency syndrome；AIDS；後天性免疫不全症候群）などの感染者などがかかりやすい。　出題実績 ▶25〔32〕

9 介護における感染予防の意義
利用者は**抵抗**力・免疫力の低下した人が大半である。介護現場における感染予防は、個々の利用者の安全を守るため、**集団**感染を引き起こさないため、重要な課題となる。

10 感染予防の基本 基本
感染予防の3原則は、①**感染**のもと（感染源）を取り除く、②感染**経路**を断つ、③抵抗力をつける。抵抗力の弱くなった高齢者の施設などでは、①②の強化が重要となる。

感染源
感染症を引き起こす病原体を含むものをいう。感染者の**排泄**物や血液、体液など、またそれらが付着した器具・器材、**食品**、衣類などがあたる。

感染経路
感染経路には次のような種類がある。感染経路を断つには、感染源を①持ち込まない、②**ひろげ**ない、③**持ち出さ**ないことが重要である。

飛沫感染……感染者の**咳**や**くしゃみ**などを吸引することで感染する。
接触感染……感染者との**直接接触**によって感染する。
経口感染……感染者の手指やはえなどで汚染された**食品**や水が原因。
血液感染……**輸血**や血液製剤のほかに、血液が相手の粘膜に接触するなどして、血液中の病原体が感染する。
母子感染……**胎盤**を通る母親の血液によるものや**出生**時の出血によるもの、授乳によるものなどがある。

11 インフルエンザ 基本
インフルエンザ（influenza）は、インフルエンザウイルスの**飛沫**感染による感染症である。集団感染し、子どもや高齢者の場合、死にいたるこ

		ともある。**高熱**、頭痛、筋肉痛、のどの痛みなどの症状が現れる。
	予防対策	**ワクチン**で予防する。2001（平成13）年の「予防接種法」の改正により**65**歳以上の高齢者が希望する場合、**インフルエンザ**ワクチン接種の対象となった。体力や免疫力がおとろえている高齢者は、感染すると**重症化**する危険性が高く、死亡率も**高**いので、ワクチン接種が有効である。
12	**ノロウイルス** 頻出	ノロウイルス（norovirus）は、**経口**感染で感染性胃腸炎（infectious gastroenteritis）を起こす。かきなどの食中毒の原因で、**嘔吐**、**下痢**、発熱などの症状がみられる。　出題実績▶25[32]・26[31]
	予防対策	ウイルスが患者の糞便や嘔吐物に排出されるので、この処理を徹底する。
13	**腸管出血性大腸菌感染症**	腸管出血性大腸菌感染症（enterohaemorrhagic escherichia coli infection）は、**O-157**のようにベロ毒素を産生する大腸菌の**経口**感染によるもの。集団感染し、腹痛と水様性の**下痢**、血便などの症状がみられる。
	予防対策	菌が患者の糞便や嘔吐物に排出されるのでこの処理を徹底する。
14	**MRSA感染症**	MRSA感染症（methicillin-resistant staphylococcus aureus）は、MRSA（**メチシリン**耐性**黄色ブドウ球**菌）の**接触**感染によることが多い。免疫力が低下した**子ども**や**高齢者**に発症しやすく、**院内**感染の原因菌となる。MRSAは複数の抗生剤に**耐**性を示すために治療が困難。
	予防対策	手洗いとうがいの徹底、マスク・手袋の着用で感染を防止する。
15	**エイズ**	エイズ（acquired immunodeficiency syndrome；AIDS；後天性免疫不全症候群）は、**HIV**（human immunodeficiency virus；**ヒト免疫不全**ウイルス）の感染によって**免疫**細胞が破壊され、免疫不全を引き起こす。**輸血**・血液製剤による感染、**性行為**による感染、母子感染などがある。
	予防対策	性行為以外の日常生活で感染することはほとんどない。
16	**結核**	結核（tuberculosis）は、**結核**菌による肺の感染症である。**飛沫**感染する。抗生剤の普及によって激減したが、近年は高齢者を中心に新しい患者が年間2万人以上出ている。初期には自覚症状があまり現れないが、進行すると**咳**、**痰**、発熱、**血痰**、**喀血**などの症状が出てくる。
	予防対策	**BCG**ワクチンの予防接種、感染が疑われる場合の隔離など。
17	**疥癬** 基本	疥癬（scabies）は、**ヒゼンダニ**によって起こる皮膚感染症。皮膚どうしの接触、あるいは衣服や寝具を介して感染する。小丘疹が多数みられ、

科目 4 介護の基本
単元 9 介護における安全の確保とリスクマネジメント

激しい皮膚のかゆみをともなう。特に免疫力（めんえき）が弱まった場合、症状が重く感染力の強い**ノルウェー**疥癬となるため、高齢者施設で問題となる。

出題実績 ▶ 27[31]

予防対策
①利用者の**入浴**と衣類、シーツの交換は**毎日**行う。部屋の掃除はていねいに掃除機をかける（紙パックはそのつど捨てる）。
②重症化した場合は利用者の隔離が必要である。衣類やシーツ交換の際には**ヒゼンダニ**の成虫や卵が飛び散らないよう注意する。
③利用者の衣類やシーツは**50**℃以上の湯に**10**分間つけてから洗濯する。
④介護の際は、**使い捨て手袋**やガウンを使用する。

18 感染管理

介護施設や事業所では、感染対策委員会をつくり、感染防止**マニュアル**を作成し、介護職や他の職員が正しい認識をもって業務にあたる必要がある。

感染対策委員会
厚生労働省「高齢者介護施設における感染対策マニュアル」（2005〈平成17〉年公表、2013〈平成25〉年改訂）で提唱された。施設長、事務長、医師、生活相談員、看護職員、介護職員、**栄養**士などで構成され、①施設内感染対策の立案、②指針・**マニュアル**等の作成、③施設内感染対策に関する職員への**研修**、④新入所者の**感染症**の既往の把握、⑤入所者・職員の健康状態の把握、⑥感染症発生時の対応と報告、⑦各部署での感染対策実施状況の把握と評価などを行う。

19 衛生管理

利用者の生活の場所において衛生を保つことが、ウイルスや細菌の増殖をおさえるために重要である。**清掃**と定期的な換気、食器・**リネン**類の消毒など、定められた処置を徹底することが大切である。

20 衛生管理者

衛生管理者は、「労働安全衛生法」（→p.174）に基づき、労働者**50**人以上の事業所に配置することになっている。労働者の衛生に関する技術的事項を管理する。

Step 2 一問一答で確かめよう

問い
□**介護事故**などの前に気づいた出来事や事象を何という？
□**転倒・転落**事故での**死亡率**は、高齢になるにつれて高まる？低まる？

答え
インシデント return 2
高まる return 4

領域：介護　科目4／介護の基本
単元9　介護における安全の確保とリスクマネジメント

□ ウイルス、細菌、真菌、寄生虫などの**病原体**に感染して起こる疾患を何という？　　　　　　　　感染症 return 8

□ **胎盤を通る母親の血液**や**出生時の出血**、授乳による感染を何という？　　　　　　　　　　母子感染 return 10

□ インフルエンザ（influenza）は何感染？　　　　　飛沫感染 return 11

□ O-157のように**ベロ毒素**を産生する大腸菌の**経口感染**による感染症を何という？　　　　　　腸管出血性大腸菌感染症 return 13

□ エイズ（acquired immunodeficiency syndrome；AIDS；後天性免疫不全症候群）の原因となるウイルスは何？　　HIV（ヒト免疫不全ウイルス）return 15

□ **結核菌**の感染経路は、経口感染、飛沫感染、血液感染のどれ？　　　　　　　　　　　　　　飛沫感染 return 16

□ **疥癬**の予防対策として、利用者の**入浴**、**衣類とシーツの交換**はどのくらいの頻度で行う？　　毎日行う return 17

□ **疥癬**の利用者の**衣類の洗濯**時、50℃以上の湯につけておく時間は何分間？　　　　　　　　10分間 return 17

Step 3　過去問に挑戦！

> **問題**　疥癬（scabies）とその対策に関する次の記述のうち、**適切なもの**を1つ選びなさい。
>
> 第27回（2015年）〔31〕
>
> 1　マダニが皮膚に寄生することで発生する皮膚病である。
> 2　感染した皮膚には変化がみられない。
> 3　感染した利用者はほかの利用者と同室でよい。
> 4　感染した利用者の衣類や寝具の洗濯はほかの利用者のものと一緒でよい。
> 5　感染した利用者の入浴は、順番を最後にする。

答え　5

疥癬は、ヒゼンダニによる皮膚感染症である（**1は不適切**）。感染した皮膚には小丘疹が多数みられ、激しいかゆみがある（**2は不適切**）。軽症なら同室でもかまわないが、重症化した場合は隔離が必要である。また、同室にするときには、本人および同室者の同意を得る（**3は不適切**）。感染が広がるのを防ぐため、別に洗濯するほうが望ましい（**4は不適切**）。入浴は毎日行うようにするが、まわりへの感染リスクを考えると順番を最後にするとよい（**5が適切**）。return 17

科目4 単元10 介護の基本 ― 介護従事者の安全

Step 1 重要項目を覚えよう

◆ 介護従事者の心身の健康管理

1 介護職と健康管理 基本
介護職が健康であってこそよい介護ができる。介護職自身が**心身**の健康管理に留意するとともに、勤務体制や職場**環境**の整備により、職場**全体**で健康管理に取り組むことが必要である。　出題実績 ▶ 24〔32〕

2 こころの健康管理
人間関係のなかで精神的な疲労がたまりやすい。極度のストレスや病的な状態になる前に、適度な**休息**、リフレッシュを心がける。

3 ストレス
負担になる刺激や出来事による心身の**緊張**状態。いやな出来事だけでなく、本人にとって好ましいことも**ストレッサー**（ストレスを引き起こす刺激のこと）になるといわれている。

4 燃えつき症候群（バーンアウト症候群）
燃えつき症候群（burnout syndrome；バーンアウト症候群）とは、仕事などに熱心に取り組んでいた人が、長期にわたって過度の**緊張**や**ストレス**を強いられて疲弊し、突然意欲を失い、**無気力**になってしまうこと。教育関係者や医療関係者、福祉関係者に多いとされる。

5 からだの健康管理
交替勤務による生活の**リズム**の乱れ、肉体的な疲労など、身体面の健康管理ももちろん重要である。感染予防、腰痛予防などには、日ごろから**対策**を立てて取り組む。

6 感染予防 基本
感染予防の基本姿勢と対策は、以下のようにまとめられる。
①流水・石鹸での**手洗い**、**うがい**を習慣化する。
②介護職自身の爪を**短**く切る。
③手指に傷をつけないように注意する。
④利用者に感染症の疑いがある場合は、**使い捨て**手袋などを使用する。
⑤居室等の生活環境を整備し、清潔を保持する。

予防接種
予防接種とは、**ワクチン**などを接種して病気に対する**免疫**を人工的にあ

たえることで、**感染**症の発生および流行をおさえる目的のものである。介護職は自身の健康と利用者の健康を守るために、適切に予防接種を受ける必要がある。

消毒　介護行為の前後には、必ず**手**を洗う。**流水**と**石鹸**によるもみ洗い方式が基本である。その後、速乾性のすり込み式消毒剤を用いると効果が高い。**逆性石鹸**（塩化ベンザルコニウムなど）は、食中毒菌を含む一般の細菌に強い効果があるが、汚れなどの有機物や普通石鹸があると殺菌効果が減退する。**普通石鹸**で汚れを落とし、流水でよくすすいでから使用する。

出題実績 ▶ 25〔32〕

手ふき　使い捨ての**ペーパータオル**を使用する。タオルの共用はしてはならない。

7 腰痛　基本

介護職は、利用者の移動や体位変換、入浴の介助などを行うため、身体に負担がかかり、**腰痛**を起こしやすい。

予防対策　**ボディメカニクス**（→p.431 30）を活用するなどで、無理な力を使わずに身体の負担を**軽減**させる工夫が必要である。また、**腹筋**や**背筋**をきたえる腰痛予防体操を行う。そのほか、身体に負担のない正しい**姿勢**を保つ、長時間中腰の姿勢をとらない、**福祉用具**を活用する、**コルセット**や幅広ベルトを着用する、などにより腰痛を防止する。

出題実績 ▶ 26〔32〕

8 頸肩腕症候群

頸肩腕症候群（cervicobrachial syndrome）とは、**首**から**肩**、**腕**にかけてこりや痛みが現れる症状のうち、検査などでその原因がはっきりわからないものをさす。特に首筋、肩、上背部、腕にかけての**こり**や痛み、しびれなどの症状が現れ、**感覚**障害や**運動**障害をともなうこともある。長時間にわたる**無理**な姿勢、上肢など特定の部位に負担のかかる作業などによる首、肩、腕への**ストレス**が原因とされている。

予防対策　照明の明るさやベッドの高さなど、**物理**的な介護環境の見直し、作業の途中での休息、首や肩のストレッチで**血流**をよくすることなど。

9 労働安全に関する法規　頻出

介護職の労働安全に関する法規には、おもに「**労働基準法**」「**労働安全衛生**法」「**介護労働者の雇用管理の改善等**に関する法律」などがある。

労働基準法
① 1週間の労働時間は**40**時間を超えてはならないこと（休憩時間を除く）
② 1日の労働時間は**8**時間を超えてはならないこと（休憩時間を除く）
③ **6**週間（多胎妊娠の場合は14週間）以内に出産予定の女性（請求した場合）や、産後**8**週間（本人が請求し医師が認めた場合は6週間）以内の女性の就労禁止

など、賃金、労働時間と休憩・休日、災害補償、就業規則その他の、原

科目 4 介護の基本
単元 10 介護従事者の安全

労働安全衛生法	則となる**労働条件**の**最低**基準を定めた法律である。 出題実績 ▶ 24〔32〕 **労働災害**の防止のための対策を推進することにより、**職場**における労働者の**安全**と健康を確保し、快適な職場環境の形成を促進することを目的とする法律。**50**人以上の労働者を使用する事業所では**衛生管理者**を配置し、**衛生委員会**を設置することが義務づけられるなど、事業所の規模や職種により、統括安全衛生管理者、安全管理者、衛生管理者、安全衛生推進者、産業医、その他の配置や、安全委員会、衛生委員会の設置など、事業者の責務が示されている。 出題実績 ▶ 24〔32〕
介護労働者の雇用管理の改善等に関する法律	介護労働者について、その**雇用管理**の改善、能力の開発および向上などに関する措置を講ずることによって、介護関係の業務の労働力の確保、介護労働者の**福祉の増進**を図ることを目的とする法律。これに基づき「**介護雇用管理改善等**計画」が策定され、介護労働者の福祉の向上を図るための総合的支援機関として**介護労働安定センター**が設置された。
その他の法規	**労働者災害補償保険法（労災保険法）**……**業務**上、または**通勤**による労働者の負傷、疾病、障害、死亡などの補償について定めている。 **社会福祉法**……「社会福祉事業に従事する者の**確保**及び国民の社会福祉に関する活動への参加の**促進**を図るための措置に関する基本的な指針」を定めること（第89条第1項）や、社会福祉事業従事者の福利厚生の増進を図る福利厚生センターの設置（第102条）についての定めがある。 **社会福祉事業に従事する者の確保を図るための措置に関する基本的な指針（福祉人材確保指針）**……福祉・介護サービスを担う人材の安定確保のための指針。現行の指針は2007（平成19）年に示され、**労働環境**の整備の推進、**キャリアアップ**のしくみの構築などがもりこまれている。
10 損害賠償への備え	介護事故や業務上のミスで利用者などに**損害**をあたえた場合、賠償**責任**が生じることがある。事業所が賠償責任補償の**保険**に加入する、事業所が加入していない場合は個人で賠償責任保険に加入する、などの備えをしておきたい。

領域：介護　科目4／介護の基本
単元10 介護従事者の安全

Step 2　一問一答で確かめよう

問い

- □**介護職の心身の健康管理**は、介護職自身だけの問題？　職場全体で取り組むことが必要？
- □**ストレスを引き起こす刺激**のことを何という？
- □仕事などに熱心に取り組んでいた人が、長期にわたる**過度のストレス**によって疲弊し、突然意欲を失い、**無気力**になってしまうことを何という？
- □**感染予防**の基本姿勢・対策として、第一に習慣化したいのは何？
- □**ワクチン**等の予防接種で身体に人工的にあたえるものは何？
- □消毒に用いる石鹸で、食中毒菌を含む一般の細菌に強い効果があるが、汚れなどの**有機物**があると**殺菌効果が減退**するのは何？
- □腰痛予防対策として、無理な力を使わず、**身体の負担を軽減**するのに活用する技術は何？
- □**首**から**肩**、**腕**にかけて**こりや痛み**が現れる症状のうち、検査などでその原因がはっきりわからないものを何という？
- □「**労働基準法**」で、**1週間**の**労働時間**は何時間を超えてはならないと定められている？
- □「**労働基準法**」では出産前後の**女性**の**就労禁止**が定められているが、**産後**についての就労禁止は原則産後何週間以内？
- □**労働災害の防止**のための対策を推進することにより、職場における**労働者の安全と健康**を確保し、快適な職場環境の形成を促進することを目的とする法律は何？
- □**介護労働安定センター**は、介護労働者の福祉の向上を図るための総合的支援機関だが、このセンターを規定する**法律**は何？
- □**業務上**、または**通勤**による労働者の負傷、疾病、障害、死亡などに対する補償について定めた法律は何？
- □介護事故や業務上のミスで利用者などに**損害**をあたえた場合、**賠償責任**が生じることがある？　それともない？

答え

- 職場全体で取り組むことが必要　return **1**
- ストレッサー　return **3**
- 燃えつき症候群（バーンアウト症候群）　return **4**
- 流水・石鹸での手洗い、うがい　return **6**
- 免疫　return **6**
- 逆性石鹸（塩化ベンザルコニウムなど）　return **6**
- ボディメカニクス　return **7**
- 頸肩腕症候群　return **8**
- 40時間　return **9**
- 8週間以内　return **9**
- 労働安全衛生法　return **9**
- 介護労働者の雇用管理の改善等に関する法律　return **9**
- 労働者災害補償保険法（労災保険法）　return **9**
- ある　return **10**

175

科目4 介護の基本
単元10 介護従事者の安全

Step 3 過去問に挑戦！

問題 Gさん（30歳、女性）は、介護福祉職として介護老人福祉施設で働いてから1年が経過した。最近、夜勤ではじめて利用者の看取りを行い、無力感を経験した。その後、気持ちの落ち込みがあり、仕事にも支障が出そうになった。

Gさんへの職場の対応として、**最も適切なもの**を１つ選びなさい。　第27回（2015年）〔32〕

1　看取りのケアについてチームで話し合いをする。
2　Gさんの好きなものをプレゼントする。
3　気持ちが楽になるように、親睦会を開く。
4　看取りの経験を忘れるように、しばらく夜勤を免除する。
5　仕事に支障が出そうになったので、長期休暇を取ってもらう。

答え　1

看取りは、高齢者の介護に携わるとき避けては通れない問題である。緊張が続き、心身ともに疲弊したり、後悔が残ったりすることもある。互いの経験やそのときの思いを話し合うことで今後の看取り介護につなげていくことが最も適切な対応といえる（**1が最も適切**）。2、3は、気分転換には役立つかもしれないが、本質的な対応にはならない。4、5は、問題の先送りでしかなく、**不適切**。　⤴ 1 4

領域：介護

科目 5
コミュニケーション技術

この科目の単元

- **単元1** 介護におけるコミュニケーションの基本
- **単元2** 介護場面における利用者・家族とのコミュニケーション
- **単元3** 介護におけるチームのコミュニケーション

科目 5 コミュニケーション技術
出題傾向をつかもう

　領域「介護」の出題予定数52問のうち、例年各 8 問が本科目から出題されている。「科目 2 人間関係とコミュニケーション」と同じ科目群で、いずれかで得点が必要である。

最近 4 回の出題状況

大項目(本書の単元)*1	中項目*1	出題実績*2	出題数
1 介護におけるコミュニケーションの基本	1) 介護におけるコミュニケーションの意義、目的、役割 2) 利用者・家族との関係づくり	24〔33〕コミュニケーション 24〔34〕コミュニケーションの基本 25〔33〕介護職と利用者の家族との関係づくり	小計 3
2 介護場面における利用者・家族とのコミュニケーション	1) 利用者・家族とのコミュニケーションの実際 2) 利用者の状況・状態に応じたコミュニケーションの技法の実際	24〔35〕高齢になってからの中途失聴者のコミュニケーション手段 24〔36〕失語症の人のコミュニケーション 24〔39〕脳梗塞の後遺症で構音障害のあるHさんへの、初回訪問の訪問介護員の対応 25〔34〕大腿骨頸部骨折後訪問介護を利用するGさんの訪問介護員（ホームヘルパー）が、夫との関係づくりのため最初に行う対応 25〔35〕家族が利用者本人の意向や状況を理解していないとき、両者の意向を調整するための、家族に対する介護職の言葉かけ 25〔36〕認知症の人とのコミュニケーション 25〔37〕抑うつ状態にあるHさんにはじめてかかわろうとする介護職の言葉かけ 25〔38〕統合失調症の人が自分の妄想を話したときの介護職の対応 26〔33〕重度の運動性失語症のある人のコミュニケーションを促進する方法 26〔37〕脳梗塞の後遺症で構音障害と嚥下障害があるFさんの、不明瞭な発話に対する介護職の対応 26〔38〕Fさんの食事場面でのコミュニケーション 26〔39〕認知症の母親と二人ぐらしのGさんが不眠や介護の大変さを訴える会話で、母親の通所介護の介護職が話を傾聴しているとGさんに伝わりやすい会話のしかた	

領域：介護　科目5／コミュニケーション技術
出題傾向をつかもう

		26〔40〕	Gさんの訴えに対する介護職のかかわり方	
		27〔33〕	バイステックの7原則を介護場面に適応したとき	
		27〔34〕	介護福祉職が利用者とコミュニケーションを図るときの基本	
		27〔35〕	利用者と家族が対立しているとき、介護福祉職の初期の対応	
		27〔36〕	アルツハイマー型認知症で介護老人福祉施設入所、複雑な内容の理解が困難なHさんが同じ話をくりかえすときの、介護福祉職のかかわり方	
		27〔37〕	行動・心理症状（BPSD）のある認知症の人への介護福祉職の対応	小計18
3 介護におけるチームのコミュニケーション	1）記録による情報の共有化 2）報告 3）会議	24〔37〕	介護記録	
		24〔38〕	介護職が申し送りで利用者の状態を報告するときの発言	
		24〔40〕	低栄養状態の利用者のカンファレンスへの、介護福祉士の参加のあり方	
		25〔39〕	ケアカンファレンス	
		25〔40〕	チーム内の連携	
		26〔34〕	ICTを使った介護記録と情報管理の留意点	
		26〔35〕	「ヒヤリ・ハット」事例を共有する目的	
		26〔36〕	同一施設内で多職種が参加して行うカンファレンスの運営	
		27〔38〕	介護福祉職が行う報告	
		27〔39〕	勤務1年のJ介護福祉職が、利用者Kさんの家族の依頼で散らかった衣服を整理したが十分でないとの苦情で、上司に報告する内容	
		27〔40〕	J介護福祉職がK利用者の家族への対応について相談したときの、上司の助言	小計11
				合計32

＊1　本書の単元は「出題基準」の大項目、単元の下位区分は中項目にならっている。複数の大項目で1単元としたところもある。
＊2　「第24回試験問題33」を24〔33〕と表記している。

科目 5　コミュニケーション技術
出題傾向をつかもう

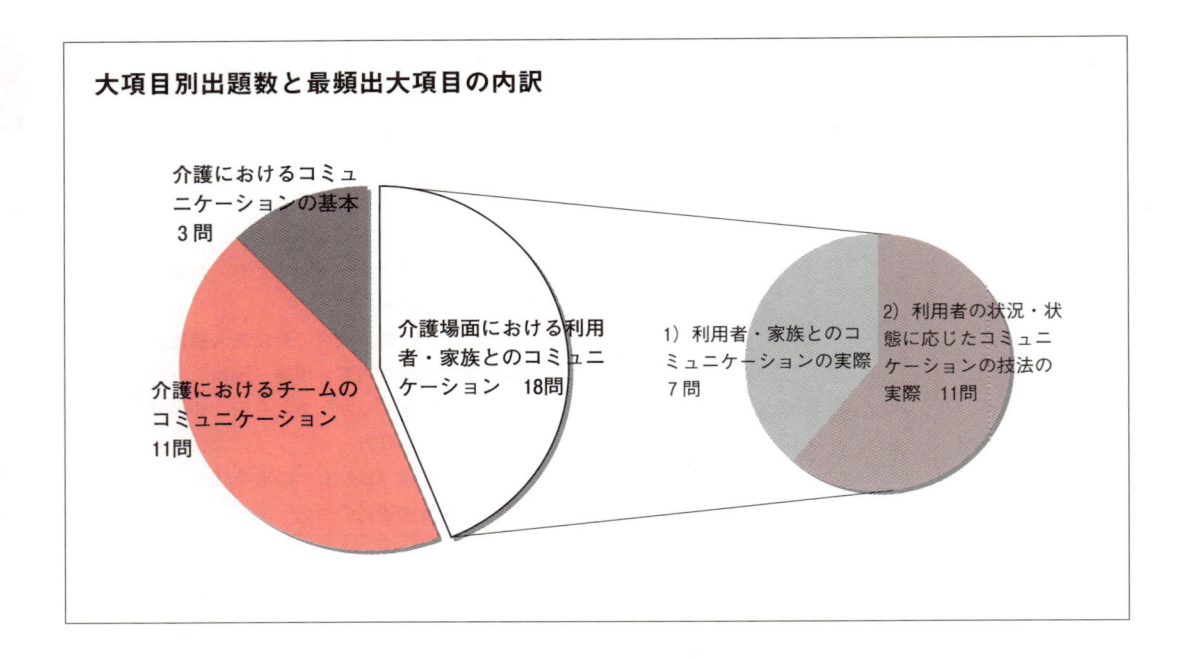

大項目別出題数と最頻出大項目の内訳

- 介護におけるコミュニケーションの基本　3問
- 介護におけるチームのコミュニケーション　11問
- 介護場面における利用者・家族とのコミュニケーション　18問
  - 1) 利用者・家族とのコミュニケーションの実際　7問
  - 2) 利用者の状況・状態に応じたコミュニケーションの技法の実際　11問

出題頻度順の出題内容　〈　〉内は最近4回の出題数

出題頻度 第1位　介護場面における利用者・家族とのコミュニケーション〈18問〉

　中項目「1) 利用者・家族とのコミュニケーションの実際」に含まれる内容（小項目）は「話を聴く技法」「利用者の感情表現を察する技法（気づき、洞察力、その他）」「納得と同意を得る技法」「相談、助言、指導」「意欲を引き出す技法」「利用者本人と家族の意向の調整を図る技法」など。

　実際の出題は、第25回試験の問題34と問題35、第26回試験の問題39、問題40、第27回試験の問題34、問題35にみられる。第25回の問題34は**短文事例問題**、第26回の2問は一つの事例についての**事例問題**である。いずれも、相手（利用者・家族）の立場と気持ちを受け止めて人間関係を築くことを優先するという視点で解答する必要がある。

　中項目「2) 利用者の状況・状態に応じたコミュニケーションの技法の実際」に含まれる小項目は「感覚機能が低下している人とのコミュニケーション」「運動機能が低下している人とのコミュニケーション」「認知・知覚機能が低下している人とのコミュニケーション」など。第24回試験では、高齢になってからの**中途失聴者**（問題35）、**失語症**（aphasia）の人（問題36）、**脳梗塞**（cerebral infarction）の後遺症で**構音障害**のあるHさん（問題39）、第25回試験では、**認知症**（dementia）の人（問題36）、**抑うつ状態**（depressive state）にあるHさん（問題37）、**統合失調**

症（schizophrenia）の人（問題38）、第26回試験では、重度の**運動性失語症**（motor aphasia）のある人（問題33）、脳梗塞の後遺症で構音障害と嚥下障害があるFさん（問題37、問題38）、第27回試験では、**アルツハイマー型認知症**（dementia of the Alzheimer's type）のHさん（問題36）、**行動・心理症状（BPSD）**のある認知症の人（問題37）などについて問われている。

出題頻度 第2位　介護におけるチームのコミュニケーション〈11問〉

　介護業務を行うのは介護職であっても、その背後には多くの専門職の関与があり、**チームアプローチ**による**自立支援**が行われている。多職種のメンバーが共通の目的に向かって進んでいくためには**記録**や**報告**による**情報の共有化**が大切で、その方法と現場での判断などについて問われる。

　実際の出題は、記録による情報の共有化についてが3問（第24回試験の問題37**介護記録**、第26回問題34**情報通信技術**〈Information and Communications Technology：ICT〉を使った介護記録と情報管理、問題35「ヒヤリ・ハット」事例を共有する目的）、会議についてが4問（第24回問題38**申し送り**、問題40カンファレンス、第25回問題39ケアカンファレンス、第26回問題36カンファレンス）、事例による問題が2問（第27回問題39**報告**、問題40上司の助言）、総合的な問題が1問（第25回問題40）となっている。いずれも、介護福祉士として、どのように心がけてどう行動するかを問う設問になっている。

出題頻度 第3位　介護におけるコミュニケーションの基本〈3問〉

　第24回・第25回試験での出題は、いずれも中項目「2）**利用者・家族との関係づくり**」から。コミュニケーションの前提となる人間関係の構築が大切なことは当然として、各選択肢であげられている記述がその目的にかなうかどうか、判断する力が問われている。選択肢はさまざまな観点から示されることもあり、多方面からの考察が必要となる。

受験対策のポイントは…

　「科目5　コミュニケーション技術」は、「科目2　人間関係とコミュニケーション」の延長線上にあるもので、利用者や家族と接するときに必要とされるコミュニケーション技法を問うものである。どちらにおいても、**コミュニケーション技法**については出題される可能性が高いので、その内容をしっかり身につけておこう。

科目5 **コミュニケーション技術**
基礎知識をまとめておこう

基礎知識1　コミュニケーションの妨害要素　☞ p.185

物理的雑音	大きな音や耳障りな音、不適切な温度、汚れた空気、悪臭、不適切な光の強さや照り返し、滑りやすい床、硬いいすなど
身体的雑音	疾病による聴覚の障害、言語の障害、話し言葉の障害、身体障害があるためにコミュニケーションが妨げられている場合、入れ歯や補聴器具が不適切な場合
心理的雑音	自己概念がおびやかされたとき、自分自身が破壊されたり傷ついたりしたときに無意識にはたらく心理的な防衛機制
社会的雑音	エイジズムなどの偏見・誤解、地域や周囲の風評・うわさ、支援的でない文化や風土

資料：野村豊子編『介護福祉士養成テキストブック　⑤コミュニケーション技術』ミネルヴァ書房、2010年、p.10

基礎知識2　コミュニケーション技法の枠組み　☞ p.188〜191

基本的技法
- 心理面および身体面での参加
- 聴くこと
- 自己開示
- 感情・思いの表現
- 第一次共感（基本的な共感）
- コミュニケーションとしての誠実さ・尊敬の伝達
- さまざまな質問

応用的技法
- 第二次共感
- 焦点化
- 明確化
- 直面化
- 即時化
- 技能の統合化

資料：野村豊子編『介護福祉士養成テキストブック　⑤コミュニケーション技術』ミネルヴァ書房、2010年、p.12、一部改変

領域：介護　科目5／コミュニケーション技術
基礎知識をまとめておこう

基礎知識3　補聴器の種類　☞ p.191～192

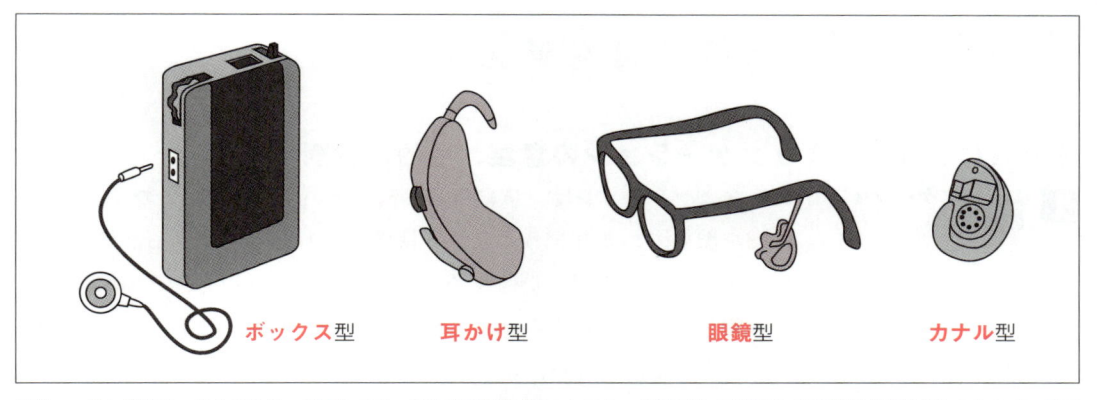

ボックス型　　耳かけ型　　眼鏡型　　カナル型

資料：一番ケ瀬康子・井上千津子・鎌田ケイ子・日浦美智江編『新・セミナー介護福祉〔三訂版〕⑬形態別介護技術』ミネルヴァ書房、2007年、p.124

基礎知識4　ケアの向上のための記録　☞ p.196～198

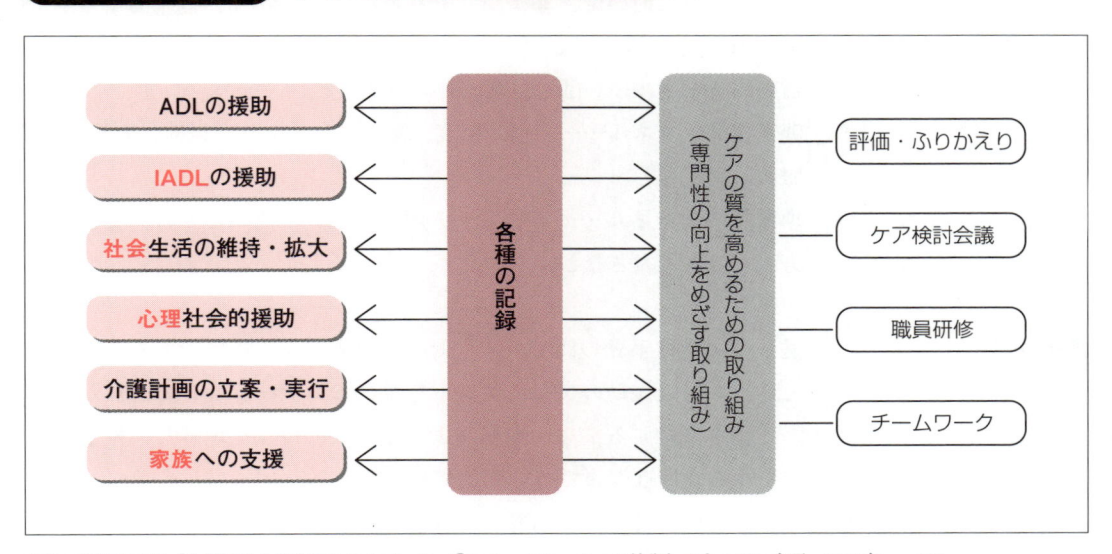

- ADLの援助
- IADLの援助
- 社会生活の維持・拡大
- 心理社会的援助
- 介護計画の立案・実行
- 家族への支援

⇔ 各種の記録 ⇔ ケアの質を高めるための取り組み（専門性の向上をめざす取り組み）

- 評価・ふりかえり
- ケア検討会議
- 職員研修
- チームワーク

資料：野村豊子編『介護福祉士養成テキストブック　⑤コミュニケーション技術』ミネルヴァ書房、2010年、p.125

科目5 単元1 コミュニケーション技術
介護におけるコミュニケーションの基本

Step 1　重要項目を覚えよう

◆介護におけるコミュニケーションの意義、目的、役割

1 コミュニケーションの本質

コミュニケーションは、単に情報の**伝達**という機能だけでなく、「互いに**理解**を深めてわかり合う」という機能もあわせもっている。情報の伝達は、相手からの情報に受け身的にしたがうのではなく、その情報を自分で解釈して、新たなものへと再構成していく過程である。また、異なる人生を歩んできた人が、互いの話や表現を受け止め、気持ちを通わせて、**共感**に基づく**信頼**関係を築いていくことである。

2 伝達経路(チャネル)

メッセージを伝える伝達経路には、**言語**的チャネルと**非言語**的チャネルがあり、**非言語**的チャネルには準言語的チャネルが含まれる。コミュニケーションにおいて、**非言語**的チャネルは70〜80%、**言語**的チャネルは20〜30%を占めている。

言語的チャネル……話し言葉、書き言葉など。

非言語的チャネル……表情、態度、**身ぶり**・手ぶり、視線、姿勢、距離、服装、髪型など。

準言語的チャネル……声の**調子**、声の**大きさ**、間のとり方、文字の書き方・**大きさ**・太さなど。

3 環境

送り手と受け手との間で、メッセージが成立する背景にある要素を**環境**という。対人援助のアセスメントをコミュニケーションの視点からみると、相手に対する**共感的**理解によりその人の視点を理解し、相手の環境にできるだけ近づいていくことが大切である。

構成要素　年齢、性別、性格、生活歴、家族歴、職業歴、価値観、自己概念、生きがいなど。

◆利用者・家族との関係づくり

4 関係性の構築　基本

介護という対人援助を成立させるためには、よりよい**信頼**関係をつくることが必要である。そのための中核になる技術は、**コミュニケーション**

技術である。　　　出題実績 ▶ 24〔33〕・25〔33〕

意思疎通
コミュニケーションとは**意思疎通**である。さまざまな形で表現される思いを受け止め、こちらの気持ちを伝える、その**相互**作用のことである。介護職は、五感を駆使して利用者・家族の**感情**を読み取り、**要求**や**訴え**を見逃さないようにすることが必要である。

自己開示
自分についての**情報**を、**ありのまま**に相手に伝えることを、**自己開示**という。**信頼**関係を築くためには、お互いに少しずつ自己開示を重ねることが必要である。

5　二者間のコミュニケーション過程
コミュニケーションは、**双**方向に行われるものである。二者間のコミュニケーションでは、メッセージを送る人（**送り手**）がメッセージを受ける人（**受け手**）にメッセージを送り（**送信**）、そのメッセージが受け手に伝わったかどうかを把握し、受け手はそのメッセージを解読し（**受信**）、送り手に**フィードバック**する。このとき、コミュニケーションを妨害する要素を**雑音**という。

雑音の種類
コミュニケーションの雑音には、**物理**的雑音、**身体**的雑音、**心理**的雑音、**社会**的雑音などがある。

物理的雑音……大きな音や耳障りな音などだけでなく、悪臭や光の強さ、照り返しのある床などの物理的な雑音によって、特に**認知症**高齢者の場合、コミュニケーションが困難になることがある。

身体的雑音……難聴（hearing loss）など**聴力**の障害や失語症（aphasia）などの**言語**の障害、構音障害（dysarthria）などの**話し言葉**の障害などの身体的雑音によって、コミュニケーションが困難になる。

心理的雑音……心理的な**防衛機制**による雑音を心理的雑音という。**自己概念**がおびやかされたときや自分自身が破壊されたり傷ついたりしたとき、急激な変化に直面したときなどに無意識に防衛機制がはたらき、コミュニケーションが困難になる。

社会的雑音……**エイジズム**（年齢を理由とする差別）などの偏見や誤解、判断に迷いを生じさせるような周囲の言動などの社会的な圧力を社会的雑音という。

科目5 コミュニケーション技術
単元1 介護におけるコミュニケーションの基本

Step 2 ―問一答で確かめよう

問い

- □コミュニケーションは、単に情報の○○という機能だけでなく、「互いに理解を深めてわかり合う」という機能もあわせもっている。○○に入るのは何？
- □メッセージを伝える**伝達経路**には**言語的チャネル**ともう一つ何がある？
- □コミュニケーションにおいて、**言語的チャネルの占める割合**はどれくらい？
- □**言語的チャネル**のおもなものは、書き言葉と何？
- □**表情や態度、身ぶり・手ぶり、視線、服装や髪型**などは、伝達経路のうち何チャネル？
- □**声の調子、声の大きさ、間のとり方、文字の書き方・大きさ・太さ**などは、伝達経路のうち何的チャネル？
- □**送り手と受け手**との間で、メッセージが成立する背景にある要素を何という？
- □さまざまな形で表現される思いを受け止め、こちらの気持ちを伝える**相互作用**を何という？
- □自分についての**情報**を、**ありのままに相手に伝えること**を何という？
- □コミュニケーションは、一方向・双方向のどちらで行われる？
- □コミュニケーションを**妨害する要素**を何という？
- □**大きな音や耳障りな音**をはじめ、**悪臭や光**などは、雑音のうち何的雑音？
- □疾病による**聴力の障害、言語の障害、話し言葉の障害、身体障害**があるためにコミュニケーションが妨げられている場合などの雑音を何という？
- □自己概念がおびやかされたり、傷ついたりしたときに無意識にはたらく**心理的な防衛機制**による雑音を何という？
- □エイジズムなどの**偏見や誤解**、判断に迷いを生じさせる**周囲の言動**などの圧力による雑音を何という？

答え

- 伝達 return 1
- 非言語的チャネル return 2
- 20〜30% return 2
- 話し言葉 return 2
- 非言語的チャネル return 2
- 準言語的チャネル（非言語的チャネル） return 2
- 環境 return 3
- 意思疎通 return 4
- 自己開示 return 4
- 双方向 return 5
- 雑音 return 5
- 物理的雑音 return 5
- 身体的雑音 return 5
- 心理的雑音 return 5
- 社会的雑音 return 5

領域：介護　科目5／コミュニケーション技術
単元1　介護におけるコミュニケーションの基本

Step 3　過去問に挑戦！

問題　コミュニケーションの基本に関する次の記述のうち、**適切でないもの**を1つ選びなさい。

第24回（2012年）〔34〕

1. 自分自身の感情に気づく。
2. 伝えたいことを明確に伝える。
3. 相手の言葉が出にくいときは次々と話しかける。
4. 状況に応じて技法を使い分ける。
5. 相手をありのまま受け止める。

答え　3

コミュニケーションの本質は共感に基づく信頼関係を築くことである。その考え方に合うものを選ぶ（科目2も参照）。介護職が自分自身のもつ感情や性格、価値基準などに気づき、自己を客観的に理解することは大切である（1は適切）。伝えたい内容が正しく明確に伝わるようにすることでコミュニケーションが進む（2は適切）。言葉が出にくい相手の場合は、ゆったりかまえて待ち、状況に応じて予想される言葉を示して同意を得るなどしながら対話を進める。一方的に次々話しかけるのではコミュニケーションが成立しない（3が適切でない）。コミュニケーション技法は相手に応じて使い分けることが大切である（4は適切）。相手をありのまま受け止める受容が、基本となるコミュニケーション姿勢である（5は適切）。　↩ 1 4

科目5 単元2 コミュニケーション技術
介護場面における利用者・家族とのコミュニケーション

Step 1 重要項目を覚えよう

◆ 利用者・家族とのコミュニケーションの実際

1 語を聴く技法 基本

利用者の話を聴く技法として、**イーガン（Egan, G.）** によって示された、かかわり技法を用いることができる。頭文字をとって**SOLER**と要約されるもので、相手に**関心**をもっている、**興味**をもって聴いているということを伝える態度である。ただし、形式的にあてはめるのではなく、「私はあなたと**ともにいる**」ということが、相手に伝わることが肝心である。

SOLER

Squarely（**真正面に**）……真正面に向き合う。比喩(ひゆ)的な意味も含めて、深いかかわり合いの基本的な姿勢を示す。

Open（**開放的**）……**開放**的な姿勢をとる。相手の話に心を開いている、という態度。

Lean（**上体**を乗り出す）……**相手**のほうに乗り出すように**上体**を傾ける。相手の話すことに関心をもっていることを示す。話の進み具合や親密さに応じて自然にそうなるようにする。

Eye contact（**視線**）……よく**視線**を合わせる。相手と**一緒**にいたい、話を聴きたい、と伝えることになる。

Relaxed（**リラックス**）……適度に**リラックス**する。熱心に聴きながらも全体的にはリラックスしている態度が、相手にも安心感をあたえる。

2 利用者の感情表現を察する技法

利用者の感情表現は、必ずしも明確な**言語**化とはかぎらない。傾聴（p.309）と観察による気づきや、洞察力、共感の技法や適切な**質問**により、利用者の真情を察するように努める。　出題実績 ▶ 26〔39〕

3 共感の技法 基本

イーガン（Egan, G.）は、共感の技法を**第一次**共感と**第二次**共感の2つのレベルに分けている。

第一次共感

基本的共感ともいわれ、利用者の話をよく聞き内容を理解し、話に含まれている利用者の思いを受け止め、内容の理解と利用者の思いを**援助**者の言葉におきかえて応答する。利用者の話を受け止めるときに、利用者の**思い**とその思いが生じた**理由**を区別してとらえ、再び理由と感情を一

領域：介護　科目5／コミュニケーション技術
単元2 介護場面における利用者・家族とのコミュニケーション

第二次共感	緒にして相手にフィードバックする方法である。　　出題実績 ▶ 26〔40〕 **深**い共感ともいわれ、利用者の心の奥の言葉にしない思いを洞察し、思いの背景を的確に理解して、その理解が相手に伝わりやすいように応答する。これによって、利用者の思いが伝わったという安心感や深い関係性が展開する。
4 質問 基本	効果的な質問を用いることで、利用者の理解を深め、コミュニケーションがとりやすくなる。ただし、質問に答えるかどうかは**相手**の自由である。話したくないことを無理に聞き出しても、信頼関係を損なうだけである。質問には「**閉じられた質問**」と「**開かれた質問**」がある。
閉じられた質問	「閉じられた質問（closed question）」とは、「**はい**」「**いいえ**」、または**単語**だけで答えられる質問である。相手が**答えやすい**というメリットがあるが、利用者はそれについて深く考えることはなく、そこから話も広がらない。多用すると尋問のようになり、利用者が本当にいいたいことを引き出せないというデメリットもある。
開かれた質問	「開かれた質問（open question）」とは、「どう思われますか？」「いかがですか？」など、**自由**な応答ができる質問である。考えなければ答えられないが、答えのなかに多くの**情報**を含んでいるので、会話は発展する。ただし「**開かれた質問**」ばかりでは、場合によっては対話自体が苦痛になってしまう。「閉じられた質問」とうまく組み合わせて、コミュニケーションを深めることが求められる。
留意点	一度に複数のことを尋ねる質問は相手をとまどわせる。また、「なぜ」「どうして」を用いる質問は、暗に**非難**を含み相手を防衛的な気持ちにさせる。なるべく避けて別の質問方法を工夫する。　　出題実績 ▶ 24〔33〕
5 納得と同意を得る技法	介護方法や利用するサービスなどについて利用者や**家族**の納得と同意を得ようとする際、相手の考えを整理するための支援が必要なことがある。これには、焦点化や**明確化**、直面化などの技法を用いる。
6 焦点化と明確化	焦点化と**明確化**は、対になった技法といえる。どちらも、適切な**質問**を工夫することで効果をあげることができる。
焦点化	焦点化の技法では、援助者は、利用者の話す内容を理解してそれを**要約**し、次に、要約した内容と内容にともなう利用者の思いのうち、重要な部分に焦点をしぼり、利用者に**質問**する。焦点化によって、利用者は自分の話した内容や思いなどを見比べ、再検討できる。焦点化は、利用者の**選択**を大切にし、気づきのプロセスの展開を促進する。

科目5 コミュニケーション技術
単元2 介護場面における利用者・家族とのコミュニケーション

	明確化	明確化は、利用者の話の内容が漠然としてまとまりがないときに行われ、「○○ということですか？」などと利用者の代わりに言葉にして、伝えたいことの確認をとる技法。**認知**レベルと**感情**レベルの明確化がある。
7	直面化	直面化は、問いかけなどにより、利用者が自分自身の感情や体験、行動を見直していくきっかけをつくるものである。**成長**を促すコミュニケーションの技法といえる。ただし、深い**共感**がともなわない直面化は、利用者を攻撃し、**否定**的な側面などを指摘するだけのものになってしまう。また、**直面**化がともなわない深い共感は、相手が次の行動に移る勇気を促すことに限界がある。
8	相談、助言、指導	相談、助言、指導の場面では、社会福祉士などのソーシャルワーカーが用いる**ソーシャルワーク**の技法が役立つ。
9	バイステックの7つの原則 頻出	**バイステック**（Biestek, F. P.）が、ソーシャルワーカーと利用者との関係を規定するものとして提唱した、相談援助を進めていくうえで基本となる原則。
	個別化の原則	利用者の生活状況や問題解決の能力などの**個別**性を理解して、一人ひとりに合った援助を行う。　出題実績 ▶ 27〔33〕
	意図的な感情表出の原則	利用者の感情に**意図**的にかかわり、利用者の**肯定**的な感情や**否定**的な感情を自由に気がねなく表現できるようにはたらきかける。　出題実績 ▶ 27〔33〕
	統制された情緒的関与の原則	援助者は自身の感情を適切にコントロールし、**感受**性をはたらかせることによって、利用者の感情の意味を理解し、**意図**的にその感情に反応し、援助に役立てる。　出題実績 ▶ 27〔33〕
	受容の原則	あるがままの利用者を**無条件**に受け入れ、その行動や態度などに対して道徳的な批判などを行わない。　出題実績 ▶ 27〔33〕
	非審判的態度の原則	どのような理由があっても、利用者の行動や態度に対して**自分**の価値観によって批判したりしてはならない。　出題実績 ▶ 27〔33〕
	自己決定の原則	利用者が自分の判断で、受けるサービスの内容などを決定する。援助者は利用者が**自己決定**できるように援助を行う。
	秘密保持の原則	知り得た利用者の**プライバシー**を守り、外部にもらしてはならない。
10	意欲を引き出す技法	利用者に意欲低下がみられるとき、ただの励ましは逆効果のことがある。おとろえや金銭の不安など、**マイナス**面に意識が向いていることが多いので、ほかの面がみえるよう導いたり、その人が本来もっている**潜在**的

な力に気づかせることが重要となる。このような、その人にはまだ潜在的能力があるはずだと考える視点を**ストレングス**視点という。

11 利用者本人と家族の意向の調整を図る技法 頻出

利用者本人と家族の**意向**が異なる場面もある。明らかに異なる場合は当初からわかりやすいが、表向き合意がとれているようで本心は違うという場合もあるので、注意が必要である。不和や**利害**関係がからむと、家族が利用者の**権利**を侵害している事態もある。　出題実績▶25[35]・27[35]

調整の手順

①利用者の意向の聞き取り、②家族の意向の聞き取り、③利用者の意向を家族に伝える（代弁）、④意向の調整。

◆ 利用者の状況・状態に応じたコミュニケーションの技法の実際

12 感覚機能が低下している人とのコミュニケーション

感覚機能は加齢にともない低下する。**視覚**、聴覚、嗅覚、**味覚**、触覚、全般に低下するが、個々の利用者によって**程度**の差があるので、その人その人の状態を把握してコミュケーションの工夫をする。

13 運動機能が低下している人とのコミュニケーション

脳血管障害（cerebrovascular disorder）や難病などで肢体不自由（cripple）をはじめとする身体障害のある利用者には、**残存**機能を生かしたコミュニケーションを考えていく。

14 認知・知覚機能が低下している人とのコミュニケーション

知的障害（mental retardatin）や認知症（dementia）でものごとの判断や**情報**の処理がうまくいかないと、全般にコミュケーションがとり**づら**くなる。相手のペースを乱さず、意向をくむようにする。

15 聴覚障害・難聴のある人とのコミュニケーション 頻出

難聴者とのコミュニケーション

聴覚のなんらかの障害で、音声言語での意思疎通に支障がある人を**聴覚**障害者という。聴覚障害者とのコミュニケーションでは、本人が理解できるコミュニケーション手段を把握して活用することが大切である。難聴者とのコミュニケーションでは、次のような点に気をつける。
①周囲がさわがしいと話を聞き取りにくいため、**静か**な場所で話す。
②**表情**やジェスチャー、唇の動きなどがわかるように、**明るい**場所で正面から相手の顔を見て話しかける。
③話し手が頻繁に替わると聞き取りにくくなるので、**グループ**で話すのはできるだけ避ける。グループで話す場合は、本人が疎外感を感じないよう配慮し、発言ができるように工夫することが必要である。
④一般に電話の使用は困難であるので、**ファクシミリ**や**メール**などを利用する。音量を大きくできる電話器は**伝音**難聴（conductive hearing loss）の人には効果的でも、**感音**難聴（sensorineural hearing loss）の

科目5 コミュニケーション技術
単元2 介護場面における利用者・家族とのコミュニケーション

中途失聴者とのコミュニケーション	人には不向きな場合もある。 ⑤チャイム、電話のベルなどの**音**を、**光**に変換する器具を活用する。 ⑥重要なことは、必ず紙に**書いて**確認する。 成人になってから聴覚を失った場合、手話や指文字を習得することはなかなか難しいので、**筆談**や**読話**などが行われることが多い。　出題実績▶ 24〔35〕 **筆談**……要点をわかりやすくまとめ、読みやすい文字を書くことが大切である。ただし、次のような問題点もある。 ①労力と**時間**を要する。 ②表現が短くなり、細かいニュアンスが伝わり**にくい**。 ③実際の状況と**時間**的なずれが生じ、全体の雰囲気が伝わりにくい。 ④歩きながらや作業をしながらでは行えない。 **読話**……口の動きが相手によく見える位置で、リズムよく口を**はっきり**動かす。次のようなポイントがある。 ①最適な距離は**1～1.5**m。 ②話し手は、はっきりと**口**を動かして話す。 ③聴覚障害者が読話することによって疲れていないかどうか注意する。 ④話を理解しているかどうか確かめ、重要なことは理解できるまで話す。 ⑤同口形異音に注意し、聴覚障害者が話を理解できないときに単語を書いたりして説明するため、**筆談**用具を常に用意しておく。
先天的失聴者とのコミュニケーション	先天的または言葉を覚える前に聴力を失った場合は、**手話**を身につけていることが多く、介護職は信頼関係の構築のためにも**手話**を習得しておくことが望ましい。手話を補足するものとして、**指文字**がある。
16 視覚障害のある人とのコミュニケーション	視覚障害者は、触覚を利用した**点字**や聴覚を利用した**ボイスレコーダー**などを用いて身のまわりの情報を得ている。また、日常生活では、**言葉**による説明で、物の位置などの視覚的な状況を理解していく。 ①利用者が理解しやすい言葉で話す。 ②利用者が理解しやすいように、話す**スピード**にも配慮する。 ③「あれ」「これ」「あちら」などの指示語は状況を理解しにくいので避け、**具体**的に説明する。
17 身体障害のある人とのコミュニケーション	身体機能や意欲が低下したり、理解力や言語化する能力が低下して意思表示が困難な状態になった場合、コミュニケーションを通じた**心**のケアが必要となる。利用者の**非言語**的コミュニケーションに十分に注目し、利用者の思いや感情を理解することが重要である。利用者が理解できて

いないような反応を示したときは、利用者の理解能力の低下だけではなく、介護職自身の言葉の選択やタイミング、話す**スピード**などが相手の言語能力や理解力に合っているかを検討する必要がある。

18 言語障害のある人とのコミュニケーション 頻出

言語障害（speech disorder）にはさまざまな種類がある。**非言語**的コミュニケーションも活用しながら、その人に最も適した方法をとる。

構音障害……重度の構音障害（dysarthria）では、**五十音**表、筆談、ワープロ、コミュニケーションエイドを活用する。軽度の場合は、ゆっくりと話せるように援助を行う。不明瞭な言葉でもしっかり聞き、相手を理解しようとする態度が大切である。　出題実績▶24〔39〕・26〔37・38〕

失語症……**身**ぶりや絵、写真、指さしなど、**非言語**的コミュニケーションが中心となる。言葉を思い出せない種類の失語症（aphasia）の場合、五十音表の活用は適切で**ない**。話すのに困難はあるが言語理解は可能な**運動**性失語と、言語理解が困難な**感覚**性失語が合併した**全失語**は、「聞く」「話す」「読む」「書く」機能をつかさどるブローカ領野とウェルニッケ領野が全般に障害された状態である。　出題実績▶24〔36〕・26〔33〕

19 知的障害のある人とのコミュニケーション

知的障害（mental retardation）の定義の一つに、「**適応**行動に制約がある」というものがある。適応行動の要素の一つに、他者と意思の疎通を図り、他者との関係のなかで自己を調整しながら生活していくこと、すなわち**コミュニケーション**がある。知的障害のある人は、言語の発達の**遅れ**のみならず、電車の中で大声を出すなど、社会的に期待される暗黙のルールから逸脱してしまうことがある。このため、他人に自分の思いや考えを伝えたいと努力しても、周囲の人に制止されたり、無視されてしまったりすることがある。このため、知的障害のある人は、自分が理解されないことに**敏感**になったり、わかったふりをしたりという言動がみられることがある。介護にあたっては、知的障害のある人が抱きやすい**欲求**不満や**否定**されることへの不安、自尊心を満たそうとする心の動きに敏感になる必要がある。

20 認知症の人とのコミュニケーション 頻出

コミュニケーションの基本

認知症（dementia）の人は、**脳**の障害によってコミュニケーションに困難が生じる。しかし、残された能力を周囲が理解し、必要な配慮を行うことで、困難が軽減され円滑なコミュニケーションが図れる場合も多い。
①認知症の人のコミュニケーションのペースや方法に合わせる。
②認知症の人が理解できる方法や内容、スピードなどで話す。
③認知症の人の**自尊**心を大切にして、否定や指示、無視などをせず、**受**

科目 5 コミュニケーション技術
単元 2 介護場面における利用者・家族とのコミュニケーション

　　　　容的な態度で接する。　　出題実績 ▶ 27〔37〕
　　　④認知症の人の認識している世界を尊重する。　出題実績 ▶ 27〔36〕
　　　⑤論理的な理解の前に、認知症の人との心の交流を大切にする。
　　　⑥口調や動作など非言語的コミュニケーションを重視する。
　　　　出題実績 ▶ 25〔36〕

Step 2 －問一答で確かめよう

問い

□SOLERとは、「Squarely（真正面に）」「Open（開放的）」「Lean（上体を乗り出す）」「Eye contact（視線）」ともう一つは何？

□**利用者の感情表現を察する技法**には、傾聴と観察による気づき、洞察力、共感の技法のほか、何がある？

□利用者の話の内容を理解し、話に含まれている利用者の思いを受け止め、その内容の理解と利用者の思いを**援助者の言葉**におきかえて応答する技法を何という？

□利用者の言葉にしない思いを洞察し、その**背景**を理解して、相手に伝わりやすいように応答する技法を何という？

□「はい」「いいえ」、または単語で答えられる質問を何という？

□「どう思われますか？」「いかがですか？」など、**自由な応答**ができる質問を何という？

□利用者の話す**内容を要約**し、その内容と内容に含まれる利用者の思いのうち、重要な部分に焦点をしぼり、利用者に**質問**する技法を何という？

□利用者の話が漠然としてわかりにくいときに、「○○ということですか？」などと代わりに**言葉**にして、伝えたいことの**確認をとる技法**を何という？

□コミュニケーション技法のうち、問いかけなどにより、利用者が自分自身の**感情や体験**、**行動を見直す**きっかけをつくるものは何？

□バイステック（Biestek, F. P.）の7つの原則とは、「個別化の原則」「意図的な感情表出の原則」「統制された情緒的関与の原則」「受容の原則」「非審判的態度の原則」「秘密保持の原則」ともう一つは何？

答え

Relaxed（リラックス） return **1**

適切な質問 return **2**

第一次共感 return **3**

第二次共感 return **3**

閉じられた質問 return **4**

開かれた質問 return **4**

焦点化 return **6**

明確化 return **6**

直面化 return **7**

自己決定の原則 return **9**

領域：介護　科目5／コミュニケーション技術
単元2　介護場面における利用者・家族とのコミュニケーション

□脳血管障害（cerebrovascular disorder）や難病などで肢体不自由（cripple）をはじめとする**身体障害のある利用者**とのコミュニケーションにあたっては、何を生かすよう考えていく？　　　残存機能　return 13

□相手の**口の動き**や表情から音声言語を読み取り、理解する方法を何という？　　　読話　return 15

□**失語症**（aphasia）の人とのコミュニケーションは、**言語的コミュニケーション・非言語的コミュニケーション**のどちらが効果的？　　　非言語的コミュニケーション　return 18

Step 3　過去問に挑戦！

問題　Hさん（80歳、女性）は、介護老人福祉施設に入所している。アルツハイマー型認知症（dementia of the Alzheimer's type）と診断されており、複数の話題や複雑な内容を理解することは困難である。いつも同じ話をくりかえしている。
　Hさんが同じ話をくりかえすときの介護福祉職のかかわり方として、**最も適切なもの**を1つ選びなさい。

第27回（2015年）〔36〕

1　時間の流れに沿って、話すように伝える。
2　新しい話題を提供する。
3　話の内容に沿った会話をする。
4　ゆっくり、はっきり話すように伝える。
5　途中で話を中断する。

答え　　3

認知症の人にとって時系列に沿って話すのはむずかしいので、それを求めてはかえって混乱をまねく（**1は不適切**）。新しい、なじみのない話題はHさんを不安にさせるだけである（**2は不適切**）。Hさんの話の内容に合わせ、その世界での会話をつなげることで、本人の安心が得られる（**3が最も適切**）。相手のペースや方法を重んじることが大切（**4は不適切**）。途中で話を中断したのでは、相手を緊張させ不安にさせる（**5は不適切**）。　return 14 20

科目5 単元3 コミュニケーション技術

介護におけるチームのコミュニケーション

Step 1 重要項目を覚えよう

◆記録による情報の共有化

1 介護における記録 基本

介護は、**チーム**で行うものであるため、記録による**情報共有**は必要不可欠である。記録によって、利用者への理解が深まり、**一貫**した介護の提供が可能になり、介護の質を高めることができる。

記録の目的
①利用者の理解のため。
②介護職どうしや他の専門職と情報を**共有**し、一貫した援助を行うため。
③介護計画の立案、見直しのため。
④ケース会議の資料として、知識・技術の向上に役立てるため。

2 記録の方法、留意点 基本

記録に際しては、目的をしっかりと理解し、それにふさわしい方法を用いることが大切である。

記録の文体
生活記録や介護記録などの自由記述欄への記入は、一般に**叙述**体と**要約**体が用いられる。日常の記録では、**叙述**体を用いて記録を行い、定期的に**要約**体を用いて、記録を整理することが望ましい。

叙述体……**客観**的な事実や出来事をそのまま記録するときの文体で、利用者の生活の状況や介護の状況を記録するときに用いられることが多い。
叙述体は、利用者の生活の状況や介護の状況を短く圧縮して記述する**圧縮**叙述体と、援助者と利用者の関係や利用者どうしのコミュニケーションの過程をくわしく書きとめた**過程**叙述体に分けられる。

要約体……不必要に記録が**長**くなることを避け、要点を整理して書くときに用いる文体。

留意点
事実を正確に書く……記憶が鮮明なうちに、客観的な**事実**と自分の判断を区別して書く。利用者の言動は重要な情報なので正確に記録する。
わかりやすく書く……5W1Hを明記、**数値**などを用いて具体的に。
記録者がわかるようにする……記録には必ず**署名**する。

3 介護記録の共有化 基本

一人の利用者に対し、複数の**介護**職や関連職種の人々がかかわることが多いため、情報を**共有**化することが大切である。

介護記録の活用	情報の共有化にあたっては、**介護**記録を活用することが勧められる。口頭より**文書**のほうが、誤解のない**正確**な情報が確実に共有できる。**資料**としての価値もある。
記録の管理	記入にあたっての**ルール**（記述する項目、記述順、記号の統一など）を徹底する、**保管**場所を一定にするなどの管理も必要である。
個人情報の保護	取り扱いにあたっては個人情報の保護に細心の注意を払う。関係者以外に**情報**がもれないよう、不用意な**持ち出し**、無人の部屋での放置を避ける、**かぎ**のかかる保管場所を設けるなどの方策が必要である。 出題実績 ▶24〔37〕

4 介護に関する記録の種類

複数の記録様式が用いられ、相互に関係し合っている。事業所の目的や形態によって、記録の方法や記録様式の名称も異なっている。

頻度	目的	一般的な名称
サービス開始時	**アセスメント**のための記録	アセスメントシート、フェイスシート、利用者台帳など
毎日	利用者の生活と介護全般に関する情報	生活記録、ケース記録、介護記録など
	食事・入浴・排泄等の介護をチェックするための記録	食事チェック表、入浴チェック表、排泄チェック表、徘徊チェック表など
	健康管理のための記録	検温表、体重測定表、服薬管理表など
	介護業務全般の**報告**のための記録	介護日誌、業務日誌、業務管理記録、業務報告書、申し送りノートなど
サービス実施時	生きがいを支える活動の記録	行事計画書・報告書、クラブ活動記録、アクティビティプログラムなど
	利用者からの預かり金品を管理するための記録	衣類管理帳、預かり金台帳など
	家族への**状況**報告のための記録	家族連絡帳、近況報告書など
定期的・随時	**ケアプラン**のための記録	介護計画書、ケアプランなど
	ケアプランに基づいた介護の管理のための記録	モニタリング記録、評価記録など
	各種の会議・研修の記録	会議録、研修記録など
	設備・備品などを管理するための記録	備品台帳、車両点検表、清掃管理記録
特別な場合	**介護事故**に関連した記録	ヒヤリ・ハット記録、事故報告書など

表1　介護現場で用いられるさまざまな記録様式
資料：野村豊子編『介護福祉士養成テキストブック　⑤コミュニケーション技術』ミネルヴァ書房、2010年、p.114、一部改変

科目5 コミュニケーション技術
単元3 介護におけるチームのコミュニケーション

5 情報通信技術(ICT)を活用した記録

情報通信技術（Information and Communications Technology；ICT）を用いることを、**IT**（Information Technology）化とよび、IT化することにより、情報**処理**を自動的に行ったり、情報を**迅速**に検索したり抽出したりでき、情報の共有が**効率**よくできる。

活用の留意点

たとえウイルス対策ソフトを用いていても故意や過失による大量の個人情報の**漏洩**などのリスクや、システムが作動しないなどのトラブルも考えられるので、過信せず代替の方法も用意しておく。　出題実績 ▶ 26〔34〕

◆報告

6 報告・連絡・相談の意義、目的

「報告」「連絡」「相談」は、組織の一員として、また専門職として業務を行ったり、チーム内の**コミュニケーション**を円滑に行ったりするために必要である。「報告」「連絡」「相談」は、一般に頭の漢字を1字ずつとり、「**ホウ**（報）・**レン**（連）・**ソウ**（相）」とよばれる。

報告

上司からの**指示**に対し、その遂行の結果や経過を伝えることである。報告を受けた上司は、それによって新たな仕事の指示を出すこともある。日常の業務においては、指示されたことだけでなく、仕事の節目ごとの報告や、自分が必要と考えた情報や考えを報告することも大切である。

連絡

同僚やほかの機関、施設に情報を伝えることである。直接・間接を問わず、**迅速**に情報を伝達することによって、それぞれの仕事をつなげたり、ほかの人の仕事を援助したりすることができる。このためには、**連絡**体制の整備が求められる。

相談

仕事の方法がわからないときや判断に迷うようなとき、情報が欲しいときなどに、上司や先輩、同僚などに**助言**や指導をあおぐことである。相談によって、相談者の抱える問題を相手と**共有**し、ともにその解決について考えていくことができる。

7 報告・連絡・相談の方法、留意点　基本

「報告」「連絡」「相談」は、**口頭**または文書で行う。次のような点に留意して、適切な方法を選ぶが、一般的に、口頭は**迅速**性、文書は確実性という利点がある。近年は、両方を兼ね備えたメールを用いることも多い。

報告の留意点

①指示を受けた仕事の結果や経過は、必ず**指示**を出した人に報告する。　出題実績 ▶ 27〔38〕

②**口頭**での報告・**文書**での報告のどちらがよいか検討する。

③長期間におよぶ仕事の場合は、**途中経過**を報告する。

④事故やトラブル、苦情などの報告は**迅速**に行う。　出題実績 ▶ 27〔38〕

⑤事実と自分の意見や憶測とは**区別**して報告する。　出題実績 ▶ 27〔38〕

⑥**結果**から報告し、経過や状況の説明は事実に基づいて**簡潔**に行う。

領域：介護　科目5／コミュニケーション技術
単元3　介護におけるチームのコミュニケーション

連絡の留意点	出題実績 ▶ 27〔38〕 ①目的に応じて、担当者や連絡方法などの連絡**手順**を明らかにしておく。 ②**相手**の立場に立ち、必要性を考えてから連絡する。 ③**5W2H**（いつ：When、どこで：Where、だれが：Who、何を：What、なぜ：Why、どのように：How、いくら：How much）を明確にして連絡する。 ④**口頭**での報告・**文書**での報告のどちらがよいか検討する。 ⑤**間接**的な連絡のときは、必ず再確認する。
相談の留意点	①自分一人で問題を抱え込まない。 ②相談内容を**整理**してから相談する。 ③自分なりの**考え**や**対策**をまとめてから相談する。 ④相談の目的を**明確**にしてから相談する。 ⑤相談したことの結果や経過は必ず**報告**する。

◆ 会議

8 会議の意義、目的	会議は、情報を**共有**し、問題解決を図る場である。会議を通じて、連携が具体化していくといえる。
9 会議の種類	会議には、利用者の情報を共有するための申し送りなどの**情報共有**型の会議や、ケアカンファレンス、事例検討会などの**問題解決**型の会議がある。
申し送り	勤務の交替時などに行い、必要事項の伝達を主目的とする。
ケアカンファレンス	利用者の希望をふまえ、参加メンバーがよりよいケアを行うために**話し合う**場である。
10 会議の方法、留意点　頻出✏	一般的な会議は、参加メンバーが**時間**と場所を決めて**集合**し、司会・**進行**役を設けて行う。近年は、離れた**場所**の参加メンバーが行うテレビ会議、インターネットを介した会議なども可能になっている。
留意点	いずれの方法の会議でも、次の点に留意する。　出題実績 ▶ 24〔40〕・25〔39〕・26〔36〕 ①会議の**目的**を理解し、目的の達成に協力する。 ②参加メンバーそれぞれの立場と**専門**性を尊重する。 ③意見は**簡潔**に明確に述べる、ほかのメンバーの発言の主旨を理解する。 ④意見の不一致があるときは**議論**で合意点をめざす。

科目5 コミュニケーション技術
単元3 介護におけるチームのコミュニケーション

Step 2 一問一答で確かめよう

問い

- □ 記録には、**利用者の言動**については書かなくてもよい？ 正確に書いておく？
- □ **客観的事実や出来事**をそのまま記録するときの文体は何？
- □ 叙述体のなかで、利用者の生活の状況や介護の状況を**短く圧縮して記述**するものを何という？
- □ 叙述体のなかで、援助者と利用者の関係や利用者どうしの**コミュニケーションの過程**をくわしく書きとめたものを何という？
- □ 不必要に記録が長くなることを避け、**要点を整理**して書くときに用いる文体を何という？
- □ **情報の共有化**のために記録するのは、介護記録・アセスメントシートのどちら？
- □ フェイスシートは、**アセスメント**のための記録？ 介護業務全般の報告のための記録？
- □ ケアプランに基づいた介護の管理のための記録は、**介護計画書**・モニタリング記録のどちら？
- □ **情報通信技術**（Information and Communications Technology；ICT）を活用した記録では、**情報の共有化**は効率よくできる？ 時間がかかる？
- □ 「**報告**」「**連絡**」「**相談**」は、一般にまとめて何とよばれる？
- □ 同僚に情報を伝達するときに行われるのは、「**報告**」・「**連絡**」のどちら？
- □ 「報告」「連絡」「相談」は口頭または文書で行うが、**迅速性**はどちらの方法の利点？
- □ 「**報告**」を行うとき、経過・結果のどちらを先に報告する？
- □ 「**連絡**」を行うとき、明確にするのは5W1H・5W2Hのどちら？
- □ 利用者の希望をふまえて、会議の参加メンバーがよりよいケアを行うために**話し合う場**を何という？
- □ 会議の参加メンバーが互いに**尊重**すべきは、それぞれの何？

答え

- 正確に書いておく ⟲ 2
- 叙述体 ⟲ 2
- 圧縮叙述体 ⟲ 2
- 過程叙述体 ⟲ 2
- 要約体 ⟲ 2
- 介護記録 ⟲ 3
- アセスメントのための記録 ⟲ 4 表1
- モニタリング記録 ⟲ 4 表1
- 効率よくできる ⟲ 5
- ホウ・レン・ソウ ⟲ 6
- 連絡 ⟲ 6
- 口頭 ⟲ 7
- 結果 ⟲ 7
- 5W2H ⟲ 7
- ケアカンファレンス ⟲ 9
- 立場と専門性 ⟲ 10

Step 3 過去問に挑戦！

領域：介護　科目5／コミュニケーション技術
単元3　介護におけるチームのコミュニケーション

> **問題**　同一施設内で多職種が参加して行うカンファレンス（conference）の運営について、最も適切なものを1つ選びなさい。
>
> 第26回（2014年）〔36〕
>
> 1　取り上げる議題は、利用者の支援内容を確認することに限定する。
> 2　会議資料は、事前に配付しないのが原則である。
> 3　司会者は、介護支援専門員（ケアマネジャー）と決められている。
> 4　カンファレンス（conference）の場を、職員のスーパービジョン（supervision）の機会としてよい。
> 5　多くの職員が参加しやすいように、カンファレンス（conference）は勤務時間外に設定する。

答え　4

議題は、状況と必要に応じて多様に設定される。利用者の支援内容を確認することに限定されるわけではない（**1は不適切**）。参加するメンバーがそれぞれ事前に検討し、有意義な話し合いができるよう、会議資料は事前に配付するのが望ましい（**2は不適切**）。議題に応じ、適切な議事運営のできる人が司会をするのが適切であり、介護支援専門員が司会者と決まっているわけではない（**3は不適切**）。カンファレンスには、経験と知識の度合いの異なる人が参加している。カンファレンスの場は、未熟な職員にとって先輩や上司によるスーパービジョンが得られるよい機会である（**4が最も適切**）。カンファレンスは原則として勤務時間内に設定する。時間外に設定するのはやむを得ない場合である（**5は不適切**）。

↩ 8 9 10

領域：介護

科目 6
生活支援技術

この科目の単元

- **単元1** 生活支援
- **単元2** 自立に向けた居住環境の整備
- **単元3** 自立に向けた身じたくの介護
- **単元4** 自立に向けた移動の介護
- **単元5** 自立に向けた食事の介護
- **単元6** 自立に向けた入浴、清潔保持の介護
- **単元7** 自立に向けた排泄の介護
- **単元8** 自立に向けた家事の介護
- **単元9** 自立に向けた睡眠の介護
- **単元10** 終末期の介護

科目6 生活支援技術
出題傾向をつかもう

領域「介護」の出題予定数52問のうち、例年各20問が本科目から出題されている。

最近4回の出題状況

大項目（本書の単元）*1	中項目*1	出題実績*2	出題数
1 生活支援	1) 生活の理解 2) 生活支援	24〔41〕月に一度おしゃれをして買い物に行くのを楽しみにするKさんへの介護職の対応 24〔42〕生活支援の基本的視点 26〔41〕生活支援を行うときの視点 27〔41〕生活	小計4
2 自立に向けた居住環境の整備	1) 居住環境整備の意義と目的 2) 生活空間と介護 3) 居住環境のアセスメント 4) 安全で心地よい生活の場づくり 5) 施設等での集住の場合の工夫・留意点 6) 他の職種の役割と協働	24〔43〕要支援1でごみ出しや食事の準備が困難になった、身寄りのないLさんの住み替え先 24〔44〕高齢者に配慮した住宅改修 24〔45〕自宅でくらす高齢者の室内環境 25〔41〕認知症高齢者Jさんの居室についての、息子夫婦に対する訪問介護員（ホームヘルパー）の助言 25〔42〕介護保険の給付対象となる住宅改修 25〔43〕認知症対応型共同生活介護（認知症高齢者グループホーム）の住環境 26〔42〕住環境と健康 26〔43〕右片麻痺で四脚杖歩行、排泄と入浴は一部介助のJさんが、生活維持と妻の負担軽減のため居住環境整備を望むときの介護職の助言 27〔42〕介護保険の給付対象となる住宅改修 27〔43〕トイレの環境整備	小計10
3 自立に向けた身じたくの介護	1) 身じたくの意義と目的 2) 身じたくに関する利用者のアセスメント 3) 生活習慣と装いの楽しみを支える介護 4) 整容行動、衣生活を調整する能力のアセスメントと介助の技法	24〔46〕整容介助 24〔47〕ベッド上で全介助の利用者の口腔ケアの基本的留意点 25〔44〕義歯の取り扱い 26〔44〕経鼻経管栄養の利用者の口腔ケア 27〔44〕電気かみそりを使ったひげそりの方法 27〔45〕介護が必要な利用者の口腔ケアの方法 27〔56〕片麻痺のある利用者が着脱できる衣服を選択するときの助言	

	5) 利用者の状態・状況に応じた身じたくの介助の留意点 6) 他の職種の役割と協働		
			小計7
4 自立に向けた移動の介護	1) 移動の意義と目的 2) 移動に関する利用者のアセスメント 3) 安全で気がねなく動けることを支える介護 4) 安全で的確な移動・移乗の介助の技法 5) 利用者の状態・状況に応じた移動の介助の留意点 6) 他の職種の役割と協働	24〔48〕外出時における車いすの介助法 24〔49〕移乗・移動介助 24〔50〕右片麻痺の利用者の杖歩行の介助法 25〔45〕移動補助具 25〔46〕視力障害のある人の移動の介護 26〔45〕脳出血の後遺症で右片麻痺、食事以外は寝ていることが多く車いすでの散歩が楽しみなKさんの、散歩の介護 26〔46〕ボディメカニクスを活用したベッド上の移動介助 26〔47〕歩行のための福祉用具 27〔46〕右片麻痺の利用者がベッドから立位になるときの介護方法 27〔47〕ボディメカニクスの基本原則 27〔48〕視覚障害のある利用者の歩行介助をするときに、利用者に介護者のからだを握ってもらう基本的部位	
			小計11
5 自立に向けた食事の介護	1) 食事の意義と目的 2) 食事に関する利用者のアセスメント 3)「おいしく食べる」ことを支える介護 4) 安全で的確な食事介助の技法 5) 利用者の状態・状況に応じた介助の留意点 6) 他の職種の役割と協働	24〔51〕嚥下機能が低下している利用者の食事介助 24〔52〕脱水を予防するための食品 24〔53〕低栄養状態を判断するための指標 25〔47〕左片麻痺があるが自分で食べようとする意欲が強いKさんの食事への介護職の対応 26〔48〕高齢者の身体機能の変化に対応した食事の提供方法 26〔49〕食事介護の基本 26〔50〕慢性腎不全の人の食事 26〔57〕一人ぐらしで糖尿病性網膜症、薬と食事でコントロールしているMさんが、配食サービスに不満をもらし買い食いや薬ののみ忘れがあるときの訪問介護員の対応	

科目 6　生活支援技術
出題傾向をつかもう

		27〔49〕 誤嚥性肺炎の既往あり、要介護2で週2回通所リハビリテーションを利用しているLさんが、食事をほとんど食べない、摂取水分は200～300mL、皮膚をつまむと形がそのまま残る、尿量が少ない、色も濃い黄色というときの対応	
		27〔50〕 介護が必要な利用者の状況に応じた食事の提供	
		27〔51〕 食品の凝固	小計11
6 自立に向けた入浴・清潔保持の介護	1) 入浴の意義と目的 2) 入浴に関する利用者のアセスメント 3) 爽快感・安楽を支える介護 4) 安全で的確な入浴・清潔保持の介助の技法 5) 利用者の状態・状況に応じた介助の留意点 6) 他の職種の役割と協働	24〔54〕 入浴介助 25〔48〕 ベッド上での洗髪の介護 25〔49〕 全身清拭の介護 25〔50〕 高血圧症と心疾患の持病があるLさんの、通所介護での入浴の介助に関する注意点 25〔51〕 耳、鼻の清潔保持の介護 25〔52〕 老人性搔痒症がある人の入浴の介護 26〔51〕 右片麻痺があり一部介助があれば歩行できる利用者の入浴介助 26〔52〕 手浴・足浴 27〔52〕 入浴介助	小計9
7 自立に向けた排泄の介護	1) 排泄の意義と目的 2) 排泄に関する利用者のアセスメント 3) 気持ちよい排泄を支える介護 4) 安全で的確な排泄の介助の技法 5) 利用者の状態・状況に応じた介助の留意点 6) 他の職種の役割と協働	24〔55〕 ベッド上で差し込み便器を使用して排便するときの介助 24〔56〕 おむつ交換時の介助法 24〔57〕 軽度の認知症で尿失禁のあるMさんの、陰部に発赤があることに気づいた介護職の対応 25〔53〕 寝たきりの高齢者におむつを装着するときの基本 25〔54〕 前立腺肥大症で留置カテーテルを使用している軽度の認知症の人への対応 25〔55〕 便秘を訴える高齢者の排泄の介護 26〔53〕 右片麻痺、両変形性膝関節症があり介護老人保健施設に入所しているLさんが、トイレまでの移動が困難になり夜間はポータブルトイレを使用することになったときの対応 26〔54〕 下痢が続いている要介護高齢者への対応	

		27〔53〕おむつ交換時に配慮すること	
		27〔54〕機能性尿失禁がある利用者の介護	小計10
8 自立に向けた家事の介護	1) 家事の意義と目的 2) 家事に関する利用者のアセスメント 3) 家事に参加することを支える介護 4) 家事の介助の技法 5) 利用者の状態・状況に応じた介助の留意点 6) 他の職種の役割と協働	24〔58〕ベンジンで処理するしみの種類 25〔56〕塩素系漂白剤を使って漂白する素材として適しているもの 25〔57〕ビタミンDが多く含まれる食品 26〔55〕クーリングオフ 26〔56〕洗濯 27〔55〕訪問介護の利用者Mさんについて、別居の長男から悪質商法の被害に遭っている、すぐにクーリング・オフしたいと言ってきたときの、訪問介護員の最初の対応 27〔57〕2013（平成25）年の「家計調査」（総務省統計局）における高齢単身無職世帯の家計収支	小計7
9 自立に向けた睡眠の介護	1) 睡眠の意義と目的 2) 睡眠に関する利用者のアセスメント 3) 安眠のための介護 4) 安眠を促す介助の技法 5) 利用者の状態・状況に応じた介助の留意点 6) 他の職種の役割と協働	24〔59〕安眠を促す介助 25〔58〕施設で介護職が深夜に巡回するときの注意点 26〔58〕認知機能が低下し、深夜、不眠で施設の廊下を歩き回っている利用者への対応 27〔58〕安眠のための介護	小計4
10 終末期の介護	1) 終末期における介護の意義と目的 2) 終末期における利用者のアセスメント 3) 医療との連携 4) 終末期における介護 5) 臨終時の介護 6) グリーフケア	24〔60〕ターミナル期をむかえているNさんの全身状態が悪くなり、医師にあと数日と言われた状況での施設の介護職の対応 25〔59〕介護老人福祉施設に入所して「悪くなったらここで最期をむかえたい」と話していたMさんの、終末期の対応 25〔60〕終末期の介護 26〔59〕介護老人福祉施設での終末期の事前の意思確認 26〔60〕施設での終末期介護	

		27〔59〕糖尿病、肺がんのAさんは抗がん剤治療を中止、骨転移による痛みがあり麻薬性鎮痛剤を使用している。寝ていることが多いがトイレは伝い歩きで可能、食欲はなく、不安を訴える妻への、訪問介護員の助言	
		27〔60〕介護老人福祉施設で臨終期にある人の介護	小計7
			合計80

*1 本書の単元は「出題基準」の大項目、単元の下位区分は中項目にならっている。複数の大項目で1単元としたところもある。
*2 「第24回試験問題41」を24〔41〕と表記している。

出題頻度順の出題内容 〈 〉内は最近4回の出題数

出題頻度 第1位 自立に向けた移動の介護 〈11問〉

中項目「4）安全で的確な移動・移乗の介助の技法」の内容（小項目）には「歩行の介助」「車いすの介助」「安楽な体位の保持」「体位変換」があげられている。利用者の状態・状況に応じた具体的な技術の出題がおもである。

中項目「5）利用者の状態・状況に応じた移動の介助の留意点」で小項目にあげられているのは、「感覚機能が低下している人」「運動機能が低下している人」「認知・知覚機能が低下している人」についてである。この3つはほかの大項目でもほぼ共通している。

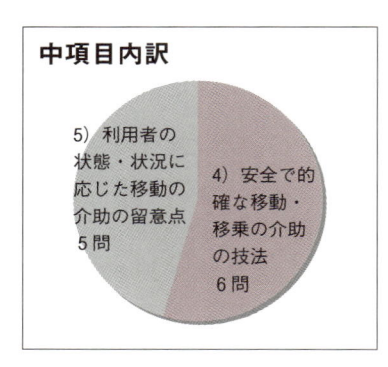

中項目内訳
5）利用者の状態・状況に応じた移動の介助の留意点 5問
4）安全で的確な移動・移乗の介助の技法 6問

中項目「3）**安全で気がねなく動けることを支える介護**」では、**社会参加、余暇活動、レクリエーション**も小項目としてあげられており、これらの意義を問う問題も予想される。

これまでの出題は、第24回・第26回・第27回試験で各3問、第25回試験で2問と、毎回複数問の出題がある。第26回試験の問題45は、**脳出血**（cerebral hemorrhage）の後遺症で右片麻痺があり、施設に入所しているKさん（85歳、女性）に関する**短文事例問題**。食事のとき以外はベッドで寝ていることが多く車いすで散歩に行くことが楽しみなKさんの、散歩の介護に関する記述のうち最も適切なものを選ぶというものだが、正解は「散歩中に**顔色や表情を観察する**」。長時間臥床している利用者については**起立性低血圧**（orthostatic hypotension）の兆候に留意するという点に気づく必要があった。

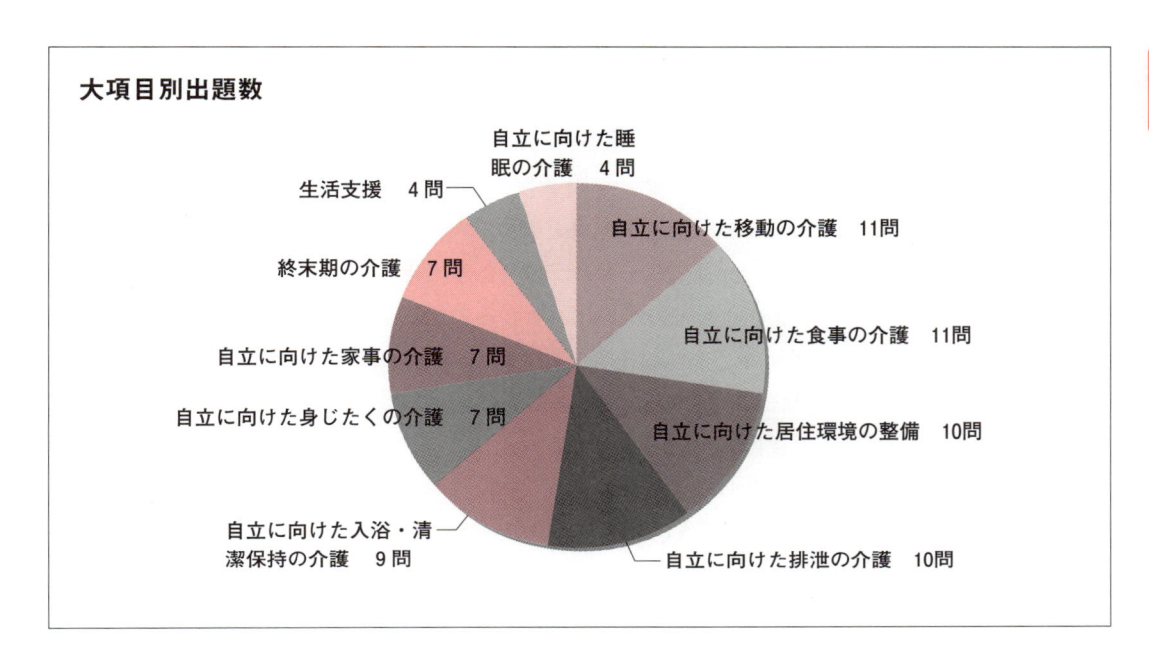

領域：介護　科目6／生活支援技術
出題傾向をつかもう

科目6

大項目別出題数

- 自立に向けた睡眠の介護　4問
- 生活支援　4問
- 終末期の介護　7問
- 自立に向けた家事の介護　7問
- 自立に向けた身じたくの介護　7問
- 自立に向けた入浴・清潔保持の介護　9問
- 自立に向けた排泄の介護　10問
- 自立に向けた居住環境の整備　10問
- 自立に向けた食事の介護　11問
- 自立に向けた移動の介護　11問

なお、第27回試験から図・表・イラスト・グラフを用いた出題方式が採用されており、問題48で図による出題があった（→p.241「過去問に挑戦！」）。

出題頻度 第1位　自立に向けた食事の介護〈11問〉

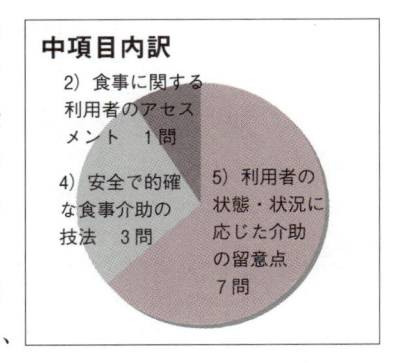

中項目「5）利用者の状態・状況に応じた介助の留意点」の小項目には、共通の3つ以外に「咀嚼・嚥下機能の低下している人の介助の留意点」「脱水の予防のための日常生活の留意点」が加わっている。「4）安全で的確な食事介助の技法」の内容（小項目）は「**食事の姿勢**」「**基本的な食事介助の方法と留意点**」「**自助具の活用**」である。

これまでの出題は、第24回・第27回試験で各3問、第25回試験で1問、第26回試験で4問である。第26回試験での出題は、**高齢者の身体機能の変化に対応した食事の提供方法**（問題48）、**食事介助の基本**（問題49）といった基礎的な知識から、疾病や生活状況を示したうえでの短文事例問題（問題57）までと、念入りなものであった。

中項目内訳

- 2）食事に関する利用者のアセスメント　1問
- 4）安全で的確な食事介助の技法　3問
- 5）利用者の状態・状況に応じた介助の留意点　7問

科目6　生活支援技術
出題傾向をつかもう

出題頻度 第3位　自立に向けた居住環境の整備〈10問〉

各中項目にあげられている内容（小項目）をいくつかみておこう。「2）生活空間と介護」が「居場所とアイデンティティ、生活の場、すまい、住み慣れた地域での生活の保障、その他」、「4）安全で心地よい生活の場づくり」が「安全で住み心地のよい生活の場づくりのための工夫」「住宅改修」「住宅のバリアフリー化」「ユニバーサルデザイン」など、「5）施設等での集住の場合の工夫・留意点」が「ユニットケア、居室の個室化、なじみの生活空間づくり、その他」である。

これまでの出題は、第24回・第25回試験が各3問、第26回・第27回試験が各2問である。

第24回試験の問題43は、身寄りのない高齢女性Lさん（85歳、要支援1）についての短文事例問題であった。公営住宅の1階に一人でくらすLさんはごみ出しや食事の準備が困難になってきたが、安心できる住み替え先としてどこが適切かというもの。ケアハウス、介護老人福祉施設、有料老人ホーム（特定施設）、介護老人保健施設、認知症対応型共同生活介護が選択肢で、それぞれの対象者、サービス内容から判断する。**施設やサービスの知識を確実にしておこう。介護保険制度と関連した住宅改修**の出題もよくみられる。

出題頻度 第3位　自立に向けた排泄の介護〈10問〉

中項目「4）安全で的確な排泄の介助の技法」の内容（小項目）は「トイレ」「ポータブルトイレ」「採尿器・差し込み便器」「おむつ」である。「5）利用者の状態・状況に応じた介助の留意点」の小項目に、共通の3つ以外に「**便秘・下痢の予防のための日常生活の留意点**」「**尿回数が多い人への日常生活の留意点**」「**失禁時の介護の留意点**」が加わっている。

第24回・第25回試験で各3問、第26回・第27回試験で各2問が出題されている。おむつについては、介助の技法以外に、使用するかどうかの判断、**おむつ使用の弊害**などについても理解しておきたい。

出題頻度 第5位　自立に向けた入浴・清潔保持の介護〈9問〉

中項目「4）安全で的確な入浴・清潔保持の介助の技法」では、「入浴」「シャワー浴」「全身清拭」「陰部洗浄」「足浴・手浴」「洗髪」が出題内容（小項目）である。

第24回・第27回試験での出題は各1問だが、第25回試験では短文事例問題も含め5問、第26回試験では2問出題されている。今後も多かれ少なかれ出題されるだろう。入浴や全身清拭など介助の方法を理解するだけでなく、「科目11　こころとからだのしくみ」の大項目「6　入浴、清潔保持に関連したこころとからだのしくみ」をあわせて理解し、**入浴の効用や入浴の禁忌**など

についても覚えておこう。

出題頻度 第6位　自立に向けた身じたくの介護　ほか

　大項目「自立に向けた身じたくの介護」の第24回～第27回試験での出題は7問。内容は整容介助、口腔ケア（義歯の取り扱い、経鼻経管栄養の利用者の口腔ケアも）などである。

　同じく第6位の大項目「自立に向けた家事の介護」は、第24回試験で1問、第25回～第27回試験で各2問が出題されている。中項目「4）家事の介助の技法」の内容（小項目）は「調理（加工食品の活用と保存、配食サービスの利用を含む。）」「洗濯」「掃除・ごみ捨て」「裁縫」「衣類・寝具の衛生管理」「買い物」「家庭経営、家計の管理」である。

　同じく第6位の大項目10「終末期の介護」は、新しい教育・試験制度で大きく扱われるようになった内容である。第24回試験での出題は1問だったが、第25回・第26回・第27回試験では各2問の出題があった。今後もなんらかの出題があるとみられる。

　第9位の大項目「生活支援」のこれまでの出題は、第24回試験で2問と第26回・第27回試験で各1問。うち1問（第24回問題41）は、具体的な対応を問う短文事例問題として出題されている。

　同じく第9位の大項目「自立に向けた睡眠の介護」は、第24回～第27回試験での出題は各1問でそれほど多くないが、軽んじないで準備したい。

受験対策のポイントは…

　この科目の根拠となるのが、「科目11　こころとからだのしくみ」の知識である。介護福祉士として必要な技術に加えその理由を学習することで、より理解が深まる。相互に参照して受験準備を進めよう。出題数の多い大項目を重点的に学習しておこう。

| 科目6 | 生活支援技術 |

基礎知識をまとめておこう

基礎知識1　室内環境のめやす　☞ p.220〜225

①温度（室温）：**22**℃±**2**℃
②冷房：外気温との差が**5**℃以内
③明るさ：居間の照明は**200**ルクス以上
④ベッドの高さ（自立の場合）：端座位で足底が床にしっかりつく高さ（約**30〜45**cm前後）
⑤ベッドの高さ（全介助の場合）：介護者の介護しやすい高さ（約**70**cm前後）
⑥廊下の幅員（自走用車いす使用の場合）：**85**cm以上
⑦蹴上げ（階段等の1段の高さ）：**16〜18**cm
⑧踏み面（階段等の1段の奥行き）：**24**cm以上
⑨手すりの高さ：大腿骨大転子部の高さ
⑩手すりの太さ：直径**30**mm前後
⑪洗面台・テーブルの高さ（車いす使用の場合）：**80**cm程度
⑫出入り口の幅（車いす使用の場合）：**90**cm以上

基礎知識2　ガイドヘルプ（手引き歩行）の方法　☞ p.239

ガイドヘルプの基本姿勢

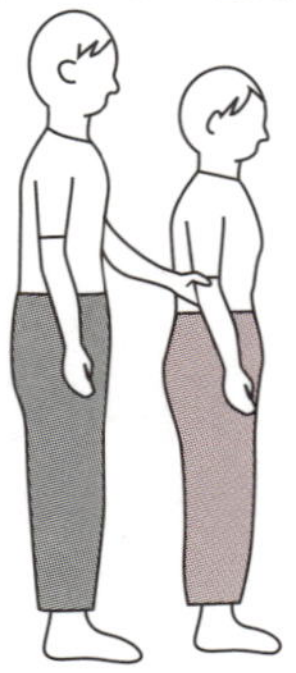

介助者が**視覚障害**者の右（左）斜め前に歩く方向を向いて立ち、視覚障害者がうしろから介助者の肘の上をつかむ。

視覚障害者　介助者

ガイドヘルプで使う腕・手・足の名称

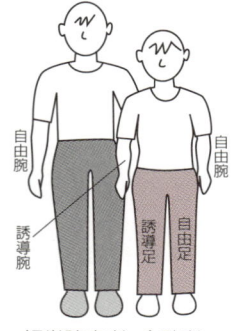

自由腕　自由腕　誘導腕　誘導足　自由足

視覚障害者　介助者

介助者と視覚障害者が接触する側の手と腕そして足を「**誘導**手・腕・足」とよび、もう片方を「**自由**手・腕・足」とよぶ。

資料：一番ケ瀬康子・井上千津子・鎌田ケイ子・日浦美智江編『新・セミナー介護福祉〔三訂版〕⑬形態別介護技術』ミネルヴァ書房、2007年、p.96

領域：介護　科目6／生活支援技術
基礎知識をまとめておこう

基礎知識 3　杖を使った階段歩行（上り・下り） ☞ p.235〜236

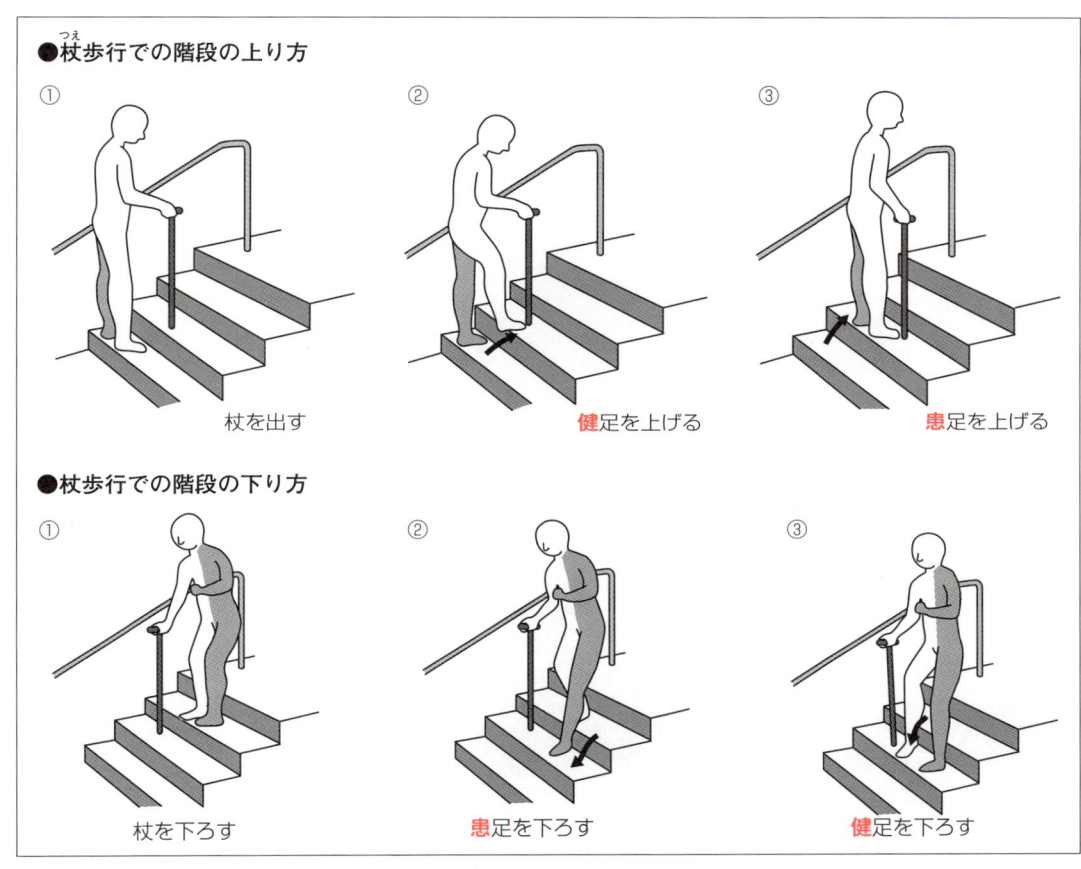

●杖歩行での階段の上り方

① 杖を出す
② 健足を上げる
③ 患足を上げる

●杖歩行での階段の下り方

① 杖を下ろす
② 患足を下ろす
③ 健足を下ろす

資料：一番ケ瀬康子他編『新・セミナー介護福祉〔三訂版〕⑫介護技術』ミネルヴァ書房、2007年、p.129

基礎知識 4　片麻痺者のベッドから車いすへの移乗 ☞ p.236〜237

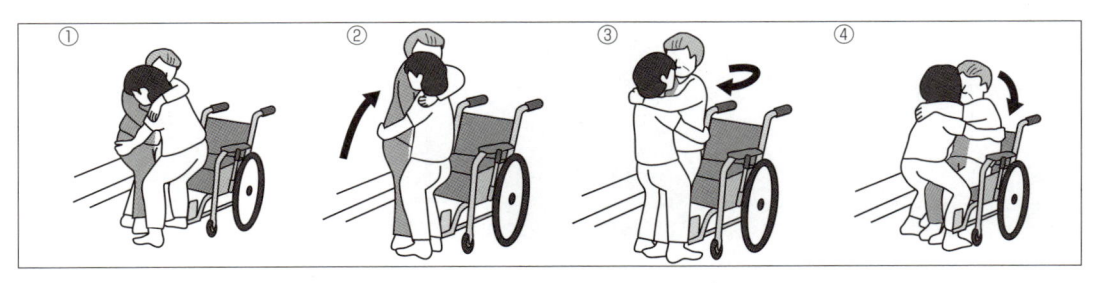

① ② ③ ④

資料：一番ケ瀬康子他編『新・セミナー介護福祉〔三訂版〕⑫介護技術』ミネルヴァ書房、2007年、p.126

科目6 　**生活支援技術**
基礎知識をまとめておこう

基礎知識5　車いすの操作　⇒p.236〜237

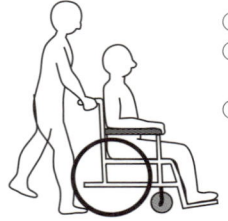

●車いすの押し方
①車いすの**真うしろ**に立つ。
②両手でグリップを深く、しっかり握る。
③前後左右に注意して**ゆっくり**押していく。

●車いすのブレーキのかけ方
①車いすの**横**に立つ。
②片手はグリップを握り、もう一方の手で**ブレーキ**を完全にかける。
③**反対**側のブレーキをかける。

●段差の上り方

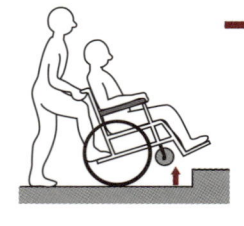

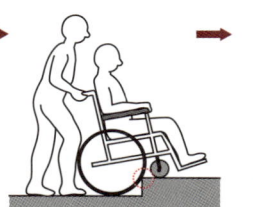

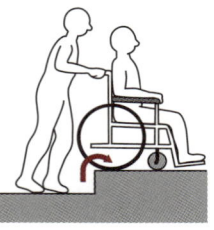

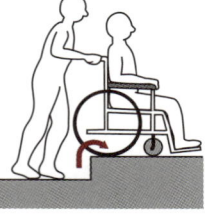

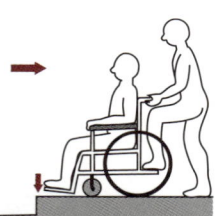

［原則］車いす前向き
①キャスター上げをする。
②キャスターを段に乗せる。
③段差に沿ってすり上げるように**大車輪**を押し上げる。

車いすうしろ向き
①キャスター上げをする。
②大車輪を段の角に当て、段に沿って引き上げる。
③キャスターを下ろす。
※前向きより高い段差を上げることができる場合がある。

●段差の下り方

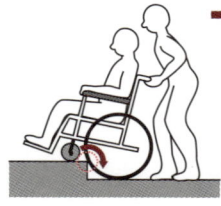

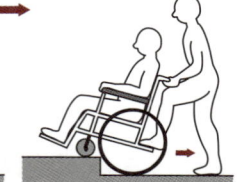

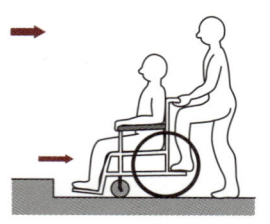

［原則］車いすうしろ向き
①大車輪を段に沿って下ろす。
②**キャスター**を上げ、うしろに引く。
③**キャスター**を下ろす。

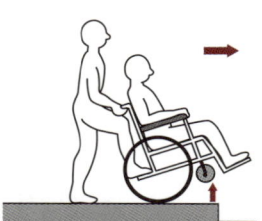

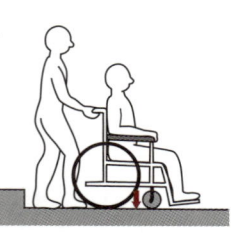

車いす前向き
①キャスター上げをする。
②大車輪を角に当て、段に沿って下ろす。
③キャスターを下ろす。
※急激に落ちないように、ゆっくりと下ろす。

資料：一番ケ瀬康子他編『新・セミナー介護福祉〔三訂版〕⑫介護技術』ミネルヴァ書房、2007年、p.132・133

領域：介護　科目6／生活支援技術
基礎知識をまとめておこう

基礎知識6　体位の種類　☞ p.236〜239

基本体位	立位		つま先を約**60°**に開き、手は身体の両側に軽くたれ、顔を正面に向けてまっすぐ立つ。 身体を支持する面が両足の底面に限られており、身体をどの方向にもただちに向けることができる、緊張した姿勢である。
臥位（基本姿勢）	仰臥位（ぎょうが）		背部のほとんどが支持面で、筋肉の緊張は最小で重心も低い。正しい姿勢は頭頸部（とうけい）と脊柱（せきちゅう）が一直線になるようにする。頸部が緊張しないように**枕**（まくら）を用いる。
	側臥位（そくが）		身体の左右いずれかを下にした臥位である。頭、頸部、背部が一直線になるようにする。上腕は少し曲げる。股関節と膝関節をやや屈曲させバランスをとる。
	腹臥位（ふくが）		うつぶせの体位である。頭は横向けにする。頸部と背部は一直線になるようにする。**肘**（ひじ）関節は軽く曲げる。
座位	端座位（たんざ）		ベッドの端に座り、足を床につけた姿勢。開放性（背もたれがない）座位となるため、姿勢を保持するのに諸筋肉が収縮し、その刺激が脳（脳幹網様体）（かくせい）に伝わり「覚醒水準」を高める。また**下肢**（こうしゅく）の拘縮予防となる。

資料：一番ケ瀬康子他編『新・セミナー介護福祉〔三訂版〕⑫介護技術』ミネルヴァ書房、2007年、p.93　一部改変

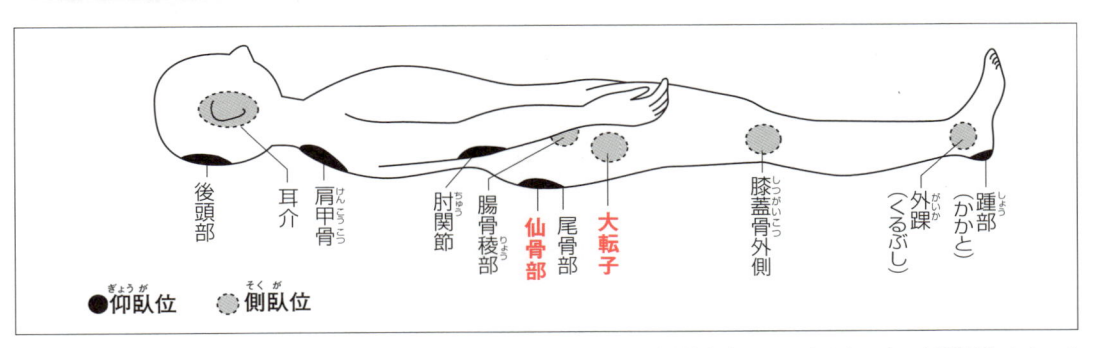

基礎知識7　褥瘡（じょくそう）の好発部位　☞ p.237〜238

後頭部　耳介　肩甲骨（けんこうこつ）　肘関節（ちゅう）　腸骨稜部（りょう）　仙骨部　尾骨部　**大転子**　膝蓋骨外側（しつがいこつ）　外踝（がいか）（くるぶし）　踵部（しょう）（かかと）

● 仰臥位（ぎょうが）　　◯ 側臥位（そくが）

資料：介護技術全書編集委員会『これで合格最短マスター　介護福祉士国家試験実技試験のためのわかりやすい介護技術』ミネルヴァ書房、2000年、p.70、一部改変

科目 6 **生活支援技術**
基礎知識をまとめておこう

基礎知識 8 　クロックポジション　☞ p.244

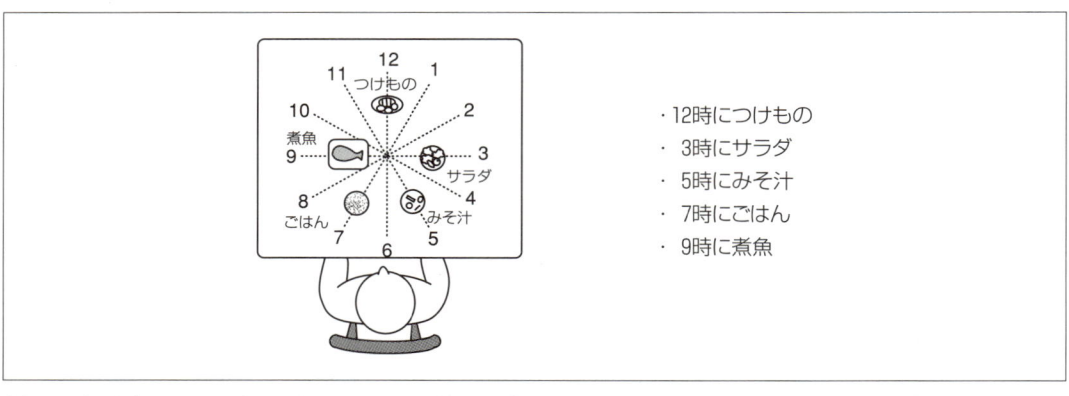

- 12時につけもの
- 3時にサラダ
- 5時にみそ汁
- 7時にごはん
- 9時に煮魚

資料：一番ケ瀬康子・井上千津子・鎌田ケイ子・日浦美智江編『新・セミナー介護福祉〔三訂版〕⑬形態別介護技術』ミネルヴァ書房、2007年、p.101

基礎知識 9 　繊維の種類と特徴　☞ p.267～268

分類	繊維名	特徴
天然繊維	綿	汗や水をよく吸う。丈夫で洗濯に強いが、縮みやすい。肌触りがよく、しわになりやすい
	麻	汗や水をよく吸う。丈夫で洗濯に強いが、縮みやすい。熱に強い。光沢があり、しわになりやすい
	羊毛	弾力性があり、保温性が高い。石鹸やアルカリに弱く、縮みやすい。白ものは日光で黄変しやすい
	絹	吸湿性がある。石鹸やアルカリに弱い。光沢があり、しなやかな感触がある。白ものは日光で黄変しやすい
再生繊維	レーヨン	汗や水をよく吸うが、ぬれると弱くなる。しわになりやすく、縮んだり型くずれしやすい
	アセテート	摩擦に弱く、薬品にも強くない。絹のような光沢と感触がある。絹に比べてしわになりやすい
合成繊維	ナイロン	軽くて丈夫である。乾きやすい。白ものはしだいに黄変する
	ポリエステル	汗や水を吸いにくく、汚れがつきにくい。摩擦に強く、丈夫である。しわになりにくく、型くずれしにくい。合成繊維のなかでは熱に強い。洗濯によって、逆汚染しやすい
	アクリル	軽くて保温性が高い。弾力性があり、しわになりにくい。薬品に強いが、熱には弱い。毛玉がつきやすい

領域：介護　科目6／生活支援技術
基礎知識をまとめておこう

基礎知識 10　高齢者の体型変化と衣服の不適合　☞ p.268

身長、手足が縮む	ズボン丈や袖丈（そでたけ）が長くなり、つまずきや引っかかりの原因になる
背中が丸くなる	ブラウスなど上衣の背丈が短くなる
肩が丸くなる	ブラウスなど上衣の背幅がせまくなり、窮屈に感じる
胴囲が太くなる	スカートやズボンのウエストがきつくなる
下腹部に脂肪がつき、臀部（でんぶ）の脂肪が落ちる	スカートやズボンのうしろのウエストがずり落ちる
腰が曲がる	衣服の前丈が余り、うしろ丈が短くなる

資料：一番ケ瀬康子・江澤郁子・田端光美編『新・セミナー介護福祉〔三訂版〕⑧家政学概論』ミネルヴァ書房、2007年、p.202

基礎知識 11　家計調査における受取、支払の分類　☞ p.268〜269

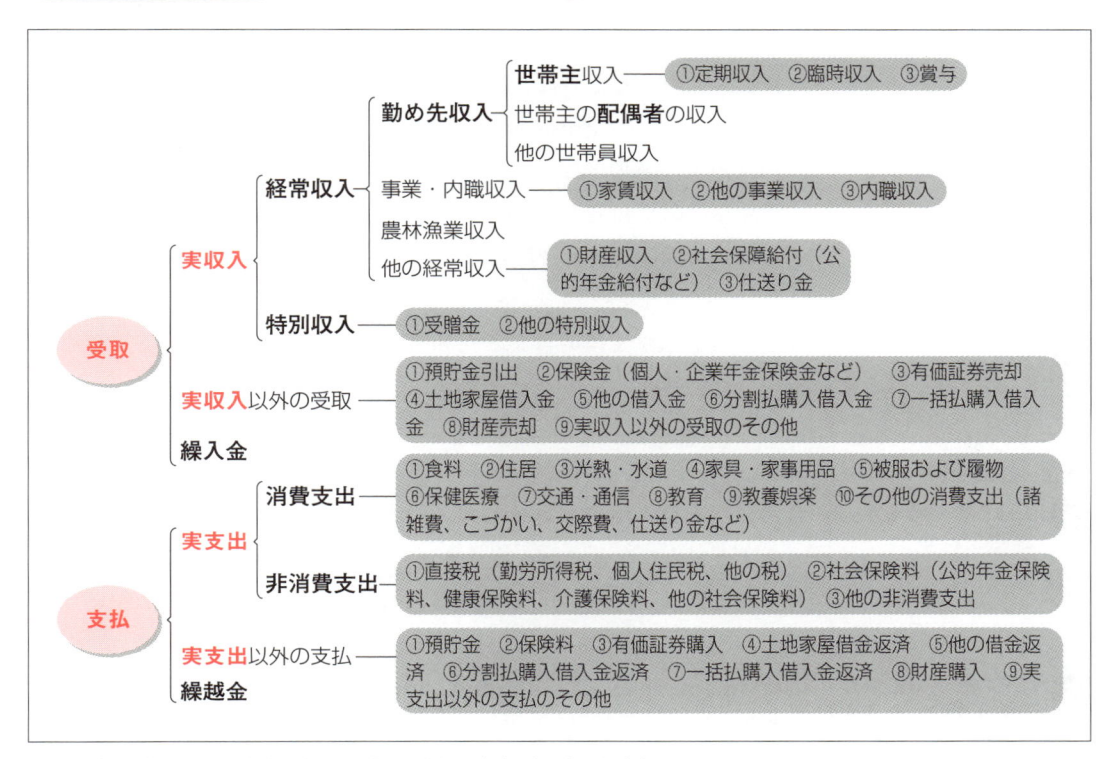

【受取】
- 実収入
  - 経常収入
    - 勤め先収入
      - 世帯主収入 ― ①定期収入　②臨時収入　③賞与
      - 世帯主の配偶者の収入
      - 他の世帯員収入
    - 事業・内職収入 ― ①家賃収入　②他の事業収入　③内職収入
    - 農林漁業収入
    - 他の経常収入 ― ①財産収入　②社会保障給付（公的年金給付など）　③仕送り金
  - 特別収入 ― ①受贈金　②他の特別収入
- 実収入以外の受取 ― ①預貯金引出　②保険金（個人・企業年金保険金など）　③有価証券売却　④土地家屋借入金　⑤他の借入金　⑥分割払購入借入金　⑦一括払購入借入金　⑧財産売却　⑨実収入以外の受取のその他
- 繰入金

【支払】
- 実支出
  - 消費支出 ― ①食料　②住居　③光熱・水道　④家具・家事用品　⑤被服および履物　⑥保健医療　⑦交通・通信　⑧教育　⑨教養娯楽　⑩その他の消費支出（諸雑費、こづかい、交際費、仕送り金など）
  - 非消費支出 ― ①直接税（勤労所得税、個人住民税、他の税）　②社会保険料（公的年金保険料、健康保険料、介護保険料、他の社会保険料）　③他の非消費支出
- 実支出以外の支払 ― ①預貯金　②保険料　③有価証券購入　④土地家屋借金返済　⑤他の借金返済　⑥分割払購入借入金返済　⑦一括払購入借入金返済　⑧財産購入　⑨実支出以外の支払のその他
- 繰越金

資料：総務省「家計調査　家計収支編　収支項目分類一覧（平成27年1月〜）」

科目6 単元1 生活支援技術 生活支援

Step 1 重要項目を覚えよう

◆ **生活の理解**

1 生活の定義
生活とは、生命の**活性化**の略であり、**基本**的欲求（→p.408 **1**）が満たされて、はじめて成り立つものである。「基本的欲求の充足過程」との定義づけもある。

生活の3要素
衣・食・住が生活の3要素である。　出題実績 ▶ 27〔41〕

2 生活形成のプロセス
次にあげたような生活**行為**が統合されて、生活が成り立っている。これらの生活行為は生命の活性化のために行われ、自己**実現**の手段である。

生活行為
① I 群：**コミュニケーション**
② II 群：**ADL**（Activities of Daily Living；**日常生活動作**）……起居、食事、排泄（はいせつ）、入浴など生活に欠かせない基本的な身体動作や移動動作
③ III 群：**IADL**（Instrumental Activities of Daily Living；**手段的日常生活動作**）……調理、掃除、洗濯、外出、買い物など、基本動作だけでなく家事活動や**社会**生活に関連した動作
④ IV 群：**余暇**活動、社会活動

3 生活経営
生活を各個人が**主体**的にマネジメントしていくという考え方、その方法をいう。判断能力が**不**十分になると、生活経営は困難になる。

◆ **生活支援**

4 生活支援の考え方 頻出
生活支援とは、障害があっても、利用者が**主体**的な生活を送ることができるように支援すること。生活支援を実現するためには、「**尊厳**の保持」「**自立**支援」「介護**予防**」が大切である。　出題実績 ▶ 24〔42〕・26〔41〕

5 ICFの視点に基づく生活支援のアセスメント 基本
ICF（International Classification of Functioning, Disability and Health；**国際生活機能分類**）では、生活機能は「**心身**機能・**身体**構造」「**活動**」「**参加**」からなる。このうち、「活動」と「参加」は、利用者の**実行**状況（実際に行っている活動）と利用者の**能力**（できる活動）によって評価される。

領域：介護　科目6／生活支援技術
単元1　生活支援

活動項目ごとに利用者が希望する活動を**目標**として設定し、実行状況と能力を**評価**し、目標を実現する方法を導き出すことが必要である。

Step 2　一問一答で確かめよう

問い
- **生活行為**の分類で、Ⅰ群に属するのは何？
- 障害があっても、利用者が**主体的な生活**を送ることができるように支援することを何という？
- **ICF**（International Classification of Functioning, Disability and Health；国際生活機能分類）の**生活機能**のうち、「**活動**」と「**参加**」の評価は、利用者の実行状況と何で行われる？

答え
- コミュニケーション　return **2**
- 生活支援　return **4**
- 能力　return **5**

Step 3　過去問に挑戦！

問題　生活支援の基本的視点として、**適切なものを1つ**選びなさい。　第24回（2012年）〔42〕

1　生活モデルより医学モデルを尊重する。
2　ICF（International Classification of Functioning, Disability and Health；国際生活機能分類）よりICIDH（International Classification of Impairments, Disabilities and Handicaps；国際障害分類）を尊重する。
3　利用者のニーズより現状の介護サービスに適合させることを尊重する。
4　個別ケアより集団ケアを尊重する。
5　介護者の意向より利用者の意向を尊重する。

答え　5

医学モデルと生活モデル（社会モデル）を統合したアプローチを尊重する（1は不適切）。ICIDHの反省をもとに改訂されたICFを尊重する（2は不適切）。利用者のニーズに介護サービスを適合させることを尊重する（3は不適切）。集団でなく個別のケアを尊重する（4は不適切）。介護者でなく利用者の意向を尊重する（5が適切）。　return **4 5**

科目6 単元2 **生活支援技術**
自立に向けた居住環境の整備

Step 1 重要項目を覚えよう

◆ **居住環境整備の意義と目的**

① 居住環境整備 基本

高齢者や障害のある人が快適で**安全**にくらしていくためには、居住環境の整備が大切である。

環境整備の視点
環境整備の視点としては、**災害**防止・**事故**防止の対策、**感染**症に対する配慮、安心で健康的な環境、**自立**を助ける機能的な環境などがあげられる。具体的には、以下のような点に配慮して居住環境を整える。

転倒防止
高齢者や障害者は、敷居のようなちょっとした**段差**や、床に置かれた荷物や家具、敷物につまずいたり、床に落ちた水滴などで滑ったりして**転倒**することがある。特に高齢者は、転倒によって**骨折**し、それがきっかけとなって**寝たきり**になることも多い。**段差**の解消、**手すり**の設置、室内の整理整頓など、**転倒**の原因となるものを除去し、転倒防止に努める。また、もし可能なら、利用者の生活空間は**1**階に配するようにすることも大切である。
① **水**がこぼれたらすぐにふきとる。
② **カーペット**などは敷き詰めるか、撤去する。
③ 浴室のタイルは**大き**いものは避ける。
④ 居室や廊下に**障害**物を置かない。
⑤ **足下**にも注意できるよう居室や廊下も十分な明るさを保つ。

照明
居室内には自然光をできるだけ取り入れる工夫をする。日本建築学会の照度基準では、居間の団欒には一般に**150**ルクスから**300**ルクスが適切とされている。高齢者の場合は明るめ（**200**ルクス以上）にし、廊下やトイレも居室との明るさの差が**少な**くなるようにする。　出題実績 ▶ 24〔45〕

緊急時の対応
緊急時のために、安全に逃げられるような経路を2つ以上設けておく。
① 浴室やトイレの戸は、**引き戸**か、ドアなら**外**開きにする。
② トイレのドアは**外**からも開けられるようにしておく。

◆生活空間と介護

2 すまいとアイデンティティ

自宅あるいはそれを取り巻く環境には、長い年月をかけて培(つちか)った思い出や住民どうしの関係性が蓄積されているため、高齢者が住み慣れた地域で生活することを保障することがその人の**アイデンティティ**を守ることになる。一方、高齢期に急激に環境を変えることは大きな**リスク**になり、**適応**が難しいことが多い。

3 生活の場としての整備

利用者と家族の生活を尊重する視点からは、次のような点に注意することが大切である。

①利用者の生活**習慣**や生活**歴**、生活**時間帯**を尊重する。
②利用者の**ADL**（Activities of Daily Living；**日常生活動作**）に適した環境を、そのつど整備する。
③利用者のもつ力を**最大限**に引き出し、**自立**した生活ができるように工夫することで、**QOL**（Quality of Life；**生活の質**）を高める。
④**転落**や**転倒**の予防など、安全に配慮する。
⑤**同居**家族がいる場合、利用者にも**家族**にも使いやすい環境を整える。

◆居住環境のアセスメント

4 ICFの視点に基づく利用者の全体像のアセスメント

居住空間整備上の**ニーズ**がどこにあるかを明確にする必要がある。一日の生活について、利用者や家族などから聞き取りを行うとき、「できている活動」「支援や環境整備が整えばできそうな活動」「できない活動」に整理することが大切である。また、利用者の生活歴や生活習慣、価値観などの、ICF（International Classification of Functioning, Disability and Health；国際生活機能分類）の**個人**因子に特に配慮する必要がある。

できている活動	基本的に問題は**少**ないが、**環境**整備によって安全性や利便性が向上する改善点について検討する。
支援や環境整備が整えばできそうな活動	「できる・できない」の境界線上にあると考えられ、どのような支援や**環境**整備によって改善が見込めるのか、検討する価値が**高**い。
できない活動	介護の専門職の視点から、**環境**整備を検討する必要がある。

◆安全で心地よい生活の場づくり

5 居室・寝室 基本

居室・寝室は最も多くの時間を過ごす空間であるため、利用者にとって居心地のよい場所であることが重要である。

①これまでの**生活習慣**が守られること。
②**プライバシー**が尊重され、なおかつ、家族をはじめとした他者と交流が図れること。

科目 6 生活支援技術
単元 2 自立に向けた居住環境の整備

③健康な生活が保たれるよう、環境面（**温度**、**湿度**、換気、防音、採光など）や衛生面に配慮されていること。

④利用者の身体状況に適した生活空間であること（**バリアフリー**）。

居室　居室は、**採光**が十分で、風通しがよく、**トイレ**に近い場所がよい。また**プライバシー**が保てるように配慮すると同時に、**孤立**感を感じないように、家族との団欒や食事に参加しやすい場所とする。

寝具　起き上がり、立ち上がりが不自由な場合、寝具は、**布団**よりもベッドのほうがよい。ベッドの高さは利用者が自分で移動できる場合は、**端座**位で足底全体が床につき、**立ち上がり**やすい高さ（**30～45**cm前後）にする。寝たきりで全介助の場合は約**70**cm前後とし、介護者の負担を軽減する。シーツは**吸湿**性のよいものを用いる。

6 廊下・階段 [基本]

廊下や階段は、**転倒**などの事故が発生しやすいため、**手すり**や足下灯（フットライト）の設置など安全への配慮が必要である。

整備のポイント

①幅員は通常78cm前後だが自走用車いすには**85**cm必要。　出題実績 ▶ 24〔44〕

②階段の蹴上げは**16～18**cm、踏み面は**24**cm以上が基準となる。

③**手すり**をつける場合は**両**側に設置することが望ましい。片側のみにしか設置できない場合は、下りるときの**利き手**側に設置する。　出題実績 ▶ 24〔44〕

④手すりの高さはめやすとして大腿骨大転子部の高さ、太さは軽く握って親指と中指の先が触れる程度（直径**30**mm前後）とする。階段にかかる手前に**30**cm以上のばして取り付け、先端は衣類が引っかからないように**湾曲**させる。　出題実績 ▶ 24〔44〕

⑤長い階段では**踊り場**を設置する。

⑥滑らないための配慮（踏み板の先端に**滑り止め**をつけるなど）をする。

⑦**足下灯**（**フットライト**）を設置し、足下を照らす。

⑧敷居などの**段差**をなくし、転倒を防ぎ、移動しやすくする。わずかな**段差**も転倒・骨折（fracture）の要因となる。

7 台所

台所は、**調理**という重要な家事をする場所であり、使い勝手のよしあしが住む人の**健康**を左右することにもなりかねないので、十分な配慮が必要である。

整備のポイント

使用する人の身体状況に合わせて整備する。歩行に障害がある場合は、通常以上に**動線**に配慮し、作業時の移動距離が**短**くなるように調理台などを配置する。車いす使用の場合は、調理台の高さなどを調整するとよい。

車いすに座った状態でアームサポートなどの高さを測って決めるが、通常より**低**めになる。**シンク**も、通常の18〜20cmのものを**12〜15**cm程度の浅いものに変更すると、膝（ひざ）が入り使いやすい。

8 浴室・洗面所・脱衣所・トイレ
基本

浴室・洗面所・脱衣所・トイレは、住宅において事故が発生し**やすい**場所である。安全に十分配慮し、必要に応じて**手すり**を設置するなどの対策が必要である。使いやすい環境を整備することで、**自立**を助け、**QOL**（Quality of Life；**生活の質**）の向上につながる。

整備のポイント

①出入り口の戸は**引き戸**が望ましい。

適否	タイプ	理由
◎	**引き戸** （横に引いて開ける戸）	開け閉めの際に体勢がくずれにくく、室内スペースが確保される
△	**外開き戸** （個室の外側に向かって開く戸）	開けるためにはいったん下がらなければならず、開け閉めの際に体勢がくずれやすい
×	**内開き戸** （個室の内側に向かって開く戸）	開け閉めの際に体勢がくずれやすく、個室内で倒れた場合、利用者の身体が戸にぶつかって開けにくい

表1　出入り口の戸のタイプの特徴

②開口部を**90**cm以上確保する。車いすでも通れるためには、最低**90**cmが必要。介護のしやすさなどを考慮すると**100〜120**cmが理想的である。

③換気や温度調節ができるようにする。居室などとの**温度**差が大きいと**心**疾患（heart disease）や**脳血管**障害（cerebrovascular disorder → p.327 **21**）などの発作が起きやすいため、整備が必要である。

④床材は乾きが早く、滑り**にくい**素材を用いる。**転倒**防止のために、床が滑らないようにすることが重要である。

⑤ドアにかぎをつける場合、**外側**からも開けられるものにする。個室内で倒れた場合などの緊急時の対策を整えておく必要がある。

9 浴室の環境
基本

浴室は**転倒**防止に努めることが重要である。整備のポイントを整理しておこう。

整備のポイント

①滑りにくい床材にし、洗い場には**滑り止めマット**を敷く。浴槽の底にも**滑り止めマット**などを用いる。

②浴槽の縁の高さは**40〜45**cm程度。**バスボード**使用時は、浴槽に渡したときに固定できるようにする。浴槽から立ち上がる（出る）際に、**利き手**や**健側**でつかめるように手すりを設置する。

出題実績 ▶ 24〔44〕

科目6 生活支援技術
単元2 自立に向けた居住環境の整備

③出入り口にも**手すり**を設置する。
④入浴用いす（**シャワーチェア**）の利用なども検討する。

10 トイレの環境 〔頻出〕

トイレは、環境整備の必要性が特に高いところである。整備の良否が緊急時の対応も左右する。

整備のポイント

①トイレは、居室・寝室に**近**い場所とし、戸はできれば**引き戸**とする。緊急時の対応などを考慮して、**内**開きのドアは避ける。　〔出題実績〕▶ 24〔44〕・27〔43〕

②出入り口の**段差**をなくす。

③車いすの場合は、車いすが回転できて**介護**者が一緒に入れるスペースを確保する。便座の高さを車いすの**座面**の高さと同じにするとよい。

④利用者の身体状況、**ADL**（Activities of Daily Living：**日常生活動作**）の程度などを考慮して、手すりを取り付ける。**立ち上がる**ときに持ちやすい位置（縦手すりは便器の先端の**前方**）がよい。　〔出題実績〕▶ 27〔43〕

⑤立ち上がりや車いすへの移乗などを考えると、**和**式トイレより**洋**式トイレのほうがよい。介助が必要な場合は便器の**前方**に介助スペースを確保する。**和**式トイレの場合は簡易式便座なども検討する。　〔出題実績〕▶ 27〔43〕

⑥照明は、就寝時の寝室より**明る**くする。　〔出題実績〕▶ 27〔43〕

⑦冬場は暖房器具や暖房便座を使用し、居室などとの**温度**差を少なくする。

11 住宅改修 〔頻出〕

住まいが身体状況に合わなくなった場合、**改修**や**改築**などを検討することになる。

介護保険での住宅改修

手すりの取り付けなど**6**種類を対象に、**居宅介護住宅改修**費（要介護者）、**介護予防住宅改修**費（要支援者）が支給される。上限は**20万円**。また、介護保険と併用できる住宅改造費補助を行う自治体もある。

支給対象：①手すりの取り付け、②段差の解消、③滑りの防止および移動の円滑化等のための床材の変更、④引き戸等への扉の取り換え、⑤洋式便座等への便器の取り換え、⑥その他、①〜⑤の改修に付帯して必要になる住宅改修。　〔出題実績〕▶ 25〔42〕・27〔42〕

12 住宅のバリアフリー化 〔基本〕

利用者の**自立**を助けるためには、それぞれの状態、能力に応じた環境整備が必要である。整備の思想のおもなものに、バリアフリーとユニバーサル・デザインがある。

バリアフリー

バリアとは、高齢者や障害のある人が社会生活を送るうえでの障壁のことである。バリアフリーとは、この障壁を取り除くことで、物理的には

ユニバーサル・デザイン	段差の解消、手すりの設置などがあげられる。 バリアフリーからさらに一歩進んで、すべての人が利用しやすい設備、製品の設計をユニバーサル・デザインという。はじめからバリア（障壁）がない、ユニバーサル・デザインの視点も大切である。

◆施設等での集住の場合の工夫・留意点

13 施設の環境整備 〔基本〕		特別養護老人ホームなど、高齢者施設における環境整備では、次のような点に留意する。
	居室の個室化	高齢者施設では、集団生活が基本となるため、他人の干渉を受けやすい状態にある。一人の時間や空間を確保するために、個室の整備が望ましいが、それが困難な場合は、居室内の仕切り方などを工夫し、利用者のプライバシーを確保する。
	なじみの生活空間づくり	長い間使い込んだものや思い出の品など、できる範囲でその人のなじみのもので生活空間が構成できるようにするのが望ましい。　出題実績▶25〔41〕
	多様な居合わせ方	人数や目的に応じて、さまざまな居合わせ方ができるような空間にするために、空間の仕切り方やソファ、テーブルなどの配置に注意を向ける。
	同じ形をくりかえさない	同じ形の居室のドアが廊下に並ぶと、どこが自分の居室なのかわかりにくい。同じ形が4つ以上並ぶ場合は、飾りや装飾などでアクセントをつけ、わかりやすくする工夫が求められる。
	広すぎない空間	広すぎる空間は、高齢者どうしの交流や高齢者と職員のかかわりを減少させてしまう。また、高齢者の移動性も考慮に入れ、連続しつつもゆるやかに切り分けることができる空間が望ましい。
14 生活単位の小規模化 〔基本〕		できるかぎり在宅での生活に近い居住環境で、生活単位を小規模化することで、利用者の生活リズムや個性を大切にした介護が提供できる。
	グループホーム	グループホーム（認知症対応型共同生活介護）は、認知症（dementia）の高齢者が家庭的な環境のなかで、少人数で共同生活を行う施設である。1ユニット（共同生活住居）の定員は5～9名で、1事業所あたり1～2のユニットと定められている。利用者の居室は原則個室とされる。介護職の数は、定員が7～9名の場合、昼間は3名以上、夜間は1名以上とされる。調理その他の家事は、原則として利用者と共同で行うように努めることが求められる。　出題実績▶25〔43〕
	ユニットケア	ユニット型特別養護老人ホームでは、1ユニットの定員はおおむね10名以下で、居室に隣接したリビングスペース（共同生活室）を設ける。居室は夫婦で入居する場合などを除いて個室が原則である。トイレや洗面

科目 6 生活支援技術
単元 2 自立に向けた居住環境の整備

所は各居室に設けるか、ユニット内に分散して**複数**設置する。浴室は少なくとも居室がある各階に設けることになっている。日中はユニット内に1名以上の介護職が配置され、2ユニットごとに1名以上の研修を受けた**ユニットリーダー**がおかれる。

◆ 他の職種の役割と協働

15 他職種の役割と協働

居住環境整備において連携すべき職種には、建築、福祉用具、保健医療特にリハビリテーションなどの専門職が考えられる。すなわち、**建築士**や工務店であり、福祉用具にくわしい理学療法士（PT）や作業療法士（OT）である。介護保険を利用して住宅改修を行う場合、ケアプランを作成する**介護支援専門員**（**ケアマネジャー**）との連携も必要である。

Step 2 一問一答で確かめよう

問い	答え
□段差の解消や手すりの設置は何のために行われる？	転倒や骨折の防止 （return 1）
□高齢者の**居室の照明**は一般より暗くする？　明るくする？	一般より明るくする （return 1）
□生活の場としての整備に関する留意点で、尊重しなければならないのは、**生活習慣**、**生活時間帯**ともう一つは何？	生活歴 （return 3）
□ICF（International Classification of Functioning, Disability and Health；国際生活機能分類）の視点に立った居住環境整備のアセスメントで、特に配慮しなければならないのは、**環境因子・個人因子**のどちら？	個人因子 （return 4）
□**居室**は、どこに近い場所がよい？	トイレ （return 5）
□利用者が自分で移動できるとき、**ベッドの高さ**はどのくらいが適切？	30〜45cm前後 （return 5）
□利用者が寝たきりで**全介助**の場合、**介護者の負担を軽減**するためのベッドの高さはどのくらい？	70cm前後 （return 5）
□安全のために階段や廊下に必要とされる設備は、**足下灯**ともう一つは何？	手すり （return 6）
□階段に**手すり**をつける場合、片側しか設置できないときは、上るとき・下りるときのどちらの利き手側に設置する？	下りるときの利き手側 （return 6）
□車いすを使用する人のために**調理台の高さ**を調整するとき、調理台は通常より高めになる？　低めになる？	低めになる （return 7）

- □ トイレや浴室の出入り口のドアは、**内開きの戸・引き戸**のどちらがよい？
- □ 浴室の**洗い場**や**浴槽**には何を敷く？
- □ **トイレ**は、立ち上がりや車いすへの移乗などを考えたとき、**和式・洋式**のどちらがよい？
- □ **介護保険制度**の**住宅改修**で、対象となる住宅改修を行った**要介護者**に支給されるのは何？
- □ 高齢者や障害のある人が社会生活を送るうえでの**障壁を取り除く**ことを何という？
- □ バリアフリーからさらに一歩進んで、**すべての人が利用しやすい設備、製品の設計**のことを何という？
- □ ユニットケアで、2ユニットごとに1名配置される**リーダー**を何という？

引き戸 return 8

滑り止めマット return 9
洋式 return 10

居宅介護住宅改修費 return 11

バリアフリー return 12

ユニバーサル・デザイン
return 12

ユニットリーダー return 14

Step 3 過去問に挑戦！

問題 介護保険の給付対象となる住宅改修として、正しいものを1つ選びなさい。

第27回（2015年）〔42〕

1 寝室の近くにトイレを増設する。
2 階段に昇降機を設置する。
3 手すりを取り付けるために壁の下地を補強する。
4 浴室内にすのこを置く。
5 浴室に暖房機を設置する。

答え 3

介護保険の給付対象となる住宅改修は次の6種類。①手すりの取り付け、②段差の解消、③滑りの防止および移動の円滑化等のための床材の変更、④引き戸等への扉の取り換え、⑤洋式便座等への便器の取り換え、⑥その他、①～⑤の改修に付帯して必要になる住宅改修。⑥にあたる3が正しい。 return 11

科目6 単元3 生活支援技術

自立に向けた身じたくの介護

Step 1　重要項目を覚えよう

◆ 身じたくの意義と目的

1 身じたくの意義と目的

身だしなみを整えることで、生活に張りが出る。できるだけ好みの服装や髪型で過ごせるようにすることで、日常生活の**活性**化を図ることができる。利用者の**残存**機能を生かして、衣服の選択、着脱まで、少しでも自立できるように援助していく。利用者の自立のために、**福祉**用具の活用も視野に入れておく必要がある。

◆ 身じたくに関する利用者のアセスメント

2 ICFの視点に基づく身じたくのアセスメント

身じたくのアセスメントでは、**ICF**（International Classification of Functioning, Disability and Health：**国際生活機能分類**）の生活機能のうちの「**活動**」と「**参加**」、**背景**因子のうちの「**個人**因子」が重要になる。特に、高齢者一人ひとりのライフスタイルや生活習慣、価値観などの**個人**因子によって、身じたくの方法が異なることを理解し、その情報を収集することが大切である。また、身じたくの**自立**は、社会活動の**参加**につながることも理解して、アセスメントを行う。

◆ 生活習慣と装いの楽しみを支える介護

3 身じたくの介護で心がけること

身じたくを整えることは、毎日の生活に根づいたものであり、その人らしく快適に過ごすことで、社会生活を**円滑**にし、生活意欲を**高める**ことができる。身じたくの介護では、次のように心がける。

①身じたくに関する利用者の**生活習慣**をよく理解し、尊重していく。
②利用者の装いの**楽しみ**を尊重し、その人の**好み**に沿った援助をする。
③**社会**性への影響を考慮して、身じたくの援助にあたる。
④洗顔、ひげそり、整髪、歯みがきなどを規則正しく実施することで、生活の**リズム**をつくる。
⑤頭髪、口腔内、爪、皮膚などの部位の**衛生**状態を観察し、適切に援助することによって、**清潔**を保持し、感染を**予防**していく。
⑥爪の異常などの専門的な管理が必要なときの爪切り、重度の歯周病

（periodontal disease）があるときなどの口腔ケアなどは、**医療**行為にあたるので、介護職は行わず、**専門**職につなげる。
⑦利用者が自分で行えるところはなるべく自分で行うように促すことで、**自立**を支援していく。

◆整容行動、衣生活を調整する能力のアセスメントと介助の技法

4 整容 頻出

整容には、洗面やひげそり、整髪、爪の手入れなどがある。朝起きてから日常の行為として整容を行うことは、こころの健康につながる。

洗面
自分で洗面できないときは、**蒸し**タオルなどで、肌の表面を刺激しすぎないようにしてふいていく。鼻や目の周囲には汚れがつき**やすい**ので、特にていねいにふく。目のまわりは目頭から目尻のほうへ向けてふく。利用者ができるところは自分でふいてもらう。　出題実績 ▶ 24〔46〕

耳の手入れ
動かないよう顔を安定させ、慎重に行う。**乾いた**耳あかは耳かきでとれるが、**湿った**耳あかは水かアルコールで湿らせた綿棒を用いる。

ひげの手入れ
利用者が自分でひげそりができるときは、電気かみそりでそるだけで十分である。皮膚に対して**直角**に当てるようにしてそってもらう。介護職が安全かみそりを使うときは、蒸しタオルで顔の下のほうをおおってひげを**柔らか**くしたあと、皮膚をのばしながら、傷つけないように注意して行う。そったあとは、皮膚を保護し、保湿するためにクリームや化粧水などをつける。　出題実績 ▶ 24〔46〕・27〔44〕

整髪
ブラッシングは、頭皮の血行を**促進**することができる。利用者が自分でブラッシングできる場合は、**手**や肩の運動になるだけでなく、鏡で自分の姿を見ることで、社会性を維持することができる。介護職が行う場合は、髪型や整髪料の有無など**利用**者の希望を聞くことが大切である。

爪の手入れ
爪そのものに異常がなく、爪の周囲にも化膿（かのう）や炎症がなく、**糖尿**病（diabetes mellitus →p.331 29）などの疾患にともなう専門的な管理が必要でない場合は、介護職が爪切りややすりがけを行えるようになった。高齢者は爪がもろくなり割れ**やす**いので、入浴後や蒸しタオルをあてて爪を**柔らか**くしてから、少しずつ切っていくようにする。やすりがけは、おもに爪の切り口を整えるために行う。なお、爪ののびる早さは、手指のほうが足指よりも**早**い。

化粧
高齢になると化粧をしなくなる女性が多いが、化粧をすることで、精神的な変化がみられ、**意欲**の向上や**残存**機能の向上につながることも少なくない。適度に勧めるのが望ましい。口紅などの色は利用者の希望にしたがい、利用者ができない部分だけを介助するようにする。

科目 6 生活支援技術
単元 3 自立に向けた身じたくの介護

5 口腔の清潔 頻出

口腔内は細菌が繁殖しやすい条件がそろっているので、食事のあとはもちろん、食事を経口摂取できない場合も口腔ケアは大切である。食事をとらないことで唾液の分泌が減少し、口腔内に細菌が繁殖しやすくなる。細菌や食物が気道に入ると誤嚥性肺炎（aspiration pneumonia）を起こすことが知られているが、適切な口腔ケアにより口腔内の細菌を減らし、仮に誤嚥が起こっても肺炎（pneumonia →p.325 16）になりにくくすることができる。

口腔ケアの方法

高齢になると唾液の分泌が減少して口腔内が乾燥し、傷つきやすくなっている。利用者の状態に合った適切な口腔ケアが大切である。
① 歯ブラシを使うブラッシング法
② うがい
③ 口腔清拭

義歯

義歯は汚れやすく、口臭や感染の原因となるので清潔を保つ。
① 義歯ははずして歯ブラシと流水で洗う。 出題実績 ▶ 25〔44〕
② 歯肉を傷めないよう、寝る前にはずし（総義歯は下からはずす）、乾燥しないように水につけて保管する。 出題実績 ▶ 25〔44〕・27〔45〕

口腔ケアの留意点

① 介護が必要な利用者でベッド上で行う場合は、可能なら上半身を起こして行う。無理な場合は側臥位にして行う。 出題実績 ▶ 27〔45〕
② うがいができる利用者はブラッシングの前にうがいをしてもらう。 出題実績 ▶ 27〔45〕
③ 歯ブラシは柔らかめのものを用い、歯肉や義歯などを傷つけないようにする。また、舌苔の取りすぎにも注意する。 出題実績 ▶ 27〔45〕

6 衣服の着脱 基本

衣服は、汗や食べこぼしなどからだの内外からの汚れのために着替えが必要である。さらに毎日衣服を着替えることで、生活のリズムができ、自立した生活への意識が高まる。できるだけ利用者の好みを尊重しながら、利用者自身で着脱ができるような衣服のなかから利用者自身に選んでもらう。利用者自身で進んで着脱するように声かけを行い、介護職は利用者ができない部分を介助する。介助するときは利用者の羞恥心に配慮する必要がある。

着脱介助のポイント

① 座位が可能であれば、起き上がって着替えるようにする。
② 麻痺がある場合の着脱の原則は、「健側から脱ぎ、患側から着る」（脱健着患）。
③ 臥床したままで着脱の介助をする場合、前あきの衣服がよい。

領域：介護　科目6／生活支援技術
単元3　自立に向けた身じたくの介護

◆利用者の状態・状況に応じた身じたくの介助の留意点

7 感覚機能が低下している人の介助の留意点

感覚機能が低下している人は、視覚や嗅覚、皮膚感覚などの感覚機能の低下によって、においやかゆみなどを感じにくくなり、からだの汚れに気づきにくく、清潔を保ちにくくなる。このため、利用者が気づきにくい部位の清潔が保たれているかを、常に意識する必要がある。また、熱さや痛みを感じにくくなっていることもあるので、湯や蒸しタオル、ドライヤーの温度には十分に注意する。

8 運動機能が低下している人の介助の留意点

運動機能が低下している人は、身だしなみの動作にも支障が出てくる場合が多いが、時間がかかっても残存機能を生かしてなるべく自分の力で清潔が保てるように、利用者の好みを考慮したうえで、利用者がやりやすい方法を考えることが必要である。自助具の活用なども検討する。

9 認知・知覚機能が低下している人の介助の留意点

認知・知覚機能の低下によって、洗顔などの行為自体を忘れてしまったり、洗顔料などを口にしてしまったりすることがあるので、配慮が必要である。しかし、身だしなみを整える行為によって、気持ちが落ち着き、感情が安定することもある。特に、認知症（dementia）の高齢者の場合、身だしなみを整えることで、不快感やいらいら感、不安感といった心理的な問題を一時的にでも解決することができる。

◆他の職種の役割と協働

10 他職種の役割と協働

身じたくの介護は、毎日欠かすことのできないものの一つであるが、一見専門的ではないように思われる。しかし、利用者の自立のために福祉用具を活用するときは、医師や理学療法士（PT）、作業療法士（OT）などが利用者の動作や姿勢を評価し、介護支援専門員（ケアマネジャー）や福祉用具プランナーなどが福祉用具を活用するためのプランニングを行う。また、口腔ケアでは、歯科医師や歯科衛生士などとの連携が欠かせない。

科目 6 生活支援技術
単元 3 自立に向けた身じたくの介護

Step 2 －問－答で確かめよう

問い	答え
□ 身じたくに関するアセスメントで、重要になる**背景因子**は、**個人因子・環境因子**のどちら？	個人因子 ⮌2
□ 重度の歯周病（periodontal disease）がある場合の**口腔ケア**は、介護福祉士が行ってよい？　行ってはいけない？	行ってはいけない ⮌3
□ ひげそりを行うとき、**ひげを柔らかくする**ためには、蒸しタオル・冷たいタオルのどちらで顔の下のほうをおおう？	蒸しタオル ⮌4
□ ブラッシングによって、**頭皮の血流**は促進される？　抑制される？	促進される ⮌4
□ **爪切り**は入浴前・入浴後のどちらに行う？	入浴後 ⮌4
□ **爪がのびる早さ**は、手指・足指のどちらが早い？	手指 ⮌4
□ 高齢になったとき、女性は**化粧**をしたほうがよい？　化粧をしないほうがよい？	化粧をしたほうがよい ⮌4
□ 高齢になると、**唾液の分泌**は増加する？　減少する？	減少する ⮌5
□ 利用者が食事を**経口摂取**することができない場合、口腔ケアは必要？　不要？	必要 ⮌5
□ はずした**義歯**はよく乾燥させておく？　水につけておく？	水につけておく ⮌5
□ 利用者に**麻痺**がある場合、**衣服を脱ぐ**ときは、健側・患側のどちらを先にする？	健側 ⮌6
□ 利用者に**麻痺**がある場合、**衣服を着る**ときは、健側・患側のどちらを先にする？	患側 ⮌6
□ 利用者が**臥床**したまま着替えるときは、どのような服が望ましい？	前あきの服 ⮌6
□ **視覚**や**嗅覚**、**皮膚感覚**などの機能が低下している人は、かゆみや熱さを感じやすい？　感じにくい？	感じにくい ⮌7
□ 運動機能が**低下**している利用者に対しては、利用者がやりやすい方法や何とよばれる道具の使用を検討する？	自助具 ⮌8
□ 認知症（dementia）の高齢者の場合、**身だしなみを整える**ことで、心理的な問題はふえる？　いくらかでも減る？	いくらかでも減る ⮌9
□ **福祉用具**の利用を検討するとき、利用者の動作や姿勢を評価する役割を担うのは、**医師**や**作業療法士（OT）**以外ではどの職種？	理学療法士（PT）⮌10

領域：介護　科目6／生活支援技術
単元3　自立に向けた身じたくの介護

Step 3 過去問に挑戦！

問題　義歯の取り扱いに関する次の記述のうち、**適切なもの**を1つ選びなさい。

第25回（2013年）〔44〕

1　食事のとき以外はつけない。
2　みがくときは歯みがき粉を使わない。
3　熱湯で洗浄する。
4　総義歯は、上あごからはずす。
5　はずした義歯は、よく乾燥させておく。

答え　　2

義歯の役割は食事だけではなく、身だしなみとしての意義も大きい。朝の整容の一環として義歯をつけ、就寝前にはずすのが望ましい（**1は不適切**）。みがくときは歯みがき粉を使用すると研磨剤が義歯を傷つけることがあるため、歯ブラシと流水で行う（**2が適切**）。熱湯は義歯の変形や損傷につながるので避ける（**3は不適切**）。総義歯は、つけるときは上あごから、はずすときは下あごからが原則である（**4は不適切**）。はずした義歯は、乾燥による変形を防ぐため水につけて保管する（**5は不適切**）。

科目6 単元4 生活支援技術 自立に向けた移動の介護

Step 1 重要項目を覚えよう

◆移動の意義と目的

1 移動の意義と目的

移動は、日常生活に欠かせない行為の一つである。何不自由なく動けるうちは意識しないことが多いが、**ADL**（Activities of Daily Living；**日常生活動作**）、**IADL**（Instrumental Activities of Daily Living；**手段的日常生活動作**）のどちらにも移動がともなっている。**歩行**や車いすでの移動だけでなく、立つ・座る、**姿勢**を変える動作なども移動ととらえる。

◆移動に関する利用者のアセスメント

2 ICFの視点に基づく移動のアセスメント

ICF（International Classification of Functioning, Disability and Health；**国際生活機能分類**）に照らし合わせたアセスメント項目は次のようなものになる。これらの情報を総合的に判断し、利用者に対する理解を深める。

心身機能・身体構造
①**疾病**の状態、②**障害**の状態、③**麻痺**の状態、④保持できる姿勢、⑤体調、⑥痛み、⑦認知症（dementia）の状態。

活動、参加
①どのくらい移動できるか、②起き上がりができるか、③**座位**の保持ができるか、④**立位**の保持ができるか、⑤衣服の着脱、身なりの整えはできるか、⑥整理整頓はできるか、⑦買い物ができるか、⑧調理ができるか、⑨果たす役割は何か、⑩近隣の人との人間関係はできているか。

環境因子
①移動の**手段**は何か、②障害物の有無、③移動のための**福祉用具**などの活用、④介護者の活用、⑤制度などの活用。

個人因子
①性別、人種、年齢、体力、②ライフスタイル、生活習慣、**生育**歴、**価値**観、教育歴、職業歴、③性格、過去・現在の体験・経験・出来事、心理的な資質、その他の健康状態、意欲の有無。

◆安全で気がねなく動けることを支える介護

3 移動の介護で心がけること 基本

日常生活に欠かせない**移動**という行為が困難になり、移動の**自由**が制限されることは、**社会**生活の縮小につながる。次の点を心がけて、利用者の生活の範囲をせばめないようにすることが大切である。

①**外出できる環境づくり**……居宅から戸外へ出る際の**段差**をなくす、階

段を**スロープ**にするなど、可能な環境整備をする。

②**社会参加の機会を確保する**……外に出かけていく**意欲**がもてる機会をなるべく多くつくる。

③**余暇活動やレクリエーションを勧める**……同好の士との集い、デイサービスでのアクティビティなど、利用者が**楽しみ**にできる機会がよい。

◆ 安全で的確な移動・移乗の介助の技法

4 歩行の介助 頻出

利用者自身の**残存機能**に応じて、杖や歩行補助具などの**福祉用具**を使用しながら、**自立**を助ける支援が大切である。

杖の種類	**T字杖**……バランスが比較的とれ、握りを**握る**ことができる人が利用。 **ロフストランドクラッチ**……腕に固定でき、握力が**弱**くても利用可能。 出題実績 ▶ 25〔45〕・26〔47〕 **多点杖**……バランスがとりにくく、杖への荷重が**重**くなる人が利用。
杖の長さ	杖は適切な長さのものを選ぶ。足の横前方**15**cmの位置に杖先をついて、**肘**が軽く曲がる程度のものが望ましい。
杖を使った平地の歩行	杖を使った平地歩行には、**2動作**歩行（①**杖・患**側〈麻痺側等〉足→②**健**側足）と**3動作**歩行（①**杖**→②**患**側〈麻痺側等〉足→③**健**側足）の2つの方法がある。2動作歩行のほうが移動速度は**速**いが不安定なため、**軽症**者以外は、通常3動作歩行である。 **3動作歩行の手順**……まず、**杖**を1歩前に出し、**支持基底**面（→p.441）を広げることで安定性を確保する。**患**側の足を1歩前に出し、次に**健**側の足を1歩出して**患**側の足の位置にそろえる。 出題実績 ▶ 24〔50〕
介助の位置	常に利用者の**危険**な側、片麻痺者の歩行介助では**患**側に立つ。平地では、**前**方への転倒リスクについては利用者自身が杖で支えることにより回避できるため、より危険性が高い**後**方から介助する。
杖を使った階段歩行（上り）	杖を使った階段歩行で階段を上るときは、**杖→健**側の足**→患**側の足の順。 ①**杖**を1段上に上げる。 ②**健**側の足を1段上に上げる。 ③**患**側の足を引き上げる。 出題実績 ▶ 24〔50〕
介助の位置	**患**側**後**方＝**下**側から介助する。段差がある分、平地の場合以上に**後**方に転倒するリスクが大きいため、注意が必要である。 出題実績 ▶ 24〔50〕
杖を使った階段歩行（下り）	杖を使った階段歩行で階段を下りるときは、**杖→患**側の足**→健**側の足の順。 ①**杖**を1段下に下げる。 ②**患**側の足を1段下に下ろす。 ③**健**側の足を1段下に下ろす。
介助の位置	**患**側**前**方＝**下**側から介助する。下りの場合、**前**（下側）にバランスをく

科目 6 生活支援技術
単元 4 自立に向けた移動の介護

ずしたら杖で支えることは困難で、より危険性が高い。

5 車いすの介助 基本

車いすを安全に操作するため、その構造と各部の名称を覚えよう。

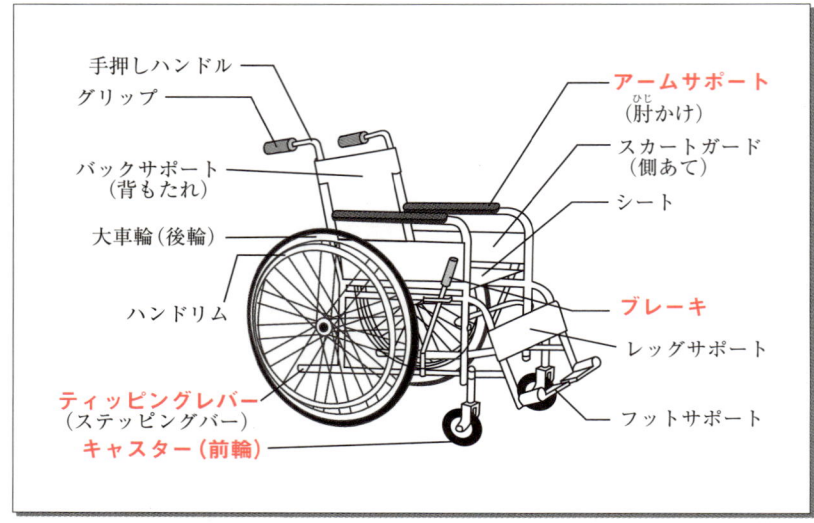

図1 車いす各部の名称

（図中のラベル）
- 手押しハンドル
- グリップ
- バックサポート（背もたれ）
- 大車輪（後輪）
- ハンドリム
- ティッピングレバー（ステッピングバー）
- キャスター（前輪）
- アームサポート（肘かけ）
- スカートガード（側あて）
- シート
- ブレーキ
- レッグサポート
- フットサポート

操作上の注意

使用前に、**ブレーキ**のかかり具合、大車輪の**空気圧**、フットサポート、キャスターなどに不具合がないかを点検する。

①車いすを動かすとき、段差があるときなど、必ず利用者に**声かけ**する。
②停止する場合は、短い間でも必ず**ブレーキ**をかける。
③利用者が深く腰かけ、足を**フット**サポートにのせていることを確認する。

出題実績 ▶ 24〔48〕

6 車いすへの移乗 基本

端座位から車いすへの移乗のポイントは、**健**側（あるいは利き手側）に車いすを置き、健側を軸足にして移動できるように誘導することである。

①車いすを利用者の**健**側（あるいは利き手側）に、ベッドに対して**20～45°**の角度でできるだけ近づけて置き、車いすのブレーキをかける。
②利用者は**浅**く腰かけ、両足を引き、足はしっかりと**床**につける。
③**重心**を低くして利用者の前面から（からだをねじらない）腰を支え、肩越しに**健**側の手を背中に回してもらう。**腰**を使って利用者の立ち上がりを補助し、**健**側の足を軸にして回転させ、車いすに静かに座れるようにする。 出題実績 ▶ 24〔49〕
④つかまり立ちが比較的容易な利用者であれば、健側の手で遠いほうの**アームサポート**をつかんで前かがみになって立ち上がり、**健**側の足を軸にして車いすに座れるよう援助する。

座位のままでの移乗

立位が難しい利用者の場合、**アームサポート**が取り外しのできる車いす

	スライディングボードの使用	であれば、座位のままで移乗が可能である。ベッドの高さを車いすの高さと同じにすると移動が楽である。 ベッドを車いすよりやや高くし、スライディングボードを臀部の下に差し込み、臀部を滑らせて移乗してもらう。車いすに深く腰かけられたら、ベッド側の臀部を浮かせてもらい、スライディングボードをはずす。
7	段差での車いす介助 基本	段差では、原則として利用者の下方に位置して支える。 上り……前向きに移動（進行方向の後方から支える） ①利用者に声をかけてからキャスターを上げる。大車輪を前に押し出すようにしながらティッピングレバーを踏み込み、グリップをうしろに引くと、少ない力でスムーズに上がる。 ②キャスターを段の上にゆっくり下ろし、大車輪を段差に近づけて押し上げる。自身の大腿部をバックサポートに押し当てて前に押すことによって段差を越える。グリップを持ち上げるよりも前に押して大車輪を転がすほうが、より少ない力で安全に移動できる。 下り……うしろ向きに移動（進行方向の前方から支える） 基本的な手順は上りの逆で、うしろ向きに大車輪を下ろし、キャスターを軽く持ち上げた状態でグリップを後方に引きティッピングレバーを踏んで調整しながら、ゆっくりと前輪を床に下ろす。　出題実績▶24〔48〕
8	エスカレーター利用時の車いす介助 基本	車いすでは原則としてエレベーターを利用するが、エレベーターがない場合、エスカレーターを利用する。エスカレーターの介助は、段差の介助とほぼ同じく、上りは前向き、下りはうしろ向きに乗り、下方で支える。足場を確保すること。終点ですぐに動き出さないと危険なので、ブレーキはかけてはいけない。
9	整備されていない道での車いす介助 基本	じゃり道など整備されていない道では、キャスターを浮かせて移動すると、車いすの振動が少なくなる。大車輪を前に押し出すようにティッピングレバーを踏み込み、グリップをうしろに引いてキャスターを上げたままの状態で大車輪を転がすと、スムーズに移動できる。
10	安楽な体位の保持	寝たきりになったとき、関節の拘縮や褥瘡などを予防するために安楽な体位をとることが必要になる。安楽な体位とは、①利用者にとって楽な姿勢が保てる、②褥瘡ができやすい場所や麻痺している部分を圧迫しない、③肘や膝が適度に曲がっている、④両足が重なっていたり腕が身体の下敷きになっていたりしない、⑤皮膚どうしが長時間密着しない、などの

科目 6 生活支援技術
単元 4 自立に向けた移動の介護

良肢位　条件を満たす体位である。
関節の拘縮や筋肉の萎縮などで関節が動かなくった場合に、ADL（Activities of Daily Living；日常生活動作）において負担のかからない関節の角度のことを良肢位（→p.441 **4**）という。移動の介助においては、利用者の良肢位を確認してから介助を行うようにする。

11 体位変換　頻出

長時間同じ姿勢でいると、からだに負担がかかる。寝たきりの場合は、血液の循環が悪くなり、褥瘡ができやすくなる。褥瘡を予防するには、2時間に1回程度の体位変換が必要である。寝返りのできない利用者の体位変換を援助する際は、利用者が安楽・安全であることが最も重要である。個々の利用者が、どのような動きができないのかに注意して行う。

仰臥位から端座位への介助
① 仰臥位の利用者の健側に立ち、利用者に声かけをして、これから行う介助について説明する。
② 利用者の患側の手を胸部または腹部にのせる。利用者はできるだけかかとを臀部に近づけ、膝を立てるようにして小さくなる。
③ 片手で利用者の頸部を支えながら向こう側の肩に手をかけ、もう片方の手で大腿部を抱えて支え起こす。利用者の臀部を軸にして、回転させるようにしながら上半身を起こし、端座位にする。
④ 起立性低血圧（orthostatic hypotension）の徴候がないか、気分不快の訴えがないかなど、安全を確認してから、靴をはく介助をする。
⑤ 利用者の両足がしっかり床面についていることを確認する。
⑥ 利用者に苦痛や違和感がないかどうか確認する。

側臥位から端座位への介助
① 利用者は健側の肘を支点にできるよう、健側を下にした側臥位で、膝を曲げる。
② 利用者の頸部を支えながら上側の肩に手をかけ、もう片方の手を大腿部にかけ、臀部を回転させるようにして、足をベッド下に下ろす。
③ 同時に利用者は健側の肘を支点にして上体を起こすようにする。

端座位からの立ち上がり
片麻痺がある場合、患側に倒れる可能性が高いので、利用者の患側の前方に立つようにする。利用者の身体状況に応じ、弱い部分を補うよう援助する。　出題実績 ▶ 27〔46〕
① 利用者は足底をしっかりつけて浅く座る。　出題実績 ▶ 27〔46〕
② 足を引くスペースがあるか確認する。
③ 利用者は、足を引き、膝よりも頭が前にくるようにして、前かがみの姿勢をつくる。　出題実績 ▶ 27〔46〕
④ 利用者のからだの重心が前方にかかるようにし、腰がベッドから浮いて足に体重がかかったところで足腰を伸ばして立ち上がる。

領域：介護　科目6／生活支援技術
単元4　自立に向けた移動の介助

| 介助の負担軽減 | 体位変換は、力が必要となる介助であるが、**ボディメカニクス**（→p.431 ㉚）などを活用して、利用者にも介護職にも負担の少ない方法で行えるように工夫する。　出題実績▶26〔46〕・27〔47〕 |

◆利用者の状態・状況に応じた移動の介助の留意点

12 感覚機能が低下している人の介助の留意点　頻出

視覚障害者の**ガイドヘルプ**（手引き歩行）では、介護職の**肘**（ひじ）の上をつかんでもらうなどして、基本的に利用者の半歩**前**を周囲の状況を説明しながら歩く。視覚障害者の移動を助ける補装具に**白杖**（はくじょう）（盲人安全杖（つえ））があり、設備として**点字**ブロックがある。　出題実績▶25〔46〕・27〔48〕

13 運動機能が低下している人の介助の留意点

片麻痺（かたまひ）のある人は、足を踏み出すときにつま先でつまずいたり、足をつこうとしたときにつま先が**内**側に向いてかかとが床にうまくつかなかったりすることがあり、このような場合、**短下肢**装具が用いられる。

14 認知・知覚機能が低下している人の介助の留意点

利用者の言葉にしない**欲求**を察知し、適切な移動ができるように介助する。たとえば、尿意や便意を**認知**できない人のトイレ誘導では、その人ならではの**排泄**（はいせつ）の**サイン**がポイントになる。知覚機能が低下している人の場合、**痛み**を感知できないこともある。移動後の手足の位置、また同一部位が長時間**圧迫**されないことなどに注意する。

◆他の職種の役割と協働

15 他職種の役割と協働

理学療法士（PT）や**作業療法**士（OT）などにアドバイスを受け、利用者が自らの力を十分に活用できるように援助することが大切である。また、介護支援専門員（ケアマネジャー）が**ケアプラン**を作成するときには、介護支援専門員へ利用者の状態や状況を伝えることが必要になる。

科目 6 生活支援技術
単元 4 自立に向けた移動の介護

Step 2 －問一答で確かめよう

問い

- □ **移動**には、立つ・座る動作、姿勢を変える動作なども含まれる？　含まれない？
- □ 利用者の生活の範囲をせばめないための移動の介護の心がけとして、**外に出かけていく意欲**がもてる機会をつくることがあげられるが、それは何の機会を確保するため？
- □ **杖を使った歩行**で、軽症者以外は、2動作歩行・3動作歩行のどちらが望ましい？
- □ 平地の**3動作歩行**で、まず出すのは、健側の足、患側の足、杖のどれ？
- □ 利用者が**片麻痺**の場合、歩行の介助を行うときは、患側・健側のどちらに立つ？
- □ **杖を使って階段を上る**とき杖の次に出すのは、健側の足・患側の足のどちら？
- □ **杖を使って階段を下りる**とき、杖の次に出すのは、健側の足・患側の足のどちら？
- □ **端座位から車いすへ移乗**するとき、車いすは健側・患側のどちらに置く？
- □ **車いすで段差を上る**ときは、前向き・うしろ向きのどちらで移動する？
- □ **車いすで段差を下りる**ときは、前向き・うしろ向きのどちらで移動する？
- □ **車いすでエスカレーター**に乗るとき、ブレーキはかける？かけない？
- □ **関節の拘縮**や**筋肉の萎縮**などで関節が動かなくなった場合に、ADL（Activities of Daily Living；日常生活動作）において負担のかからない関節の角度のことを何という？
- □ **褥瘡を予防**するためには、何時間に1回体位変換を行う？
- □ **仰臥位から端座位へ体位変換**するときは、利用者の健側・患側のどちらに立つ？
- □ **側臥位から端座位へ体位変換**するときは、利用者の健側・患側のどちらを下にする？

答え

- 含まれる　return **1**
- 社会参加　return **3**
- 3動作歩行　return **4**
- 杖　return **4**
- 患側　return **4**
- 健側の足　return **4**
- 患側の足　return **4**
- 健側　return **6**
- 前向き　return **7**
- うしろ向き　return **7**
- かけない　return **8**
- 良肢位　return **10**
- 2時間　return **11**
- 健側　return **11**
- 健側　return **11**

領域：介護　科目6／生活支援技術
単元4　自立に向けた移動の介護

□利用者に**片麻痺**がある場合、端座位から**立ち上がる**ときに健側・患側のどちらに倒れることがある？　　　患側 ⤴11

□視覚障害者の**ガイドヘルプ**（手引き歩行）をするときは、利用者の半歩前・半歩あとのどちらを歩く？　　　半歩前 ⤴12

□**片麻痺**があって、足を出すときにつま先でつまずいたりする利用者に用いられる**補装具**は何？　　　短下肢装具 ⤴13

Step 3　過去問に挑戦！

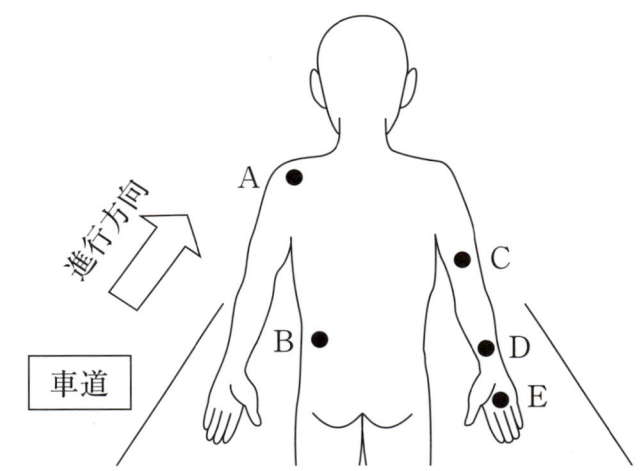

問題　視覚障害のある利用者の歩行介助をするときに、利用者に介護者のからだを握ってもらう基本的部位として、**最も適切な**ものを1つ選びなさい。

第27回（2015年）〔48〕

1　A
2　B
3　C
4　D
5　E

答え　3

介護者は歩く方向を向いて利用者の斜め前に立ち、うしろから利用者に介助者の肘の上をつかんでもらう。介護者の肩に手を置いてもらう方法もあるが、Aでは、利用者が車道側に位置することになるので望ましくない。図のCが適切（**3が最も適切**）。⤴12（ガイドヘルプの方法についてはp.212基礎知識2も参照）

科目 6 / **単元 5**
生活支援技術
自立に向けた食事の介護

Step 1 重要項目を覚えよう

◆食事の意義と目的

1 食事の意義と目的

食事は、単に**栄養**補給のため、生きるためだけに必要なのではない。行動範囲が広いとはいえない高齢者や障害者にとって、食事は日常生活のなかで大きな**楽しみ**を感じることができる行為といえる。できるかぎり、利用者が**満足**感を得られるように援助していくことが大切である。自力で食事を摂取することができれば**自立**心が高まり、自分のペースで食べることにより**誤嚥**(ごえん)の危険も少なくなる。

◆食事に関する利用者のアセスメント

2 ICFの視点に基づく食事のアセスメント

ICF（International Classification of Functioning, Disability and Health；**国際生活機能分類**）に照らし合わせたアセスメント項目は次のようなものになる。これらの情報を総合的に判断し、利用者に対する理解を深める。

心身機能・身体構造
①精神機能（知的機能、活力と欲動の機能など）、②感覚機能（味覚、嗅覚、温度やその他の刺激に関連した感覚機能など）、③消化器系に関連する機能（**摂食**機能〈吸引・咬断(こうだん)・臼磨(きゅうま)・口中での食物の処理・唾液(だえき)分泌・嚥下(えんげ)〉、消化機能、同化機能〈体内に栄養を貯蔵する機能〉、消化器系に関連した感覚〈吐き気・膨満感・腹部の痙攣(けいれん)感〉など）、④代謝と分泌系に関連する機能（全般的代謝機能、水分・ミネラル・電解質バランスの機能など）、⑤運動機能（随意運動の制御機能など）、⑦消化器系・代謝系・内分泌系に関連した構造（唾液腺(せん)の構造、食道の構造、胃の構造、腸の構造、脾臓(ひぞう)の構造、肝臓の構造、胆嚢(たんのう)と胆管の構造など）など。

活動、参加
①**セルフ**ケア（食べること、飲むこと）、②一般的な課題と要求（日課の遂行など）、③コミュニケーション、④**姿勢**の変換と保持（基本的な姿勢の変換、姿勢の保持など）、⑤物の運搬・移動・操作（持ち上げることと運ぶこと、細かな手の使用）、⑥家事（調理）など。

環境因子
①食事はどこで食べるか、②食事はだれと食べるか、③食事はだれが作るか、④介助者はいるか。

個人因子
①性別、人種、年齢、体力、②**生活**習慣、生育歴、価値観、③性格、④

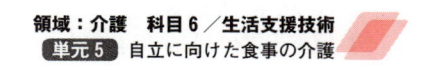

認知力の低下や意欲の低下の有無、⑤その他の健康状態。

◆「おいしく食べる」ことを支える介護

3 食事の介護で心がけること

食事は生きていくために必要なものというだけではなく、口から食事をとることで、大脳の感覚野や運動野の多くが活性化する。「おいしく食べる」ことを支える介護では、次のように心がける。

①楽しめる食卓の環境づくり……室内環境（温度・湿度・明るさなど）を快適に整え、調度（テーブルやいすなど）や食器にも気配りして、心地よいと思える環境を用意する。

②楽しみとしての食事の尊重……地域や育った家庭により、食習慣や食文化が異なる。恒例の行事食や郷土料理、季節を感じるなじみの食材などにより、楽しみとしての食事が提供できるようにする。

③嗜好を考慮した献立……献立作成にあたっては、食材、調理法、味付け、盛り付けの嗜好を考慮し、食事への興味・関心が増すようにする。

④自分で食べることの支援……自分で好きなように食べることが食事の楽しさの大きな部分である。自助具を活用するとともに、何をどれくらい食べるかの選択は利用者にしてもらうなどの支援を心がける。

◆安全で的確な食事介助の技法

4 食事の介助 基本

基本的な食事介助の方法と留意点を理解しておこう。介助は必要に応じ適宜声かけをしながら行う。

食事の介助のポイント
①食事の介助では、一口ずつゆっくり、適量にして食べてもらう。
②飲み込みを助けるために、水分（汁物など）を適宜飲んでもらう。
③熱すぎるものは適度に冷ます。
④一口ごとに飲み込んだことを確認する。　　出題実績 ▶ 26〔49〕

食事の前
食事の前に排泄を促し、手洗いとうがいをして、さっぱりとした気持ちで食事できるようにする。離床できない場合は、手をおしぼりなどでふき、お茶やぬるま湯を飲むようにする。口腔内がうるおうことで誤嚥の予防、感染症の予防にもなる。　　出題実績 ▶ 26〔49〕

寝食分離
食事は、できるだけベッドではなく、食堂など別の場所でとるようにする（寝食分離）。寝食分離には、気分転換、移動による運動機能の保持、他者との交流などの効果がある。食事もベッドでとるようになると、一日中寝たきりになってしまいがちなので、移動が難しい利用者こそ、寝食分離ができるよう支援する。

食事の姿勢
臥位では誤嚥の危険性が高まるので、座位でとるのが望ましい。臥位の場合は、なるべくギャッチベッドで上半身を起こす。それができないと

科目 6 生活支援技術
単元 5 自立に向けた食事の介護

	きは背中にクッションなどをあてて**側臥**位にする。
食べやすくするための工夫	咀嚼機能や嚥下機能が低下している場合、食べやすくする工夫が必要である。食材は細かくきざんでゼラチンで固めたり、汁物は増粘安定剤などで**とろみ**をつけたりして、飲み込みやすくする。
献立の説明	きざみ食やミキサー食が必要な利用者でも、きざむ前の料理を見てもらい、**献立**や**素材**の説明をすることで、食事に対する**興味**をもってもらう。
食器	利用者が持ちやすい大きさ、持ちやすい重さの食器がよいが、利用者の**好み**の食器を選ぶことも大切である。
自助具	**残存**機能を生かして食事をするためのさまざまな工夫がされた食器、はし、スプーン、フォーク、水飲み、ストローなどの**自助具**がある。利用者の状況に応じたものを選ぶ。
口腔ケア	口腔内に食物が残っていると細菌などが繁殖し、それが気管内に入って**誤嚥性肺炎**（aspiration pneumonia →p.325）の危険性が高まる。食後にはお茶などを飲んでもらい、**口腔ケア**も忘れずに行う。
義歯	義歯の場合は食事の前に確認する。また義歯に不具合があると、食事の際に**痛み**があったり、かみ合わせが**悪**くなったりしてうまく食事をとることができないため、**食欲不振**の原因となる。

◆利用者の状態・状況に応じた食事の介助の留意点

5	感覚機能が低下している人の介助の留意点【基本】	利用者に味覚障害（dysgeusia）があると、食べる楽しみがうすれ**食欲**不振になりやすい。また、視覚障害（visual disturbance）があると、食事動作そのものに不都合があるだけでなく、**目**で見て味わう楽しみが得られないため食事の喜びが減じるおそれがある。
	味覚障害のある人の介助の方法	**香り**のある食材を使ったり、**濃**い味付けにしたり、料理の色どりや盛り付けを工夫したりといった努力が求められる。また、口の中が**乾燥**していると味を感じにくいので、こまめに口の中を水分でうるおす必要がある。
	視覚障害のある人の介助の方法	利用者の手を**食器**に誘導し、食器の形や位置などを確認してもらう。料理の**色**や形などを**言葉**で伝え、イメージしてもらうことも大切である。
	クロックポジション	利用者に対して、「7時の方向にごはんがあります」など、テーブルの上にあるそれぞれの食べ物の位置を、**時計**の文字盤にたとえて知らせる方法を**クロックポジション**という。利用者が食事を作っていない場合は、それぞれの食器に何が入っているかも説明する。　出題実績 ▶ 27［50］
6	運動機能が低下している人の介助の留意点【頻出】	片麻痺のある利用者は、**麻痺**側に姿勢が傾きやすくなるので、クッションなどで姿勢を固定する。臥位で食事をとる場合は、麻痺側を**上**にして、頭部を20〜30度高くして（頭部が後屈しないように注意）、背中にタオ

ルケットなどを丸めて入れる。なるべく自助具を使って利用者が自力で摂取できるように工夫する必要がある。自力での摂取が困難な場合は、利用者の健側の横に座り、口の中の健側に食べ物を少しずつ入れる。

出題実績 ▶ 25〔47〕・27〔50〕

7 認知・知覚機能が低下している人の介助の留意点 基本

認知症（dementia）が進行すると、食べる動作が困難になる、食べ物とそれ以外のものとの区別がつかなくなる、食べる行為自体の拒否や過食といった問題が起こる。

失行
はしやスプーンの使い方がわからなくなって、食べられない。おにぎりなど手で食べられる形にする、スプーンを使う動作の誘導などを試みる。

異食
食べ物でないものを食べる。食べると危険なものを近くに置かないよう徹底する。

拒食・過食
認知症による妄想（毒が入っていると思い込む被害妄想など）のため食べない、または食事をした記憶がないため常に食べすぎる。そばで一緒に食べて安心してもらう、過食には食器を小ぶりにしておかわりをすることで満足感をもってもらうなどの工夫をする。

8 咀嚼・嚥下機能の低下している人の介助の留意点 基本

高齢者は、歯の欠損や筋肉のおとろえなどにより、咀嚼機能や嚥下機能が低下してくる。食事の介護におけるいちばんの注意点は、誤嚥を起こさないことである。

誤嚥
普通、食物は食道から胃に入るが、誤って気道に入ってしまうのが誤嚥である。肺に食物や唾液などとともに細菌が入り込むと誤嚥性肺炎（aspiration pneumonia →p.325）を引き起こす。また、誤嚥により、食べ物が気道をふさぐと窒息死にいたる。

誤嚥防止のポイント
①食事の前に水分をとる。
②口の開閉や唇、舌、顔面などの体操をして、筋肉を動きやすくする。
③あごを引き、誤嚥しにくい姿勢を保つ。
④できるだけ自力で、利用者自身のペースで食事をとる。
⑤利用者の咀嚼力、嚥下力に合わせて、食べやすい食品を選び、食べやすくする工夫をする。とろみ食は嚥下しやすいが、増粘安定剤の濃度が高すぎても固くなって、逆に飲み込みにくくなるので注意する。人肌程度の温度のものは食べにくいので、温かいものは温かく、冷たいものは冷たくして供する。

食べやすくするための工夫
嚥下しにくい食物のときは、小さく切る、少量ずつ食べてもらう、よくかんでもらう、合間に水分をとってもらうなどの対応をとる。

科目6 生活支援技術
単元5 自立に向けた食事の介護

	特徴	食品例・調理例
食べやすいもの	●なめらかでのどごしがよい ●口腔内にくっつかない ●口腔内で散らばらない	プリン、ゼリー、ヨーグルト、豆腐、卵豆腐、粥、バナナ、煮魚など **とろみ食**、**ソフト食**
食べにくいもの	●水分 ●ぱさぱさしている ●繊維が多い ●かみ切りにくい ●口腔内にくっつきやすい ●酸味が強い	飲み物、汁物、パン、もち、のり、わかめ、生野菜、硬い肉、いか、たこ、こんにゃく、かまぼこ、ナッツ類、揚げ物、とうもろこし、生卵など **きざみ食**

表2　食べやすい食物・食べにくい食物

食事介助

食事介助の際は、次のような点に注意する。

①自力で食事をとれる利用者でも、**嚥下**障害がある場合は必ず見守りを行う。

②利用者が**覚醒**している状態で、介助を行う。

③一口の量を**少**なくして、飲み込んだことを確認してから次を口に運ぶ。
　　出題実績 ▶ 24〔51〕

④介護時は目線を**低**くして、利用者の下方から食事の介助をする。あごが**上が**ると誤嚥の危険が高まる。　出題実績 ▶ 24〔51〕

⑤片麻痺がある場合、**健**側の口角から入れる。**患**側では咀嚼、嚥下がうまくできないので食べかすが残り、誤嚥の原因になる。

⑥食物を口に入れたら口唇を閉じるように声かけする。　出題実績 ▶ 24〔51〕

⑦誤嚥の徴候がみられたら、ただちに介助を中止し、気道をふさいでいる食物を排除するなどの応急処置をする。

重度の片麻痺の場合

重度の片麻痺の場合は、**健**側がやや下になるような**側臥**位で、口の**健**側にスプーンを運ぶ。

誤嚥・窒息の応急処置

誤嚥の際は、**気道**内の異物を取り除く必要がある。**応急処置**をすると同時に、すぐに異物がとれない場合は救急車を呼ぶ。

①咳ができれば、咳をさせて出させる。

②**前**かがみにして背中をたたく（**背部叩打**法）

③背部から抱きかかえるようにして、両手を**みぞおち**のあたりで組み合わせ、強く数回押し上げるようにする（**腹部突き上げ**法。別名**ハイムリック**法）。

④つまっているものが見える場合は、清潔な**ガーゼ**を巻いた指でかき出すこともあるが、逆に押し込んでしまったり、かまれたりする危険があるので無理をしない。

9 脱水を防ぐための日常生活の留意点 頻出

一日に必要とする水分量には個人差があるが、一般に高齢者は、一日に **1200～1500**mLの水分摂取が必要である。脱水は、水分の摂取不足のほか、**下痢**、**嘔吐**、**発熱**などにより生じる。高齢者は感覚機能がおとろえ、のどの渇きに気づかなかったり、排尿の回数を**減らす**ために水分摂取を控えていたりするなどして、脱水状態に陥り**やすい**。　出題実績 ▶ 27〔49〕

脱水の症状……**脱力**感、倦怠感、**めまい**、皮膚の乾燥、尿量の**減少**、食欲**不振**、意識障害などがみられる。　出題実績 ▶ 27〔49〕

脱水の徴候　脱水の徴候をいち早く発見するためには、水分の摂取量、尿量の**減少**、**腋窩**の湿り具合、**唇**の乾燥などを観察する。

水分の摂取　利用者に水分の摂取の重要性を説明し、**こまめ**に水分を補給するようにする。水に限らず**スポーツドリンク**やゼリー、牛乳などでもよいが、利尿作用のあるカフェインを含む飲料、アルコール類（特に**ビール**）は水分補給としては適切でない。　出題実績 ▶ 24〔52〕・27〔49〕

脱水の予防　暑い日や、外出・入浴などのあとは、**多め**に水分をとる。また下痢の際は、ふだんより**多く**水分を必要とする。ふだんから利用者のようすに注意し、脱水を予防する。

◆ 他の職種の役割と協働

10 他職種の役割と協働

2005（平成17）年の「**介護保険法**」の改正にともない、**介護予防重視**システムへの転換が行われた。介護保険施設では、食費が利用者の自己負担となり、**栄養マネジメント加算**が設けられた。低栄養状態の予防や改善のために、利用者一人ひとりの栄養マネジメントが、医師や歯科医師、管理栄養士、介護支援専門員（ケアマネジャー）などの専門職の連携によって実施されている。

栄養マネジメント加算　栄養マネジメント加算を受けるためには、常勤の**管理栄養**士を１名以上配置し、医師、管理栄養士などが連携して、利用者一人ひとりについて、栄養**スクリーニング**→栄養**アセスメント**→栄養ケアプランの作成→栄養ケア実施→**モニタリング**評価を行う必要がある。

科目 6 生活支援技術
単元 5 自立に向けた食事の介護

Step 2 一問一答で確かめよう

問い

- □口から食事をとることで、**大脳の感覚野や運動野**の多くはどうなる？
- □食事の前に、お茶やぬるま湯で口をうるおすことで、**感染症の予防**以外に何の予防になる？
- □ベッドから**離れて食事**をすることを何という？
- □利用者の咀嚼機能や嚥下機能が低下している場合、**汁物**はとろみがないほうがよい？ とろみをつけたほうがよい？
- □**障害のある人が食事**をするために、**さまざまな工夫**をされた食器、はし、スプーン、フォーク、水飲み、ストローなどをまとめて何という？
- □**味覚障害**（dysgeusia）のある人の食事の**味付け**は、うすめにする？ 濃いめにする？
- □**視覚障害**（visual disturbance）のある人に、テーブルの上にあるそれぞれの食べ物の位置を、**時計の文字盤**にたとえて知らせる方法を何という？
- □**片麻痺**のある人の**食事の介助**をするとき、口の健側・患側のどちらに食べ物を入れる？
- □普通、食物は食道から胃に入るが、**誤って気道**に入ってしまうことを何という？
- □**誤嚥**を防ぐためには、**一口の食事の量**を少なくする？ 多くする？
- □**誤嚥**を防ぐために、利用者の上方・下方のどちらから、**食事の介助**を行う？
- □重度の**片麻痺**の場合の食事の介助は、健側・患側のどちらがやや下になるような**側臥位**で行う？
- □**誤嚥**したときに、前かがみにして**背中をたたく**方法を何という？
- □**誤嚥**したときに、背部から抱きかかえるようにして、両手をみぞおちのあたりで組み合わせ、強く数回押し上げるようにする方法を何という？
- □**高齢者**に必要な**水分摂取量**は一日にどのくらい？

答え

- 活性化する return **3**
- 誤嚥（ごえん） return **4** **8**
- 寝食分離 return **4**
- とろみをつけたほうがよい return **4**
- 自助具 return **4**
- 濃いめにする return **5**
- クロックポジション return **5**
- 健側 return **6**
- 誤嚥（ごえん） return **8**
- 少なくする return **8**
- 下方 return **8**
- 健側 return **8**
- 背部叩打法（こうだ） return **8**
- 腹部突き上げ法（ハイムリック法） return **8**
- 1200〜1500mL return **9**

領域：介護　科目6／生活支援技術
単元5　自立に向けた食事の介護

□脱水症状があるとき、**尿量**は増加する？　減少する？	**減少する** ⤶ 9
□下痢のときは、**必要な水分量**はふだんより少なくなる？　多くなる？	**多くなる** ⤶ 9
□栄養マネジメント加算を受けるためには、どのような職種の人を1名以上常勤させる必要がある？	**管理栄養士** ⤶ 10

Step 3　過去問に挑戦！

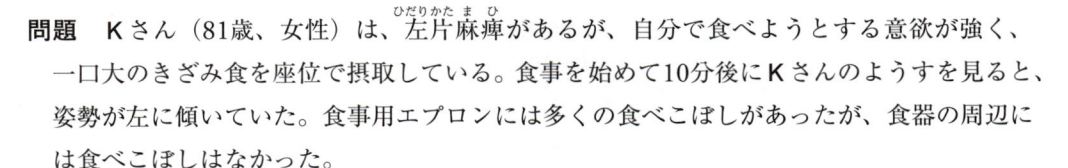

> 問題　Kさん（81歳、女性）は、左片麻痺があるが、自分で食べようとする意欲が強く、一口大のきざみ食を座位で摂取している。食事を始めて10分後にKさんのようすを見ると、姿勢が左に傾いていた。食事用エプロンには多くの食べこぼしがあったが、食器の周辺には食べこぼしはなかった。
> 　介護職の対応に関する次の記述のうち、**最も適切なもの**を1つ選びなさい。
>
> 第25回（2013年）〔47〕
>
> 1　食事を全介助にする。
> 2　極きざみに変更する。
> 3　すくいやすい皿に変更する。
> 4　姿勢保持のためのクッションを入れる。
> 5　臥位で食事をするように変更する。

答え　　　4

自分で食べようとする意欲を極力尊重することが大切（**1は不適切**）。Kさんの咀嚼・嚥下機能に大きな変化はみられず、極きざみにする必要はない（**2は不適切**）。食器の周辺に食べこぼしはみられず、食器からすくうことはできているので、食器を変更する必要はない（**3は不適切**）。姿勢が麻痺のある左に傾いていて食べづらいことが考えられる。姿勢保持のためのクッションを入れてみるのはよい方法である（**4が最も適切**）。Kさんは座位で食事ができているのであり、臥位での食事に変更してはいけない（**5は不適切**）。⤶ 3

4 6

科目6 単元6

生活支援技術
自立に向けた入浴、清潔保持の介護

Step 1 重要項目を覚えよう

◆ 入浴の意義と目的

1 入浴の意義と目的 基本

入浴はからだの**清潔**を保つために最も効果的な方法である。入浴がおよぼす効果として、次の点があげられる。

皮膚を清潔にする	毛穴が開き、**温熱**作用により、汗や皮脂が排出される。皮膚の表面の老廃物が除去される
血液やリンパの循環を促す	**温熱**作用で体温が上昇し、**静水圧**作用で体液循環が活発になる
疲労や緊張を取り除く	熱めの湯（41～42℃くらい）の場合は、**交感**神経が優位になって新陳代謝が活発になり、老廃物が排出される
筋肉の痛みをやわらげる	**浮力**作用により、関節や筋肉への負担が減る
神経を落ち着かせる、リラックスする	ぬるめの湯（38℃くらい）の場合は、**副交感**神経が優位にはたらき、リラックスする

表3　入浴が心身におよぼす効果

2 入浴できない状態

入浴には、さまざまな効果があるが、反面、消耗（しょうもう）が**大きく**、**呼吸**器系や**循環**器系に大きな負担がかかる。そのため、入浴が禁止されている場合もあるので注意が必要である。

入浴が禁止される場合

① 急性状態にあり、**発熱**している場合
② 呼吸が困難な場合や疲労している場合
③ 全身が**衰弱**（すいじゃく）している場合
④ 急性期の**心**疾患（heart disease）、**肝**疾患（liver disease）
⑤ 収縮期血圧が**200**mmHg以上
⑥ **脳血管**障害（cerebrovascular disorder）や外傷の直後
⑦ 重症の**内分泌**疾患（endocrine disease）や貧血、出血性の疾患
⑧ 血液透析の直後（穿刺（せんし）部からの感染や出血予防のため、原則として血液透析当日は入浴を避ける）　出題実績 ▶ 27〔52〕

◆入浴に関する利用者のアセスメント

3 ICFの視点に基づく入浴、清潔保持のアセスメント

ICF（International Classification of Functioning, Disability and Health；国際生活機能分類）に照らし合わせたアセスメント項目は次のようなものになる。これらの情報を総合的に判断し、利用者に対する理解を深める。

心身機能・身体構造
①疾病の状態、②障害の状態、③麻痺の状態、④保持できる姿勢、⑤体調、⑥関節の可動域、⑦意思の伝達。

活動
①自力で着替えができるか、②自力で洗髪ができるか、③自力でからだが洗えるか、④浴槽に入ることができるか、⑤浴槽から出ることができるか。

環境因子
①居宅に風呂があるか、②浴室に手すりが設置されているか、③脱衣所にいすがあるか、④浴室の段差はどの程度か、⑤浴槽の高さはどのくらいか、⑥浴室のスペースは十分か。

個人因子
①性別、人種、年齢、体力、②生活習慣、要望、③認知力の低下や意欲の低下の有無。

◆爽快感・安楽を支える介護

4 入浴、清潔保持の介護で心がけること

入浴、清潔保持は、自立支援、プライバシーの尊重、コミュニケーション、環境への配慮などが相まって達成できるものである。次の点を心がける。

①清潔、爽快感……きちんと皮膚の汚れを落とし、利用者が気持ちよく入浴、清潔保持できる。

②安全……利用者の情報を把握し、その人に合った入浴法や清潔保持の方法をとる必要がある。また、緊急時の対応を把握し、介助方法について利用者と意思の疎通ができていることも大切である。

③安楽、リラックス……利用者があまり疲れないように、その人に合った方法や時間で入浴や清潔保持を行う。

④自立支援……できるところは入浴習慣を生かして自分で行ってもらい、利用者の手が届かないところだけを介助する。　　出題実績 ▶ 26〔51〕

⑤コミュニケーション……一つひとつ声かけや確認をして介助する。さりげない配慮によって、利用者からの信頼を得ることができる。

⑥スキンシップ……肌に直接触れる行為であり、利用者に不快な思いをさせないよう留意する。適切なスキンシップはほどよい親近感につながる。

⑦環境づくり……利用者の安全やプライバシーに配慮し、楽しみながら入浴や清潔保持をしてもらえる環境づくりを行う。

科目6 生活支援技術
単元6 自立に向けた入浴、清潔保持の介護

◆**安全で的確な入浴、清潔保持の介助の技法**

5 入浴 頻出

家庭浴槽での入浴から施設での機械を利用した入浴までさまざまな方法があり、利用者の状態に合った入浴法を選択することが必要である。

体調確認……**バイタル**サインを確認して入浴可能かどうか判断する。また、空腹時、**食後**1時間以内は避ける。　出題実績▶24〔54〕

入浴時間……一般に**10〜15**分程度。浴槽に入っている時間は**2〜3**分。長湯は避ける。　出題実績▶25〔50〕

湯温……**40**℃程度。高血圧（hypertension →p.324 **14**）の場合、37〜39℃のぬるめの湯で、心臓に負担をかけないように胸の下までの**半身浴**にする。肩までつかると水圧で心臓への負担が増す。　出題実績▶25〔50〕

からだの洗い方……**末梢**から**中心**へ。手足から洗っていき、その後体幹を洗う。利用者が自分で洗えるところは自分でできるよう工夫する。強くこすりすぎない。石鹸分は**かゆみ**の原因となるので十分に洗い流す。

洗髪……シャンプー液を手にとり、十分に泡立てて指の**腹**で頭皮をマッサージするようにして行う。

入浴介助の留意点
①利用者の**好み**や入浴の**習慣**を尊重する。
②入浴中の利用者を観察し、疲れないよう注意する。
③片麻痺がある場合、介護時は**患**側に位置する。浴槽には**健**側から入ってもらう。　出題実績▶24〔54〕・26〔51〕
④浴槽の湯やシャワーの**温度**は、介護職が自分の手で確かめる。シャワーは湯**圧**も確かめ、加減しながらかける。　出題実績▶24〔54〕
⑤浴槽に入ると**浮力**がつき、からだが**軽**くなって不安定になる。おぼれないよう注意する。
⑥浴室は滑り**やすく**、事故が起きやすいので、利用者の状況に合わせて適切に介助する。**福祉用具**も活用する。浴室内で移動する場合は、石鹸の**ぬめり**を十分取り除いてから誘導する。

入浴後
①からだの**水分**をふきとり、軽く身じたくをととのえたら**水分**補給を行う。
②**30**分くらいはゆっくりと休息してもらう。　出題実績▶24〔54〕

福祉用具の利用
①**入浴用いす**……**シャワーチェア**ともよばれる。座面の高さ**35〜45**cm程度のものが、立ち座りや介助の動作が容易である。車つきで移動ができるものもある。
②**浴槽用手すり**……立ち上がりや、からだの安定のために浴槽の**縁**に取り付ける。
③**浴槽内いす**……浴槽の**床**の高さを調節して浴槽へ入りやすくしたり、浴槽内で**腰**かけるようにしたりできる。高さによっては肩までつかれないので、**かけ湯**などをする。

領域：介護　科目6／生活支援技術
単元6　自立に向けた入浴、清潔保持の介護

④**入浴台**……浴槽の縁をまたげない場合に、**座**位で浴槽に入ることができる。浴槽の縁に取り付けるものと、両縁に板を渡す**バスボード**などがある。

⑤浴室内すのこ……脱衣所と洗い場の**段差**を解消する。

⑥浴槽内すのこ……浴槽内の**高さ**を調節するために使用する。

⑦**入浴用介助ベルト**……入浴中、利用者の**腰**を支える。

以上のもののほか、浴室の床、浴槽の底には**滑り止めマット**を敷く。

6 シャワー浴

全身が浴槽につかることがからだの負担になる場合には、シャワー浴が行われる。シャワー浴は皮膚の**表面**はあたたまるが、湯をかけてもすぐに冷えてしまう。このため、冬場などは湯温を40℃よりも1〜2℃**高く**する。シャワー浴後はすぐに皮膚の温度が**下がる**ので、乾いたタオルで水分をすぐにふきとる必要がある。

7 足浴　基本

膝（ひざ）から下の下肢を湯につけて足浴をすることで、全身の**爽快感**（そうかい）が得られ、**安眠**を促進する効果や、血液の循環を**促進**する効果がある。利用者が**端座位**（たんざ）をとる場合は、いすやベッドに腰かけてもらって行う。座位をとれない場合や体調の悪い場合は、**臥位**（が）のまま行う。このとき、上半身を少し上げ、膝を曲げてクッションなどで支える。**水虫**（白癬〈tinea〉）（はくせん）のある人は、できれば毎日足浴し、よく乾かしてから清潔な靴下をはくようにする。　出題実績 ▶ 26〔52〕

8 手浴　基本

手浴によって、手から肩、頭の血行が**よく**なり、**肩こり**や頭痛などが改善される。**拘縮**（こうしゅく）の予防にもつながる。利用者が**端座位**（たんざ）をとる場合は、いすやベッドに腰かけてもらって行う。座位をとれない場合や体調の悪い場合は、**臥位**（が）のまま行う。手浴後は、指の間までしっかりと水分をふきとり、よく乾かし、クリームや塗り薬をぬる。　出題実績 ▶ 26〔52〕

9 洗髪

洗髪によって、頭皮の汚れをとり、頭皮を刺激して利用者に**爽快感**（そうかい）をあたえ、血液の循環を**促進**する。洗髪の前に、頭髪についている汚れやふけを浮き上がらせるために、よく**ブラッシング**する。湯の温度を介護職が自分の**手**で確認してから、髪の毛をぬらす。このとき、目や耳、鼻などに湯が入らないように注意する。頭を洗うときは、頭を強くゆすらないようにして、指の**腹**で地肌のマッサージをしながら洗うようにする。

オイルシャンプー　洗髪が長い間困難なときに利用される。**あたためた**オイルを髪の毛の分け目や生え際、耳のうしろにつけたあと**蒸し**タオルで全体をおおい、ビ

253

科目6 生活支援技術
単元6 自立に向けた入浴、清潔保持の介護

ドライシャンプー	ニルキャップをかぶせて5分ぐらいおいたあと、ガーゼなどでふきとる。スーパーマーケットなどで市販されており、種類も豊富である。ドライシャンプーを手にとって、利用者の髪の毛全体につけ、頭皮を指の腹でマッサージしたあと、蒸しタオルで髪の毛と頭皮をふく。
10 全身清拭 基本	入浴ができないときは、部分浴や清拭を行う。全身清拭、部分清拭、また陰部洗浄などを必要に応じて行い、清潔を保つ。清潔保持のためのケアを行うときは、事前に利用者に説明し、同意を得る。 湯温……55～60℃。冷めることを考慮して、それ以上の温度の熱い湯を用意する。　出題実績▶25〔49〕 室温……22～24℃。風が入るとからだが冷えるので注意する。
清拭の留意点	①羞恥心やプライバシーには十分な配慮をする。 ②利用者が自分でふけるところは自分でできるよう工夫する。
11 陰部洗浄 基本	陰部は最も汚れやすい部分であり、不潔になっていると膀胱炎（cystitis）の原因にもなる。尿道のほうから肛門部へ洗い流し、ふきとる。羞恥心への配慮を忘れないようにし、座位が保てる場合はポータブルトイレを利用してできるだけ自分で洗えるように援助する。
羞恥心への配慮	①仕切りのカーテンを閉める。 ②バスタオルなどを使って不必要な肌の露出を避ける。

◆利用者の状態・状況に応じた入浴、清潔保持の介助の留意点

12 感覚機能が低下している人の介助の留意点	皮膚感覚が低下している場合、熱さや痛みに気づきにくいので、湯の温度は介護職が自分の手で確かめ、やけどを防止する。視覚が低下していて、全体が見えにくく、または視野がせまくなっている場合もあるので、浴室全体を明るくし、転倒を防ぐ。
13 運動機能が低下している人の介助の留意点	筋力が低下している場合は、利用者にできるところは自分でしてもらい、手が届かないところを介助する。適切な自助具を使うことで、利用者自身ができる範囲を広げることができる。利用者が自覚しているよりも運動能力が低下していることがあるので、注意深い観察によって安全に入浴できるように配慮する。
14 認知・知覚機能が低下している人の介助の留意点	認知症（dementia）などで利用者の認知機能が低下している場合、「入浴する」ということが理解できないこともある。利用者を待たせたり、寒い思いや不快な思いをさせたりしないように、しっかりと準備を行い、

領域：介護　科目6／生活支援技術
単元6　自立に向けた入浴、清潔保持の介護

声かけや安心できる環境づくりによって、利用者が納得して入浴できるようにすることが大切である。

◆他の職種の役割と協働

15 他職種の役割と協働

介護職は、入浴や清潔保持を通して、利用者の**身体**状況や**皮膚**の状態を観察する機会をもっている。何か変化があったときには**医療**職に伝えることで、早期発見から早期治療につなげることができる。また、入浴環境の整備や自助具の選定などについては、**リハビリテーション**の専門職との相談も必要になる。

試してみて！こんな覚え方　「過去問」をたくさん解いてみよう

　ひととおりの勉強が終わったら、とにかく国家試験の過去問題を解いてみよう。最低でも3年分、できれば5年分はやってみる。そうすると、自分の弱点が見つかるはずだ。

　間違えたところや、あいまいな部分をまずチェック。その問題のうしろには、覚えなくてはいけない事項がたくさんある。それを表にまとめてみよう。書くことと、それを目で見て覚えることで、記憶が確かになる。

　それが終わったら、もう一度過去問題を解いてみる。そしてまた間違えたところをチェック……。これをくりかえすことが、合格の近道といってもいい。

科目6 生活支援技術
単元6 自立に向けた入浴、清潔保持の介護

Step 2 —問—答で確かめよう

問い	答え
□入浴によって、**血液やリンパの循環**は悪くなる？ よくなる？	よくなる return **1** 表3
□41〜42℃くらいの**熱めの湯**の場合、交感神経と副交感神経のどちらが優位になる？	交感神経 return **1** 表3
□38℃ぐらいの**ぬるめの湯**の場合、交感神経と副交感神経のどちらが優位になる？	副交感神経 return **1** 表3
□**収縮期血圧**が何mmHg以上の場合に、**入浴が禁止**とされている？	200mmHg以上 return **2**
□一般に、**浴槽につかっている時間**は何分ぐらい？	2〜3分ぐらい return **5**
□一般に、**浴槽の湯の温度**は何℃ぐらい？	40℃ぐらい return **5**
□**高血圧**（hypertension）の利用者の場合、**心臓に負担がかからない**のは全身浴？ 半身浴？	半身浴 return **5**
□入浴のとき、からだは、中心から末梢に向かって洗う？ 末梢から中心に向かって洗う？	末梢から中心 return **5**
□**片麻痺**のある人の**入浴介助**の場合、健側・患側のどちらに位置する？	患側 return **5**
□シャワーチェアの**座面の高さ**がどのくらいだと、立ち座りや介助が楽に行える？	35〜45cm return **5**
□利用者の**転倒を防止**するために、浴室の床や浴槽の底には何を敷く？	滑り止めマット return **5**
□冬場のシャワー浴では、**湯の温度**は40℃より1〜2℃高くする？ 低くする？	高くする return **6**
□シャワー浴後、**皮膚の温度**はすぐに下がる？ なかなか下がらない？	すぐに下がる return **6**
□**足浴**を行うときは、足首から下・膝から下のどちらを湯にひたす？	膝から下 return **7**
□**足浴**は、覚醒をもたらす？ 安眠をもたらす？	安眠をもたらす return **7**
□肩こりや頭痛が解消されるのは、足浴・手浴のどちら？	手浴 return **8**
□よくブラッシングするのは、洗髪前？ 洗髪後？	洗髪前 return **9**
□**洗髪**が長期間困難な場合、オイルシャンプー・ドライシャンプーのどちらを使う？	オイルシャンプー return **9**

領域：介護　科目6／生活支援技術
単元6　自立に向けた入浴、清潔保持の介護

□ 全身清拭を行うとき、湯の温度は何℃ぐらいにする？　　55〜60℃　return 10
□ 陰部が不潔になっている場合、どのような疾患になりやすい？　　膀胱炎　return 11
□ 視力が低下していたり、視野がせまくなったりしているときは、浴室は暗くする？　明るくする？　　明るくする　return 12

Step 3　過去問に挑戦！

問題　入浴介護に関する次の記述のうち、**最も適切なもの**を1つ選びなさい。

第27回（2015年）〔52〕

1　埋込式ペースメーカーを装着している人は、シャワー浴にする。
2　人工肛門（ストーマ〈stoma〉）のある人は、湯が入らないように装具をつける。
3　酸素療養中の人は、鼻カニューレをはずして入浴する。
4　血液透析を受けている人は、透析直後の入浴を控える。
5　腹水がある人は、洋式タイプの浴槽に横たわった状態で入浴する。

答え　4

埋込式ペースメーカーを装着している場合でも、入浴行為や温度変化による影響はないので、通常どおり入浴してかまわない（**1は不適切**）。人工肛門（消化管ストマ）を装着している場合、通常はパウチをはずして入浴しても、腹腔内圧によって湯が腸内に入ることはない（**2は不適切**）。酸素療養中では、入浴時も鼻カニューレは装着したままにする（**3は不適切**）。血液透析直後は血圧の変動や疲労が大きく、また穿刺の穴からの感染や出血の危険があるので、入浴を控える（**4が最も適切**）。腹水がある人は、和式タイプの浴槽になるべくからだを起こした状態で入浴する（**5は不適切**）。　return 2 5 6　（ストマについてはp.463 8も参照）

科目6 単元7 生活支援技術 ― 自立に向けた排泄の介護

Step 1 重要項目を覚えよう

◆排泄の意義と目的

1 排泄の意義と目的

排泄(はいせつ)は、食物を体内に取り入れて**不要**になったものを体外に出すことであり、生きるうえで欠かせないものである。排泄により体内の**恒常**性（ホメオスタシス）が保たれており、また排泄行動や排泄物の性状によって**健康**状態が把握できるため、重要な観察点である。

◆排泄に関する利用者のアセスメント

2 ICFの視点に基づく排泄のアセスメント

ICF（International Classification of Functioning, Disability and Health：**国際生活機能分類**）に照らし合わせたアセスメント項目は次のようなものになる。これらの情報を総合的に判断し、利用者に対する理解を深める。

心身機能・身体構造
①精神機能（知的機能、活力と欲動の機能など）、②消化器系に関連する機能（消化機能、排便機能〈便を排出する機能・便の固さ・排便の頻度・排便の抑制・鼓腸〉）、③代謝と内分泌系に関連する機能（水分・ミネラル・電解質バランスの機能）、④尿路機能（尿排泄(はいせつ)機能〈尿を濾過し集尿する機能〉、排尿機能〈**膀胱**(ぼうこう)から尿を排出する機能・排尿の回数・排尿の抑制〉）、⑤関節と骨の機能（関節の可動性の機能、骨の可動性の機能）、⑥筋の機能（筋力の機能、筋緊張の機能）など。

活動
①**セルフ**ケア（排泄）、②一般的な課題と要求（ストレスへの対処など）、③コミュニケーション、④**姿勢**の変換と保持（基本的な姿勢の変換、姿勢の保持、移乗）、⑤物の運搬・移動・操作（細かな手の使用、手と腕の使用）⑥歩行と移動（さまざまな場所での移動）など。

参加
①社会活動への参加、②**経済**的な状況、③家族の状況、④排泄に対する気持ち。

環境因子
①トイレの環境（トイレの種類、トイレの位置や距離、手すりの有無、手すりの位置、段差、床の状態、照明など）、②ポータブルトイレ、便器・尿器、おむつの使用。

個人因子
①**食**習慣（食事の種類、内容、摂取量、嗜好(しこう)品など）、②**排泄**習慣、排泄に対する考え方、③衣服の種類、洗濯や交換の頻度、④運動習慣、⑤活

動と睡眠、⑥入浴、清潔保持の習慣。

◆気持ちよい排泄を支える介護

3 排泄の介護で心がけること

快適な排泄は、快適な日常生活の条件であるが、利用者にとって排泄介助を受けることは大きな**羞恥**心をともなう。可能なかぎり利用者が**自立**して排泄できるように援助する。

①残存機能の活用……安易なおむつ使用は機能**低下**をまねく。トイレでの排泄が困難ならポータブルトイレ、次にベッド上での採尿器・便器の使用というように、**残存**機能を最大限に生かす方法を考える。

②がまんさせない工夫……遠慮のため利用者からは声をかけづらい。早めのトイレ**誘導**を心がけ、要望があったら**すぐ**に対応する。

③恥ずかしくなく排泄できる環境づくり……**羞恥**心と**プライバシー**への配慮が大切である。ドアやカーテンで人の**目**をさえぎる、バスタオルをかけて**肌**を露出しない、利用者ができることは自分でしてもらう、などの点に注意する。**音**やにおいについても配慮が必要である。

4 排泄障害の予防

高齢者は尿失禁（incontinence）など**排泄**障害を起こすことが多い。異常に気づいたときは医療職と連携して、原因を探り、必要な対応をとる。

失禁の予防

利用者が女性の場合、**腹圧性**尿失禁（stress urinary incontinence → p.462）が多くみられるが、予防には**骨盤**底筋訓練が有効である。この訓練を毎日数回、最低でも3か月は続けることがポイントである。

骨盤底筋訓練……**肛門**と**膣**を5秒間閉めたり、ゆるめたりすることをくりかえし行うことが基本になる。

膀胱炎の予防

膀胱に炎症があると、排尿を抑制できずに尿失禁になってしまう。①**水分**を適切に摂取する、②残尿をなくす、③**陰**部を清潔にすることで、膀胱炎を予防できる。

◆安全で的確な排泄の介助の技法

5 トイレ 基本

トイレで排泄ができることは、利用者の**QOL**（Quality of Life；**生活の質**）を考えるうえで重要なポイントである。

トイレの環境

トイレに行きやすくする……ベッドからトイレまでの距離を**短**くし、通路には**障害物**がないようにする。

適度な温度、明るさ……トイレや廊下は**適温**を保ち、明るくしておく。

床は清潔に……滑らないようにしておく。足下が**不安定**な場合はスリッパにはきかえなくてもよい環境にする。

便器は洋式がよい……**洋式**の便器のほうが楽に動作できる。和式の場合は、

259

科目6 生活支援技術
単元7 自立に向けた排泄の介護

据置き式の便座を使用し、腰かけられるようにする。
手すりは健側に……麻痺がある場合は、**健**側にL字型の手すりをつける。
使いやすい環境……股関節や膝の曲がりにくい利用者は便座を**高**くすることで動作が楽になることがある。

その他の留意点
①利用者の**排泄**習慣を知り、適宜トイレに誘導する。
②身体状況に合わせた着脱**しやすい**衣類を選ぶ。
③緊急時に備え、**内**側からかぎをかけないよう注意する。

6 ポータブルトイレ 基本

ポータブルトイレは、利用者がベッドから起き上がり、**座**位を保つことはできるが、トイレまでの移動が**難**しい場合に使用する。歩行が不安定な場合、夜間や寒い季節などにポータブルトイレを利用することがある。

設置場所
ある程度の移動が可能であれば、部屋の隅や廊下などに**カーテン**で仕切りをしてポータブルトイレを設置する。ベッドからの移動が難しい場合、必要に応じてベッド脇に設置し、終わったらすぐに片づける。片麻痺がある場合は、ベッドの**健**側に置き、移乗して使用できるようにする。

留意点
ポータブルトイレには、**高さ**が調節できるもの、軽くて**移動**が簡単なもの、重量があり**安定**感があるものなど、いくつかの種類があるので、利用者の体格や身体状況、居住環境に合ったものを選ぶ。**蹴込み**（足をうしろに引くことができるスペース）があるものが立ち上がりやすく安全である。
ポータブルトイレを使って自力で排泄できる利用者の場合は、使用時はその場を**離れる**など、羞恥心への配慮が必要である。 出題実績 ▶ 26〔53〕

7 採尿器・差し込み便器 基本

ベッド上での排泄を介助する場合は、事前に説明し、了解を得たうえで**採尿**器や**差し込み**便器を使用して介助を行う。不自然な姿勢なので排泄しにくい場合がある。男性と女性の排泄介助の違いを理解し、尿器と便器それぞれの種類と使い方をしっかりと覚える。 出題実績 ▶ 24〔55〕

使用方法
男性用尿器……上半身を**起こ**すか、**側臥**位で使用する。
女性用尿器……女性用尿器は、尿の受け口の形によって使い方が異なるので注意する。女性用尿器での排尿が困難な場合は、**差し込み便器**を用いることがある。
便器……金属製の差し込み便器は、適温に**あためて**から中央が肛門部にくるように設置する。自力で腰を上げることが難しい利用者は、**側臥**位で便器をあててから**仰臥**位にする。上半身を起こした状態に近づけると、寝たままより腹圧がかけ**やす**く、排泄しやすい。

留意点
排泄の介助は、最も**プライバシー**にかかわるものであるので、人の目にふれないような工夫が必要である。カーテンなどの仕切りをするとともに、

できるだけ肌を出している時間を**短**くし、タオルをかけたりして**プライバシー**を守る。また、排泄が終わったら**すぐ**にあと始末をする。

8 おむつ 頻出

尿意や便意がなく、ベッドからの移動もできない場合、最後の手段としておむつを使用するが、その**弊害**も知っておく。

おむつ使用の弊害
①精神的ショックにより意欲が**減退**し、**認知**症状が進む。
②意識的に排尿する必要がなくなることで、尿意が**喪失**することがある。
③起き上がる必要もなくなり、**寝たきり**になる。
④おむつが汚れた状態が続くと、おむつかぶれや**尿路**感染症（urinary tract infection）を引き起こす。

交換時の留意点
おむつ交換は、排泄の間隔を把握し、汚れたらすぐに交換できるようにする。準備を整えて手際よく行い、利用者の**羞恥**心や**プライバシー**に配慮する。片麻痺がある場合は、**患側**を下にした体位を避けて交換する。

排尿・排便後の陰部洗浄
①陰部洗浄をする場合はぬるま湯を用いる。　出題実績 ▶27〔53〕
②女性は**後方**へ向かってふく。肛門から前へ向かってふくと**尿路**感染を起こしやすい。　出題実績 ▶24〔56〕
③一度ふいた面で二度ふかない。

観察
尿や便については、**回数**、**色**、**量**を観察する。異常があれば、便は保存して、医療職に連絡する。

膀胱留置カテーテル
膀胱留置カテーテルは、自力で排尿ができない場合などに使われる。留意点は、尿路感染防止のためにカテーテルの挿入口や尿道口周辺の**清拭**、**洗浄**を行って清潔を保つ、水分補給をして**自浄**作用を促す、などである。

◆利用者の状態・状況に応じた排泄の介助の留意点

9 感覚機能が低下している人の介助の留意点

視力が低下していたり、視野がせまくなっていたりする場合は、排泄行動にともなう**不安**を軽減し、安全に行動できるように、その場の状況を説明してから介助する。**夜間**の移動では足下灯で足下を明るくするような工夫も求められる。聴力が低下しているときは、介助方法を理解しているか確認してから介助にあたる。視覚や嗅覚に問題がある場合、異常な排泄物に気づきにくいので、介護職の観察が重要になる。

10 運動機能が低下している人の介助の留意点

排泄には、トイレまでの**移動**、ドアの開閉、排泄時の**姿勢**の保持、衣服の**脱着**、排泄後の始末など、さまざまな動作が必要となるので、利用者の**運動**機能の把握が必要である。そのうえで、排泄にかかわる一連の動作のうち、利用者本人ができるものと介助が必要なものを判断する。また体調が変化することもあるので、介助時の利用者の体調を把握し、そ

科目6 生活支援技術
単元7 自立に向けた排泄の介護

の場に合った適切な方法で介助にあたる。

11 認知・知覚機能が低下している人の介助の留意点 [基本]

尿意や便意があっても認識できないことがあり、排尿・排便といった行動がとり**にくい**。排泄介助を行うときは、「トイレに行きませんか」とか「トイレに行きたくないですか」などと促す。行動を注意深く観察し、排泄の**サイン**を見逃さないようにすることがポイントである。

排泄パターン
日ごろから排泄の時間と量、下着を汚した状況などの**記録**をつけておき、排泄**パターン**を把握してトイレ**誘導**することも有効である。 [出題実績] ▶ 24〔57〕

12 便秘・下痢の予防のための日常生活の留意点 [頻出] ✎

高齢者は運動量も**少な**く、食事の摂取量も少ないために**便秘**になりがちである。食事の摂取量や水分の摂取量が十分かどうかを確認し、それでも**3**日以上排便がないときは医療職に連絡して対応する。

便秘の予防・解消
規則的な排便習慣……**朝食**後にトイレに誘導することなどによって排便を習慣づける。

食物繊維の多い食事……**海藻**や**さつまいも**などを取り入れる。 [出題実績] ▶ 25〔55〕

適度な運動……可能な範囲で身体を動かす。

腹部をあたためる……**腸**の運動を活発にする。 [出題実績] ▶ 25〔55〕

腹部マッサージ……**腸**の動く方向に沿って、**時計**回りに、「の」の字を描くようにマッサージする。 [出題実績] ▶ 25〔55〕

摘便
肛門から便をかき出す摘便は、**下剤**を服用したり**浣腸**や**座薬**などを使用したりしても排便がない場合に行う。**医療**行為なので介護職は行ってはならず、医療職に連絡をとる。

下痢
下痢を起こすと急速に**水分**を失うので、**脱水**状態にならないように水分をこまめに摂取する必要がある。また、下痢は著しく体力を**消耗**するうえ、感染症の可能性もあるので、**発熱**や**咳**などの症状の有無を確認し、医療職に連絡する。 [出題実績] ▶ 26〔54〕

13 尿回数が多い人への日常生活の留意点

排尿の回数が多い利用者は、水分の摂取を**おさえる**傾向がある。**脱水**につながってしまうので、十分に水分の摂取が行われるように、注意深く観察する。また、排尿のための行動にともなう**転倒**などの危険の防止に努める。日常生活に支障をきたすような場合は、**医療**職との連携によって、排尿の回数の改善方法を考える。

領域：介護　科目6／生活支援技術
単元7　自立に向けた排泄の介護

14 失禁時の介護の留意点 基本		排泄に失敗することは、利用者にとって**ショック**であり、自信を**失う**ことにもつながるので、対応には十分な注意が必要である。
	失禁の原因	**失禁**のタイプ（①**切迫性**尿失禁、②**腹圧性**尿失禁、③**溢流性**尿失禁、④**機能性**尿失禁）（→p.462）を知り、適切な対応をとる。
	介護職の対応	失禁の原因をつかむためには、利用者の**動作**を観察する。排尿の動作や判断がうまくできないために失禁してしまう**機能性**尿失禁の場合は、対応次第で改善が可能である。早めのトイレ誘導を心がける。　出題実績　27〔54〕
	留意点	①失敗したことを**とがめない**。 ②失敗しても安易に**おむつ**を使用せず、少しでも**自立**できるような配慮と工夫を行う。

◆他の職種の役割と協働

15 他職種の役割と協働　排泄動作の改善には理学療法士（PT）、作業療法士（OT）など、食事については栄養士、医療的なケアには医師や看護師などの医療職との連携が求められる。特に、2005（平成17）年に、それまで**医療**行為とされていた、「ストマ装具の**パウチ**にたまった排泄物を捨てること（肌に接着したパウチの取り替えを除く）」や「自己導尿を補助するため、カテーテルの準備、体位の保持などを行うこと」などが介護職にも行えるようになった。しかし、症状が不安定になったりした場合は、すみやかに医師、看護師などと連絡をとる必要がある。

科目 6 生活支援技術
単元 7 自立に向けた排泄の介護

Step 2 —問—答で確かめよう

問い

- □ 排泄によって、不要な物質を体外に排出することで体内の何が維持される？
- □ 排泄の環境づくりで配慮しなければならないのは、利用者のプライバシーと何？
- □ 女性の場合に多い**腹圧性尿失禁**（stress urinary incontinence）に**有効**な訓練は何？
- □ **膀胱炎**（cystitis）を**予防**するためには、水分の摂取は控える？ 適切に摂取する？
- □ トイレは、明るくする？ 暗くする？
- □ **麻痺**がある場合、**トイレに取り付ける手すり**は、健側・患側のどちらに設置する？
- □ 股関節や膝の曲がりにくい利用者に対しては、**便座の高さ**を低くする？ 高くする？
- □ **麻痺**がある場合、**ポータブルトイレ**は、ベッドの利用者の健側・患側のどちらに置く？
- □ **男性用尿器**は、上半身を起こして使用する以外に、仰臥位・側臥位のどちらで使用する？
- □ 自力で腰を上げることが難しい利用者の場合、側臥位で便器をあててからどのような体位に変換する？
- □ おむつを使用することで**認知症状**は進行する？ 改善する？
- □ 自力で排尿ができない場合などに使われるものは何？
- □ **便秘を予防**するためには、食物繊維の多い食事・食物繊維の少ない食事のどちらをとったほうがよい？
- □ **便秘予防**の腹部マッサージは腸の動く方向に沿ってマッサージするが、このときの向きは時計回り？ 反時計回り？
- □ 利用者が便秘しているとき、**介護福祉士が摘便**を行える？ 行えない？
- □ **下痢**の場合、**水分の補給**は控えたほうがよい？ こまめにとったほうがよい？
- □ **排尿の回数が多い場合、水分の摂取**は控えたほうがよい？ 控えてはいけない？

答え

- 恒常性（ホメオスタシス） ↩1
- 羞恥心 ↩3
- 骨盤底筋訓練 ↩4
- 適切に摂取する ↩4
- 明るくする ↩5
- 健側 ↩5
- 高くする ↩5
- 健側 ↩6
- 側臥位 ↩7
- 仰臥位 ↩7
- 進行する ↩8
- 膀胱留置カテーテル ↩8
- 食物繊維の多い食事 ↩12
- 時計回り ↩12
- 行えない ↩12
- こまめにとったほうがよい ↩12
- 控えてはいけない ↩13

領域：介護　科目6／生活支援技術
単元7　自立に向けた排泄の介護

□排尿の回数が多い場合、脱水・下痢のどちらに注意する必要がある？　　　　　　　　脱水　return 13

□失禁のタイプは、**切迫性尿失禁、腹圧性尿失禁、溢流性尿失禁**ともう一つは何？　　機能性尿失禁　return 14

□介護福祉士は、ストマ装具の**パウチ**にたまった排泄物を捨ててもよい？　捨ててはいけない？　　捨ててもよい　return 15

Step 3　過去問に挑戦！

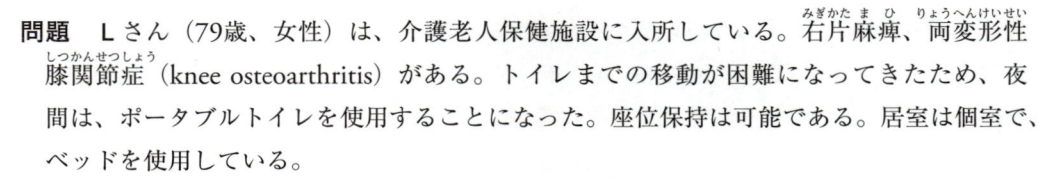

> **問題**　Lさん（79歳、女性）は、介護老人保健施設に入所している。右片麻痺、両変形性膝関節症（knee osteoarthritis）がある。トイレまでの移動が困難になってきたため、夜間は、ポータブルトイレを使用することになった。座位保持は可能である。居室は個室で、ベッドを使用している。
> 　　Lさんへの対応として、**適切なもの**を1つ選びなさい。　　第26回（2014年）〔53〕
> 1　ポータブルトイレは、利用者の右側に置く。
> 2　ベッドの高さより、低い座面のポータブルトイレを選ぶ。
> 3　ベッドにスイングアーム介助バーを設置する。
> 4　夜間はズボンをはかず、下着だけとする。
> 5　排泄物は、朝、まとめて片づける。

答え　　　3

　　　　　ポータブルトイレは利用者の健側に置く。右片麻痺のあるLさんの場合は左側に置くのが適切（1は不適切）。移動しやすくするためベッドとほぼ同じ高さの座面のポータブルトイレを選ぶ（2は不適切）。ベッドにスイングアーム介助バーを設置するのは、ベッドからポータブルトイレへの移乗を助けるのに有効である（3が適切）。利用者の羞恥心に配慮するのは夜間でも変わらない。下着だけにするのは好ましくない（4は不適切）。排泄物は、そのつどすぐに片づける（5は不適切）。　return 3 6

科目6 単元8

生活支援技術
自立に向けた家事の介護

Step 1 　重要項目を覚えよう

◆家事の意義と目的

1 家事の意義と目的

家事は、各家庭で行われる衣・**食**・住その他、**生活**に必要な仕事をいう。現在にいたるまで習慣的・**継続**的に行われてきたもので、個人や家庭にとって不可欠なものである。このため、家事の行為に困難が生じると、**QOL**（Quality of Life；**生活の質**）の**低下**につながる。利用者の生活背景や価値観を十分に**尊重**した支援を行うことで生活環境が整えられ、利用者が家事に参加することによって利用者の意欲の向上にもつながる。

◆家事に関する利用者のアセスメント

2 ICFの視点に基づく家事のアセスメント

ICF（International Classification of Functioning, Disability and Health；**国際生活機能分類**）をもとにしたアセスメントによって、「**できている**活動」「支援や環境整備が整えば**できそうな**活動」「**できない**活動」を分析することが大切である。アセスメント項目は次のようなものになる。

運動・移動　①運動機能、②歩行レベル、③転倒の危険性、④移動範囲、⑤移動手段。

日常生活　①買い物、②献立の決定、③調理、④洗濯、⑤掃除、⑥整理整頓・ごみ捨て、⑦電気機器の操作、⑧火の始末、⑨電話の利用、⑩金銭管理、⑪役所や金融機関などの手続き、⑫悪徳商法への注意、⑬情報への関心。

その他　①居住環境、②経済状況、③家族の状況、④家族の介護力、⑤虐待の可能性、⑥精神的な状況など。

◆家事に参加することを支える介護

3 家事援助（生活援助）

家事援助とは、訪問介護において、**身体介護**以外の日常生活の援助を行うことである。介護保険制度では**生活**援助といい、利用者が一人ぐらしをしていたり、家族が疾病や障害のために、家事を行うことが困難だったりしたときに行われる。**介護支援専門員**（ケアマネジャー）との話し合いによって、居宅サービス計画（ケアプラン）がつくられる。

4 家事の介護で心がけること

利用者がなんらかの形で家事に**参加**できるよう、工夫することが大切である。家事援助にあたっては、何もかも介護職が行うのでなく、作業の方法を話し合う、見ていてもらう、一緒にするというように、**残存**機能を見極めながら**段階**的に、主体的にかかわれるように援助する。家事**参加**を通して、生活の**意欲**がわくようなはたらきかけを心がけたい。

◆家事の介助の技法

5 調理 【基本】

利用者が家事を行うことが困難な場合でも、**加工**食品の利用や調理ずみの食品を冷凍保存することで、自分で調理が可能になることがある。ただし、高齢者に電子レンジなどの電化製品の使用を勧める場合、使い方を何回か練習してもらい、使い方を紙に書いてはっておくなど、完全な使用法を習得するまで、アドバイスが必要である。介護職が調理を行う場合は、利用者の**好み**に配慮する必要がある。また、混ぜ合わせるなど利用者が**できる**部分を見つけ出すことも大切である。そばについていられない時間帯の食事には、**配食**サービスの利用なども検討する。

6 洗濯 【頻出】

時間がかかるので、家庭を訪問したときにまず**洗濯**を行う。洗濯前に仕分けるときに、下着の**汚れ**などで病気の進行が見つかることがあるので、汚物の有無などの**チェック**も必要である。洗濯は、通常、衣服の**仕分け**→洗濯→**乾燥**→たたむという一連の作業になるが、たたむなど利用者が行うことができる作業は一緒に行うことで**自立**につなげていく。

血液の汚れ 血液などの**たんぱく質**の汚れは、湯では固まってしまうので水で洗う。
出題実績 ▶ 26〔56〕

尿の汚れ ドライクリーニングでは落ち**ない**。水洗いが必要である。

洗剤 ①**合成洗剤**……広く使用されているが、皮膚が弱い人や老人性掻痒症（pruritus senilis →p.332 **31**）の人は、動物性油脂や植物性油脂を原料とした**粉石鹸**を使ったほうが肌のトラブルが少ない。

②**中性洗剤**……**絹**や**羊毛**などの衣服に使用する。**水溶**性の汚れはドライクリーニングでは落ちないので、中性洗剤で洗濯する。　出題実績 ▶ 26〔56〕

漂白剤 酸化型と**還元**型があり、酸化型にはさらに**塩素**系漂白剤と**酸素**系漂白剤がある。漂白力が強いのは**塩素**系漂白剤だが色柄ものや動物繊維には使えない。動物繊維には通常還元系漂白剤を使う。　出題実績 ▶ 25〔56〕・26〔56〕

しみ抜き **水溶**性の汚れは早いうちなら通常の洗濯で落ちるが、時間がたったものは水を含ませたブラシでたたいて不要な布に移す。口紅やチョコレート、バターなど**油脂**性の汚れは**ベンジン**を含ませた布でふく。　出題実績 ▶ 24

科目 6 生活支援技術
単元 8 自立に向けた家事の介護

〔58〕

7 掃除・ごみ捨て

台所、**トイレ**、浴室は使用頻度が高いため、汚れていることが多い。家事援助の場合、訪問時に毎回掃除を行う。

台所 コンロまわりの**油**汚れ、**シンク**の汚れは特にしっかり除去する。

トイレ 介護状態にある利用者の場合、トイレ近辺が汚れていることが多いので、特に念入りにふき掃除を行う。

浴室 床の水あかやぬめりは**転倒**の原因になることがあるので、早いうちにスポンジなどで洗浄する。かび取り剤を使用するときは**換気**に注意する。

ごみ捨て 高齢者のなかには、物を捨てられずに部屋の中が物で埋まっていることがある。しかし、ごみのように見えても、利用者にとっては思い出のある大切な品物のこともあるので、ごみを捨てるときは利用者の**許可**を必ず得るようにする。

8 裁縫

背中が曲がって前が下がったり丈が長すぎたりする場合は、転倒の危険があるので少し**短**にズボンの裾（すそ）を上げる。**裾上げテープ**を使うと簡単に裾を上げることができる。裁縫を楽しみにしている利用者もいるので、材料などを準備し、必要な場合には糸を通した針などを用意する。

9 衣服・寝具の衛生管理 基本

高齢になると衣服への食べこぼしが**多**くなり、それに気づかないことも多い。**頻繁**（ひんぱん）に洗濯しないジャケットやウールのズボンなどは、しみのチェックを行う。食べこぼしのしみはなるべく早くしみ抜きをし、尿のついたズボンなどは**水**洗いする。また、天気のよい日には、布団を4時間ぐらい干すことで、布団についた**ダニ**を死滅させることができる。

10 買い物

家事援助としての買い物は、決められた時間内で**利用**者の予算内で行う。ふだんどこの店でどのくらいの値段のものを購入しているかを利用者や家族から聞き、「いくら預かって」「いくら使うか」をきちんと**メモ**してから買い物に出かける。買い物から帰ってきたら、利用者や家族に品物を見せ、**領収**書とおつりを渡す。また、できるだけ利用者と一緒に買い物をすると、食材への興味や生活への意欲がわくことも期待できる。

11 家庭経営、家計の管理 基本

認知・知覚機能が**低下**していなければ、利用者本人が家計の管理を行えるが、一人ぐらしで**認知**症状がみられる場合などは、**福祉サービス**利用援助事業（**日常生活自立支援**事業）や**成年後見**制度の利用の必要性も出てくる。「お金を盗られた」などの事実ではない発言がみられる場合、介

領域：介護　科目6／生活支援技術
単元8　自立に向けた家事の介護

高齢無職世帯の家計収支	護職一人で判断せず、**介護支援専門員（ケアマネジャー）**と相談し、家計の管理への対策を考えることが求められる。 総務省の「家計調査報告（家計収支編）」（2014〈平成26〉年）によると、世帯主が高齢無職の世帯の家計収支は次のようになっている。 **おもな収入**……**社会保険**給付がおもな収入で、実収入の**86.0**％を占める。実収入は、高齢夫婦無職世帯で20万7347円、高齢単身無職世帯は11万2207円となっている。　出題実績▶27〔57〕 **おもな支出**……支出では**食料**が最も多く、25.6％。消費支出は、高齢夫婦無職世帯が23万9485円、高齢単身無職世帯が14万3263円。**非消費**支出は同じく、2万9422円、1万461円である。　出題実績▶27〔57〕 **可処分所得**……高齢夫婦無職世帯が17万7925円、高齢単身無職世帯が10万1746円であり、いずれも消費支出を**下**回る。　出題実績▶27〔57〕

◆利用者の状態・状況に応じた家事の介助の留意点

12 感覚機能が低下している人の介助の留意点	視力や聴力が低下している場合、やかんの湯が沸騰していることに気づかず空焚きしてしまうことがあり、**火災**の危険がある。利用者自身が調理を行うときは、ガスレンジの使用をやめて**電磁調理器**の使用を勧める。調理が難しい利用者の場合は、配食サービスの利用も考慮する。
13 運動機能が低下している人の介助の留意点	「強く握れない」「包丁で切る力がない」「衣服の着脱が困難」など上肢の運動機能が低下している利用者に対しては、**自助**具の利用、衣服のリフォームなどの工夫が必要である。また、下肢に障害があり、歩行が困難な場合、**車いす**を使用した状態で調理などができるような設備の調整も必要なことがある（→p.222 7）。
14 認知・知覚機能が低下している人の介助の留意点	認知障害があると、適応に関してさまざまな障害が出てくる。利用者がなぜそのような行動をとるのか**原因**を考え、何をしてほしいのかを利用者の立場に立ってよく理解することが大切である。認知症（dementia）の利用者の場合、何も作業ができないわけではなく、衣服をたたんだり雑巾を縫ったりと以前していたことならできることが**多**い。家事行為は慣れ親しんだものなので、利用者ができることは、声かけをしながら一緒に行うようにする。

◆他の職種の役割と協働

15 他職種の役割と協働	身体機能の低下によって日常生活に支援が必要な人に対しては、通所**リハビリテーション**や訪問**リハビリテーション**によって、**理学療法**士（PT）

科目 6 生活支援技術
単元 8 自立に向けた家事の介護

や**作業療法士**（OT）、**言語聴覚士**（ST）などが機能の維持回復を図る。また、車いすで生活するようになって住宅改修を行うときは、**福祉住環境**コーディネーターが大きな役割を果たす。

Step 2 一問一答で確かめよう

問い	答え
□**訪問介護**で、身体介護以外の**日常生活の援助**を行うことを何という？	家事援助（生活援助） return 3
□**家事援助**で大切なのは、利用者が家事に参加できるよう工夫すること？　介護職だけで手際よく家事をこなすこと？	利用者が家事に参加できるよう工夫すること return 4
□介護職が家庭を訪問したとき、**最初に行う**のはどの家事？	洗濯 return 6
□**血液**のついた衣服を**洗濯**するときに使うのは湯？　水？	水 return 6
□**皮膚が弱い**利用者の衣服を洗濯するときに、合成洗剤・粉石鹸のどちらを使ったほうがよい？	粉石鹸 return 6
□**ドライクリーニング**できれいにならないのは、絹や羊毛でできた衣類に水溶性・油溶性のどちらの汚れがついたとき？	水溶性 return 6
□**浴室**でかび取り剤を使って水あかやぬめりをとるとき、何に気をつける必要がある？	換気 return 7
□**ごみを捨てる**場合、利用者の許可は必要？　不要？	必要 return 7
□利用者の**背中が曲がって**前が下がったり丈が長すぎたりする場合は、**ズボンの裾**は長めにする？　短めにする？	短めにする return 8
□**ズボンの裾**は、何を使うと簡単に上げることができる？	裾上げテープ return 8
□高齢になると、一般に**衣服への食べこぼし**は多くなる？　少なくなる？	多くなる return 9
□天気のよい日に**布団**を4時間ぐらい**干す**ことで、布団の中の何を死滅させることができる？	ダニ return 9
□買い物に行くとき、**預かった金額や使った金額は記録して**おく必要がある？　必要はない？	必要がある return 10
□一人ぐらしで**認知症状**がみられる場合などに利用を考慮するのは、**福祉サービス利用援助事業（日常生活自立支援事業）**や何？	成年後見制度 return 11
□視力や聴力が低下している人が調理する場合、ガスレンジ・電磁調理器のどちらを使ったほうがよい？	電磁調理器 return 12

□ **通所リハビリテーション**や**訪問リハビリテーション**で利用者の機能の維持回復を図るのは、おもに**理学療法士**（PT）、**言語聴覚士**（ST）ともう一つ、どの専門職？　　**作業療法士（OT）** return 15

Step 3 過去問に挑戦！

問題 洗濯に関する次の記述のうち、**適切なもの**を1つ選びなさい。　第26回（2014年）〔56〕
1. 血液などのたんぱく質の汚れには、高温での洗濯が効果的である。
2. 淡色のものを洗うときには、蛍光増白剤の入った洗剤を使用する。
3. 洗剤は、多く使用すればするほど汚れがよく落ちる。
4. 水洗いできるウール・絹には、液体酸素系漂白剤を用いる。
5. ドライクリーニングは、おもに水溶性の汚れを落とすのに適している。

答え　4

たんぱく質は熱で固まるため、高温で洗濯すると汚れが落ちなくなってしまう。水で洗う必要がある（**1は不適切**）。淡色のものを蛍光増白剤の入った洗剤で洗うと、色味が変わってしまう危険性があり、用いないほうがよい（**2は不適切**）。洗剤は適量を用いることで最大の効果が得られる。多く使用すればするほど汚れが落ちるわけではない（**3は不適切**）。液体酸素系漂白剤は、水洗いできるすべての繊維製品に使える。水洗いできる表示があればウール・絹にも使える（**4が適切**）。ドライクリーニングはおもに油溶性の汚れを落とすのに適している（**5は不適切**）。 return 6

科目6 単元9 生活支援技術

自立に向けた睡眠の介護

Step 1 重要項目を覚えよう

◆ 睡眠の意義と目的

1 睡眠の意義と目的 基本

疲労の回復、**活力**の産出が睡眠の意義である。睡眠により**脳**、身体、**自律**神経が休息し、細胞の活性化が行われる。

睡眠のはたらき
一般に、身体の状態でいう深い眠りの**レム**睡眠のあと、浅い眠りの**ノンレム**睡眠が現れ、おおむね90分周期でくりかえされる。

睡眠の種類	身体の状態	脳の状態
レム睡眠	深い眠り（体動はない）	浅い眠り（夢・活性化）
ノンレム睡眠	浅い眠り（体動がある）	深い眠り（単調・沈静化）

表4　睡眠の種類と身体・脳の状態

◆ 睡眠に関する利用者のアセスメント

2 ICFの視点に基づく睡眠のアセスメント

利用者が不眠を訴えた場合、**ICF**（International Classification of Functioning, Disability and Health；**国際生活機能分類**）の視点に基づくアセスメントを行い、睡眠を妨げている原因がないか確かめ、取り除くようにする。**高血圧**（hypertension）、**心不全**（heart failure）、**腰痛**などにより不眠を訴える場合は、利用者の疾患を確認し、医療職に相談する。

背景因子
①騒音があるかどうか、②寝室の室温が適切かどうか、③湿度が適切かどうか、④不快なにおいがあるかどうか、⑤寝室の明るさは適切かどうか、⑥寝具は適切かどうか。

不眠を訴える人へのアセスメント
①睡眠の健康なときとの比較、②現在の睡眠状態、③不眠障害のタイプ、④発熱や痛み・かゆみ、頻尿（ひんにょう）など身体の状態、精神的な疾患の有無、⑤生活習慣病（life-style related diseases）の有無、⑥食事の状況、⑦昼間の過ごし方、⑧起床・就寝時間、⑨入眠儀式（入眠にあたり行う行為）。

◆ 安眠のための介護

3 安眠のための介護で心がけること

睡眠は生活の**リズム**をつくる大切な要素の一つである。規則**正しい**睡眠を支援できるよう心がける。そのためには、規則正しい**食事**、適度な**運**

動も必要になる。また、眠りの質を上げるためには、寝室・寝具の整備、快適な入浴の提供も心がける。

◆安眠を促す介助の技法

4 安眠を促す環境 基本

寝室の環境を整えるとともに、施設などでは、夜間の業務上の音や光で安眠を妨げないように配慮することも必要である。

寝室の環境
①静かな環境で、寝室の温度は15～22℃ぐらい、湿度は40～50％に保つ。
②トイレの場所やベッド周囲の家具など、寝ている人が夜中にトイレなどに行くときの動線を考えて、安全面も含めた環境整備が必要である。
③30ルクス以上になると睡眠が浅くなるといわれる。なるべく部屋を暗くし、明かりが必要なときは暖色系の蛍光灯や常夜灯などを利用する。

寝具
布団に入ったときに冷たさを感じるとからだが冷えるので、寝る前に布団をあたためておく。シーツや枕カバーなどは1週間に1回は洗濯し、定期的に布団を天日干しにする。

夜間のかかわり
巡回時の足音や懐中電灯の明かりなどで起こしてしまわないよう注意する。　出題実績 ▶ 25〔58〕

5 安眠のための介助技法 頻出

快適で安楽な睡眠によって疲れをとり、生活に意欲をもてるような介護が求められる。アセスメントの結果をもとに、以下の点に留意する。

留意点
①**できる生活動作はしてもらう**……日中の活動が睡眠に影響する。特に**ADL**（Activities of Daily Living；**日常生活動作**）の充実はよい眠りのために重要である。
②**生活のリズムを整える**……生活のリズムがくずれると眠りにつきにくい。一日の生活のリズムを整えることで、決まった時間に眠くなる。
③**運動習慣をつける**……日中の運動によって、適度な疲労が得られるように援助する。　出題実績 ▶ 24〔59〕・27〔58〕
④**カフェインの摂取を避ける**……就寝の4～5時間前からコーヒー、紅茶、チョコレートなどカフェインを多く含む飲食物の摂取を控える。
　出題実績 ▶ 27〔58〕
⑤**就寝前の入浴**……就寝前2～3時間に、39～40℃のぬるめの湯に入る。からだがあたたまることで、寝つきがよくなる。　出題実績 ▶ 27〔58〕
⑥入眠剤などは、安易に使用せず、医師と相談しながら正しく用いる。
⑦利用者の入眠儀式があれば尊重する。
⑧不眠の訴えがあるときは、不安を助長しない精神的な支援に努める。

科目6 生活支援技術
単元9 自立に向けた睡眠の介護

◆ 利用者の状態・状況に応じた睡眠の介助の留意点

6 感覚機能が低下している人の介助の留意点

あんかや湯たんぽなどで足をあたためることは睡眠に**効果**的であるが、皮膚の感覚が低下している人の場合は、熱さを感じにくいので、**低温やけど**に注意が必要である。また、起床後日光を浴びると覚醒するが、視覚障害（visual disturbance）のある人の場合は**光**の刺激が大脳に届かないため、不眠を引き起こすこともある。

7 運動機能が低下している人の介助の留意点

寝たきりの高齢者などは、刺激が少なく、昼も夜も関係なく、うつらうつらしていることがある。日中の活動を**高め**、昼間寝ている時間を**減らす**など、生活にめりはりをつけることで、夜よく眠れるようになる。

8 認知・知覚機能が低下している人の介助の留意点 基本

認知症（dementia）などの利用者が夜間興奮してなかなか寝ないときは、熱が出ていたり便秘が続いていたりすることが原因のこともある。観察し話を聞くなどして**体調**を確認する必要がある。　出題実績 ▶ 26〔58〕

9 不眠時の対応 基本

「眠れない」という訴えに対しては、**室内環境**に眠れない原因がないか、**日中**の活動の状況はどうか、利用者をよく観察し、改善策を考える。

不眠の原因　①手足の**冷え**、②空腹または**満腹**、③疲労、④日中の活動**不足**、⑤夜間の**頻尿**、⑥精神的な不安、⑦就寝前の**コーヒー**などの刺激物の摂取、⑧**環境**（温度、湿度、照明、騒音）の不適。

◆ 他の職種の役割と協働

10 他職種の役割と協働

不眠障害のある人にとっては、**眠る**ことがいちばんのニーズである。障害の原因が**疾病**やその内服薬の影響である場合は、その原因を緩和することが**医師**や看護師の役割である。また、不眠障害は心身の病気のサインである場合もあるので、医療機関への受診や専門機関への相談などへつなげていくことも必要である。

Step 2　一問一答で確かめよう

問い
- □睡眠の意義として**休息による疲労の回復**があるが、睡眠により休息するのは、身体、自律神経と、何？
- □身体の**深い眠り**は、レム睡眠・ノンレム睡眠のどちら？

答え
- 脳　return 1
- レム睡眠　return 1 表4

領域：介護　科目6／生活支援技術
単元9　自立に向けた睡眠の介護

- □**安眠のための介護**で心がけるのはどのような睡眠の支援？　　　**規則正しい睡眠** return 3
- □寝室の明るさが**30ルクス以上**になると、睡眠が浅くなる？深くなる？　　　**浅くなる** return 4
- □**安眠のための入浴**では、**湯の温度**は高めがよい？　低めがよい？　　　**低めがよい** return 5
- □**皮膚の感覚が低下**している人は、冬期に**あんか**や**湯たんぽ**を使うときに何に気をつける？　　　**低温やけど** return 6
- □夜間、寝たきりの高齢者などが**安眠するためには、日中の活動**を高めたほうがよい？　低めたほうがよい？　　　**高めたほうがよい** return 7

Step 3　過去問に挑戦！

問題　安眠を促す介助として、**適切でないもの**を1つ選びなさい。　　　第24回（2012年）〔59〕

1. 昼間に適度な運動をするよう勧める。
2. 清潔で乾燥した寝具を整える。
3. 朝はカーテンを開け、日光を浴びるよう勧める。
4. 睡眠に関する生活習慣を把握する。
5. 食事をしてすぐに寝るよう勧める。

答え　5

昼間に適度な運動をすることは、ほどよい身体の疲れにより安眠につながるので、勧めるとよい（1は適切）。寝具の心地よさは安眠を促す効果がある（2は適切）。日光を浴びることで体内時計がはたらくので、生活のリズムをつけるのに効果的である（3は適切）。生活習慣は人によって異なるため、利用者ごとの睡眠に関する生活習慣を把握することは睡眠の介護にあたり有効である（4は適切）。食事の直後は胃腸がはたらいている状態であり、十分な睡眠が得られない（5が適切でない）。return 2 3 4 5

生活支援技術
終末期の介護

科目6 単元10

Step 1 重要項目を覚えよう

◆終末期における介護の意義と目的

1 終末期における尊厳の保持 基本

終末期医療の決定プロセスに関するガイドライン

終末期とは、回復の見込みが**なく**、死が間近に迫っている時期である。精神的・心理的・身体的な苦痛の**緩和**を中心に、医師、**看護師**、介護職、心理職などがチームとなり、家族とも話し合いながら支援する。

2007（平成19）年5月、**厚生労働**省より「終末期医療の決定プロセスに関するガイドライン」が発表された。**インフォームド・コンセント**に基づいた利用者**本人**の意思決定を基本とした終末期医療およびケアのあり方、終末期医療およびケアの方針の決定の手続きについて示されている。終末期医療およびケアのあり方の要点は次の4点である。

①医師等の医療従事者と患者本人の**インフォームド・コンセント**に基づいたうえで、終末期医療を進めることが原則である。

②医療内容の**変更**や医療行為の**中止**等については、医療ケアチームによって、医学的な妥当性と適切性をもとに慎重に判断すべきである。

③**疼痛**やその他の不快な症状を**緩和**し、患者・家族の精神的（心理的）・社会的な援助も含めた総合的な医療およびケアを行う。

④生命を短縮させる積極的**安楽死**は、対象としない。

インフォームド・コンセント……「説明と同意」と訳される。医療を提供する前に、医師や歯科医師、薬剤師、看護師などの医療職が、疾患の性質、必要とされる検査や治療法について、患者がよく理解できるように十分な**説明**を行い、患者の**同意**を得ることをさす。

2 事前の意思確認 基本

介護老人福祉施設などでは、終末期の**看取り**介護まで求められることがある。施設入所時に利用者本人や家族に十分な**インフォームド・コンセント**を行い、同意を得るなど、**事前**に意思確認を行う。介護の過程で病院への入院を希望するなど、意思が変化する場合があるので、看取り介護では随時、介護内容を説明し、意思を再確認することが求められる。また、そのつど**書面**にしておく。　出題実績 ▶ 26〔59〕

◆終末期におけるアセスメント

3 ICFの視点に基づく終末期のアセスメント

終末期においても、**ICF**（International Classification of Functioning, Disability and Health；**国際生活機能分類**）の視点に立ったアセスメントが行われる。

心身機能・身体構造　①**痛み**、②呼吸の状態、③栄養の状態、④水分の摂取の状態、⑤排泄の状態、⑥皮膚の状態など。

参加　利用者がしたいことを**実現**するための支援体制があるか。

個人因子　①本人の死のとらえ方、②リビング**ウィル**（生前の意思）。

◆医療との連携

4 看取り介護加算

医学的に回復の見込みがない利用者に対して、その人らしさを尊重した看取りができるように支援する。基準を満たした介護老人福祉施設などは、死亡日を含めて**30**日を上限に介護**報酬**が加算される。

施設基準
①常勤の**看護師**を1名以上配置し、その施設の看護職員により、または病院、診療所、訪問看護ステーションの看護職員との連携によって、**24**時間の連絡体制を確保している。
②看取りに関する**指針**を定め、入所の際に本人や家族に説明して同意を得ている。
③看取りに関する職員**研修**を行っている。
④看取りを行う際に**個室**または静養室の利用が可能となるよう配慮。

5 日常生活継続支援加算

重度の要介護状態の入所者や認知症（dementia）の入所者が多くを占める施設において、**介護福祉士を多**く配置することにより、可能なかぎり個人の尊厳を保持しつつ、日常生活を継続することができるよう支援することを評価するために、次の条件を満たす**介護老人福祉**施設などに報酬の加算が認められる。

施設基準
①入所者のうちに占める割合が、要介護**4**もしくは要介護**5**の人が100分の**70**以上、または日常生活に支障をきたすおそれのある症状もしくは行動が認められることから介護を必要とする認知症の人が100分の65以上、または規定の**医療**的ケアを必要とする人が100分の15以上。
②介護福祉士の数が、常勤換算で、入所者の数が**6**またはその端数を増すごとに1名以上。

6 医師、看護師等との連携・協働　基本

看取りの段階の介護職の役割は、心身の**苦痛**をやわらげ、穏やかな生活が続けられるよう支援することである。状態をよく**観察**し、苦痛緩和のために医師、看護師等と情報の交換・共有をしていく。

出題実績 ▶ 25〔60〕

科目6 生活支援技術
単元10 終末期の介護

◆ **終末期における介護**

7 終末期にある人と家族の特徴

高齢者の終末期は一般に次のような状態を示す。
① **寝たきり**の状態になり、自力では寝返りなどの体位変換を行えない。
② 出血が多くみられ組織が壊死しやすく、骨がもろくなり**骨折**しやすい。
③ **免疫力**が低下し、肺炎（pneumonia）などの**感染**症にかかりやすい。
④ 嚥下困難になり、**口**からの栄養分や水分の摂取が難しくなる。
⑤ **低栄養**状態によって、呼吸機能も低下する。
⑥ 失禁によって体液の喪失が進行し、**脱水**が起こりやすい。
⑦ 多臓器不全によって、全身が衰弱し、体重が著しく**減少**する。
⑧ 意識が**低下**し、眠ったような状態が続く。

家族の特徴

家族は大きく動揺し、利用者の状態を**冷静**に受け止められないことが多い。また、悲しみや不安、死にゆく人をどうにもしてやれないことの**無力**感や落ち込みを感じて、精神的に不安定な状態になりやすい。

8 終末期にある人への介助の方法と留意点 頻出

終末期の利用者は、**死**に対するさまざまな恐怖や不安を抱いている。介護職は、利用者の**不安**をできるかぎり取り除き、**穏やか**に死をむかえられるように、精神的（心理的）な援助を行うことが求められる。医師や看護師などとも連携しながら、**バイタルサイン**の確認、居室の環境整備、安楽・安寧への配慮（**体位**の工夫、声かけ、スキンシップなど）、清潔、栄養と水分補給、排泄などのケアを行う。　出題実績 ▶ 24〔60〕・25〔60〕・26〔60〕・27〔60〕

9 終末期にある人の家族へのかかわりの方法と留意点 頻出

終末期の患者を抱える家族の悲しみや苦しみ、**介護**による疲れを理解し、**共感**する姿勢が大切である。家族も本人も、最期のときを悔いなく過ごせるような支援に努める。　出題実績 ▶ 24〔60〕・25〔60〕・26〔60〕

◆ **臨終時の介護**

10 ホスピスケア

死にゆく人とその家族が、死を見つめながら安らかに最期をむかえられるよう援助するために、医師や看護師だけでなくさまざまな専門職やボランティアが**連携**して行われるケア。

緩和ケア……おもに**がん**患者に対して、**痛み**や呼吸困難などの身体的症状、**うつ**状態などの精神症状、死の恐怖などのスピリチュアルな苦痛を取り除き、**QOL**（Quality of Life；**生活の質**）を向上させるために行われるケア。ホスピスケアと同じ意味で使われることもある。

11 臨終時の対応	施設の場合はその施設で決められた手順書に沿った形で行動する。一人ぐらしをしていた利用者が自宅で亡くなった場合は、**主治医**や家族に連絡をする。主治医がいない場合は、**警察**や近くの病院に連絡する。	

◆グリーフケア

12 悲嘆、受容のプロセスの理解	親しい人を亡くしたときの悲嘆のプロセス、**死**の受容のプロセスとして、デーケン（Deeken, A.）の説やキューブラー・ロス（Kübler-Ross, E.）の説（→p.472 **7**）が知られている。
デーケンの悲嘆のプロセス	①精神的打撃と麻痺状態、②否認、③**パニック**、④怒りと不当感、⑤敵意とルサンチマン（うらみ）、⑥罪意識、⑦空想形成・幻想、⑧孤独感と抑うつ、⑨精神的混乱とアパシー（無関心）、⑩あきらめ──受容、⑪新しい希望──**ユーモア**と笑いの再発見、⑫立ち直りの段階──新しいアイデンティティの誕生。（デーケン『NHK人間大学　死とどう向き合うか』日本放送協会、1993年、p.18）
13 グリーフケアの意義	利用者が亡くなったあと、**悲嘆**にくれる遺族が十分に悲しみ、やがてその悲しみがいやされるように行う支援をグリーフケアという。
14 グリーフケアの方法と留意点	悲嘆の表現は人によってそれぞれで多様であるが、どれをも正常なものとして受け止め、**共感**的に受容する。どのような感情表現も**批判**しないことが大切である。
15 グリーフケアにおける他職種との連携　基本	利用者・家族にかかわった保健**医療**職、**宗教**職（司祭、僧侶など）、心理職などと連携する。　出題実績 ▶ 25〔60〕

科目6 生活支援技術
単元10 終末期の介護

Step 2 一問一答で確かめよう

問い	答え
□回復の見込みがなく、**死が間近**に迫っている時期のことを何という？	終末期 ➤1
□厚生労働省から発表された「終末期医療の決定プロセスに関するガイドライン」によると、何に基づいた**利用者本人の意思決定**を基本として終末期医療およびケアが行われる必要があるとされている？	インフォームド・コンセント ➤1
□厚生労働省から発表された「**終末期医療の決定プロセスに関するガイドライン**」は、**安楽死**も対象にしている？　対象にしていない？	対象にしていない ➤1
□**看取り介護**を行うときは、事前に**利用者や家族の意思**を確認する必要がある？　必要はない？	確認する必要がある ➤2
□**看取り介護加算**の基準を満たした施設は、入所者が死亡した場合、**死亡日を含めて何日**を上限に介護報酬が加算される？	30日 ➤4
□**看取り介護加算**の対象となる介護老人福祉施設などでは、**常勤の看護師**を何名以上おく必要がある？	1名以上 ➤4
□**要介護4**もしくは**要介護5**の入所者の占める割合が100分のいくつ以上である介護老人福祉施設などが、**日常生活継続支援加算**の対象となる？	100分の70以上 ➤5
□終末期にある高齢者は、**免疫力が低下**するためにどのような病気にかかりやすくなる？	感染症 ➤7
□**終末期の利用者**は、何に対する**恐怖や不安**を抱いている？	死 ➤8
□死にゆく人とその家族が、**安らかに最期**をむかえられるよう援助するために、さまざまな専門職やボランティアが連携して行われるケアを何という？	ホスピスケア ➤10
□おもにがん患者に対して、身体的症状、精神症状、スピリチュアルな**苦痛を取り除き**、QOL（Quality of Life；生活の質）を向上させるために行われるケアを何という？	緩和ケア ➤10
□**主治医のいない一人ぐらしの利用者**が自宅で亡くなったとき、近所の病院やどこに連絡する？	警察 ➤11
□利用者が亡くなったあとの**遺族に対する支援**を何という？	グリーフケア ➤13

Step 3 過去問に挑戦！

問題 Aさん（80歳、男性）は、自宅で妻と二人ぐらしである。糖尿病（diabetes mellitus）で通院していた。2年前、肺がん（lung cancer）が発見され、抗がん剤による治療を行っていたが、数か月前から効果が少なくなり中止した。骨転移（bone metastasis）による痛みがあり、麻薬性鎮痛剤を使用している。Aさんは、「できるだけ家でくらしたい」と希望している。寝ていることが多いが、トイレには伝い歩きで行くことができる。食欲はなく、食事を残すことが多い。妻は訪問介護員（ホームヘルパー）にAさんの日常生活について不安を訴えた。

妻への訪問介護員（ホームヘルパー）の助言として、**最も適切なもの**を1つ選びなさい。

第27回（2015年）〔59〕

1 「家では心配なので、入院しましょう」
2 「ポータブルトイレにしましょう」
3 「麻薬は怖いので、ふやさないようにしましょう」
4 「好きなものを食べてもらうようにしましょう」
5 「なるべく寝ているようにしましょう」

答え 4

Aさんは「できるだけ家でくらしたい」との希望を明らかにしており、この気持ちを尊重すべきである（1は不適切）。ポータブルトイレにしたのでは、現状、伝い歩きでトイレに行っているAさんの能力をかえって低めてしまう（2は不適切）。麻薬性鎮痛剤は痛みをやわらげ、QOL（Quality of Life；生活の質）を高めるのに欠かせない。また鎮痛剤の量などについて、医療職でない介護職が云々するのは控えるべきである（3は不適切）。終末期で食欲の落ちている利用者に対しては、本人の希望を尊重し、好きなものを食べてもらうのがよい（4が最も適切）。トイレに行くなど、からだを動かすことは多少できているので、廃用症候群をまねかないためにも、できるだけ寝ている状態を続けないようにする（5は不適切）。 6 7 8 9

領域：介護

科目 7
介護過程

この科目の単元

単元1 介護過程の意義／介護過程の展開
単元2 介護過程の実践的展開／介護過程とチームアプローチ

科目7 介護過程
出題傾向をつかもう

領域「介護」の出題予定数52問のうち、例年各8問が本科目から出題されている。

最近4回の出題状況

大項目(本書の単元)*1	中項目*1	出題実績*2	出題数
1 介護過程の意義	1) 介護過程の意義と目的	24〔61〕介護過程の意義と目的 26〔61〕介護過程	小計2
2 介護過程の展開	1) 情報収集とアセスメント 2) 課題、目標 3) 計画 4) 実施 5) 評価	24〔62〕介護過程における情報収集とアセスメント 24〔63〕情報収集とアセスメントをする際に介護職に必要なこと 24〔64〕介護過程における生活課題と目標 24〔65〕介護計画を立案する際の留意点 25〔61〕介護過程の展開 25〔64〕モニタリングの内容 25〔65〕評価 26〔62〕利用者Nさんの主観的情報を介護職が記録したもの 26〔63〕生活上の課題 26〔64〕介護計画の立案 26〔65〕介護記録 26〔66〕介護計画の評価 27〔61〕アセスメント 27〔64〕介護計画 27〔66〕介護過程の評価の実施に責任をもつ者	小計15
3 介護過程の実践的展開	1) 自立に向けた介護過程の展開の実際 2) 利用者の状態・状況に応じた介護過程の展開の実際	24〔66〕「便秘が解消でき、苦痛なく排便できる」という目標を達成するために把握すべき内容 24〔67〕頻尿があり夜間ごみ箱に排尿する認知症のAさんの、トイレでの排泄を目標としたアセスメントの視点 25〔62〕食事の摂取量が急に減少した利用者のアセスメント 25〔63〕夜間はおむつに排泄していた利用者がポータブルトイレで排泄することをめざして立案する介護計画で、介護目標の記述として適切なもの	

領域：介護　科目7／介護過程
出題傾向をつかもう

		25〔66〕肺炎で入院後杖歩行となり訪問介護を受けるNさんの、自宅のようすを観察したときの客観的情報の記録	
		25〔67〕介護老人福祉施設入所、下肢筋力低下のあるSさんの、長期目標・短期目標に応じた支援内容・方法	
		26〔67〕介護老人保健施設に入所、脳梗塞の後遺症で右片麻痺、認知症があり、ろれつが回らず言葉がはっきりしないなどの症状があるSさんに関する情報の解釈	
		26〔68〕Sさんの介護目標「便秘が改善する」ことに対する支援方法の記述	
		27〔62〕右大腿骨頭置換術を受け、アパート3階で一人ぐらし、歩行には問題ないものの「転びそうで怖い」と言っているBさんへの、生活支援の課題	
		27〔63〕介護老人保健施設入所、アルツハイマー型認知症でもの盗られ妄想がひどくなり、長男の嫁を責めるCさんへの、介護目標	
		27〔65〕介護計画に基づく誘いかけに対し、Eさんが何度も大声で反発する場面の、訪問介護員のアセスメント	
		27〔67〕パーキンソン病のFさんについて、長女の意向、病状の進行から居宅介護サービス計画の変更を提案したい訪問介護員が、Fさんの主観的情報を得る方法	小計12
4 介護過程とチームアプローチ	1) 介護過程とチームアプローチ	24〔68〕介護過程とチームアプローチ 25〔68〕チームアプローチ 27〔68〕チームアプローチでの訪問介護員の役割	小計3
			合計32

＊1　本書の単元は「出題基準」の大項目、単元の下位区分は中項目にならっている。複数の大項目で1単元としたところもある。
＊2　「第24回試験問題61」を24〔61〕と表記している。

科目 7 介護過程
出題傾向をつかもう

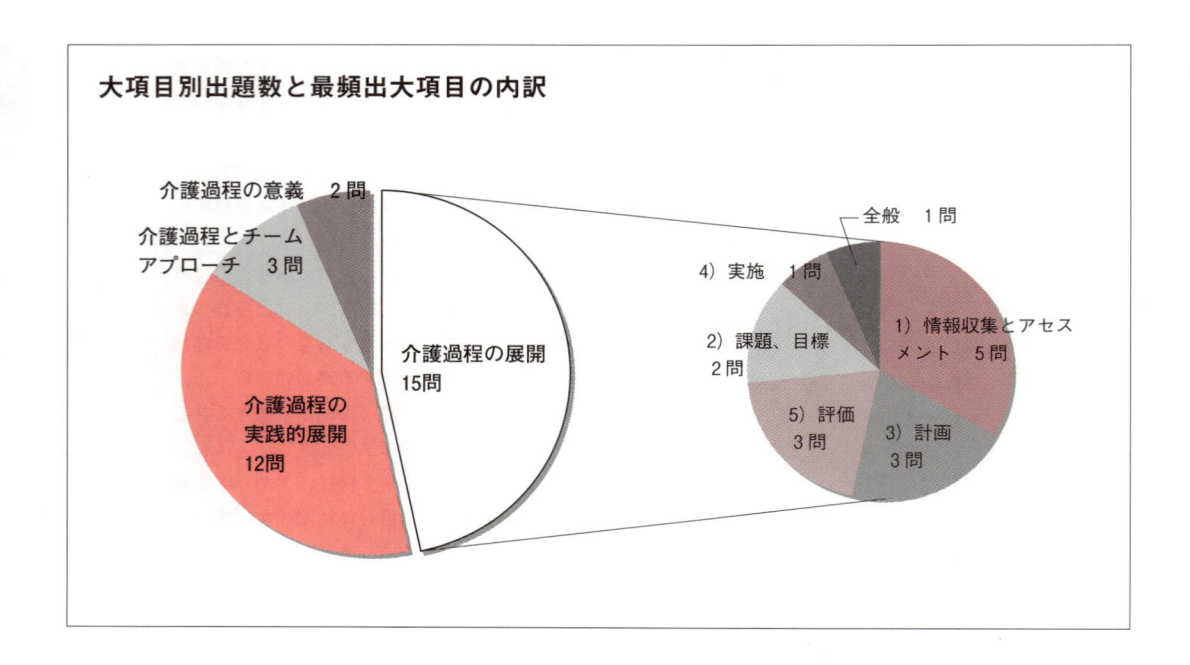

大項目別出題数と最頻出大項目の内訳

- 介護過程の意義　2問
- 介護過程とチームアプローチ　3問
- 介護過程の展開　15問
- 介護過程の実践的展開　12問

介護過程の展開 15問の内訳：
- 全般　1問
- 1) 情報収集とアセスメント　5問
- 2) 課題、目標　2問
- 3) 計画　3問
- 4) 実施　1問
- 5) 評価　3問

出題頻度順の出題内容　〈　〉内は最近4回の出題数

出題頻度 第1位　介護過程の展開 〈15問〉

　介護過程がどのような段階から成り立っているのかの理解、また各段階の内容についての理解が問われる。出題基準の各中項目に含まれる内容（小項目）を確認しておこう。「1) 情報収集とアセスメント」が「情報収集の方法」「情報の解釈・分析」「情報の関連づけ・統合」「課題の明確化」、「2) 課題、目標」が「生活支援の課題、目標のとらえ方」「目標の設定（長期目標・短期目標）」など、「3) 計画」が「具体策（支援内容・方法）」、「4) 実施」が「計画に基づいた実施」「安全・安心・自立に配慮した実施」「利用者の反応や効果への気づき」、「5) 評価」が「評価の目的」「評価の内容、方法（目標の達成度、具体策の適否）」「修正の必要性」などである。

　出題実績としては、第24回試験で4問、第25回・第27回試験で各3問、第26回試験で5問である。出題内容をみると、各中項目がまんべんなく出題されている印象であるが、第24回試験では**情報収集、アセスメント**が複数の問題で扱われている点が目立つ。今後も要注意であろう。

出題頻度 第2位　介護過程の実践的展開 〈12問〉

　実際に介護過程を展開する能力が問われる。各中項目について、出題基準では具体的な出題内

容（小項目）は示されていない。介護過程を実践のなかで展開していくには、介護職としての倫理、高齢者・障害者についての知識全般に加え、利用者の状態と状況を観察する力、その場における分析力、判断力など、あらゆる能力が問われるということである。

第26回・第27回試験の問題67と問題68は、いずれも**事例問題**として出題されている。利用者の具体的な状況の記述から、重要な情報を読み取り、解釈し、適切な支援方法を考えていかなくてはならない。

短文事例問題としての出題も多く、第24回試験で1問、第25回試験で2問、第27回試験で3問である。

出題頻度 第3位　介護過程とチームアプローチ〈3問〉

同じ文言の中項目が1つで、出題内容（小項目）は、「ケースカンファレンス」「サービス担当者会議」「ケアプランと介護過程」「他の職種との連携」などである。

第24回・第25回・第27回試験で、各1問出題されている（第27回試験の問題68は、先述のように事例問題としての出題）。

出題頻度 第4位　介護過程の意義〈2問〉

介護過程が行われる理由やその構成要素について出題される。第24回〜第27回試験での出題は2問のみだが、必ずおさえておくべき内容である。

受験対策のポイントは…

「科目7　介護過程」は、ほかの科目で学習した知識や技術を統合して、介護過程を展開し、介護計画を立案する力、介護計画に基づき適切な介護サービスの提供ができる能力が問われる科目である。国家試験においても、これまで身につけた、介護職としての知識・技術を統合する力が求められる。受験対策としては、過去問題に取り組むことに加え、日ごろの介護実践において、それが介護過程の展開のどこにあたるのか、ふまえるべき留意点をふまえられているか、改善すべき点は何か、など、自覚的に能力を高める努力をしていくことが必要である。

科目7

介護過程
基礎知識をまとめておこう

基礎知識1 介護過程の構成要素と支援の基本的な考え方　☞ p.290

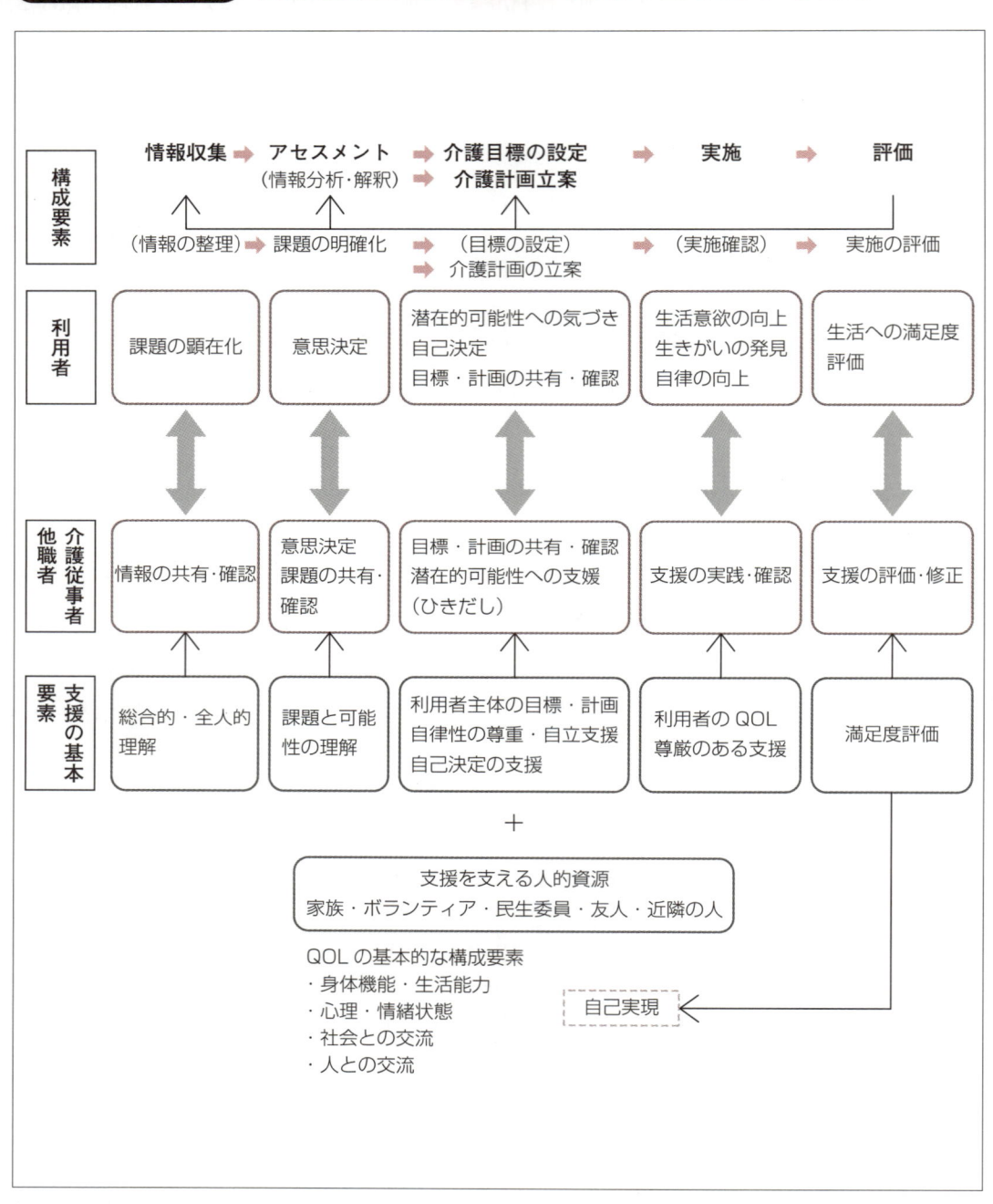

構成要素	情報収集 →	アセスメント（情報分析・解釈） →	介護目標の設定　介護計画立案 →	実施 →	評価
	（情報の整理）→	課題の明確化 →	（目標の設定）→ 介護計画の立案	（実施確認）→	実施の評価
利用者	課題の顕在化	意思決定	潜在的可能性への気づき　自己決定　目標・計画の共有・確認	生活意欲の向上　生きがいの発見　自律の向上	生活への満足度評価
他職者　介護従事者	情報の共有・確認	意思決定　課題の共有・確認	目標・計画の共有・確認　潜在的可能性への支援（ひきだし）	支援の実践・確認	支援の評価・修正
支援の基本要素	総合的・全人的理解	課題と可能性の理解	利用者主体の目標・計画　自律性の尊重・自立支援　自己決定の支援	利用者のQOL　尊厳のある支援	満足度評価

＋

支援を支える人的資源
家族・ボランティア・民生委員・友人・近隣の人

QOLの基本的な構成要素
・身体機能・生活能力
・心理・情緒状態　　　→ 自己実現
・社会との交流
・人との交流

資料：澤田信子・石井享子・鈴木知佐子編『介護福祉士養成テキストブック　⑧介護過程』ミネルヴァ書房、2009年、p.144

領域：介護　科目7／介護過程
基礎知識をまとめておこう

基礎知識2　情報の範囲と内容　☞ p.291

科目7

情報の分類	情報の範囲
身体的側面	1．生活活動機能（ADL、IADL） ①食事（食欲） ・歯の状態、咀嚼嚥下状態 ・食事活動（自助具） ・調理・買い物 ・特別食（治療食、経管栄養、胃瘻） ・栄養状態（肥満、やせ） ②排泄（尿意、便意、失禁状態） ・排泄活動・排泄手段（トイレ、ポータブルトイレ、便器、おむつ） ③起居・移動（寝たきり、座位、立位、歩行）・起居・移動活動手段（車いす、杖、歩行器、短下肢装具） ④入浴（機械浴、一般浴、リフト浴、家庭浴槽） ⑤整容活動（身づくろい、着脱） ⑥口腔（義歯・歯の衛生状態） 2．感覚・機能（拘縮、麻痺、補聴器、眼鏡） 3．疾病・既往症（慢性疾患、難病、特定疾患、継続治療） 4．受診・服薬（かかりつけ医、服薬管理） 5．リハビリテーション
心理的側面	1．喜び、楽しみ、希望 2．安心、安寧（幸せ＝well being） 3．意欲 4．ゆううつ・気分の落ち込み・ストレス 5．不満 6．苦痛（つらさ）・不安
文化的側面	1．趣味・娯楽・嗜好（喫煙習慣、飲酒） 2．アクティビティ（レクリエーション・外出） 3．生涯学習への参加 4．余暇活動

情報の分類	情報の範囲
精神的側面	1．認知障害（認知、知覚） 2．行動障害（徘徊） 3．せん妄 4．知的能力 5．情緒不安 6．睡眠状態（昼夜逆転の有無）
価値観 信念	1．自尊感情 2．生きがい 3．終末期への希望
社会的側面	1．コミュニケーション能力（意思疎通） 2．家族関係 3．対人関係（友人、知人、地域、近隣の人） 4．支援にかかわる人との関係 5．ボランティア活動 6．役割遂行（家庭内、地域）
経済的側面	1．経済状況（被扶養者、扶養者） 2．金銭管理 3．生計（年金、その他収入）
社会資源	1．フォーマルサービス（公的サービス） 2．インフォーマルサービス（隣人、友人、ボランティア） 3．成年後見人
家族関係	1．キーパーソン 2．介護者の状況（就労、非就労） 3．介護力 4．虐待の有無
生活環境	1．居住環境（家屋の環境、住居周辺環境） 2．住宅改修 3．福祉用具
その他	宗教

資料：澤田信子・石井享子・鈴木知佐子編『介護福祉士養成テキストブック　⑧介護過程』ミネルヴァ書房、2009年、p.152

科目7 単元1

介護過程
介護過程の意義／介護過程の展開

Step 1 　重要項目を覚えよう

◆介護過程の意義と目的

1 介護過程の意義 頻出

介護過程とは、利用者個々の生活上や介護上の**課題**の明確化を図り、解決するための計画を立て、実施し、評価する一連の過程である。専門職としての介護**実践**の根拠となるものであり、介護の**専門**性を高めるものでもあるといえる。　出題実績 ▶ 24〔61〕・26〔61〕

2 介護過程の目的 基本

介護過程の目的は、利用者の**QOL**（Quality of Life：**生活の質**）の向上である。QOLの向上のために利用者の最適な生活の姿を見つけ、その姿を**共通**の目標にして、利用者は自己実現を、介護職は利用者の自己実現のため個々に適した支援（**自立支援**）をめざす。　出題実績 ▶ 24〔61〕

3 介護過程の構成要素 基本

介護過程は、①情報収集、②**アセスメント**、③**介護計画**の立案、④実施、⑤**評価**、というプロセスで進められる。評価の結果を分析し、必要に応じて介護過程を**くりかえす**ことで、計画的で質の高い介護を提供することができる。

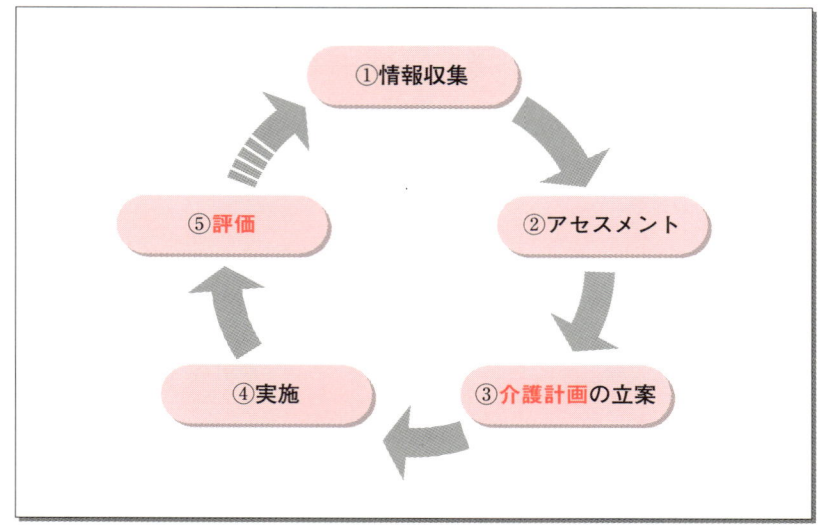

図1　介護過程の流れ

◆情報収集とアセスメント

4 情報の種類 頻出

介護過程は、**情報収集**から始まる。まず利用者の**身体**の状況、**生活**の状況、**家族**の状況、その他、多岐にわたる情報のなかから必要な情報を正確に得ることが必要である。

客観的な情報と主観的な情報

情報には**客観**的な情報と**主観**的な情報があり、区別が必要である。客観的な情報には、観察で得られた**事実**のほか、保健医療関係者など他職種から得られる情報もある。主観的な情報とは、利用者の**訴え**や考え方などである。利用者から話を引き出すためには、**信頼**関係を確立することが何より大切である。主観的な情報と客観的な情報を総合して、利用者の状況をとらえる必要がある。　出題実績 ▶ 26〔62〕・27〔61〕

5 情報収集の方法 基本

①**観察**……**五感**を駆使して利用者を観察し、**全体**像をとらえていく。
②**コミュニケーション**……利用者との**言語的**・非言語的コミュニケーションにより、利用者の**状態**・状況、思いを知る。
③**記録**……利用者台帳、介護日誌、訪問介護日誌などから情報を得る。
④**データ**……**バイタル**サインや検査データなどから情報を得る。

6 アセスメント 頻出

アセスメントとは、実際の計画を立て実施する前の**事前評価**である。それぞれの利用者に必要な介護、すなわち**生活課題**（利用者の**ニーズ**）を把握し、明確化する段階である。

情報の解釈・分析・統合

収集したさまざまな情報の一つひとつを専門的な知識や経験によって解釈・分析し、相互に**関連づけ**、統合していく。　出題実績 ▶ 24〔62〕・27〔61〕

生活課題の明確化

アセスメントによって**生活課題**が明らかになる。

◆課題、目標

7 生活課題、目標のとらえ方 頻出

生活課題（利用者の**ニーズ**）とは利用者が生活を営むうえで解決しなければならないことであり、解決するために**目標**が設定される。複数の生活課題がある場合は**優先**順位をつける。**緊急**性の高いものや、ほかの生活課題に**影響**をあたえるものが優先される。　出題実績 ▶ 24〔64〕・26〔63〕

8 目標の設定 基本

アセスメントによって明確になった**生活課題**（利用者の**ニーズ**）に対して、介護計画が立てられる。**目標**を設定し、問題を解決するための具体的な方法を選択する。目標は**実現可能**なものであること、達成**期間**をめやすとして設定しておくことが大切である。また、介護目標には**長期**目標と**短期**目標があり、これらを区別して設定する。

長期目標

長期目標は、生活課題の**克服**、最終的な解決のための目標である。

科目 7 介護過程
単元 1 介護過程の意義／介護過程の展開

| 短期目標 | 短期目標とは、**長期目標**を達成するための**当面**の目標である。 |

◆計画

9 介護計画 基本

介護**目標**を達成するための支援内容と**方法**の具体策が介護計画である。

出題実績 ▶ 27〔64〕

作成の原則
①前段階で行われた利用者に対する**アセスメント**に基づく。
②利用者・家族が介護計画作成の過程に**参加**する。
③前もって決められたケース**目標**に向けて作成される。
④永続的なものではなく、決められた**期間**の計画である。
⑤**フォーマル**なサービスと**インフォーマル**な支援の両方が含まれる。
⑥利用者・家族の**経済**状態や安全性を意識して作成される。
⑦定型化された**計画**用紙によって文書化される。

作成の手順
①利用者の生活課題（ニーズ）や**問題点**を一覧に示す。
②生活課題や問題点に対する望ましい**目標**や**結果**を一覧に示す。
③望ましい目標や結果に必要とされる**援助**の種類を一覧に示す。
④必要とされる援助を提供する**供給主体**を一覧に示す。
⑤必要な援助の時間数や**回数**を示す。
⑥作成した介護計画に対する利用者・家族の**了解**を得る。

◆実施

10 計画に基づいた実施

介護を実施する際には、**介護計画**に基づき、計画どおりの支援内容、支援方法を用いて実施することが大切である。

11 安全・安心・自立に配慮した実施

単に介護計画に基づいた実施ということだけでなく、利用者の安全と**安心**を守り、自立に配慮して実施することが大切である。

12 利用者の反応や効果への気づき

実施の過程においては、サービスへの利用者の**反応**はどうか、**効果**があがっているかどうかなど、継続的に把握しておく（モニタリング）。

◆評価

13 評価の目的

評価は、利用者に提供しているサービスが**有効**に機能しているかを点検する目的で行う。**評価**をもとに、さらによい介護計画に修正・変更していく。

14 評価の内容、方法 頻出

評価は、設定した**目標**に利用者が到達できたか、立案した**計画**が実践できたか、計画は利用者にとって有効だったか、などについて、介護職が

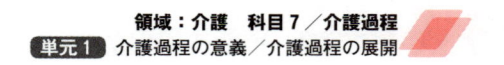

	責任をもって行う。評価は、可能なかぎり**利用**者とともに行う。
	出題実績 ▶ 26〔66〕・27〔66〕
目標の達成度	短期目標、長期目標それぞれについて、設定した**評価**日に評価する。
具体策の適否	支援の**内容**は適切だったか、あるいは支援の方法に**改善**すべき点はなかったか、などを評価する。
15 修正の必要性と再アセスメント	**評価**により、介護**目標**が十分に達成されたとはいえず、修正が必要になることもある。このような場合に、目標が達成されなかった理由を再検討しなければならない。この作業を**再アセスメント**という。再アセスメントの結果、原因が判明すれば、(再)目標の設定→(再)介護計画の立案→(再)実施→(再)評価の過程をたどる。このように、利用者の望む生活の目標に向けて、**介護過程**はくりかえされる。
再アセスメントの要素	①介護計画の**実践**の過程に問題がなかったか。 ②利用者にとって無理な**実践**となっていなかったか。 ③**介護計画**の視点にずれが生じていなかったか。

実力アップ！豆知識　バイステックってどんな人

　バイステック（Biestek, F. P.）は、アメリカの社会福祉学者で、イエズス会の神父・司祭でもあった。1957年に『ケースワークの原則』を著し、カトリック神学に基づいて、相談援助における望ましい援助関係の原則として、いわゆるバイステックの7つの原則を提唱した。

　アメリカのイリノイ州生まれで、シカゴのロヨラ大学を卒業後、セントルイス大学で社会学の修士号、さらにワシントンのカトリック大学でソーシャルワークの修士号と博士号を取得した。その後ロヨラ大学の教員となり、1980年に退職、1994年に死去（82歳）した。

科目7 介護過程
単元1 介護過程の意義／介護過程の展開

Step 2 —問—答で確かめよう

問い

- □利用者個々の生活上や介護上の課題の明確化を図り、解決するための**介護計画**を立て、**実施し評価**する一連の過程を何という？
- □**介護過程の意義**として、介護の専門性を高めることがあるといえる？ それともいえない？
- □介護過程で、**情報収集**のあとに行われるものは何？
- □観察で得られた事実のほか、保健医療関係者など**他職種から得られる情報**は、主観的な情報・客観的な情報のどちら？
- □**利用者の訴えや考え方**などの情報は、主観的な情報・客観的な情報のどちら？
- □**情報収集の方法**には、コミュニケーションによる方法、記録による方法、データによる方法のほか、何がある？
- □実際の計画を立て実施する前の**事前評価**のことを何という？
- □利用者が生活を営むうえで**解決しなければならないこと**を何という？
- □複数の**生活課題**（利用者のニーズ）があるとき、解決にあたっては何をつける？
- □生活課題（利用者のニーズ）の**最終的な解決のための目標**を何という？
- □長期目標を達成するための**当面の目標**を何という？
- □**介護計画作成**の過程には、利用者・家族は参加する？ 参加しない？
- □**介護の実施**は、何に基づいて行われる？
- □介護の実施の過程においては、サービスへの**利用者の反応**を把握する必要はある？ ない？
- □評価において、**短期目標や長期目標の達成度**は、いつ評価する？
- □評価によって、介護の目標が十分に達成されたとはいえないと判断された場合、**目標が達成されなかった理由**を再検討することを何という？

答え

- 介護過程 return 1
- いえる return 1
- アセスメント return 3
- 客観的な情報 return 4
- 主観的な情報 return 4
- 観察（による方法） return 5
- アセスメント return 6
- 生活課題（利用者のニーズ） return 7
- 優先順位 return 7
- 長期目標 return 8
- 短期目標 return 8
- 参加する return 9
- 介護計画 return 10
- 把握する必要がある return 12
- （設定した）評価日 return 14
- 再アセスメント return 15

領域：介護　科目7／介護過程
単元1　介護過程の意義／介護過程の展開

Step 3　過去問に挑戦！

問題　介護過程の展開に関する次の記述のうち、**最も適切なもの**を1つ選びなさい。

第25回（2013年）〔61〕

1　介護計画を立ててから、利用者にどのような生活を送りたいのかを聞く。
2　介護職は利用者の健康状態を把握しなくてよい。
3　利用者の「やりたいこと」や「できること」を含めて、アセスメント（assessment）する。
4　他の利用者とのトラブルが予測される場合には、利用者本人の「やりたいこと」は支援内容からはずす。
5　利用者が満足していれば、計画の評価は行わなくてよい。

答え　3

利用者がどのような生活を送りたいと思っているかを聞くことは、何より優先すべきことで、介護計画はそれを中心にすえて立てる（**1は不適切**）。収集すべき情報のうち、利用者自身のことは最重要であり、当然、健康状態も把握しなくてはいけない（**2は不適切**）。アセスメントにおける利用者の心身状態で、「やりたいこと」「できること」はぜひ把握しておきたい事柄である（**3が最も適切**）。他の利用者とのトラブルが予測される場合には、トラブルを回避する策を講じ、利用者本人の「やりたいこと」の支援を行う（**4は不適切**）。利用者が満足しているかどうかも含め、評価は必ず行う（**5は不適切**）。　return ❷❸❹❻❾ ⓭⓮

科目7 単元2 介護過程

介護過程の実践的展開／介護過程とチームアプローチ

Step 1 重要項目を覚えよう

◆自立に向けた介護過程の展開の実際

1 利用者主体 基本
介護過程は、**介護職**の都合で進めてはならない。利用者本人の**意思**や希望に沿った介護計画の作成が大切である。利用者が納得して**同意**した計画でなくては、**自発**的な行動も望めないし、**効果**もあがらない。意思表示が**難し**い場合でも、なんらかの形で本人の意向を確認したい。

2 ケアマネジメント 基本
利用者が適切なサービスを利用できるように、利用者と適切な**社会資源**をむすびつけること。利用者である要援助高齢者や障害児・者は複数の**生活課題（ニーズ）**をもち、在宅での生活を支えるには複数のサービスが求められるため、必要不可欠なものである。

社会資源
社会資源とは、社会の中に存在し、社会生活上の必要性の充足や問題解決のために利用されるさまざまな資源のことである。施設、機関、資金などの**物的**資源、各種専門職、家族、ボランティアなどの**人的**資源、制度、政策、法律などの**制度的**資源以外に、知識、技能、情報なども含まれる。

◆利用者の状態・状況に応じた介護過程の展開の実際

3 重度な要介護状態にある人の介護過程の展開
日常生活のほとんどで介護が必要な利用者の場合、**自己決定**支援が最も重要である。さまざまな場面で、自分で**選び**、**決める**ことを支援できるように計画する。

4 認知症の人の介護過程の展開
利用者が困難に感じる場面を極力なくして、利用者自身が**幸福**にいられることを優先する。あわせて、**家族**への支援も視野に入れる。

5 在宅生活の人の介護過程の展開
要介護・**支援**の程度、家族の**介護**力に応じ、公的サービスにかぎらない多様な**社会資源**の活用を考慮する。

6 施設入所者の介護過程の展開
施設の性格（介護中心、**医療**中心など）に応じ、職員の**専門**性、勤務体制などを考慮して展開する。

◆介護過程とチームアプローチ

7 ケースカンファレンス 基本
利用者が抱える生活課題(ニーズ)の把握、それに対する援助方法の選択と決定、援助効果の**評価**などに関して、保健医療・福祉に関するさまざまな職種の人が参加し、それぞれの視点から**検討**を行う。事例検討会、事例研究会ともいう。　出題実績 ▶ 24〔68〕

8 サービス担当者会議 基本
サービス担当者会議は、**利用者**とその家族を入れて開催され、**介護支援専門員(ケアマネジャー)** とサービスを提供する事業所の担当者を構成メンバーとする。必要なサービスの検討だけでなく、解決すべき利用者の**生活課題(ニーズ)** のなかから優先的に行うものについて、サービス担当者一人ひとりが専門的な立場から自由に意見を述べ、討議を進める。

9 ケアプランと介護過程 基本
介護保険制度のサービス利用計画であるケアプランには、おもに居宅サービス計画と**施設サービス**計画があり、ほとんどは**介護支援専門員(ケアマネジャー)** が作成する。このケアプランの方向性をふまえ、それぞれのサービスにあたる専門職が**個別援助**計画を立てる。介護職の立てる**個別援助**計画が介護計画であり、その際に**介護過程**を用いる。

個別援助計画
利用者に提供するサービスの計画に基づき、それぞれのサービスを担当する専門職が立案する**個別**の援助計画。たとえば居宅サービス計画に訪問介護があれば介護職が**訪問介護**計画を、訪問看護があれば看護職が**訪問看護**計画を立案する。

10 他職種との連携 基本
訪問介護などの場面のように一対一で行われる介護も、介護職や他職種のチームが同じ目標・ケアプランにしたがって実践する**チームケア**のもとで行われる。利用者への援助を効果的に行うために、**ケースカンファレンス**などによってメンバーどうしの意思の疎通を図り、一体感をもって介護にあたることが大切である。　出題実績 ▶ 24〔68〕

科目 7　介護過程
単元 2　介護過程の実践的展開／介護過程とチームアプローチ

Step 2　一問一答で確かめよう

問い

- □ 利用者が適切なサービスを利用できるように、**利用者**と適切な**社会資源**をむすびつけることを何という？
- □ **重度な要介護状態**にある人の介護過程の展開で、最も重要なのは何の支援？
- □ 保健医療・福祉に関するさまざまな職種の人が参加し、利用者が抱える**生活課題（ニーズ）**やそれに対する**援助方法**などの**検討を行う会議**を何という？
- □ 利用者とその家族、**介護支援専門員（ケアマネジャー）**と**サービスを提供する事業所の担当者**で構成される会議は何？

答え

- ケアマネジメント　return 2
- 自己決定（支援）　return 3
- ケースカンファレンス　return 7
- サービス担当者会議　return 8

Step 3　過去問に挑戦！

問題　介護過程とチームアプローチに関する次の記述のうち、**最も適切なもの**を 1 つ選びなさい。

第24回（2012年）〔68〕

1. 他職種と目的を共有することはない。
2. チーム内ではどの専門職も同じ視点で利用者を理解する。
3. 他職種と情報を交換し利用者の生活課題を明確化する。
4. ボランティアはチームの一員にしない。
5. チームメンバーは固定している。

答え　3

介護過程の大きな意義の一つは、他職種と目的を共有できることである（**1 は不適切**）。同じ目的のもと、各専門職が異なる視点で利用者理解を進めることで多様なアプローチが可能になる（**2 は不適切**）。それぞれが独自のアプローチをしたうえで互いの情報を交換することで、利用者の生活課題が明らかになってくる（**3 が最も適切**）。利用者にかかわる人であれば、専門職にかぎらずボランティアもチームの一員である（**4 は不適切**）。利用者の状況や目的によって、異なるメンバーでチームを組むことが有効である（**5 は不適切**）。

return 7　8　10

領域：こころとからだのしくみ

科目 8
発達と老化の理解

この科目の単元

- **単元1** 人間の成長と発達の基礎的理解
- **単元2** 老年期の発達と成熟
- **単元3** 老化にともなうこころとからだの変化と日常生活
- **単元4** 高齢者と健康

科目 8

発達と老化の理解
出題傾向をつかもう

　国家試験の出題基準によると、**領域「こころとからだのしくみ」の出題予定数は40問**であり、例年、うち各 8 問が本科目から出題されている。

最近 4 回の出題状況

大項目(本書の単元)[*1]	中項目[*1]	出題実績[*2]	出題数
1 人間の成長と発達の基礎的理解	1) 人間の成長と発達	25〔69〕ハヴィガーストの示した児童期（中期児童期）の発達課題 27〔69〕見立て遊びはするがコップの形が違うと容量が同じだとわからないA君の、ピアジェによる認知発達段階	小計 2
2 老年期の発達と成熟	1) 老年期の定義（WHO、老人福祉法、高齢者の医療の確保に関する法律の高齢者医療制度） 2) 老年期の発達課題	24〔69〕高齢者の年齢規定 24〔70〕老年期の発達 25〔70〕3 か月前に夫を亡くし「最近、夜眠れない」と訴えるAさんが、現在の状況になったきっかけ 26〔69〕高齢者の年齢 27〔70〕プロダクティブ・エイジング	小計 5
3 老化にともなうこころとからだの変化と日常生活	1) 老化にともなう心身の変化の特徴 2) 老化にともなう心身の機能の変化と日常生活への影響 3) 高齢者の心理	24〔71〕老化にともなう身体の変化の特徴 24〔73〕老化にともなう運動器系の変化 25〔71〕ライチャードの老年期における人格 5 類型のうち、退職後も会社のことを気にし、長男との同居は拒否しているBさんに相当するもの 25〔72〕流動性知能 25〔73〕老化にともなう視覚の変化 25〔75〕老化にともなう循環器系の変化 26〔70〕電話するのにメモの番号が覚えられないが認知症ではないAさんの、障害されている記憶 27〔72〕死別直後の遺族の心理	小計 8
4 高齢者と健康	1) 高齢者の疾病と生活上の留意点 2) 高齢者に多い病気とその日常生活上の留意点 3) 保健医療職との連携	24〔72〕かゆみをともなうことが通常みられない疾患 24〔74〕高齢者の気分障害 24〔75〕急性心筋梗塞の痛み 24〔76〕高齢者の疾患の特徴 25〔74〕高齢者の排尿障害	

		25〔76〕日本高血圧学会のガイドラインでそれ以上が高血圧（Ⅰ度）とされる収縮期血圧値／拡張期血圧値（mmHg）	
		26〔71〕2010（平成22）年の「国民生活基礎調査」で示されている、介護が必要になったおもな原因	
		26〔72〕高齢者の疾患の特徴	
		26〔73〕肝疾患	
		26〔74〕パーキンソン病の代表的な症状	
		26〔75〕心房細動	
		26〔76〕糖尿病で血糖降下剤を内服し腎臓（じんぞう）の機能も低下してきたBさんが、夕方になるとおなかがすいてふわふわするがクッキーを1つ食べるとよくなると言うときの、介護職の対応	
		27〔71〕老年期の精神疾患と精神症状	
		27〔73〕脱水時の状態	
		27〔74〕褥瘡（じょくそう）の発生部位	
		27〔75〕高齢者の肺炎	
		27〔76〕パーキンソン病	小計17
			合計32

＊1　本書の単元は「出題基準」の大項目、単元の下位区分は中項目にならっている。複数の大項目で1単元としたところもある。
＊2　「第25回試験問題69」を25〔69〕と表記している。

出題頻度順の出題内容　〈　〉内は最近4回の出題数

出題頻度 第1位　高齢者と健康〈17問〉

　第24回試験で4問、第25回試験で2問、第26回試験で6問、第27回試験で5問が出題されている。

　第26回は6問と突出して出題が多いが、内容は、**介護が必要になったおもな原因**（問題71）、高齢者の疾患の特徴（問題72）、**肝疾患**（liver disease 問題73）、**パーキンソン病**（Parkinson disease）の代表的な症状（問題74）、**心房細動**（atrial fibrillation 問題75）、そして問題76の**短文事例問題**とバラエティに富んでいる。パーキンソン病については第27回試験の問題76でも出題がある。

　疾患の知識を問うものが多いので、準備は十分に。また、介護職としての職分を理解し、**保健医療職へつなぐ意識**も必要である。第26回試験問題76の正解は「早めに主治医に相談するように、

科目 8　発達と老化の理解
出題傾向をつかもう

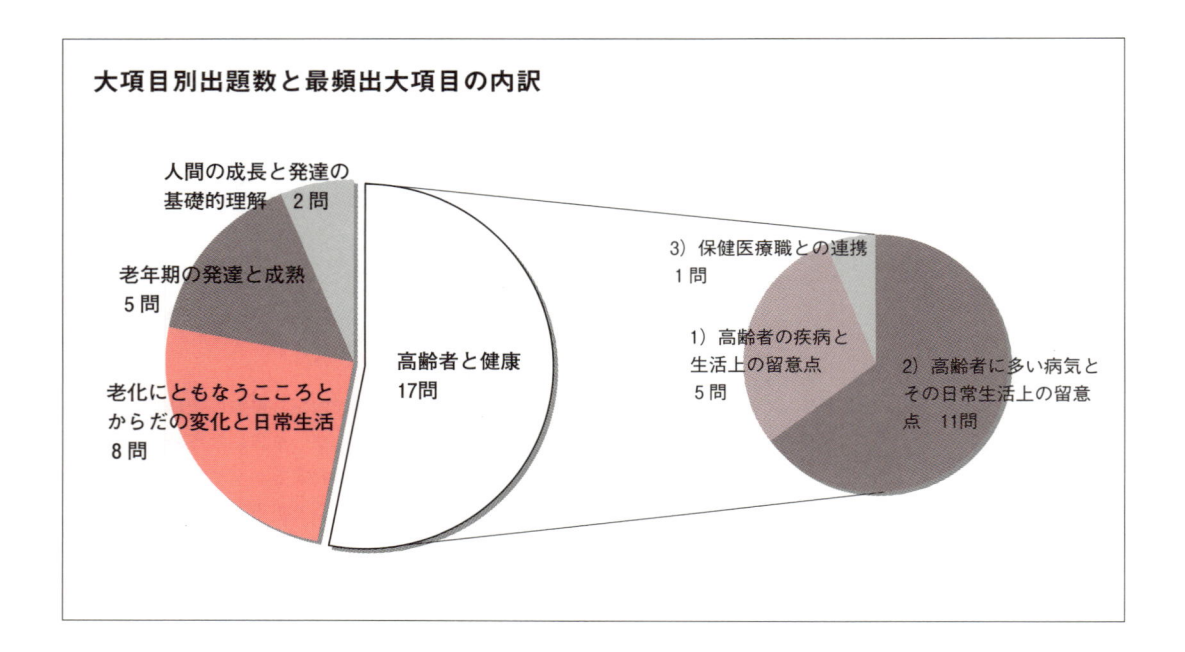

大項目別出題数と最頻出大項目の内訳

- 人間の成長と発達の基礎的理解　2問
- 老年期の発達と成熟　5問
- 老化にともなうこころとからだの変化と日常生活　8問
- 高齢者と健康　17問
  - 1）高齢者の疾病と生活上の留意点　5問
  - 2）高齢者に多い病気とその日常生活上の留意点　11問
  - 3）保健医療職との連携　1問

助言する」であった。高血圧の診断基準など、正確に覚えておくべき数値もある。

出題頻度 第2位　老化にともなうこころとからだの変化と日常生活〈8問〉

第24回試験で2問、第25回試験で4問、第26回・第27回試験で各1問が出題されている。

第24回試験の2問は、老化にともなう身体の変化の特徴に関する問題（問題71）、老化にともなう運動器系の変化に関する問題（問題73）で、それぞれ**免疫機能の低下**、**骨密度の低下**を答えさせるものであった。第26回試験問題70は、電話するのにメモの番号が覚えられないが認知症ではないAさん（73歳、男性）について、障害されている記憶を問う短文事例問題で、**短期記憶**が正解だった。

第27回試験問題72は死別直後の遺族の心理。悲嘆を乗り越えるためには十分に悲しむプロセスが必要なことを理解しておきたい。

出題頻度 第3位　老年期の発達と成熟〈5問〉

第24回試験の問題69は高齢者の年齢規定に関する問題で、**老齢厚生年金**の支給開始年齢、「**老人福祉法**」の施策対象年齢、「**介護保険法**」の第1号被保険者の年齢、「高齢者の医療の確保に関する法律」による**後期高齢者医療制度**の対象年齢、**WHO**（World Health Organization；世界保

領域：こころとからだのしくみ　科目8／発達と老化の理解
出題傾向をつかもう

健機関）による規定が出題された。このような規定の違いは正しい知識をもっておこう（→p.313「過去問に挑戦！」）。第26回試験の問題69でも高齢者の年齢が出題された。

第24回試験問題70で**サクセスフル・エイジング**（選択肢の記述内）、第27回試験問題70で**プロダクティブ・エイジング**が出題されている。老年期の発達課題にまつわる概念は正しく理解しておこう。

出題頻度 第4位　人間の成長と発達の基礎的理解 〈2問〉

第25回試験では**ハヴィガースト**（Havighurst, R. J.）の示した児童期（中期児童期）の発達課題、第27回試験では**ピアジェ**（Piaget, J.）の示した子どもの認知発達段階が出題されている。

受験対策のポイントは…

　老化にともなってどのような**身体機能の変化**が生じるのか、老化がどのような**心理的な影響**をおよぼすのかはしっかり理解しておこう。また、**人間の発達に関するさまざまな説**に関する出題も多いので、それぞれの内容をまとめ、違いをおさえておこう。
　発達と発達段階説、発達課題については**フロイト**（Freud, S.）、**ピアジェ**（Piaget, J.）、**エリクソン**（Erikson, E. H.）、**ハヴィガースト**（Havighurst, R. J.）の各説をおさえるほか、**ゲゼル**（Gesell, A. L.）、**ワトソン**（Watson, J. B.）、**シュテルン**（Stern, W.）、**ジェンセン**（Jensen, A. R.）の説も確認しておこう。知識として覚えるだけでなく、高齢者の実際の生活にむすびつけて理解しておくことが大事である。
　高齢者に多い疾病については、**原因と症状**について知識を整理しておくとよい。

科目8

科目8 発達と老化の理解

基礎知識をまとめておこう

基礎知識1　発達段階説と遺伝と環境の影響　☞ p.307〜308

発達段階説	提唱者	特徴
生得説	ゲゼル（Gesell, A. L.）	人間の発達は、おもに**遺伝**要因によって支配される
経験説	ワトソン（Watson, J. B.）	人間の発達は、**環境**要因による経験の影響が大きい
輻輳説	シュテルン（Stern, W.）	人間の発達は、**遺伝**要因と**環境**要因の相互作用の結果である
環境閾値説	ジェンセン（Jensen, A. R.）	人によって環境要因による影響が異なり、**閾値**を超えると遺伝要素が現れる

基礎知識2　老化にともなう自己意識・自己像　☞ p.311〜312

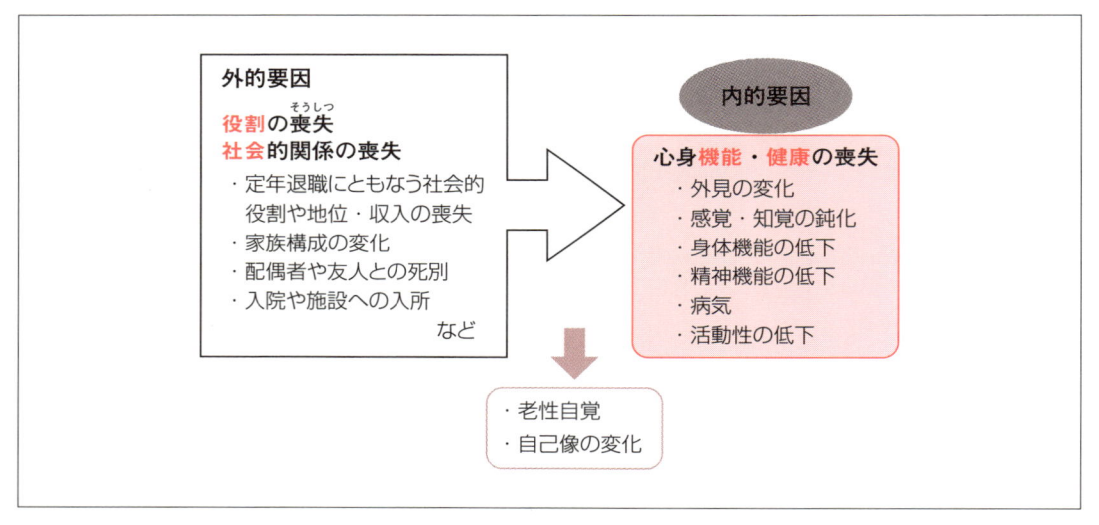

外的要因
役割の喪失
社会的関係の喪失
・定年退職にともなう社会的役割や地位・収入の喪失
・家族構成の変化
・配偶者や友人との死別
・入院や施設への入所
など

内的要因

心身機能・健康の喪失
・外見の変化
・感覚・知覚の鈍化
・身体機能の低下
・精神機能の低下
・病気
・活動性の低下

・老性自覚
・自己像の変化

資料：加藤伸司編『介護福祉士養成テキストブック　⑨発達と老化の理解』ミネルヴァ書房、2010年、p.44

基礎知識3　知能　☞ p.315

知能	内容	習得のしかた	測定（ウェクスラー成人知能検査）
結晶性知能	判断力、理解力	経験や知識の積み重ね	**言語**性知能尺度
流動性知能	学習力、適応力	生得的なもの	**動作**性知能尺度

領域：こころとからだのしくみ　科目8／発達と老化の理解
基礎知識をまとめておこう

基礎知識4　記憶 ☞ p.316

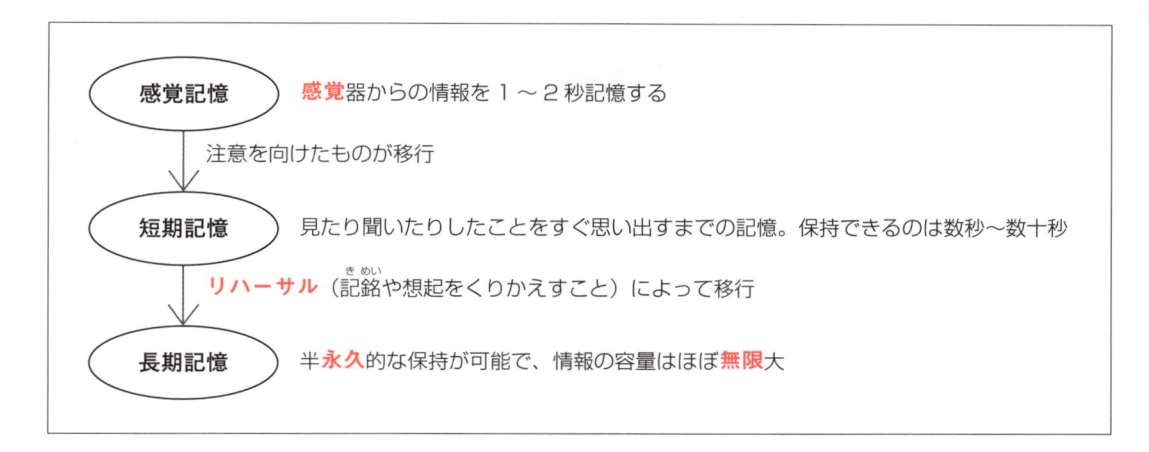

- **感覚記憶**：**感覚**器からの情報を1〜2秒記憶する
  - ↓ 注意を向けたものが移行
- **短期記憶**：見たり聞いたりしたことをすぐ思い出すまでの記憶。保持できるのは数秒〜数十秒
  - ↓ **リハーサル**（記銘や想起をくりかえすこと）によって移行
- **長期記憶**：半**永久**的な保持が可能で、情報の容量はほぼ**無限**大

基礎知識5　老化がおよぼす心身の機能の変化 ☞ p.314〜316

- **知能**
  - 流動性知能 -----> **低下**
  - 結晶性知能 -----> 比較的よく**維持**

- **記憶**
  - 感覚記憶 → 短期記憶 → 長期記憶
  - ワーキングメモリーやエピソード記憶が苦手になる、長期記憶（手続き記憶・意味記憶）は比較的よく**保持**

- **人格**
  - 生得的な素質 ＋ 学習・経験による行動傾向
  - 基本的な部分は加齢のみの原因で大きく変わることはない
  - 人格変容には間接的な要因（身体機能低下、社会的立場の変化など）が影響

- **感覚**
  - 五感（視覚、聴覚、嗅覚、味覚、皮膚感覚） -----> 全般に**鈍**化

科目8

科目8 発達と老化の理解
単元1

人間の成長と発達の基礎的理解

Step 1 重要項目を覚えよう

◆人間の成長と発達

1 発達 基本

発達とは、個体が受胎して**成熟**していく過程での、内的**質**的傾向（能力や性格特性など）の**変化**をいう。これに対し、量的変化を**成長**という。

2 エリクソンの発達段階説 基本

エリクソン（Erikson, E. H.）は、発達の概念を**ライフサイクル**全体へと発展させ、一生を**8**つの段階に分類し、各段階に固有の危機（**心理社会的危機**）を想定し、その克服により健全な人格が形成されるとした。

発達段階	年齢区分	心理社会的危機	特徴
乳児期	0～1歳半ごろ	**基本的信頼**vs**不信**	自分自身やまわりの社会に対する信頼を感じる
幼児期前期	1～3歳ごろ	**自律性**vs**恥と疑惑**	自己評価に基づいて、自分をコントロールできるようになる
幼児期後期（遊戯期）	3～6歳ごろ	**積極性**vs**罪悪感**	自発的に行動できるようになるとともに、自制心も発達してくる
児童期（学齢期）	6～12歳ごろ	**勤勉性**vs**劣等感**	自分を取り巻く社会への関心が高まり、仲間との集団関係を育成する
青年期	13～20歳ごろ	**同一性**vs**同一性拡散**	自分がどのような人間かという**自我同一性**を確立する
成年期初期	20～30歳ごろ	**親密性**vs**孤立**	青年期の自我同一性の確立により、他者との親密な相互関係をもつことができる
成年期中期	30～65歳ごろ	**生殖性**vs**停滞**	子どもを育てたり、後輩を育てたりといった次の世代の育成に関心をもつ
成年期後期（円熟期）	65歳ごろ以降	**統合性**vs**絶望**	自分の人生を受け入れ、それを肯定的に統合することで、**人間的な円熟**を得る

表1 エリクソンの心理社会的発達理論

3 ピアジェの発達段階説 頻出

ピアジェ（Piaget, J.）は、思考（知能）や**認知**の発達に注目し、子どもの発達を**4**つの段階にまとめた。　出題実績 ▶ 27〔69〕

発達段階	年齢区分	特徴
感覚運動期	0～2歳ごろ	感覚とそれにともなう運動をくりかえすことで、外界とのかかわりをもつ
前操作期	2～7歳ごろ	模倣などの象徴的思考や直感に左右される直感的思考の段階で、自分の視点以外を受け入れられない自己中心性が特徴
具体的操作期	7～11歳ごろ	具体的なものに対する論理的思考が発達し、直感に左右されない思考の保存概念が成立する
形式的操作期	11歳ごろ以降	抽象的な概念についても、論理的思考が可能になる

表2　ピアジェによる認知的発達段階説

4 フロイトの発達段階説
基本

フロイト（Freud, S.）は、**リビドー**（性的エネルギー、性的欲求）の発現のしかたやその充足の程度によって、乳児期から青年期までの自我の発達を**5**つの段階に分けた（性器期を、さらに思春期と性器期の2つに分けることもある）。

発達段階	年齢区分	特徴
口唇期	0～1歳半ごろ	授乳や摂食にともなう口唇の感覚によってリビドーを満たすことで、基本的な信頼関係を獲得する
肛門期	1～3歳ごろ	排泄やそのコントロールによってリビドーを満たすことで、自律性がめばえる
男根期（エディプス期）	3～6歳ごろ	性器に関する関心が増し、異性の親に対する性的な関心が特徴
潜在期	6～12歳ごろ	性的欲求が潜在的なものになり、学校生活を通じて社会化していく
性器期	13歳以降	前半は思春期とよばれ、異性に対する性的関心が非常に高まる。やがて、異性への信頼や尊重に基づく関係が築けるようになる

表3　フロイトの精神分析的発達理論

5 発達課題
基本

人間が社会的に正常な発達を遂げるために、各発達段階で達成すべき課題を発達課題とよぶ。ハヴィガースト（Havighurst, R. J.）が最初に提唱し、その後エリクソン（Erikson, E. H.）など多くの心理学者による説が出た。

6 遺伝と環境の影響

人間はどのようにして発達していくかを説明するために、遺伝と環境の関係について、さまざまな原理が提唱されている。

科目 8 発達と老化の理解
単元 1 人間の成長と発達の基礎的理解

7 生得説
生得説とは、人間の発達は、その人が生まれつきもっている**遺伝**要因におもに支配されるという説である。ゲゼル（Gesell, A. L.）によって提唱された。生得説は**成熟**優位説ともよばれる。

8 経験説
経験説とは、人間の発達は、その人が生まれ育った**環境**要因による経験の影響が大きいとする説である。**生得**説と対立する考え方。ワトソン（Watson, J. B.）によって提唱された。経験説は**学習**優位説ともよばれる。

9 輻輳説（ふくそうせつ）
輻輳説とは、人間の発達は、**遺伝**要因と**環境**要因の相互作用の結果であるとする説である。この場合、遺伝要因と環境要因は**独立**した要因としてとらえられている。シュテルン（Stern, W.）によって提唱された。

10 環境閾値説（いきち）
環境閾値説とは、その人の特性によって**環境**要因による影響の程度が異なり、**環境**要因がある水準（**閾値**）を超えると、**遺伝**的な可能性が現れてくるとする説である。ジェンセン（Jensen, A. R.）によって提唱された。環境閾値説は**相互**作用説ともよばれる。

Step 2 一問一答で確かめよう

問い

- 発達の概念をライフサイクル全体へ発展させたのはだれ？
- エリクソン（Erikson, E. H.）が分類した**8つの段階**それぞれに固有の危機を何という？
- エリクソン（Erikson, E. H.）の発達段階説で、おおむね65歳以上の**成年期後期**は何とよばれる？
- 思考（知能）や認知の発達をもとに、子どもの発達を4つの段階にまとめた**ピアジェ**（Piaget, J.）の説では、**2～7歳**ごろを何とよぶ？
- **フロイト**（Freud, S.）は、何の発現のしかたやその充足の程度によって、乳児期から青年期までの**自我の発達**を分けた？
- 人間が社会的に正常な発達を遂げるために、**各発達段階で達成すべき課題**を何という？
- 人間の発達は、その人が生まれつきもっている**遺伝要因**におもに支配されるという説を何という？

答え

- エリクソン（return 2）
- 心理社会的危機（return 2）
- 円熟期（return 2 表1）
- 前操作期（return 3 表2）
- リビドー（性的エネルギー、性的欲求）（return 4）
- 発達課題（return 5）
- 生得説（成熟優位説）（return 7）

領域：こころとからだのしくみ　科目8／発達と老化の理解
単元1　人間の成長と発達の基礎的理解

□人間の発達は、その人が生まれ育った**環境要因**による経験の影響が大きいとする説を何という？　　**経験説（学習優位説）** return 8

□人間の発達は、**遺伝要因と環境要因の相互作用**の結果であるとする説を何という？　　**輻輳説（ふくそう）** return 9

□環境要因がある水準（閾値（いきち））を超えると、**遺伝的な可能性が現れてくる**とする説を何という？　　**環境閾値説（相互作用説）** return 10

Step 3　過去問に挑戦！

問題　A君は、積み木を飛行機に見立ててB君と遊んでいた。大人がA君とB君の目の前で、おやつのジュースを一人150mLずつになるように計った。しかし、同じ大きさのコップがなかったので、それぞれ形の違うコップに入れて与えた。A君にジュースを入れたコップを渡したところ、A君は「B君のほうが量が多い」と言って泣き出した。
　ピアジェ（Piaget, J.）によるA君の認知発達段階として、**適切なもの**を１つ選びなさい。

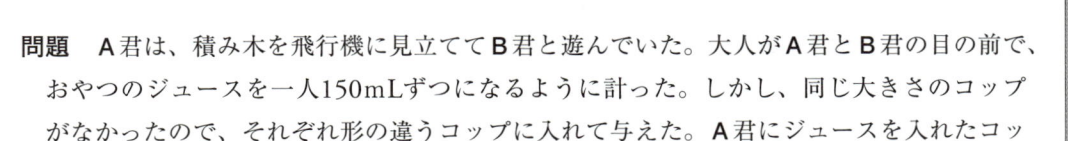

第27回（2015年）〔69〕

1　形式的操作期
2　感覚運動期
3　前操作期
4　再接近期
5　具体的操作期

答え　3

形式的操作期は、11歳ごろ以降になって抽象的な概念についても論理的思考が可能になる段階（１は不適切）。感覚運動期は、０～２歳ごろの、感覚とそれにともなう運動をくりかえして外界とのかかわりをもつ段階（２は不適切）。前操作期は、２～７歳ごろの、模倣（もほう）などの象徴的思考や直感に左右される段階。自己中心性も特徴となる（３が適切）。再接近期は、ピアジェでなくマーラー（Mahler, M. S.）の分離・固体化過程の１段階（４は不適切）。具体的操作期は、７～11歳ごろの、具体的なものについての論理的思考が発達して直感に左右されない思考の保存概念が成立した段階（５は不適切）。 return 3

科目8 発達と老化の理解
単元2

老年期の発達と成熟

Step 1 重要項目を覚えよう

◆ **老年期の定義（WHO、老人福祉法、高齢者の医療の確保に関する法律の高齢者医療制度）**

1 老年期 頻出

現代社会では、老年期（高齢期）とは、おおむね**65**歳以上の時期をさしている。　出題実績 ▶ 24〔69〕

高齢者（WHOの定義）

WHO（World Health Organization；世界保健機関）では、**65**歳以上を高齢者とし、さらに**65～74**歳を**前期**高齢者、**75**歳以上を**後期**高齢者、**85**歳以上を**末期**高齢者という。　出題実績 ▶ 24〔69〕・26〔69〕

2 老人福祉法の対象 基本

「老人福祉法」では、福祉の措置の対象者を「**65**歳以上の者」と明記している。　出題実績 ▶ 24〔69〕

3 高齢者医療制度 基本

「高齢者の医療の確保に関する法律」に基づいて創設された後期高齢者医療制度では、被保険者を「**75**歳以上の者」とし、**75**歳以上を後期高齢者、**65**歳以上**75**歳未満を前期高齢者に分類している。　出題実績 ▶ 24〔69〕

◆ **老年期の発達課題**

4 生涯発達 基本

人の発達を**受胎**から死にいたるまでの生涯にわたってとらえようという発達観。特に、内的**心理**的傾向（能力や性格特性）がどのように変化するか、**質**的変化に着目することが多い。すなわち、高齢者もいまだ発達の途上であり、さらに変化していくととらえられる。

5 人格と尊厳

壮年期からの性格が安定的に**成熟**して、人間として洗練され品性が高まると**人格者**とよばれるようになり、人としての尊厳もゆるぎなくなる。

6 ハヴィガーストによる老年期の発達課題 基本

ハヴィガースト（Havighurst, R. J.）は、人間の一生を**6**つの段階（乳幼児期、児童期、青年期、壮年初期、**中年**期、**老年**期）に分け、各発達段階における具体的な発達課題を設定している。

老年期の発達課題

①肉体的な力と健康の**衰退**への適応
②引退と収入の**減少**への適応

③配偶者の死への適応
④同年代の人との明るく親密な交流
⑤社会的・市民的な義務の受け入れ
⑥肉体的に満足できる生活の準備　など

7 エリクソンによる老年期の発達課題

エリクソン（Erikson, E. H.）は老年期（成年期後期）を円熟期としてとらえ、この時期の発達課題を「統合性の獲得（自我の統合）」とし、これが達成されると英知という徳が得られるが、失敗すると絶望や死への恐怖が訪れるとしている。

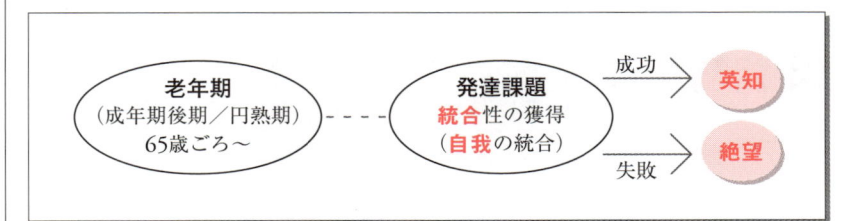

```
老年期                    発達課題         成功 → 英知
(成年期後期／円熟期)  ---- 統合性の獲得
65歳ごろ～                (自我の統合)    失敗 → 絶望
```

図1　エリクソンの発達課題

8 老性自覚 基本

人が老いを自覚することを老性自覚という。老性自覚の時期は個人差が非常に大きいが、身体機能の低下、外見の変化、記憶力の低下などの内的な要因と、職業からの引退、子どもの成長、配偶者や友人との死別などの外的な要因によって自覚する人が多い。　出題実績 ▶ 24〔70〕

9 老性兆候

老性自覚のきっかけとなる要因をいう。加齢にともなって現れる身体面、精神面、社会面のさまざまな変化が老性兆候となりうる。

10 喪失体験 頻出

一般に老年期には、健康の喪失（病気や老化による）、経済的な喪失（退職や引退による）、役割の喪失（職業からの引退や子どもの自立、配偶者や友人との死別による）という3つの喪失があり、これらによって強い喪失感を感じる。　出題実績 ▶ 24〔70〕・25〔70〕

11 老いの受容

老性自覚を積み重ね、高齢者としての自分を受け入れることで、高齢期を有意義に生きていこうとする姿勢が生まれる。老いの受容は、適応した高齢期を過ごすのに必要である。

12 老いの価値

老い（加齢）は機能低下や衰退・喪失などマイナスだけをもたらすのでなく、英知や成熟といったポジティブな側面をもつ。

科目 8 発達と老化の理解
単元 2 老年期の発達と成熟

13 セクシュアリティ
性を**生殖**行為だけとらえる価値観からは、高齢者の性はタブー視されることが多かったが、**関係**性、コミュニケーションにおける性の役割は、高齢期の円満な夫婦生活においても重要なものである。

14 サクセスフル・エイジング 基本
加齢にともなうさまざまな変化に上手に対応して、高齢期を**幸福**に過ごせている状態をいう。幸福であるかどうかには、**健康**であること、生活の**質**の高さ、社会生活の充実度などが影響するが、他人からみての評価より、本人の主観的な**幸福**感、満足度で測るべき指標である。 出題実績 ▶24〔70〕

15 プロダクティブ・エイジング 基本
高齢期にも**生産**的な活動に参加するのがよいとする考え方。最初の提唱者はバトラー（Butler, R.）で、就業して、また社会貢献活動や家事などに、**役割**をもって携わる高齢者像を描く。 出題実績 ▶27〔70〕

Step 2 －問－答で確かめよう

問い	答え
□WHO（World Health Organization；世界保健機関）の定義では、65～74歳の人を何とよぶ？	前期高齢者 return 1
□WHO（World Health Organization；世界保健機関）の定義では、75歳以上の人を何とよぶ？	後期高齢者 return 1
□WHO（World Health Organization；世界保健機関）の定義では、85歳以上の人を何とよぶ？	末期高齢者 return 1
□「老人福祉法」で、福祉の措置の**対象者**は何歳以上？	65歳以上 return 2
□「高齢者の医療の確保に関する法律」に基づく**後期高齢者医療制度**で、被保険者は何歳以上？	75歳以上 return 3
□**生涯発達**という発達観では、人の発達はいつまで続く？	死にいたるまで return 4
□ハヴィガースト（Havighurst, R. J.）は、人間の一生を6つの段階に分けてそれぞれの発達課題を設定したが、6つの段階とは、**乳幼児期、児童期、青年期、壮年初期**と、あと2つは何？	中年期、老年期 return 6
□エリクソン（Erikson, E. H.）は、**円熟期の発達課題**を何としている？	統合性の獲得（自我の統合） return 7
□人が老いを自覚することを何という？	老性自覚 return 8

領域：こころとからだのしくみ　科目8／発達と老化の理解
単元2　老年期の発達と成熟

□老性自覚は、個人差が大きい？　小さい？　　　　　　　　大きい　return 8
□高齢者の喪失（そうしつ）体験を3つあげると、健康の喪失、経済的な　　役割の喪失　return 10
　喪失ともう一つは何？
□性の役割を関係性やコミュニケーションの面からとらえる　　重要　return 13
　とき、老年期の性は重要？　重要でない？
□加齢にともなうさまざまな変化に上手に対応して、高齢期　　サクセスフル・エイジング
　を幸福に過ごせている状態を、本人の主観的な幸福感、満　　return 14
　足度に着目して何という？

Step 3　過去問に挑戦！

問題　高齢者の年齢規定に関する次の記述のうち、**正しいもの**を1つ選びなさい。

第24回（2012年）〔69〕

1　老齢厚生年金は55歳以上の者に対して支給される。
2　老人福祉法では原則として60歳以上の者を施策の対象としている。
3　介護保険法の第1号被保険者の年齢は65歳以上である。
4　高齢者の医療の確保に関する法律による後期高齢者医療制度は70歳以上の者を対象としている。
5　世界保健機関（WHO）では70歳以上と定義している。

答え　3

老齢厚生年金は65歳以上の者に対して支給される（1は誤り）。「老人福祉法」で施策の対象としているのは65歳以上（2は誤り）。「介護保険法」の第1号被保険者の年齢は65歳以上である（3が正しい）。「高齢者の医療の確保に関する法律」に基づく後期高齢者医療制度は75歳以上の者を対象としている（4は誤り）。WHO（World Health Organization；世界保健機関）では65歳以上を高齢者と定義している（5は誤り）。　return 1 2 3　（年金制度についてはp.54 14 参照）

科目8 発達と老化の理解
単元3

老化にともなうこころとからだの変化と日常生活

Step 1 重要項目を覚えよう

◆ 老化にともなう心身の変化の特徴

1 防衛反応（反射神経）の変化
とっさの反応で**危険**を回避するといった反射神経のはたらきが弱まる。高齢者の交通事故が多いのには、運動能力の低下とあわせこの**防衛**反応の**低下**があるとみられている。

2 回復力（抵抗力）の変化 基本
青年期や壮年期に比べて回復力が全般的に**低下**してしまうため、高齢者は病気やけが、障害などが治癒するまでに時間が**かかり**、**慢性**化しやすく、さらに合併症が起こり**やす**くなる。また、運動や活動にともなう疲労からの回復も、青年期や壮年期に比べてかなり**遅い**。

免疫力の低下
老化にともなって免疫力が**低下**し、**感染**症にかかりやすくなる。たとえば若いときに治療した**結核**（tuberculosis）が高齢になって再発するのも、免疫力が低下しているためである。　出題実績 ▶ 24〔71〕

免疫
免疫とは、感染症の原因になる体内に入った**ウイルス**や細菌などの病原体を排除することでその病原体に対して抵抗するはたらきをいう。

3 適応力（順応力）の変化
老化にともなって身体機能が**低下**するため、外的な環境の変化に敏感に適応することが**困難**になってしまう。体温調節にも時間が**かかる**ため、冬、あたたかい家の中から出て寒い外の空気に触れると、体温調節がうまくいかず**肺炎**（pneumonia →p.325 16）などになりやすい。また、周囲の人的な環境や物理的な環境の変化に適応するのにも時間がかかり、**ストレス**を感じ、体調をくずすこともある。

◆ 老化にともなう心身の機能の変化と日常生活への影響

4 身体機能の加齢変化 頻出
加齢にともなう身体機能の変化には、だれにでも認められる**生理**的老化と、疾患などによって同年齢の人よりも進んでいる**病**的老化がある。老化しやすい臓器は**神経**、骨格筋、**腎臓**、**心臓**、肺などで、老化しにくい臓器は**肝臓**、**内分泌**腺など。

領域：こころとからだのしくみ　科目8／発達と老化の理解
単元3　老化にともなうこころとからだの変化と日常生活

器官	特徴
血液・循環器系	一般に**赤**血球が減少し、酸素の運搬能力が低下する。また、心拍出量が**低下**し、**動脈硬化**がみられる。**不整脈**がふえる。最高血圧が**上昇**する　出題実績 ▶ 25〔75〕
呼吸器系	肺胞の数が減少し、肺活量が**低下**する。呼吸器感染症になりやすい。**誤嚥**を起こしやすい
消化器系	**唾液**の分泌や胃酸の産生が**減少**し、胃や腸の運動も**低下**する。消化不良や便秘になりやすい。**インスリン分泌が低下**し、糖代謝能力が**低下**する
神経系	運動神経の**末梢**神経伝達速度は**低下**する。脳の重量・脳血流量が**減少**する。**流動性**知能は低下、**結晶**性知能はあまり低下しない
感覚器系	眼の**遠近調節機能**が低下し、近くが見えにくくなる（**老視**）。水晶体が白濁していく（**白内障**→p.329）。**高音**域が聞き取りにくくなる（**老人**性難聴）。味覚も低下する
筋・骨格系	一般に骨量や筋肉量が**減少**するため、転倒などによって骨折しやすい。関節は、滑液の減少、関節**可動**域の制限が起こりやすい
腎・泌尿器系	腎臓の機能の低下などによって**脱水症**（dehydration）になりやすい。尿への排出量が**低下**するために、ある種の**薬剤の中毒**になりやすい。男性では**前立腺**肥大による**排尿障害**がみられ、女性では**腹圧**性尿失禁（→p.462）を起こしやすい　出題実績 ▶ 25〔74〕
皮膚	保湿能力が低下し**乾燥**しやすい。弾力性の低下、**皮脂**分泌の減少もあり、抵抗力が弱まるため、かゆみや感染症のトラブルが発生しやすい
体温調節	安静時の体温が**低**くなる。体温調節機能が低下するため、**熱中**症（heartstroke）などになりやすい

表4　加齢にともなう身体機能の変化

5　知能の加齢変化
基本

新しいことを学んだり、新しい環境に適応したりする**流動**性知能は30歳くらいでピークをむかえ、60歳ぐらいまで維持され、その後**低下**していくが、知識や経験の積み重ねである**結晶**性知能は60歳ぐらいがピークで、その後も比較的遅くまで**維持**されている。

結晶性知能　**判断**力、**理解**力のように、教育や社会経験のなかで育てられた能力で、それまでの**経験**や**知識**の積み重ねによるものである。ウェクスラー成人知能検査（WAIS-Ⅲ）の**言語**性知能尺度で測定される。

流動性知能　**新し**いことを学習したり、新しい場面に**適応**したりする能力。**生得**的なもので、経験や知識を必要としない。ウェクスラー成人知能検査（WAIS-Ⅲ）の**動作**性知能尺度で測定される。　出題実績 ▶ 25〔72〕

科目 8　発達と老化の理解
単元 3　老化にともなうこころとからだの変化と日常生活

6 記憶の加齢変化　基本

短期記憶は加齢による機能低下があまりみられないが、ワーキングメモリーやエピソード記憶は著しい低下がみられる。また、長期記憶のなかでも手続き記憶や意味記憶はあまり影響を受けない（→p.412 **11**）。

7 感覚の加齢変化　基本

感覚機能にさまざまな変化がみられ、その変化は個人差が大きい。

感覚	変化の特徴
視覚	視力や色覚が低下する。視野がせまくなる。網膜の機能が低下する
聴覚	高音域が聞き取りにくくなる。必要な音を選び取ることが困難になる
嗅覚	においを感じ取りにくくなる
味覚	味蕾が減少し、味に関する感受性が低下する
触覚	身体の部位により、変化が大きいところとあまり変化しないところがある

表5　感覚の加齢にともなう変化

8 精神機能の加齢変化

高齢になると感情を表す力や相手の感情を読み取る力が弱くなっていくとされる。これは、身体機能の低下や疾病などの身体的な要因と、視覚機能や聴覚機能の低下などの感覚・知覚機能の要因、生活環境の変化や喪失体験などの環境要因や経済要因などによるものである。

◆高齢者の心理

9 老化や喪失体験を受け止める高齢者の気持ち　基本

老化にともなって身体機能をはじめ諸機能が低下し、健康への不安が大きいなか、高齢者は複数の喪失体験（→p.311 **10**）を受け止めていかなくてはならない。

老化を受け止める高齢者の気持ち

老いを否定したい気持ちが強いが、やがて老性自覚を数多く経験するうちに、ありのままを受け入れる気持ちになる。

社会や家庭での役割を失う高齢者の気持ち

退職や子育ての終了で役割を失う。それまで生活の大部分を占めていたものの喪失は、大きな無為感、空虚感をもたらす。新たな活躍の場を得て活力が戻ればよいが、不適応を起こす場合もある。

障害を受け止める高齢者の気持ち

病気が治っても不自由なところができる場合も多い。介護を受けることを受け入れがたいと感じたり、自分自身を情けなく感じたりする。

友人との別れを受け止める高齢者の気持ち

配偶者との死別と同様に、ともに青春時代や職業生活を送った友人との死別は、大きな孤独感をもたらす。同世代ということもあり、自分自身の死を意識するきっかけともなる。

経済的不安を抱える高齢者の気持ち

多くは年金生活になり、可処分所得がへるため不安を覚える人が多い。不安は娯楽や趣味の抑制や社会的な活動の縮小にもつながる。

10 高齢者の人格特性 基本

中年期までに形成されたパーソナリティ（人格）の多くは、高齢期に引き継がれる。**ライチャード**（Reichard, S.）や**ニューガーテン**（Neugarten, B. L.）による人格特性の分類をもとに、次のような人格特性が考えられている。**円熟型**や**安楽いす型**は適応タイプ、**憤慨型**（**外罰型**）と**自責型**（**内罰型**）は不適応タイプで、**装甲型**（**自己防衛型**）は適応タイプに分類されるが、状況によって不適応タイプになる。　出題実績 ▶ 25[71]

分類	特徴
円熟型	現実を受け入れ、現在の生活に満足を感じている。柔軟で毎日を楽しく生きていくことができる
安楽いす型	依存的で、人から何かをやってもらうことを好む。しかし、責任がなくなったことに喜びを感じ、家で穏やかにくらすことを望む
装甲型（自己防衛型）	老化への不安を、活動し続け、若さを誇示することで防衛しようとする。防衛を続けている間は適応しているが、防衛しきれなくなると不適応を起こす
憤慨型（外罰型）	人生の挫折や失敗を他人のせいにして攻め、自分を守ろうとする。他者からの攻撃にも敏感で、欲求不満に対する耐性も低い
自責型（内罰型）	攻撃性を自分に向け、自分を卑下し、人生の挫折や失敗を自分のせいにして攻めるため、抑うつ的になる

表6　高齢者の人格特性

実力アップ！豆知識　リビドーというエネルギー

　フロイト（Freud, S.）は、リビドーという性的エネルギーの出現や充足のあり方に着目して自我の発達段階を分けたといわれるが、このエネルギーという概念、じつは当時の新概念であった。
　アインシュタイン（Einstein, A.）の、物質とエネルギーは同じ物の２つの形態である、という理論に基づくもので、物理学会を騒がせていた概念をフロイトが精神分析に取り入れたというわけである。心が動くためには、物理的なエネルギーではなく心のエネルギーが存在すると考え、それにリビドーという名前をつけた。

科目 8 発達と老化の理解
単元3 老化にともなうこころとからだの変化と日常生活

Step 2 一問一答で確かめよう

問い	答え
□高齢者の交通事故が多い原因としていえるのは、**運動能力の低下**とあわせ何の低下？	防衛反応（の低下） return **1**
□若いときに治療した結核（tuberculosis）が**高齢になって再発**するのは、何が低下しているから？	免疫力（めんえき） return **2**
□高齢者の**適応力（順応力）**は、壮年期に比べてどうなっている？	低下している return **3**
□加齢にともなう老化のうち、**疾患**などによって同年齢の人よりも進んでいる老化を何という？	病的老化 return **4**
□**肝臓**や**内分泌腺**は老化しやすい？ 老化しにくい？	老化しにくい return **4**
□一般に、加齢で**最高血圧**は上昇する？ 低下する？	上昇する return **4** 表4
□高齢者が**脱水**しやすいのは、おもに何という器官の**機能が低下**するから？	腎臓（じんぞう） return **4** 表4
□加齢にともなって、**安静時の体温**は高くなる？ 低くなる？	低くなる return **4** 表4
□60歳ぐらいまでは**維持**されるが、その後低下していくのは、結晶性知能・流動性知能のどちら？	流動性知能 return **5**
□**新しいことを学習**したり、新しい場面に適応したりする能力は、結晶性知能・流動性知能のどちら？	流動性知能 return **5**
□加齢によって**低下**するのは、短期記憶・ワーキングメモリーのどちら？	ワーキングメモリー return **6**
□加齢にともなって**視野**は広くなる？ せまくなる？	せまくなる return **7** 表5
□加齢にともなって**聞き取りにくくなる**のは、低音域？ 高音域？	高音域 return **7** 表5
□高齢者の**喪失体験**（そうしつ）のうち、新たな活躍の場を得て活力が戻ることもあるが、**不適応**を起こすこともあるのは、何を喪失したとき？	役割 return **9**
□高齢者の**人格特性**のうち、安楽いす型・憤慨型（外罰型）のどちらが**適応タイプ**？	安楽いす型 return **10**
□**現実を受け入れ**、**現在の生活に満足**を感じている高齢者は、どの人格特性に分類される？	円熟型 return **10**
□老化への不安を、活動し続け、**若さを誇示**することで**防衛**しようとする高齢者は、どの人格特性に分類される？	装甲型（自己防衛型） return **10** 表6

318

領域：こころとからだのしくみ　科目8／発達と老化の理解
単元3　老化にともなうこころとからだの変化と日常生活

Step 3　過去問に挑戦！

問題　老化にともなう循環器系の変化として、正しいものを1つ選びなさい。

第25回（2013年）〔75〕

1　脈拍数が増加する。
2　動脈が軟化する。
3　心臓が縮小する。
4　不整脈が増加する。
5　収縮期血圧が低下する。

答え　4

脈拍数は加齢とともに減少する傾向にある（1は誤り）。血管は壮年期以降、弾力性と柔軟性が低下して動脈硬化を起こす（2は誤り）。心臓はむしろ肥大傾向になる（3は誤り）。加齢による心臓の刺激伝導の変化、心臓自体の変化、動脈硬化、自律神経系の影響などにより、高齢者には不整脈が多くみられる（4が正しい）。たいていの人は血圧が高くなり、おもに収縮期血圧（最高血圧）が上昇する（5は誤り）。

科目8 発達と老化の理解
単元4 **高齢者と健康**

Step 1 重要項目を覚えよう

◆ 高齢者の疾病と生活上の留意点

1 高齢者の疾病・病状の特徴 頻出

加齢にともなう身体機能の変化によって、高齢者の疾病や症状には、ほかの年代にはみられない特徴がある。

①恒常性（ホメオスタシス）の調節機能が**低下**するため、全身状態が**悪化**しやすい。

②一人で**複数**の疾患を有する。　出題実績 ▶ 24〔76〕・26〔72〕

③各種の検査結果の個人差が**大き**い。　出題実績 ▶ 24〔76〕

④症状が**非定型**的なため、発見されにくい。　出題実績 ▶ 26〔72〕

⑤回復に多くの時間を費やし、症状が**慢性**化することが多い。　出題実績 ▶ 24〔76〕

⑥**合併**症を併発しやすい。

⑦薬剤の反応性が若年者と異なり、**副作用**が起こりやすい。　出題実績 ▶ 24〔76〕

⑧多くの疾患で、精神症状や神経症状が起こり**やす**い。　出題実績 ▶ 26〔72〕

2 かゆみ

高齢者は、体内の水分量や皮膚の脂分が**減少**して乾燥することで、全身にかゆみを感じることが多くなる。**手足**や背中などにかゆみを感じることが多く、肌着の**素材**によってかゆみを増すこともある。

発疹のあるかゆみ	湿疹や皮膚炎（dermatitis）、蕁麻疹（urticaria）、疥癬（→p.169 **17**）、かぶれなどが考えられる
発疹のないかゆみ	老人性掻痒症（→p.332 **31**）が最も多い。糖尿病（→p.331 **29**）、腎臓や肝臓の慢性疾患などの可能性もある　出題実績 ▶ 24〔72〕

表7　かゆみの原因

3 痛み

身体の各部の痛みは、疾病が原因になっていることがある。どの部分がどのように痛むのかを聞き取り、早期に対応することが大切である。

頭が痛い	手足のしびれがともなう場合、くも膜下出血（→p.327）や脳腫瘍（brain tumor）のような疾患が疑われる
首や肩が痛い	関節リウマチ（→p.330 25）、顎関節症（temporomandibular joint disorder）などの恐れがある
のどが痛い	ウイルスや細菌による急性の炎症が原因のことが多い。のどが乾燥して痛みを感じることもある
胸が痛い	左側の胸痛や胸部圧迫感は、狭心症（→p.324）や心筋梗塞（→p.324）が疑われる。肋骨の局所的な痛みは肋間神経痛（intercostal neuralgia）や骨折が疑われる
おなかが痛い	痛みを感じる部分、痛みを感じている期間、痛みの種類、痛みを感じる状態などによって、ある程度原因を推測できる場合が多い。腸閉塞（intestinal obstruction）、胃潰瘍（gastic ulcer）・十二指腸潰瘍（duodenal ulcer）、胆嚢炎（cholecystitis）、がん（cancer）などの可能性がある
背中や腰、関節が痛い	変形性脊椎症（osteoarthritis of the spine）、骨粗鬆症（→p.330 26）、腰部の脊柱管狭窄症（→p.330）、腰椎椎間板ヘルニア（lumber vertebrae herniated disk）、脊椎圧迫骨折などが疑われる。発熱をともなう急激な腰痛は感染症、徐々に悪化する安静時の痛みは腫瘍の可能性が考えられる

表8　痛みの原因

4 不眠

直接なんらかの疾患が不眠の原因になっている場合は少ない。しかし、不眠の状態が続くことで、体力や抵抗力、免疫力などが低下し精神的な苦痛をまねくこともあるので、その原因を見つけ、軽減する必要がある。

5 冷え

からだの冷えを訴える高齢者は多い。血液の循環が悪くなり新陳代謝機能も低下することが原因といえるが、冷えが持病の症状を悪化させることもあるので、保温性のある衣類、軽い運動などで改善を試みる。

6 しびれ

神経や血管の圧迫によって、感覚が麻痺して、しびれが生じる。

手足のしびれ	高齢者の多くにみられる末梢神経障害（peripheral neuropathy）の場合が多い。後縦靱帯骨化症（ossification of posterior longitudinal ligament；OPLL）、腰部の脊柱管狭窄症（→p.330）の可能性もある
半身のしびれ	しびれの場所で異なるが、脳梗塞、脳内出血などの脳血管障害（cerebrovascular disorder →p.327 21）のおそれがある

表9　しびれの原因

科目 8 発達と老化の理解
単元 4 高齢者と健康

7 むくみ（浮腫）

血管のはたらきが弱くなり、皮下の水分量が**過剰**になると、むくみ（浮腫〈oedema〉）が生じる。高齢者は、血管の機能の**低下**がみられ、あまり動かないことからむくみのある人が多い。

顔のむくみ	血圧の**上昇**や血尿がともなうときは腎疾患（renal disease）の疑いがある
手足のむくみ	呼吸が苦しい場合は、静脈に血栓が生じている可能性がある
全身のむくみ	**ネフローゼ**症候群（nephrotic syndrome）のおそれがあり、生命の危険もあるため、早急に対応する必要がある

表10　むくみの原因

8 めまい

めまいによって**転倒**し、骨折することがあるので、注意が必要である。

持続的なめまい	動脈**硬化**が進行している高齢者にみられ、多発性脳梗塞（multiple cerebral infarction）を起こしている可能性がある
立ちくらみや失神	血圧の降圧剤が原因となる低血圧や不整脈による血圧の**低下**の疑いがある。起立性低血圧（orthostatic hypotension）の場合もみられる
耳鳴りや難聴をともなうめまい	メニエール病（→p.330）のおそれがある

表11　めまいの原因

9 下痢

食べ物を消化・吸収する機能が低下することで下痢になる。下痢には急性のものと2週間以上続く慢性のものがあり、原因や対処方法が異なる。高齢者の下痢は**脱水**症状を引き起こしやすく、ウイルス性のものは、施設などでの**集団**感染を引き起こすため、早期の対処や治療が求められる。

急性の下痢	発熱をともなわない場合は、食べすぎや飲みすぎ、アレルギー（allergy）などによるものがほとんどである。発熱をともなう場合は**ウイルス**性の感染症が疑われる。高齢者の場合、特に冬場のノロウイルスへの注意が必要である
慢性の下痢	約半数は、**ストレス**による過敏性腸症候群（irritable bowel syndrome）である。そのほかに、炎症性の腸の疾患、大腸がん（→p.333）、胃がん（→p.333）、膵臓などの消化器の疾患や、糖尿病（→p.331）29、甲状腺機能亢進症（hyperthyroidism）などの場合もある

表12　下痢の原因

10 便秘

高齢者の多くは、生活環境や食生活、服用している薬の影響で、腸の動きが**悪**いために、便秘になりがちである。ただし、大腸がん（colon cancer →p.333）の可能性もある。

◆高齢者に多い病気とその日常生活上の留意点

11 高齢者に多い疾患　基本

高齢者がかかりやすい疾患・機能障害には、次のようなものがある。

器官系	おもな疾患・機能障害
血液・循環器系	**虚血**性心疾患（→p.324 **13**）、高血圧（→p.324 **14**）、動脈硬化（→p.325 **15**）、貧血（anemia）
呼吸器系	**誤嚥**性肺炎、**沈下**性肺炎（hypostatic pneu-monia）などの肺炎（→p.325 **16**）、気管支喘息（bronchial asthma）
腎・泌尿器系	脱水症（dehydration）、尿失禁（→p.462）、**前立腺**肥大（→p.327 **20**）
神経系	**脳血管**障害（→p.327 **21**）、パーキンソン病（→p.328 **22**）、認知症（→p.329 **23**）
感覚器系	**白内**障、緑内障（→p.329）、**老人**性難聴（presbycusis）
筋・骨格系	関節リウマチ（→p.330 **25**）、**骨粗鬆**症（→p.330 **26**）、変形性関節症（→p.330）、骨折（→p.331 **28**）
内分泌・代謝系	**糖尿**病（→p.331 **29**）、脂質異常症（→p.332 **30**）

表13　高齢者がかかりやすい疾患・機能障害

12 生活習慣病　基本

生活習慣病（life-style related diseases）は、不健全な**生活習慣**（食習慣、運動習慣、休養、飲酒、喫煙）の積み重ねで発症する。糖尿病（diabetes mellitus →p.331 **29**）、脂質異常症（dyslipidemia →p.332 **30**）、高血圧（hypertension →p.324 **14**）、悪性腫瘍（malignant tumor →p.332 **32**）、虚血性心疾患（ischaemic heart disease →p.324 **13**）、脳血管障害（cerebrovascular disorder →p.327 **21**）などがある。

生活習慣病予防

かつては**二次**予防に重点がおかれていたが、生活習慣病は発症すると完治することが困難で、しだいに重度の合併症を引き起こしていくため、現在は従来の対策に加えて**一次**予防が推進されている。

一次予防……健康を増進し**危険**因子を改善することで、発病を**予防**する。
二次予防……健康診断やがん検診などを受け、疾病を**早期**に発見する。
三次予防……適切な治療を受け、機能**回復**・**維持**を図る。回復後は再発を防止する。

科目8 発達と老化の理解
単元4 高齢者と健康

メタボリックシンドローム（内臓脂肪症候群）

内臓脂肪型の肥満を共通の因子として、高血糖・**高血圧**・**脂質異常**が引き起こされる状態をメタボリックシンドローム（metabolic syndrome；内臓脂肪症候群）という。これの**予防**が**生活習慣**病予防につながるとして、発見のための**診断**基準が設けられている（→p.101）。

13 虚血性心疾患 [基本]

虚血性心疾患（ischaemic heart disease）は、**虚血**によって心臓に障害が起こる疾患の総称。**狭心**症（angina pectoris）や心筋**梗塞**（myocardial infarction）などが含まれる。

虚血
動脈血の流量が**低下**するために起こる臓器や組織の貧血をいう。虚血性心疾患の場合、**冠動脈**の狭窄（せまくなること）や閉塞（つまること）で血流量が低下または停止してしまい、酸素や栄養分が**不足**することで起こる。

狭心症
心筋が必要とする血液が一時的に不足したときに起こり、胸を締めつけられるような痛み（胸部**絞扼感**）、胸が圧迫されるような痛み（胸部**圧迫感**）などの症状をともなう。冠動脈の**動脈硬化**による狭窄やけいれんが原因となる。運動などによって心臓に負担がかかったときに起こる**労作**性狭心症（angina of effort）と安静にしていても起こる**安静**時狭心症（rest angina）があり、後者は**心筋梗塞**へ移行する危険性が高い。発作時には、**ニトログリセリン**の舌下投与が効果的である。

心筋梗塞
動脈硬化により**冠動脈**が閉塞して血流がとだえ、酸素や栄養分が供給されず、その部分の心筋が壊死した状態をいう。冷や汗や嘔吐などをともなう**胸痛**が30分以上続く。**ショック**や心室細動などの重篤な**不整脈**などによる急変に注意が必要である。高齢者や、**糖尿**病（diabetes mellitus）の患者などでは、痛みをともなわない**無痛**性心筋梗塞（painless myocardial infarction）がみられることがある。**カテーテル**を用いて血栓を溶かす血栓溶解療法、せまい部分を広げたりする冠動脈形成術（PTCA）、これらが困難な場合は冠動脈**バイパス**術が行われる。

出題実績 ▶ 24〔75〕

14 高血圧 [基本]

血圧が正常範囲を超えて維持される状態。「高血圧治療ガイドライン2014（日本高血圧学会）」によると、最低血圧（拡張期血圧）**90**mmHg以上、最高血圧（収縮期血圧）**140**mmHg以上を高血圧とする。原因がはっきりしない**本態**性高血圧（essential hypertension）と、ほかの疾患による**二次**性高血圧（secondary hypertension）がある。

出題実績 ▶ 25〔76〕

本態性高血圧
本態性高血圧は、わが国では高血圧症の**90**％以上を占め、遺伝的な要因のほかに、食生活などの**環境**的な要因が関与しているため、**生活習慣**病

（life-style related diseases）の一つにあげられている。

老人性高血圧 老人性高血圧では、**最低**血圧は高くないが、**最高**血圧が高い。老化にともなう動脈の弾力の低下による**動脈硬化**が原因となる。

合併症 高血圧の状態が長期間続くと、心臓や血管が障害を受けて心臓の**肥大**や動脈**硬化**などが起こり、心不全（heart failure）・腎不全（renal failure）・脳梗塞（cerebral infarction）・眼底出血（hemorrhage in the eyeground）などの合併症が現れる。

治療 非薬物療法としては、ナトリウムや**脂肪**の摂取の制限、**カリウム**を多く含む野菜や果物の摂取などの食事療法、適度な運動、減量などが行われる。非薬物療法で効果が得られない場合は、利尿薬、カルシウム拮抗薬、ACE阻害薬などの**降圧**剤が用いられる。

15 動脈硬化（基本）

動脈の壁が厚くなって変形し、**コレステロール**などが沈着して、硬くなった状態を動脈硬化という。高血圧、**脂質異常**症（dyslipidemia）、**糖尿**病（diabetes mellitus）、喫煙などが動脈硬化を進行させる危険因子で、心筋梗塞（myocardial infarction）や脳梗塞（cerebral infarction）の原因となる。

16 肺炎（頻出）

肺炎（pneumonia）とは**肺胞**やその周辺の組織に起こる炎症である。長期**臥床**により生じやすい疾患の一つで、多くは、細菌やウイルス、真菌などによって引き起こされる。わが国では死亡原因の第3位（2014〈平成26〉年）を占め、高齢者では罹患率、死亡率ともに非常に**高**い。

出題実績 ▶ 27〔75〕

症状 発熱、咳、痰、胸痛、呼吸困難などがみられる。しかし、**高齢者**の場合、はっきりした症状が現れなかったりすることがあるため、発見が遅れることがある。

治療 原因となった細菌やウイルスなどを特定し、それに効果のある**抗生**剤や**抗ウイルス**剤を用いる。いくつかの肺炎は**ワクチン**によって予防できる。

誤嚥性肺炎 **高齢者**の肺炎の半分以上を占める。食べ物の誤嚥によるものより、口腔内の分泌物や胃の内容物などが気管・気管支に少しずつ**吸引**されることによって引き起こされるもののほうが多い。予防には適切な口腔**ケア**を行う。　出題実績 ▶ 27〔75〕

17 肺結核

肺結核（pulmonary tuberculosis）は、**結核**菌による肺の感染症である。結核菌は**空気**感染する。抗生剤の普及によってわが国の罹患率は激減したが、近年は一時また増加したあと再び減少している。ただし、高齢者

科目 8 発達と老化の理解
単元 4 高齢者と健康

	やエイズ患者のように**免疫**力が低下している人を中心に、新しい患者が年間2万人以上出ている。
症状	初期には自覚症状があまり現れないが、進行すると**咳**、**痰**、発熱、**血痰**、**喀血**などの症状が出てくる。
治療	結核菌が**耐**性をもつのを防ぐため、複数の抗結核薬が使われる。適切に治療すれば完治が期待できるが、治療の**中断**によって耐性をもつ結核菌が生じ、それが**集団感染**を引き起こすことが問題になっている。

18 腎炎・腎不全

腎炎（nephritis）とは、腎臓の**糸球体**（→p.424 17）に障害が起こり、炎症を起こしている状態をいう。**浮腫**、**血尿**、高血圧などの症状がみられる。腎不全（renal failure）とは、腎臓の機能が著しく低下した状態。急激に症状の進む**急性**のものと、慢性のものとがある。

急性腎炎	急性腎炎（acute nephritis）は、**溶連菌**（溶血性連鎖球菌）などが扁桃や咽頭に感染後、1～3週間で発症する。溶連菌などが直接糸球体を攻撃するのではなく、抗原抗体反応によってつくられた**抗体**が糸球体まで運ばれ、そこに沈着することによって炎症を起こす。食事療法などの治療が適切に行われれば、多くが完治する。
慢性腎炎	慢性腎炎（chronic nephritis）には、急性腎炎が完治せずに**慢性**化したものと、特に症状がなく、**血尿**や**たんぱく尿**のような尿検査の異常によって発見されるものがあるが、いずれも**免疫**反応が関与している。薬物療法と、**ナトリウム**と**たんぱく質**を制限した食事療法が行われる。
急性腎不全	急性腎不全（acute renal failure）では、数日から数週間の間に、腎臓の機能が著しく低下した状態になる。腎臓への血流量の**低下**や尿路の**閉塞**、腎臓の損傷などによって引き起こされる。**乏尿**（尿量が極端に少ない）や**無尿**（一日の尿量が100mL以下）をともなう。基本的には急性腎不全を引き起こした原因を取り除く治療や食事療法が行われるが、長引く場合は**血液透析**を行う。
慢性腎不全	慢性腎不全（chronic renal failure）とは、慢性腎炎や糖尿病性腎症（diabetic nephropathy）などによって、数か月から数年かけて徐々に腎臓の機能が低下した状態をいう。糸球体の濾過能力が正常値の**50**％以下あるいは**クレアチニン**2～3mg／dL以上を慢性腎不全ということが多い。軽症では自覚症状はあまりないが、進行すると、**肺水腫**や全身の**浮腫**、けいれん、嘔吐、意識障害といった症状をきたし、**尿毒**症となる。たんぱく質を制限した食事療法など、進行を遅らせる治療を行うが、慢性腎不全が進行した場合は**血液透析**を続けることになる。

19 排尿障害 基本

高齢者に起こりがちな排尿障害（disturbances of urination）には、**頻尿**、**尿失禁**、**尿閉**、無尿などがある。　出題実績 ▶ 25〔74〕

頻尿　排尿の回数が異常に**多**くなること。頻尿の原因には、**膀胱**炎（cystitis）などの炎症、膀胱の容量の減少、**糖尿**病（diabetes mellitus）などによる尿量の増加のほかに、**前立腺**肥大（prostatic hypertrophy）や**前立腺**がん（prostatic cancer）によってたまった尿を一度に排出できないというものもある。

尿失禁　**腹圧**性尿失禁（高齢の女性に多く、咳やくしゃみなどで腹圧がかかると尿がもれてしまう）・**溢流**性（横溢性）尿失禁（排尿が困難で、膀胱にたまった尿が少しずつもれ出てしまう）・**切迫**性尿失禁（膀胱や大脳の機能が低下して、トイレまでがまんできずにもれてしまう）などがある。

尿閉　**膀胱**の機能不全や尿道の**閉塞**により、膀胱にたまった尿を排出できない。

無尿　**腎臓**の尿生成機能の障害により、一日の尿量が**100**mL以下になった状態である。

20 前立腺肥大

加齢とともに前立腺が肥大し、排尿障害（disturbances of urination）が起こる。はじめは夜間の**頻尿**や残尿感があるが、進行すると**溢流**性（横溢性）尿失禁がみられ、**尿閉**となる。

21 脳血管疾患（脳血管障害）基本

脳血管疾患（cerebrovascular disease）は脳血管の異常に基づく疾患の総称。くも膜下出血（subarachnoid haemorrhage）や脳内出血（intracerebral haemorrhage）のような**頭蓋**内出血（intracranial haemorrhage）、脳梗塞（cerebral infarction）や一過性虚血発作（transient ischemic attack）のような**虚血性**脳血管障害（ischaemic cerebrovascular disease）などがある。脳卒中（stroke）や**脳血管**障害（cerebrovascular disorder）とほぼ同義語である。

くも膜下出血　くも膜と軟膜の間の血管が破壊され、出血したもの。原因としては**脳動脈瘤**破裂が最も多い。「バットで殴られたような」激しい**頭痛**、**嘔吐**、**意識**障害などをともなう。

脳内出血　脳の血管が破壊され、脳内に出血したもの。大脳基底核や視床に好発する。**高血圧**性脳出血（hypertensive intracerebral haemorrhage）が最も多く、脳内小動脈瘤の破裂が原因である。活動中に突然起こることが多く、ひどい**頭痛**、**麻痺**、**失語**、意識障害などが短い時間の間に現れる。

脳梗塞　脳に酸素と栄養分を運ぶ動脈の**閉塞**（つまること）・**狭窄**（せまくなること）によって、脳の組織が壊死した状態。**血栓**（血管内で血液成分が凝固したもの）または**塞栓**（血栓の一部または全部がはがれて、離れた部

科目 8 発達と老化の理解
単元 4 高齢者と健康

分に梗塞を起こす）による血管の閉塞や狭窄によって生じる。突然始まり、数分～数時間の間に脳組織が壊死していき、その後は一般に症状が落ち着く。壊死した脳の部分によって、症状が異なる。

障害	特徴
麻痺	**片麻痺**が多く、大脳半球の**病巣**と**反対**側の上下肢が麻痺する
感覚障害	**麻痺**側に知覚障害や視覚障害が生じる
平衡感覚障害	小脳や**脳幹**の梗塞で起こる。めまいが生じることもある
構音障害	**延髄**の梗塞では、**構音障害**（発声段階の障害）が生じる
高次脳機能障害	失語・**失認**・**失行**がみられる。**半側空間無視**（空間のうち、左側か右側のどちらかが意識からはずれてしまう）。失語は病巣が**優位**半球側（右ききの人は左大脳半球）の場合に生じる。失認は病巣が**劣位**半球側（右ききの人は右大脳半球）の場合に生じる

表14　脳梗塞による障害

心原性脳梗塞（cardioembolic cerebral infarction）・**脳塞栓症**（cerebral embolism）……おもに**心臓**で生じた血栓が移動して脳血管をつまらせることによって生じる。おもに**心室細動**（不整脈）が危険因子。突然発症し、壊死範囲は**広く**、症状も**重い**。

アテローム血栓性梗塞（atherothrombotic embolization）……アテローム動脈硬化（粥状動脈硬化）による脳血管の狭窄・閉塞によるものやアテローム（脂肪性の粥状の沈着物）が末梢血管につまったものがある。高血圧、**糖尿**病（diabetes mellitus）、**脂質異常**症（dyslipidemia）、**肥満**、**喫煙**などが危険因子になる。段階的に症状が進行する。

ラクナ梗塞（lacunar infarction）……脳の深部や脳幹の末梢血管にみられる小さな梗塞。おもに**高血圧**が危険因子。症状は軽度であるが、くりかえすことで**多発性**脳梗塞に進行する。

一過性虚血発作　脳への**血流**が一時的に遮断されることによって生じる。めまいや麻痺のような症状が現れるが、長くても24時間以内に消失する。発作をくりかえす場合は、**脳梗塞**を発症する危険性が高い。

22 パーキンソン病 頻出 ✎

パーキンソン病（Parkinson disease）は、**神経**系がしだいに変形していく病気で、大脳基底核の黒質とよばれる部分の神経細胞が変形することによって**ドーパミン**とよばれる神経伝達物質の産生量が減少することによって起こる。**中年**以降に発病することが多く進行性で、**指定難病**であり、**特定**疾患にも指定されている。

症状　**安静時振戦**、**筋固縮**、**無動**を三大特徴とする。そのほかにも、仮面様顔貌（まばたきが少なく、表情がとぼしい顔）、歩行困難（第一歩が出ない

すくみ現象、突進現象、**小きざみ**歩行）、前傾姿勢、姿勢保持困難、便秘などの症状がみられる。　出題実績 ▶ 26〔74〕・27〔76〕

安静時振戦……手を動かしていないときに起こる小きざみな手の**ふるえ**。意図的に手を動かしているときにはあまり起こらない。

筋固縮……力をぬいた状態で、ほかの人が肘を伸ばしたり曲げたりしようとしたときに**抵抗**がみられる。

無動……動作を開始するまでに時間がかかり、動作自体も**ゆっくり**としか行えない。

治療　今のところ、根本的な治療法は確立されていない。対症療法として、L-ドーパ（レボドーパ）などの**薬物**療法が中心に行われている。

パーキンソン症候群　パーキンソン病の症状のほとんどが現れるものの総称。**脳血管**障害（cerebrovascular disorder）によるものや脳炎によるもの、薬剤によるものなどがある。

23 認知症　基本

認知症（dementia）とは、なんらかの後天的な脳の病気によって、それまで正常に発達した知的機能が全般的かつ**持続**的に低下し、日常生活に支障をきたすような状態をいう。原因疾患には**アルツハイマー**病（Alzheimer's disease）、**脳血管**疾患（cerebrovascular disease）などがある（→p.349 **5**、p.350 **6**）。

うつ状態などとの区別　**老年**期うつ病（senile depression→p.349 **3**）など、高齢期の気分障害（mood disorder）と区別がつきにくいことがある。いずれであっても、高齢者の心身の**健康**を阻害する要因として大きい。

24 感覚器疾患　基本

眼の病気には、水晶体の白濁が原因の**白内障**（cataract）、眼圧を下げることで進行を制御することのできる**緑内障**（glaucoma）などがある。耳の病気には、**メニエール**病（Ménière's disease）や**難聴**などがある。

白内障　**水晶体**を構成するたんぱく質が変性して、白色または黄白色ににごることにより起こる。先天的なものと**加齢**によるものがある。しだいに視界に霧がかかったような状態になり、視力が低下していく。

緑内障　眼圧の**上昇**によって視神経が障害を受けることが原因の場合が多いが、正常眼圧でも緑内障になることがある。多くの場合、進行は**ゆるやか**で、早期に発見して眼圧を下げることができれば、失明の危険性は少ない。

加齢黄斑変性症　加齢黄斑変性症（age-related macular degeneration）には、加齢によって黄斑に萎縮が起き、長い間に徐々に視力が落ちていく萎縮型と、水がにじみ出てきて黄斑に障害が生じ、はじめは物がゆがんで見えたりするが、やがて視野の中心を見ることができなくなる滲出型がある。萎縮型は治

科目8 発達と老化の理解
単元4 高齢者と健康

メニエール病	療法がないが、滲出型は**レーザー**治療などが行われる。 内リンパ水腫（内耳の半規管内部にある膜迷路を満たしているリンパの量がふえて膜迷路が膨張した状態）によって回転性の**めまい**、**耳鳴り**、**難聴**などの症状をくりかえす。特定疾患に指定されている。
難聴	加齢によって**高**音域が聞き取りにくくなる老人性難聴（presbycusis）や、特定疾患に指定され、突然**片**方の耳が聞こえなくなる突発性難聴（sudden hearing loss）などがある。

25 関節リウマチ 基本

関節リウマチ（rheumatoid arthritis）は、**自己免疫**によって手足の関節がおかされ、関節痛や関節の変形を生じる、炎症性の自己免疫疾患（autoimmune diseases）。中年の**女**性に多く、原因は不明である。

症状	朝起きたときの**手**のこわばり（朝のこわばり）、多発性の**関節**痛、関節の**可動域**（関節の動く範囲）の制限、関節の変形、リウマチ結節など。
治療	早期の**抗リウマチ**薬の投与によって進行をおさえることができるとされる。炎症をおさえ、痛みやはれをおさえるために抗炎症剤も使われる。リハビリテーション療法も行われる。

26 骨粗鬆症 基本

骨粗鬆症（osteoporosis）は、骨量が**減少**し、骨の中の構造が変化して骨がもろくなり、**骨折**しやすくなった状態をいう。**閉経**後の女性に多い。

治療	運動療法や食事療法、**カルシウム**製剤や活性系ビタミン**D**などの薬物療法が行われる。
予防	適度な**運動**や**カルシウム**摂取を心がけた食事などが重要である。

27 運動器疾患 基本

脊柱管が細くなって内部の神経が圧迫された状態である**脊柱管狭窄**症（spinal canal stenosis）や、関節の軟骨とその周辺の組織の変性によるもので疼痛をともなう**変形性関節**症（osteoarthritis）などがある。

脊柱管狭窄症	**加齢**によるものと先天的なものがある。おもな症状として**間欠性跛行**がある。 **間欠性跛行**……就寝時や座っているときは症状が認められないが、**歩行**中に下肢の痛みやしびれ、腰痛などが強くなり、しばらく休まないと歩き続けられなくなる状態。
変形性関節症	変形性**膝**関節症（gonarthrosis）や変形性**股**関節症（coxarthrosis）などがある。変形性膝関節症は、中年以降の肥満した**女**性に多い。早期には動作のはじめに**強**い疼痛を生じ、進行すると関節の曲げ伸ばしができなくなる。

領域：こころとからだのしくみ　科目8／発達と老化の理解
単元4　高齢者と健康

28 骨折 基本

おもな骨折には、大腿骨頸部骨折（femoral neck fracture）、脊椎圧迫骨折（compression fracture of spine）、橈骨遠位端骨折（fracture of lower end of rabius）などがある。　出題実績 ▶ 25〔101〕

大腿骨頸部骨折
高齢者に多くみられる。転倒などによって起こるので、転倒直後に立ち上がることができない場合は大腿骨頸部骨折を疑う。寝たきりになることが多いので、おもに手術による治療が行われる。

脊椎圧迫骨折
圧力によって、脊椎が押しつぶされたように変形してしまう骨折。骨粗鬆症（osteoporosis）の患者の場合、転倒したり重いものを持ったりするだけで骨折することがある。

橈骨遠位端骨折
手をついて転倒したときに起こる手首の骨折。高齢者に多くみられ、ギプス固定を行う。

29 糖尿病 基本

糖尿病（diabetes mellitus）は、インスリンの分泌不足あるいは作用不足によって、慢性的に高血糖が持続されることが特徴である。1型糖尿病、2型糖尿病、妊娠糖尿病などがある。

症状
初期には自覚症状がないことが多いが、尿中に糖が出てくる。さらに高血糖の状態が続くと、多尿、多飲、口渇、倦怠感、体重減少などの症状が現れてくる。

1型糖尿病
若年者に多く、膵臓のランゲルハンス島にあるインスリン産生細胞（β細胞）が破壊され、インスリンがほとんど分泌されないため、症状が急激に出現する。

2型糖尿病
中年以降に発症することが多く、進行は遅い。インスリンの分泌の低下や感受性の低下などが原因になる。危険因子として肥満があげられる。代表的な生活習慣病（life-style related diseases →p.323 12）とされる。

合併症
糖尿病性腎症（diabetic nephropathy）、糖尿病性網膜症（diabetic retinopathy）、糖尿病性神経障害（diabetic neuropathy）が糖尿病の三大合併症である。

糖尿病性腎症……腎臓の糸球体中の毛細血管が障害を受け、腎臓の機能が低下し、進行すると血液透析が必要となる。

糖尿病性網膜症……眼底出血により失明することがある。成人の失明の原因として最も多い。

糖尿病性神経障害……末梢神経系と自律神経系が障害を受ける。末梢神経系の障害としては、手足のしびれや痛みなどがあり、進行すると感覚が低下する。自律神経系の障害としては、便秘や下痢、起立性低血圧（orthostatic hypotension）、膀胱障害などがある。

治療
1型糖尿病の場合はインスリン注射が不可欠である。2型糖尿病の場合、

331

科目 8 発達と老化の理解
単元 4 高齢者と健康

最も重要なのは**食事**療法と**運動**療法である。血糖値のコントロールがうまくいかない場合には血糖**降下**剤の投与が行われる。それでも血糖値が正常にならない場合にインスリン注射が行われる。治療中には**低**血糖（発汗や手足のふるえ、腹痛、吐き気、意識消失などがみられる）に注意する必要がある。

30 脂質異常症

血液中には、コレステロール、中性脂肪、リン脂質、遊離脂肪酸などの脂質が含まれている。脂質異常症（dyslipidemia）とは、血液中の**コレステロール**や**中性脂肪**が異常値を示す状態のこと。空腹時の採血で血清HDLコレステロール値40mg／dL未満の低HDLコレステロール血症、血清LDLコレステロール値140mg／dL以上の高LDLコレステロール血症（120～139mg／dLは境界域）、血清トリグリセリド（中性脂肪）値**150**mg／dL以上の高トリグリセリド血症に分かれる（日本動脈硬化学会「動脈硬化性疾患予防ガイドライン2012年版」による）。

脂質異常症の原因　原因となる疾患がない原発性のものと糖尿病（diabetes mellitus）や肥満などによる続発性のものがあり、自覚症状が**ほとんどない**ため、進行して動脈**硬化**になることが多い。

コレステロール　肝臓でつくられたコレステロールを全身の血管に沈着させる**LDL**コレステロール（悪玉コレステロール）と、末梢組織のコレステロールを肝臓に運搬する**HDL**コレステロール（善玉コレステロール）がある。

中性脂肪　中性脂肪自体には動脈硬化を起こさせるはたらきはないが、HDLコレステロールを**減少**させ、LDLコレステロールを**増加**させるはたらきがある。

31 老人性掻痒症

老人性掻痒症（pruritus senilis）では、加齢にともなって、皮脂の減少や角質層の水分量の減少など、皮膚の機能が**低下**して皮膚が**乾燥**することで、かゆみが現れる。かゆみを感じる部位は、おもに大腿部やすねで、しだいに全身におよぶ。**秋**から**冬**にかけて症状が重くなり、**春**から**夏**にかけて改善する。

32 悪性腫瘍（がん・悪性新生物）　基本

細胞増殖のコントロールを失って、ふえ続ける細胞のかたまりを**腫瘍**という。腫瘍のうち、周囲の正常な組織に侵入（**浸潤**）して、それを破壊し、違う場所に飛び火してそこでさらに増殖（**転移**）するものを悪性腫瘍（malignant tumor）という。

転移　からだの別の部位にできた腫瘍が**離れた**部位に同じ病変を形成すること。リンパ行性転移、血行性転移、播種性転移などがある。

領域：こころとからだのしくみ　科目8／発達と老化の理解
単元4　高齢者と健康

がんの種類	特徴
肺がん (lung cancer)	わが国では、男性のがんによる死因の第**1**位を占める。肺扁平上皮がんは**喫煙**との関係が深い。一般に予後は**不良**である
胃がん (gastric cancer)	わが国のがんによる死因の第1位であったが、集団検診の普及によって**死亡者数が減少**した。早期発見の場合、手術や内視鏡的な切除によって**再発率は低い**
大腸がん (colon cancer)	**食事の欧米化**などによって増加している。いちばん多いのが**直腸**がん、次いでS字結腸がん。早期発見の場合、手術や内視鏡的な切除によって**再発率は低い**
肝臓がん (cancer of liver)	原発性肝臓がんの大半は**肝細胞**がん。肝細胞がんの多くは、**B**型肝炎ウイルス、**C**型肝炎ウイルスの感染によるもので、**肝硬変**を併発している。早期発見によって、生存率が高くなる
膵臓がん (pancreatic carcinoma)	増加傾向にある。早期発見が困難なうえ、進行が早いため、**予後は不良**である
子宮がん (uterine cancer)	**子宮頸**がんが最も多いが、検診の普及によって死亡率は**減少傾向**にある。不正出血などがみられる。早期発見の場合、手術や放射線療法などによって、**生存率が高くなる**
乳がん (breast cancer)	増加傾向にある。遺伝、出産歴がない、初経年齢が低い、閉経後の肥満などが危険因子とされる。早期発見されるほど**予後がよい**
前立腺がん (prostatic cancer)	近年急増しており、**65歳以上の高齢者**に特に多い。進行が遅いものが多いが、進行が早く骨などに転移するものもある

表15　おもな悪性腫瘍

33 褥瘡 頻出

褥瘡（decubitus）は、長時間の**圧迫**によって、血液循環が阻害され、皮膚組織が**壊死**を起こした状態をいう。皮膚や皮下脂肪、ときには骨までおよぶ。失禁による汚れや湿潤などによって悪化する。

褥瘡の好発部位
仰臥位……**後頭部**、**肩甲骨**部、**肘関節**部、**仙骨**部、**尾骨**部、**踵**部など。
側臥位……**耳介**、**腸骨稜**部、**大転子**部、**膝蓋骨**外側、**外踝**など。

出題実績 ▶ 27〔74〕

褥瘡の予防
原則として**2**時間ごとの体位変換、**除圧**用マットの使用、清潔で乾燥した皮膚の維持、栄養状態の改善。

34 廃用症候群（生活不活発病）基本

廃用症候群（disuse syndrome）は、長期の**臥床**などのように**不活発**な状態が続くことで、機能低下や能力低下が起きた状態をいう。筋力低下、関節**拘縮**、筋**萎縮**、骨萎縮、**起立**性低血圧（orthostatic hypotension）、

科目 8 発達と老化の理解
単元 4 高齢者と健康

褥瘡（decubitus）、消化機能低下、心肺機能低下、骨粗鬆症（osteoporosis）、うつ状態などの症状が現れる。高齢になって一度低下した機能の回復は難しいために、早期離床、運動量の増加、精神的な刺激の増加、生活の活性化などを図ることが必要である。

症状	内容
関節拘縮	関節のまわりの筋肉が硬くなり、関節を動かしにくくなる。関節可動域訓練は、自分自身で行う自動運動のほうが望ましいが、やりすぎで関節損傷を起こすこともあるので、一日何回といった具体的な指導が必要である
廃用性筋萎縮	筋肉が細くなり、筋力が低下する。寝たきりの状態では、上肢よりも下肢の筋力低下が強く現れる
廃用性骨萎縮	骨のカルシウム代謝の維持には、体重負荷や筋肉による引っぱりの刺激が必要で、安静によってカルシウム量は減少し、骨粗鬆症を引き起こす
起立性低血圧	座位や立位をとらないことで、血圧調整作用が低下し、からだを起こしただけで血液が下半身に移動し、血圧が低下する
褥瘡	長時間の圧迫によって、血液循環が阻害され、皮膚組織が壊死を起こした状態。2時間ごとの体位変換などによって予防できる
廃用性心肺機能低下	全身運動を行っていないと、心臓の機能が低下するため、疲れやすく、息切れや動悸が起こるといった体力の低下がみられる

表16　廃用症候群（生活不活発病）の症状

◆保健医療職との連携

35 保健医療職との連携　保健医療職を含めたチームアプローチによって、利用者の状態に合わせた介護が行われる。利用者のいちばん近くにいるのは介護職なので、状態を観察し、異変があったときは保健医療職に連絡する。また、慢性疾患のある利用者に対しては、日ごろから状態の急変に備えて、主治医や看護師に対応のしかたを相談しておくことが大切である。

保健医療職種　医師、看護師のほか、歯科医師、薬剤師、保健師、理学療法士（PT）、作業療法士（OT）、言語聴覚士（ST）、視能訓練士（ORT）、義肢装具士（PO）などがある。診療、服薬、リハビリテーションの状況を把握し、その利用者にどの専門職がかかわっているのか、知っておくとよい。

Step 2 一問一答で確かめよう

問い

- □高齢者は、各種の検査結果の**個人差**が大きい？ 小さい？
- □**高齢者の症状**は、一般に**定型的・非定型的**のどちら？
- □高齢者が**かゆみ**を感じるのは、体内の水分量や皮膚の脂分が増加するから？ 減少するから？
- □利用者が「**頭が痛いし、手足もしびれている**」と訴えたとき、疑われる病気としては、くも膜下出血（subarachnoid haemorrhage）・肺炎（pneumonia）のどちら？
- □なんらかの**疾患**が高齢者の**不眠**の直接の原因になっている場合は多い？ 少ない？
- □高齢者の手足が**しびれ**ているとき、原因となる疾患でいちばん多いのは？
- □**むくみ**がみられるのは、皮下の水分量が不足しているとき？ 過剰にあるとき？
- □**発熱**のある高齢者が**下痢**をしているとき、疑われるのは過敏性腸症候群（irritable bowel syndrome）・ウイルス性の感染症のどちら？
- □**生活習慣病**（life-style related diseases）は**急性腎炎**（acute nephritis）・**糖尿病**（diabetes mellitus）のどちら？
- □**冠動脈**の**狭窄**や**閉塞**で血流量が低下または停止してしまい、酸素や栄養分が不足することで起こる疾患の総称は何？
- □高血圧のうち、わが国で多いのは、**本態性高血圧**（essential hypertension）・**二次性高血圧**（secondary hypertension）のどちら？
- □動脈の壁が厚くなって変形し、**コレステロール**などが沈着して、硬くなった状態を何という？
- □肺炎（pneumonia）のうち、**高齢者**の**肺炎**の半分以上を占めるものは何？
- □**脳梗塞**（cerebral infarction）による**麻痺**は、大脳の病巣と同じ側・反対側のどちらに生じる？
- □**パーキンソン病**（Parkinson disease）の三大特徴とは、**筋固縮、無動**ともう一つは何？

答え

- 大きい return 1
- 非定型的 return 1
- 減少するから return 2
- くも膜下出血 return 3 表8
- 少ない return 4
- 末梢神経障害 return 6 表9
- 過剰にあるとき return 7
- ウイルス性の感染症 return 9 表12
- 糖尿病 return 12
- 虚血性心疾患 return 13
- 本態性高血圧 return 14
- 動脈硬化 return 15
- 誤嚥性肺炎 return 16
- 反対側 return 21 表14
- 安静時振戦 return 22

科目 8 発達と老化の理解
単元 4 高齢者と健康

- □ 眼圧の上昇によって視神経が障害を受けることが原因になる場合が多い眼の病気は何？　　緑内障 ⤴24
- □ 糖尿病（diabetes mellitus）は、何とよばれるホルモン分泌が不足したり、作用しにくかったりすることによって起こる？　　インスリン ⤴29
- □ 血液中のコレステロールや中性脂肪の値が異常になった状態を何という？　　脂質異常症 ⤴30
- □ わが国の男性のがんによる死因の第1位は、肺がん（lung cancer）・胃がん（gastric cancer）のどちら？　　肺がん ⤴32 表15
- □ 長時間の圧迫によって血液循環が阻害され、皮膚組織が壊死を起こした状態を何という？　　褥瘡 ⤴33
- □ 長期の臥床などのように、不活発な状態が続くことで、さまざまな機能低下や能力低下が起きた状態を何という？　　廃用症候群（生活不活発病） ⤴34

Step 3 過去問に挑戦！

問題 高齢者の疾患の特徴として、**適切なもの**を1つ選びなさい。　　第26回（2014年）〔72〕

1. 症状が定型的である。
2. うつ症状はともなわない。
3. 複数疾患の合併は少ない。
4. 環境因子の影響を受けにくい。
5. 生活の質（QOL）への影響が大きい。

答え　5

高齢者の疾患は非定型なことが多い（1は**不適切**）。多くの疾患はうつ症状などの精神症状をともなうことが多い（2は**不適切**）。一人で複数の疾患をもつことが多い（3は**不適切**）。身体内の調節機能がおとろえ、環境因子の影響を受けやすい（4は**不適切**）。不調・不具合な箇所が増え、生活の質（QOL）への影響が大きい（5が**適切**）。 ⤴1

領域：こころとからだのしくみ

科目 9
認知症の理解

この科目の単元

- **単元1** 認知症を取り巻く状況
- **単元2** 医学的側面からみた認知症の基礎
- **単元3** 認知症にともなうこころとからだの変化と日常生活
- **単元4** 連携と協働
- **単元5** 家族への支援

科目 9 認知症の理解
出題傾向をつかもう

　領域「こころとからだのしくみ」の出題予定数40問のうち、例年各10問が本科目から出題されている。

最近4回の出題状況

大項目(本書の単元)*1	中項目*1	出題実績*2	出題数
1 認知症を取り巻く状況	1) 認知症ケアの歴史 2) 認知症ケアの理念 3) 認知症高齢者の現状と今後 4) 認知症に関する行政の方針と施策	24〔77〕グループホームにおける認知症ケア 24〔78〕成年後見制度における法定後見 24〔79〕要介護2、失禁のあるBさんが在宅での生活を続けるために当面必要とするもの 25〔77〕認知症の人に対する地域密着型サービス 25〔78〕小規模多機能型居宅介護 27〔77〕イギリスの心理学者キットウッドが提唱した「パーソン・センタード・ケア」の考え方 27〔78〕認知症高齢者の日常生活自立度判定基準「ランクⅢ」の内容	小計7
2 医学的側面からみた認知症の基礎	1) 認知症による障害 2) 認知症と間違えられやすい症状 3) 認知症の原因となるおもな病気の症状の特徴 4) 若年性認知症 5) 病院で行われる検査、治療の実際	24〔80〕認知症の症状 24〔81〕転倒し後頭部を打ち4週間たったころに物忘れなどの症状が現れたCさんの疾患 24〔82〕レビー小体型認知症の症状の特徴 24〔83〕長谷川式認知症スケール 24〔85〕アルツハイマー型認知症の初期の段階で起こること 25〔79〕認知症の中核症状 25〔80〕せん妄 25〔81〕レビー小体型認知症の症状 25〔82〕血管性認知症と比べて、アルツハイマー型認知症により多くみられる特徴 25〔83〕適切な治療をすれば認知症の症状が大きく改善する可能性がある疾患 26〔77〕リアリティ・オリエンテーション 26〔78〕せん妄の危険因子 26〔79〕レビー小体型認知症を発症し介護老人福祉施設に入所、喫煙歴や高血圧症、糖尿病、脂質異常症の既往はないCさんに認められる状態 26〔80〕若年性認知症	

		26〔81〕	成人の認知機能の評価法で、口頭での回答と図形の模写などで簡便に行えるもの	
		27〔79〕	認知症と比較した場合のせん妄の特徴	
		27〔80〕	早期発見で改善が可能な認知症	
		27〔82〕	認知症による実行機能障害	
		27〔83〕	前頭側頭型認知症によくみられる症状	
		27〔84〕	ふりかけご飯を「ありがたかっているから食べられない」と訴えるレビー小体型認知症の人への対応	小計20
3 認知症にともなうこころとからだの変化と日常生活	1) 認知症の人の特徴的な心理・行動 2) 認知症にともなう機能の変化と日常生活への影響	24〔84〕	数年前からもの忘れが多く、夫が亡くなってからはそれを嘆いたかと思えば夫を捜して歩き回るといった状況の、Dさんへのグループホーム入所後の生活支援	
		25〔84〕	認知症の行動・心理症状（BPSD）	
		25〔85〕	高齢の認知症の人への対応	
		26〔82〕	認知症において、意欲低下と同時に認められる症状	
		26〔83〕	認知症の行動・心理症状（BPSD）	
		26〔84〕	認知症の妻が介護者である夫に「夫が帰ってきます。お帰りください」と言うようになった場合の症状	
		27〔81〕	認知症の行動・心理症状（BPSD）	小計7
4 連携と協働	1) 地域におけるサポート体制 2) チームアプローチ	24〔86〕	地域包括支援センター	
		26〔85〕	認知症疾患医療センター	
		27〔85〕	認知症サポーター	
		27〔86〕	軽度認知障害と診断されたCさんから、判断できなくなる前に整理しておきたいという電話を受けた介護福祉職の対応	小計4
5 家族への支援	1) 家族への支援	25〔86〕	認知症の妻を自宅で介護し「腹立たしく思う自分が情けない。妻にすまないと思う」と語るCさんに、最初に行う対応	
		26〔86〕	認知症で被害妄想のある母親と同居して1か月、「だれにも愚痴を言えないがどうしたらいいか」と相談する、Dさんに対する介護職の対応	小計2
				合計40

＊1　本書の単元は「出題基準」の大項目、単元の下位区分は中項目にならっている。複数の大項目で1単元としたところもある。
＊2　「第24回試験問題77」を24〔77〕と表記している。

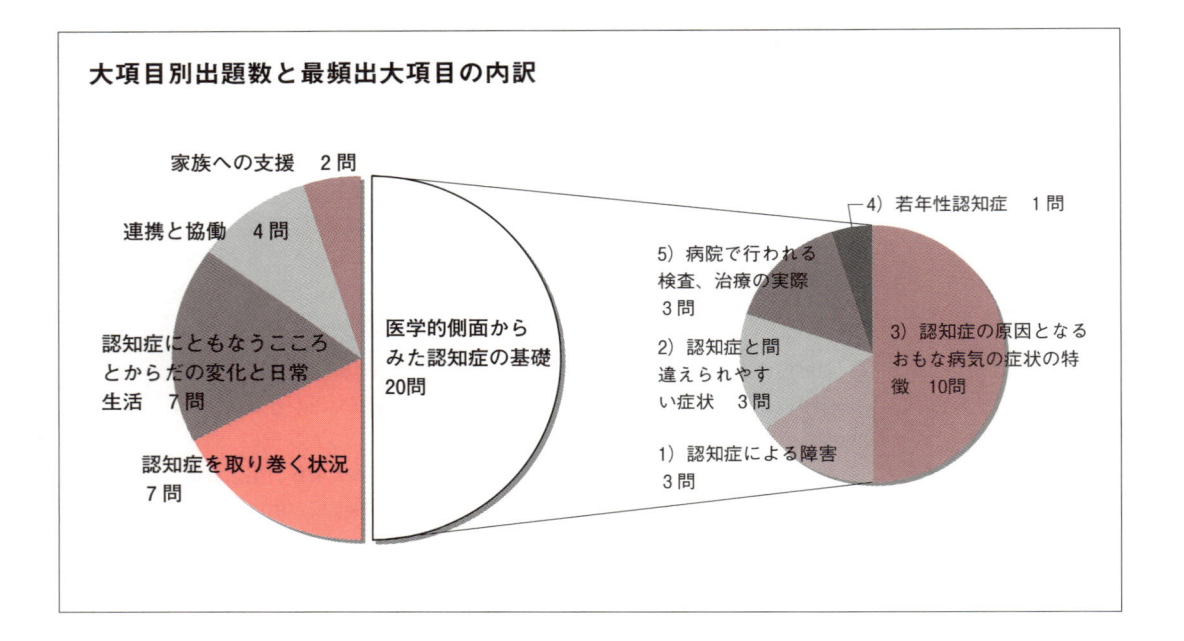

科目9　**認知症の理解**
出題傾向をつかもう

大項目別出題数と最頻出大項目の内訳

- 家族への支援　2問
- 連携と協働　4問
- 認知症にともなうこころとからだの変化と日常生活　7問
- 認知症を取り巻く状況　7問
- 医学的側面からみた認知症の基礎　20問
  - 1）認知症による障害　3問
  - 2）認知症と間違えられやすい症状　3問
  - 3）認知症の原因となるおもな病気の症状の特徴　10問
  - 4）若年性認知症　1問
  - 5）病院で行われる検査、治療の実際　3問

出題頻度順の出題内容　〈　〉内は最近4回の出題数

出題頻度　第1位　医学的側面からみた認知症の基礎〈20問〉

第24回～第27回試験いずれも5問出題と、頻出の大項目である。以前は**アルツハイマー病**（Alzheimer's disease）がおもに出題されてきたが、近年はほかの出題も増えている。なかでも、**レビー小体型認知症**（dementia with Lewy bodies）の出題が各回、**慢性硬膜下血腫**（chronic subdural hema-toma）の出題が2回（第24回試験の問題81、第25回試験の問題83）、**せん妄**の出題が3回みられる。今後も気をつけておきたい。

出題頻度　第2位　認知症を取り巻く状況〈7問〉

これまでの出題は計7問。どの中項目もまんべんなく出題されている印象であり、**認知症ケアの理念**、認知症者へのサービス（おもに**介護保険**におけるもの）、**権利擁護**のための制度など、よく理解しておきたい。

領域：こころとからだのしくみ　科目9／認知症の理解
出題傾向をつかもう

科目9

出題頻度 第2位　認知症にともなうこころとからだの変化と日常生活〈7問〉

これまでの出題は計7問。認知症（dementia）においてみられる症状、特に**認知症の行動・心理症状（BPSD）**についての理解を問う出題がふえている（第24回試験の問題84、第25回試験の問題84、第26回試験の問題83、第27回試験の問題81）。**短文事例問題**のなかで、支援のあり方とからめて問う出題も多い。

出題頻度 第4位　連携と協働〈4問〉

地域包括支援センター、認知症サポーターなどの出題がみられる。第26回試験の問題85で出題されている**認知症疾患医療センター**は、地域の総合病院等に設置され、専門医療の提供、情報センターとしての機能、地域連携強化の役割をもつ機関である。

出題頻度 第5位　家族への支援〈2問〉

これまでの出題は2問とも短文事例問題として出題されている。認知症の人本人に対してだけでなく家族に対しても、共感をもって接し、**まずは受容する**ことをふまえて解答する。

受験対策のポイントは…

まずは、認知症ケアの理念を身につける。そのうえで、圧倒的に出題数が多い大項目「医学的側面からみた認知症の基礎」を学習しよう。特に、原因となる**おもな病気とその症状**について、また、**治療・改善が可能かどうか**について整理しておこう。**中核症状と周辺症状**の区別もつけておく。そののちに、認知症の人へのサービス、連携と協働などへ進むのがよい。

科目 9 認知症の理解

基礎知識をまとめておこう

基礎知識 1　認知症高齢者の日常生活自立度判定基準　☞ p.345

ランク	判定基準	みられる症状・行動例	判断にあたっての留意事項および提供されるサービスの例
Ⅰ	なんらかの認知症を有するが、日常生活は家庭内および社会的にほぼ自立している	───	在宅生活が基本であり、一人ぐらしも可能である。相談、指導等を実施することにより、症状の改善や進行の阻止を図る
Ⅱ	日常生活に支障をきたすような症状・行動や意思疎通の困難さが多少みられても、だれかが注意していれば自立できる	───	在宅生活が基本であるが、一人ぐらしは困難な場合もあるので、日中の居宅サービスを利用することにより、在宅生活の支援と症状の改善および進行の阻止を図る
Ⅱa	家庭外で上記Ⅱの状態がみられる	たびたび道に迷うとか、買い物や事務、金銭管理等それまでできていたことにミスが目立つ等	
Ⅱb	家庭内でも上記Ⅱの状態がみられる	服薬管理ができない、電話の応対や訪問者との対応等一人で留守番ができない等	
Ⅲ	日常生活に支障をきたすような症状・行動や意思疎通の困難さがみられ、介護を必要とする	───	日常生活に支障をきたすような行動や意思疎通の困難さがランクⅡより重度となり、介護が必要となる状態である。「ときどき」とはどのくらいの頻度をさすのかについては、症状・行動の種類等により異なるので一概には決められないが、一時も目を離せない状態ではない。在宅生活が基本であるが、一人ぐらしは困難であるので、夜間の利用も含めた居宅サービスを利用しこれらのサービスを組み合わせることによる在宅での対応を図る
Ⅲa	日中を中心として上記Ⅲの状態がみられる	着替え、食事、排便、排尿が上手にできない、時間がかかる。やたらに物を口に入れる、物を拾い集める、徘徊、失禁、大声、奇声をあげる、火の不始末、不潔行為、性的異常行為等	
Ⅲb	夜間を中心にして上記Ⅲの状態がみられる	ランクⅢaに同じ	
Ⅳ	日常生活に支障をきたすような症状・行動や意思疎通の困難さが頻繁にみられ、常に介護を必要とする	ランクⅢに同じ	常に目を離すことができない状態である。症状・行動はランクⅢと同じであるが、頻度の違いにより区分される。家族の介護力等の在宅基盤の強弱により居宅サービスを利用しながら在宅生活を続けるか、または特別養護老人ホーム・老人保健施設等の施設サービスを利用するかを選択する。施設サービスを選択する場合には、施設の特徴をふまえた選択を行う
M	著しい精神症状や周辺症状あるいは重篤な身体疾患がみられ、専門医療を必要とする	せん妄、妄想、興奮、自傷・他害等の精神症状や精神症状に起因する周辺症状が継続する状態等	ランクⅠ～Ⅳと判定されていた高齢者が、精神科病院や認知症専門棟を有する老人保健施設等での治療が必要となったり、重篤な身体疾患がみられ老人病院等での治療が必要となった状態である。専門医療機関を受診するよう勧める必要がある

領域：こころとからだのしくみ　科目9／認知症の理解
基礎知識をまとめておこう

基礎知識2　高齢者の精神障害の背景　☞ p.348～352

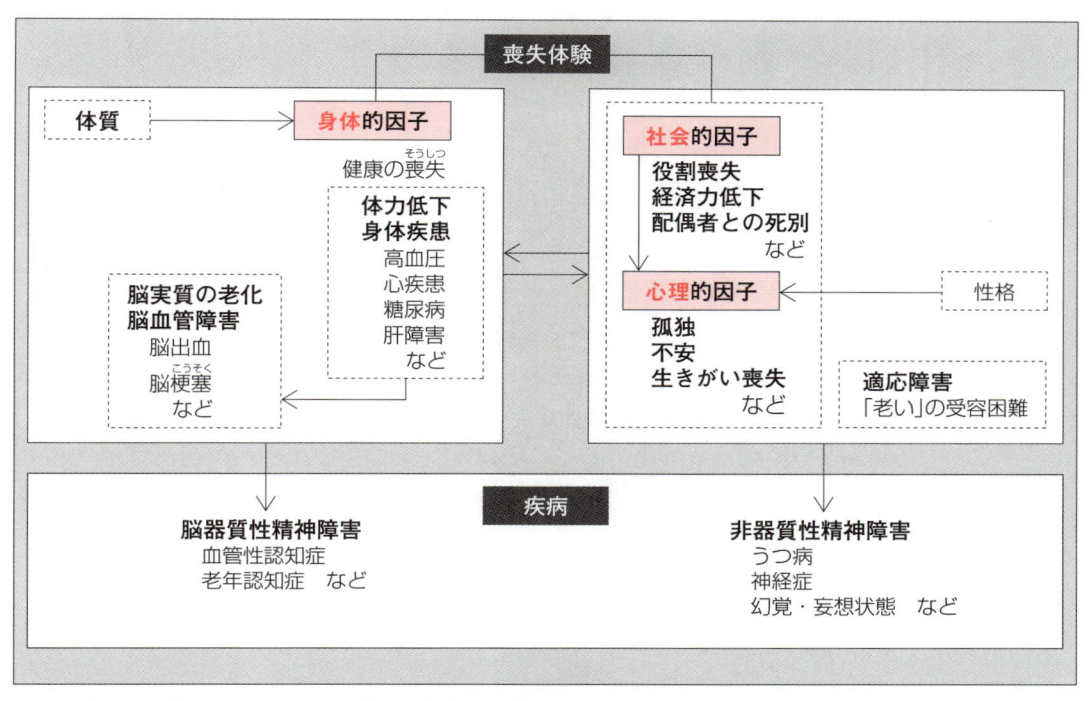

```
                        喪失体験
   ┌──────┐       ┌──────────┐
   │ 体質 │──→  │ 身体的因子 │         │ 社会的因子 │
   └──────┘       │  健康の喪失 │         │  役割喪失   │
                  └──────────┘         │  経済力低下 │
                     ↑                   │  配偶者との死別 │
                  ┌──────────┐         │     など    │
                  │  体力低下  │         └──────────┘
                  │  身体疾患  │              ↓
┌──────────┐   │   高血圧   │         ┌──────────┐   ┌──────┐
│ 脳実質の老化 │   │   心疾患   │─→     │ 心理的因子 │←─│ 性格 │
│ 脳血管障害   │←  │   糖尿病   │         │   孤独     │   └──────┘
│   脳出血     │   │   肝障害   │         │   不安     │
│   脳梗塞     │   │    など    │         │ 生きがい喪失 │   ┌──────────┐
│    など      │   └──────────┘         │     など    │   │ 適応障害   │
└──────────┘                            └──────────┘   │「老い」の受容困難│
                                                           └──────────┘
                        疾病

   ┌──────────────┐              ┌──────────────┐
   │ 脳器質性精神障害 │              │ 非器質性精神障害 │
   │   血管性認知症   │              │    うつ病        │
   │   老年認知症 など │              │    神経症        │
   └──────────────┘              │  幻覚・妄想状態 など │
                                    └──────────────┘
```

資料：加藤雄司編『新・セミナー介護福祉〔三訂版〕⑩精神保健』ミネルヴァ書房、2007年、p.39

基礎知識3　アルツハイマー型認知症と血管性認知症　☞ p.349～350

	アルツハイマー型認知症	血管性認知症
原因	原因不明の大脳皮質の萎縮	脳出血や脳梗塞などによる脳卒中発作や脳血管障害のくりかえし
経過	**徐々**に進行していく	発作によって**段階**的に進行していく
知能	全般的に低下する	おかされ方にむらがあり、**まだら**認知症とよばれることもある
人格	徐々に変化していく	比較的保たれる
特徴	記憶障害、見当識障害、失語、失行、失認、理解力や判断力の低下	記憶障害、見当識障害、感情失禁、失語、失行、失認、せん妄

343

認知症の理解
単元1 認知症を取り巻く状況
（科目9）

Step 1　重要項目を覚えよう

◆ 認知症ケアの歴史

1　認知症ケアの歴史

認知症ケアは、時代ともに大きく変化し、現在の**利用者**本位の認知症ケアにいたっている。

明治以降　明治期になると、**西洋**医学の影響を強く受け、認知症（dementia）が脳の**器質**的な障害であるという考えから耄碌狂、老耄痴症などとよばれ、身内の**恥**とされた。そのため、認知症高齢者は自宅へ閉じこめられたり癲狂院（現在の精神病院）におしこめられたりするようになった。

1960年代　1963（昭和38）年「**老人福祉**法」の制定で高齢者が福祉の対象となり、**養護**老人ホーム、特別養護老人ホーム、軽費老人ホームなど老人福祉施設の体系化など、さまざまな福祉事業が行われるようになった。以後「敬老」「生活**保障**」「社会**参加**」の3つが高齢者施策の基本理念となる。

1970年代　1970（昭和45）年にわが国は高齢化率が7.0％を超え、**高齢化**社会になり、認知症高齢者も急増した。しかし、まだ認知症の特性や認知症高齢者の心理などはよく理解されず、いわゆる問題行動に対して、行動の**制限**、収容などで対処された。施設や病院では、身体**拘束**、言葉の暴力、**過剰**な薬の投与などが日常的に行われ、人権は無視されていた。

1980年代　1984（昭和59）年、**施設**の介護職員や生活指導員を対象に、「痴呆性老人**処遇技術**研修事業」が創設された。1980（昭和55）年に、家族介護者の団体である「呆け老人をかかえる家族の会」（現在の「認知症の人と家族の会」）が京都で発足し、認知症ケアに携わる家族を支えるようになった。このころより、認知症ケアの専門性が模索されるようになった。

1990年代　1994年（平成6）年、高齢化率が14.0％を超え、**高齢**社会となった。**ノーマライゼーション**の浸透にともない、認知症が理解され始め、**グループホーム**などを中心に利用者本位のケアへの挑戦が広がっていった。

2000年代　2000（平成12）年、「**介護保険法**」が施行された。認知症ケアにおいても、利用者やその家族を中心にケアマネジメントが展開され、利用者の**QOL**（Quality of Life；**生活の質**）を向上させるための取り組みがみられるようになり、グループホームが急増し、施設での**ユニット**化が進められた。

領域：こころとからだのしくみ　科目9／認知症の理解
単元1　認知症を取り巻く状況

◆認知症ケアの理念

2　パーソン・センタード・ケア　基本
介護の原則

認知症ケアの理念には、**パーソン・センタード・ケア**（→p.19 **5**）で提唱される「その人を中心としたケア」がある。　出題実績 ▶ 27〔77〕

①人間として利用者の「**その人らしさ**」を理解する、②その人のあたりまえの生活を**保障**する、③その人の生きてきた**時代**と歴史を知る、④その人の世界に寄り添い**共感**する、⑤チームで協働する。

◆認知症高齢者の現状と今後

3　認知症疾患患者数

厚生労働省の「患者調査」によると、患者数は**増加**を続けている。

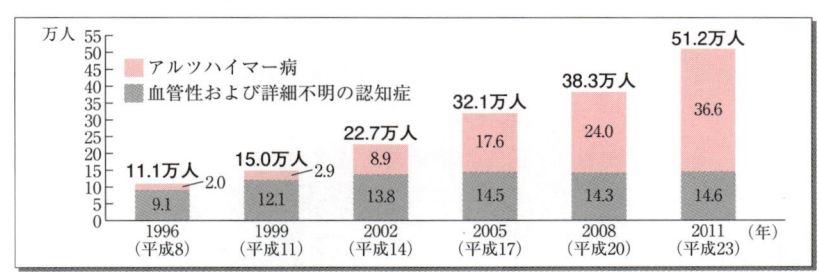

図1　認知症疾患患者数の推移

- 1996（平成8）：11.1万人（アルツハイマー病 2.0、血管性および詳細不明の認知症 9.1）
- 1999（平成11）：15.0万人（2.9、12.1）
- 2002（平成14）：22.7万人（8.9、13.8）
- 2005（平成17）：32.1万人（17.6、14.5）
- 2008（平成20）：38.3万人（24.0、14.3）
- 2011（平成23）：51.2万人（36.6、14.6）

4　認知症高齢者の将来推計　基本

2012（平成24）年に、2010（平成22）年の要介護認定データをもとに推計された日常生活自立度Ⅱ以上の認知症高齢者の数は、2025（平成37）年に470万人に達するとされていた。ところが、2014（平成26）年の研究によると（「新オレンジプラン」〈→**6**〉策定時発表）、認知症の人は同年に約**700**万人前後になると見込まれている。

認知症高齢者の日常生活自立度判定基準

1993（平成5）年に厚生省（現厚生労働省）により発表された、認知症高齢者の**日常**生活の状況を判定する基準（→p.342）。**要介護**認定でも活用される。　出題実績 ▶ 27〔78〕

◆認知症に関する行政の方針と施策

5　認知症を知り地域をつくる10か年

厚生労働省は、2004（平成16）年に「痴呆」から「**認知症**」へと名称を変更したのにともない、2005（平成17）年から2015（平成27）年までの**10**年間を「**認知症**を知り**地域**をつくる10か年」と位置づけて広報キャンペーンを行っている。

6　認知症施策推進5か年計画（オレンジプラン）・認知症施策推進総合戦略（新オレンジプラン）

「認知症施策推進5か年計画（オレンジプラン）」は2012（平成24）年9月に発表された2013（平成25）～2017（平成29）年度の計画だが、2015（平成27）年1月、これを改める形で「認知症施策推進**総合**戦略（**新**オレンジプラン）」が策定された。

科目9 認知症の理解
単元1 認知症を取り巻く状況

	新オレンジプランの柱	①認知症への理解を深めるための普及・啓発の推進、②認知症の容態に応じた適時・適切な**医療**・介護等の提供、③**若年**性認知症施策の強化、④認知症の人の**介護**者への支援、⑤認知症の人を含む高齢者にやさしい地域づくりの推進、⑥認知症の予防法・診断法・治療法・リハビリテーションモデル・介護モデル等の研究開発およびその成果の普及の推進、⑦認知症の人やその家族の**視点**の重視。
7	**介護保険での対応** 頻出	居宅サービス、地域密着型サービス、施設サービスいずれでも対応しているが、特に**地域密着型**サービスによる柔軟な対応が期待されている。
	在宅対策	訪問介護、通所介護、短期入所生活介護、**特定**施設入居者生活介護、認知症対応型通所介護、小規模**多機能**型居宅介護など。　　出題実績 ▶ 24〔79〕・25〔77・78〕
	施設対策	指定**介護老人福祉**施設、介護老人保健施設など。
8	**市町村介護保険事業計画**	市町村は「介護保険法」により市町村介護保険事業計画を定めることになっているが、その計画において、**地域**の実情に応じた認知症**支援**策をもりこむよう求められている。
9	**相談対策**	認知症の人や家族、関係者の相談に応じる認知症**コール**センターが自治体、**地域包括支援**センター、社会福祉協議会、介護事業所、**社会福祉**法人、NPO法人、家族の会などにより運営されている。
10	**権利擁護対策** 基本	**成年後見**制度（→p.96 **2**）の適切な活用を支援するため広報活動のほか成年後見制度**利用**支援事業が実施されている。社会福祉協議会は、本人との契約による**福祉サービス**利用援助事業（日常生活自立支援事業→p.97）を実施している。

Step 2 一問一答で確かめよう

問い

□ 明治期に、**認知症高齢者を身内の恥**と考えるようになったのには、何の影響がある？

□ 認知症ケアの理念である「その人を中心にしたケア」を何という？

答え

西洋医学 ↩ **1**

パーソン・センタード・ケア ↩ **2**

領域：こころとからだのしくみ　科目9／認知症の理解
単元1　認知症を取り巻く状況

□認知症疾患の患者数はふえている？　へっている？　　　　　　ふえている　return 3
□「認知症を知り地域をつくる10か年」という広報キャンペ　　　厚生労働省　return 5
　ーンを行っているのは総務省？　厚生労働省？
□2012（平成24）年9月に策定された、2017（平成29）年　　　　オレンジプラン　return 6
　度まで実施の「認知症施策推進5か年計画」の別名は何？
□2015（平成27）年1月に策定された、「認知症施策推進総合戦　　新オレンジプラン　return 6
　略」の別名は何？
□**介護保険制度**における認知症対応で、特に**柔軟性**で期待さ　　地域密着型サービス　return 7
　れるのは施設サービス・地域密着型サービスのどちら？

Step 3　過去問に挑戦！

> **問題**　イギリスの心理学者キットウッド（Kitwood, T.）が提唱した、「パーソン・センタード・ケア（person-centred care）」の考え方として、**最も適切なもの**を1つ選びなさい。
> 　　　　　　　　　　　　　　　　　　　　　　　　　　　　　　第27回（2015年）〔77〕
>
> 1　認知症（dementia）の人の行動・心理症状（BPSD）をなくすこと
> 2　認知症（dementia）の人を特別な存在として保護すること
> 3　認知症（dementia）の人のケアマニュアル（care manual）をつくること
> 4　認知症（dementia）の人の「その人らしさ」を支えること
> 5　認知症（dementia）という病気を治療すること

答え　　4

その人を中心としたケアであり、認知症によるなんらかの症状をなくすという発想ではない（1は不適切）。その人があたりまえに生活できることをめざすものであり、特別に保護するという考え方ではない（2は不適切）。認知症の人それぞれに寄り添ってケアすることが大切で、マニュアル化は理念になじまない（3は不適切）。それぞれの利用者の「その人らしさ」を理解し、支えることをめざす（4が最も適切）。病気の治療をめざすものではない（5は不適切）。　return 2

科目9 単元2 認知症の理解
医学的側面からみた認知症の基礎

Step 1 重要項目を覚えよう

◆ 認知症による障害

1 中核症状 頻出

認知症（dementia）ではだれにでもみられる症状のこと。**記憶**障害、失語・**失認**・失行、**判断**力の障害、実行（遂行）機能障害など。これらは程度の差はあるが初期の段階からみられるものである。

出題実績 ▶ 24〔80〕・25〔79〕

記憶障害
認知症（dementia）による記憶障害は**進行**していくことが特徴である。まず新しい体験を記憶できない**記銘**力の障害が生じ、その後記憶したことを思い出せない**想起**力の障害へと進行する。

見当識障害
日時、場所、人の名前、状況などに関する認識を**見当識**、これが障害を受けた状態を**見当識障害**という。認知症（dementia）の代表的な症状で、進行にともなって**悪化**する。その対応としては、**リアリティ・オリエンテーション**（現実見当識訓練）などが有効とされる（→p.353 **20**）。

失語
言葉の理解が困難になる**感覚性**失語と言葉が出にくくなる**運動性**失語がある。**アルツハイマー型**認知症（dementia of the Alzheimer's type）では感覚性失語、**血管性**認知症（vascular dementia）では脳の障害部位により感覚性失語や運動性失語が生じる。症状が進行するとしだいに**語彙**が貧困になり、「あれ」「それ」といった指示語を多用するようになる。

失行
失行は、運動機能は障害されて**いない**のに、目的とする行動ができない状態。**観念**失行（個々の部分的動作は正しくできるが、各動作の順序が混乱する）、**構成**失行（図形描写や積み木などを見本どおりに行えない）、**着衣**失行（衣服をうまく着ることができない）などがある。

失認
失認とは、見る、聞くなど、視覚や聴覚で知覚しても、それが何なのか、あるいは何の音なのか**認識**できないことをいう。視覚失認、聴覚失認、身体部位失認、空間失認、**半側空間無視**（空間のうち、左側か右側のどちらかが意識からはずれてしまう）などの認知障害。

判断力の障害
ものごとを正しく**認識**したり理解したりできないため、正しい**判断**ができない。 出題実績 ▶ 24〔80〕・25〔79〕

実行（遂行）機能障害
ものごとを**目的**に応じて適切にやりとげることができなくなる障害。記

憶障害や失行・失認から派生して、**計画**、遂行が不可能になる。

出題実績 ▶ 27〔82〕

2 周辺症状 基本

周辺症状は**中核**症状によって引き起こされる症状で、多くの認知症（dementia）の患者にみられるが、症状が現れないこともある。精神症状と行動面の症状（行動障害）に分けて論じられてきたが、近年は両方を合わせ**BPSD**（Behavioral and Psychological Symptoms of Dementia；認知症の行動・心理症状）と表現されるようになってきた。

◆認知症と間違えられやすい症状

3 老年期うつ病 基本

老年期うつ病（senile depression）は、心身のおとろえや周囲の人の死、環境の変化などにより、発症しやすい。不安や孤独感、心気的な身体症状が前面に出る。**妄想**や**見当識**障害、記憶障害などを示して、認知症（dementia）と誤解されることがある。これを**仮性**認知症という。

4 せん妄 頻出

せん妄（delirium）は意識レベルが**不安定**で、錯覚、幻覚、妄想などが出現して、激しい**興奮**状態などの**行動**障害を示すことが多い。注意力がなくなり、**見当識**障害をともなう。突然症状が現れ、よくなったり悪くなったり変動し、**日**内変動も認められる場合が多い。さまざまな疾患で生じうるが、認知症（dementia）の患者によくみられる**夜間**せん妄、アルコール離脱時の**振戦**せん妄が代表的である。また、**薬剤**によって生じることもある。 出題実績 ▶ 25〔80〕・26〔78〕・27〔79〕

◆認知症の原因となるおもな病気の症状の特徴

5 アルツハイマー病 頻出

アルツハイマー病（Alzheimer's disease）は、大脳皮質の神経細胞がへり脳の**萎縮**が生じる病気。初期にはエピソード記憶などに対する**記憶**障害が出現するが、人格水準は**保たれ**ていて、本人も記憶障害を自覚している場合もある。中期になると、着衣失行などの**失行**などが現れる。このころには、**失語**なども出現して複雑な会話などが困難になる。後期には、運動機能も低下し、**ADL**（Activities of Daily Living；**日常生活動作**）に介助が必要になり、やがて寝たきりの状態になってしまう。 出題実績 ▶ 24〔85〕・25〔82〕

科目 9 認知症の理解
単元 2 医学的側面からみた認知症の基礎

軽度	・置き忘れやしまい忘れがみられる ・時間の見当識障害によって、月日の感覚があいまい ・買い物や調理で失敗する ・運動機能は正常
中等度	・場所の見当識障害によって、近所以外で迷子になる ・買い物を一人でできない ・季節に合った服、つり合いのとれた服が選べず、服をそろえるなど介助が必要になる ・入浴を忘れることはあるが、自分でからだを洗うことができ、湯の温度を調節できる ・自動車を安全に運転できない ・大声をあげるなどの感覚障害、多動、不眠障害などによって治療が必要になることがある
重度	・人物の見当識障害によって、配偶者や子どもの顔がわからない ・家の中にいても迷子になる ・ボタンをかけられない、下着と上着を逆に着てしまうなど、着衣に介助が必要 ・湯の温度調節ができない、からだをうまく洗えないなど、入浴に介助が必要 ・きちんとふくことを忘れるなど、トイレに介助が必要 ・話し言葉が途切れがちになり、単語や短い文節に限られる ・歩行能力の低下

表 1　アルツハイマー病の特徴
資料：本間昭編『介護福祉士養成テキストブック　⑪認知症の理解』ミネルヴァ書房、2009年、p.53、一部改変

6 脳血管疾患（脳血管障害）　頻出

脳内出血（intracerebral haemorrhage）や、くも膜下出血（subarachnoid haemorrhage）、脳梗塞（cerebral infarction）といった**脳血管**疾患（cerebrovascular disease）をくりかえし、脳の神経細胞が破壊されることで、**血管**性認知症（vascular dementia）が発症する。血管障害の病変の部位によってさまざまな障害がみられ、**記憶**障害や**見当識**障害、**感情失禁**（少しのことで涙を流したり、怒りっぽくなったりする）がみられることが多い。アルツハイマー型認知症（dementia of the Alzheimer's type）に比べ、判断能力や人格は比較的**保たれ**ている。　　出題実績 ▶ 25〔82〕・27〔80〕

7 レビー小体病　頻出

レビー小体病（Lewy body disease）では、大脳皮質の多数の神経細胞内に、パーキンソン病（Parkinson disease）では脳幹にみられる**レビー小体**とよばれる異常物質が出現する。高齢者に多いが40歳前後でもみられることがある。初期には**記憶**障害がみられ、進行とともに**見当識**障害や言語障害、失行、失認が出現する。特有の精神症状として幻覚（特に**幻視**）が現れる。**パーキンソン**病に似たからだのこわばり、歩行障害などの運動機能障害もみられる。穏やかな状態から無気力状態、興奮、錯乱といった症状を一日のなかでもくりかえして、気分や態度の変動が**大き**い。

領域：こころとからだのしくみ　科目9／認知症の理解
単元2　医学的側面からみた認知症の基礎

出題実績 ▶ 24〔82〕・25〔81〕・26〔79〕・27〔80・84〕

8 前頭側頭葉変性症（ピック病） 頻出

前頭側頭葉変性症（frontotemporal lobar degeneration）では、大脳の**前頭**葉や**側頭**葉に著しい萎縮が認められる。前頭葉の萎縮によって**人格**の変化がみられ、側頭葉の萎縮によって**滞続**言語（名前を呼ばれるなどの刺激により、話の途中で文脈に関係なく一定の語句をくりかえす）がみられることがある。礼儀や身なり、対人関係に無関心になり、自分の行動を制御することが**難し**くなって**窃盗**などの反社会的な行動を起こすこともある。以前はピック病とよばれていた。　出題実績 ▶ 27〔80・83〕

9 クロイツフェルト・ヤコブ病 基本

クロイツフェルト・ヤコブ病（Creutzfeldt-Jakob disease）は、**プリオン**とよばれるたんぱく質の感染によるプリオン病（prion disease）の一種で、年間で100万人に1人が発症するといわれている。行動の異常、性格の変化のような症状のほか、歩行障害などの**運動**障害もみられる。数か月以内に認知症（dementia）が急速に進行し、ミオクローヌスとよばれる**けいれん**発作（自分の意思とは無関係に、複数の筋肉が同時にすばやく収縮する）が起こる。発病より半年以内に自発的な運動はほとんどなくなって寝たきりの状態となり、1～2年で死にいたる。この病気の治療法はまだ見つかっていない。　出題実績 ▶ 27〔80〕

10 慢性硬膜下血腫 頻出

慢性硬膜下血腫（chronic subdural hematoma）は、**転倒**などによって、脳を包む3枚の膜のうち、いちばん**外**側の硬膜の下に血腫ができた状態。血腫で脳がしだいに**圧迫**され、認知機能の障害がみられることがある。画像検査で血腫が見つかり、手術が必要な場合と保存的な治療ですむ場合とがある。適切な治療で症状の**改善**が見込める。　出題実績 ▶ 24〔81〕・25〔83〕

11 正常圧水頭症

正常圧水頭症（normal pressure hydrocephalus）は、認知症（dementia）の症状、**歩行**障害、**尿**失禁がみられるもののうち、明らかな脳室拡大がありながら脳脊髄**圧**は正常範囲であり、**手術**（髄液短絡術）をすると症状が画期的に改善するもの。認知症のうち数％を占めると考えられ、近年注目を集めている。精神活動の低下が比較的**短**期間に現れる、**足**が上げづらく小股で歩く、方向転換でふらつく、止まりづらいなどの特徴がある。　出題実績 ▶ 27〔80〕

科目9 認知症の理解
単元2 医学的側面からみた認知症の基礎

◆若年性認知症

12 若年性認知症 基本

65歳以前に発症した認知症（dementia）をさす。発生頻度が高いのは**アルツハイマー型**認知症（dementia of the Alzheimer's type）、前頭側頭型認知症（frontotemporal dementia）、血管性認知症（vascular dementia）などである。若年性認知症の場合、発症時には就労していることも多く、家族の心理的な負担や経済的な負担が**大き**くなる。　出題実績 ▶ 26〔80〕

◆病院で行われる検査・治療の実際

13 検査の方式

認知症（dementia）の検査には、知能の低下を評価する**質問**式のテストと、感情の変化、性格の変化、行動障害、日常生活能力などの行動を観察して行う**観察**式のものがある。

14 改訂長谷川式簡易知能評価スケール（HDS-R） 頻出

質問式のテスト。わが国で最も広く利用されている。検査項目は、①年齢、②時間的な**見当識**、③地誌的な見当識、④単語の復唱、⑤計算、⑥数字の逆唱、⑦単語の遅延再生、⑧物品の記銘、⑨言葉の流暢性で、最高点が30点で、20点以下に認知症（dementia）の疑いがある。認知症の程度は決定でき**ない**。　出題実績 ▶ 24〔83〕・26〔81〕

15 MMSE 基本

MMSE（Mini-Mental State Examination）は、**質問**式のテストに、図形の模写や簡単な動作などの動作性の課題が含まれている。**アルツハイマー型**認知症（dementia of the Alzheimer's type）の検査として、国際的に最も広く用いられている。検査項目は、時間と場所に関する**見当識**、単語の復唱、注意と計算、単語の遅延再生、物品の呼称、短文の復唱、指示理解、文章理解・構成、図形の模写からなる。最高点が30点で、23点以下に認知症（dementia）の疑いがある。　出題実績 ▶ 26〔81〕

16 CDR 基本

CDR（Clinical Dementia Rating）は、認知症（dementia）の程度を評価する目的でつくられた行動**観察**による評価法。国際的に広く用いられている。家族や介護者からの情報をもとに、①記憶、②見当識、③判断力と問題解決、④社会適応、⑤家族状況および趣味、⑥介護状況の6項目のそれぞれについて、「障害なし」から「高度障害」までの5段階で評価する。それらを総合して、「健康」「認知症の疑い」「軽度」「中等度」「重度」の5段階で評価する。　出題実績 ▶ 26〔81〕

17 柄澤式「老人知能の臨床的判定基準」

日常生活能力や日常会話、意思の疎通などの状況を**観察**して判断する観察式のテスト。認知機能レベルのおおまかな段階づけ評価を目的とし、

		結果を点数化しない。
18	**認知症の治療**	薬物療法と非薬物療法があり、また、認知機能障害そのものの治療と、周辺症状の治療とに分けて考えることができる。
	アルツハイマー病に対する薬物療法	アルツハイマー型認知症（dementia of the Alzheimer's type）では、コリンエステラーゼ阻害薬（塩酸ドネペジル、ガランタミン臭化水素酸塩、リバスチグミン）とNMDA（N-methyl-D-aspartic acid）受容体拮抗薬（塩酸メマンチン）の投与が行われている。
	脳血管障害に対する薬物療法	血管性認知症（vascular dementia）では、脳梗塞（cerebral infarction）を引き起こす脳血栓や脳塞栓など脳血管障害（cerebrovascular disorder）の予防が重要となる。脳血栓に対しては抗血小板療法が行われ、アスピリン、チクロピジン、シピリダモールなどの薬剤が処方される。脳塞栓の予防ではワルファリン、アスピリンが用いられる。
	周辺症状に対する薬物療法	認知症にかぎらず広く用いられるのが抗精神病薬である。幻覚、妄想、興奮などの症状に対して処方される。うつ状態に対しては抗うつ薬があるが、認知症自体の症状としての自発性・活動性の低下には抗うつ薬は効果がないとされ、正確な診断が必要である。
	非薬物療法	非薬物療法には、認知リハビリテーション、行動療法、運動療法、心理療法などがある。周辺症状の軽減には非薬物療法を適切に取り入れるのがよいとされる。
19	**認知症の予防**	アルツハイマー型認知症（dementia of the Alzheimer's type）も血管性認知症（vascular dementia）も予防対策は共通で、生活習慣病（life-style related diseases）の予防、脳の健康を保つのによい食品の摂取、運動（ウォーキング、スイミングなど）、脳のトレーニング（読み・書き・計算など）、余暇や社会活動の充実などが有効とされている。
20	**認知リハビリテーション** 基本	認知機能の回復・維持を助けるリハビリテーションを認知リハビリテーションという。リアリティ・オリエンテーション（現実見当識訓練）、回想法、芸術療法、確認療法などが行われている。
	リアリティ・オリエンテーション（現実見当識訓練）	日時や場所、氏名などの基本的な情報をくりかえしあたえることによって、現実認識を高めるためのアプローチ。見当識障害における現実認識の混乱を軽減する方法として利用される。　出題実績 ▶ 26〔77〕

科目 9 認知症の理解
単元 2 医学的側面からみた認知症の基礎

Step 2 一問一答で確かめよう

問い	答え
□程度の差はあるが、認知症（dementia）になるとだれにでもみられる症状のことを何という？	中核症状 return 1
□認知症（dementia）による記憶障害で先に生じるのは、記銘力の障害？ 想起力の障害？	記銘力の障害 return 1
□日時、場所、人の名前、状況などに関する認識に障害を受けた状態を何という？	見当識障害 return 1
□見当識障害に有効とされるアプローチは、リアリティ・オリエンテーション？ ピア・カウンセリング？	リアリティ・オリエンテーション return 1 20
□アルツハイマー型認知症（dementia of the Alzheimer's type）でみられるのは、感覚性失語・運動性失語のどちら？	感覚性失語 return 1
□運動機能は障害されていないのに、目的とする行動ができない状態を何という？	失行 return 1
□見る、聞くなど、視覚や聴覚で知覚しても、それが何なのか、あるいは何の音なのか認識できないことを何という？	失認 return 1
□中核症状によって引き起こされる症状で、多くの認知症患者にみられるが、症状が現れないこともあるものは何？	周辺症状 return 2
□老年期うつ病（senile depression）では見当識障害が現れることがある？ 現れることはない？	現れることがある return 3
□意識レベルが不安定で、錯覚、幻覚、妄想などが出現して、激しい興奮状態などの行動障害を示す状態を何という？	せん妄 return 4
□大脳皮質の神経細胞がへり、脳の萎縮が進行する病気は何？	アルツハイマー病 return 5
□脳梗塞（cerebral infarction）などの脳血管疾患（cerebrovascular disease）をくりかえし、脳の神経細胞が破壊されることで発症する認知症（dementia）は何？	血管性認知症 return 6
□レビー小体病（Lewy body disease）では、パーキンソン病（Parkinson disease）のような運動障害はみられる？ みられない？	みられる return 7
□前頭側頭葉変性症（frontotemporal lobar degeneration）では、人格の変化がみられることがある？ ない？	ある return 8
□クロイツフェルト・ヤコブ病（Creutzfeldt-Jakob disease）は、何とよばれるたんぱく質の感染による病気？	プリオン return 9

領域：こころとからだのしくみ　科目9／認知症の理解
単元2　医学的側面からみた認知症の基礎

□ 慢性硬膜下血腫（chronic subdural hematoma）の原因は何？　　転倒など　return 10
□ 正常圧水頭症（normal pressure hydrocephalus）でみられるおもな症状は、認知症（dementia）の症状、歩行障害と、あと一つは何？　　尿失禁　return 11
□ 若年性認知症は、何歳以前に発症する？　　65歳以前　return 12
□ わが国でいちばん行われている認知症検査の略称は何？　　HDS-R　return 14
□ 認知症（dementia）の非薬物療法で、認知機能の回復・維持を助けるリハビリテーションを何という？　　認知リハビリテーション　return 18 20

Step 3　過去問に挑戦！

問題　適切な治療をすれば、認知症（dementia）の症状が大きく改善する可能性がある疾患として、**最も適切な**ものを1つ選びなさい。
　　　　　　　　　　　　　　　　　　　　　　　　　　　第25回（2013年）〔83〕

1　アルツハイマー型認知症（dementia of the Alzheimer's type）
2　前頭側頭型認知症（frontotemporal dementia）
3　血管性認知症（vascular dementia）
4　クロイツフェルト・ヤコブ病（Creutzfeldt-Jakob disease）
5　慢性硬膜下血腫（chronic subdural hematoma）

答え　　5

アルツハイマー病（Alzheimer's disease）は脳の萎縮による病気で、治療は症状の進行を遅らせるために行われる（1は不適切）。前頭側頭葉変性症（frontotemporal lobar degeneration）による認知症（前頭側頭型認知症）は、脳の前頭葉や側頭葉の萎縮によるもので、症状の大きな改善は望めない（2は不適切）。血管性認知症は脳血管疾患（cerebrovascular disease）をくりかえすことで進行するので、血栓や梗塞を防ぐための治療をする（3は不適切）。クロイツフェルト・ヤコブ病には、まだ有効な治療法がない（4は不適切）。慢性硬膜下血腫による認知症は、転倒などによってできた血腫が原因で認知機能が障害されるもの。血腫を取り除くなど適切な治療をすれば症状が大きく改善する可能性がある（5が最も適切）。　return 5 6 8 9 10

科目9 認知症の理解
単元3 **認知症にともなうこころとからだの変化と日常生活**

Step 1 重要項目を覚えよう

◆認知症の人の特徴的な心理・行動

1	認知症による人格の変化	加齢による人格の変化はもともとの性質が強く現れるが、認知症（dementia）の場合、一般に脱抑制とよばれるような人格の変化で、周囲への配慮に**欠け**、自分勝手で不合理な言動をとるようになることが多い。
2	認知症の人に特徴的な行動【基本】	**BPSD**（Behavioral and Psychological Symptoms of Dementia：認知症の行動・心理症状）には、**徘徊**（はいかい）、暴言・暴力、介護への抵抗などがある。
	徘徊	認知症の進行にしたがって出現する。あてもなく部屋から部屋を歩き回る屋内での徘徊や、野外での徘徊がある。長時間**遠方**まで歩き続け、迷子になることもある。「仕事に行く」など本人にとってなんらかの目的がある場合や、**不安**感などが誘因になる場合もあり、行動の背景にあるものを理解するように努めることが必要である。　出題実績▶25〔84〕
	暴言・暴力	記憶**障害**や実行機能障害などで、うまくいかない焦燥（しょうそう）感や、不安、恐怖などが原因と思われる。初期のころの、まだ**体力**がある時期に多い。
	介護への抵抗	入浴や着替えを拒む、手を払いのけるなど。
	その他の症状	同じ言動のくりかえし、異物を食べる**異食**、不潔行為などがある。
3	認知症の人の精神症状【基本】	**BPSD**（Behavioral and Psychological Symptoms of Dementia：認知症の行動・心理症状）のうち心理・精神面の症状には、せん妄、**抑うつ**、幻覚、妄想、不眠障害などがある。
	せん妄	覚醒（かくせい）しているようにみえても、意識レベルが低いことが多いので、せん妄（→p.349 **4**）状態が出現したときは、静かに見守り、光や音の刺激をできるだけ少なくする。
	抑うつ	理由がないのに気分が晴れず落ち込んで**悲観**的になる。意欲が低下して、やる気が出ない。身だしなみに対する気づかいがなくなり、会話も少なく、食欲が**低下**することもある。初期の症状としての出現が多い。
	幻覚	実際には知覚していないものを**知覚**したと感じる。**幻聴**（聞こえるはずのない音が聞こえる）、**幻視**（あるはずのないものが見える）などがある。

妄想	妄想とは、まったく訂正できない**非合理**な思い込みのこと。本人は強い**確信**をもち、間違いを認めないのが特徴。認知症でみられる妄想は、「物を盗られた」「自分を家から追い出そうとしている」など**被害**妄想が多い。
不眠障害	周辺症状のなかで最も**多**く、「眠れない」と訴えがある場合と、夜中に起き出して動き回ることで周囲が気づく場合がある。周囲が確認すると実際には睡眠をとっているのに、「眠れない」という訴えが長く続く場合、**不眠**に対するこだわりが症状となって現れる。 出題実績 ▶ 27〔81〕

4 認知症の背景にある心理 [基本]

認知症（denentia）の人の言動で周囲は困ったりあせったりするが、本当は認知症の人自身が**混乱**状態にあり、不安やおびえ、孤独感など感じていることを理解しておく必要がある。

混乱	日常生活のなかで、周囲の状況を理解することができず、自分でその状態を整理できないために混乱状態が起こる。
不安	**記憶**障害や**見当識**障害によって、「覚えがない」「わけがわからない」思いを経験することが多いため、常に不安を抱いている。
おびえ	不安が高じて**おびえ**、焦燥感（しょうそう）となる。**怒り**や興奮が現れることもある。
孤独感	自分のおかれた状況をうまく**理解**できないことからくる孤独感がある。
怒り	意思を伝えられなくて思うようにならず、周囲や**自分**に怒りを抱く。
悲しみ	認知症になっても感情面は**残存**するといわれ、自分が何もかもうまくできないことに深い悲しみを抱いていることがある。

◆認知症にともなう機能の変化と日常生活への影響

5 認知症のアセスメントの視点

アセスメント視点の例	項目
健康への視点（健やかに過ごすことを支えるための視点）	①健康管理　②栄養状態　③排泄（はいせつ）状態
安全への視点（安全に過ごすことを支えるための視点）	①環境の安全性　②対象者本人の状態　③支援側の体制
安心への視点（安心・快の時間が確保できることを支えるための視点）	①感覚・知覚　②認知　③ストレス　④環境の快適性　⑤他者との関係
個別性への視点（その人らしさ、くらしの継続を支えるための視点）	①個性（らしさ）　②性　③価値および信念　④自己に対する考え
自立支援への視点（今ある力を発揮することを支えるための視点）	①ADL　②活動と休息　③環境の機能性
支援体制への視点（互いに支え合うための視点）	①家族　②地域　③施設・事業所

表2　認知症のアセスメントの視点の例
資料：石井享子監修『MINERVA福祉資格テキスト 介護福祉士　こころとからだのしくみ編』ミネルヴァ書房、2012年、p.100

科目 9 認知症の理解
単元 3 認知症にともなうこころとからだの変化と日常生活

6 認知症の特性をふまえたアセスメント

認知症（dementia）の人の介護にあたっては、その人の認知症の種類や**程度**を把握し、特性をふまえてアセスメントする必要がある。

保たれている能力と低下している能力の把握

保たれている能力が十分**活用**できるよう、また低下している能力はさりげなく補助して、本人の負担にならない介護計画を立てる。

家族との関係の把握

人的資源の活用を考えるにあたり家族との関係の把握は特に重要である。

7 環境の影響

認知症（dementia）の人に対する環境づくりはケアの基本である。その人にとってよい環境を整備することで、**自立**を助け、介護をサポートし、治療効果があるといわれている。認知症の人を取り巻く環境には、**社会**的環境（その人を取り巻く周囲の人）、**物理**的環境（空間や刺激、品物など）、**運営**的環境（介護目標に結びつくこと）の3つの構成要素がある。

8 リロケーション・ダメージ 基本

在宅で介護を受けていた人が施設に入所した際などに、環境の変化についていけず、**心理**的な不安や混乱が急激に高まり、障害などが出てくる現象をリロケーション・ダメージという。

9 なじみの人間関係 基本

認知症（dementia）の人が安心しておだやかに過ごすためには、なるべくなじみの人間関係が保たれることが重要である。自宅以外での介護は、ユニットケアや**グループホーム**など、見知った少人数の人と過ごせる方法を考える。担当する介護職もあまり変更**しない**ほうがよい。

10 居住環境 基本

自宅に近い生活空間の確保やその人の**生活**歴を取り入れた道具の活用、認知症（dementia）の**進行**に合わせた安全で機能的な環境整備などによって、安心して過ごせる居住環境をつくることが大事である。

生活歴を取り入れた道具の活用

施設入所に際しては、なるべくなじみの生活空間になるよう、使い慣れた**家具**や道具、思い出の品などを持ち込めるよう努める。

安全で機能的な環境整備

自室や**トイレ**のドアがわかるよう表示や目印を工夫する、適切な場所に手すりを設置する、**段差**をなくすなど、整備する。　　出題実績 ▶ 25〔85〕

Step 2 一問一答で確かめよう

問い

□ あてもなく部屋から部屋を**歩き回ったり**、長時間、遠方まで**歩いたり**する認知症（dementia）の周辺症状を何という？

答え

徘徊（はいかい）　⤺return 2

領域：こころとからだのしくみ　科目9／認知症の理解
単元3　認知症にともなうこころとからだの変化と日常生活

- □ 記憶障害、失語、実行（遂行）機能障害、暴言・暴力のうち、BPSD（認知症の行動・心理症状）といえるのはどれ？　　　　暴言・暴力　return 2
- □ 「物を盗られた」など、本人が強い確信をもち、まったく訂正できない非合理な思い込みのことを何という？　　　　妄想　return 3
- □ 在宅で介護を受けていた人が施設に入所した際などに、環境の変化についていけず、心理的な不安や混乱が急激に高まり、障害などが出てくる現象を何という？　　　　リロケーション・ダメージ　return 8
- □ なじみの人間関係を保つ観点からは、担当の介護職はたびたび変わるのがよい？　それとも変わらないほうがよい？　　　　変わらないほうがよい　return 9

Step 3　過去問に挑戦！

問題　高齢の認知症（dementia）の人への対応として、**最も適切なもの**を1つ選びなさい。

第25回（2013年）〔85〕

1 使い慣れた家具を、新しい便利なものに変える。
2 部屋の家具の配置を、飽きないように毎月変える。
3 部屋やトイレに、表示や目印をつける。
4 部屋の照明は、できるだけ明るくする。
5 食事の雰囲気よりも、栄養の摂取を優先する。

答え　**3**

なるべくなじみの生活空間にするため、使い慣れた家具を使い続けられるようにするほうがよい（**1は不適切**）。混乱が起きないよう、家具の配置はなるべく変更しないほうがよい（**2は不適切**）。自分の部屋やトイレがすぐにわかるよう、表示や目印をつけるのはよい方法である（**3が最も適切**）。照明が明るすぎると落ち着くことができない。せん妄を引き起こす刺激ともなるので、適度な明るさにする（**4は不適切**）。食事は、栄養の摂取も大切ではあるが、食事の楽しみが生活のリズムをつくり気持ちの張りももたらすので、雰囲気を大事にする（**5は不適切**）。　return 3 4 7 10

科目9 認知症の理解
単元4 **連携と協働**

Step 1 重要項目を覚えよう

◆ 地域におけるサポート体制

1 地域包括支援センター 頻出
認知症連携担当者を配置したセンターでの業務

<u>地域包括ケア</u>の拠点機関。認知症高齢者の支援についても担当者の配置が進んでいる。　出題実績 ▶ 24〔86〕・27〔86〕
①認知症疾患<u>医療</u>センターとの相談・連絡
②権利擁護の専門家等との相談・連絡
③他の地域包括支援センターへの専門的な認知症ケア相談、定期的な巡回相談、具体的な援助等

2 地域連携のまちづくり

認知症（dementia）の人の支援は、<u>地域</u>の中で、その人が築いてきた関係性を尊重して行うことが重要である。複数のサービス機関、保健医療職と住民、<u>ボランティア</u>など、フォーマル・インフォーマルの社会<u>資源</u>（→p.393 **5**）が連携して、支援体制を構築していく必要がある。

コミュニティの形成

さまざまな立場の人が同じ<u>目的</u>をもつことで、認知症支援のコミュニティが形成されていく。

3 認知症サポーター 基本

<u>厚生労働</u>省の「認知症を知り地域をつくる10か年」に基づいて養成される認知症者と家族を支援するサポーター。当初の目標の<u>100万人</u>には2009（平成21）年に到達、「認知症施策推進総合戦略（新<u>オレンジ</u>プラン）」では2017（平成29）年度末に800万人が目標。　出題実績 ▶ 27〔85〕

4 市民後見人

成年後見の担い手として一般<u>市民</u>をあてる制度。家族規模の縮小で親族による後見が困難、対象者の増加で専門職が不足などの事態を補う。

◆ チームアプローチ

5 多職種協働の継続的ケア

認知症ケアは、認知症（dementia）の人が継続して今までと同じようにくらせるようにサポートすることを目的として、さまざまな職種の人たちが<u>チーム</u>としてかかわる。このとき行われるチームアプローチは、利用者に対する共通の支援<u>目標</u>に基づいて<u>継続</u>的に行われなければならない。

領域：こころとからだのしくみ　科目9／認知症の理解
単元4　連携と協働

Step 2　一問一答で確かめよう

問い
□認知症高齢者の支援でも機能するべき、**地域包括ケアの拠点**となる機関は何？
□認知症（dementia）の人の支援は、**地域の中で**、その人が築いてきた何を尊重して行うことが重要？
□「認知症を知り地域をつくる10か年」に基づいて養成される認知症者と家族を支援するサポーターを何という？

答え
地域包括支援センター　return 1

関係性　return 2

認知症サポーター　return 3

Step 3　過去問に挑戦！

問題　認知症サポーターに関する次の記述のうち、**最も適切なもの**を1つ選びなさい。

第27回（2015年）〔85〕

1　認知症（dementia）の人やその家族を見守り、支援する。
2　10万人を目標に養成されている。
3　認知症介護実践者等養成事業の一環である。
4　認知症ケア専門の介護福祉職である。
5　国が実施主体となって養成講座を行っている。

答え　1

認知症サポーターは、認知症者と家族を支援するのが役割である（1が最も適切）。当初の目標100万人にはすでに到達しており、2017（平成29）年末の目標は800万人である（2は不適切）。「認知症を知り地域をつくる10か年」構想の一環として「認知症サポーターキャラバン」事業で養成されている（3は不適切）。介護福祉職ではなくボランティアである（4は不適切）。実施主体は都道府県、市町村、職域団体など（5は不適切）。　return 3

科目9 単元5 認知症の理解

家族への支援

Step 1 重要項目を覚えよう

◆ 家族への支援

1 家族の認知症の受容

家族が認知症（dementia）を受け入れる過程は一般に次の過程のように進むが、心の**葛藤**をくりかえし、ようやく受け入れることができるようになる。家族とともに認知症の人が安心してくらせる環境をつくるためには、家族一人ひとりに対して**個別**の支援を行う必要がある。

家族の認知症の受容過程
①認知症にとまどい、**否定**的なケアをする段階
②認知症であることを認め、否定から脱しようとする段階 ←
③認知症の人に**期待**をつなぐ段階
④あきらめ、放棄する段階 ── 各段階で支援が必要
⑤新たなケアの試みを行おうとする段階

2 家族の介護力の評価

認知症ケアを行うためには、まず家族の介護力を**アセスメント**する必要がある。介護にあてることのできる**時間**や能力だけでなく、その家族の歴史や**関係**性、**経済**力などにも注目しなければならない。

情報収集の項目
①家族構成、②家族歴、③家族間の関係性、④家族の健康、⑤家族それぞれの役割、⑥家族が大切にしていることや本人への思い、⑦介護に関する悩み、⑧経済力、⑨家族の認知症受容の段階。

3 家族のレスパイト 基本

レスパイトとは「息抜き」という意味。要介護者を介護している家族は、**長**時間の介護によって、心身ともに疲労し、先行きに対する不安や孤立感を抱いていることが多く、要介護者への**虐待**につながってしまうこともある。一時的に要介護者から離れて休息をとることにより、ストレスや疲れから回復できるように支援することを**レスパイトケア**という。

4 家族会などによるピアサポート 基本

認知症（dementia）の**家族**をもつ人どうしで集う家族会が力になることが多い。集会だけでなく、電話やインターネットを介した**相談**や話し合いも役立つ。 出題実績 ▶ 26〔86〕

ピアサポート
同じ問題を抱えた人どうしが互いに心理的**支援**を行うことをピアサポー

トという。ピアは、**仲間**、同僚といった意味。

5 認知症カフェなど 基本

「認知症施策推進5か年計画（**オレンジ**プラン）」では、認知症カフェの設置や認知症地域支援**推進**員の配置が構想され、「認知症施策推進総合戦略（**新オレンジ**プラン）」でも継承されている。

認知症カフェ　認知症（dementia）の人と家族、地域**住民**、専門職等だれもが参加でき、集う場として設置される。

認知症地域支援推進員　市町村で地域の実情に応じて認知症の人やその**家族**を支援するための各種事業を実施する。「**新オレンジ**プラン」では、2018（平成30）年度から**すべて**の市町村への配置を目標にしている。

Step 2 一問一答で確かめよう

問い

□ 認知症ケアを行うとき、家族とくらす利用者の場合、まず**アセスメント**するのは何？

□ 介護を続けている家族が、一時的に要介護者から離れて**休息をとる**ことにより、ストレスや疲れから回復できるように支援することを何という？

□ 認知症（dementia）の家族をもつ人どうしで集う家族会が認知症家族の力になることが多いが、このような、**同じ問題を抱えた人どうしが互いに心理的支援を行う**ことを何という？

□ 「認知症施策推進5か年計画（オレンジプラン）」「認知症施策推進総合戦略（新オレンジプラン）」で構想されている、認知症（dementia）の人と家族、地域住民、専門職等**だれもが参加でき、集う場**は何？

□ 「認知症施策推進5か年計画（オレンジプラン）」「認知症施策推進総合戦略（新オレンジプラン）」で構想されている、市町村で地域の実情に応じて認知症（dementia）の人やその家族を**支援するための各種事業を実施する役**の人は何とよばれる？

答え

家族の介護力 return 2

レスパイトケア return 3

ピアサポート return 4

認知症カフェ return 5

認知症地域支援推進員 return 5

科目 9　認知症の理解
単元 5　家族への支援

Step 3　過去問に挑戦！

問題　Dさん（45歳、女性）は、認知症（dementia）で被害妄想のある母親を引き取って同居を始め、1か月が経過した。最近、Dさんは、「この苦労は体験した人でないとわからない。だれにも愚痴を言えないが、どうしたらいいか」と言うようになった。
　Dさんの相談に対する介護職の対応として、**最も適切なもの**を1つ選びなさい。

第26回（2014年）〔86〕

1　かかりつけ医に相談するように勧める。
2　母親を施設へ入所させてはどうかと勧める。
3　家族介護者の会を紹介する。
4　介護教室で介護技術を学ぶように勧める。
5　だれでもそう思う時期があると慰める。

答え　　　3

　Dさんは、母親や自分の医療上の問題で悩んでいるようすはみられず、現時点で医師への相談は必要がない（**1は不適切**）。母親の介護自体をだれかに託したいと言っているのではなさそうで、施設への入所を勧めるのは適切でない（**2は不適切**）。Dさんが「苦労は体験した人でないとわからない」「だれにも愚痴を言えない」と言っているところに注目すると、ピアサポートの必要性に気づく。家族介護者の会の存在を知らせるのが適切である（**3が最も適切**）。具体的な介護技術を学ぶのも悪くはないが、現状、身体介護の苦労より精神的な苦しさを軽減することを考えるほうが適切であろう（**4は不適切**）。Dさんの訴えに対して、まずはそのまま受け入れて聞くことが大切。「だれでもそう思う時期がある」と言ったのでは、Dさんのつらさへの共感が感じられず慰めにならない（**5は不適切**）。　return **1**
2 3 4

領域：こころとからだのしくみ

科目 10
障害の理解

この科目の単元

- **単元1** 障害の基礎的理解
- **単元2** 障害の医学的側面の基礎的知識
- **単元3** 連携と協働
- **単元4** 家族への支援

科目 10 障害の理解
出題傾向をつかもう

　領域「こころとからだのしくみ」の出題予定数40問のうち、例年各10問が本科目から出題されている。

最近 4 回の出題状況

大項目（本書の単元）*1	中項目*1	出題実績*2	出題数
1 障害の基礎的理解	1) 障害の概念 2) 障害者福祉の基本理念	24〔87〕ICFによる定義 24〔88〕ノーマライゼーション 25〔87〕片麻痺のある人のICFにおける「活動制限」 25〔88〕2002（平成14）年の「障害者基本計画」の基本理念で、ノーマライゼーションとともに位置づけられているもの 26〔87〕ICIDHからICFへの変遷 26〔88〕ソーシャルインクルージョン 27〔87〕身体障害の種類とその状態 27〔88〕ノーマライゼーションの理念に通じる制度や事業	小計 8
2 障害の医学的側面の基礎的知識	1) 身体障害 2) 精神障害 3) 知的障害 4) 発達障害 5) 難病 6) 障害のある人の心理 7) 障害にともなう機能の変化と日常生活への影響	24〔89〕意思伝達は筆談、右手でT字杖使用、左足に短下肢装具装着のEさんの現在の障害の状況 24〔90〕内部障害 24〔91〕失語症 24〔92〕統合失調症の回復期の対応 24〔93〕高次脳機能障害の種類と症状 24〔94〕知的障害 24〔95〕広汎性発達障害の特性 25〔89〕片麻痺のある人が自走用標準型車いすを自分で操作しやすくする方法 25〔90〕高次脳機能障害の一つである遂行機能障害 25〔91〕専業主婦で 2 人の子どもがいるうつ病のDさんが「子どもの世話ができない自分は母親失格」「無能な人間になってしまった」とくりかえし話すのに対する対応 25〔92〕ダウン症候群の原因 25〔93〕広汎性発達障害 25〔94〕障害受容の過程にみられる「抑圧」	

領域：こころとからだのしくみ　科目10／障害の理解
出題傾向をつかもう

		26〔89〕免疫力が低下したHIV感染者の生活上の留意点	
		26〔90〕知的障害のある人のライフステージに応じた支援	
		26〔91〕自閉症スペクトラム障害のあるEちゃんとのコミュニケーション	
		26〔92〕筋萎縮性側索硬化症で日常生活にも介助が必要、からだを起こすと血圧が低く呼吸が苦しくなるため何もしたがらず自宅で過ごすことが多くなったFさんへの、介護職の対応	
		26〔93〕慢性閉塞性肺疾患の人の日常生活上の留意点	
		27〔89〕統合失調症の陰性症状	
		27〔90〕高次脳機能障害の原因疾患	
		27〔91〕知的障害者に対する支援法	
		27〔92〕関節リウマチの人の関節保護の方法	
		27〔93〕適応機制の一つである「昇華」	
		27〔94〕上肢リンパ浮腫のある人が日常生活で心がけること	小計24
3 連携と協働	1）地域におけるサポート体制 2）チームアプローチ	24〔96〕入所施設が知的障害のあるFさんの地域生活を支援するためのアプローチ	
		25〔95〕相談支援専門員の業務	
		26〔94〕リハビリテーションの専門職の業務	
		27〔95〕知的障害があり、障害者支援施設で生活保護を受け生活しているDさんの、仕事はできないが施設を出てくらしたいという希望に沿って地域生活を実現するための支援	
		27〔96〕出産時の脳出血で片麻痺、高次脳機能障害による注意障害があり、乳児を育てるEさんに、かかわる専門職とその支援内容	小計5
4 家族への支援	1）家族への支援	25〔96〕脳性麻痺のEさんを介護し腰痛を訴える母親に対する、介護職の支援	
		26〔95〕統合失調症で自宅療養中のGさんに「どうして仕事ができないのか」「薬に頼ってばかりではいけない」と言う父親に対する、介護職の支援	

科目10 障害の理解
出題傾向をつかもう

		26〔96〕レスパイトケアの目的	小計 3
			合計40

＊1　本書の単元は「出題基準」の大項目、単元の下位区分は中項目にならっている。複数の大項目で1単元としたところもある。
＊2　「第24回試験問題87」を24〔87〕と表記している。

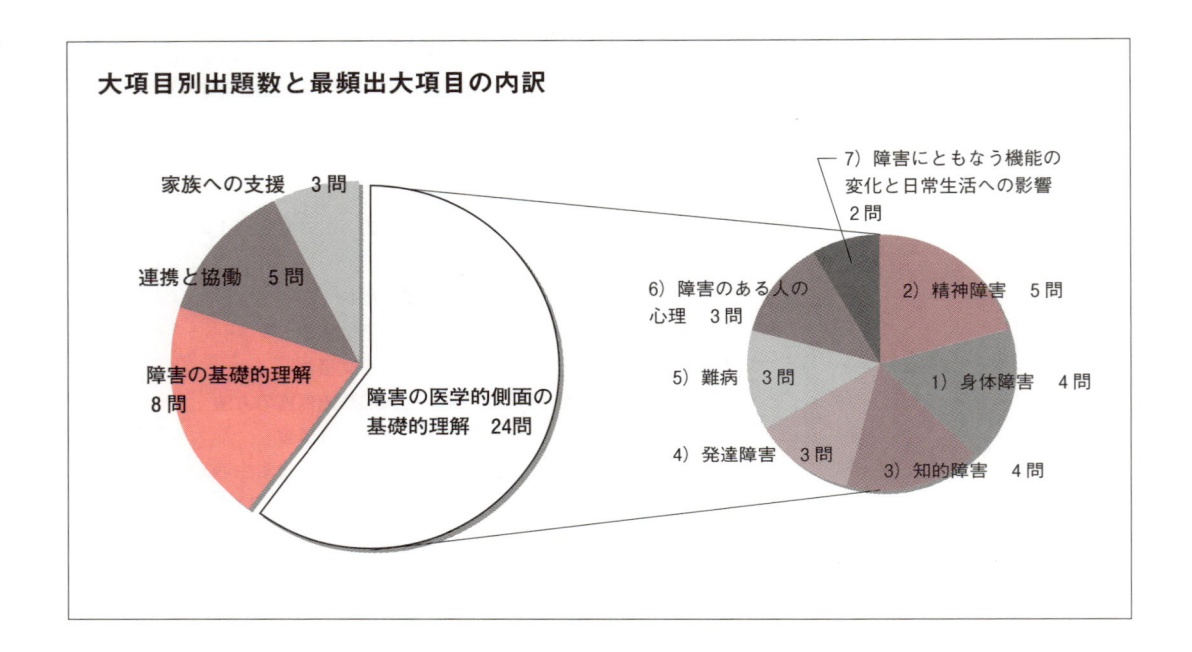

大項目別出題数と最頻出大項目の内訳

- 家族への支援　3問
- 連携と協働　5問
- 障害の基礎的理解　8問
- 障害の医学的側面の基礎的理解　24問
  - 7) 障害にともなう機能の変化と日常生活への影響　2問
  - 6) 障害のある人の心理　3問
  - 5) 難病　3問
  - 4) 発達障害　3問
  - 3) 知的障害　4問
  - 2) 精神障害　5問
  - 1) 身体障害　4問

出題頻度順の出題内容　〈　〉内は最近4回の出題数

出題頻度 第1位　障害の医学的側面の基礎的知識 〈24問〉

出題数が多いだけにどの中項目もまんべんなく出題されている印象であるが、複数回で出題のある**片麻痺**（かたまひ）（第24回の問題89の正解は片麻痺）、**高次脳機能障害**、**知的障害**（mental retardation）、**広汎性発達障害**（こうはんせいはったつしょうがい）（pervasive developmental disorder）は要注意。なお、広汎性発達障害は、第26回の問題91**自閉症スペクトラム障害**（autism spectrum disorder）とほぼ同義で、日本精神神経学会の「DSM-5 病名・用語翻訳ガイドライン（初版）」による訳語では自閉スペクトラム症ともいう。

旧試験制度の傾向からいうと、**失語症**（aphasia）も要注意である。

領域：こころとからだのしくみ　科目10／障害の理解
出題傾向をつかもう

科目10

出題頻度 第2位　障害の基礎的理解〈8問〉

　これまでは各回で2問ずつ出題されている。第24回試験の問題87は、具体的な**生活場面の状態をICF**（International Classification of Functioning, Disability and Health；国際生活機能分類）にしたがって**定義**したとき正しいものを選ぶという設問で、「参加」「活動」「活動制限」「参加制約」が出題された。正解は「右片麻痺があるが福祉用具を使って食事を作ることができるのは『活動』である」。ICFの各概念が実際どういうことをさすのか、日常生活場面にあてはめて十分理解しておかないと正解できない問題である（→p.379「過去問に挑戦！」）。第25回の問題87も同様で、今後もICFはなんらかの形で出題されると予想できる。

出題頻度 第3位　連携と協働〈5問〉

　第24回〜第26回試験で各1問、第27回試験で2問の出題があった。**短文事例問題**での出題が多く、うち2問（第24回問題96、第27回問題95）が知的障害者の地域生活への支援を扱っている。障害福祉サービス、支援のための制度・機関の理解が必要となる。

出題頻度 第4位　家族への支援〈3問〉

　これまでの出題は第25回で1問、第26回で2問である。実際の場面で、**介護専門職**としてどう支援するかが大切なため、具体的な状況を示しての短文事例問題で出題される傾向にある。

受験対策のポイントは…

　大項目「2　障害の医学的側面の基礎的知識」を中心に整理しておこう。各種の**障害の種類**、障害が生じた**原因**、**特性**などの一覧表を自分で作成すると、効率よく身につけることができる。**障害の受容**や**適応機制**に関する出題もみられるのでその内容を整理しておこう。
　大項目「3　連携と協働」「4　家族への支援」については、「科目9　認知症の理解」の大項目「4　連携と協働」「5　家族への支援」とあわせて学習するとよい。特に、地域での支援体制、家族への支援については共通する部分が多い。

科目10 障害の理解

基礎知識をまとめておこう

基礎知識1　国連における障害者の権利に関する流れ

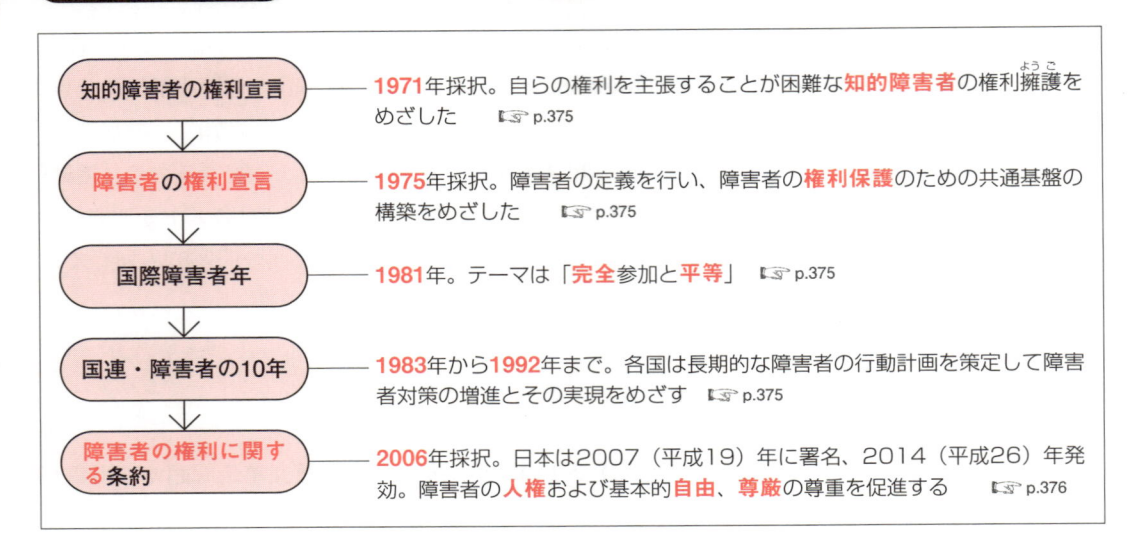

- **知的障害者の権利宣言** ── **1971**年採択。自らの権利を主張することが困難な**知的障害者**の権利擁護をめざした　☞p.375
- **障害者の権利宣言** ── **1975**年採択。障害者の定義を行い、障害者の**権利保護**のための共通基盤の構築をめざした　☞p.375
- **国際障害者年** ── **1981**年。テーマは「**完全参加**と**平等**」　☞p.375
- **国連・障害者の10年** ── **1983**年から**1992**年まで。各国は長期的な障害者の行動計画を策定して障害者対策の増進とその実現をめざす　☞p.375
- **障害者の権利に関する条約** ── **2006**年採択。日本は2007（平成19）年に署名、2014（平成26）年発効。障害者の**人権**および基本的**自由**、**尊厳**の尊重を促進する　☞p.376

基礎知識2　わが国の障害者保健福祉の発展

- **身体障害者福祉法** ── **1949（昭和24）**年制定　☞p.373
- **知的障害者福祉法** ── **1960（昭和35）**年、「精神薄弱者福祉法」として制定。**1998（平成10）**年改称（施行は翌年）　☞p.373
- **障害者の雇用の促進等に関する法律** ── **1987（昭和62）**年、1960（昭和35）年に制定された「身体障害者雇用促進法」が改正され改称　☞p.372
- **障害者基本法** ── **1993（平成5）**年、1970（昭和45）年に制定された「心身障害者対策基本法」が改正され改称　☞p.372
- **精神保健福祉法** ── **1995（平成7）**年、「精神保健法」が大きく改正、改称されたもの。正式名称は「精神保健及び精神障害者福祉に関する法律」　☞p.373〜374
- **発達障害者支援法** ── **2004（平成16）**年制定　☞p.385
- **障害者自立支援法** ── **2005（平成17）**年制定。**2013（平成25）**年「**障害者総合支援**法」に改正、改称　☞p.372・p.390

領域：こころとからだのしくみ　科目10／障害の理解
基礎知識をまとめておこう

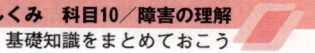

基礎知識3　精神症状の現れ方　p.381〜384

障害	精神症状	特徴	よくみられる疾患
知覚・認知	錯覚	実際に存在する対象を別のものとして知覚する	意識の混濁、せん妄
	幻覚	存在しない対象や刺激を現実に存在すると知覚する	統合失調症、中毒性精神障害、てんかん、認知症、せん妄など
思考	観念奔逸	考えの進行が早く、思いつきが次々と浮かび、考えがまとまらない	躁病、酩酊状態など
	思考制止	考えの進行が遅く、考えが浮かばない	うつ状態、うつ病など
	思考途絶	思考の流れが突然断ち切られ、その瞬間考えが空白になる	統合失調症など
	強迫観念	その思考が無意味なものであるとわかっていても、やめることができない	強迫神経症など
	妄想	まったく訂正できない不合理な思い込み	統合失調症、認知症、意識障害、気分障害など
感情・情動	感情失禁	喜怒哀楽が強く表現され、感情のコントロールができない	血管性認知症など
	感情鈍麻	感情が失われ、感情が現れるような刺激に対しても無反応である	統合失調症など
	抑うつ気分	気分が落ち込み、悲哀感、空虚感などをともなう。不安や焦躁をともなうこともある	うつ状態、うつ病など
	不安	対象がはっきりとしない漠然とした恐れを抱く	不安神経症など
意識	せん妄	意識レベルが不安定で、錯覚・幻覚・妄想などが出現し、激しい興奮状態や行動障害などを示すことが多い	脳血管障害、薬の副作用など
自我意識	離人感	自分の思考やからだを自分のものでないと感じたり、周囲に対して現実感がなくなる	離人神経症、統合失調症、うつ病、強迫神経症など
	させられ体験（作為体験）	自分の思考や感情、行為がほかの力によって操られていると感じる	統合失調症など

障害の理解
単元1 障害の基礎的理解

科目10

Step 1 重要項目を覚えよう

◆ 障害の概念

1 障害者の法的定義 基本

わが国の法律では、その主旨によって障害者の定義を行っている。また、多くの場合、**18歳未満**を**障害児**、18歳以上を**障害者**とよぶ。さらに、単一の障害で重度の障害のある人を**重度**障害者、いくつかの障害をあわせもつ人を**重複**障害者、これが重度の場合は**重症心身**障害者とよんでいる。

障害者基本法

「障害者　身体障害、**知的**障害、精神障害（発達障害を含む。）その他の心身の**機能**の障害がある者であつて、障害及び社会的障壁により継続的に日常生活又は**社会**生活に相当な**制限**を受ける状態にあるものをいう。」（第2条第1号）

「社会的障壁　障害がある者にとつて日常生活又は**社会**生活を営む上で**障壁**となるような社会における事物、**制度**、慣行、観念その他一切のものをいう。」（第2条第2号）

障害を理由とする差別の解消の推進に関する法律

2013（平成25）年に制定された（施行は2016〈平成28〉年4月1日）
「障害を理由とする差別の解消の推進に関する法律（障害者**差別**解消法）」では、障害者の定義（第2条第1号）、社会的**障壁**の定義（第2条第2号）とも、「障害者基本法」（第2条）の定義にのっとっている。

障害者の雇用の促進等に関する法律

「障害者　身体障害、知的障害又は精神障害（発達障害を含む。）その他の心身の機能の障害があるため、長期にわたり、**職業**生活に相当の制限を受け、又は**職業**生活を営むことが著しく困難な者をいう。」（第2条第1号）

障害者総合支援法

「『障害者』とは、**身体障害者福祉**法第4条に規定する身体障害者、**知的障害者福祉**法にいう知的障害者のうち18歳以上である者及び**精神保健及び精神障害者福祉**に関する法律第5条に規定する精神障害者（発達障害者支援法第2条第2項に規定する発達障害者を含み、知的障害者福祉法にいう知的障害者を除く。）のうち18歳以上である者並びに治療方法が確立していない**疾病**その他の特殊の疾病であって政令で定めるものによる障害の程度が厚生労働大臣が定める程度である者であって18歳以上であるものをいう。」（第4条第1項）

領域：こころとからだのしくみ　科目10／障害の理解
単元1　障害の基礎的理解

2 身体障害者障害程度等級表 [基本]

身体障害者障害程度等級表は、「**身体障害者**福祉法施行規則」別表として記載され、「身体障害者福祉法」における身体障害者の障害の**程度**を障害種類別に規定している。

障害種別　①**視覚**障害、②**聴覚**または**平衡**機能の障害、③**音声**、**言語**または**咀嚼**機能の障害、④**肢体不自由**、⑤心臓・腎臓・呼吸器・膀胱・直腸・小腸・ヒト免疫不全ウイルスによる免疫・肝臓の、機能の障害（**内部障害**）

出題実績 ▶ 27〔87〕

障害等級　障害の程度を表す。障害が重い順に**1**級から**6**級まであり、肢体不自由のみ**7**級まであり、7級については該当する障害が2つ以上重複する場合には**6**級となる。身体障害者手帳の交付は**6**級まで。

3 身体障害 [基本]

身体障害者は、「**身体障害者福祉法**」第4条に、「『**身体障害者**』とは、別表に掲げる身体上の障害がある18歳以上の者であつて、都道府県知事から身体障害者**手帳**の交付を受けたものをいう。」と規定されている。つまり、「身体障害者**障害程度**等級表」に示す範囲の障害があり、**身体障害者**手帳の交付を受けている人が該当する。

身体障害者手帳　身体障害者が対象の**福祉サービス**を受けるときに必要な手帳。都道府県知事（または指定都市の長）の定める医師の診断書を添え、居住地（居住地を有しないときは現在地）の**都道府県知事**（指定都市・中核市市長）に交付を申請。窓口は居住する**市町村**の福祉事務所（福祉事務所を設置しない町村では町村長）。

4 知的障害 [基本]

身体障害・知的障害・精神障害のうち、**知的障害**のみが、個別法による定義がない。「**知的障害者福祉**法」には定義されて**いない**が、1973（昭和48）年度より開始された**療育**手帳制度によって、重度とそれ以外の障害の程度と判定基準が示されている（旧厚生省事務次官通知）。

療育手帳　知的障害児（者）に対する一貫した**指導・相談**、各種援助措置を受けやすくするための手帳。障害程度によって**A**（重度）と**B**（その他）などに区分されている（より細かく区分する地方自治体もある）。18歳未満は**児童**相談所、18歳以上は知的障害者**更生**相談所が判定を行い、**都道府県知事**（または指定都市の長）が交付する。申請窓口は居住する市町村の福祉事務所（福祉事務所を設置しない町村では町村長）。

5 精神障害 [基本]

精神障害者は、「**精神保健及び精神障害者福祉**に関する法律（**精神保健福祉法**）」第5条に、「『**精神障害者**』とは、統合失調症、精神作用物質による急性中毒又はその依存症、知的障害、精神病質その他の精神疾患を有

科目10 障害の理解
単元1 障害の基礎的理解

精神障害者保健福祉手帳

する者をいう。」と定められている。

1995（平成7）年より精神障害者（知的障害者を除く）を対象に交付されている。税制の優遇措置、生活保護の**障害者**加算などの申請に用いられる。障害程度により1級・2級・3級がある。有効期限は**2**年。医師の診断書または障害年金の年金証書の写しを添え、その居住地（居住地を有しないときは現在地）の**都道府県知事**（指定都市の長）に申請する。窓口は居住する**市町村**長。

6 ICF（国際生活機能分類） 頻出

ICF（International Classification of Functioning, Disability and Health；**国際生活機能分類**）は、2001年**WHO**（World Health Organization；**世界保健機関**）が**ICIDH**（International Classification of Impairments, Disabilities and Handicaps；**国際障害分類**）を改訂して採択した。WHOが1980年に発表したICIDHははじめての国際的な障害の概念で、「**機能**障害」「**能力**障害」「**社会的**不利」を障害の3つの次元として提案した。その後、当事者主体、自己選択・自己決定という考え方が主流となり、**社会**モデル（→p.140 **7**）と**医学**モデル（→p.140 **6**）を統合したモデルとしてICFが生まれた。ICFでは、**環境**因子や**個人**因子によって、身体機能および機能の障害が生じたり、**活動**が制限されたり、**社会**参加が制約を受けたりすることが示された（→p.138 **5**）。　出題実績 ▶ 24〔87〕・25〔87〕・26〔87〕

◆障害者福祉の基本理念

7 ノーマライゼーションの思想 頻出

ノーマライゼーションとは一般に、**障害**の有無にかかわらず、地域のなかでごく**ふつう**の生活をしていけるような社会をつくっていくこと、とされている。1950年代に、デンマークの知的障害児・者の親の会の運動に始まって、「ノーマライゼーションの産みの親」とよばれる、**バンク-ミケルセン**（Bank-Mikkelsen, N. E.）の提唱（施設での処遇改善を求める要望書を提出）に起因して、その後の障害者福祉の指針となる理念となった。2002（平成14）年の「**障害者基本**計画」においても、**リハビリテーション**とともに基本理念とされた。　出題実績 ▶ 24〔88〕・27〔88〕

バンク-ミケルセンからニィリエへ

バンク-ミケルセンが提唱するノーマライゼーションは、障害者も可能なかぎり健常者と同じ**条件**で援助されるべきだという考え方で、障害者をノーマルにするというより、その**生活**をノーマルにする環境を提供しようとするもの。このバンク-ミケルセンの影響を受けたのがスウェーデンの**ニィリエ**（Nirje, B.）で、「ノーマライゼーションの育ての親」とよばれる。**ニィリエ**の原則（→p.136 **4**）は、あるべきノーマルな生活水準

領域：こころとからだのしくみ　科目10／障害の理解
単元1　障害の基礎的理解

ヴォルフェンスベルガーによる発展	を具体的に提唱するもの。 **ヴォルフェンスベルガー**（Wolfensberger, W.）は、初期のノーマライゼーションの考えを発展させ、ノーマライゼーションに代わる考えとして、知的障害者の「**社会的役割**の実現」を重視した。知的障害者自身の**能力**を高めることと、社会に対して知的障害者の**イメージ**を高めるはたらきかけを行うことを、「社会的役割の実現」をめざすための戦略とした。
PASS	PASS（Program Analysis of Service System；パス）は、**ヴォルフェンスベルガー**が提唱したノーマライゼーション達成水準の**評価**尺度。ノーマライゼーションを理念のレベルから測定可能な概念に変えた。PASSは、その後改良され、**PASSING**（Program Analysis of Services System Implementation Goals；パッシング）となった。
8 知的障害者の権利宣言	「知的障害者の権利宣言」は、自らの権利を守ることが困難な知的障害者の**権利擁護**のために、1971年に**国連総会**において採択された。「知的障害者は、実際上可能な限りにおいて、他の人間と同等の**権利**を有する」など7項目にわたる内容を示し、その実現に向けた国内的および国際的行動を要請している。
9 障害者の権利宣言　基本	「障害者の権利宣言」は、1975年に**国連総会**において採択された。障害者を定義し、**無差別**平等権や**基本的**人権、参政権などの障害者の**権利保護**のための共通の基盤の構築をめざした。
障害者の定義	「『障害者』という言葉は、先天的か否かにかかわらず、**身体**的又は**精神**的能力の不全のために、通常の個人又は社会生活に必要なことを確保することが、自分自身では完全に又は部分的にできない人のことを意味する。」
10 国際障害者年	1975年の**国連総会**において、**1981**年を国際障害者年とすると決議された。障害者の「**完全参加と平等**」をテーマに、障害者の社会参加のために、就労や生活環境の整備の推進を目的とする。国際障害者年に先立つ1979年国連総会で、「**国際障害者年**行動計画」が採択された。
国際障害者年行動計画	国際障害者年行動計画は、国際障害者年の理念と原則、各国のとるべき措置、国際連合の事業などについての指針として示された。
国連・障害者の10年	国連・障害者の10年は、国際障害者年の翌年の1982年に、国連総会において採択された。1983〜1992年を、国連・障害者の10年と定め、各国の**長期**的な障害者対策の推進を提唱した。
アジア太平洋障害者の10年	国連・障害者の10年に続く取り組みとして、アジア太平洋地域における

科目10 障害の理解
単元1 障害の基礎的理解

障害者への認識を高め、域内障害者施策の質の向上をめざすために、国連の地域委員会の一つである国連アジア太平洋社会経済委員会において、**アジア太平洋**障害者の10年（1993〜2002年）が採択された。

11 障害者の権利に関する条約 基本

2006年12月、「障害者の権利に関する条約（障害者権利条約）」が第61回**国連総会**で採択された。これは、障害者の権利や尊厳を促進し保護するための包括的・総合的な国際条約である。わが国は2007（平成19）年に署名、2014（平成26）年1月に批准、同年2月**発効**。

目的
「全ての障害者によるあらゆる**人権**及び基本的**自由**の完全かつ平等な享有を促進し、保護し、及び確保すること並びに障害者の固有の**尊厳**の尊重を促進することを目的とする。」（第1条）

障害者の範囲
「障害者には、長期的な身体的、精神的、知的又は感覚的な機能障害であって、様々な**障壁**との相互作用により他の者との平等を基礎として**社会**に完全かつ効果的に参加することを妨げ得るものを有する者を含む。」（第1条）

12 自立生活運動（IL運動） 基本

障害者の自立生活運動（Independent Living Movement；IL運動）は、1960年代に、**アメリカ**のカリフォルニアで重度身体障害者自身の主張により**自立生活**センターがつくられたことに端を発して、障害者の**権利**回復をめざしたもの。たとえ重度の障害者であっても、自己**選択**・自己**決定**によって、地域で主体的に生きていくことを目的としている。それまでは、自立といえば経済的・職業的な自立や日常生活の自立が重要であるとされていたが、たとえ介助を受けていても、障害者自身の人生や生活を自分の**責任**において決定し、自らが望む生活目標や生活様式を選択し、**主体**的に生きていこうとすることを自立とする考えが生み出された。

13 リハビリテーション 基本

リハビリテーション（rehabilitation）とは、re-（再び）habilitate（適した状態にすること）という言葉のように、人間らしく生きる**権利**の回復である**全人間**的**復権**を意味する（→p.140 **8**）。2002（平成14）年の「**障害者基本**計画」において、**ノーマライゼーション**とともに基本理念とされた。 出題実績 ▶ 25〔88〕

14 インテグレーション

インテグレーションは、障害児・者を社会へ統合することによって、さまざまな人が社会の中でともに生活する状態を実現するという考え方である。**障害教育**の分野から生まれ、現在では、障害児・者のみではなく、高齢者など社会福祉の利用者すべてに対して、**ノーマライゼーション**の

理念を具体的に実施するための原則となっている。

15 インクルージョン 基本

インクルージョンは、すべての人を**包括**するという考え方のこと。障害者や貧困者などのように**社会**的に孤立しやすく排除されやすい人も含めて、**すべて**の人を社会の中に包みこむという考え方を**ソーシャル・インクルージョン**という。インテグレーションは分離されている障害者と健常者を有機的に**統合**するという**二元**論であるのに対し、インクルージョンはすべての人を**包括**するという**一元**論に立っている。 出題実績 ▶ 26〔88〕

実力アップ！豆知識　HIV（ヒト免疫不全ウイルス）

　HIV（human immunodeficiency virus；ヒト免疫不全ウイルス）による免疫機能障害は、心臓機能障害、腎臓機能障害、呼吸器機能障害、膀胱・直腸機能障害、小腸機能障害、肝臓機能障害と同様の内部障害に位置づけられており、患者は身体障害者手帳を取得することができる。

　HIVウイルスは免疫細胞に感染してそれを破壊し、人間の免疫機能を低下させる。全身倦怠感や発熱、体重の急激な減少などが生じたり、やがては通常は問題にならないような弱い病原体によってさまざまな感染症が引き起こされたりする（日和見感染）。これがエイズ（acquired immunodeficiency syndrome；AIDS；後天性免疫不全症候群）の発症で、放置すると死にいたる病気である。

　現在では、HIVに感染しても、適切な治療を行うことでエイズの発症を遅らせたり、症状を軽くしたりすることができるようになったが、HIV感染者は症状の変化に対して不安を抱えている。医療ケアが必要で、進行すると介護の必要も生じてくる。定期的な病院への通院と、自己管理、周囲の理解やサポートが大切である。

　一方で、HIV感染者・エイズ患者への差別や偏見はいまだに残っている。HIV感染者、エイズ患者は、病気そのもの以外によってもストレスを受けやすい状況にあるため、介護職は日ごろからケアの方法や病気の知識はもちろん、心理面に対する配慮、声かけなどを習得しておくことが重要である。

　HIVの感染力は非常に弱く、血液による感染、性交渉による感染、母子感染、の3つのルートに限定される。まずHIVについて正しい知識をもつことが、HIV感染者に対してのサポートとなる。

科目 10 障害の理解
単元 1 障害の基礎的理解

Step 2 一問一答で確かめよう

問い	答え
□ 身体障害児と身体障害者の境界となる年齢は何歳？	18歳 return 1
□ いくつかの障害をあわせもつ人を何とよぶ？	重複障害者 return 1
□ 心臓・腎臓・呼吸器、膀胱・直腸・小腸・ヒト免疫不全ウイルスによる免疫・肝臓の、機能の障害をまとめていう障害名は何？	内部障害 return 2
□ 障害等級の1級と3級では、どちらが重度の障害になる？	1級 return 2
□ 肢体不自由の障害等級は何級から何級まである？	1級から7級まで return 2
□ 7級に相当する障害が2つ以上あるとき、障害等級は何級になる？	6級 return 2
□ 「『身体障害者』とは、別表に掲げる身体上の障害がある18歳以上の者であつて、都道府県知事から身体障害者手帳の交付を受けたものをいう。」と定義している法律は何？	身体障害者福祉法 return 3
□ 「知的障害者福祉法」には知的障害者の定義がある？ ない？	ない return 4
□ 「『精神障害者』とは、統合失調症、精神作用物質による急性中毒又はその依存症、知的障害、精神病質その他の精神疾患を有する者をいう。」と定義している法律は何？	精神保健及び精神障害者福祉に関する法律（精神保健福祉法） return 5
□ ICF（International Classification of Functioning, Disability and Health；国際生活機能分類）は、何の改訂版として、WHO（World Health Organization；世界保健機関）が採択した？	ICIDH（国際障害分類） return 6
□ ノーマライゼーションは、デンマークのどのような人たちの親の会から始まった？	知的障害児・者 return 7
□ 「ノーマライゼーションの産みの親」とよばれ、知的障害児・者の施設での処遇の改善を求めたのはだれ？	バンク-ミケルセン return 7
□ 「ノーマライゼーションの育ての親」とよばれ、ノーマルな生活水準の原則を提唱したのはだれ？	ニィリエ return 7
□ ノーマライゼーションを発展させ、「社会的役割の実現」を重視する考えを打ち出したのはだれ？	ヴォルフェンスベルガー return 7
□ 知的障害者の権利擁護のために、1971年に国連総会において採択された宣言は何？	知的障害者の権利宣言 return 8

領域：こころとからだのしくみ　科目10／障害の理解
単元1　障害の基礎的理解

□障害者を定義し、無差別平等権や基本的人権、参政権などの**障害者の権利保護**のための**共通の基盤の構築**をめざすため、1975年に国連総会において採択されたのは何？　　**障害者の権利宣言** ⟶ 9

□2006年、国連総会で採択された、**障害者の権利や尊厳**を促進し保護するための**包括的・総合的な国際条約**は何？　　**障害者の権利に関する条約** ⟶ 11

□1960年代に、障害があっても自己選択・自己決定によって主体的に生きていこうとする**自立生活運動**（Independent Living Movement；IL運動）が始まった国はどこ？　　**アメリカ** ⟶ 12

□リハビリテーションという言葉がもつ、**人間らしく生きる権利の回復**という意味を表す短い言葉は何？　　**全人間的復権** ⟶ 13

□すべての人を**包括する**という考え方は、インテグレーション？　インクルージョン？　　**インクルージョン** ⟶ 14 15

Step 3　過去問に挑戦！

問題　ICF（International Classification of Functioning, Disability and Health；国際生活機能分類）にしたがって次の状態を定義した場合、**正しいものを1つ**選びなさい。

第24回（2012年）〔87〕

1　片足を切断しても義足を着けて歩くことができるのは「参加」である。
2　右片麻痺があるが福祉用具を使って食事を作ることができるのは「活動」である。
3　尿失禁が思わぬときに起こるのでゲートボール大会への出場を控えるのは「活動制限」である。
4　調理や掃除等の生活行為ができなくなるのは「参加制約」である。
5　盲導犬利用者が結婚式への出席を断られるのは「活動制限」である。

答え　2

片足を切断しても義足を着けて歩くことができるのは「活動」である（1は誤り）。右片麻痺があるが福祉用具を使って食事を作ることができるのは「活動」である（2が正しい）。尿失禁が思わぬときに起こるのでゲートボール大会への出場を控えるのは「参加制約」である（3は誤り）。調理や掃除等の生活行為ができなくなるのは「活動制限」である（4は誤り）。盲導犬利用者が結婚式への出席を断られるのは「参加制約」である（5は誤り）。
⟶ 6　（p.138 5 も参照）

科目10 障害の理解
単元2 **障害の医学的側面の基礎的知識**

Step 1 重要項目を覚えよう

◆ 身体障害

1 視覚障害 基本

視覚障害（visual disturbance）には、**視力**障害だけではなく、**視野**の異常、色覚、明暗順応の障害がある。眼の機能的な障害が原因のものと、**中枢神経系**の障害が原因のものとに分けられる。

先天的な障害の場合
言葉のみの理解が多いために**唯言語**主義（バーバリズム）に陥ることが多いので、具体的な事物に即した指導が必要とされる。
唯言語主義（バーバリズム）……直接的な経験の裏づけがともなわない形式的な言葉だけの連想によって概念を獲得する。

中途障害の場合
視覚的なイメージは**保持**されている。障害を受けたときの衝撃が大きいため、心理的な立ち直りを支援することが大切である。

2 聴覚障害

幼児期までに起こった聴覚障害（hearing impairment）では、音による外部からの情報が得られないために言語の獲得が**困難**で、自分の思考を言語にすることが難しいため、早期**発見**・早期**教育**が重要とされる。中途障害の場合、時間の経過にともない、発音が不明瞭になることが多く、**手話**や筆談、身ぶりなど、その人に合ったコミュニケーション手段が必要とされる。

3 言語障害 基本

言語障害（speech disorder）には、吃音（きつおん）などの**流暢**（りゅうちょう）性の障害、発音に誤りのある**構音**障害（dysarthria）、大脳の病変や事故による言語操作機能の障害である**失語**症（aphasia）、自閉症（autism）・知的障害（mental retardation）などにともなう**言語発達**障害（developmental disorder of speech and language）などがある。話し方がまわりの人と異なるために劣等感を感じたり、自分の意思を相手に伝えるのが困難なためにフラストレーションを感じたりすることも多い。対応時は、表情や身ぶりなどの**非言語**的コミュニケーションにも十分な注意をはらう必要がある。なお、アメリカ精神医学会の診断基準DSM-5の日本精神神経学会による訳語では言語症ともいう。

領域：こころとからだのしくみ　科目10／障害の理解
単元2　障害の医学的側面の基礎的知識

4 肢体不自由 [基本]

肢体不自由（cripple）とは、四肢・体幹（脊椎を中心とした頸部から腰部までの部位）の障害によって生じた運動機能・姿勢保持の障害。先天的な原因は脳性麻痺（cerebral palsy）が多いが、後天的な関節の疾患や**筋肉**の疾患、**脳**血管疾患（cerebrovascular disease → p.327 **21**）、事故による**脊髄**損傷が原因のことも多い。中途障害の肢体不自由者にとって、自身の身体像の変化は受け入れがたいために、一般的に障害の**受容**が容易ではない。

幻肢　事故などで四肢の一部を切断した**中途**障害の肢体不自由者が、失った部分がまだ**存在**しているように感じる体験を幻肢という。痛みをともなうこともある。

5 内部障害

内部障害とは、心臓・**腎臓**・**呼吸器**、膀胱または直腸・小腸の機能障害、**HIV**（human immunodeficiency virus；ヒト免疫不全ウイルス）による**免疫**機能の障害と、**肝臓**機能障害をさす。外見からわかりにくいためにまわりの人からの理解が得られにくく、長期の療養で活動が制限されたり、疾病の経過や検査の結果にふりまわされたりすることも多い。このため、**情緒**不安定、欲求**不満**、社会的な**不適応**などの心理的な問題を起こしやすい。本人の不安や苦しみを受容したうえで、運動や生活の規制などに細かい配慮が必要であり、医療サイドの助言もおろそかにできない。

◆ 精神障害

6 統合失調症 [頻出]

統合失調症（schizophrenia）は**青年**期に発症することが多く、急性期には**陽性**症状が前面に出る。一過性で回復することもあるが、再発をくりかえしたり、慢性化して**陰性**症状が残ったりすることが多い。治療とリハビリテーションの進歩により、予後が著しく改善されている。

出題実績 ▶ 27〔90〕

陽性症状　幻聴・体感幻覚などの**知覚**症状、妄想・滅裂思考・思考途絶などの**思考**障害、**させられ**体験・考想伝播（考えが周囲の人に伝わってしまうという思い込み）などの**自我**障害など。

陰性症状　感情鈍麻・疎通性の障害などの**感情**障害、自発性の減退・意欲の低下などの**行動**障害など。　出題実績 ▶ 27〔89〕

感情鈍麻……感情が**失われた**状態で、ふつうなら感情が現れるような刺激に対しても無反応である。

科目10 障害の理解
単元2 障害の医学的側面の基礎的知識

タイプ	特徴
破瓜型	ほとんどが思春期に発症。徐々に進行し、感情鈍麻、意欲の減退が目立つようになる。病勢が進むと、残遺型に移行する
単純型	幻覚、妄想などはあまりみられず、感情鈍麻、意欲低下が進行し、怠惰で無為な生活を送るようになる
緊張型	ほとんどが思春期に発症。緊張性興奮と昏迷状態が交互に発作的にくりかえされる
妄想型	20歳代後半から35歳前後に多い。妄想がおもな症状で、妄想に基づく奇妙な行動がしばしばみられる
残遺型	統合失調症の後期の段階。自発性が低下し、感情鈍麻、言語的交流の貧困などの症状が支配的である

表1　統合失調症の病型

7 気分障害（基本）

気分障害（mood disorder）は、躁うつ病（manic depressive psychosis）ともよばれる。気分や感情の変化とともに活動性が変化することが特徴。躁状態あるいはうつ状態が**単独**に出現するケースと、躁状態とうつ状態を**くりかえす**ケース（**双極**性障害）などがある。

躁状態
気分が高揚し爽快感が持続するなか、衝動的に行動する。多弁・多動、観念奔逸、**誇大**妄想などが特徴。不眠でも疲れや苦痛を感じない。

観念奔逸……考えが次から次へと方向性もなくほとばしり出て、まとまらない状態。躁状態・酩酊状態などでみられる。

うつ状態
抑うつ気分、悲哀感に支配され、判断力が**低下**し、自責の念にとらわれ、絶望的になって**自殺**を考えることも多い。食欲不振、不眠障害、全身の疲労感や倦怠感、便秘、性欲の減退などの身体症状もみられる。日内変動（午前中は症状が**重**く、午後になると比較的**改善**される）がみられる。抗うつ薬による薬物療法が行われる。安易な励ましは逆効果となる。

抑うつ気分……気分が落ち込み、悲哀感、空虚感などをもつ。不安や焦燥をともなうことも多い。

仮面うつ病
仮面うつ病（masked depression）は、うつ病の精神症状が**身体**症状の陰に隠れてしまっている状態のこと。全身の疲労感や倦怠感、不眠障害、身体の痛みなどを訴える。

8 神経症（基本）

神経症（neurosis）は、精神的な**ストレス**や**対人**関係による葛藤、欲求不満など**心理**の原因によって発症する。

不安神経症
不安神経症（anxiety neurosis）では、理由もなく激しい不安におそわれ、動悸や呼吸困難、めまい、冷や汗といった**不安**発作がみられる。不安症／不安障害ともいい、不安発作がまた起こるのではという**予期**不安があ

	る場合を**パニック症／パニック**障害（panic disorder）という。
強迫神経症	強迫神経症（obsessive-compulsive neurosis）は、強迫症／強迫性障害ともいう。自分でも無意味であるとわかっていながら、やめることができない思考（**強迫観念**）、また、それによって無意味な行為をくりかえしてしまう**強迫行為**などを主症状とする。
心気神経症	心気神経症（hypochondrical neurosis）では、自分の**健康**に強くとらわれ、わずかな身体症状で**重篤**（じゅうとく）な病気と思い込む。診断に納得できずに、病院を転々としたり、医学書を買いあさったりといった特徴がみられる。
解離性障害（転換性障害）	解離性障害（dissociative disorder）は解離症ともいい、一般に**ヒステリー**とよばれている。**ストレス**や対人関係における問題によって、精神症状や身体症状などを形成する。**解離**性障害では、最近の記憶を広い範囲で喪失したり（解離性**健忘**）、自己同一性を失ったりする（**多重人格**）。転換性障害（conversion disorder）では、目が見えない、耳が聞こえないなどの**知覚**症状や口がきけない、足腰が立たないなどの**身体**症状が現れる。
離人神経症	離人神経症（depersonalization neurosis）では、自分の考えを自分のものとして感じられず、自分のからだが自分のもののように感じられない。また、周囲の人に対しても**現実**感をもてない。離人感・現実感消失症／離人感・現実感消失障害ともいう。
心的外傷後ストレス障害（PTSD）	心的外傷後ストレス障害（post-traumatic stress disorder；PTSD）は、自然災害や犯罪の被害など、生命や身体の危機に遭って心的外傷（**トラウマ**）が形成され、その後数週間から6か月くらいの**潜伏**期間を経て発症する。**再体験**・**覚醒**亢進（かくせいこうしん）・**回避**をおもな症状とする。 **再体験**……心的外傷の原因となった出来事を**フラッシュバック**や悪夢という形でくりかえしよみがえらせる。 **覚醒亢進**……不眠・過剰な驚愕（きょうがく）反応・過度の警戒心など**交感**神経のはたらきが促進された状態。 **回避**……心的外傷の原因となった出来事を思い出す状況を避けたり感情が麻痺（まひ）したりする。出来事の特定の部分のみ**記憶喪失**（そうしつ）になることもある。
9 高次脳機能障害　頻出	高次脳機能障害（higher brain dysfunction）は、事故などによる脳の損傷や**脳血管**障害（cerebrovascular disorder）、脳炎（encephalitis）の後遺症として、**言語**、**記憶**、意識、注意、判断などの高度な脳機能が障害を受けた状態。以下の症状のほか、感情障害、失語、**見当識**障害、失行などがみられる。　出題実績 ▶ 27〔90〕
おもな症状	**記憶**障害……物の置き場所や約束を忘れる、新しく覚えられない　など **注意**障害……集中力がない、ぼんやりして作業するとミスが多い　など

科目 10 障害の理解
単元 2 障害の医学的側面の基礎的知識

実行（遂行）機能障害……自分で計画を立てて、状況の変化を受け止めながら、臨機応変に行動することができない　など　出題実績 ▶ 24〔93〕・25〔90〕

社会的行動障害……些細なことで興奮してどなる、自発性にとぼしく人に依存する、思ったことを何でも口に出して不適切な発言をする　など

◆ 知的障害

10 知的障害 頻出

知的障害（mental retardation）とは、知的機能の発達が**遅れ**て、日常生活に支障をきたしているためになんらかの支援を必要とする状態のこと。医学的には**精神遅滞**とよばれている。次のような特徴がある。　出題実績 ▶ 24〔94〕・27〔91〕

① 知的機能が平均よりも著しく**低**い。
② **適応**能力の障害がみられる。
③ **18**歳以前に発症する。

11 ダウン症候群 頻出

ダウン症候群（Down's syndrome）は**染色体**異常による障害で、通常は46個ある染色体の数が47個あることで起こる。代表的な標準型21トリソミーの場合、21番目の染色体が2個でなく**3**個ある。特徴的な顔貌、**知的**発達の遅れ、骨格や筋肉の機能低下などがみられる。　出題実績 ▶ 25〔92〕・27〔90〕

◆ 発達障害

12 発達障害 基本

発達障害（developmental disorder）とは、**18**歳以前の発達期に起こった脳の機能障害で、**自閉**症スペクトラム障害（autism spectrum disorder）、**学習**障害（Learning Disability；LD）、**注意欠如・多動**性障害（Attention Deficit/Hyperactivity Disorder；AD/HD）、その他これに類する脳機能の障害がある。

13 学習障害（LD）

学習障害（Learning Disability；LD）とは、全般的な知能発達に遅れはみられないが、聞く、**話す**、**読む**、**書く**、計算する、推論するなどの学習能力のうち、特定のものの習得と使用に著しい困難がある状態。「DSM-5病名・用語翻訳ガイドライン」（日本精神神経学会）では学習症とも。**認知**能力の発達の遅れや偏りから特別な教育的支援が必要となる。

14 注意欠如・多動性障害（AD/HD）

注意欠如・多動性障害（Attention Deficit/Hyperactivity Disorder；AD/HD）は、**注意集中**困難または**衝動**性、**多動**性を特徴とする**行動**の障害。

「DSM-5病名・用語翻訳ガイドライン」（日本精神神経学会）では注意欠如・多動症、「**発達障害**者支援法」では**注意欠陥多動**性障害とよぶ。

15 自閉症スペクトラム障害 頻出

自閉症（autism）に代表される発達障害。アメリカ精神医学会の診断基準DSM-Ⅳでは広汎性発達障害とよばれたが、DSM-5より変更。日本精神神経学会による訳語は、自閉スペクトラム症、自閉症スペクトラム障害の2種。　出題実績 ▶ 24〔95〕・25〔93〕・26〔91〕・27〔90〕

自閉症
知的障害をともなうものが多いが、ともなわないものもある（**高機能**自閉症という）。次のような特徴がある。
①相互交流ができない、目を合わさないなど**社会**性の障害
②言語の遅れ、オウム返し、会話が困難など**コミュニケーション**の障害
③強い**こだわり**があり、反復的な行動をとる

アスペルガー症候群
知的発達や言語発達の遅れはなく、**情緒**障害や**対人**関係の問題が特徴。

◆ 難病

16 難病 基本

「発病の機構が明らかでなく、かつ、治療方法が確立していない希少な疾病であって、当該疾病にかかることにより長期にわたり療養を必要とすることとなるものをいう。」（「難病の患者に対する医療等に関する法律」第1条）。

特定医療費の支給
支給**認定**を受けた**指定**難病の患者が指定医療機関で受ける医療に対して、都道府県が支給する。

おもな指定難病
特に患者数が**少なく**、一定の**診断**基準があるなどの要件を満たすものであって、患者のおかれている状況からみて良質かつ適切な医療の確保を図る**必要**性が高いものとして、厚生労働大臣が指定するものをいう。①球脊髄性筋萎縮症（Spinal and Bulbar Muscular Atrophy；SBMA）、②筋萎縮性側索硬化症（amyotrophic lateral sclerosis；ALS）、③脊髄性筋萎縮症（spinal muscular atrophy；SMA）、④原発性側索硬化症（primary lateral sclerosis；PLS）、⑤進行性核上性麻痺（PSP）、⑥パーキンソン病（Parkinson disease）など。

障害者自立支援制度での扱い
難病は、2013（平成25）年4月から「障害者の日常生活及び社会生活を総合的に支援するための法律（障害者**総合**支援法）」による支援の対象となっている。

◆ 障害のある人の心理

17 障害がおよぼす心理的影響
障害を受けた人の心理の特徴として、障害**過大**視、**価値**転換（障害の受容）、適応と適応**機制**などがみられる。

科目10 障害の理解
単元2 障害の医学的側面の基礎的知識

18 障害過大視

障害を受けた人が、自分の障害を**現実**以上に**大き**く受け止めてしまうことを、障害**過大**視という。これにより**劣等**感が生じ、障害者が新たな生活に積極的に進んでいくことを困難にする。障害過大視は**中途**障害者に顕著にみられるが、幼児や児童ではあまり**大き**くない。

19 障害の受容

障害があるという事実を、**受け入れる**こと。自分のおかれている状況を**客観**的に認め、自己の人間的価値を**低下**させるものではないと認識することで、積極的に新しい生活に進んでいくことができる。

20 障害の受容の過程 基本

一般に図1のような過程を経るが、必ずしも1段階ずつ進むのではない。

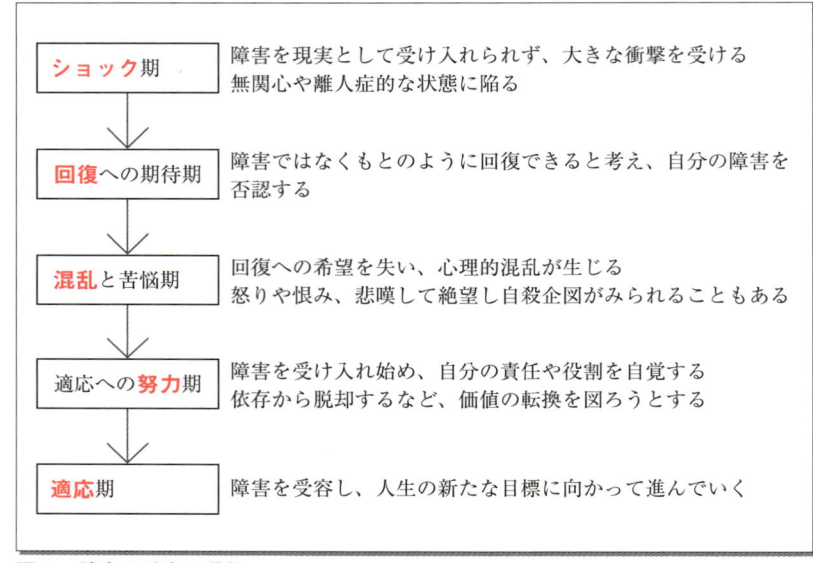

ショック期	障害を現実として受け入れられず、大きな衝撃を受ける 無関心や離人症的な状態に陥る
回復への期待期	障害ではなくもとのように回復できると考え、自分の障害を否認する
混乱と苦悩期	回復への希望を失い、心理的混乱が生じる 怒りや恨み、悲嘆して絶望し自殺企図がみられることもある
適応への**努力**期	障害を受け入れ始め、自分の責任や役割を自覚する 依存から脱却するなど、価値の転換を図ろうとする
適応期	障害を受容し、人生の新たな目標に向かって進んでいく

図1 障害の受容の過程

21 障害の受容に影響をあたえる要因

障害が起きた**年齢**や障害前の**性格**、障害の**程度**、社会的な環境や時間の経過などが障害の受容に影響をあたえる。また、家族や友人との関係、障害者どうしの交流などの**社会**的な関係も影響する。

22 価値転換説

障害をあきらめるのではなく、新たな価値を見出すことによって、障害を**受容**しようとする説のこと。**ライト**（Wright, B.）が提唱した。
①価値範囲を**拡大**する（ほかの価値に目を向け、失われた価値にこだわらない）。
②障害があたえる影響を**制限**する（障害を大きくとらえず、障害によって受けた影響を小さく見積もる）。
③外観より**内面**的な価値を重視する（身体の外観を従属的なものと考え、

自分の内面的な価値に注目する）。

④相対的な価値を**資産**価値に変える（他人と比較するよりも、自分本来の資産的な価値〈能力や性質〉に目を向ける）。

23 適応

個人と**環境**とが調和した関係を保っていること。個人が環境に合わせるだけではなく、個人の**要求**が充足された環境にある状態。この調和した状態を保てない状態を**不適応**、**適応**障害とよぶ。

24 適応機制（防衛機制） 基本

欲求不満や葛藤（かっとう）状態、緊張感を処理して、自分を守り、**心理**的に安定しようとする**無意識**の解決方法。

適応機制	特徴
抑圧	実現困難な欲求や苦痛をともなう体験を無意識に**心の中から締め出そう**とすること
反動形成	表に出したくない欲求や感情と**正反対の行動**をとることで、それを隠そうとすること
合理化	もっともらしい理由をつけて、自分の失敗や欠点を**正当化**したり他人のせいにしたりすること
逃避	直面しているつらい現実から目をそらし、**空想などに逃げる**ことによって、一時的に心の安定を求めること
退行	つらい現実に直面したときに、以前の**未熟な段階**の行動に逆戻りして、自分を守ろうとすること
補償	ある分野での**劣等感**をほかの分野の**優越感**で補おうとすること
昇華	社会的に認められない欲求を、スポーツや芸術など**社会的・文化的価値の高い活動におきかえる**こと 出題実績 ▶ 27〔93〕
同一化（同一視）	**他人の名声や権威を自分のことのようにみなし、欲求が満たされていないという感情から逃れる**こと
投射（投影）	自分が抱いている**不都合な欲求や感情を相手が抱いている**と考えて、非難することによって不安を解消すること
置き換え	欲求や感情を**ほかの対象**に向けて表現すること

表2　代表的な適応機制

◆障害にともなう機能の変化と日常生活への影響

25 障害の特性をふまえたアセスメント

障害のある人の介護では、その人の**障害**の特性、家族との関係性など、おかれた状況をふまえてアセスメントする必要がある。

保たれている能力と低下している能力の把握

保たれている能力が十分**活用**できるよう、また低下している能力については**福祉用具**の活用も考慮して介護計画を立てる。

家族との関係の把握

人的資源の活用を考えるにあたり家族との関係の把握は特に重要である。

科目10 障害の理解
単元2 障害の医学的側面の基礎的知識

Step 2 —問—答で確かめよう

問い	答え
□先天的な視覚障害（visual disturbance）の場合に、直接的な経験の裏づけがともなわない形式的な**言葉だけの連想**によって**概念を獲得**することを何という？	唯言語主義（バーバリズム） return 1
□**幼児期**までに起こった**聴覚障害**（hearing impairment）の場合に、言語獲得のために重要なことは何？	早期発見・早期教育 return 2
□四肢の一部を失った中途障害の肢体不自由者の、**失った部分がまだ存在しているように感じる**体験を何という？	幻肢 return 4
□**統合失調症**（schizophrenia）は、少年期、青年期、壮年期のどの時期に発症することが多い？	青年期 return 6
□考えが次から次へと方向性もなくほとばしり出て**まとまらない状態**を何という？	観念奔逸（ほんいつ） return 7
□**強迫神経症**（obsessive-compulsive neurosis）で、自分でも**無意味**であるとわかっていながら、**やめることができない**思考を何という？	強迫観念 return 8
□心的外傷後ストレス障害（post-traumatic stress disorder；PTSD）で、**心的外傷（トラウマ）の原因**となった出来事を**フラッシュバック**や**悪夢**という形でくりかえしよみがえらせることを何という？	再体験 return 8
□事故による脳の損傷や、脳血管障害（cerebrovascular disorder）の後遺症として、言語、記憶、意識、注意、判断などの**高度な脳機能が障害を受けた状態**を何という？	高次脳機能障害 return 9
□知的機能の発達の遅れや適応障害を特徴とする**知的障害**（mental retardation）は、何歳以前に発症する？	18歳以前 return 10
□**18歳以前の発達期**に起こった**脳の機能障害**を何という？	発達障害 return 12
□全般的な知能発達に遅れはみられないが、**特定の学習能力**の習得と使用に**著しい困難**がある状態を何という？	学習障害（LD） return 13
□**注意集中困難、衝動性、多動性**を特徴とする行動の障害を何という？	注意欠如・多動性障害（AD/HD） return 14
□知的発達や言語発達の遅れはみられないが、**情緒障害や対人関係の問題**が特徴とされる、**自閉症スペクトラム障害**（autism spectrum disorder）に含まれる障害は何？	アスペルガー症候群 return 15

領域：こころとからだのしくみ　科目10／障害の理解
単元2　障害の医学的側面の基礎的知識

- □障害があるという事実を、**受け入れる**ことを何という？ → **障害の受容** return 19
- □障害をあきらめるのではなく、**新たな価値を見出す**ことによって、障害を受容しようとする説を何という？ → **価値転換説** return 22
- □欲求不満や葛藤状態、緊張感を処理して、自分を守り、**心理的に安定**しようとする**無意識**の解決方法を何という？ → **適応機制（防衛機制）** return 24

Step 3　過去問に挑戦！

問題　高次脳機能障害（higher brain dysfunction）の種類と症状に関する次の記述のうち、**適切なもの**を1つ選びなさい。

第24回（2012年）〔93〕

1　遂行機能障害のため、日常生活や仕事の内容を計画して実行できない。
2　半側空間無視のため、歯ブラシの使い方がわからない。
3　社会的行動障害のため、字の読み書きができない。
4　失行のため、同時に2つ以上のことに気配りできない。
5　注意障害のため、突然興奮したり、怒り出す。

答え　1

高次脳機能障害では、自分で計画を立てて物事を実行できない、状況の変化を受け止めながら、臨機応変に行動することができないといった実行（遂行）機能障害を生じることがある（**1が適切**）。半側空間無視は患側の空間を認識できない状態のことで、認識できない空間にある物を落としたり壁などにぶつかったりする。歯ブラシの使い方がわからないのは失行である（**2は不適切**）。社会的行動障害は、些細なことで興奮してどなったりその場に不適切な発言をするなどの障害。字の読み書きができないのは識字障害である（**3は不適切**）。失行は運動障害がないのに目的とする動作がうまくできない状態のこと。同時に2つ以上のことに気配りできないのは注意障害である（**4は不適切**）。注意障害は集中力がなくほんやりしていて作業のミスが多いなどの障害である。突然興奮したり怒り出したりするのは社会的行動障害である（**5は不適切**）。 return 9

科目10 単元3 障害の理解
連携と協働

Step 1 重要項目を覚えよう

◆ 地域におけるサポート体制

1 行政・関係機関との連携
以下に掲げる機関のほか、**福祉**事務所、児童相談所、職業リハビリテーションの機関、**教育**機関などとの連携をとっていく。

身体障害者更生相談所・知的障害者更生相談所
相談・判定を行う機関。「身体障害者福祉法」「**知的**障害者福祉法」に基づき、都道府県・**指定**都市に設置されている。

精神保健福祉センター
地域の精神保健福祉全般の調査研究や**相談**指導を行う機関。「精神保健及び精神障害者福祉に関する法律」に基づき、都道府県・指定都市に設置。

発達障害者支援センター
発達障害児・者の**早期**発見・支援のための機関。「発達障害者支援法」に基づき都道府県・指定都市に設置。

2 協議会（自立支援協議会） 基本
協議会は、地域**連携**を円滑に実践するためのもので、①地域の情報の把握と提供、②関係機関の連携・**ネットワーク**化、③**相談支援**事業者の業務の点検・評価、④**社会**資源の開発などの機能がある。「障害者自立支援法」では地域自立支援協議会とよばれたが、同法の改正によって自立支援協議会、さらに「障害者総合支援法」への改正時に協議会となった。地域の**実情**に応じた名称が使用できるようにするためである（→p.88 ⑥）。 出題実績 ▶ 24〔96〕

構成員
地域の実情に応じ、相談支援事業者（**相談支援**専門員）を中心として、**障害福祉サービス**事業者、保健医療関係者、教育・雇用関係機関、企業、障害者関係団体、当事者や家族、学識経験者などで構成される。

3 地域活動支援センター
地域活動支援センターは、**創作**的活動や**生産**活動を提供し、社会との**交流**の促進その他、障害者・児が自立した日常生活・**社会**生活を営むための支援を行う施設。障害者・児が通って利用する。

◆ チームアプローチ

4 他の福祉職種との連携
精神保健福祉士（→p.92）、社会福祉士（→p.83）のほか、相談支援専門員などとの連携が重要である。

領域：こころとからだのしくみ　科目10／障害の理解
単元3　連携と協働

| 相談支援専門員 | 「障害者総合支援法」に基づきおもに**指定**相談支援事業所で指定相談支援に従事する。実務経験者が所定の**研修**を受けてなる。　出題実績 ▶ 25〔95〕 |
| 5　保険医療職種との連携 | 医師、**看護**師、保健師のほか、リハビリテーションの専門職（→p.92 15、p.142 15）とも連携をとっていく必要がある。　出題実績 ▶ 27〔96〕 |

Step 2　一問一答で確かめよう

問い
- □**協議会**の構成員として中心になるのはだれ？
- □**創作的活動**や**生産活動**を提供し、社会との交流の促進その他、障害者・児が自立した日常生活・社会生活を営むための支援を行う施設で、**通って利用**するのは何という施設？

答え
- 相談支援専門員　return 2
- 地域活動支援センター　return 3

Step 3　過去問に挑戦！

問題　相談支援専門員の業務に関する次の記述のうち、正しいものを1つ選びなさい。

第25回（2013年）〔95〕

1　障害に関する調査・診断・判定を行う。
2　就労に必要な知識や能力を高めるための訓練を行う。
3　サービス等利用計画を作成する。
4　個別支援計画を作成する。
5　外出時の移動中の介護を行う。

答え　3

障害に関する調査・診断・判定は身体障害者更生相談所や知的障害者更生相談所などに配置される福祉・心理等の専門職の業務である（1は誤り）。相談支援専門員は就労への訓練等は行わない（2は誤り）。利用者の相談に応じサービス利用計画を作成することは相談支援専門員の主業務である（3が正しい）。個別支援計画はおもにサービス事業者が作成する（4は誤り）。外出時の移動中の介護を行うのは介護職である（5は誤り）。　return 4

科目10 障害の理解
単元4 **家族への支援**

Step 1 重要項目を覚えよう

◆ **家族への支援**

1 家族支援の視点

在宅で生活する障害者・児の多くは、**家族**と同居している。このような場合、家族は**介護**者として位置づけられ、家族支援とは「家族介護の代替支援」という意味が大きく、**ホームヘルプ**サービス、ショートステイ、**デイ**サービスなどが**レスパイト**ケア（→p.362 **3**）として家族の介護**負担**の軽減、介護からの解放を目的に行われている。しかし、家族は介護負担だけではなく、障害の**受容**、**将来**に対する不安、制度の不備や社会の偏見などから、精神的な苦痛やストレスを強いられていることが多い。このためにも、家族に対する**物理**的・**心理**的・**経済**的な支援を制度化する必要がある。行政による公的サービスに加えて、障害者・児やその家族が地域で安心してくらしていけるように、地域の住民の理解と支援**ネットワーク**への参加を図ることが大切である。

2 家族の障害の受容

障害を得た本人が段階を経て障害を**受容**していくように（→p.386 **20**）**家族**も、障害があるという事実を受け入れるまでには紆余曲折がある。介護職は、その過程を見守りつつ、適切な支援をしていく。

3 家族の介護力の評価

障害者の介護は**長期**化することが多く、主たる介護者である親の高齢化は介護力の**低下**につながる。本人・家族ともに家族介護を望む場合もあり、家族の介護力を随時**評価**しながら適切に支援する必要がある（→p.362 **2**）。

4 家族のレスパイト　[基本]

レスパイトケアとは、家族の介護負担軽減のことであり、そのためのサービスは1991（平成3）年の厚生省（現厚生労働省）の研究班の検討によると、「障害児・者をもつ親、家族を**一時**的に**一定**の時期、その障害児・者の**介護**から解放することによって、日頃の心身の疲れを回復し、ほっと一息つけるような援助」と定義されている。　[出題実績] ▶ 26〔96〕

レスパイトケアのサービス

障害児・者が施設に短期入所する方法およびフォスター・ファミリー（里

領域：こころとからだのしくみ　科目10／障害の理解
単元4　家族への支援

親）の家庭に短期滞在する方法（**アウト・オブ・ホーム**・サービス）と、家庭にホームヘルパーなどの介護職を派遣する方法（**イン・ホーム**・サービス）の2つがある。

5 社会資源の活用 基本

あらゆる社会**資源**を組み合わせて柔軟に、障害者その人と**家族**への支援をしていくことが継続的支援につながる。

フォーマルな社会資源
保健医療、福祉、教育、労働などの分野で制度化されている施設やサービス、それに携わる人材など。

インフォーマルな社会資源
当事者団体、ボランティア団体、地域住民など、フォーマルな社会資源以外の資源。

フォーマルな社会資源	行政機関（市町村・都道府県、福祉事務所、保健所・保健センター、児童相談所、身体障害者更生相談所、知的障害者更生相談所、発達障害者支援センター、精神保健福祉センター）、教育機関（普通学校、特別支援学校）、障害者（児）施設（介護給付事業所、訓練等給付事業所）、高齢障害者関係施設、社会福祉協議会、居宅介護事業所、相談支援事業者、就労関係機関、民生委員・児童委員
インフォーマルな社会資源	近隣住民、当事者・同僚、ボランティア、地域団体・住民組織、当事者組織、家族会

表3　障害者（児）にかかわるフォーマルな社会資源とインフォーマルな社会資源
資料：小澤温編『介護福祉士養成テキストブック　⑫障害の理解』ミネルヴァ書房、2010年、p.149

Step 2 　一問一答で確かめよう

問い

- □**障害者・児と同居**する家族は介護者と位置づけられることが多いが、この場合の**家族支援**はどういう意味が大きい？
- □**障害の受容**とは、障害者本人にのみかかわる？　それとも家族にもかかわる？
- □長きにわたる障害者介護で、**親の高齢化**は何につながる？
- □レスパイトケアのサービスで、家庭にホームヘルパーなどの**介護職を派遣**する方法を何という？
- □**介護給付事業所**、**訓練等給付事業所**は、フォーマルな社会資源・インフォーマルな社会資源のどちらになる？
- □障害者の**家族の会**は、フォーマルな社会資源・インフォーマルな社会資源のどちらになる？

答え

家族介護の代替支援
return 1

家族にもかかわる
return 2

介護力の低下　return 3

イン・ホーム・サービス
return 4

フォーマルな社会資源
return 5　表3

インフォーマルな社会資源
return 5　表3

科目 10 障害の理解
単元 4 家族への支援

Step 3 過去問に挑戦！

問題 Gさん（24歳、男性）は、父親と同居している。半年前に統合失調症（schizophrenia）を発症し、3か月精神科病院に入院した。現在は仕事を休み、服薬を続けながら、ホームヘルプサービスを利用し、自宅療養中である。日中はほとんど動くことができず、一日中寝ていることもある。父親はGさんに「どうして仕事ができないのか」、「薬に頼ってばかりではいけない」と言い、Gさんは父親に言われるたびに落ち込んでいる。

父親に対する介護職の支援として、**適切なもの**を1つ選びなさい。　第26回（2014年）〔95〕

1　以前のように仕事ができると信じていることを、Gさんに伝えるように勧める。
2　薬の管理を父親が行うように勧める。
3　家族心理教育プログラムへの参加を勧める。
4　Gさんを誘って気晴らしに旅行するなどの娯楽を勧める。
5　規則正しい生活をするように、Gさんを励ますことを勧める。

答え　3

Gさんは父親に仕事のことや服薬のことを言われるたびに落ち込んでいる状況であり、1のように勧めるのは、さらに追い打ちをかけることになってよくない（**1は不適切**）。父親は服薬を疑問視しており、管理をまかせる相手としてふさわしいとはいえない（**2は不適切**）。父親はGさんの罹病（りびょう）を受け入れられずにいると思われる。家族心理教育プログラムに参加することで、不安や心配を軽減させ、現実の問題に対処していけると期待できる（**3が適切**）。日中はほとんど動くことができないでいるGさんには、誘われても旅行による気晴らしは難しいであろう（**4は不適切**）。現状からかけ離れた励ましはかえって心理的負担になるだけである（**5は不適切**）。

領域：こころとからだのしくみ

科目11
こころとからだのしくみ

この科目の単元

- **単元1** こころのしくみの理解
- **単元2** からだのしくみの理解
- **単元3** 身じたくに関連したこころとからだのしくみ
- **単元4** 移動に関連したこころとからだのしくみ
- **単元5** 食事に関連したこころとからだのしくみ
- **単元6** 入浴、清潔保持に関連したこころとからだのしくみ
- **単元7** 排泄に関連したこころとからだのしくみ
- **単元8** 睡眠に関連したこころとからだのしくみ
- **単元9** 死にゆく人のこころとからだのしくみ

科目 11 こころとからだのしくみ
出題傾向をつかもう

　領域「こころとからだのしくみ」の出題予定数40問のうち、例年各12問が本科目から出題されている。

最近4回の出題状況

大項目（本書の単元）*1	中項目*1	出題実績*2			出題数
1 こころのしくみの理解	1）人間の欲求の基本的理解 2）自己概念と尊厳 3）こころのしくみの基礎	24	〔97〕	マズローの欲求階層説	
		24	〔98〕	介護老人保健施設に入所しているGさんの適応機制（防衛規制）	
		25	〔97〕	夫を亡くしてからふさぎ込み、大腿骨骨折で自立歩行ができなくなって介護老人福祉施設に入所、「死にたい」ともらすようになったFさんの精神状態	
		25	〔98〕	高齢になっても長く保存されていることが多い、若いときに習得した技術や技能の記憶	
		26	〔97〕	生理的欲求	
		27	〔97〕	記憶	小計6
2 からだのしくみの理解	1）からだのしくみの基礎	24	〔99〕	血液中において酸素の運搬を行っている成分	
		24	〔101〕	IADL（手段的日常生活動作）に含まれる項目	
		25	〔99〕	関節の運動と筋の収縮	
		25	〔100〕	動脈血が流れている部位	
		26	〔98〕	ランゲルハンス島を有する臓器	
		26	〔99〕	心拍数が減少する要因	
		27	〔98〕	関節運動とその主動作筋（主としてはたらく筋肉）	小計7
3 身じたくに関連したこころとからだのしくみ	1）身じたくに関連したこころとからだの基礎知識 2）身じたくに関連したこころとからだのしくみ 3）機能の低下・障害がおよぼす整容行動への影響 4）生活場面におけるこころとからだの変化の気づきと医療職との連携	26	〔100〕	唾液	
		27	〔99〕	糖尿病のある人の身じたくの介護で、異変の有無について特に観察すべき部位	小計2

領域：こころとからだのしくみ　科目11／こころとからだのしくみ
出題傾向をつかもう

4 移動に関連したこころとからだのしくみ	1) 移動に関連したこころとからだの基礎知識 2) 移動に関連したこころとからだのしくみ 3) 機能の低下・障害がおよぼす移動への影響 4) 生活場面におけるこころとからだの変化の気づきと医療職との連携	24〔102〕脊髄小脳変性症にみられる歩行 24〔103〕長期臥床により生じやすい症状・疾患 24〔104〕腰椎圧迫骨折で入院したＪさんに、廃用症候群予防のために介護職がするアドバイス 25〔101〕高齢者の転倒による骨折として最も少ないもの 26〔102〕疾患にともなう歩行の特徴 27〔100〕廃用症候群	小計6
5 食事に関連したこころとからだのしくみ	1) 食事に関連したこころとからだの基礎知識 2) 食べることに関連したこころとからだのしくみ 3) 機能の低下・障害がおよぼす食事への影響 4) 生活場面におけるこころとからだの変化の気づきと医療職との連携	24〔100〕老化にともなう口腔・嚥下機能の変化 24〔105〕摂食・嚥下 25〔102〕胃瘻とその造設 25〔103〕栄養管理が必須の疾患 26〔103〕栄養素 27〔101〕誤嚥を防止している部位 27〔102〕食事のたんぱく質制限が必要な疾患	小計7
6 入浴、清潔保持に関連したこころとからだのしくみ	1) 入浴、清潔保持に関連したこころとからだの基礎知識 2) 清潔保持に関連したこころとからだのしくみ 3) 機能の低下・障害がおよぼす入浴、清潔保持への影響 4) 生活場面におけるこころとからだの変化の気づきと医療職との連携	24〔106〕42℃以上の高温による入浴が身体にあたえる影響 25〔104〕真菌（かび）が原因で起こる皮膚疾患 25〔105〕脳梗塞の後遺症で左上下肢に麻痺があるＧさんの、仙骨部に発赤があるときの入浴の介護の注意点 26〔101〕皮膚 26〔104〕入浴を避けるべき状態 27〔103〕入浴による静水圧の直接的な作用	小計6
7 排泄に関連したこころとからだのしくみ	1) 排泄に関連したこころとからだの基礎知識 2) 排泄に関連したこころとからだのしくみ 3) 機能の低下・障害がおよぼす排泄への影響 4) 生活場面におけるこころとからだの変化の気づきと医療職との連携	25〔106〕便秘の原因になるもの 25〔107〕「急に強い尿意を感じてがまんできなくなる」という症状の原因 26〔105〕認知症の人によくみられる排尿障害 27〔104〕弛緩性便秘の原因 27〔105〕多尿の原因	小計5

科目11

科目11	こころとからだのしくみ
	出題傾向をつかもう

8 睡眠に関連したこころとからだのしくみ	1) 睡眠に関連したこころとからだの基礎知識 2) 睡眠に関連したこころとからだのしくみ 3) 機能の低下・障害がおよぼす睡眠への影響 4) 生活場面におけるこころとからだの変化の気づきと医療職との連携	24〔107〕睡眠 25〔108〕不眠の原因となるもの 26〔106〕高齢者の睡眠の特徴 27〔106〕睡眠 27〔107〕睡眠障害	小計5
9 死にゆく人のこころとからだのしくみ	1)「死」のとらえ方 2) 終末期から危篤、死亡時のからだの理解 3)「死」に対するこころの理解 4) 医療職との連携	24〔108〕キューブラー・ロスが示した終末期にある人の心理の過程 26〔107〕終末期において、死亡直前にみられる身体の変化 26〔108〕妻と死別後自宅にこもることが多くなり、夜間は妻のたんすの前に座ったり妻の好きだった食器を出したりしてうろうろしているＨさんの、行動を説明する悲嘆反応 27〔108〕末期の胃がんと診断され緩和医療を勧められたＦさんの心情を、キューブラー・ロスの提唱した心理過程の第一段階にあてはめた表現	小計4
			合計48

＊1　本書の単元は「出題基準」の大項目、単元の下位区分は中項目にならっている。複数の大項目で1単元としたところもある。
＊2　「第24回試験問題97」を24〔97〕と表記している。

出題頻度順の出題内容　〈　〉内は最近4回の出題数

出題頻度 第1位　からだのしくみの理解〈7問〉

　中項目は「1) からだのしくみの基礎」のみ。その内容（小項目）は「**生命の維持・恒常のしくみ（体温、呼吸、脈拍、血圧、その他）**」「**人体部位の名称**」「**ボディメカニクス**」「**関節の可動域**」などである。**バイタルサイン**の正常範囲、身体各部位の名称などは確実に覚えておこう。また、ボディメカニクスを理解することで、無理な姿勢での介助による腰痛を予防することができる。
　第24回～第26回試験で各2問、第27回試験で1問の出題があった。**循環器系**や**関節**、**筋肉**に関する出題が目立つ。今後も要注意である。

領域：こころとからだのしくみ　科目11／こころとからだのしくみ
出題傾向をつかもう

科目
11

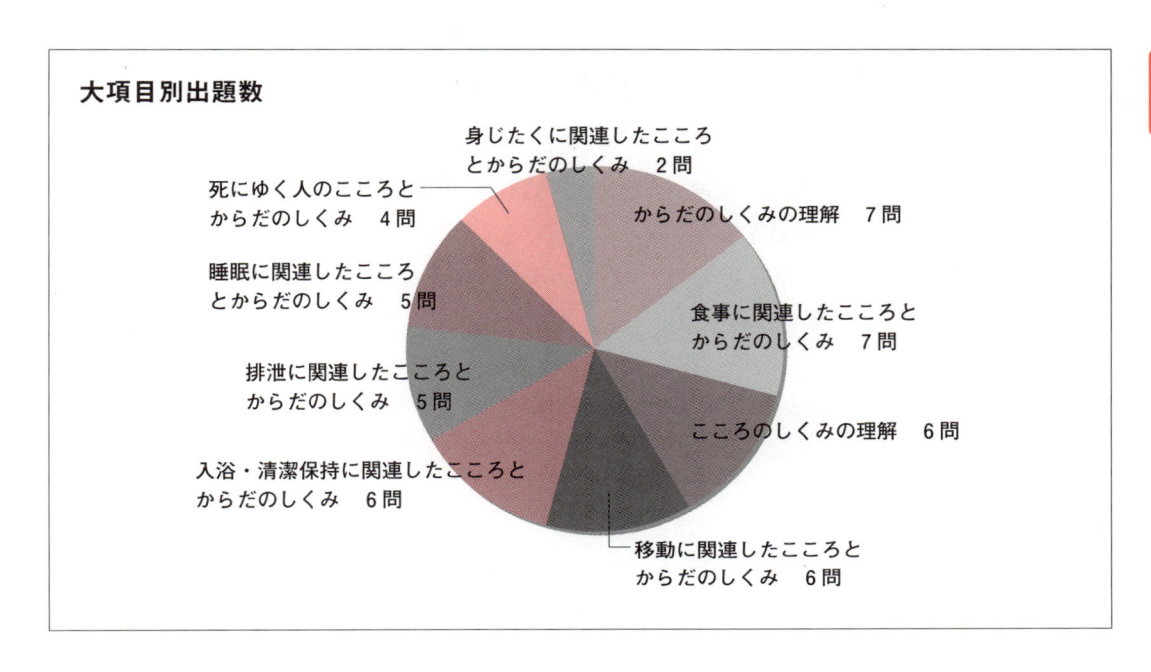

大項目別出題数

- 身じたくに関連したこころとからだのしくみ　2問
- からだのしくみの理解　7問
- 食事に関連したこころとからだのしくみ　7問
- こころのしくみの理解　6問
- 移動に関連したこころとからだのしくみ　6問
- 入浴・清潔保持に関連したこころとからだのしくみ　6問
- 排泄に関連したこころとからだのしくみ　5問
- 睡眠に関連したこころとからだのしくみ　5問
- 死にゆく人のこころとからだのしくみ　4問

出題頻度 **第 1 位　食事に関連したこころとからだのしくみ**〈7問〉

「科目6　生活支援技術」の大項目「5　自立に向けた食事の介護」と関連している。

たとえば食事に含まれる**栄養素のはたらき**や**食べることの生理的意味**などを学び、**食べるしくみ**（感覚器官と運動器官の協働）を理解することで、食事の介助をうまく行えるようになる。

第24回・第25回・第27回試験で各2問、第26回試験で1問出題されている。

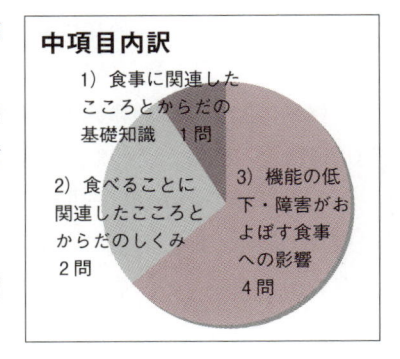

第25回試験の問題102は、**胃瘻**(いろう)とその造設に関する設問で、介護福祉士の業務として新たに加わった内容（**経管栄養**）が早速出題された。また、第27回試験での出題は、**誤嚥**(ごえん)を防止している部位（問題101、正解は喉頭蓋(こうとうがい)）、食事の**たんぱく質制限**が必要な疾患（問題102、正解は尿毒症〈uremia〉）と、人体の部位や疾患に関する正確な知識を求めるものだった。今後も要注意である。**嚥下障害**(えんげ)、必要な**水分量**と**脱水**などについても整理しておこう。

中項目内訳
- 1) 食事に関連したこころとからだの基礎知識　1問
- 2) 食べることに関連したこころとからだのしくみ　2問
- 3) 機能の低下・障害がおよぼす食事への影響　4問

399

科目11 こころとからだのしくみ
出題傾向をつかもう

出題頻度 第3位　こころのしくみの理解〈6問〉

　自立支援では、利用者のこころを理解し、その人に合った介護を実践し、自立への意欲を生じさせることが大切である。**人間の欲求や自己概念、こころのしくみを理解することで、利用者の行動の裏に隠されたこころの動きを読み取ることができるようになる。**

　中項目「3）こころのしくみの基礎」の内容（小項目）は「こころのしくみに関する諸理論」「思考のしくみ」「学習・記憶・思考のしくみ」「感情のしくみ」「意欲・動機づけのしくみ」「適応のしくみ」などである。

　第24回・第25回試験で各2問、第26回・第27回試験で各1問出題されている。

　マズローの欲求の階層説や記憶に関する出題が多いので、注目しておきたい。

出題頻度 第3位　移動に関連したこころとからだのしくみ〈6問〉

　「科目6　生活支援技術」の大項目「4　自立に向けた移動の介護」の根拠を示す内容となっている。科目6と同様、移動に関する出題は例年多い。

　各中項目の内容（小項目）は、「1）移動に関連したこころとからだの基礎知識」が「移動行為の生理的意味」「重心の移動、バランス」「良肢位（りょうしい）」など、「2）移動に関連したこころとからだのしくみ」が「安全・安楽な移動、姿勢・体位の保持のしくみ」「立位・座位保持のしくみ」「歩行のしくみ」「筋力・骨の強化のしくみ」など、「3）機能の低下・障害がおよぼす移動への影響」が「移動に関する機能の低下・障害の原因」「機能の低下・障害がおよぼす移動への影響（骨折、廃用症候群、褥瘡（じょくそう）、その他）」「運動がおよぼす身体への負担」などである。

　第24回試験での出題は3問、第25回～第27回試験での出題は各1問であった。

　症状・疾患とからめた出題が多く、医学的知識が問われていた。今後も要注意である。介護実践との関連でいうと、重心の移動、バランス、良肢位などもおさえておいたほうがよい。

出題頻度 第3位　入浴、清潔保持に関連したこころとからだのしくみ〈6問〉

　「科目6　生活支援技術」の大項目「6　自立に向けた入浴・清潔保持の介護」と関連した内容になっている。**皮膚のつくりや汚れのしくみ、発汗のしくみを確認し、入浴の効果やからだへの負担、障害のある人への入浴の影響について理解しておくことが必要。**

　第24回・27回試験で各1問、第25回・第26回試験で各2問出題されている。

　第25回試験の問題104は、真菌（かび）が原因で起こる皮膚疾患つまり**白癬**（はくせん）（tinea）、同じく問題105は、仙骨部の皮膚の発赤つまり**褥瘡**（decubitus）に関する設問で、**皮膚疾患**は頻出とい

える。**高齢者の皮膚の特徴**などもおさえておいたほうがよい。

出題頻度 第6位　排泄に関連したこころとからだのしくみ　ほか

　大項目「**排泄**に関連したこころとからだのしくみ」は、「科目6　生活支援技術」の大項目「**7　自立に向けた排泄の介護**」に関連した内容になっている。正常な場合の排泄の回数や量などを学ぶことで利用者の異常に気づくことができる。また、尿や便の生成、排尿や排便のしくみを学習することで、**排尿障害**（disturbances of urination）や**便秘**などが起こる理由を理解することにつながる。第24回試験では出題がないが（ただし科目6において排泄に関する出題が複数あった）、第25回・第27回試験では各2問、第26回試験では1問出題された。

　同じく第6位の大項目「**睡眠に関連したこころとからだのしくみ**」は、「科目6　生活支援技術」の大項目「**9　自立に向けた睡眠の介護**」の根拠となる内容になっている。ここで、**睡眠のリズム**や**睡眠のしくみ**を学習することで、安眠のための環境整備や安眠を促す介助の技法の理解を深めることができる。第24回～第26回試験で各1問、第27回試験で2問の出題であった。

　第8位の大項目「**死にゆく人のこころとからだのしくみ**」は、「科目6　生活支援技術」の大項目「**10　終末期の介護**」と関連している。第24回・第27回試験で各1問、第26回試験で2問の出題があった。第24回試験問題108と第27回試験問題108で出題されている**キューブラー・ロス**（Kübler-Ross, E.）の死の受容過程についての説は今後も出題が予想される。

　第9位の大項目「**身じたくに関連したこころとからだのしくみ**」は、「科目6　生活支援技術」の大項目「**3　自立に向けた身じたくの介護**」の根拠となる内容になっている。**身じたく（整容行動）**にかかわる身体部位としては**毛髪**、**爪**、**口腔**などであり、その**構造と機能**についての知識が問われる。第26回・第27回試験で各1問の出題である。

受験対策のポイントは…

　出題数に大きな差はなく特に頻出の大項目はみられないので、まんべんなく学習しておく必要がある。「科目6　生活支援技術」で学ぶ個々の技術の根拠となる科目であり、相互に参照して学習を進めるのがよい。

科目11 こころとからだのしくみ
基礎知識をまとめておこう

基礎知識1　心理的不適応状態と適応状態　☞p.414

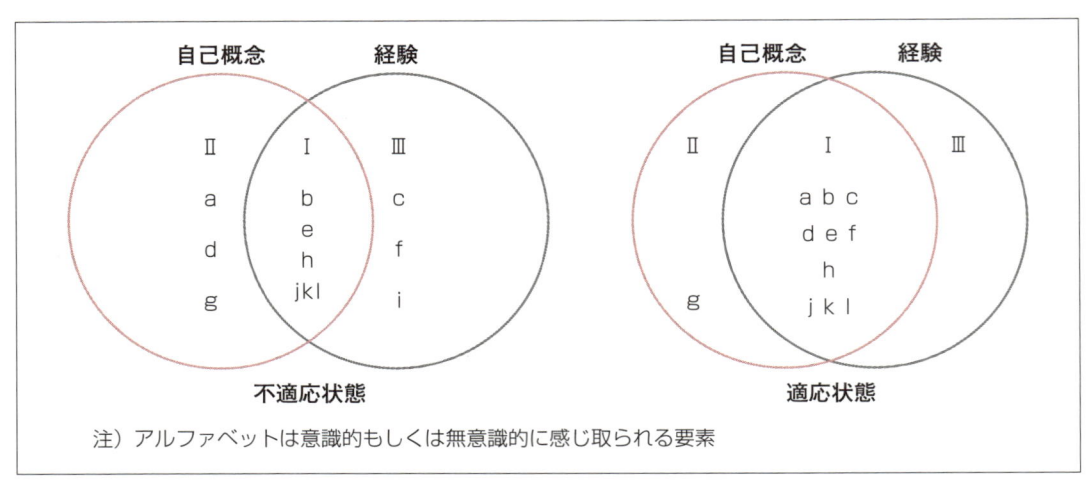

【左図】自己概念／経験
Ⅱ a d g ／ Ⅰ b e h j k l ／ Ⅲ c f i
不適応状態

【右図】自己概念／経験
Ⅱ ／ Ⅰ a b c d e f h j k l ／ Ⅲ
g
適応状態

注）アルファベットは意識的もしくは無意識的に感じ取られる要素

資料：住居広士編『介護福祉士養成テキストブック　⑬こころとからだのしくみ』ミネルヴァ書房、2009年、p.223

基礎知識2　ボディメカニクスの原則　☞p.431

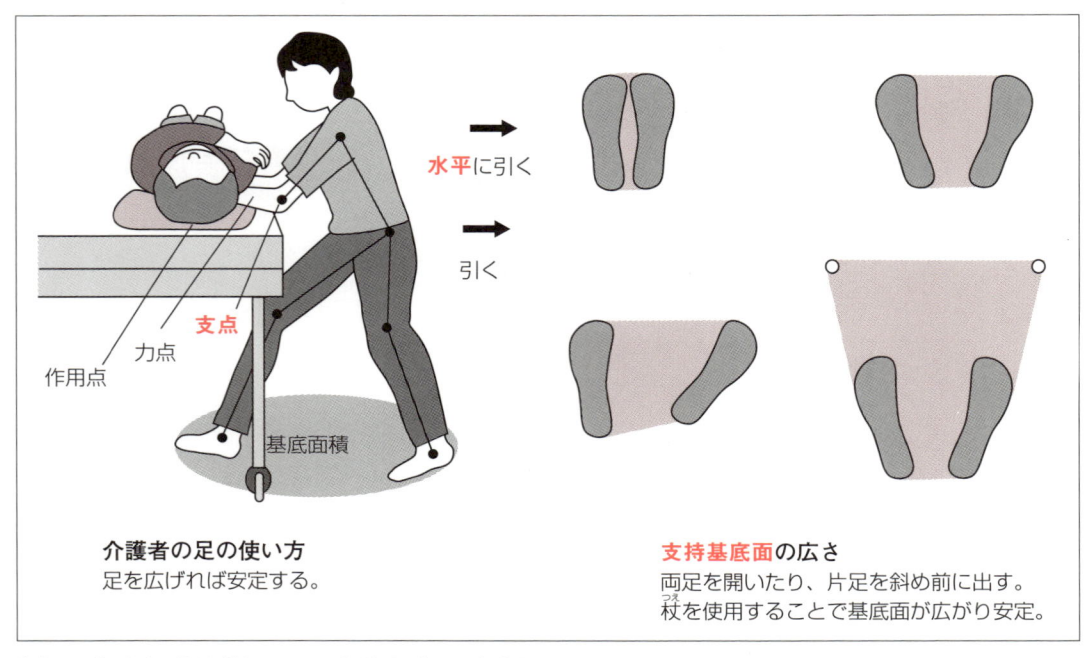

（図中ラベル）水平に引く／引く／支点／力点／作用点／基底面積

介護者の足の使い方
足を広げれば安定する。

支持基底面の広さ
両足を開いたり、片足を斜め前に出す。
杖を使用することで基底面が広がり安定。

資料：一番ケ瀬康子他編『新・セミナー介護福祉〔三訂版〕⑫介護技術』ミネルヴァ書房、2007年、p.94

領域：こころとからだのしくみ　科目11／こころとからだのしくみ
基礎知識をまとめておこう

基礎知識3　6つの基礎食品群　☞ p.446〜450

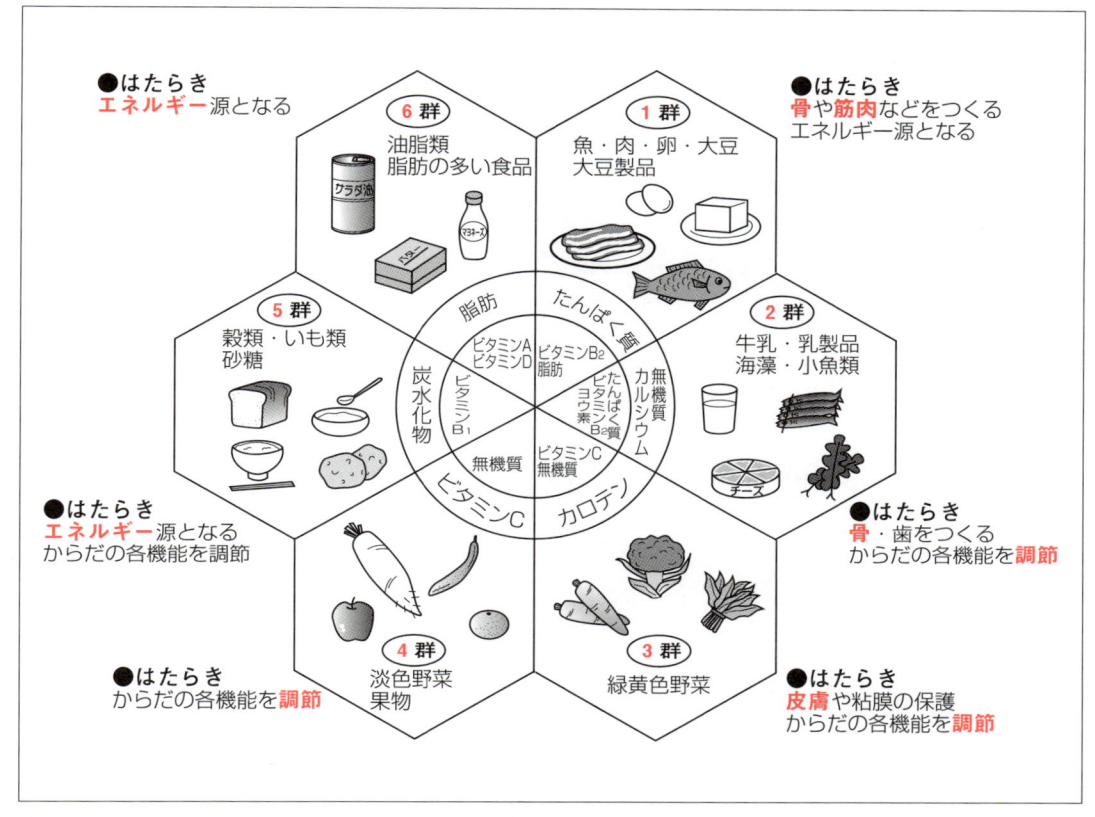

科目11

【図：6つの基礎食品群】

- 6群：油脂類、脂肪の多い食品
  - ●はたらき　エネルギー源となる
- 1群：魚・肉・卵・大豆・大豆製品
  - ●はたらき　骨や筋肉などをつくる　エネルギー源となる
- 5群：穀類・いも類・砂糖
  - ●はたらき　エネルギー源となる　からだの各機能を調節
- 2群：牛乳・乳製品、海藻・小魚類
  - ●はたらき　骨・歯をつくる　からだの各機能を調節
- 4群：淡色野菜、果物
  - ●はたらき　からだの各機能を調節
- 3群：緑黄色野菜
  - ●はたらき　皮膚や粘膜の保護　からだの各機能を調節

中央円内：たんぱく質、無機質、カルシウム、カロテン、ビタミンC、無機質、ビタミンC、炭水化物、ビタミンB1、ビタミンA、ビタミンD、脂肪、ビタミンB2、脂肪、たんぱく質、ビタミンB2、ヨウ素

資料：一番ケ瀬康子・江澤郁子・田端光美編『新・セミナー介護福祉〔三訂版〕⑧家政学概論』ミネルヴァ書房、2007年、p.90

基礎知識4　おもな無機質（ミネラル）　☞ p.449

種類	作用	含まれる食品
カルシウム	骨などをつくる、血液凝固促進、神経を静める	牛乳、チーズ、大豆、緑黄色野菜
鉄	ヘモグロビンをつくる、体内の酸化還元作用を助ける	レバー、緑黄色野菜、大豆、卵黄、かき
リン	骨をつくる、代謝に関係、リン脂質、リンたんぱく質の原料となる	魚介類、牛乳、牛肉、大豆
ナトリウム	細胞外液の浸透圧調節、体液をアルカリ性に保つ	食塩、みそ、しょうゆ

資料：住居広士編『介護福祉士養成テキストブック ⑬こころとからだのしくみ』ミネルヴァ書房、2009年、p.140、一部改変

科目 11　こころとからだのしくみ
基礎知識をまとめておこう

基礎知識 5　消化管ストマの種類　☞ p.463

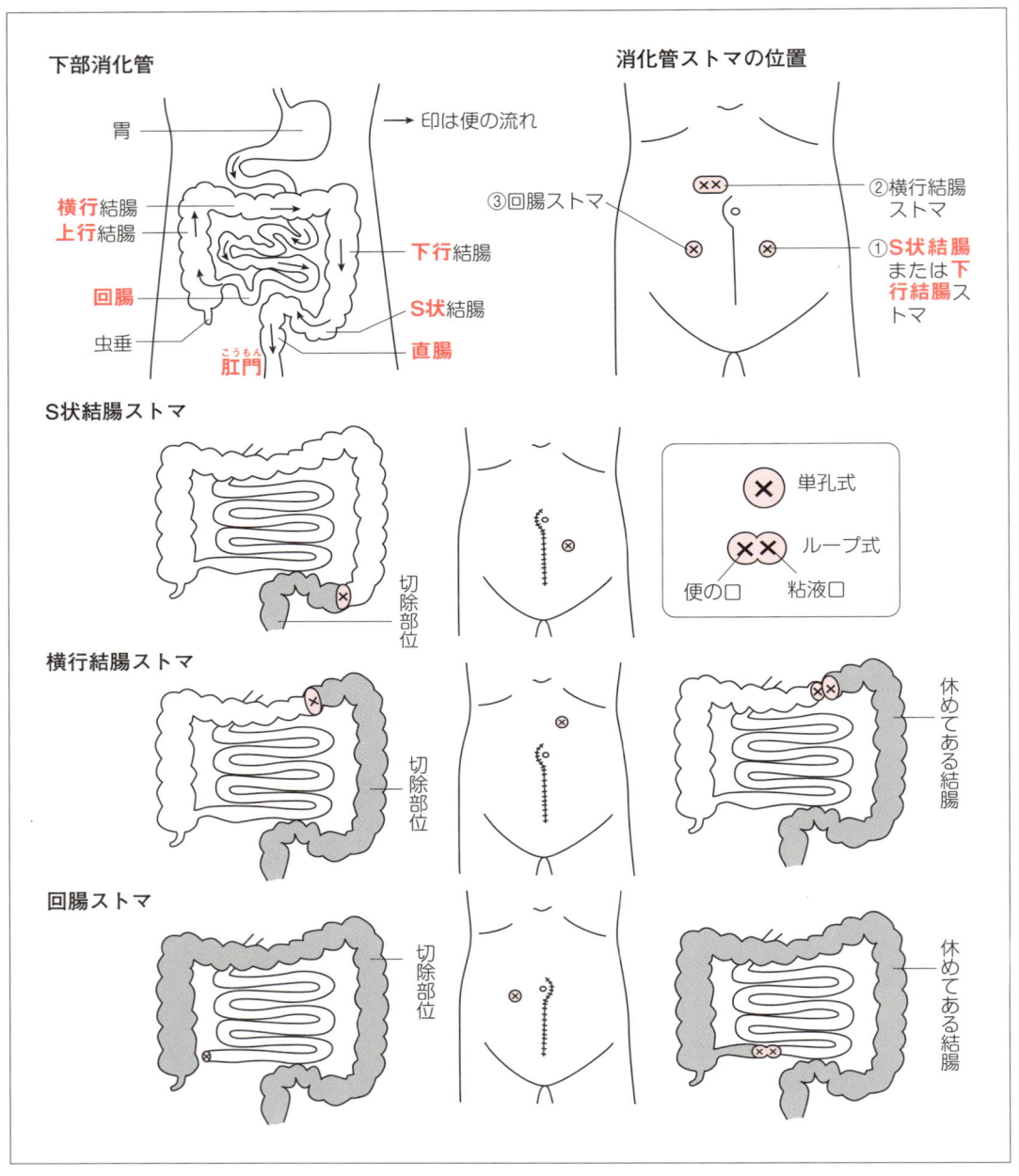

下部消化管
- 胃
- →印は便の流れ
- 横行結腸
- 上行結腸
- 下行結腸
- 回腸
- S状結腸
- 虫垂
- 肛門
- 直腸

消化管ストマの位置
- ③回腸ストマ
- ②横行結腸ストマ
- ①S状結腸または下行結腸ストマ

S状結腸ストマ
切除部位

⊗　単孔式
⊗⊗　ループ式
便の口　粘液口

横行結腸ストマ
切除部位／休めてある結腸

回腸ストマ
切除部位／休めてある結腸

資料：一番ケ瀬康子・井上千津子・鎌田ケイ子・日浦美智江編『新・セミナー介護福祉〔三訂版〕⑬形態別介護技術』ミネルヴァ書房、2007年、p.170

領域：こころとからだのしくみ　科目11／こころとからだのしくみ
基礎知識をまとめておこう

科目11

基礎知識6　人の睡眠周期　☞ p.466～467

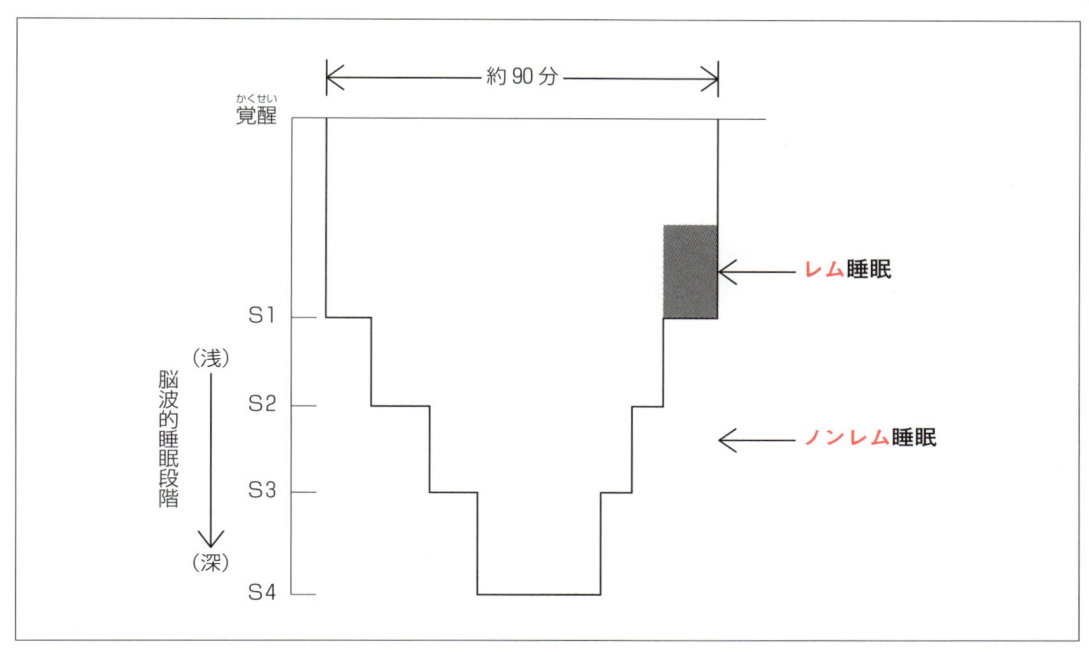

図中ラベル：約90分／覚醒／S1（浅）／S2／S3／S4（深）／脳波的睡眠段階／レム睡眠／ノンレム睡眠

資料：住居広士編『介護福祉士養成テキストブック ⑬こころとからだのしくみ』ミネルヴァ書房、2009年、p.245、一部改変

基礎知識7　成人の睡眠のようす　☞ p.466～467

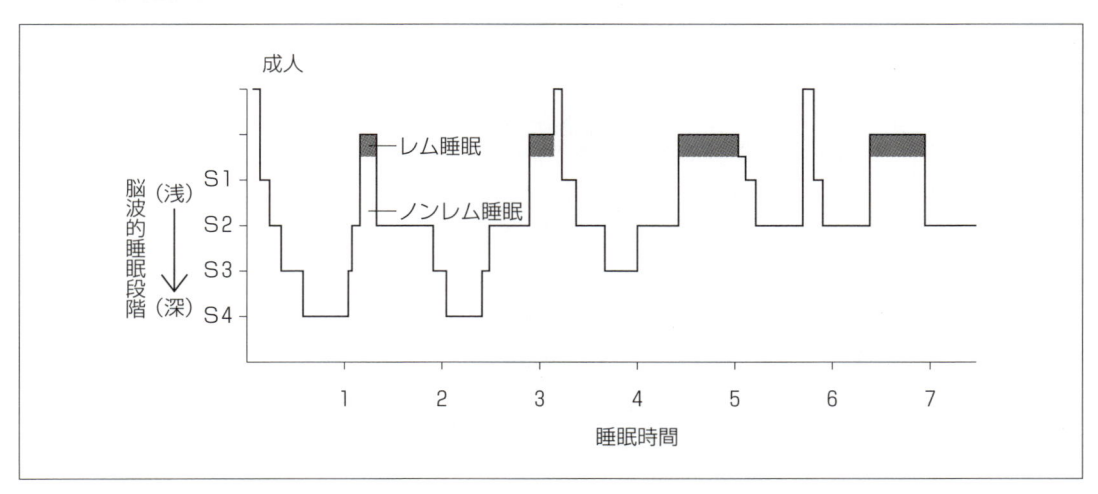

図中ラベル：成人／S1（浅）／S2／S3／S4（深）／脳波的睡眠段階／レム睡眠／ノンレム睡眠／睡眠時間（1～7）

資料：住居広士編『介護福祉士養成テキストブック ⑬こころとからだのしくみ』ミネルヴァ書房、2009年、p.245、一部改変

科目11 こころとからだのしくみ
基礎知識をまとめておこう

基礎知識8　体温の変化、メラトニン分泌リズムと睡眠の関係
☞ p.466〜468

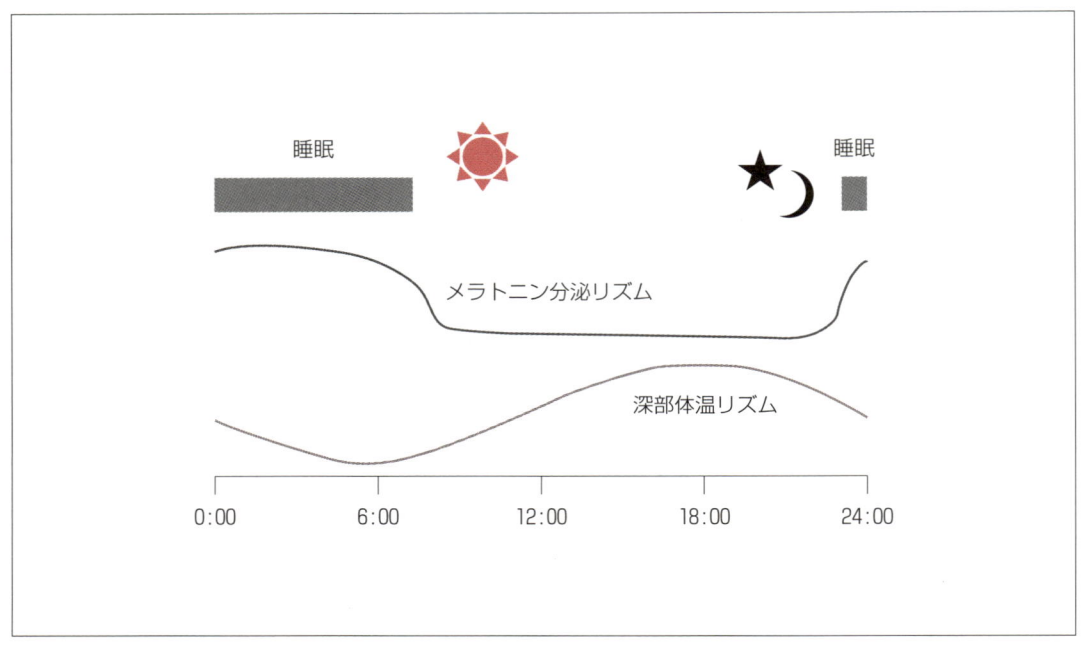

（図：睡眠・メラトニン分泌リズム・深部体温リズムのグラフ　0:00〜24:00）

資料：住居広士編『介護福祉士養成テキストブック　⑬こころとからだのしくみ』ミネルヴァ書房、2009年、p.250

基礎知識9　日本での脳死判定基準（竹内基準）
☞ p.470

脳死：脳幹を含む全脳の機能の**不可逆**的停止

以下6項目の確認を、必要な知識と経験をもつ移植に無関係な2人以上の医師が行う。
①深昏睡
②瞳孔の散大と固定
③脳幹反射の消失
④平坦脳波
⑤自発呼吸の消失（これを確認するために行われるのが無呼吸テスト）
⑥以上①〜⑤の状態が満たされたのち、少なくとも6時間の経過をみて2回目の検査を行い、状態が変化しないことが確認できた時刻をもって死亡時刻とする。

　なお、臨床的な脳死判断は、法的な脳死判定を行う前に行われるものであり、①〜④の検査を主治医などが行う。

資料：住居広士編『介護福祉士養成テキストブック　⑬こころとからだのしくみ』ミネルヴァ書房、2009年、p.269

基礎知識 10　脳死と植物状態の違い　☞ p.470

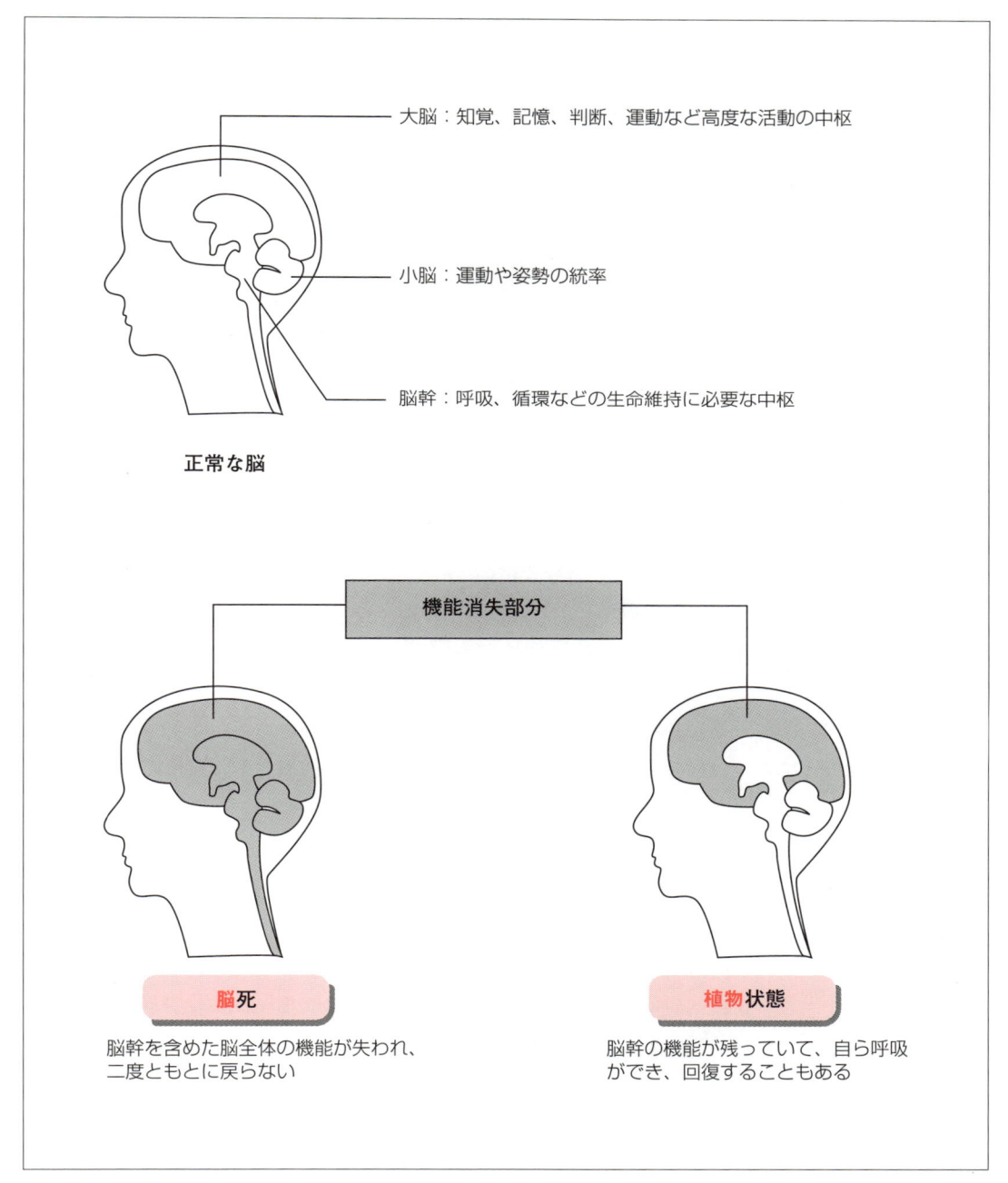

大脳：知覚、記憶、判断、運動など高度な活動の中枢

小脳：運動や姿勢の統率

脳幹：呼吸、循環などの生命維持に必要な中枢

正常な脳

機能消失部分

脳死
脳幹を含めた脳全体の機能が失われ、二度ともとに戻らない

植物状態
脳幹の機能が残っていて、自ら呼吸ができ、回復することもある

資料：住居広士編『介護福祉士養成テキストブック　⑬こころとからだのしくみ』ミネルヴァ書房、2009年、p.279

科目11 単元1
こころとからだのしくみ
こころのしくみの理解

Step 1　重要項目を覚えよう

◆人間の欲求の基本的理解

1 基本的欲求　基本

人間が生きていくために充足されなければならない欲求を、**基本的**欲求（一次的欲求）という。マズロー（Maslow, A. H.）の欲求の階層では、「**生理的**欲求」と「**安全**の欲求」が基本的欲求にあたる。

　生理的欲求　　水、空気、食べ物、睡眠、排泄など、人間の**生命**の維持にかかわる本能的な欲求。　出題実績 ▶ 26〔97〕

　安全の欲求　　危険を避け、**安全**を求める欲求。安全な住居やまわりの環境、健康などが含まれる。

2 社会的欲求　基本

ほかの人に受け入れてもらい、相手に称賛され、好意をもたれたいという欲求を、**社会的**欲求（二次的欲求）とよぶ。マズロー（Maslow, A. H.）の欲求の階層では、「**所属・愛情**の欲求」「**承認・自尊**の欲求」「**自己実現**の欲求」が社会的欲求にあたる。

　所属・愛情の欲求　　家族や会社、学校などの**集団**に属したい、まわりから**愛情**を得たいという欲求。

　承認・自尊の欲求　　他人に認められ、**尊敬**されたいという欲求。

　自己実現の欲求　　自分のもっている能力、可能性を最大限活用して、自己の**成長**を図り、あるべき自分の姿になりたいという欲求。

3 欲求の階層説　基本

マズロー（Maslow, A. H.）によって提唱された。人間の欲求は、低次なものから順に、①**生理**的欲求、②**安全**の欲求、③所属・**愛情**の欲求、④承認・**自尊**の欲求、⑤**自己実現**の欲求と5段階に階層的に分類される。低次の欲求が充足されると、より高次な欲求へと移行するものと考えられている。　出題実績 ▶ 24〔97〕

　欠乏欲求と成長欲求　　第一段階の**生理的**欲求から第四段階の**承認・自尊**の欲求までを**欠乏**欲求とよび、**外部**からのはたらきかけによってはじめて充足される。第五段階の**自己実現**の欲求は、欠乏欲求が充足されると出現する、自分自身のの能力や可能性を発揮し自己を成長させたいという欲求で、**成長**欲求と

408

よばれる。

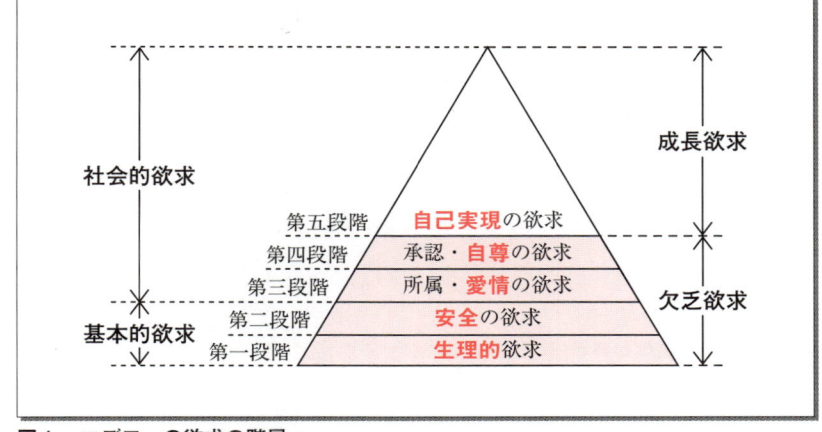

```
         社会的欲求                              成長欲求
                    第五段階  自己実現の欲求
                    第四段階  承認・自尊の欲求
                    第三段階  所属・愛情の欲求          欠乏欲求
         基本的欲求  第二段階  安全の欲求
                    第一段階  生理的欲求
```

図1　マズローの欲求の階層

◆自己概念と尊厳

4 自己概念

自分自身がどのような人間であるかについて、その人がもつ認識のこと。人はその成長や発達の過程で、さまざまな経験や体験の影響を受けながら、自分自身についての自己概念を形成していく。そして、獲得した自己概念にしたがって、自分自身の行動を選択したり、経験や体験に対する意味を考えたりする。個人の意識や精神状態は、肯定的な自己概念をもつか、否定的な自己概念をもつかによって大きな影響を受ける。

自己概念を構成する要素

①自分の現状の認識と規定
②自分自身に対する感情と評価
③他者から自分がどうみられているか
④過去の自分についてのイメージ
⑤自分の可能性と未来についてのイメージ
⑥自分がなすべきことと理想

5 自己概念に影響する要因

性別や年齢など、さまざまな要因が自己概念に影響をあたえる。多岐にわたる要因のなかで、どれが利用者にとって大きな意味をもつかを理解するには、生きてきた歴史を含めたその人の全体像を把握しようとする態度で利用者とかかわっていく必要がある。

中高年期の自己概念の変化の要因

①その人の活動水準、②生活への適応と意欲、③仕事の有無、④精神的な状態や知的な状態、⑤自分の変化への見方、⑥疾病や障害の程度、⑦社会的な階層、⑧社会へのかかわり方、⑨役割の変化、⑩社会がもつ高齢者などに対するイメージ。

科目11 こころとからだのしくみ
単元1 こころのしくみの理解

6 自立と尊厳

自立とは、ほかに支配されたり従属したりすることなく、**独り立ち**することを意味している。自立には、身体的な自立、精神的な自立、経済的な自立などが考えられる。高齢者や障害者の場合、**身体**的な自立や**経済**的な自立は困難なことが多いが、**精神**的な自立を維持していくことが重要になる。精神的に自立した状態とは、自分のことは自分で決められる、つまり**自己決定・自己選択**できるということである。自己決定・自己選択できることによって、その人の意思が確認され、その人の個別性が守られる、つまり、その人の**尊厳**が守られることになる。

7 自立への意欲と自己概念

高齢になると、**自己概念**に大きな変化が生じる。身体的な能力の**低下**、病気、社会的な役割の喪失、役割の変化などによって、自己概念が**否定**的な方向へ進むことが予想できる。自己概念が否定的なものになりがちな高齢者などに対しては、自ら物事を行おうとする**自主**性を重んじ、その人の考えに耳を傾けて理解し、その思いをくむ姿勢を示すことで、自分が一人の人間として**尊重**されているという意識を高めることができる。また、その人に残されている能力を**最大限**生かしていく方法をさがすことも、自立への意欲を高めることにつながる。

8 生きがいと自己実現

生きがいは、人が**充実**した生活を送るために欠かせないものである。病気や社会的な役割の喪失などによって、将来に対する展望が困難で、自己概念が**否定**的なものになりがちな利用者に対して、自分の生きがいを見つけたり自己実現を図ったりできるような援助が重要である。

生きがいを求めるこころを構成する欲求

①**生存・充実感への欲求**……喜びや勇気、希望などにより自分の生の体験が満たされていると感じることへの欲求。未来に開かれた目標や可能性に向かって**前進**していると感じることが大切で、これによって努力や苦しみが意味をもつ。

②**変化への欲求**……人間には**新し**い経験を求める「こころ」があり、生きがいと密接につながっている。身体的な自由を失った人でも、**内面**を見る目を養い、豊かな精神的な世界を築くことによって、生きがいを見出すことができる。

③**未来性への欲求**……**将来**に新しい発展の可能性を感じることで生きがいも感じられる。自分の将来だけでなく、あとに続く世代という流れに自分の未来を託すことでも、生きがいを感じることができる。

④**反響への欲求**……自分の存在に対して、ほかの人からの反響が得られることによって、生きがいに対する欲求が生まれる。そこには愛情・**所属**の欲求、**承認**の欲求も含まれる。

⑤**自由への欲求**……主体性や自律性をもつことや**自由**に選択できることは、生きがいを感じるためには欠かせないものである。

⑥**自己実現への欲求**……自分の内部にひそんでいる可能性を発揮し、自分を成長させたいという欲求は、**生きがい**を求める「こころ」の**大部分**を占める。

⑦**意味と価値への欲求**……自分が生きていることへの**意味**や**価値**を感じたいという欲求で、自分の生に**肯定**的な意味をもたせるものとして、人間のだれもがもっているものである。

◆こころのしくみの基礎

9 こころのしくみに関する諸理論

人間の「こころ」に関しては、古くからそのしくみについて議論されてきた。

精神分析学

フロイト（Freud, S.）は、人間の「こころ」には構造があり、**イド**（エス）・**自我**・**超自我**と名づけられた3つの機能によって構成されているとした。通常はこの3つの機能のバランスが保たれていて、バランスがくずれそうなときは合理化や昇華などの**適応機制**（→p.387 24）をはたらかせることでバランスを保とうとしている。それでもバランスがくずれた場合は、神経症（neurosis →p.382 8）などの**精神**症状を示すようになるとされる。

イド（エス）……**本能**による衝動のこと。

自我……外部の環境に合わせて、イドが表に出ることを**調節**する。

超自我……道徳観、倫理観、良心、規則、理想などによって、衝動を**検閲**する。

行動主義

内的・心理的な状態に依存せず、科学的に人間の行動を研究するアプローチ。人間の行動は、遺伝・環境という要因によって決定されるとしている。**ワトソン**（Watson, J. B.）は、**条件**反射を重視し、人間の行動を「**刺激——反応**」という図式にあてはめて考え、行動主義心理学を提唱した。その後、**トールマン**（Tolman, E. C.）は、刺激と反応の間に、認知や動因といった個体要因を媒介（ばいかい）させ、「**刺激——個体要因——反応**」で行動を説明するアプローチを行った。これを**目的論**的行動主義という。また、**スキナー**（Skinner, B. F.）は、反応と反応後の環境条件の変化との間の**相互**作用に着目したアプローチを行った。これを**徹底**的行動主義とよび、目的論的行動主義とあわせて、**新行動**主義という。

認知心理学と情報処理モデル

情報科学によって、知覚、記憶、思考、学習などの高次**認知**機能を研究するアプローチを、認知心理学という。コンピュータの発達によって情報科学がさかんになると、心理学の分野にも情報科学を取り入れた認知心理学という分野が成立した。

科目 11 こころとからだのしくみ
単元 1 こころのしくみの理解

情報処理モデル……認知心理学では、人間を一つの**情報処理**システムとみなすことによって、情報処理の過程を記号的・抽象的なレベルで論じる。

10 学習のしくみ 基本

学習とは、経験を重ねることによって生じる、**比較的・持続的**な変化のことである。学習に強く影響するものに、**レスポンデント**条件づけ（古典的条件づけ）と**オペラント**条件づけがある。

レスポンデント条件づけ

パブロフ（Pavlov, I. P.）が行った条件反射の実験をもとにした理論。無条件刺激と一緒に**条件**刺激をくりかえしあたえること（**条件づけ**）によって、条件刺激だけをあたえても同じ反応が起こる。これを**条件**反射という。パブロフは、犬に食べ物をあたえるときに一緒にベルを鳴らすことをくりかえし、犬はベルの音だけでも唾液を分泌するようになることを明らかにした。条件づけによって獲得される行動は**多**い。

反射……刺激に対して**無意識**に起こる反応。犬が食べ物を見ると唾液を出すような反応。

無条件刺激……反射を起こす**刺激**のこと。犬が食べ物を見ると唾液を出すという反射において、「食べ物」が無条件刺激となる。

条件刺激…**条件づけ**のための刺激。単独では反射を起こさない。パブロフの実験では、「ベルの音」が条件刺激になる。

オペラント条件づけ

スキナー（Skinner, B. F.）が提唱した理論。自発的な行動（**オペラント**行動）が行われた直後の環境の変化によって、その後のオペラント行動の頻度が変わる。オペラント条件づけは、日常生活のいたるところでみられる。ブザーが鳴ったとき、ラットがレバーを押すことで、食べ物を得られるようにした箱を用意する。この場合、ブザーが鳴ったとき、ラットがレバーを押す頻度が高くなる。これを**強化**といい、「ブザーの音」は**弁別**刺激（オペラント行動の前にあたえられる刺激）、「食べ物」のようにオペラント行動のあとにあたえられ、頻度が高くなる刺激を**強化子**という。オペラント条件づけは、「**弁別刺激――オペラント**行動――**強化子**」という関係を学習したときにはじめて成立したといえる。

11 記憶のしくみ 頻出

記憶の過程は、経験→**記銘**（情報の符号化）→**保持**（情報の貯蔵）→**想起**（情報の検索）で表される。**感覚**記憶（目や耳のような感覚器の情報をごく短い間、記憶する）→**短期**記憶（感覚記憶のうち、注目した情報を一時的に記憶する）→**長期**記憶（**短期**記憶のうち、くりかえし復唱されたものが移行する）という3つの段階で構成され、必要な情報のみ保存される。これらの処理は、脳の**海馬**で行われる。 出題実績 ▶ 27〔97〕

感覚記憶

目や耳のような**感覚**器からの情報を最大1〜2秒記憶する。その情報の

領域：こころとからだのしくみ　科目11／こころとからだのしくみ
単元1　こころのしくみの理解

	うち、注意を向けたもののみが**短期**記憶として移行される。
短期記憶	見たり聞いたりしたことを**すぐ**に思い出すまでの記憶で、数秒から数十秒ぐらいまで保持することができる。保持できる情報の容量は7±2（**マジカルナンバー**）とされる。記銘や想起をくりかえすこと（**リハーサル**）によって**長期**記憶へ移行する。　出題実績▶27〔97〕
長期記憶	リハーサルによって短期記憶が移行したもので、くりかえし想起されることで**半永久**的な保持が可能。保持できる情報の容量はほぼ**無限大**。
手続き記憶	ある**技能**をくりかえし練習することで、その動作の**規則**性を獲得する記憶。いわゆる「**からだ**で覚える」というもの。例として、自転車の運転、編み物のしかたなどがある。　出題実績▶25〔98〕・27〔97〕
意味記憶	**学習**によって得られた知識。たとえば、かけ算の九九を覚える、英単語の意味を覚えるなどが該当する。
エピソード記憶	**個人**的な体験や出来事に関する記憶。時間や場所、そのときの**感情**などが含まれ、物語にたとえることができる。　出題実績▶27〔97〕
ワーキングメモリー	**短期**記憶を発展させたもので、短期的な情報の保持だけでなく、認知的な情報**処理**の機能もあわせもつ記憶である。たとえば、たし算の暗算をするときに、1の位の答えとくり上がりを覚えておいて10の位の計算をし、……という作業をくりかえして最終的な答えを導き出すときのプロセスである。

12 思考の発達としくみ
【基本】

思考とは、なんらかの事柄や目標について考えるはたらき、またはその過程をさす。**ピアジェ**（Piajet, J.）は、①現在もっている認識の枠組みに外界を取り込んで**同化**させる機能、②現在もっている認識の枠組みを外界に合わせて**調節**する機能、③それらの相互作用としての**均衡**化、をくりかえしながら、**感覚運動**期、**前操作**期、**具体的操作**期、**形式的操作**期の4つの段階を順にたどりながら、思考が発達すると考えた。

①**感覚運動期**（0～2歳ごろ）……感覚や運動によって外界を**感覚**的・**体感**的に理解しようとする時期。単純動作のくりかえしや身体と環境のかかわりへの気づき、目的と手段との関係づけなどののち、行動する前に結果を予期する徴候が認められる。

②**前操作期**（2～7歳ごろ）……2歳から4歳ごろにかけて、外界にある物を頭の中で思い浮かべることができるようになり、模倣（もほう）などの象徴的思考ができるようになる。この時期には**言語**の獲得も行われる。4歳以降になると、言葉が使いこなせるようになるが、概念を用いた論理的思考は**困難**で、相手の立場になって考えたりすることは**難**しい。知覚したことを中心にした**直感**的な思考が中心となる。

科目 11 こころとからだのしくみ
単元 1 こころのしくみの理解

　　　　　③**具体的操作期**（7〜11歳ごろ）……**具体**的な事象や体験に基づいた**論理**的な思考ができる。

　　　　　④**形式的操作期**（11歳ごろ以降）……**抽象**的な概念や法則に基づいて、論理的な思考ができる。

13 感情のしくみ

感情とは、人が物事や人間に対して抱く恐れ、怒り、喜び、悲しみ、受容、嫌悪、期待、驚きなどのこと。心理学では、特に対象や原因を特定しないものを**気分**、生理的な覚醒や身体的な反応をともなうものを**情動**とよぶ。感情発生のしくみに関しては、**末梢起源**説や**中枢起源**説などが有名。

　末梢起源説　末梢起源説とは、環境に対する**身体**的な反応が情動的な体験を引き起こすとする説。ジェームズとランゲ（James & Lange）が提唱し、「悲しいから泣くのではなく、泣くから悲しい」という一節で有名。

　中枢起源説　中枢起源説とは、刺激を感覚器で受容すると、視床および視床下部が興奮することによって、大脳**皮質**で情動が体験され、それと同時に末梢の器官においても**情動**に関連する身体的な反応が起こるとする説。キャノンとバード（Cannon & Bard）が提唱した。

14 意欲のしくみ　基本

人が行動するときに、**欲求**が行動の動機づけとなって、目的をもって行動しようとする**意思**がはたらく。この欲求と意思を合わせて**意欲**という。

　外発的動機づけ　**生理**的欲求や**社会**的欲求に基づく動機づけ。なんらかの目的を達成するために行われる。典型的な例は、**賞**と**罰**による意欲向上策である。効果はその場かぎりで、人間的な成長は望めない。

　内発的動機づけ　**興味**や**好奇心**をかきたてることで行動を促す。課題の設定から解決まで主体的・意欲的に**継続**して取り組むことで自律性が得られる。

15 適応のしくみ　基本

自分自身の欲求が**環境**と合致した形で満たされていることを、適応という。適応のあり方には、その対象によって4つの側面がある。

①**身体的な側面**……自分の生存のために、**自然**環境や**物理**的な環境にからだを適応させようとする。

②**心理的な側面**……主観的な**幸福**感や**満足**感を得たいという思いによって、周囲の環境に適応しようとする行動を引き起こすことがある。

③**社会的な側面**……人間は、他者とのつながりやかかわりのなかで生きていく**社会**的な存在なので、社会的なルールを守ったり、社会から承認されたりすることを求める。

④**倫理的な側面**……道徳的・**倫理**的な価値基準に基づいて、たとえ孤立することになっても、その基準にしたがおうとする。

領域：こころとからだのしくみ　科目11／こころとからだのしくみ
単元1　こころのしくみの理解

> 🔴 **試してみて！こんな覚え方**　例で覚えよう
>
> **適応機制（防衛機制）の例**
> ◆自分の人生での失敗を、すべて若いころ戦争があったせいにする　→　合理化
> ◆病気がちで思うように外に出られない人が、元気で活躍している同年配の知人をほめたたえる
> 　→　同一視（同一化）
> ◆定年をむかえ、それまで外に出ることが好きだった人が家に閉じこもる　→　反動形成
> ◆家庭や職場での役割が低下していくことへの不満を、陶芸などの趣味にうちこむことで満たそうとする　→　昇華

科目11 こころとからだのしくみ
単元1 こころのしくみの理解

Step 2 一問一答で確かめよう

問い

- □マズロー（Maslow, A. H.）の欲求の階層で示された欲求で、**基本的欲求**にあてはまるのは、安全の欲求ともう一つは何？
- □マズロー（Maslow, A. H.）の欲求の階層で示された欲求のうち、**社会的欲求**にあてはまるのは、所属・愛情の欲求、自己実現の欲求ともう一つは何？
- □マズロー（Maslow, A. H.）の欲求の階層で、いちばん高次の欲求は何？
- □マズロー（Maslow, A. H.）の欲求の階層で、第一段階の生理的欲求から第四段階の承認・自尊の欲求は、**欠乏欲求・成長欲求**のどちら？
- □発達の過程で、**自分自身**がどのような人間であるかについて、その人がもつ認識を何という？
- □**自己概念**は、性別や年齢の影響を受ける？　受けない？
- □ほかに支配されたり従属したりすることなく、**独り立ち**することを何という？
- □**高齢**になって身体能力低下や役割喪失（そうしつ）を経験することで、自己概念は否定的・肯定的のどちらになりがち？
- □フロイト（Freud, S.）は、人間の「こころ」には構造があり、3つの機能によって構成されるとしているが、その3つの機能とは、**イド（エス）、自我**ともう一つは何？
- □フロイト（Freud, S.）が想定した3つの機能のうち、**本能による衝動**を何という？
- □人間の行動を「**刺激——反応**」という図式にあてはめて考えたのはだれ？
- □**情報科学**によって、知覚、記憶、思考、学習などの**高次認知機能**を研究するアプローチを何という？
- □パブロフ（Pavlov, I. P.）が行った**条件反射**の実験をもとにした理論を何という？
- □**自発的な行動**が行われた直後の環境の変化によって、その後の自発的な行動の頻度（ひんど）が変わるという理論を何という？
- □記憶の過程で、**感覚記憶**と**長期記憶**の間にあるのは何？

答え

- 生理的欲求　return 1
- 承認・自尊の欲求　return 2
- 自己実現の欲求　return 3
- 欠乏欲求　return 3
- 自己概念　return 4
- 受ける　return 5
- 自立　return 6
- 否定的　return 7
- 超自我　return 9
- イド（エス）　return 9
- ワトソン　return 9
- 認知心理学　return 9
- レスポンデント条件づけ　return 10
- オペラント条件づけ　return 10
- 短期記憶　return 11

領域：こころとからだのしくみ　科目11／こころとからだのしくみ
単元1 こころのしくみの理解

□編み物のように、ある技能をくりかえし練習することで、その動作の規則性を獲得する記憶を何という？	手続き記憶 return 11
□個人的な**体験**や**出来事**に関する記憶を何という？	エピソード記憶 return 11
□外界にある物を頭の中で思い浮かべることができるのは、0～2歳・2～4歳のどちら？	2～4歳 return 12
□環境に対する**身体的な反応**が**情動体験**を引き起こすとする説を何という？	末梢起源説 return 13
□刺激を**感覚器**で受容すると、**大脳皮質**で情動が体験され、それと同時に末梢器官においても情動に関連する身体反応が起こるとする説を何という？	中枢起源説 return 13
□なんらかの目的を達成するために行われる、**生理的欲求**や**社会的欲求**に基づく動機づけを何という？	外発的動機づけ return 14
□興味や好奇心をかきたてることで、**意欲的な行動**を促す動機づけを何という？	内発的動機づけ return 14

Step 3　過去問に挑戦！

問題　記憶に関する次の記述のうち、正しいものを1つ選びなさい。　第27回（2015年）〔97〕

1　短期記憶では、膨大な情報の貯蔵が可能である。
2　記憶には、記銘と保持と想起の3つの過程がある。
3　手続き記憶とは、自分に起こった出来事に関する記憶である。
4　エピソード記憶とは、一般的な知識についての記憶である。
5　記憶の処理は、中脳で行われる。

答え　　2

短期記憶は、見たり聞いたりしたことをすぐに思い出すまで短時間保持する記憶で、保持できる情報は7±2（マジカルナンバー）とされている（1は誤り）。記憶の過程は、記銘→保持→想起の3つ（2が正しい）。手続き記憶とは、技能をくりかえし練習することで得られる動作の規則性についての記憶である（3は誤り）。エピソード記憶とは、個人的な体験や出来事に関する記憶である（4は誤り）。記憶の処理は、脳の海馬で行われる（5は誤り）。　return 11

科目11 単元2 こころとからだのしくみ
からだのしくみの理解

Step 1 重要項目を覚えよう

◆ からだのしくみの基礎

1 恒常性（ホメオスタシス） 基本
恒常性（ホメオスタシス）とは、暑さ、寒さ、乾燥など変化の**激しい**外部の環境に対して、体液（血液やリンパなど）などの**内部環境**を安定した状態に維持しようとする性質のこと。

2 体温 基本
一般的な成人の体温は**36〜37**℃。成人に比べて乳幼児は**高**く、高齢者は**低**い。測定する時間や活動の状態によって変動し、測定部位によっても異なる。
腋窩（えきか）体温……36〜37℃
口腔舌下（こうくうぜっか）体温……腋窩よりも0.2〜0.4℃**高い**
直腸内体温……腋窩よりも0.4〜0.6℃**高い**

体温の変化の要因
①食事摂取による**上昇**
②運動や入浴、興奮などによる**上昇**
③環境温度の上昇（10℃上昇すると、体温は一時的に**0.7**℃上昇する）
④日差（明け方から早朝に最も**低下**し、午後3時ごろから夕方に**上昇**する）

体温測定（検温）
①発汗がある場合、測定前にふく。
②体温計の目盛りが**35**℃以下であることを確認する。
③腋窩中央よりやや前側に45°斜め上に向けて挿入し皮膚に密着させる。
④測定時間は通常約**10**分。

体温測定の留意点
①片麻痺（かたまひ）がある場合、**健**側で測定する。**患**側は体温が低くなる。
②平熱から**0.5**℃の変動があったときは、身体状態の変化（寒気やふるえ、口渇、熱感、結膜の充血、頭痛、食欲低下など）がないか確かめる。
③高齢者の場合、**35**℃前後の低体温は危険である。

3 脈拍 基本
心臓が**収縮**と**拡張**をくりかえして全身に血液を送っているために生じる**動脈**の波動を**脈拍**という。

脈拍数
一般的には成人で1分間に**60〜80**回が正常。体温や運動、精神的な興奮

で変動する。臥床時より**座**位、座位より**立**位のときのほうが増加するなど、姿勢の影響も受けやすい。食事や入浴などによっても**増加**する。

脈拍の異常	次のような脈拍の異常がみられ、胸苦しさや吐き気、頭痛などをともなう場合は、医療関係者に連絡をとる。 ①脈拍**50**以下あるいは**90**以上 ②脈の**リズム**などの乱れ
4 呼吸 基本	酸素を取り込み、二酸化炭素を排出する**ガス交換**のしくみが呼吸である。意識すると乱れやすいので、正確な測定には被測定者に**気づかれないよう**に行う。被測定者の胸部や腹部の上下運動の回数によっても測定できる。
呼吸数	一般に安静時の成人は１分間に**12〜20**回。呼吸の深さやリズムは一定である。呼吸数は年齢や体格によって異なり、姿勢や運動、感情の動きで変動する。暑いと**増加**し寒いと**減少**するなど、気温の変化によっても変動する。
肺活量	一般に肺活量は50〜60歳代に低下し、70〜80歳代には30歳代の**6**割程度まで**減少**する。
5 血圧 基本	血圧は、**心臓**から送り出された血液の流れによって生じた血管にかかる圧力のことで、**心臓**の収縮期血圧（**最高**血圧）、拡張期血圧（**最低**血圧）の２つの数字で示される。
正常血圧	WHO（World Health Organization；世界保健機関）と国際血圧学会により、正常血圧は収縮期血圧が**130**mmHg未満、拡張期血圧が**85**mmHg未満とされている。
加齢による上昇	一般に、血圧は加齢によって上昇する。
血圧測定の留意点	①測定の姿勢で**5**分以上安静にしてから測定する。排尿をがまんしていると血圧は**上昇**するので、尿意があるときは、先に排尿をすませる。 ②足を床につけた**座**位で測定する。腕は**心臓**と同じ程度の高さに保つ。
6 人体部位の名称	人体は、頭部・頸部・**体幹**・**体肢**に大きく分けられる。体幹は胸部・腹部・背部・臀部からなり、**胸腔**には肺や心臓、**腹腔**には肝臓や胃、小腸、大腸、膵臓、腎臓など主要な器官が入っている。体肢は腕や脚のことで、腕は**上肢**、脚は**下肢**とよばれ、上肢と下肢をまとめて**四肢**とよぶ。

科目 11 こころとからだのしくみ
単元 2 からだのしくみの理解

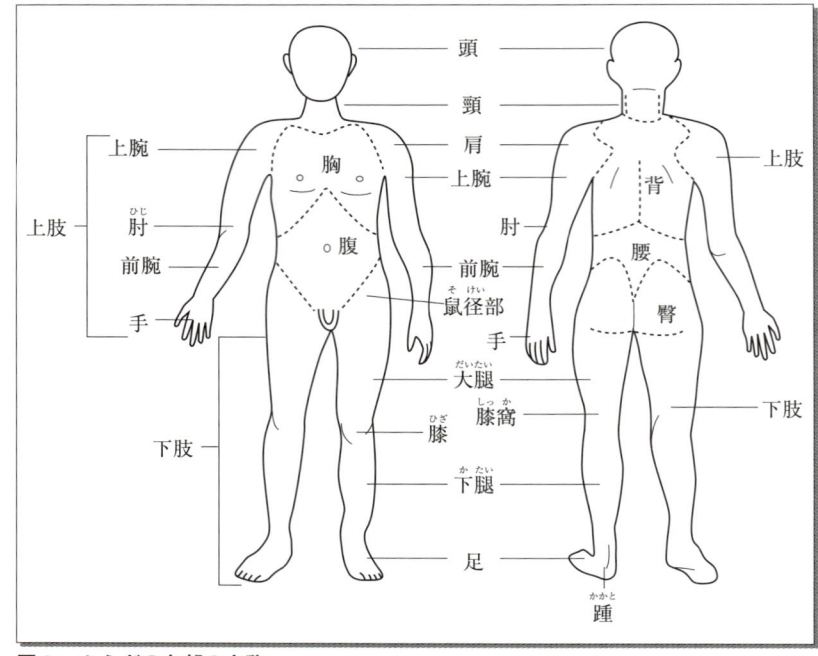

図2 からだの各部の名称

7 循環器 [基本]

血液やリンパを全身にいきわたらせるための器官などの集まり。心臓・血管からなる**血管**系と、リンパ管からなる**リンパ**系に分かれる。

動脈 心臓から出ていく血液が流れる血管。壁が**厚**く、弾力性がある。

静脈 心臓に入る血液が流れる血管。逆流を防ぐ**弁**がある。特に**下**肢の静脈には多くの弁がある。

8 血液 [基本]

人間の体重の約**60**％（細胞内に40％、細胞外に20％）は**体液**。体液のうち血管系を流れるものが**血液**、血管壁からしみ出したものが**組織液**、リンパ系を流れるものが**リンパ**である。血液は細胞成分の血球（約**45**％）と液体成分の**血漿**（約**55**％）からなる。血球には**赤血球・白血球・血小板**の3種類がある。

赤血球 赤血球は、一般に血液 $1 mm^3$ あたり450～500万個含まれ、中央がくぼんだ円盤状で核をもたない。赤血球に含まれている血色素（**ヘモグロビン**）のはたらきで、**酸素**を運搬する。**骨髄**でつくられ、**肝臓**や**脾臓**で破壊される。貧血は**赤血球**の数がとぼしくなって起こる。　出題実績 ▶24〔99〕

白血球 白血球は、一般に血液 $1 mm^3$ あたり4000～9000個含まれ、核をもち、赤血球よりやや大きい。果粒球・リンパ球・単球があり、果粒球はさらに好中球・好酸球・好塩基球に分けられる。果粒球と単球は細菌を捕食する**食**作用をもち、**リンパ球**にはB細胞とT細胞があり、**免疫**に関係する。

血小板	単球とリンパ球は**リンパ節**と**脾臓**でつくられ、**脾臓**で破壊される（リンパ球は**胸腺**で増殖する）。果粒球は**骨髄**でつくられ、**脾臓**で破壊される。血液１mm³あたり20〜40万個含まれ、核をもたず不定形。血小板因子を含み、血液**凝固**に関与する。**骨髄**でつくられ、**脾臓**で破壊される。
血漿	血漿の成分のうち、水が約**90**％を占める。たんぱく質や脂質、無機塩類、グルコース（ぶどう糖）などを含み、これらの物質や細胞成分、老廃物の運搬、恒常性（ホメオスタシス）の維持などを行う。血漿からフィブリノーゲンを除いたものを**血清**という。

9 心臓 基本

全身に血液を送り出すポンプのはたらきをする。内部は、上大静脈と下大静脈により全身からの静脈血が流れ込む**右心房**、肺へ静脈血を送り出す**右心室**、肺からの動脈血が流れ込む**左心房**、全身へ動脈血を送り出す**左心室**に分けられる。また、血液の逆流を防ぐために、右心房と右心室の間にある三尖弁、左心室と左心房の間にある僧帽弁、右心室の出口にある肺動脈弁、左心室の出口にある大動脈弁、という４つの弁がある。大動脈から分岐した**冠動脈**は心臓への栄養供給を行う。

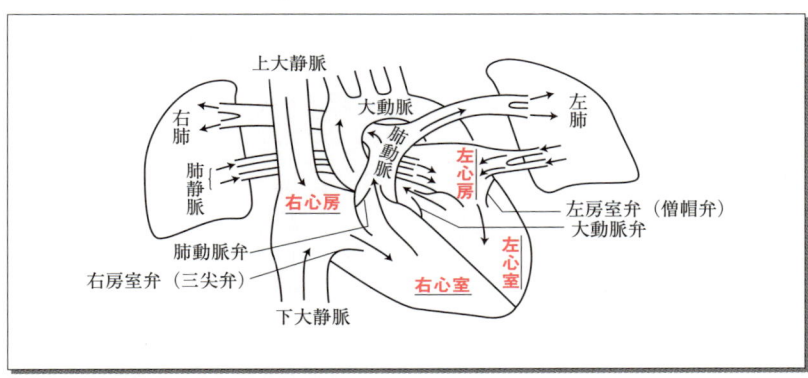

図３　心臓のつくり
資料：上田敏編『新・セミナー介護福祉〔三訂版〕⑨一般医学』ミネルヴァ書房、2007年、p.32

心臓の拍動	拍動数は一般に１分間に**60〜80**回。心臓が規則正しく収縮するのは、ペースメーカーの役目をする**洞房結節**（洞結節）の電気刺激が左右の心房に伝わり、**ヒス束**とよばれる線維がそれを心室に伝えるため。この経路を刺激**伝導**系という。収縮は神経やホルモンによって調節される。

10 血液循環 基本

血液循環は心臓を中心に行われ、**肺**循環と**体**循環に分けられる。

肺循環	肺循環は、右心室→**肺動脈**→肺→**肺静脈**→左心房という血液の流れ。肺で、肺胞中の空気と毛細血管中の血液の間でガス交換が行われる。
体循環	体循環は、左心室→**大動脈**→組織の毛細血管→**大静脈**→右心房という血液の流れ。全身の細胞で物質交換を行う。

科目 11 こころとからだのしくみ
単元 2 からだのしくみの理解

動脈血と静脈血

酸素の多い鮮紅色の血液を**動脈**血、二酸化炭素の多い暗赤色の血液を**静脈**血という。体循環では動脈に**動脈**血、静脈に**静脈**血が、肺循環では肺動脈に**静脈**血、肺静脈に**動脈**血が流れている。　　出題実績 ▶ 25〔100〕

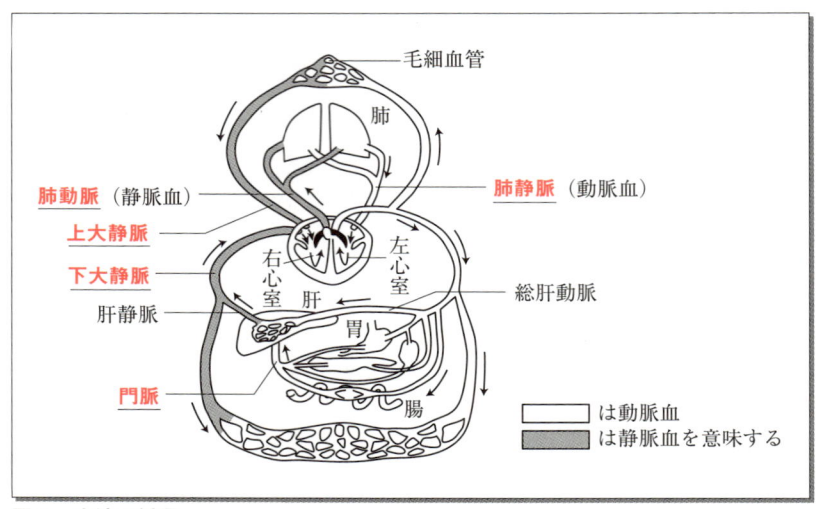

図中ラベル：毛細血管／肺／**肺動脈**（静脈血）／**肺静脈**（動脈血）／**上大静脈**／**下大静脈**／右心室／左心室／肝／総肝動脈／肝静脈／**門脈**／胃／腸／□は動脈血／■は静脈血を意味する

図4　血液の循環
資料：上田敏編『新・セミナー介護福祉〔三訂版〕⑨一般医学』ミネルヴァ書房、2007年、p.34

11 呼吸器（基本）

酸素を外界から取り入れ、**二酸化炭素**を体外に排出するはたらきを呼吸という。呼吸を行う鼻腔、気管、気管支、肺などの器官を**呼吸**器とよぶ。

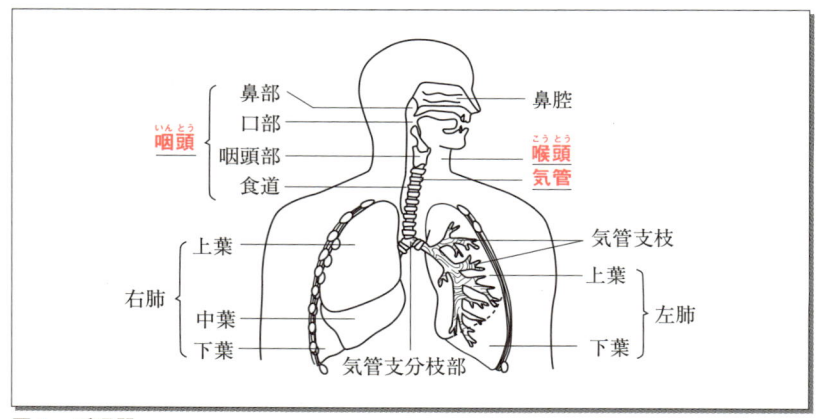

図中ラベル：鼻部／口部／咽頭部／食道／**咽頭**（いんとう）／鼻腔／**喉頭**（こうとう）／**気管**／気管支枝／右肺（上葉・中葉・下葉）／左肺（上葉・下葉）／気管支分枝部

図5　呼吸器
資料：上田敏編『新・セミナー介護福祉〔三訂版〕⑨一般医学』ミネルヴァ書房、2007年、p.39

気道
鼻腔や口腔から入った空気が咽喉（こうこう）（咽頭と喉頭）を通り、肺胞まで達する通り道。鼻腔から咽頭までの**上**気道と、気管以下の**下**気道に分けられる。

鼻腔
鼻の穴から奥の空間、**咽頭**につながっている。鼻腔の周辺の骨の中につくられた空間を**副鼻腔**といい、鼻腔に通じている。

咽頭・喉頭
鼻腔とつながった咽頭は、さらに**喉頭**となって気管とつながっている。咽頭と喉頭をあわせたものが**のど**で、喉頭には**声帯**がある。

気管・気管支	気管は左右に枝分かれして**気管支**となる。**右**気管支は左に比べ太く短く、傾斜がゆるいので、誤飲した異物は**右**に入ることが多い。
肺	右肺は**3**つ、左肺は**2**つに分かれている。気管支の先は**肺胞**とよばれる小さな袋になっていて、**毛細血管**があみの目のように取り巻いている。肺胞の数は約3億個で、肺の表面積（約60m² ＝テニスコート1面分）を広くすることによって、効率よくガス交換が行われる。呼吸運動は、**横隔膜**とよばれるうすい筋肉と肋骨をつなぐ**肋間筋**の動きによって行われる。
12 消化管 基本	口腔→咽頭→食道→胃→小腸→大腸→肛門とつながった長い1本の管。消化管や肝臓、膵臓のように消化に関係する器官を**消化器**とよぶ。

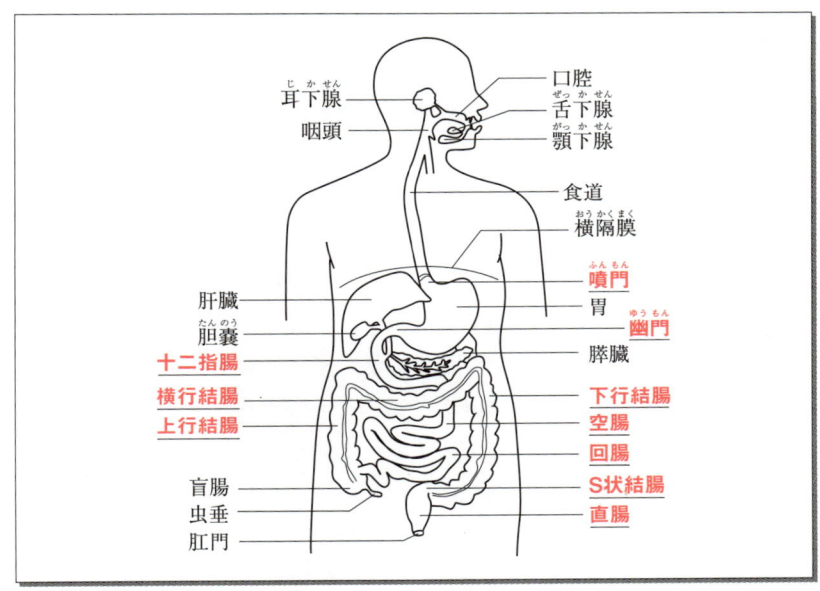

図6　消化管
資料：上田敏編『新・セミナー介護福祉〔三訂版〕⑨一般医学』ミネルヴァ書房、2007年、p.43

消化	口腔内の食物はかみくだかれ（**咀嚼**）、唾液と混ぜ合わされ飲み込まれる（**嚥下**）。咽頭、食道を通り胃まで運ばれた食物は、胃液と混ぜられ**蠕動**運動により小腸に送られる。小腸では**膵液**や胆汁などの消化液によって食物が消化され、小腸の壁から吸収されやすい小さな分子になる。
食道	咽頭につながる管で、**胃**につらなる。食物の消化は行われない。
13 胃	食道と胃の境を**噴門**、胃と小腸の境を**幽門**という。胃腺から**強酸性**の胃液を分泌し、たんぱく質を消化する。
14 小腸	胃に近いほうから順に、**十二指腸→空腸→回腸**。十二指腸には、膵臓から**膵液**、胆嚢から**胆汁**が分泌される。内表面のひだには**柔毛**とよばれる

科目11 こころとからだのしくみ
単元2 からだのしくみの理解

小さな突起があり、表面積を広げ、栄養分の**吸収**が効率よく行われる。

15 大腸

小腸に近いほうから順に、**盲腸→結腸→直腸**とよばれる。直腸の下端が**肛門**となる。大腸の大部分を占める**結腸**で、小腸で吸収されなかった水分の吸収が行われ、便ができる。結腸は、さらに**上行**結腸→**横行**結腸→**下行**結腸→**S状**結腸に分けられる。

16 肝臓

人体で**最大**の臓器（1000～1500g）で、さまざまな機能をもっている。小腸から吸収された**グルコース**（ぶどう糖）や**アミノ酸**などの栄養分は、小腸と肝臓をつなぐ**門脈**とよばれる血管を通って肝臓に流れ込む。

肝臓のはたらき

①**栄養分の貯蔵**……血液中のグルコースを**グリコーゲン**としてたくわえ、必要に応じて再びグルコースに分解して血液中に供給する。

②**物質代謝**……たんぱく質や脂質などの代謝を行う。

③**胆汁の生成**……**胆汁**は胆嚢に一時的にたくわえられ、胆管を通って**十二指腸**に分泌され、脂質を乳化し消化されやすくする。

④**解毒作用**……食物に含まれたり細菌がつくり出したりした有毒な物質を化学反応によって**無毒**化する。

⑤**尿素の合成**……たんぱく質が分解されたときにできる有毒な**アンモニア**を毒性の低い**尿素**に変える。

⑥**血液の貯蔵**……心臓から送り出された血液のうち、約**5**分の1が肝臓に流入する。流出する血液の量を調節することで、血液を貯蔵する。

⑦**血球の破壊**……古くなった**赤血球**を破壊する。

⑧**ビタミンの貯蔵**……ビタミン**A**と**D**をたくわえる。

⑨**体温の発生**……代謝のため**筋肉**の次に発熱量が多く体温保持に役立つ。

17 泌尿器 基本

尿をつくる**腎臓**と、尿を体外に導く**尿管・膀胱・尿道**からなる。尿管・膀胱・尿道をまとめて**尿路**とよぶ。男性の尿道は**前立腺**に囲まれている。

腎臓

腎臓は腹腔の背側にある左右**1対**の臓器で、ソラマメのような形をしている。血液中の老廃物をこしとり、尿をつくる。尿は**腎盂**に集められ、尿管を通って**膀胱**にためられる。

ネフロン（腎単位）

腎動脈は腎臓内で**糸球体**（球状の血管の塊）となる。糸球体を通る血液中から、血球とたんぱく質以外の成分は**ボウマン嚢**にこし出され**原尿**ができる（1分間に生じる原尿は100～200mL。うち99％は体内に再吸収される）。ボウマン嚢につながる**尿細管**（腎細管）を通る間にグルコース（ぶどう糖）や無機塩類など必要な成分が**再吸収**される。尿細管を通った原尿は**集合管**に送られ、水分が**再吸収**されて尿となる（一日の尿量は

1000～1500mL)。1組の糸球体とボウマン嚢をまとめて**腎小体**(マルピーギ小体)とよび、腎小体と尿細管を合わせて**ネフロン**(**腎**単位)という。一つの腎臓には100～120万個のネフロンがある。

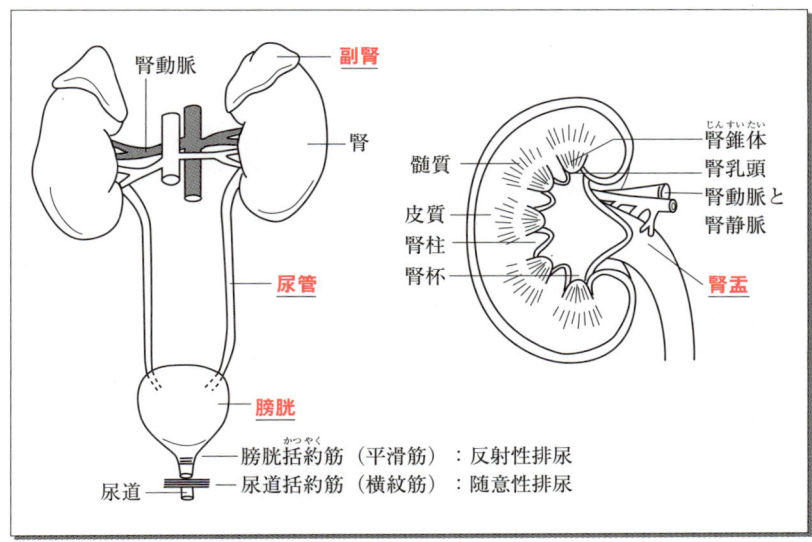

図7 泌尿器と腎臓の構造
資料：上田敏編『新・セミナー介護福祉〔三訂版〕⑨一般医学』ミネルヴァ書房、2007年、p.48

18 神経系 [基本]

神経系は、脳と脊髄からなる**中枢**神経系と、からだの各部に分布する**末梢**神経系に分化している。

脳神経と脊髄神経
末梢神経系は、脳から出る**脳**神経と脊髄から出る**脊髄**神経に分けられる。

求心性神経と遠心性神経
末梢神経系は、感覚神経のように情報を中枢に伝える**求心**性神経と、運動神経のように中枢からの命令を器官や組織に伝える**遠心**性神経に分類されることもある。

体性神経系と自律神経系
感覚神経や運動神経のように感覚や随意運動に関係する**体性**神経系と、交感神経や副交感神経のように不随意運動や内分泌腺や外分泌腺からの分泌に関係する**自律**神経系に分けることもできる。

19 脳 [基本]

大脳・間脳・小脳・中脳・橋・延髄に分けられ、中脳・橋・延髄をまとめて**脳幹**という。頭蓋の内側には軟膜・くも膜・硬膜という**髄膜**がある。

大脳
左右の大脳半球からなり、表面に大脳**皮質**がある。大脳皮質は、感覚中枢、随意運動の中枢、精神活動の中枢がある**新**皮質と、欲求や感情に基づく行動や本能行動に関する中枢がある**辺縁**皮質に分けられる。

間脳
大脳と中脳の間にあり、視床と視床下部に分けられる。視床は大脳に伝わる興奮を中継し、視床下部は**自律**神経系の最高中枢やホルモン分泌の中枢としてはたらく。

科目11 こころとからだのしくみ
単元2 からだのしくみの理解

小脳	随意運動を調節し、**平衡**を保つ中枢。障害されると運動失調が起こる。
中脳	間脳と小脳の連絡通路としてはたらくほか、**姿勢**を保つ中枢や**眼球**運動や**瞳孔**の大きさを調節する中枢がある。
延髄	**呼吸**運動、心臓の拍動、血管の収縮、消化器の運動や消化液の分泌を調節する中枢がある。 出題実績 ▶ 26〔100〕

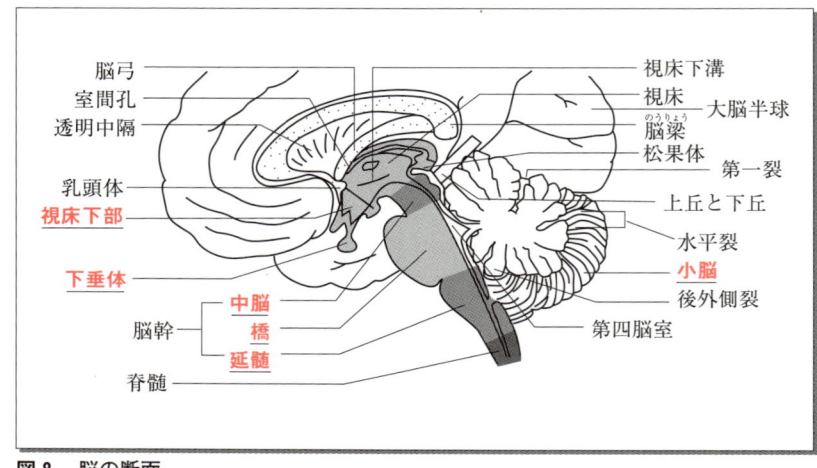

図8 脳の断面

（図中ラベル）脳弓／室間孔／透明中隔／乳頭体／**視床下部**／**下垂体**／脳幹｛**中脳・橋・延髄**｝／脊髄／視床下溝／視床／大脳半球／脳梁／松果体／第一裂／上丘と下丘／水平裂／**小脳**／後外側裂／第四脳室

資料：上田敏編『新・セミナー介護福祉〔三訂版〕⑨一般医学』ミネルヴァ書房、2007年、p.25

20 脊髄

脊椎骨（椎骨）の中を通っている、円柱状の中枢神経。頸髄・胸髄・腰髄・仙髄に分けられる。脊椎骨と脊髄の間にも3つの髄膜がある。

脊椎骨

頸椎・胸椎・腰椎・仙椎・尾椎に分かれる。脊椎骨には椎孔とよばれる空間があり、椎孔がつらなってできた細長い空間を**脊柱管**という。

21 脳神経と脊髄神経

末梢神経のうち脳から出る神経を**脳神経**といい、12対ある。**頭**部や**頸**部の運動神経や感覚神経が脳神経になる。これに対し、脊髄から出る神経を**脊髄**神経（31対）といい、頸神経・胸神経・腰神経・仙骨神経・尾骨神経に分けられる。**体幹**や体肢の運動神経や感覚神経が脊髄神経になる。

前根（腹根）……前根は運動神経・自律神経の集まり。**腹**側にある。
後根（背根）……後根は感覚神経の集まり。**背**側にある。

22 自律神経系 基本

交感神経と**副交感**神経に分けられ、**拮抗**的にはたらく。中枢は中脳・延髄・脊髄などにあるが、最高中枢は間脳**視床下部**である。

交感神経 胸髄と腰髄から出ている。**緊張**時や**興奮**時にはたらく。
副交感神経 中脳・延髄・仙髄から出て、就眠時や休息時にはたらく。 出題実績 ▶ 26〔99〕

領域：こころとからだのしくみ　科目11／こころとからだのしくみ
単元2 からだのしくみの理解

組織・器官		交感神経	副交感神経
眼		瞳孔散大	瞳孔縮小
呼吸	気管支	拡張	収縮
血液循環	末梢血管	収縮	拡張
	心臓	拍動数増加	拍動数減少
	血圧	上昇	降下
消化	消化管	消化運動の抑制	消化運動の促進
	消化腺	消化液の分泌の抑制	消化液の分泌の促進
ホルモン	膵臓	分泌抑制	インスリン分泌
	副腎（髄質）	アドレナリン分泌	―
排尿	膀胱	弛緩（排尿抑制）	収縮（排尿促進）
	膀胱括約筋	収縮（排尿抑制）	弛緩（排尿促進）

表1　自律神経系のはたらき

23　内分泌腺と外分泌腺　基本

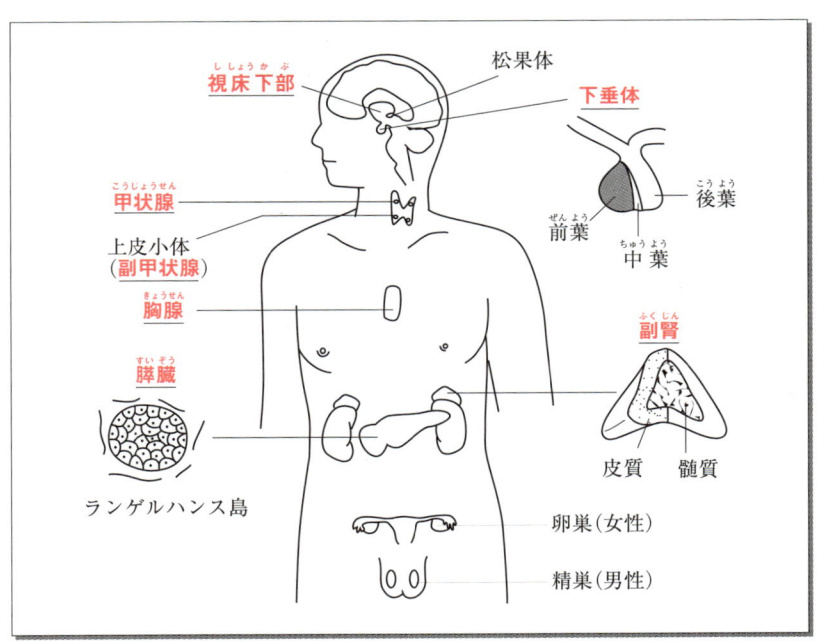

図9　内分泌腺の分布
資料：上田敏編『新・セミナー介護福祉〔三訂版〕⑨一般医学』ミネルヴァ書房、2007年、p.54

内分泌腺でつくられるホルモンは、血液中に分泌され、排出する管をもたない。これに対して、汗腺や消化腺などの外分泌腺でつくられる汗や消化液は、導管を通って、からだの表面や消化管に分泌される。

ホルモン｜下垂体や膵臓のランゲルハンス島から分泌されるたんぱく質系のものと、副腎皮質や性腺から分泌されるステロイド系のものなどある。血流で特

科目11 こころとからだのしくみ
単元2 からだのしくみの理解

定の器官（**標的器官**）まで運ばれ、そのはたらきを促進したり、抑制したりする。一つの標的器官に2種類が作用して互いに**反対**のはたらきをすることがある。ホルモンの分泌は微量であるが、過度に分泌すると機能亢進症、不足すると機能低下症となり病気が出現する。　出題実績 ▶ 26

〔98〕

種類	内分泌腺		ホルモン	おもな作用
たんぱく質系	**下垂体**	前葉	副腎皮質刺激ホルモン（ACTH） 甲状腺刺激ホルモン（TSH） 成長ホルモン	糖質コルチコイド分泌促進 甲状腺ホルモン分泌促進 骨・筋肉・内臓の成長促進
		後葉	バソプレシン（抗利尿ホルモン） オキシトシン	腎臓の集合管での水の再吸収促進 子宮平滑筋の収縮促進
	甲状腺		甲状腺ホルモン	体内の代謝促進
	膵臓の**ランゲルハンス島**		インスリン グルカゴン	血糖値を降下させる 血糖値を上昇させる
ステロイド系	**副腎**	髄質	アドレナリン	交感神経のはたらき促進
		皮質	糖質コルチコイド 鉱質コルチコイド（アルドステロン）	血糖値を上昇させる 血中のNa^+とK^+のバランス調節
	性腺	**精巣**	男性ホルモン（テストステロン）	男性の二次性徴を発現
		卵巣	卵胞ホルモン（エストロゲン） 黄体ホルモン（プロゲステロン）	女性の二次性徴を発現 妊娠を維持させる

表2　おもな内分泌腺とホルモン

24 下垂体

下垂体前葉・下垂体中葉・下垂体後葉に分けられる。下垂体のホルモン分泌は間脳**視床下部**の制御を受けている。

下垂体前葉　副腎皮質刺激ホルモン（adrenocorticotropic hor-mone；ACTH）・甲状腺刺激ホルモン（thyroid stimulating hormone；TSH）のように、ほかの内分泌腺のはたらきを**促進**するホルモンと、子どもの成長を促進する**成長ホルモン**などが分泌される。

下垂体後葉　腎臓の集合管での水の再吸収を促進する**バソプレシン**（抗利尿ホルモン）や子宮平滑筋の収縮を促進する**オキシトシン**が分泌される。

25 眼 基本

瞳孔から入った光は**水晶体**で光を屈折し、**網膜**上に像を結ぶ。網膜には**視**細胞があり、光刺激を受容して**視**神経に伝える。

黄斑　視細胞が多く分布しているので、視力が最も**鋭敏**。

盲斑　視神経が網膜をつらぬいているので、光を**受容**できない。

領域：こころとからだのしくみ　科目11／こころとからだのしくみ
単元2　からだのしくみの理解

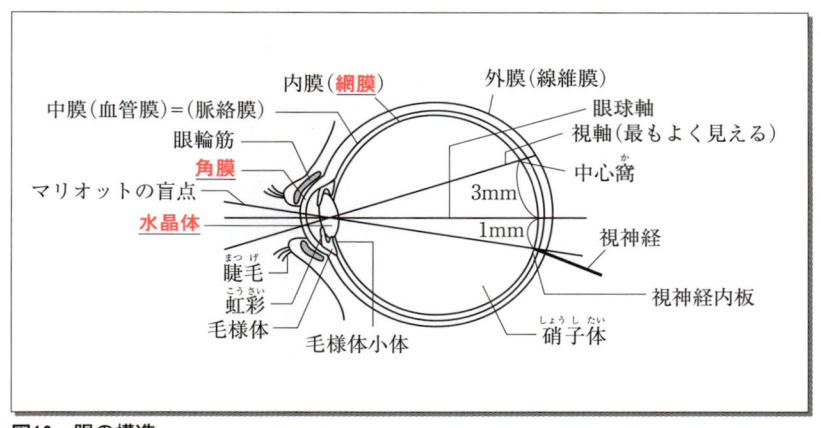

図10　眼の構造
資料：上田敏編『新・セミナー介護福祉〔三訂版〕⑨一般医学』ミネルヴァ書房、2007年、p.57

26 耳 基本

外耳・中耳・内耳からなり、音刺激を受ける聴細胞は内耳の蝸牛にある。耳管は鼻腔や咽頭とつながっていて鼓室内の気圧を調節する。内耳の前庭はからだの傾き、半規管はからだの回転を感じる（平衡感覚）。

聴覚　音は耳介で集められ、外耳道を通って鼓膜を振動させる。鼓膜の振動は耳小骨によって増幅され、蝸牛のリンパに伝わり、蝸牛の中にある聴細胞を興奮させる。この興奮が聴神経によって伝えられ、聴覚を生じる。

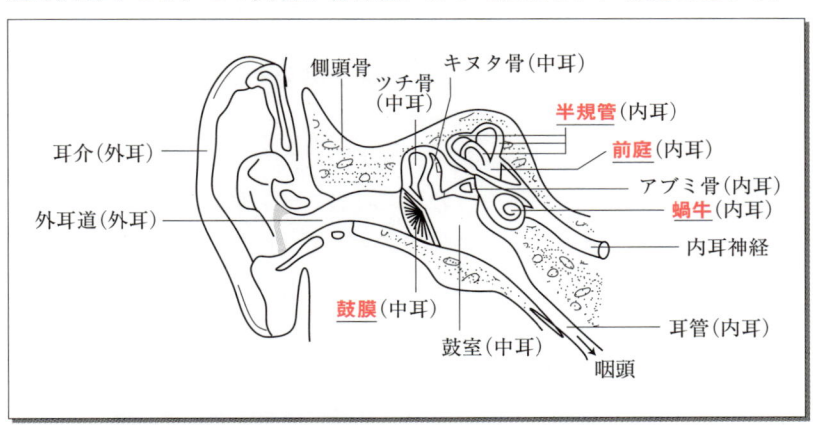

図11　耳の構造
資料：上田敏編『新・セミナー介護福祉〔三訂版〕⑨一般医学』ミネルヴァ書房、2007年、p.58

27 骨格 基本

人体は約206個の骨からなる。骨の表面は骨膜でおおわれ、外側は硬くてカルシウムを多く含む骨質で、内部は赤血球・白血球・血小板をつくる骨髄で満たされている。骨と骨の連結部分で動く部分を関節という。

骨格の役割　①からだの支持、②臓器や組織の保護、③生体の運動、④カルシウムなどの無機物の貯蔵

脊柱　椎骨が上下に重なり合っている。椎骨の間には椎間板が入っている。

科目 11 こころとからだのしくみ
単元 2　からだのしくみの理解

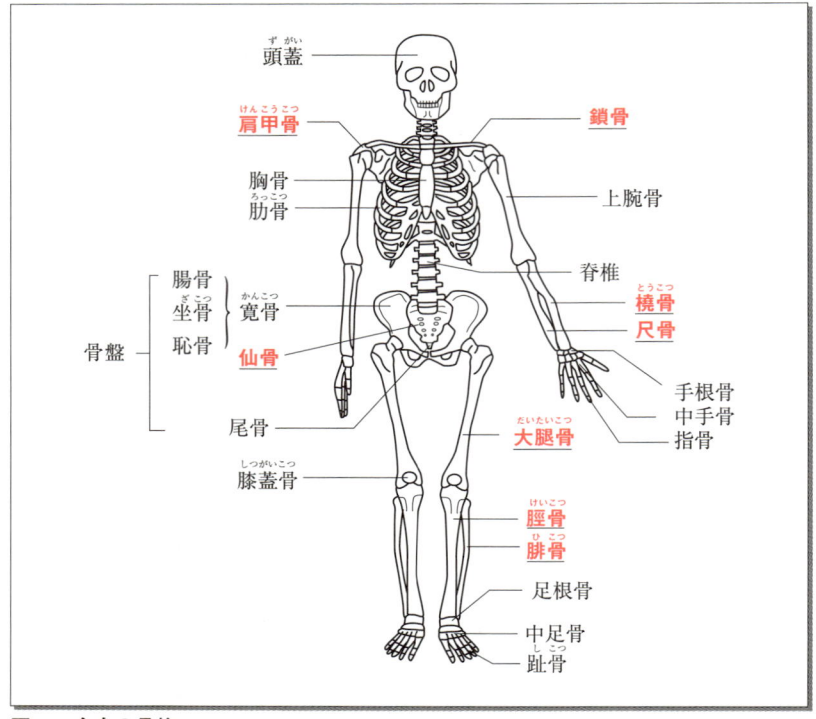

図12　全身の骨格

頭蓋／肩甲骨／鎖骨／胸骨／肋骨／上腕骨／脊椎／橈骨／尺骨／腸骨／坐骨／恥骨／寛骨／骨盤／仙骨／尾骨／大腿骨／手根骨／中手骨／指骨／膝蓋骨／脛骨／腓骨／足根骨／中足骨／趾骨

資料：上田敏編『新・セミナー介護福祉〔三訂版〕⑨一般医学』ミネルヴァ書房、2007年、p.20

28 筋肉（基本）

筋肉には、骨格を動かす**骨格筋**、心臓を構成する**心筋**、内臓の壁を構成する**内臓筋**がある。

骨格筋
紡錘形で、関節をまたいだ骨と骨に**腱**でつながっている。伸筋と屈筋があり、**屈筋**の収縮で腕や脚が曲がり、**伸筋**の収縮で腕や脚が伸びる。

筋肉の構造
骨格筋は**筋線維**（**筋細胞**）の集合で、筋線維の中には**筋原線維**が束になってつまっている。骨格筋や心筋は、筋線維に横じまがあり**横紋筋**とよばれる。内臓筋は、筋線維に横じまがなく**平滑筋**とよばれる。

随意筋
自分の意思で動かせる筋肉をいう。**骨格**筋が随意筋である。

不随意筋
自分の意思では動かせない筋肉をいう。**心**筋と内臓筋が不随意筋である。

筋肉の種類		名称	特徴
横紋筋	随意筋	**骨格**筋	多核の筋線維からなる 収縮は早く、力も強いが、疲れやすい
	不随意筋	**心**筋	単核の筋線維からなる 収縮をくりかえしても疲労しない
平滑筋		**内臓**筋	単核の筋線維からなる 収縮はゆるやかで、疲労しにくい

表3　筋肉の種類

領域：こころとからだのしくみ　科目11／こころとからだのしくみ
単元2　からだのしくみの理解

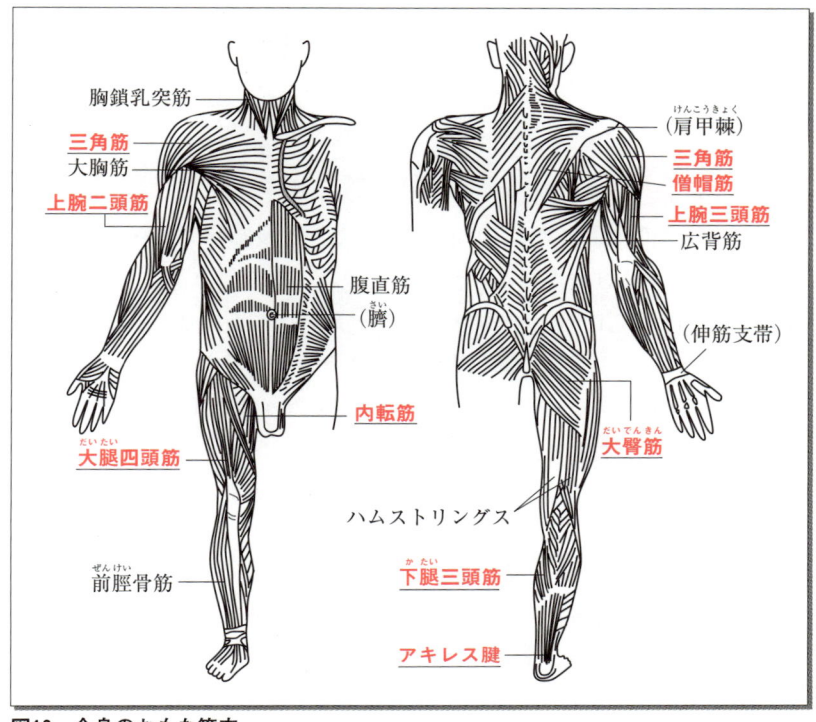

図13　全身のおもな筋肉
資料：上田敏編『新・セミナー介護福祉〔三訂版〕⑨一般医学』ミネルヴァ書房、2007年、p.23

（図中ラベル：胸鎖乳突筋、三角筋、大胸筋、上腕二頭筋、腹直筋、（臍）、内転筋、大腿四頭筋、前脛骨筋、（肩甲棘）、三角筋、僧帽筋、上腕三頭筋、広背筋、（伸筋支帯）、大臀筋、ハムストリングス、下腿三頭筋、アキレス腱）

29 関節　基本

関節は骨と骨を連結して、その動きを可能にする。相対する骨は関節包で包まれ、靱帯によって補強されている。

関節可動域
関節がとりうる**最大限**の運動範囲のこと。じっと動かないでいると筋肉や腱は柔軟性を**失って**しまい、関節可動域に制限が起き、拘縮を起こす。

関節運動と主動作筋
肩関節外転→三角筋、股関節屈曲→腸腰筋、股関節伸展→大臀筋、足関節伸展―前脛骨筋など。　出題実績▶27〔98〕

30 ボディメカニクス　基本

人体にかかる力が**筋肉**や**関節**にどのようにはたらくかを分析し、身体介護に応用する技術をいう。

ボディメカニクスの基本
①**支持基底面**（→p.441）を広くとり、**重心**を低くする。
②（利用者に近づき）互いの重心を近づける。
③（姿勢をよくし、膝を軽く曲げ下腹部に力を入れ）**骨盤**を安定させる。
④からだをねじらない。利用者に対して**肩**と**腰**を平行に保つ。
⑤**腹**筋・**背**筋・**下腿**筋などの大きい筋群を活用する。
⑥**平行**移動する（持ち上げない、踏ん張らない、横方向に滑らせる）。
⑦**てこ**の原理を使う（手だけでなく膝を押し当てて支点にするなど）。
⑧利用者のからだを**小さ**くまとめる（腕を前で組む、**膝**を立てるなど）。

科目 11 こころとからだのしくみ
単元 2 からだのしくみの理解

Step 2 一問一答で確かめよう

問い

- ☐ 外部の環境の変化に対して、**内部環境を安定した状態に維持**しようとする性質を何という？
- ☐ 一般に、成人に比べて、**高齢者の体温は高い？ 低い？**
- ☐ 一般に、成人の1分間の**脈拍数**はどのくらい？
- ☐ 一般に高齢になると**肺活量**は減少するが、70～80歳代には30歳代の何割程度になる？
- ☐ 一般に、加齢によって、**血圧は上昇する？ 下降する？**
- ☐ 人体は大きく4つに分けられるが、それは**頭部**、**頸部**、**体肢**ともう一つは何？
- ☐ **血液やリンパを全身**にいきわたらせるための器官は何？
- ☐ ヘモグロビンを含み、酸素を全身に運搬するのは、**赤血球・白血球**のどちら？
- ☐ **心臓に栄養を補給**する血液が流れる血管は何？
- ☐ **右心室→肺動脈→肺→肺静脈→左心房**という血液の流れを何という？
- ☐ **鼻腔**、気管、気管支、肺などの器官を何という？
- ☐ **口腔→咽頭→食道→胃→小腸→大腸→肛門**とつながった長い1本の管を何という？
- ☐ 食道と胃の境目は、**幽門・噴門**のどちら？
- ☐ 小腸を3つに分けたとき、**胃に最も近い部分**を何という？
- ☐ 大腸は盲腸・結腸・直腸の3つに分けられるが、**大腸の大部分を占める**のは何？
- ☐ 門脈を通って肝臓に運ばれてきた**グルコース（ぶどう糖）**は、何に変えられてたくわえられる？
- ☐ 血液中の血球やたんぱく質以外の成分は、**腎臓の糸球体**からどこにこし出される？
- ☐ 呼吸運動、心臓の拍動、血管の収縮、消化器の運動や消化液の分泌の**中枢**となるのは何？
- ☐ **脊椎骨（椎骨）**の中を通る円柱状の**中枢神経**を何という？
- ☐ **後根（背根）**は、感覚神経、運動神経、自律神経のどれの集まり？

答え

- 恒常性（ホメオスタシス） **1**
- 低い **2**
- 60～80回 **3**
- 6割程度 **4**
- 上昇する **5**
- 体幹 **6**
- 循環器 **7**
- 赤血球 **8**
- 冠動脈 **9**
- 肺循環 **10**
- 呼吸器 **11**
- 消化管 **12**
- 噴門 **13**
- 十二指腸 **14**
- 結腸 **15**
- グリコーゲン **16**
- ボウマン嚢 **17**
- 延髄 **19**
- 脊髄 **20**
- 感覚神経 **21**

領域：こころとからだのしくみ　科目11／こころとからだのしくみ
単元2　からだのしくみの理解

□自律神経系のうち、心臓の拍動数を増加させたり、消化管の運動を抑制したりするものは何？　　交感神経　return 22 表1

□内分泌腺でつくられたホルモンは何によって運ばれる？　　血流（血液）　return 23

□下垂体後葉から分泌されるホルモンで、腎臓の集合管での水の再吸収を促進するものは何？　　バソプレシン（抗利尿ホルモン）　return 23 表2 24

□視神経が網膜をつらぬいているので、光を受容できない部分を何という？　　盲斑　return 25

□骨の内部は、何で満たされている？　　骨髄　return 27

□心筋は、随意筋・不随意筋のどちら？　　不随意筋　return 28

□関節がとりうる最大限の運動範囲のことを何という？　　関節可動域　return 29

□人体にかかる力が筋肉や関節にどのようにはたらくかを分析し、身体介護に応用する技術を何という？　　ボディメカニクス　return 30

Step 3　過去問に挑戦！

問題　血液中において酸素の運搬を行っている成分として、正しいものを1つ選びなさい。

第24回（2012年）〔99〕

1　血しょう
2　血小板
3　赤血球
4　白血球
5　リンパ球

答え　　3

血漿はたんぱく質や脂質、無機塩類、グルコースなどを運搬する（1は誤り）。血小板は血小板因子を含み、血液凝固に関与する（2は誤り）。赤血球に含まれる血色素（ヘモグロビン）のはたらきで酸素が運搬される（3が正しい）。白血球に酸素運搬のはたらきはない（4は誤り）。リンパ球は免疫に関係する。酸素運搬のはたらきはない（5は誤り）。

return 8

科目11 単元3

こころとからだのしくみ
身じたくに関連したこころとからだのしくみ

Step 1　重要項目を覚えよう

◆ 身じたくに関連したこころとからだの基礎知識

1 身じたくの行為の生理的意味

身じたくの基本的な役割は、清潔を保つことであり、ひいては健康を維持することである。また、身じたくを整えることによって、生活のリズムを整えることができる。さらに、身じたくはその人なりの自己表現であり、社会との関係を保つために必要不可欠な行為である。病気や障害によって身じたくが困難になると、他人との交流を避けるようになり、閉じこもりの原因にもなる。このような状態では、日常生活における活動がにぶり、身体機能が低下して、廃用症候群（〈disuse syndrome〉生活不活発病→P.333 34）へとつながってしまう。

身じたくの効果　①清潔を保ち、健康を維持する、②生活のリズムを整える、③社会との関係を保つ。

2 爪の構造と機能

爪は、皮膚の付属器官で、おもにケラチンとよばれる硬いたんぱく質でできている。健康な爪は、爪の下の毛細血管の色によってうすいピンク色をしており、表面もなめらかである。爪の外部に露出している部分を爪体（そうたい）、皮膚によって隠れている部分を爪根（そうこん）という。爪の根元にみられる乳白色の部分は半月（はんげつ）とよばれ、完全には角化していない新しい爪の部分である。成人の手の爪は一日に約0.1〜0.15mmのびる。

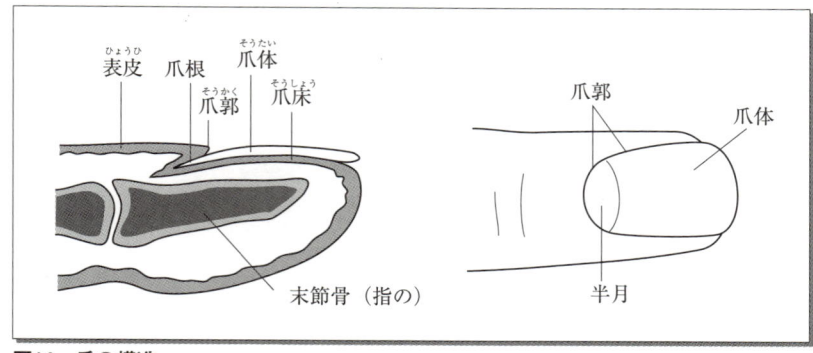

図14　爪の構造
資料：住居広士編『介護福祉士養成テキストブック ⑬こころとからだのしくみ』ミネルヴァ書房、2009年、p.86

領域：こころとからだのしくみ　科目11／こころとからだのしくみ
単元3　身じたくに関連したこころとからだのしくみ

3 口腔の構造と機能
基本

口腔の上方は**口蓋**とよばれ、前方の骨のある硬い部分を**硬口蓋**、その後方の骨のない軟らかい部分を**軟口蓋**という。口蓋には**唾液腺**（耳下腺・顎下腺・舌下腺）があり、口腔内に唾液を分泌する。唾液にはアミラーゼという**消化酵素**が含まれ、でんぷんを麦芽糖に分解する。　出題実績▶

26〔100〕

咽頭　嚥下の際には、鼻腔と咽頭の間は**軟口蓋**によって区切られ、喉頭の上部にある**喉頭蓋**のはたらきで咽頭を通った食物は、**気管**に入らない。

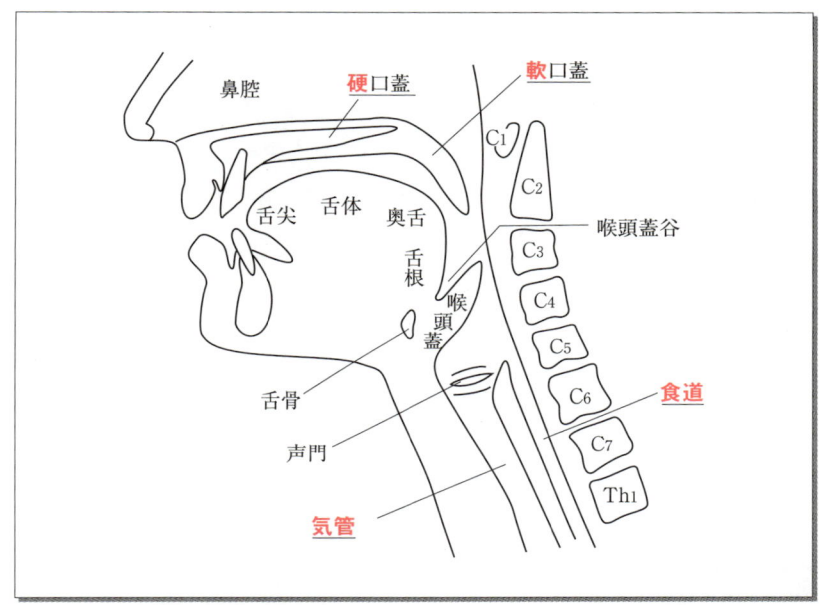

図15　口腔と咽頭の構造
資料：住居広士編『介護福祉士養成テキストブック　⑬こころとからだのしくみ』ミネルヴァ書房、2009年、p.91

4 毛髪の構造と機能

毛髪は、皮膚の付属器官で、**皮膚**が角化したものである。毛髪の皮膚に埋もれている部分は**毛根**とよばれ、毛根は**毛包**という鞘状のものに包まれていて、毛髪はこの中をのびて、皮膚表面に現れる。毛包の下の部分は**毛球**とよばれ、たまねぎ状にふくらんでいて、毛髪の成長に大切な役割をしている。健康な成人の毛髪は一日に約**0.3**mmのびるが、ある一定の期間成長すると抜け落ちる。

皮脂腺　毛穴には皮脂腺があるため、頭皮や毛髪には、外界の**ほこり**に汗や皮脂が加わった汚れが生じ、**かゆみ**やにおいの原因となる。

◆ 身じたくに関連したこころとからだのしくみ

5 口腔の清潔
基本

口腔内は、湿度や温度、養分など細菌が繁殖し**やすい**条件がそろっているので、口腔内が清潔な状態に保たれていないと、虫歯や**歯周病**（peri-

科目 11 こころとからだのしくみ
単元 3 身じたくに関連したこころとからだのしくみ

odontal disease）といった歯科疾患、誤嚥性肺炎（aspiration pneumonia →p.325）などの全身疾患を引き起こすことがある。

口臭　口臭とは口からのいやなにおいで、朝起きた**直後**や**緊張**したとき、においの強いにんにくやにらなどを食べたときなどに発生する。口臭の原因の9割以上は**口腔**内にあり、虫歯や**歯周病**などでも口臭が生じる。このほか、**糖尿病**（diabetes mellitus →p.331 **29**）や肝臓の機能障害、呼吸器の疾患などによっても口臭が発生する。また、高齢者は唾液の分泌が**減少**するため、口臭の原因となる物質が口の中にたまりやすいので注意が必要である。

口腔ケアと介護予防　**口腔ケア**などによる口腔機能の維持や向上は、低栄養を予防したり、誤嚥性肺炎などの気道感染を予防したりできるので、介護予防につながる。市町村が実施する介護**予防**事業においても、**口腔**機能の向上プログラムが想定されている。

6 更衣・整髪・洗面に関連するこころとからだのしくみ　清潔で気持ちのよい身じたくができるかどうかには、**ADL**（Activities of Daily Living；**日常生活動作**）だけでなく、興味や**関心**、意欲が大きく影響する。知覚のはたらきも大きく、視覚機能や**嗅覚**機能のおとろえで**汚れ**やにおいに気づかず、不潔な状態でいるということも起こる。

◆機能の低下・障害がおよぼす整容行動への影響

7 口腔機能に影響をおよぼす病気や障害　口腔機能は、加齢とともに低下していくが、**脳血管**障害（cerebrovascular disorder →p.327 **21**）などによっても、大きな影響を受ける。また、パーキンソン病（Parkinson disease →p.328 **22**）や脊髄小脳変性症（spinocerebellar degeneration）のような神経の疾患も、口腔機能に影響をおよぼす。

脳血管障害による影響　脳血管障害によって運動麻痺や感覚麻痺が生じる。**利き手**に麻痺があると、歯みがきなどがうまくできなくなる。また、顔面の下部に麻痺が起こると、口角は下に下がり、口唇を十分に閉じられないため、しばしば**麻痺**側から唾液が流れ出る。また、麻痺側ではうまく咀嚼できないため、健側で咀嚼するようになる。また、**麻痺**側は自浄作用が低下し、虫歯や歯周病（periodontal disease）が生じたり悪化したりする。

歯の喪失など　高齢になって多数の歯を喪失すると、**咀嚼**機能が低下し、**軟らか**い食事を好むようになる。また、口腔が乾燥していると、味覚が低下して、**濃い**味付けを好むようになり、このような食生活の変化は、栄養の**偏り**や**低**栄養につながる可能性がある。口腔の清潔も保ちにくい。

8	摂食・嚥下障害 基本	加齢にともなう口腔（こうくう）機能の**低下**や病気によって、食べたり飲み込んだりすることに障害が生じる。これを摂食・**嚥下**（えんげ）障害という。咽頭（いんとう）に入った食塊が食道に入るまでの運動を**嚥下**反射というが、ここで間違って食塊が気管に入ってしまう**誤嚥**（ごえん）が起こることがある。健康な人は咳（せ）き込んだりすることで異物を取り除くことができるが、嚥下障害（dysphagia）のある人の場合、誤嚥が起こりやすく、**誤嚥性肺炎**（aspiration pneumonia →p.325）などのおそれがある。
9	機能の低下・障害がおよぼす整容行動への影響	老化や障害によって身じたくの行為が**困難**になると、徐々に関心もうすれて、**衣服**を替えたりヘアスタイルを整えたりすることに無頓着になりがちである。**外出**や交際の機会がへることで、朝起きて**洗面**もせずに過ごすといったことも起こる。日々の生活にめりはりをつけ、**リズム**を整えるためにも、毎朝**身じたく**を整えることへの支援が必要である。また、認知症（dementia）の場合は、季節に応じた衣服が選べない、着方がわからない、くしやヘアブラシが使えないなどといった事態が起こるため、安全と**衛生**を守るための介護が求められる。

◆生活場面におけるこころとからだの変化の気づきと医療職との連携

10	チームアプローチ	残っている歯が**多**い場合、高齢者自身のブラッシングのみでは口腔（こうくう）ケアが十分といえないことが多いので、歯科医師など歯科医療の専門職と連携をもち、定期的な検診を行って、専門職の指導や管理のもとでの**口腔**ケアを行うことが必要である。また、要介護者の多くは、歯科医院を受診することが困難なため、歯科医院からの訪問**診療**が行われている。

科目 11 こころとからだのしくみ
単元 3 身じたくに関連したこころとからだのしくみ

Step 2 一問一答で確かめよう

問い

- □病気や障害によって**身じたく**が困難になると、他人との交流を避けるようになり、日常生活における**活動**がにぶり、身体機能も低下するが、そうなるとどのような病気につながる？
- □爪は、おもに何とよばれる**たんぱく質**からできている？
- □**健康な爪**は何色をしている？
- □**爪の根元**にみられる乳白色の部分を何という？
- □成人の手の**爪が一日にのびる長さ**は、0.1～0.15mm？ 0.01～0.015mm？
- □**口腔**の上方は何とよばれる？
- □食物を**嚥下**する際には、**鼻腔と咽頭**の間は何によって区切られる？
- □**毛髪**の皮膚に埋もれている部分を何という？
- □健康な成人の**毛髪が一日にのびる長さ**は、3mmぐらい？ 0.3mmぐらい？
- □**口腔**内は、**細菌**が繁殖しやすい？ 繁殖しにくい？
- □**口臭**が発生しやすいとされるのは、朝起きたとき？ 夜寝る前？
- □一般に**口臭が発生**しやすいとされるのは、幼児・高齢者のどちら？
- □脳血管障害（cerebrovascular disorder）によって**片麻痺**になった人は、口の麻痺側・健側のどちらが**虫歯**や**歯周病**（periodontal disease）になりやすい？
- □**口腔内が乾燥**していると、うすい味付け・濃い味付けのどちらを好むようになる？
- □**口腔**から咽頭に入った**食塊が食道に入るまでの運動**を何という？
- □高齢者自身のブラッシングのみでは**口腔ケア**が十分といえないことが多いのは、歯があまりない場合？ 歯が多く残っている場合？

答え

- 廃用症候群（生活不活発病） return **1**
- ケラチン return **2**
- うすいピンク色 return **2**
- 半月（はんげつ） return **2**
- 0.1～0.15mm return **2**
- 口蓋（こうがい） return **3**
- 軟口蓋（なんこうがい） return **3**
- 毛根 return **4**
- 0.3mmぐらい return **4**
- 繁殖しやすい return **5**
- 朝起きたとき return **5**
- 高齢者 return **5**
- 麻痺側（かたまひ） return **7**
- 濃い味付け return **7**
- 嚥下反射（えんげ） return **8**
- 歯が多く残っている場合（こうくう） return **10**

領域：こころとからだのしくみ　科目11／こころとからだのしくみ
単元3　身じたくに関連したこころとからだのしくみ

Step 3　過去問に挑戦！

問題　唾液に関する次の記述のうち、**正しいものを1つ**選びなさい。

第26回（2014年）〔100〕

1　一日に3Lほど分泌される。
2　小唾液腺には、耳下腺、舌下腺および顎下腺がある。
3　唾液に含まれる水分は、50％程度である。
4　唾液には、消化酵素が含まれる。
5　唾液分泌中枢は、小脳にある。

答え　4

唾液は、通常一日に1L程度分泌される（1は誤り）。唾液腺には大唾液腺（耳下腺、舌下腺、顎下腺）と小唾液腺がある（2は誤り）。大唾液腺には唾液を分泌する管があり、小唾液腺にはない（粘膜に分泌する）という違いがある。唾液の成分の99％以上が水分である（3は誤り）。唾液には、でんぷんを麦芽糖へと分解するアミラーゼという消化酵素が含まれる（4が正しい）。唾液分泌中枢は延髄にある（5は誤り）。　→ 3

科目11 単元4 こころとからだのしくみ

移動に関連したこころとからだのしくみ

Step 1　重要項目を覚えよう

◆ 移動に関連したこころとからだの基礎知識

1 移動行為の生理的意味

移動とは、歩行などのようにある地点からほかの地点へ移ることであるが、それ以外に寝返りや起き上がり、立ち上がりといった**体位**変換も含まれる。移動によって、**血流**が改善され、骨を**強化**し、筋力の**低下**を防止することができる。

血流の改善　骨の突出した部分への長時間の圧迫により、圧迫された部分の血行**不良**が生じ、長時間続けていると、その部分に酸素や養分が届かなくなり、壊死してしまう。これを**褥瘡**（じょくそう）（decubitus →p.333 **33**）という。自分で動くことが困難な場合も、こまめに**体位変換**を行うことで、血流が改善される。また、歩行などにともなう筋肉の収縮と弛緩（しかん）によって、血流が**促進**される。

骨の強化　骨を形成する**カルシウム**を摂取し、日光にあたることで、骨が強化される。また、運動や、重力に**さからう**姿勢をとることでも、骨が強化される。

筋力低下の防止　筋肉は加齢によって徐々におとろえていくが、運動による**負荷**を加えることによって、筋力を維持したり向上させたりできる。

2 重心の移動、バランス 基本

からだを動かすとき、必ず重心が**移動**している。**重心**が移動しないと、歩行も体位を変えることもできない。

歩行の介助　利用者の患側の腋窩（えきか）や腰部を支えるとき、強く引き上げすぎると、利用者の**健**側の下肢をふり出すための重心移動を制限してしまい、歩行の妨げになることがある。

3 支持基底面と重心 基本

両足で立っているとき両方の足底とその間を含む面を**支持基底**面という。重心を通る鉛直方向の線（**重心**線）が支持基底面の**中心**にあれば安定し、重心線が支持基底面の**端**になると不安定となり、支持基底面から重心がはずれ続けると、からだが移動して転倒してしまう。杖（つえ）などを利用したときは、支持基底面は両方の足底と杖の**接地**面までを含む面となる。

立ち上がりの介助　利用者が膝（ひざ）を**曲げて**足底を**引き**、**前傾**姿勢をとることで、立ち上がった

ときの利用者の支持基底面に重心線が移動し、立ち上がりやすくなる。

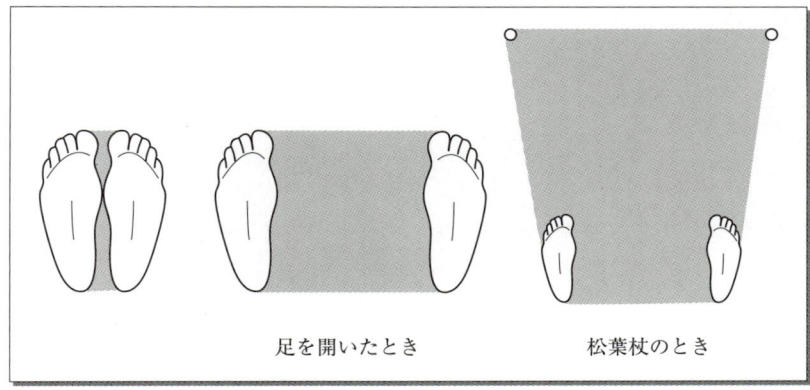

図16 支持基底面
資料：住居広士編『介護福祉士養成テキストブック ⑬こころとからだのしくみ』ミネルヴァ書房、2009年、p.109

4 良肢位

良肢位とは、**ADL**（Activities of Daily Living；**日常生活動作**）を行うときに最も負担の**少ない**関節の角度を保った肢位のことである。たとえば、麻痺などによって関節が動かせなくなったとき、肘関節を完全に伸ばした状態よりも**直角**に近く曲げたほうが着替えなどの動作が容易に行える。

不良肢位　逆にADLが困難になるような体位を**不良肢位**といい、そのまま関節が拘縮してしまったとき、体位変換や着替えが困難になり、浮腫（oedema）や褥瘡（decubitus）が生じる原因にもなる。

5 片麻痺の人の良肢位

麻痺側の上肢は、手先が心臓より**高**くなるようにし、手指を握りしめないように、大判のタオルハンカチなどを握らせる。仰臥位の場合は麻痺側の下肢のつま先が**下**を向かないように、砂のうなどを置いて、足関節が**直角**以上に引き上がるようにする。側臥位では、できるだけ麻痺側が**下**にならないようにし、麻痺側の上下肢の下にクッションを置き、手先や足先ができるだけ心臓より**低**くならないようにする。

図17 臥位での良肢位
資料：住居広士編『介護福祉士養成テキストブック ⑬こころとからだのしくみ』ミネルヴァ書房、2009年、p.113

科目 11 こころとからだのしくみ
単元 4 移動に関連したこころとからだのしくみ

◆ 移動に関連したこころとからだのしくみ

6 安全・安楽な移動

移動には、①寝たままの状態でからだを少しずつ動かして移動する**臥床**移動、②床に座った状態で手をつき、臀部をずらして移動する**座位**移動、③四つばい移動、④歩行がある。

臥床移動

寝返りの場合は、まず、寝返ろうとする側の**反対**側に移動することでスペースを確保すれば、安全に寝返ることができる。

歩行

歩行は重心の位置が**高**く、支持基底面も**せま**いため、不安定になりやすい。障害や機能低下がみられる場合は、杖や歩行器、手すりなどなんらかの支持が必要となる。

7 立位・座位保持のしくみ

立位姿勢は、重心が**高**く、支持基底面も**せま**くなる。このため、重力にさからって姿勢を維持する筋肉（**抗重力**筋）がはたらき、重心を移動する力で起こる重心移動を、もとに戻すシステムによって維持される。たとえば、立っていて体幹が前方に傾くと、下肢のうしろ側にある**下腿三頭筋**が**収縮**して、からだを垂直に戻すようにはたらく。座位は重心が**低**く、支持基底面が**広**いため、立位よりも安定している。腹筋や背筋などの骨盤にはたらく筋肉によって骨盤を**安定**させることで、座位が保持される。いすなど背もたれのある場合の座位では、安楽のために骨盤を後傾させた座り方になることが多く、筋肉の活動性が**低下**し、高齢者では円背や内臓障害にいたる場合もあるので、注意が必要である。

8 歩行のしくみ

歩行は、**重力**にさからって**立位**姿勢を保持しながら、2本の足を左右交互に出して、**重心**を移動し、地面を**けって**全身を移動させる複雑な動作で、ふだんは意識して行う動作ではなく、**生得**的なものである。

9 筋力・骨の強化のしくみ

筋力を強化するためには、まず**負荷**をかけることである。負荷をかけると、今まで使っていなかった神経が刺激され、はたらいていなかった**筋線維**がめざめて強化される。以後、負荷によって傷ついた筋線維が休息と栄養の補給によって以前よりも**太**く再生されていくこと（超回復）で筋力の強化が起こる。長期臥床などによって骨に刺激が加わらない状態が続くと、**カルシウム**を摂取してもそのまま排出されてしまうため、骨量が**低下**する。意識的な運動などにより強化を図る。

長期臥床の場合の筋力増強のポイント

①早期**離床**をめざし、早期に運動を開始する。
②筋**萎縮**の起こりやすい筋肉（首や体幹に近い筋肉など）に対して、より多くの運動を行う。
③活動性を**向上**させる生活習慣のための指導を行う。

| 骨の強化のポイント | ①一日600〜800mgを目標として、カルシウムを多く含んだ食品を摂取する。
②日光にあたり、カルシウムの吸収を促進するビタミンDをつくる。
③適度な運動によって骨に負荷をあたえ、骨芽細胞（骨をつくる細胞）を刺激する。
④カルシウムの吸収を妨げる飲酒を控える。 |

◆ 機能の低下・障害がおよぼす移動への影響

| 10 移動に関する機能の低下・障害の原因 頻出 | 脳血管障害（cerebrovascular disorder →p.327 21）の後遺症、脊髄損傷（spinal cord injury）などで移動の機能は低下する。また、パーキンソン病（Parkinson disease →p.328 22）による小きざみ歩行、脊髄小脳変性症（spinocerebellar degeneration）による失調性歩行のように、特徴的な様態が現れることもある。変形性関節症（osteoarthritis）、関節リウマチ（rheumatoid arthritis →p.330 25）、脊柱管狭窄症（spinal stenosis）、骨粗鬆症（osteoporosis →p.330 26）、認知症（dementia →p.329 23）などでも機能低下がみられる。 出題実績 ▶ 24〔102〕・26〔102〕 |

| 11 廃用症候群への移行 頻出 | 病気やけがの状態が続き、手足の力が弱って歩くことが困難になると、廃用症候群（〈disuse syndrome〉生活不活発病 →p.333 34）を引き起こす。全身の筋力が低下し、関節可動域が制限される。立位や座位では通常、無意識に脳や脊髄の神経、自律神経系がはたらき、姿勢を保とうとするが、このはたらきがおとろえ、立位や座位をとらせようとすると起立性低血圧（orthostatic hypotension）を引き起こす。長期臥床では、褥瘡（decubitus）や肺炎（pneumonia）を引き起こしやすくなる。 出題実績 ▶ 24〔103〕・27〔100〕 |
| 廃用症候群の予防 | 筋力と骨の強化のほか、介護においては、臥位から座位へ、座位から立位、歩行へと移動の機会をつくるようにする。 出題実績 ▶ 24〔104〕 |

| 12 運動がおよぼす身体への負担 | 歩行などの運動は、筋肉や骨をきたえ、代謝を促進して、からだをよい状態に保つ効果がある。高齢者でも適切な負荷をかけた運動によって筋力が増大する。しかし、高齢者の筋肉や関節は硬くなっていて、可動域もせまいので、過度な運動を行うと、筋肉を使いすぎて障害を起こすことがある。これを過用症候群という。また、誤った方法で運動を行うことで障害を起こすこともある。これを誤用症候群という。 |

科目11 こころとからだのしくみ
単元4 移動に関連したこころとからだのしくみ

13 移動にともなう転倒による骨折の予防

高齢になると、自宅などで転倒して**骨折**を起こすことがあり、骨折が治ったあとも移動能力が**低下**することが多い。転倒の原因はさまざまであるが、その一つに高齢者は**すり**足で歩くことが多いため、じゅうたんや座布団につまずくことがあげられる。**転倒**の予防には、もも上げなどの運動を行い、足腰の**筋力**をきたえることが重要である。

◆ 生活場面におけるこころとからだの変化の気づきと医療職との連携

14 生活場面での移動の観察のポイント

麻痺やしびれ、**痛み**の有無、歩行の形態（自力歩行、**杖**や歩行器の使用）を把握し、姿勢、歩幅、**足**の運びの速さ、足の上がり具合、**腕**の振り、手すりへの依存度などを観察して、リハビリテーション医療専門職と連携しながら適切に介助する。

15 移動にかかわる医療職との連携

かかりつけの医師、**リハビリテーション**医師、**理学療法**士（PT）、看護師などとの連携が必要になる。

Step 2 一問一答で確かめよう

問い

- □**歩行**などにともなう筋肉の収縮と弛緩によって、**血流**は促進される？ 抑制される？
- □**骨が強化**されるのは、重力にさからう姿勢をとったとき？ したがう姿勢をとったとき？
- □両足で立っているとき**両方の足底とその間を含む面**を何という？
- □**重心を通る鉛直方向の線**を何という？
- □**安定するのは重心線が支持基底面**のどこにあるとき？
- □ADL（Activities of Daily Living；日常生活動作）を行うのに**最も負担の少ない関節の角度**を保った肢位を何という？
- □**寝返りを安全に行うには、まず、寝返ろうとする側と同じ**側・反対側のどちらに移動する？
- □**重力にさからって姿勢を維持する筋肉**を何という？
- □**歩行で足を動かす**運動は、学習による運動？ 生得的な運動？
- □**骨の強化**には、何を多く含む食品をとる必要がある？

答え

- 促進される return 1
- 重力にさからう姿勢をとったとき return 1
- 支持基底面 return 3
- 重心線 return 3
- 中心 return 3
- 良肢位 return 4
- 反対側 return 6
- 抗重力筋 return 7
- 生得的な運動 return 8
- カルシウム return 9

☐ 廃用症候群（〈disuse syndrome〉生活不活発病）の人に急に立位や座位をとらせようとすると、何が起こる心配がある？	起立性低血圧　return 11
☐ 筋肉をきたえようとして**過度な運動**を行い、筋肉を使いすぎて障害を起こすことを何という？	過用症候群　return 12
☐ 誤った**方法**で運動を行うことで障害を起こすことを何という？	誤用症候群　return 12

Step 3　過去問に挑戦！

問題　脊髄小脳変性症（spinocerebellar degeneration）にみられる歩行として、正しいものを1つ選びなさい。
第24回（2012）年〔102〕

1　小きざみ歩行
2　間欠性跛行
3　失調性歩行
4　すくみ足歩行
5　加速歩行

答え　　3

小きざみ歩行、すくみ足歩行、加速歩行はパーキンソン病（Parkinson disease）に特徴的な歩行である（1・4・5は誤り）。間欠性跛行は、一定距離を歩くとしびれや痛みがひどくなって休まずにいられなくなるため、歩いたり休んだりが定期的に起こるもので、脊柱管狭窄症（spinal stenosis）に特徴的な歩行である（2は誤り）。脊髄小脳変性症は運動失調が主症状の難病で、歩行は失調性歩行を経て困難となる（3が正しい）。　return 10

科目11 単元5

こころとからだのしくみ
食事に関連したこころとからだのしくみ

Step 1 重要項目を覚えよう

◆食事に関連したこころとからだの基礎知識

1 からだをつくる栄養素 基本

五大栄養素のうち、エネルギー源となりうる3つを三大栄養素とよぶ。

五大栄養素	三大栄養素
①炭水化物（糖質＋食物繊維） ②脂質 ③たんぱく質 ④無機質（ミネラル） ⑤ビタミン	①糖質 ②脂質 ③たんぱく質 注：たんぱく質は主としてからだの構成成分として使われ、余剰がエネルギー源となる。

表4 五大栄養素と三大栄養素

五大栄養素のはたらき

①エネルギーの生産……炭水化物、脂質。
②生体組織（からだの組織）の構成……たんぱく質、無機質、脂質。
③生体組織（からだの各機能）の調整……無機質、ビタミン。

日本人の食事摂取基準

国民の健康の保持・増進を図るうえで摂取することが望ましいエネルギーおよび栄養素の量の基準を厚生労働大臣が定めるもの。2015年版では、エネルギーの指標としてカロリーに代わり体格（BMI）が採用された。

BMI（Body Mass Index）……体重（kg）÷身長（m）^{2}で求める体格指数。参考として示された目標は次のとおり（男女共通）。
①18～49歳18.5～24.9、②50～69歳20.0～24.9、③70歳以上21.5～24.9。

2 炭水化物（糖質） 基本

炭水化物は、炭素・水素・酸素からなる有機化合物であるでんぷんや、しょ糖（砂糖）、ぶどう糖などの糖質と、食物繊維を含んだものである。熱量は1gあたり4kcalで、糖の代謝には、ビタミンB_1が必要である。

ぶどう糖

炭水化物の大きな役割は、ぶどう糖しかエネルギー源として利用できない身体組織（脳、神経組織、赤血球、細尿管〈腎細管〉、酸素不足の骨格筋等）にぶどう糖を供給することである。ぶどう糖はグリコーゲンとして肝臓、筋肉中にたくわえられ、さらに量が増えると脂肪に変わり、脂肪組織の脂肪細胞で貯蔵される。

食物繊維

食物繊維は人の消化酵素では消化されない難消化多糖類に属し、エネ

	ギー源には**ならない**。セルロース、ヘミセルロース、ペクチンなどの**多糖**類と、糖質ではないが動植物中に含まれるリグニンやキチンなどがある。さらに、水に可溶なものと不溶なものとに分けることもできる。
食物繊維の生理作用	①摂取する食品の体積を**増加**させて満腹感をあたえ、食べすぎを防ぐ。 ②咀嚼回数の増加にともなう口腔内の浄化により、**虫歯**を予防する。 ③消化管の運動を活発にし、消化酵素の分泌を**促進**する。 ④糖質の吸収を**遅らせる**ことにより、肥満や**糖尿**病（diabetes mellitus →p.331 29）を予防する。 ⑤腸管からの**コレステロール**吸収を阻害する。 ⑥胆汁の体内循環を正常化することにより、**胆石**を予防する。 ⑦糞便量を増加させることにより**便秘**を予防する。 ⑧発がん物質を吸着して排泄し、**大腸**がん（colon cancer →p.333）を予防する。 ⑨色素などの有害物質を吸着し、体外に排出する。
食事摂取基準（目標量）	**炭水化物**……1歳以上で男女とも総エネルギーの**50〜65**％。 **食物繊維**……一日に18〜69歳では男性**20**g以上、女性**18**g以上。

3 脂質　基本

	常温で液体のものを**油**、固体のものを**脂**という。水に不溶で腸内に停滞する時間が長いのが特徴。**細胞膜**や**ホルモン**の主要な構成成分であり、主要なエネルギー源である。熱量は1gあたり9kcalで糖質やたんぱく質と比べて2倍以上のエネルギー価をもつ。**脂溶**性ビタミン（A、D、E、K）の吸収を助けるはたらきも重要である。主要成分は脂肪酸と**グリセリン**で、脂肪酸には**飽和**脂肪酸と**不飽和**脂肪酸がある。　出題実績 ▶ 26〔103〕
脂質の分類	単純脂質である中性脂肪、複合脂質であるリン脂質、ステロール類（コレステロールとエルゴステロール）に分かれる。
コレステロール	細胞膜の構成成分として必要であるが、動脈**硬化**の原因ともなるので、摂取は適量を保つことが大事である。血中では、リポたんぱく質である**LDL**（low-density lipoprotein；超比重リポたんぱく）、**HDL**（high-density lipoprotein；高比重リポたんぱく）として存在している。LDLはコレステロールを血管壁に**沈着**させる作用、HDLは末梢組織からコレステロールを**肝臓**に運んでくる作用をするといわれ、両者の濃度は食品中の飽和脂肪酸と不飽和脂肪酸のバランスに影響を受ける。
飽和脂肪酸	構造上、二重結合の**ない**脂肪酸で**動物**性脂質に多い。炭素数が多いほど融点が高く血管壁に付着しやすいため、血中コレステロールを**上昇**させる。
不飽和脂肪酸	構造上、二重結合の**ある**脂肪酸で、**植物**性脂質に多い。不飽和脂肪酸のうちn-6系脂肪酸とn-3系脂肪酸は体内で合成できず、欠乏すると皮膚炎

科目11 こころとからだのしくみ
単元5 食事に関連したこころとからだのしくみ

などが起こるので、**経口**摂取が必要であり、そのため**必須**脂肪酸とよばれる。特に、n-3系脂肪酸に属する魚油由来の、EPA（**エイコサペンタエン**酸）やDHA（**ドコサヘキサエン**酸）は、血栓予防や血中コレステロールを**低下**させるなどの作用があり、摂取が推奨されている。

食事摂取基準（目標量） 脂質の摂取量は、1歳以上で男女とも総エネルギーの**20～30**％。

分類			おもな脂肪酸	代表的な食品	特徴
飽和脂肪酸	短鎖		酪酸	**バター**	おもにエネルギー源となる
	中鎖		ラウリン酸	やし油、ココナッツ油	
	長鎖		ミリスチン酸	やし油、パーム油	
			パルミチン酸	バター、牛や豚の脂	
			ステアリン酸	牛や豚の脂	
不飽和脂肪酸	一価不飽和脂肪酸		オレイン酸	**オリーブ油**、なたね油（キャノーラ油）、牛や豚の脂など幅広く存在	血液中のコレステロール値を下げる。酸化されにくい
	多価不飽和脂肪酸	n-6系	リノール酸	**紅花油**（サフラワー油）、ひまわり油、綿実油、とうもろこし油、大豆油などの植物油	**必須**脂肪酸。血液中のコレステロール値や血圧を下げる
			γ-リノレン酸	**母**乳	血糖値、血液中のコレステロール値を下げる、血圧を下げる。さまざまな生体機能を調整
			アラキドン酸	レバー、卵白、さざえ	**必須**脂肪酸。胎児、乳児の正常な発育に必須
		n-3系	α-リノレン酸	しそ油、えごま油、あまに油	**必須**脂肪酸。体内でエネルギーになりやすく、必要に応じ体内でEPA、DHAにつくり変えられる
			EPA（**エイコサペンタエン**酸）	きんき、さんま、まいわし、はまち（養殖）、ぶり、うなぎ、まぐろ（トロ）	抗**血栓**作用がある、血液中の中性脂肪を減少させる。酸化されやすい
			DHA（**ドコサヘキサエン**酸）	さんま、まぐろ（トロ）、はまち（養殖）、ぶり、にじます、うなぎ	脳のリン脂質の構成成分。抗**血栓**作用がある、脳の機能を高める。酸化されやすい

表5　脂肪酸の種類と特徴

4 たんぱく質 基本

たんぱく質は、生命の維持に不可欠の栄養素である。からだをつくる成分であり、**酵素**やホルモンとして**代謝**の調整にもかかわる。**20**種類のアミノ酸から構成されており、糖質や脂質では代用できない。食物として取り込まれたたんぱく質は消化管内で**アミノ酸**にまで分解されて吸収され、そして体内で再びアミノ酸から**たんぱく質**が合成される。たんぱく質には窒素、リン、硫黄などが含まれている点も特徴である。動物性と植物性とがある。熱量は1gあたり4kcalである。

必須アミノ酸

20種類のうち体内で合成されないアミノ酸が**9**種類あり、食物から取り入れる必要がある。これを**必須アミノ酸**という。**動物**性たんぱく質に多く含まれ、**植物**性たんぱく質には少ないが、大豆は例外的に多く含む。

必須アミノ酸	バリン、ロイシン、イソロイシン、スレオニン、リジン、メチオニン、フェニルアラニン、ヒスチジン、トリプトファン
それ以外のアミノ酸	グリシン、アラニン、セリン、アスパラギン酸、アスパラギン、グルタミン酸、グルタミン、アルギニン、システイン、チロシン、プロリン

表6　アミノ酸

たんぱく質の生理作用

①**筋肉**、**臓器**、骨格をはじめ、**酵素**、**ホルモン**などの主要成分となる。
②体液を**中性**に保ち、**浸透圧**の調節をする。
③ストレスに**抵抗**する作用をもつ。
④糖質や脂質のように体内で燃焼して**エネルギー**源になる。

食事摂取基準（推奨量）

一日に18歳以上では男性60g、女性50g。

5 無機質（ミネラル） 基本

人体を構成する主要元素のうち、酸素・炭素・水素・窒素の4元素が体重の約96％を占めているが、残りの4％が**無機質**（ミネラル）である。生体の**調整**作用を受けもち**欠乏**症が問題となる。ごく微量必要だが欠乏するとなんらかの影響をおよぼすものもあり、**微量**ミネラルとよぶ。

6 ビタミン 基本

ビタミンは、微量だが生体の**生理**的調節に欠くことのできない栄養素である。人間の体内では合成されない有機化合物で、すべて食物から取り入れる必要がある。大きく**脂溶**性ビタミンと**水溶**性ビタミンとに分かれる。　出題実績 ▶ 26〔103〕

脂溶性ビタミン

油脂に溶けやすいビタミン。比較的**安定**した物質で、加熱などの調理による損失はそれほど大きくない。

水溶性ビタミン

水に溶けやすいビタミン。貯蔵・調理方法によっては損失が**大き**い。

科目 11 こころとからだのしくみ
単元 5 食事に関連したこころとからだのしくみ

	ビタミン	生理作用	欠乏症	多く含む食品
脂溶性ビタミン	ビタミンA	視力、皮膚や粘膜の健康保持	夜盲症（night blindness）、成長低下	肝油、バター、チーズ、牛乳、卵黄
	ビタミンD	骨化、歯の形成に必要	小児のクル病（rickets）、成人の骨軟化症（osteomalacia）	肝油、魚、レバー
	ビタミンE	脂質の酸化防止、生殖の正常化	不妊症（sterility）	胚芽、レバー、緑黄色野菜
	ビタミンK	血液の凝固	血液凝固の遅延	納豆、緑黄色野菜
水溶性ビタミン	ビタミンB₁	糖質、脂質、たんぱく質の代謝を円滑に	脚気（beriberi）、神経炎（neuritis）	酵母、レバー、胚芽、牛乳、大豆
	ビタミンB₂	糖質、脂質、たんぱく質の代謝に必要	皮膚炎（dermatitis）、口角炎（perleche）、成長低下	酵母、卵黄、大豆、牛乳
	ビタミンC	毛細血管、歯、骨、結合組織の作用を正常に保つ	壊血病（scurvy）	レモン、緑黄色野菜、じゃがいも

表7　ビタミンのはたらきと含有食品

7 一日に必要な水分量 [基本]

水は、体重の60〜70％を占め、栄養素などの物質を運搬したり、代謝の場となったりするだけではなく、化学反応の基質にもなり、生きていくうえで必要不可欠である。安静時の成人男子で必要とされる水分の量は、一日約2300mLとされる。一般にその内訳は、口から摂取する水分は約1200mL、食物に含まれている水分は約800mL、栄養素の代謝によってつくられる水分が300mLである。一方、排出される水分の量も約2300mLで、その内訳は尿としての排出が約1200mL、便としての排出が約200mL、不感蒸泄としての排出が約900mLである。

不感蒸泄……吐く息に含まれる水蒸気として体外に排出されたり、皮膚の表面から感知できないぐらい汗が排出されたりすること。

◆食べることに関連したこころとからだのしくみ

8 食べることの生理的意味

食べることの生理的意味としては、①栄養物を取り入れる、②生理的・精神的欲求を満たす、③社会的な交流の手段となる、の3つがあげられる。この機能が満たされた食事は、QOL（Quality of Life；生活の質）を保持するものとなる。高齢者の食事では、特に生理的・精神的欲求を満たすことが大切で、それにより栄養摂取の機能を高めることができる。

領域：こころとからだのしくみ　科目11／こころとからだのしくみ
単元5　食事に関連したこころとからだのしくみ

9	食欲、おいしさを感じるしくみ	食欲は過去の経験や**学習**に基づく欲求で、単に**空腹**であることと同一ではない。おいしい食物は、食物が客観的においしく調理されていることに加え、食べる人の状態の諸条件がそろって、はじめておいしいと感じることができる。
10	空腹・満腹	空腹感と満腹感は、脳の**視床下部**にある摂食中枢と**満腹**中枢でコントロールされている。空腹になると摂食中枢が食欲を**亢進**させ、満腹になると**満腹**中枢が摂食行動を停止させる。
11	味覚	味覚を感じるのはおもに**味蕾**のはたらきである。味蕾は、舌の**先**の茸状乳頭、両側の葉状乳頭、**奥**の有郭乳頭に分布している。
12	食欲に影響する因子	食欲には、**空**腹であることに加え、**味**覚その他の五感、**摂食**行動に必要な機能が損なわれていないこと、精神的に落ち着いて食事を楽しむ気持ちになっていることなどが関係する。食卓の**環境**も重要である。
13	のどが渇くしくみ	水は血液や**リンパ**、組織液として体内を循環し、**酸素**や養分を身体各部に渡し、**二酸化炭素**などの不要物を受け取る。また**代謝**の培地にもなっている。水分が不足すると身体機能が低下し、危険な状態になる。
	のどの渇きを知らせるしくみ	①発汗などにより、細胞外の水分量が減少すると、**心臓**にある容積受容体が、血流量の変化に応じて、渇きの信号を出す。 ②体液中の水分が減少すると、血液中の**電解**質の濃度が高くなり、浸透圧が**高まり**、**視床下部**にある飲水中枢を刺激して、水分を要求する。
14	食べるしくみ	食物を口に運び消化するまでの過程には、多様な機能がかかわっている。 ①食物を口まで運ぶ（視覚の情報、手の機能、**姿勢**と運動） ②食物の性質の判断（視覚・嗅覚からの**情報**、過去の記憶） ③食物に合った口の準備（筋肉・神経のはたらき、**唾液**の分泌） ④**咀嚼**運動 ⑤嚥下運動・嚥下反射 ⑥消化
15	摂食から嚥下までの5段階　**頻出**	摂食から**嚥下**までの過程は、①先行期→②準備期→③**口腔**期→④**咽頭**期→⑤食道期の5段階で行われる。　出題実績 ▶24〔105〕
	先行期	**目**で食物を確認し、手をのばして食物を鼻先にもっていき、**におい**を確認して、食べてよいかどうかを判断する。食べてよいものと認識すると、

451

科目 11　こころとからだのしくみ
単元 5　食事に関連したこころとからだのしくみ

準備期	食べ始める前に唾液や胃液の分泌がさかんになり、食べる準備ができる。利き手ではしやスプーンを握り、前方へ腕をのばし、食器の中の食物をとらえて口まで運ぶ。 口の中に入れた食物は、硬さや味、温度などを舌と口蓋で感じ取り、上下の臼歯の間などに運ばれる。口腔粘膜の味蕾の中にある味細胞は味を感じ取り、その興奮は大脳や摂食行動を調節する中枢がある視床下部に伝えられ、その食物に合った口が整えられ、顔面、舌の運動や唾液の分泌などが誘発される。咀嚼によって、分泌された唾液と食物を混ぜながら完全に細かくし、嚥下しやすいように食塊をつくる。
口腔期	舌の運動によって、食塊を唇側から舌の奥のほうへと移動させ、咽頭へ送り込む。食塊が咽頭に送り込まれると、軟口蓋が上がり、上咽頭収縮筋が収縮し、鼻腔・咽頭腔が閉ざされる。
咽頭期	咽頭に入ってきた食塊を、反射運動によって食道まで送り込む。食塊が咽頭に入ると、舌根が咽頭後壁に押しつけられ、咽頭筋群が順序よく収縮し、それと同時に喉頭がもち上げられることにより、喉頭蓋が気道をふさいで気管に食べ物が入らないようにし、食道の入り口が開いて食塊を食道へ送り込む。食塊の咽頭通過は一連の反射運動として行われるが、このとき誤嚥が起こることがある。誤嚥は、食塊を食道に送り込んでいるときに、誤って食塊が気道に入ってしまう状態である。　出題実績 ▶ 27〔101〕
食道期	食道の蠕動運動と食塊の重力により食塊が食道を通過し、胃に送られる。

◆機能の低下・障害がおよぼす食事への影響

16 食べることに関する機能の低下・障害の原因

舌や咽頭などがうまく動かなくなる病気には、脳血管障害（cerebrovascular disorder →p.327 21）や、筋萎縮性側索硬化症（amyotrophic lateral sclerosis；ALS）、パーキンソン病（Parkinson disease →p.328 22）などの、神経や筋肉の疾患がある。そのほかに食事に関する機能の低下や障害を起こすものには、認知症（dementia →p.329 23）、義歯の不適合、虫歯や歯周病（periodontal disease）、味覚障害（dysgeusia）などがあげられる。

17 機能の低下・障害がおよぼす食事への影響　頻出

利用者には慢性的な病気や障害を抱えている人が多い。疾患によっては食事内容に注意が必要であり、摂食機能に障害があると介助や見守りが必要になる。

低血糖・高血糖　インスリン注射や経口血糖降下剤での薬物療法を行っている人で、食事量が少なかったり不規則だったりすると低血糖を起こす。すぐに砂糖な

	ど糖分を摂取してもらい、かかりつけ医などに連絡する。高血糖は、糖尿病（diabetes mellitus →p.331 29）の急性合併症で、重症になると意識障害や脱水がみられる。状態をよく観察してかかりつけ医などと連携する。
嚥下障害、誤嚥のある人	嚥下障害（dysphagia）があると誤嚥が起こりやすくなる。また、もちやこんにゃく、あめなどの食品がのどにつまり、窒息する危険性もある。このため、嚥下障害のある人は食事に対する不安や恐怖心をいだくようになり、食事の量が減少し、水分や栄養分が不足し、脱水や低栄養状態に陥ることがある。ゼリー食やとろみ食、ミキサー食など、それぞれの状態に合わせた食事の形態をとる必要がある。
食欲不振のある人	食欲不振は、便秘や下痢、発熱、義歯の不適合など明らかな原因がある場合は、原因への対策を立て食欲回復を待つことができる。気分障害（mood disorder →p.382 7）や摂食障害（拒食・過食）など精神的な要因があって長期にわたる場合は、低栄養、体重の減少が続き生命の危険におよぶこともあるため、経管栄養などで強制的な栄養補給をする必要がある。
食事制限が必要な人	高血圧（hypertension →p.324 14）、腎疾患（renal disease）心疾患（heart disease）、脂質異常症（dyslipidemia →p.332 30）などでは食塩の制限が必要になる。たとえば高血圧の治療では、6g／日未満におさえることが推奨されている。慢性腎不全（chronic renal failure →p.326）などで血液透析が必要な人では、たんぱく質やカリウム、リンの制限もする。糖尿病や肥満の治療ではエネルギー摂取量をおさえる必要がある。

出題実績 ▶ 25〔103〕・27〔102〕

◆生活場面におけるこころとからだの変化の気づきと医療職との連携

18 誤嚥を予防するための日常生活での留意点	誤嚥を防ぐためには、ふだんから嚥下リハビリテーションによって筋肉をきたえて知覚機能を訓練することや、食前に嚥下体操を行うことなどが重要である。誤嚥は、食事中や食後だけでなく、睡眠中に唾液を飲み込むことによって起こることも多いので、誤嚥性肺炎（aspiration pneumonia →p.325）の予防には、口腔内の清潔が大切である。
19 嚥下障害に気づく観察のポイント	誤嚥や嚥下障害（dysphagia）を見極めるには、食事のしかたや食後のようす、むせるタイミングなどを観察することが大切である。
観察のポイント	①食事中にむせていないか。 ②食事中や食後に咳をしたり、声が変化したりしていないか。 ③口から物がこぼれるかどうか。

科目 11 こころとからだのしくみ
単元 5 食事に関連したこころとからだのしくみ

　　　　　　　　　　④食**後**に口の中に食べ物が残っていないか。
　　　　　　　　　　⑤**上**を向いて飲み込んでいないか。
　　　　　　　　　　⑥水分の飲み込みが**悪**くないか。
　　　　　　　　　　⑦**軟らかい**ものを食べたがるなど食事の好みが変化していないか。
　　　　　　　　　　⑧一つの食器からしか食べない、偏った食べ残しをするなどないか。
　　　　　　　　　　⑨食欲が**低下**していないか。
　　　　　　　　　　⑩食事時間が**長**くかかるようになっていないか。
　　　　　　　　　　⑪食後に、のどに何か引っかかっている感じがするという訴えがないか。
　　　　　　　　　　⑫体重が**減少**していないか。

20 脱水に気づく観察のポイント　　高齢者の場合、**口渇**感覚がにぶくのどの渇きに気づかないこともある。観察によって早期に脱水状態を発見し、対応することが大切である。

観察のポイント
①**尿量の観察**……健康な場合、最低でも一日に**500**mLの尿量があるので、尿量が減少していないかを確認する。
②**摂取した食べ物や飲み物の量の観察**……健康な場合、食事からの水分量は約**800**mL、口から摂取する水分量は約**1200**mLといわれているので、これをめやすに摂取水分量を確認する（食事中の含有水分量は1000kcalあたり約500〜800mLとされる）。
③**皮膚や口腔内の観察**……**乾燥**していないか確認する。
④**体重の観察**……体重の変動が**大き**くないか確認する。

脱水のタイプ
①**水分のみの喪失が大きいもの**……のどの渇きがみられ、尿量が極端に**減少**し、体温の**上昇**がみられる。この場合の対応は**水**の補給である。
②**ナトリウム喪失が特に大きいもの**……倦怠感が**大き**く、頭痛や吐き気をともない、尿量の減少やのどの渇きは**少な**い。この場合の対応は**食塩**の補給である。

Step 2 一問一答で確かめよう

問い	答え
□五大栄養素のうち、エネルギー源となりうるものをまとめて何という？	三大栄養素　return **1**
□五大栄養素とは、炭水化物、たんぱく質、脂質、無機質（ミネラル）ともう一つは何？	ビタミン　return **1** 表4
□炭水化物のうち、エネルギー源にならないものは何？	食物繊維　return **2**

領域：こころとからだのしくみ　科目11／こころとからだのしくみ
単元5　食事に関連したこころとからだのしくみ

□ 末梢組織から**コレステロール**を肝臓に運ぶ作用をするのは、LDL（low-density lipoprotein；超比重リポたんぱく）？ HDL（high-density lipoprotein；高比重リポたんぱく）？ → HDL ↩3

□ **体内で合成されないアミノ酸**で、食物から取り入れなければならないものを何という？ → 必須アミノ酸 ↩4

□ ごく**微量**しか必要がないが、欠乏するとなんらかの影響をおよぼす**無機質（ミネラル）**を何という？ → 微量ミネラル ↩5

□ 加熱などの**調理による損失が少ない**のは、脂溶性ビタミン？ 水溶性ビタミン？ → 脂溶性ビタミン ↩6

□ **脱水**によって、体内の**浸透圧**は上昇する？ 下降する？ → 上昇する ↩13

□ **誤嚥**が起こるのは、口腔期、咽頭期、食道期のいつ？ → 咽頭期 ↩15

□ のどの渇きがみられ、**尿量が極端に減少**し、**体温の上昇**がみられる場合、何を補給する必要がある？ → 水 ↩20

Step 3　過去問に挑戦！

問題　食事のたんぱく質制限が必要な疾患として、正しいものを1つ選びなさい。

第27回（2015年）〔102〕

1　胃潰瘍（gastric ulcer）
2　尿毒症（uremia）
3　痛風（gout）
4　脂質異常症（dyslipidemia）
5　狭心症（angina pectoris）

答え　2

胃潰瘍の場合は、むしろたんぱく質を含む食品をとることで、消化を促し胃の粘膜の材料を補給する（1は誤り）。慢性腎不全などの腎疾患ではたんぱく質の制限が必要。尿毒症は腎疾患が極度に進んだものなので当然制限が必要である（2が正しい）。痛風で必要なのは、原因となるプリン体を含むアルコールや肉などの食品の制限（3は誤り）。脂質異常症の人は、魚肉や大豆たんぱくを多くとることが必要である（4は誤り）。狭心症の場合は、たんぱく質が豊富で脂肪分の少ない豚のヒレ、鶏のささみなどをとるように心がける（5は誤り）。 ↩17

こころとからだのしくみ
科目11 単元6 入浴、清潔保持に関連したこころとからだのしくみ

Step 1 重要項目を覚えよう

◆ 入浴、清潔保持に関連したこころとからだの基礎知識

1 清潔保持の生理的意味

高齢者や障害者は、免疫機能の**低下**や加齢にともない、皮膚の**乾燥**、掻痒感、感染などのトラブルを起こしやすくなる。不潔な状態が続くと、日常生活の活動性が失われ、社会的な参加にも影響をおよぼす。清潔保持のための入浴は、循環機能が**促進**されるため、心臓や肺への負担にもなるが、自律神経系のコントロール機能を**向上**させ、生活機能を回復させることができる。

2 皮膚のしくみとはたらき 基本

皮膚は、**表皮・真皮**・皮下組織から構成される。感覚性の神経終末が来て、**皮膚**感覚を受容する感覚器としてもはたらいている。真皮には皮脂を分泌する**皮脂**腺があり、皮下組織には汗を分泌する**汗腺**などの外分泌腺がある。体温が上昇すると、毛細血管が**拡張**し、血液が**多く**運ばれ、発汗をともなうことで、皮膚から熱を放出する。逆に体温が下がると、毛細血管が**収縮**し、血液から熱がうばわれるのを防ぐ。　出題実績 ▶ 26〔101〕

皮膚のはたらき
① 触覚、圧覚、痛覚、温・冷覚などの**皮膚**感覚
② 汗の分泌と血流量の変化による**体温**調節
③ 細菌などの**感染**に対する**防御**機能
④ ビタミンDの代謝

◆ 清潔保持に関連したこころとからだのしくみ

3 リラックス、爽快感を感じるしくみ

からだや衣服を清潔に保つことは、日常生活におけるこころとからだの快適さの重要な条件である。たとえば、入浴によって、皮膚の温度が**上昇**し、発汗は**促進**され、筋肉の緊張が**ゆるみ**、心臓の拍出量が**増加**し、新陳代謝が**促進**されることによって、こころも**リラックス**できる。

4 皮膚の汚れのしくみ

皮膚の汚れである**あか**は、皮膚の**新陳**代謝の産物で、**表皮**の古い細胞片、皮脂、汗などにごみやほこりが付着したものである。皮膚の表面が清潔に保たれていると皮膚の脂肪膜が細菌からの感染を**防止**するが、あかな

		どが蓄積していると細菌の繁殖が**さかん**になり、古い細胞などが分解されたものが皮膚を刺激し、**かゆみ**をもたらす。爪などでかき傷ができたり、汚れが毛穴をふさいだりすると、そこから感染や炎症が起こる。
5	発汗のしくみ	外界の温度が上昇すると、視床下部にある体温調節中枢が反応して、**交感**神経の作用で汗腺から汗が分泌される。汗が蒸発するときに気化熱を**うばう**ので、体温の上昇を防ぐ。また、**体圧**反射（圧迫された体側の発汗が抑制される）により、臥位では**下**になった半身の発汗が**抑制**されて、**上**になった半身で多く汗をかく。

◆機能の低下・障害がおよぼす入浴、清潔保持への影響

6	高齢者にみられる皮膚の変化	加齢にともなって皮膚の生理機能は**低下**するので、入浴や清潔保持によって、皮膚の生理機能を保ち、**新陳**代謝を高める必要がある。
	加齢による皮膚の変化	①皮脂腺や汗腺のはたらきが**低下**して、皮膚の体温調節機能がおとろえるため、**低**体温や**熱中**症になりやすい。 ②角質層の**水分**保有能力が**低下**し、皮脂量も低下するため、皮膚が**乾燥**して傷つきやすい。 ③皮下脂肪が**減少**し、皮膚が**うす**くなる。 ④弾力性が**なく**なり、皮膚のしわやたるみがみられる。
7	入浴、清潔保持に関する機能の低下・障害の原因 基本	高齢になると皮膚機能が低下して**乾燥**するため、老人性**掻痒**症（pruritus senilis →p.332 **31**）が多くみられる。真菌（かび）の一種である**白癬**菌で起こる水虫（**白癬**〈tinea〉）もよくみられる。免疫機能が低下している人では**ヒゼンダニ**の感染で起こる**疥癬**（scabies）にかかることもあり、施設で発生した場合はさらに感染を広げないために隔離を行うなどの対応が必要になる（→p.169 **17**）。子どものとき**水痘**にかかった人では、体調によって水痘ウイルスによる**帯状疱疹**（herpes zoster）が起こることもある。　出題実績 ▶ 25〔104〕
8	入浴がおよぼすからだへの負担 基本	入浴によって血液循環が**促進**されることで、心肺機能へ負担がかかるので、血圧の高い人や循環器に障害のある人は注意が必要である。また、**熱い**湯（42℃以上）での入浴は、筋肉の**収縮**を引き起こすなどの影響がある。 出題実績 ▶ 24〔106〕
	高血圧の人	入浴直後は血圧が**上昇**する。熱い湯に入ると血圧が急激に上昇してしまうので、**ぬるめ**の湯にゆっくりつかったほうがよい。
	脳血管障害のある人	脳血管障害（cerebrovascular disorder →p.327 **21**）のある人は、麻痺側

科目 11 こころとからだのしくみ
単元 6 入浴、清潔保持に関連したこころとからだのしくみ

の感覚が**低下**しているため、入浴していても麻痺側のからだが**冷た**く感じることが多いが、入浴中に脳出血（cerebral haemorrhage）などが起こりやすいので、利用者のようすを観察して、入浴時間を決める。

心臓や呼吸器に障害のある人
温熱作用や静水圧作用によって、血液循環が**さかん**になり、心臓などに負担がかかるので、熱い湯はさけ、半身浴やシャワー浴なども検討する。

安全な入浴のポイント
①**浴室**や**脱衣所**の温度を、居室などと同じぐらいに保つ。
②湯の温度を**40**℃ぐらいにする。
③脱水を防ぐため、入浴**前**に水分をとらせる。
④入浴後は、**あたたか**い部屋で安静にさせる。

9 機能低下・障害がおよぼす入浴、清潔保持への影響 〔基本〕

加齢による機能低下、皮膚疾患がある場合には、利用者の皮膚の状態をよく**観察**し、コンディションに合わせた入浴、清潔保持の方法をとる必要がある。

かゆみ
乾燥しがちな高齢者の皮膚は、ちょっとした**刺激**でかゆみを生じることが多い。**石鹸**（せっけん）の使いすぎ、繊維の硬いタオルや**衣類**に注意が必要である。

かぶれ
おむつかぶれなどがある場合、悪化させないよう、ぬれた部分はすぐにふいて（こすらず、おさえるようにふく）**乾燥**を保つ。

褥瘡（じょくそう）
入浴により清潔が保たれ、**血行**も促進するので回復への効果が見込めるが、入浴後には**医療**的な処置も必要である。軽度の瘡部は、**こすらない**ようにして洗い流す。重度の場合は、**防水**フィルムでおおって入浴する。

出題実績 ▶ 25〔105〕

◆生活場面におけるこころとからだの変化の気づきと医療職との連携

10 チームアプローチ
利用者の状態や生活環境の**アセスメント**の結果に基づき、医療職や介護職などが**チーム**で、心肺機能や身体機能の障害の程度、家族の**介護**力、浴室の環境などを総合的に判断し、心地よい清潔保持のための方法を選択し、具体的な援助の方法を検討する。

Step 2 一問一答で確かめよう

問い	答え
□入浴によって、**自律神経系のコントロール機能**は向上する？低下する？	向上する （return 1）
□皮膚は、**表皮**と**真皮**と何からできている？	皮下組織 （return 2）

領域：こころとからだのしくみ　科目11／こころとからだのしくみ
単元6　入浴、清潔保持に関連したこころとからだのしくみ

□表皮の古い細胞片、皮脂、汗などにごみやほこりが付着したものを何という？　　あか　return 4

□外界の温度が上昇すると、視床下部にある体温調節中枢が反応して、交感神経・副交感神経のどちらがはたらく？　　交感神経　return 5

□加齢により、皮膚の皮下脂肪は、増加する？　減少する？　　減少する　return 6

□高血圧の人の入浴は、熱めの湯・ぬるめの湯のどちらがよい？　　ぬるめの湯　return 8

□麻痺のある人の入浴では、麻痺側のからだはあたたかく感じることが多い？　それとも冷たく感じることが多い？　　冷たく感じることが多い　return 8

□安全に入浴するためには、湯の温度を何℃ぐらいにする？　　40℃ぐらい　return 8

科目11　単元6　9～10

Step 3　過去問に挑戦！

問題　皮膚に関する次の記述のうち、正しいものを1つ選びなさい。

第26回（2014年）〔101〕

1　表面は無菌である。
2　ビタミンB（vitamin B）の産生にかかわる。
3　表面は弱酸性である。
4　表皮に汗腺がある。
5　エクリン腺は、体臭の原因となる。

答え　3

皮膚の表面には、複数の常在菌が存在している（1は誤り）。ビタミンDの産生にかかわる（2は誤り）。皮膚の表面は、汗腺と皮脂腺からの分泌物が混ざり合って弱酸性の状態になっている（3が正しい）。汗腺は皮下組織にある（4は誤り）。体臭の原因となるのはエクリン腺でなくアポクリン腺である（5は誤り）。　return 2

こころとからだのしくみ
科目11 単元7 排泄に関連したこころとからだのしくみ

Step 1 重要項目を覚えよう

◆排泄に関連したこころとからだの基礎知識

1 排泄の生理的意味

排泄とは、生命を維持するために、体内で不要になった代謝産物を体外に排出するはたらきで、ADL（Activities of Daily Living；日常生活動作）の一部である。排泄機能が障害を受けると、体内に不要な老廃物が蓄積され、生理的な機能が低下し、死にいたることもある。排泄は、身体の状態だけでなく、生活環境の変化、心理的な要因の影響を強く受ける。

2 尿の形状・量・回数

成人の一日の尿量は1000～2000mLで、1回の尿量は150～300mL、一日の排尿回数は5～7回である。正常な場合、尿は淡黄色で透明であるが、にごっていたり、血液が混じっていたり、強いアンモニア臭がする場合、からだの異常の疑いがある。また、尿中にたんぱく質や糖が含まれている場合も疾患の疑いがある。

無尿	完全無尿……尿量がまったくない。
	不完全無尿……一日に100mL以下。
乏尿	一日に500mL以下。
多尿	一日に2000mL以上。
頻尿（ひんにょう）	一日の排尿回数が10回以上。

3 便の形状・量・回数

便の量や回数は個人差があるが、健康な人の場合、一日1～3回排便が行われ、1回に100～250gを排出する。便の色はふつう黄褐色をしているが、これは血液中の赤血球に含まれるヘモグロビンが分解されてできたビリルビンによるもの。便の色によって異常などを発見できる。

便の色と異常	
	黒色（タール様）……上部消化管からの出血。
	鮮紅色……下部消化管からの出血。
	灰白色……胆汁の分泌不足、閉塞性黄疸。
	黒褐色……鉄剤の服用。

◆排泄に関連したこころとからだのしくみ

4 尿の生成から排尿のしくみ 基本

尿は、腎臓で血液から老廃物などが濾過されてつくられる。腎臓には一日に約170Lの血液が運ばれて濾過されるが、その大部分は血液中に再吸収され、残りが尿として膀胱に一時的にたくわえられる。膀胱に250〜300mLの尿がたまると、尿意が起こり、排尿が行われる。

尿の生成

腎臓では、腎動脈から送り込まれた血液が糸球体で濾過され、たんぱく質を除く血漿成分は、ボウマン嚢へと出て原尿になる。原尿は細尿管(腎細管)へ送られ、ぶどう糖やアミノ酸、無機塩類、水分などが細尿管を取り巻く毛細血管に再吸収される。その後、原尿は集合管へ送られ、水分がさらに吸収されて尿となり、腎盂から尿管を通って膀胱に送られる。

排尿のしくみ

膀胱の外側は排尿筋とよばれる平滑筋に包まれていて、尿をためている間、膀胱はゆるみ、尿道括約筋が収縮して尿道を締めている。大脳が排尿をするように指示すると、尿道括約筋がゆるみ、尿道に尿が流れ出て、これが刺激になり排尿筋が収縮して膀胱を縮め、勢いよく尿が出ていく。

5 便の生成から排便のしくみ 基本

口から摂取された食物は、胃や十二指腸で消化され、小腸で必要な養分や水分が吸収される。残ったものは大腸に送られるが、水分を多く含むため、どろどろの状態である。大腸では水分が吸収され、便ができる。便は一定の量になると、重力と大腸の蠕動運動により直腸へ送られ、そこにためられる。直腸に便をためることができるのは、肛門を締めている内肛門括約筋と外肛門括約筋を収縮させているからである。

排便のしくみ

便意が起こると、排便反射によって、①反射的に内肛門括約筋が弛緩し、②意識的に外肛門括約筋が弛緩し、③肛門挙筋が収縮して肛門管を引き上げ、④直腸の蠕動運動が起こり、便は体外に排出される。

◆機能の低下・障害がおよぼす排泄への影響

6 排尿障害 頻出

排尿に関する障害には、尿閉(retension of urine)、頻尿(frequency of micturition)、尿失禁(incontinence)、尿路感染症(urinary tract infection)などがある。

尿閉

排尿したいのにスムーズに排尿できない状態を排尿困難といい、排尿に時間がかかったり、力を入れないと排尿できなかったりする。前立腺肥大(prostatic hypertrophy →p.327 [20])などによくみられ、尿道の抵抗の増大によるものである。排尿困難がひどくなると、膀胱に尿がたまっているのに、まったく排尿ができない状態になる。これを尿閉という。

頻尿

排尿した直後に再び排尿したくなる状態を頻尿という。1回の排尿で尿が出切らない場合に、膀胱内に尿が残り、しばしば頻尿になる。特に夜

科目 11 こころとからだのしくみ
単元 7 排泄に関連したこころとからだのしくみ

間頻尿は、原因として膀胱炎（cystitis）、前立腺肥大などが考えられる。

多尿 尿量が多いもの。糖尿病（deabetes mellitus →p.331 29）の一症状としてあげられる。血液中のぶどう糖が尿にもれ出して尿の浸透圧が高まることで尿量がふえる。　出題実績 ▶ 27〔105〕

尿失禁 尿失禁には、**切迫**性尿失禁（urge urinary incontinence）や**腹圧**性尿失禁（stress urinary incontinence）、**溢流**性尿失禁（overflow incontinence）のように排尿機能自体の障害によるもの以外に、**機能**性尿失禁（functional urinary incontinence）のように**認知**機能や運動機能に問題があり、排尿動作が適切にできない場合にも起こる。　出題実績 ▶ 25〔107〕・26〔105〕

①**切迫性尿失禁**……尿意は**感じる**が、トイレまでがまんできずに途中でもらしてしまう。尿路感染症や前立腺肥大でみられる。

②**腹圧性尿失禁**……くしゃみや咳などで**腹圧**がかかると、不随意に尿がもれてしまう。**骨盤底**筋が弱くなることが原因で、出産後の女性や高齢者にみられる。

③**溢流性尿失禁**……排尿困難によって膀胱に**残尿**があり、容量を超えた分がもれてしまう。重篤な腎機能の障害を引き起こす可能性があるので、早期の対処が求められる。横溢性尿失禁ともいう。

④**機能性尿失禁**……排尿機能は保たれているが、**ADL**（Activities of Daily Living；**日常生活動作**）の障害や**認知症**（dementia）のために、尿意を感じてからトイレにたどりつくまでに、尿意を伝えられない、便器をうまく使えない、トイレの場所がわからないなどによってトイレ以外の場所でもらしてしまう。　出題実績 ▶ 26〔105〕

尿路感染症 尿路感染症は、腎臓から尿道にいたるまでの排出系で起こる感染症である。

①**腎盂腎炎**（pyelonephritis）……腎臓や腎盂にかけての感染症。慢性化しやすく、治りにくい。

②**膀胱炎**……膀胱粘膜などの炎症。排尿時の痛み、頻尿、尿のにごりなどがみられる。

7 便秘・下痢 頻出

便秘とは、大腸での便の通過がなんらかの原因で**遅れ**、腸内に**脱水**された硬い便として滞留し、排出が困難になった状態のこと。下痢とは、大便の**水分**含有量が多く、**液**状または半流動状であるものをいう。**大腸**での水分吸収が不十分で起こる。高齢者や障害者には、便秘がしばしばみられる。便秘が継続すると、健康状態に悪影響をおよぼす。便秘には、便が大腸内に**停滞**するために起こる場合と、**便意**を感じないなどのために体外へ排出することが困難な場合がある。精神安定剤など薬物の影響で胃腸管のはたらきがにぶくなり便秘になることもある。また、**麻薬**を

	使用すると小腸の運動や腸液の分泌がおさえられ**大腸**の蠕動運動が低下するため便秘が起こる。 出題実績 ▶ 25〔106〕
大腸内に停滞する便秘	①大腸が**緊張**したり蠕動運動が**亢進**したりして、便秘と下痢をくりかえす。 ②長時間にわたって臥床していたり、食事の摂取量が**少なかっ**たりしたときにみられ、大腸の運動や緊張が**低下**するために起こる（弛緩性便秘）。 出題実績 ▶ 27〔104〕 ③**食物繊維**や水分の摂取量の不足によって起こる。 ④腹直筋や横隔膜の筋力の**低下**や筋力を支配する神経が障害を受けていて、腹圧が**不足**するために起こる。
排泄困難による便秘	①**肛門**に障害があって、便が通過するときに疼痛が生じるため、**排便**をがまんすることで起こる。 ②脊髄損傷などによって、**便意**を感じなかったり、自力での排便が**困難**であったりするために起こる。
糖尿病による自律神経障害で起こる便秘・下痢	糖尿病（diabetes mellitus →p.331 ㉙）にかかり**自律**神経の障害が進行すると、便秘や下痢をくりかえしやすくなる。

8 ストマ 基本

	直腸がん（rectum cancer）や**大腸**がん（colon cancer →p.333）の進行度やがんの部位によっては、便を体外に出すために**人工肛門**をつくる必要がある。人工肛門の排出口を消化器**ストマ**という。膀胱がん（bladder cancer）などの場合にも尿路**ストマ**がつくられることがある。ストマを装着した人を**オストメイト**とよぶ。
パウチ	**ストマ**から排出された尿や便をためておくための袋状の装具。
尿路ストマ	**膀胱**がんや前立腺がん（prostatic cancer →p.333）などによって、その病変を切除した場合につくられた人工**膀胱**の排出口。ただし、尿をたくわえる機能は**ない**。入浴時には必ず**パウチ**を装着する。
消化管ストマ	**直腸**がんや大腸がんなどによって腸の一部を切除した場合につくられた人工肛門の排出口。消化管ストマを装着した人は、パウチをはずして入浴しても腹腔内圧によって湯が腸内に入ることは**ない**が、下痢気味で便が気になるときは、入浴用パウチを使用する。

◆生活場面におけるこころとからだの変化の気づきと医療職との連携

9 生活場面における排泄の理解	排泄は生命を維持するはたらきであり、排泄のコントロールは重要である。習慣的な**便秘**は生活に変調をもたらし、**下痢**が続くと体力を消耗する。排泄の介助のときには、便の回数や状態などの観察も大切である。
便秘・下痢に気づくための観察のポイント	①食事の種類や内容、②**水分**の摂取量、③皮膚の**乾燥**状態、④嘔吐・腹痛の有無、⑤腹部の**違和**感、⑥食欲の有無、⑦体重の**減少**などの身体症

科目 11 こころとからだのしくみ
単元 7 排泄に関連したこころとからだのしくみ

状と下剤服用の有無。

10 チームアプローチ

排泄の問題は、さまざまな専門分野が関与しているため、**チームアプローチ**が求められる。利用者の身近にいる介護職は、日ごろの利用者の状態の観察情報などを提供することで医療職と連携し、効果的な支援を行うことができる。また、排泄に関する環境を整備したり、排泄動作を助けるための用具を選定したりするときは、医師のほか**理学療法**士（PT）や**作業療法**士（OT）などの力が発揮されるが、このときも利用者の日ごろの生活動作に関する観察が大きな役割を果たす。

Step 2 一問一答で確かめよう

問い

- □生命を維持するために、体内で不要になった**代謝産物**を体外に**排出**するはたらきを何という？
- □成人の一日の**尿量**はどのくらい？
- □一日の尿量が500mL以下の状態を何という？
- □便はふつう黄褐色をしているが、これは何が分解されてできたビリルビンによるもの？
- □腎動脈から送り込まれた血液が**糸球体**で濾過されるとき、**原尿**とならないのは、ぶどう糖・たんぱく質のどちら？
- □原尿が細尿管を通る間に**再吸収**されるのは、ぶどう糖・たんぱく質のどちら？
- □便の生成過程で、**大腸**で吸収されるのは何？
- □**大腸**でできた便は、**重力**と大腸の何とよばれる運動によって**直腸**まで運ばれる？
- □排尿したいのにスムーズに**排尿できない状態**を何という？
- □尿路感染症（urinary tract infection）や前立腺肥大（prostatic hypertrophy）でみられる**排尿障害**で、尿意は感じるがトイレまでがまんできずにもらしてしまうものを何という？
- □大腸での便の通過がなんらかの原因で遅れ、脱水された**硬い便**として滞留し、**排出が困難**になった状態を何という？
- □ストマから排出された尿や便をためておくための袋状の装具を何という？

答え

- 排泄 return 1
- 1000〜2000mL return 2
- 乏尿 return 2
- ヘモグロビン return 3
- たんぱく質 return 4
- ぶどう糖 return 4
- 水分 return 5
- 蠕動運動 return 5
- 排尿困難 return 6
- 切迫性尿失禁 return 6
- 便秘 return 7
- パウチ return 8

領域：こころとからだのしくみ　科目11／こころとからだのしくみ
単元7　排泄に関連したこころとからだのしくみ

□入浴時に必ずパウチを装着しなければならないのは、尿路ストマ・消化管ストマのどちら？

尿路ストマ　return 8

□排泄動作を助ける用具を選定するときに大きな役割を果たす専門職として、医師や理学療法士（PT）以外に考えられる職種は何？

作業療法士（OT）　return 10

Step 3　過去問に挑戦！

問題　便秘の原因となるものとして、正しいものを1つ選びなさい。　第25回（2013年）〔106〕

1　スポーツドリンク
2　経管栄養剤
3　レモンジュース
4　麻薬性鎮痛剤
5　インスリン製剤

答え　4

スポーツドリンクが便秘の原因になることはなく、むしろ便秘の解消に役立つことがある（1は誤り）。経管栄養剤で便秘になることはまずない（2は誤り）。レモンジュースなど柑橘類の摂取はむしろ便秘解消にはたらく（3は誤り）。麻薬性鎮痛剤などの薬物で便秘が引き起こされることがある（4が正しい）。インスリン製剤による直接の副作用として便秘はみられない（5は誤り）。　return 7

科目11 単元8 こころとからだのしくみ
睡眠に関連したこころとからだのしくみ

Step 1 重要項目を覚えよう

◆睡眠に関連したこころとからだの基礎知識

1 睡眠の生理的意味
睡眠とは、地球の自転のリズムに同調して、24時間周期でくりかえされる活動・休息のリズムのなかの休息期をさす。睡眠が不足すると、集中力や記憶力、思考力が著しく低下する。これは大脳が疲労したためで、睡眠は大脳を安定した状態で維持するために必要不可欠なものである。

2 睡眠時間　頻出
必要な睡眠時間には個人差がある。季節や疲労の程度などでも変化する。長ければよいというものでもなく、睡眠の質には深さが関係する。一般に、加齢とともに睡眠時間は短くなる傾向がある。　出題実績 ▶ 24〔107〕・27〔106〕

3 睡眠のリズム
人の睡眠は、浅い眠り（S1）から深い眠り（S4）までの4段階に分けられ、健康な場合はS1からS4へと進行し、S1に戻る。この1周期を睡眠周期といい、1周期は約90分で、一晩にこれが4～5回くりかえされる。

4 レム睡眠とノンレム睡眠　頻出
レム睡眠はからだが深く眠っている睡眠、ノンレム睡眠は脳が深く眠っている睡眠である。レム睡眠とノンレム睡眠は、およそ90分周期でくりかえされる。　出題実績 ▶ 24〔107〕・27〔106・107〕

レム睡眠
まぶたの下で眼球が急激に上下左右に動く急速眼球運動（Rapid Eye Movement；REM）をともなう。脳波ではS1の浅い睡眠段階にあり、筋肉は弛緩しているが、自律神経系は不安定で、夢を見ていることが多い。つまり、脳は活動しているがからだは休息している状態である。

ノンレム睡眠
レム睡眠ではない睡眠という意味で、浅い睡眠から熟睡まで（S1～S4段階）が含まれる。副交感神経が優位の、おもに脳が休息している状態。

5 睡眠に関連したからだの器官
睡眠の機構には、自律神経系や内分泌系の器官が大きく関係している。また、睡眠に免疫系が関与することもある。

自律神経系
ノンレム睡眠に入ると、副交感神経のはたらきで血圧がしだいに低くなり、心拍数や呼吸数が減少する。レム睡眠中は自律神経系のはたらきが乱れ、

領域：こころとからだのしくみ　科目11／こころとからだのしくみ
単元8　睡眠に関連したこころとからだのしくみ

	血圧や心拍数、呼吸数が**不規則**に変化するため、心疾患（heart disease）や脳血管障害（cerebrovascular disorder →p.327 **21**）の誘因となる。
内分泌系	ノンレム睡眠時には、**成長**ホルモンが大量に分泌される。**成長**ホルモンは子どもの成長を促進し、大人では疲労回復や損傷の修復を行う。
免疫系	細菌やウイルスに感染すると免疫系が活性化され、**白**血球やリンパ球などから**サイトカイン**というたんぱく質が分泌される。これが中枢神経に作用して発熱、ノンレム睡眠を誘導し、身体の疲労回復が行われる。

◆睡眠に関連したこころとからだのしくみ

6 睡眠のしくみ 頻出	脳には、自ら睡眠を引き起こし、また覚醒させるメカニズムが存在する。睡眠は、**恒常性**の維持と**概日リズム**（サーカディアンリズム）の2つのメカニズムによって、引き起こされる。
恒常性の維持	恒常性維持の機構とは、覚醒している時間による睡眠**不足**の度合いで決定されるメカニズムのこと。睡眠不足があると、ウリジンや酸化型グルタチオンなどの**睡眠**物質が脳内にたまり、睡眠が誘発される。
概日リズム（サーカディアンリズム）	体内時計による、24時間周期のリズムを**概日リズム**（サーカディアンリズム）という。睡眠・覚醒だけでなく、体温や血圧などの**自律神経系**による調節、**ホルモン**による調節、免疫、代謝などのリズムも、概日リズムによって決められている。体内時計の周期は24時間よりも少し長いが、朝、**日光**を浴びることでリセットされ、概日リズムは24時間周期を保つことができる。人間の体内時計は、**視床下部**の視交叉上核にある。

出題実績 ▶ 24〔107〕・27〔106〕

◆機能の低下・障害がおよぼす睡眠への影響

7 不眠障害 頻出	**不眠**症（insomnia）は、睡眠不足によって身体的・精神的・社会的生活に支障をきたしていると**本人**が判断する状態である。
入眠障害	床についても寝つきが**悪**く、なかなか眠れない。　出題実績 ▶ 27〔107〕
熟眠障害	眠ることはできるが、起きたときに眠りが**浅**く疲れがとれないと感じる。
中途覚醒	**夜中**に目が覚めると、そのあとはなかなか眠れない。　出題実績 ▶ 26〔106〕
早朝覚醒	**高齢**者に多くみられ、**早朝**に目が覚めてしまい、そのあと眠れにくくなる場合が多い。　出題実績 ▶ 26〔106〕
高齢者の不眠	高齢者は、日中の活動量が**減少**し、疲労の蓄積が**少**なくなり、からだが必要とする睡眠時間が**短**くなる。また、**概日リズム**（サーカディアンリズム）でコントロールされる体温のリズムの変動幅が**小さ**くなり、寝つきが悪くなる。また、体内時計の周期が**前**進し、早寝・早起きの傾向が強く、昼間居眠りなどを生じるようになる。さらに、脳機能の**低下**によ

こころとからだのしくみ
単元8 睡眠に関連したこころとからだのしくみ

って夜間の睡眠を誘発する**メラトニン**の分泌も**減少**し、寝つきが悪くなる。**頻尿**や疼痛などの身体的な変化も不眠の原因となる。　出題実績 ▶ 26〔106〕

8 過眠障害など　[基本]

睡眠の障害には、日中に**覚醒**を保つのが難しい**過眠障害**（hypersomnolence disorder）、なんらかの問題で睡眠が妨げられるものなどもある。

ナルコレプシー……がまんできない眠気で日中に**居眠り**をくりかえす。

睡眠時無呼吸症候群……睡眠中に呼吸が止まって**睡眠**が不足し、日中に眠気が起こる。中年の**男性**に多く、**肥満**が原因となることもある。　出題実績 ▶ 27〔107〕

レストレスレッグス症候群……むずむず脚症候群ともいう。夜眠るときに脚がむずむずした感じや違和感で眠りが妨げられる。　出題実績 ▶ 27〔107〕

周期性四肢運動障害……睡眠中に手や脚の**筋肉**に瞬間的にけいれんが起こり睡眠が中断される。　出題実績 ▶ 27〔107〕

9 睡眠障害を引き起こすこころの病気

こころの病気では**不眠**などの睡眠障害が出現しやすい。高齢者にみられる夜間せん妄では、夕方から夜間に不眠や興奮、**徘徊**などがみられる。

気分障害
気分障害（mood disorder →p.382 7）の患者は、躁状態では意欲が**亢進**し、不眠となる。うつ状態では悲観的に物事を考え、**不眠**や食欲低下を起こすが、たまに過眠を生じる人もいる。

うつ病
うつ病（depression）の患者には、**不眠**症状が生じることがきわめて多い。冬期に日照時間が**減少**するのにともなってうつ状態になる場合があり、これを**季節性感情**障害（seasonal affective disorder）といい、**女性**に多い。季節性感情障害では、**過眠**、過食がみられる。

統合失調症
統合失調症（schizophrenia →p.381 6）の急性期には**不眠**がみられる。

心的外傷後ストレス障害（PTSD）
心的外傷後ストレス障害（post-traumatic stress disorder；PTSD →p.383）では、**不眠**がみられ、悪夢をともなうことが多い。

◆生活場面におけるこころとからだの変化の気づきと医療職との連携

10 睡眠の変化の観察

介護職は、利用者の昼夜の生活のようすや不眠の有無などの状態を観察し、その情報を**ケアカンファレンス**などで医療職に伝えることで、医療職が適切な医療的な対応を行うことの**手助け**になる。場合によっては、薬物投与後、転倒が多くなったり、日中の眠気が増大して**誤嚥**などが生じたりすることもあるが、このような場合も、医療職との連携によって利用者の**QOL**（Quality of Life；**生活の質**）を向上させることができる。

領域：こころとからだのしくみ　科目11／こころとからだのしくみ
単元8　睡眠に関連したこころとからだのしくみ

Step 2 一問一答で確かめよう

問い

- □一般に、**加齢**とともに**睡眠時間**は、長くなっていく？　短くなっていく？
- □人の**眠り**は、浅い眠り（S1）から深い眠り（S4）までの4段階に分けられ、健康な場合は、S1からS4へと進行し、S1に戻る。この**周期**を何という？
- □**脳は活動しているがからだは休息している**状態は、レム睡眠・ノンレム睡眠のどちら？
- □**副交感神経が優位**にはたらいているのは、レム睡眠・ノンレム睡眠のどちら？
- □**体内時計**による、24時間周期でくりかえされる生物のリズムを何という？
- □**加齢**にともなって、夜間の睡眠を誘発する**メラトニン**の分泌は増加する？　減少する？

答え

- 短くなっていく　return **2**
- 睡眠周期　return **3**
- レム睡眠　return **4**
- ノンレム睡眠　return **4**
- 概日リズム（サーカディアンリズム）　return **6**
- 減少する　return **7**

Step 3 過去問に挑戦！

問題　高齢者の睡眠の特徴として、**適切なもの**を1つ選びなさい。　第26回（2014年）〔106〕

1. 夜間の睡眠時間が長くなる。
2. ノンレム睡眠の時間がふえる。
3. 中途覚醒が多くなる。
4. 眠りが深くなる。
5. 早朝覚醒が少なくなる。

答え　3

日中の活動量がへる、メラトニンの分泌が少なくなるなどの影響で、夜間の睡眠時間が短くなる（1は**不適切**）。ノンレム睡眠よりレム睡眠の時間がふえる（2は**不適切**）。夜中に目が覚めてあとはなかなか眠れない中途覚醒が多くなる（3が**適切**）。眠りが浅くなる（4は**不適切**）。高齢者には早朝覚醒が多くみられる（5は**不適切**）。　return **2 4 7**

科目11 単元9 こころとからだのしくみ
死にゆく人のこころとからだのしくみ

Step 1 重要項目を覚えよう

◆「死」のとらえ方

1 生物学的な死
（従来の臨床的な死）

すべての生理的な機能が停止し回復**不可能**な状態。具体的には、①**心肺**停止、②**自発**呼吸の停止、③**瞳孔**散大（脳の機能の消滅）の3つをさす。この3徴候による死が「心臓死」で従来の死亡診断はこれをもとにした。

2 法律的な死

医療技術の発達で、脳の機能が完全に消失しても、人工呼吸器などで心肺機能の維持ができるようになった。「**脳死**」とよばれる。脳死の判定の基準は各国で異なり、「全脳死説」「脳幹死説」「大脳死説」の3つに大きく分けられる。日本では、1997（平成9）年に成立した「**臓器の移植に関する**法律」で、生存中に本人が臓器移植の意思を**書面**で示し、遺族がそれを拒まないかぎり、「脳幹を含む**全脳**の機能が不可逆的に停止するに至ったと判定されたもの」を人の死と認めることが定められた。

3 尊厳死

死期の迫った患者が延命治療を**拒否**し、自然な状態で死をむかえることを**尊厳死**という。延命治療の中止と差し控えについては、日本では法律で定められて**いない**ため、さまざまな混乱が生じている。こうした状況を受け、厚生労働省は2007（平成19）年に「**終末期**医療の決定プロセスに関するガイドライン」を公表し、終末期医療の最も重要な原則として、**インフォームド・コンセント**を受けた患者本人の**決定**によって終末期医療を進めることをあげている（→p.276 **1**）。

◆終末期から危篤・死亡時のからだの理解

4 終末期の身体機能の低下
基本

一般的な終末期の定義は、高齢者以外の**悪性**腫瘍（malignant tumor）にかかった場合を想定し、「現在かかっている病気によって死亡が遠からず起こると予測された時点から」のことをさす。この場合の期間は**6**か月かそれ以内をさすことが多い。終末期に現れやすい身体機能の低下には、次のようなものがある。　出題実績 ▶ 26〔107〕

血液・循環器系の機能低下　血圧が**下がり**、脈拍数も**減少**する。末梢の循環障害のため、手足が冷え、

領域：こころとからだのしくみ　科目11／こころとからだのしくみ
単元9　死にゆく人のこころとからだのしくみ

	浮腫（oedema）やチアノーゼがみられる。
呼吸器系の機能低下	①痰の排出が困難になり、のどの奥などに貯留されるため、呼吸のたびに「ゴロゴロ」「ヒューヒュー」という**死前喘鳴**が聞こえる。 ②呼吸のリズムが**不規則**になり、10〜30秒程度の無呼吸状態もみられる。 ③**肩**呼吸や**下顎**呼吸、**チェーンストークス**呼吸などが現れる。 　肩呼吸……横隔膜、肋間筋などの呼吸を行う筋肉をあまり動かせなくなるため、息をするたびに**肩**を大きく動かす。 　下顎呼吸……**下顎**を魚のようにパクパクと動かして、呼吸する。 　チェーンストークス呼吸……弱い呼吸から強い呼吸、さらに弱い呼吸を経て無呼吸になるというサイクルを**くりかえす**。
消化器系の機能低下	経口摂取が**困難**になり、食事や水分の摂取量が**減少**し、体重も**減少**する。
排泄器系の機能低下	尿**失禁**や便**失禁**が出現する。尿量が**減少**し、尿の色が濃い褐色となる。
神経系の機能低下	①発語が**少**なくなり、意思表示が**困難**になる。 ②日中も**傾眠**傾向（うとうとした状態）が多くなる。 ③**見当識**の障害や人物の認知障害がみられる。 ④無意味な行為が出現し、意識が**低下**する。
代謝機能の低下	体温が**低下**し、脱水によって皮膚が乾燥する。

5　死後の身体的変化 基本

	死後の身体の変化には個体差が**あり**、死体のおかれた環境によっても**変わる**が、おおむね次のように進行する。
自己融解と腐敗	死後1時間前後から、**自己融解**と体内細菌の増殖が始まる。それによって、胃や腸の腐敗が進行し、**ガス**が発生する。ガスによってからだが**膨張**し、遺体の表皮が剥離しやすくなる。鼻腔や口腔から**出血**することもある。 　自己融解……体内の酵素のはたらきで自分のからだの**消化**が起こること。
死冷	死体の体温は徐々に**低下**し、外界の温度と**同じ**になる。これを死冷という。
死後硬直	筋肉が**硬化**、短縮して関節が動かなくなる現象を**死後硬直**という。死の2時間後ぐらいから**顎**関節や**頸部**関節で始まり、9〜12時間後に全身におよぶ。30〜40時間ぐらいで体内の酵素のはたらきなどにより徐々に硬直が**とけ始め**、90時間後には完全にみられなくなる。　出題実績 ▶ 26〔107〕
死斑	**重力**によって血液が下のほうの**静脈**や毛細血管に充満し、皮膚が赤紫色から暗褐色に変わる現象を死斑という。死後2時間以内に始まり、9〜12時間で最大になる。　出題実績 ▶ 26〔107〕

◆「死」に対するこころの理解

6　「死」に対する恐怖・不安

死に対する恐怖や不安には、こころやからだの**苦痛**を経験しながら死ぬことに対する恐怖や、家族や友人と別れなければならないつらさ、人生

科目11 こころとからだのしくみ

単元9 死にゆく人のこころとからだのしくみ

の目標を達成しないままに死ぬ**悔しさ**など、さまざまなものがある。

7 「死」を受容する段階 頻出

キューブラー・ロス（Kübler-Ross, E.）は、人が死の**受容**にいたる過程を「第一段階：**否認**」「第二段階：**怒り**」「第三段階：**取引**」「第四段階：**抑うつ**」「第五段階：**受容**」の5段階に理論化した。この5段階は、必ずしも明確に区別できたり、順番どおりに現れたりするものではなく、ときには2つの段階が重なり合うこともある。　　出題実績 ▶ 24〔108〕

第一段階：否認
まず激しいショックを受け、次にこれを**否認**しようとする。ショックから自分を守るための心理的な**自己防衛**である。　　出題実績 ▶ 27〔108〕

第二段階：怒り
死が迫っていることを否認しきれなくなると、「なぜ私が……」「あの人は健康なのに……」など**怒り**や恨みなどの感情を抱くようになる。

第三段階：取引
「よい行い」によって**見返り**を得ようとする心理。「恐ろしい手術に耐える」「やり残した仕事を完成させる」などの言葉で語られる。不可避な死を先にのばしたい、苦痛を先にのばしたいという願望の現れである。

第四段階：抑うつ
症状の進行にともない大きな**喪失（そうしつ）**感を抱く。身体機能の一部を失うこと、医療費などによる経済的な負担、あたりまえの日常生活が送れなくなることなど、こうした喪失への反応として現れる抑うつ状態である。

第五段階：受容
十分な時間が残されていれば、死をむかえることを静かに受け入れることができるようになるといわれている。

8 家族の「死」を受容する段階

死別を覚悟した家族は、悲しみ、絶望、怒り、孤独感、罪悪感、後悔など、さまざまな感情を抱くようになる。このような反応を**悲嘆**という。家族の悲嘆の度合いは、終末期をむかえた人と家族との関係、過去の**喪失（そうしつ）**体験、残される家族の年齢や性別、性格などによって異なる。死を覚悟した家族は、本人と**同じ**ような死の受容の段階を経験するといわれている。

◆医療職との連携

9 終末期医療とチームケア体制

すべての治療が無効となり、死が予想される状態になったときは、身体的、精神的苦痛の**除去**を中心とする医療が行われるようになる。このような医療を**終末期**医療あるいは**緩和**医療とよび、患者の**QOL**（Quality of Life；**生活の質**）の維持、向上へ向けた医療の提供が目的とされる。これは狭義の医療を超えてケアを中心とした医療であるため、**ターミナルケア**と同義に扱われることもある。ターミナルケアでは、医師や看護師などの医療職のみではなく、リハビリテーション関係者、介護職、ソーシャルワーカー、そして家族を含めた**チームケア**体制の構築が必要不可欠で、場合によっては、心理面をサポートする心理職、死の受容をサポ

領域：こころとからだのしくみ　科目11／こころとからだのしくみ
単元9　死にゆく人のこころとからだのしくみ

ートする宗教家、権利擁護のための弁護士なども含まれることがある。

10 終末期医療の実際

終末期においては、積極的な治療は行われないが、患者の**QOL**（Quality of Life；**生活の質**）を維持するために、痛みを**おさえ**たり、呼吸困難を**緩和**したり、精神状態を**安定**させたりとさまざまな医療が行われる。

疼痛緩和のための医療

がんの疼痛緩和では、痛みを3段階に分類し、弱い痛みでは**鎮痛**剤、中程度の痛みには弱い麻薬を追加して投与し、強い痛みには強い麻薬を投与する。がん以外の病気では、必要に応じて鎮痛剤などを使用する。介護職は、寄り添い会話することなどで痛みが**やわらぐ**よう努める。

呼吸困難に対する医療

酸素療法や**薬物**療法が行われるが、安楽な姿勢を保つことや精神的な支援によっても軽減されることがある。

パルスオキシメーター……呼吸状態のモニタリングのために使用される。指先に装着することで、動脈血の酸素飽和度を測定できる。一般に、健康な人の場合、動脈血の酸素飽和度は95％以上である。これの装着は介護職にも認められて**いる**。

食欲不振・嘔吐などに対する医療

嘔吐や吐き気をおさえ、食欲が出てくる薬剤が投与される。食事介助を行っても経口摂取が困難になった場合は、本人や家族の同意のもとに**経管栄養法**が行われる。

経管栄養法……**鼻**にチューブを挿入して胃や小腸に留置する方法や、**内視鏡**を使って胃や小腸にカテーテルを挿入し、そこに留置する方法（胃瘻・腸瘻）がある。チューブを通して、流動食や半消化態栄養剤などを入れる。胃瘻、腸瘻、経鼻経管栄養は、**介護**職が行うこともある。

抑うつ・せん妄に対する医療

症状に応じて、**精神安定**剤、抑うつ薬などが投与されるが、症状の起伏が激しいときや話しかけても覚醒しない場合は、心療内科や精神科の医師などに相談する必要がある。

症状が進行したときの医療

全身倦怠感や緩和できない苦痛が出現することがある。このような場合は、**鎮静**治療が行われるが、この方法では意識状態を鮮明に保つことが**困難**な場合が多い。鎮静治療によって得られる効果と失われる能力に関して、本人と家族への十分な説明が必要である。

Step 2　一問一答で確かめよう

問い	答え
□ 心臓死の3兆候とは心肺停止、瞳孔散大ともう一つは何？	自発呼吸の停止　return 1

科目 11 こころとからだのしくみ
単元 9 死にゆく人のこころとからだのしくみ

- □ 脳の機能が完全に消失しても、**人工呼吸器**などによって**心肺機能**を維持している状態を何という？ → **脳死** (return 2)
- □ 死期の迫った患者が**延命治療を拒否**し、自然な状態で死をむかえることを何という？ → **尊厳死** (return 3)
- □ 死後、体内の**酵素**のはたらきで、**自分のからだの消化**が起こることを何という？ → **自己融解** (return 5)
- □ 死後、**筋肉が硬化**、短縮して関節が動かなくなる現象を何という？ → **死後硬直** (return 5)
- □ 死後、からだの下のほうの**皮膚**が**赤紫色から暗褐色**に変わる現象を何という？ → **死斑**（しはん）(return 5)
- □ キューブラー・ロス（Kübler-Ross, E.）が理論化した**死を受容**する段階で、**第一段階**は、怒り、否認、抑うつのどれ？ → **否認** (return 7)
- □ すべての治療が無効となり、死が予想される状態になったときに行われる、身体的、精神的**苦痛の除去**を中心とする医療を何という？ → **終末期医療（緩和医療）** (return 9)
- □ 食事介助を行っても経口摂取が困難になり、**経管栄養法**を行う場合、本人や家族の同意を得る必要がある？　同意を得る必要はない？ → **同意を得る必要がある** (return 10)

Step 3 過去問に挑戦！

問題　キューブラー・ロス（Kübler-Ross, E.）が示した終末期にある人の心理の過程として、正しいものを1つ選びなさい。　　第24回（2012年）〔108〕

1　悲観
2　怒り
3　卑屈
4　悟り
5　平安

答え　2

キューブラー・ロスの示した死の受容段階は、第一段階：否認、第二段階：怒り、第三段階：取引、第四段階：抑うつ、第五段階：受容である（2が正しい）。 (return 7)

全領域

全科目
総合問題

出題基準

3領域(人間と社会、介護、こころとからだのしくみ)の知識および技術を横断的に問う問題を、事例形式で出題する

科目全 総合問題
出題傾向をつかもう

出題予定数は、4事例それぞれに3問の小設問で、**計12問**である。

最近4回の出題状況

問題番号[*1]	事例の概要	小設問[*2]
24（1）	Kさん（78歳、女性）は夫が亡くなったあと息子夫婦と同居していたが、アルツハイマー型認知症が進行し（認知症高齢者の日常生活自立度ランクⅢb）、自宅に近いグループホームに入所している	〔109〕「夫が帰ってくるので」と家に帰ろうとするKさんに、介護職がかける言葉 〔110〕週1回面会に来て、Kさんの病状の進行を心配する息子夫婦への、介護職のはたらきかけ 〔111〕認知症高齢者の日常生活自立度ランクⅣまで進行したとき予測されるKさんの状態
24（2）	Lさん（24歳、男性）は2年前の交通事故による胸髄損傷で両下肢が不全麻痺。障害を受容できず通所する生活介護事業所でも消極的で、生活面も職員まかせであったが、ある日の送迎時、介護職に心情をもらした	〔112〕送迎に付き添う介護職がLさんにかける言葉 〔113〕車いすバスケットボールを始めようとするLさんが障害者スポーツに参加するための支援 〔114〕右足で体重を支えられるLさんの、ベッドから車いすへの自力移乗練習介助の留意点
24（3）	Mさん（55歳、男性、要介護5）は52歳で筋萎縮性側索硬化症を発症、54歳でほぼ全介助。球麻痺が強く呼吸もしづらく1か月以内に胃瘻造設と人工呼吸器装着の見込みである	〔115〕現在Mさんに現れている症状 〔116〕簡易浴槽が必要になって利用できるサービス 〔117〕娘の結婚式が2週間後になったカンファレンスでの、訪問介護員の役割
24（4）	Nさん（75歳、女性）は公営住宅の3階（エレベーターなし）で一人ぐらし。高血圧の内服治療を受けている。軽度の知的障害があり近所に住む甥が金銭管理面の世話をしている。心不全の症状が出て入院治療を勧められたが自宅での生活を続けることになった	〔118〕訪問介護と訪問看護を利用するようになり、訪問介護員が訪問看護師に報告する内容 〔119〕少しずつ身体を動かすようにと医師に言われて、訪問介護員が行う日常生活の支援 〔120〕訪問看護終了、甥が遠方に引っ越して、Nさんが自立生活をするための訪問介護員の対応
25（1）	Hさん（80歳、男性）は2年前に夫婦で軽費老人ホームに入所。糖尿病で毎日自分でインスリン注射をしている。半年前、妻が突然亡くなった。妻がいるころは一緒の散歩や妻の食事への気配りで血糖値は安定していた。死後は自己注射を介護職が見守っている	〔109〕「今ごろになって寂しく、涙が出たりする」と言うHさんに介護職が行うグリーフケア 〔110〕血糖値の高さを指摘され、合併症の早期発見のために介護職が観察すべき視点 〔111〕「自分で健康管理をしていきたいので協力して」と話すHさんに介護職が行った支援
25（2）	Jさん（84歳、男性）は脳梗塞の後遺症で軽度の左片麻痺、血管性認知症がある。夜間の不穏状態や妻への暴力行為が出現して介護老人福祉施設に入所。施設内はT字杖使用で歩行可能だが、不安が強くなっている	〔112〕ベッドで食事をするJさんへの介護職の対応 〔113〕妻との面会におだやかに接する日と暴力的な行動をとる日があるJさんの症状 〔114〕「若いころは空手の指導者もしていた」Jさんの、生活を改善するための介護職の対応

全領域　全科目／総合問題
出題傾向をつかもう

25（3）	Kさん（43歳、女性）は関節リウマチで夫と二人ぐらし。公的制度利用に必要な認定は受けている。肩関節や肘関節、股関節の可動域がせまく左手指の巧緻性も低下している。室内を自立歩行しリーチャーや道具の工夫で家事もできるが、からだの動きにくい午前中は介護職に自室の掃除を依頼している	〔115〕訪問系サービスで優先的に使用するサービスを規定する制度 〔116〕股関節の屈曲制限があるため便座を高くしてトイレットペーパーを右斜め前方に設置するとき、便座に座った状態で適切な高さ 〔117〕食べ物を口まで運ぶことが難しくなっている右利きのKさんに必要なスプーンの工夫
25（4）	L君（12歳、男性）はアスペルガー症候群でてんかんを合併。療育手帳を取得し特別支援学校在学。靴へのこだわり、興味のあることはよく話すが失礼な発言もするなどある。運動は好き。決まった生活のパターンがありパターンがくずれると落ち着きがなくなる	〔118〕L君の障害特性 〔119〕自宅からスクールバスの乗り場まで送迎の支援をしている介護職の対応 〔120〕L君が地域のプールに行く場合に、障害者自立支援法に基づくサービスで活用できるもの
26（1）	Jさん（36歳、男性）は6歳で精神（発達）遅滞と判定され療育手帳（重度）の交付を受けた。衣服の着脱も介助していた両親が高齢になり介護が困難になったため障害者支援施設に入所した。簡単な単語が理解できる程度で生活全般に指示や見守りが必要、たばこの吸い殻を食べる行為、慣れない人のなかに入ると上肢をかむなどの自傷行為もみられる	〔109〕入所当日、Jさんがはじめて衣服を着替えるときに、介護職が行う支援 〔110〕日中にJさんが利用しているサービス 〔111〕日中は空き缶つぶしなどの軽作業をしている。時間ごとに次の行動を支援すると大きな混乱なくできるようになり、生活リズムが身についてきたJさんに、他者との円滑な関係をつくれるよう介護職が提案する支援内容
26（2）	Kさん（65歳）は骨粗鬆症、前頭側頭型認知症で要介護3、夫の入院で病院併設の施設に入所。施設では看護、医学的管理の下に介護や機能訓練などを実施している。Kさんは問いかけに返事をしない、急に服を脱ぎ出すなどの行動をくりかえし、すべての動作に見守りと声かけが必要な状態であった	〔112〕Kさんが入所した施設 〔113〕Kさんが自室で急に服を脱ぎ出したときの介護職の対応 〔114〕退院した夫と廊下を歩いていて、急にバランスをくずし尻もちをついて転倒、手はつかなかったKさんが最も骨折しやすい部位
26（3）	Lさん（80歳）は脳梗塞で左片麻痺があるが着脱や洗面など身のまわりのことは時間をかければできる。要介護1で週1回の訪問介護を受けている。妻は軽い心不全があり屋内生活が中心、Lさんが自分でできることでも世話をしてしまう。妻の介助では湯船につかることができないため、退院後はシャワー浴であるが、「在宅生活を続けながら、週1回でも湯船につかりたい」と訪問介護員に話している	〔115〕起き上がって自分で上着を着ようとしているLさんに妻が介助して着せたのを見た、訪問介護員の妻への対応 〔116〕夫が咳をしていたので診察を受けたが熱もなく検査結果も心配ないと言われた、念のため寝かせているが自分で寝返りはしていると妻が話すとき、臥床を続けた場合に最初に現れると予測される身体の状態 〔117〕在宅生活を続けながら週1回でも湯船につかりたいという、Lさんの希望をかなえるための介護保険のサービス

477

総合問題
出題傾向をつかもう

回	事例	設問
26（4）	M君（8歳、男性）はデュシェンヌ型筋ジストロフィーで、地元の小学校に通学し、放課後等デイサービスを利用。歩行が不安定になってきて、母親はできるだけ歩かせたいが行動範囲がせまくなるのも心配、車いすを使用する時期かと感じている。筋力低下がADLに深刻な影響をおよぼし始めている現状をガイドヘルパーのY介護職に相談している	〔118〕放課後等デイサービスは通常いつまで利用できるのかと尋ねる母親への、Y介護職の回答 〔119〕デュシェンヌ型筋ジストロフィーの人が車いすを使用しても最後まで自立できるADL 〔120〕やがて歩けなくなると予想されるM君の「筋力をできるだけ保ちながら、今の活動範囲を維持するためには今後どうしたら」と、助言を求める母親へのY介護職の提案
27（1）	Gさん（75歳、男性）は妻と2人ぐらし、ドライブが趣味で買い物の送り迎え、コミュニティセンターでの囲碁将棋に出かけていた。半年前から家の中をうろうろする、買い物の時間を何度も確認する、車のかぎを探し回るなどの症状でアルツハイマー型認知症と診断された。要介護1の認定を受け、訪問介護を利用している	〔109〕心配でなかなか自宅を空けることができない妻が、自宅から気軽に相談できる機関 〔110〕事故が心配で車の運転をやめさせたい妻に対して、訪問介護員ができるGさんの状況についての助言 〔111〕できるだけ自宅でGさんと生活したく、ときに自分が家を空けることが可能かと心配する、妻の思いに対応する介護保険サービス
27（2）	Jさん（80歳、女性）はレビー小体型認知症で要介護3、徘徊が多く認知症対応型共同生活介護を利用している。実際にはないことを口にする、迷子になるなどがありGPS追跡機をつけ、地域のネットワークを利用した連絡依頼、外出時の付き添いなども行っていた	〔112〕Jさんにみられる症状 〔113〕Jさんを2km離れた地点で見かけたという連絡が入り、GPS追跡機は居室にあってグループホーム内に姿はないという時点で、介護福祉職がとるべき対応 〔114〕無事発見され、職員で今後の対応を話し合ったのちの、介護福祉職のJさんへの対応
27（3）	Kさん（46歳、男性）は1年前事故で全盲となった。失明当時のひきこもり、離婚、退職を経たのち総合リハビリテーションセンターを利用し始めたが、受傷による心理的影響が大きく、積極的に訓練に参加することができなかった	〔115〕センターの介護福祉職のKさんへの対応 〔116〕Kさんとのコミュニケーションを図るためのセンターの介護福祉職の対応 〔117〕訓練で盲導犬との生活が可能になったKさんが、地域活動支援センターで一般向けに盲導犬利用者への接し方について話す内容
27（4）	Lさん（45歳、男性）は統合失調症で、状態が悪いとアパートから出られず、部屋はごみで埋もれる。母親から相談を受けた相談支援専門員のはたらきで障害支援区分3の判定を受け、A訪問介護員が派遣された。やがてごみの片づけ、通院の付き添いなどを受け入れ、服薬もできるようになった	〔118〕精神状態が悪くなったときのLさんの症状 〔119〕移動のときに見守りが必要なLさんの、定期的な通院に付き添うことが可能なサービス 〔120〕信頼関係ができ相談もするようになったLさんへの支援について、A訪問介護員が、本人もまじえた支援会議の前に相談支援専門員、サービス提供責任者に提案する内容

＊1 「第24回試験（総合問題1）」を24（1）と表記している。
＊2 「問題109」を〔109〕と表記している。

出題内容

これまでの出題で取り上げられた利用者の状態（主となる疾病・障害）をみてみると、右のグラフのようになる。

認知症（dementia）5事例の内訳は**アルツハイマー型認知症**（dementia of the Alzheimer's type）が2事例、**血管性認知症**（vascular dementia）、**前頭側頭型認知症**（frontotemporal dementia）、**レビー小体型認知症**（dementia with lewy bodies）が各1事例。身体障害5事例の内訳は、片麻痺などの**肢体不自由**（cripple）が3事例、**関節リウマチ**（rheumatoid arthritis）、**視覚障害**（visual disturbance）が各1事例である。

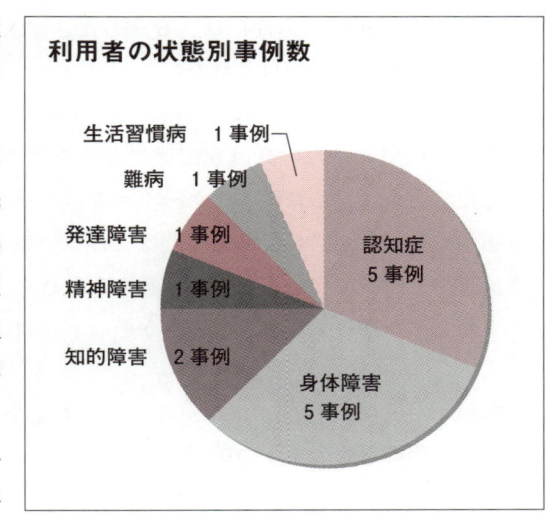

生活習慣病（life-style relared diseases）にカウントした1事例は**糖尿病**（diabetes mellitus）の例だが、生活習慣病は合併する疾病として多くの事例に含まれていることも多い。

記述されている利用者の疾病や障害、生活状況、家族介護者との関係などを細かく読み取り、**利用者のニーズ**がどこにあるかを理解し、それに対して専門職としてどう支援するかを判断する力が求められている。解答にあたっては、利用できるサービスなど、社会資源についての知識も必要になる。

利用者の状態別事例数

- 認知症　5事例
- 身体障害　5事例
- 知的障害　2事例
- 精神障害　1事例
- 発達障害　1事例
- 難病　1事例
- 生活習慣病　1事例

受験対策のポイントは…

総合問題といっても設問の内容は各科目で学んだことばかりであり、**各科目の復習が大事**である。種々の疾病・障害によって日常生活のどこに支障が出るのか、どういう支援が必要か、知識を整理しておこう。

総合問題を実際に解くにあたっては、事例のなかから**必要な情報を読み取ること**がポイント。**疾病や傷害の状態の説明**、**利用者や家族の言動**にヒントが見つかることが多いので、注意して読もう。

過去問に挑戦！（総合問題１）

次の事例を読んで、**問題１**から**問題３**までについて答えなさい。　　第26回（2014年）〔109〕～〔111〕

〔事例〕

Jさん（36歳、男性）は、6歳のとき、大学病院で精神（発達）遅滞の判定を受け、療育手帳（重度）が交付された。

両親はJさんに必要以上の世話をし、衣服の着脱も介助していた。しかし、両親が高齢になり家庭でJさんの介護が困難になったため、1週間前にJさんは障害者支援施設に入所した。言葉によるコミュニケーションは簡単な単語の理解ができる程度であり、生活全般に指示や見守りが必要である。たばこの吸い殻を食べてしまう行為がみられ、吸い殻を探して施設の近所まで出歩くなどの行動もみられた。対人関係をうまく築けないようで、慣れない人たちのなかに入ると、上肢をかむなどの自傷行為が現れることもわかってきた。

問題１　入所当日、Jさんがはじめて衣服を着替えるときに、介護職が行う支援として、最も**適切な**ものを1つ選びなさい。

1　Jさんが自分でできるまで待つ。
2　衣服の前後・表裏に印をつける。
3　Jさんの着る順番に衣服を並べておく。
4　Jさんが着てから、間違いを訂正する。
5　Jさんが着られなくなると、そのたびに支援をする。

問題２　日中にJさんが利用しているサービスとして、**正しい**ものを1つ選びなさい。

1　同行援護
2　生活介護
3　療養介護
4　居宅介護
5　短期入所

問題３　Jさんは、日中は空き缶つぶしなどの軽作業をしている。介護職が時間ごとに次の行動を支援すると、大きな混乱もなくできるようになり、施設での生活リズムが少しずつ身についてきた。そこで、介護職はJさんが他者と円滑な関係をつくれるような支援を提案した。

この提案した内容として、最も**適切な**ものを1つ選びなさい。

1　出歩かないように、活動範囲は居室に限定する。
2　少人数のレクリエーションを行う。

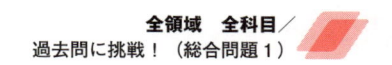

3 多くの入所者と共同作業を行う。
4 自傷行為がみられた場合、向精神薬の服用を検討する。
5 複雑な作業課題を日中活動として行う。

答え　　問題1　5　　問題2　2　　問題3　2

問題1については、Jさんの精神遅滞（知的障害〈mental retardation〉）が重度であること、入所前は衣服の着脱も両親が介助していたこと、入所当日であることから考える。Jさんだけにまかせたのでは、着替えはいつまで待っても終わらないと思われる（1は不適切）。衣服の前後・裏表に印をつけるのは、ある程度自分で着替えができる人への支援でありJさんにふさわしいとはいえない（2は不適切）。衣服を着る順番に並べても、意図がJさんに伝わらない可能性がある（3は不適切）。Jさんが着終わってから間違いを訂正したのでは、間違った着方を覚えてしまう可能性がある（4は不適切）。Jさんがわからなくなったり、できなくなったりしたところですぐに支援する（5が最も適切）。

問題2については、施設入所したJさんの状況と、選択肢のサービス内容を照らし合わせて解答する。同行援護は、重度の視覚障害（visual disturbance）のため移動に困難のある人の外出に同行して支援するものであり、Jさんが利用しているサービスとは異なる（1は誤り）。生活介護は、昼間、障害者支援施設等で入浴・排泄・食事等の介護や生活等に関する相談・助言その他の日常生活上の支援、創作活動、生産活動の機会の提供などを行うもの。Jさんの受けているサービスである（2が正しい）。療養介護は、病院等での機能訓練、療養上の管理、看護、医学的管理のもとでの介護その他必要な医療などをいう（3は誤り）。居宅介護は、いわゆるホームヘルプサービスで、在宅の障害者への介護、家事、相談・助言のサービスである（4は誤り）。短期入所は、いわゆるショートステイである（5は誤り）。

問題3については、現在のJさんのようすと支援の目的から考える。大きな混乱なく作業ができるようになり、生活リズムも身についてきたJさんを、居室に閉じ込める必要はない（1は不適切）。施設での生活に慣れてきたこと、他者との関係づくりが目的であることから、少人数でのレクリエーションを行うのはよい案である（2が最も適切）。まだ介護職やごく近くの入所者との関係をつくるべきときで、多くの入所者との共同作業は時期尚早である（3は不適切）。施設での生活は順調に推移しており、向精神薬服用の検討が必要な状況とは思われない（4は不適切）。空き缶つぶしの軽作業ができるようになったとはいえ、まだ介護職が時間ごとに行動の支援をするなどきめ細かい配慮が必要であり、複雑な作業課題を日中活動にするのは荷が重すぎる（5は不適切）。

過去問に挑戦！（総合問題２）

次の事例を読んで、**問題１から問題３まで**について答えなさい。　第24回（2012年）〔115〕〜〔117〕

〔事例〕

Mさん（55歳、男性、要介護5）は、妻（54歳）と娘（25歳、会社勤務）の3人ぐらしである。52歳のときに筋萎縮性側索硬化症（amyotrophic lateral sclerosis；ALS）を発症した。54歳でほぼ全介助となった。現在、食事はミキサー食である。風呂好きであったが、発症後は妻が清拭と部分浴をしている。リフトを使用してリクライニング式車いすへ移乗し、午前と午後に1時間程度座っている。右手の親指のみ、少し動かすことができる状態である。

最近のMさんは球麻痺症状が強くなり、呼吸もしづらくなってきている。医師から「今後1か月以内には、胃瘻の造設と人工呼吸器装着が必要になるだろう」と説明を受けている。主となる介護者は妻であるが、娘は夕方から就寝まで手伝っている。

娘は半年後に結婚式を控えている。Mさんは結婚式に出席して、娘を祝福したいと思っている。

問題１ 現在、Mさんに現れている症状として、**正しいもの**を1つ選びなさい。
1 認知障害
2 感覚障害
3 嚥下障害
4 膀胱直腸障害
5 眼球運動障害

問題２ 自宅でMさんの入浴介護を行うために簡易浴槽が必要になった。利用できるサービスとして、**正しいもの**を1つ選びなさい。
1 特定福祉用具販売
2 生活支援事業
3 日常生活用具給付等事業
4 福祉用具貸与
5 難病患者等居宅生活支援事業

問題３ 娘の結婚式を2週間後に控え、娘を祝福したいというMさんの願いをかなえるために、Mさん、妻、介護支援専門員、医師、看護師、作業療法士および訪問介護員によるカンファレンスが開かれた。
訪問介護員の役割として、**最も適切なもの**を1つ選びなさい。
1 医療職と連携し、体調管理をする。

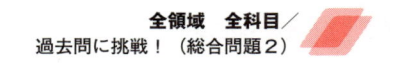

2 痰の吸引方法を指導する。
3 結婚式場の環境を一緒に下見する。
4 意思伝達装置のスイッチの工夫をする。
5 人口呼吸器の事故が発生したときの対応方法を指導する。

答え 　　問題1　3　　問題2　1　　問題3　1

問題1については、Mさんの現在の症状と、1か月後には胃瘻の造設が必要との医師の説明から考える。球麻痺症状が強くなり呼吸もしづらくなっている（Mさんは球型の筋萎縮性側索硬化症である）が、事例のようすから認知障害はみられない（**1は不適切**）。筋萎縮性側索硬化症では通常、感覚障害はみられない（**2は不適切**）。食事はミキサー食とあり、嚥下障害が現れていると考えられる（**3が適切**）。膀胱直腸障害はみられない（**4は不適切**）。眼球運動障害はみられない（**5は不適切**）。

問題2については、Mさんが介護保険の要介護5であること、必要なのは簡易浴槽だということから判断する。介護保険の特定福祉用具販売が利用できる（**1が正しい**）。生活支援事業という名称の事業はない。障害者自立支援制度では、障害者および障害児が自立した日常生活または社会生活を営むことができるよう、地域の特性や利用者の状態に応じ、柔軟な形態により事業を効果的に実施する地域生活支援事業がある。また、難病患者のQOL（Quality of Life；生活の質）の向上のために、療養生活支援を目的とした難病患者等居宅生活支援事業も実施されている（**2は誤り**）。日常生活用具給付等事業では、入浴補助用具は給付の種目に含まれるが簡易浴槽は含まれない（**3は誤り**）。福祉用具貸与は介護保険で福祉用具を貸与するものだが、排泄や入浴に関する品目は含まれない（**4は誤り**）。難病患者等居宅生活支援事業における難病患者等日常生活用具給付事業の給付品目に簡易浴槽は含まれていない（**5は誤り**）。

問題3については、すでに胃瘻の造設、人工呼吸器は装着はなされている時期であり、カンファレンスには医師、看護師、作業療法士（OT）という医療職、介護支援専門員（ケアマネジャー）というコーディネーター役も参加していることから考える。訪問介護員は医療職と連携し、体調管理をする（**1が最も適切**）。痰の吸引方法を指導するのは医師あるいは看護師等の役割である（**2は不適切**）。結婚式場の環境を一緒に下見して環境調整を図るのは介護支援専門員の役割である（**3は不適切**）。意思伝達装置のスイッチの工夫をするのは作業療法士の役割である（**4は不適切**）。人工呼吸器の事故が発生したときの対応方法を指導するのは医師の役割である（**5は不適切**）。

過去問に挑戦！（総合問題３）

次の事例を読んで、**問題1から問題3まで**について答えなさい。　第27回(2015年)〔109〕〜〔111〕

〔事例〕

　Gさん（75歳、男性）は、妻とおだやかにくらしていた。ドライブが趣味で、妻が買い物に行くときは送り迎えをした。妻の買い物がない日には、いつも近くのUコミュニティセンターで、仲間たちと囲碁や将棋をしていた。

　そんなGさんが、半年前からUコミュニティセンターに行かない日が多くなり、家の中をうろうろしたり、妻に買い物に行く時間を何度も確認し、車のかぎを探しまわることが多くなった。2か月ほど前、買い物のあとで家に帰る道がわからなくなり、同じ道を行ったり来たりしているので、妻が、「次の路地に入ってください」と言うと、「わかっとる」と大声を出した。家に到着すると、「今年は免許更新の年だ」と言った。心配した妻が、かかりつけのH医師にGさんの診察を依頼した。アルツハイマー型認知症（dementia of the Alzheimer's type）と診断され、その後、要介護1と認定された。現在、訪問介護（ホームヘルプサービス）を利用し、妻は訪問介護員（ホームヘルパー）がいる間に買い物に出かけている。

問題1　妻は、Gさんのことが心配でなかなか自宅を空けることができない。妻が自宅から気軽に相談できる機関として、**最も適切なもの**を1つ選びなさい。

1　高齢者生活福祉センター
2　地域活動支援センター
3　市町村保健センター
4　認知症コールセンター
5　認知症介護研究・研修センター

問題2　妻は交通事故を心配して、1日も早く車の運転をやめさせたいと考えている。
　　現在のGさんの状況について、訪問介護員（ホームヘルパー）の妻に対する助言として、**最も適切なもの**を1つ選びなさい。

1　車のかぎを隠すことを勧める。
2　Gさんに断りなく車を処分することを勧める。
3　「免許更新期間は過ぎました」とGさんに言うように勧める。
4　近くの警察署に相談することを勧める。
5　「あなたの運転は怖いから乗りません」とGさんに言うように勧める。

問題3　妻はGさんと、自宅でできるだけ長く生活したいと考えている。また、自分が旅行

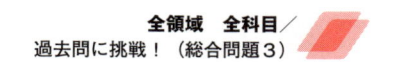

などで一定期間家を空けることができるのかと心配している。

妻の心配に対応する介護保険のサービスとして、**最も適切なもの**を１つ選びなさい。

1 短期入所療養介護
2 通所リハビリテーション
3 通所介護（デイサービス）
4 認知症対応型通所介護
5 訪問看護

答え　　問題１　4　　問題２　4　　問題３　1

問題１については、妻が自宅にいて相談できる先として適切かどうかという観点で検討する。高齢者生活福祉センターは、独居高齢者等を対象に主として住まいや介護についての支援を行う機関（１は不適切）。地域活動支援センターは、障害者が通って創作的活動や生産活動等の機会を得るための機関（２は不適切）。市町村保健センターは、地域住民の健康相談、保健指導などを行う機関。相談に応じないことはないが、認知症高齢者の問題に適切な対応が望めるとはかぎらない（３は不適切）。認知症コールセンターは、自治体や介護事業所、家族の会、NPOなどが窓口を設けて認知症に関する電話相談に応じているもので気軽に利用できる（４が最も適切）。認知症介護研究・研修センターは、認知症ケアの研究・研修等に専門的に取り組む中核的機関（５は不適切）。

問題２については、運転技能と免許の活用について現実的な支援ができるよう考える。かぎを隠すことを勧めるのは、日ごろよくかぎを探してしまうＧさんにとって、さらなるストレスをあたえることになり賢明でない（１は不適切）。Ｇさんに断りなく車を処分するのは、ドライブが趣味のＧさんには酷である。また、利用者がどういう状態であれ、本人の了承をなんらかの形でとるのが支援の原則である（２は不適切）。免許更新期間が過ぎたと告げては、いたずらにパニックを起こさせることになり、得策でない（３は不適切）。運転適性については、警察署または運転免許試験場で相談ができる（４が最も適切）。なお、70歳以上の人の免許の更新にあたっては、高齢者講習などの講習が義務づけられている。運転が怖いから乗らないと告げるのは、Ｇさんの不安をあおり自尊心を傷つけてしまう（５は不適切）。

問題３については、一時的に妻の家庭介護を代替する条件に合うものを選ぶ。短期入所療養介護はショートステイで、妻が旅行中などに利用できる（１が最も適切）。通所リハビリテーション、通所介護（デイサービス）、認知症対応型通所介護は、いずれも日々通ってサービスを受けるもので、妻がいないと送迎帰宅後に対応できる人がいなくなってしまう（２・３・４は不適切）。現状、自宅で医療的な処置を受けることはなく、訪問看護は必要ない（５は不適切）。

キーワードチェック

- 合格にはすべての科目群で得点が必要
- キーワードのあとの数字はページと項目番号

科目群1 「科目1 人間の尊厳と自立」「科目4 介護の基本」

◆科目1 単元1　人間の尊厳と自立
- ☐☐ 多面的理解 → 14 **1**
- ☐☐ 人間の尊厳 → 14 **2**
- ☐☐ 生命倫理の4原則 → 14 **3**
- ☐☐ 自己決定の原則 → 14 **4**
- ☐☐ 善行の原則 → 14 **5**
- ☐☐ 無危害の原則 → 15 **6**
- ☐☐ 公正・平等の原則 → 15 **7**
- ☐☐ 徳倫理 → 15 **8**
- ☐☐ 自律 → 15 **9**
- ☐☐ 自立 → 15 **10**

◆科目1 単元2　介護における尊厳の保持・自立支援
- ☐☐ 権利擁護・アドボカシー → 18 **1**
- ☐☐ 人権尊重 → 18 **2**
- ☐☐ 基本的人権 → 18 **3**
- ☐☐ 障害者差別解消法 → 18 **3**
- ☐☐ 自立支援 → 19 **4**
- ☐☐ 身体的・精神的・社会的な自立支援 → 19 **4**
- ☐☐ パーソン・センタード・ケア → 19 **5**

◆科目4 単元1　介護福祉士を取り巻く状況
- ☐☐ 介護 → 122 **1**
- ☐☐ 高齢化率 → 122 **3**
- ☐☐ 高齢化社会 → 122 **3**
- ☐☐ 高齢社会 → 122 **3**
- ☐☐ 年少人口 → 123 **5**
- ☐☐ 生産年齢人口 → 123 **5**
- ☐☐ 老年人口 → 123 **5**
- ☐☐ 従属人口 → 123 **5**
- ☐☐ 国民生活基礎調査 → 124 **6**
- ☐☐ 介護の社会化 → 125 **8**
- ☐☐ ドメスティック・バイオレンス（DV） → 125 **9**
- ☐☐ 虐待 → 125 **9**
- ☐☐ 介護サービス施設・事業所調査 → 126 **10**

◆科目4 単元2　介護福祉士の役割と機能を支えるしくみ
- ☐☐ 社会福祉士及び介護福祉士法 → 130 **1**
- ☐☐ 介護福祉士 → 130 **2**
- ☐☐ 喀痰吸引等 → 130 **3**
- ☐☐ 誠実義務 → 131 **4**
- ☐☐ 信用失墜行為の禁止 → 131 **4**
- ☐☐ 秘密保持義務 → 131 **4**
- ☐☐ 連携 → 131 **4**
- ☐☐ 福祉サービス関係者等 → 131 **4**
- ☐☐ 資質向上の責務 → 131 **4**
- ☐☐ 業務独占資格 → 131 **5**
- ☐☐ 名称独占資格 → 131 **5**
- ☐☐ 介護福祉士の養成制度 → 132 **6**
- ☐☐ 日本介護福祉士会 → 132 **8**
- ☐☐ 日本介護福祉士会倫理綱領 → 132 **9**

◆科目4 単元3　尊厳を支える介護
- ☐☐ QOL（生活の質） → 136 **1**
- ☐☐ ノーマライゼーション → 136 **2**
- ☐☐ バンク-ミケルセン → 136 **3**
- ☐☐ ニィリエの原則 → 136 **4**

- ☐☐ 利用者主体 → 136 ❺

◆**科目 4 単元 4　自立に向けた介護**
- ☐☐ 自己決定・自己選択 → 138 ❶
- ☐☐ 自立支援 → 138 ❷
- ☐☐ エンパワメント・アプローチ → 138 ❸
- ☐☐ 個別ケア → 138 ❹
- ☐☐ ICF（国際生活機能分類）→ 138 ❺
- ☐☐ ICIDH（国際障害分類）→ 138 ❺
- ☐☐ 生活機能 → 138 ❺
- ☐☐ 背景因子 → 138 ❺
- ☐☐ 医学モデル → 140 ❻
- ☐☐ 社会モデル → 140 ❼
- ☐☐ リハビリテーション → 140 ❽
- ☐☐ 医学的リハビリテーション → 141 ❾
- ☐☐ 教育リハビリテーション → 141 ❾
- ☐☐ 職業リハビリテーション → 141 ❾
- ☐☐ 社会リハビリテーション → 141 ❾
- ☐☐ 地域リハビリテーション → 141 ❾
- ☐☐ 急性期リハビリテーション → 141 ❿
- ☐☐ 回復期リハビリテーション → 141 ⓫
- ☐☐ 維持期リハビリテーション → 141 ⓬
- ☐☐ 介護予防 → 141 ⓬
- ☐☐ ADL（日常生活動作）→ 142 ⓭
- ☐☐ IADL（手段的日常生活動作）→ 142 ⓮

◆**科目 4 単元 5　介護を必要とする人の理解**
- ☐☐ 生活感 → 144 ❶ ❷
- ☐☐ 価値観 → 144 ❶ ❷
- ☐☐ 有訴者率 → 145 ❹
- ☐☐ 通院者率 → 145 ❺
- ☐☐ 生活のリズム → 145 ❻
- ☐☐ 生活文化 → 145 ❼
- ☐☐ 高齢者世帯 → 145 ❽
- ☐☐ 高齢者の居住の安定確保に関する法律（高齢者住まい法）→ 146 ❿
- ☐☐ サービス付き高齢者向け住宅制度 → 146 ❿
- ☐☐ 高齢者住宅等安心確保事業 → 146 ❿
- ☐☐ 高齢者世話付住宅 → 146 ❿
- ☐☐ 高齢者等の雇用の安定等に関する法律 → 147 ⓫
- ☐☐ シルバー人材センター → 147 ⓫
- ☐☐ 高齢者の地域社会への参加に関する意識調査 → 147 ⓭
- ☐☐ 老人クラブ → 147 ⓭
- ☐☐ レクリエーション → 148 ⓮
- ☐☐ 生活ニーズ → 148 ⓯
- ☐☐ 障害基礎年金 → 148 ⓰
- ☐☐ 障害者手帳 → 149 ⓱
- ☐☐ 生活行為 → 149 ⓲
- ☐☐ 地域性 → 149 ⓴

◆**科目 4 単元 6　介護サービス**
- ☐☐ ケアマネジメント → 152 ❶
- ☐☐ アセスメント → 152 ❷
- ☐☐ ケアプラン → 152 ❸
- ☐☐ 居宅サービス → 153 ❺
- ☐☐ 施設サービス → 153 ❺
- ☐☐ 地域密着型サービス → 153 ❺
- ☐☐ 介護給付費単位数表 → 154 ❻
- ☐☐ 居宅介護 → 154 ❼
- ☐☐ 施設介護 → 154 ❽
- ☐☐ ユニットケア → 155 ❾
- ☐☐ 定期巡回・随時対応型訪問介護看護 → 155 ❿
- ☐☐ 小規模多機能型居宅介護 → 155 ❿
- ☐☐ 認知症対応型共同生活介護 → 155 ❿

◆**科目 4 単元 7　介護実践における連携**
- ☐☐ 多職種連携（チームアプローチ）→ 158 ❶
- ☐☐ 福祉職種 → 158 ❷
- ☐☐ 保健医療職種 → 158 ❸
- ☐☐ 介護支援専門員（ケアマネジャー）→ 158 ❹
- ☐☐ サービス提供責任者 → 158 ❹
- ☐☐ 福祉用具専門相談員 → 158 ❹
- ☐☐ 地域連携 → 159 ❺
- ☐☐ フォーマルサービス → 159 ❻
- ☐☐ 民生委員 → 159 ❼
- ☐☐ インフォーマルサービス → 159 ❽
- ☐☐ 地域住民 → 159 ❽

- □□ ボランティア → 159 [8]
- □□ 地域包括支援センター → 159 [9]
- □□ 福祉事務所 → 160 [10]

◆ 科目4 単元8　介護従事者の倫理
- □□ 職業倫理 → 162 [1]
- □□ 身体拘束禁止 → 162 [3]
- □□ 身体拘束禁止の例外 → 163 [5]
- □□ 高齢者虐待防止 → 163 [6]
- □□ 児童虐待防止 → 164 [7]
- □□ 障害者虐待防止 → 164 [8]
- □□ 個人情報の保護 → 164 [9]

◆ 科目4 単元9　介護における安全の確保とリスクマネジメント
- □□ 観察 → 166 [1]
- □□ 予測、分析 → 166 [1]
- □□ 介護事故 → 166 [2]
- □□ インシデント → 166 [2]
- □□ ヒヤリ・ハット → 166 [2]
- □□ セーフティマネジメント → 166 [3]
- □□ 緊急連絡システム → 166 [3]
- □□ 転倒・転落防止 → 167 [4]
- □□ 骨折予防 → 167 [5]
- □□ 防火・防災対策 → 167 [6]
- □□ 消費者被害 → 168 [7]
- □□ 感染症 → 168 [8]
- □□ 日和見感染 → 168 [8]
- □□ 感染源 → 168 [10]
- □□ 感染経路 → 168 [10]
- □□ 飛沫感染 → 168 [10]
- □□ 接触感染 → 168 [10]
- □□ 経口感染 → 168 [10]
- □□ 血液感染 → 168 [10]
- □□ 母子感染 → 168 [10]
- □□ インフルエンザ → 168 [11]
- □□ ノロウイルス → 169 [12]
- □□ 腸管出血性大腸菌感染症 → 169 [13]
- □□ MRSA感染症 → 169 [14]
- □□ エイズ → 169 [15]
- □□ 結核 → 169 [16]
- □□ 疥癬 → 169 [17]
- □□ 感染管理 → 170 [18]
- □□ 衛生管理者 → 170 [20]

◆ 科目4 単元10　介護従事者の安全
- □□ ストレス → 172 [3]
- □□ 燃えつき症候群（バーンアウト症候群） → 172 [4]
- □□ 感染予防 → 172 [6]
- □□ 予防接種 → 172 [6]
- □□ 消毒 → 172 [6]
- □□ 腰痛 → 173 [7]
- □□ 頸肩腕症候群 → 173 [8]
- □□ 労働基準法 → 173 [9]
- □□ 労働安全衛生法 → 173 [9]
- □□ 介護労働者の雇用管理の改善等に関する法律 → 173 [9]

科目群2 「科目2　人間関係とコミュニケーション」「科目5　コミュニケーション技術」

◆ 科目2 単元1　人間関係の形成
- □□ 自己覚知 → 26 [1]
- □□ 他者理解 → 26 [2]
- □□ ラポール（信頼関係） → 26 [3]
- □□ アウトリーチ → 26 [4]
- □□ ワーカビリティ → 26 [5]

◆ 科目1 単元2　コミュニケーションの基礎
- □□ コミュニケーションの意義 → 28 [1]
- □□ コミュニケーションの基本的態度 → 28 [3]
- □□ 対人距離 → 28 [4]
- □□ 言語的コミュニケーション → 29 [5]
- □□ 準言語的コミュニケーション → 29 [5]
- □□ 非言語的コミュニケーション → 29 [6]

- ☐☐ 受容 → 29 **7**
- ☐☐ 共感 → 30 **8**
- ☐☐ 傾聴 → 30 **9**
- ☐☐ 非指示的雰囲気 → 30 **10**
- ☐☐ 感情の反射 → 30 **11**
- ☐☐ 感情の明確化 → 30 **12**
- ☐☐ コミュニケーション・エイド → 31 **13**
- ☐☐ 筆談 → 31 **14**

◆科目5単元1　介護におけるコミュニケーションの基本
- ☐☐ コミュニケーション → 184 **1**
- ☐☐ 伝達経路（チャネル） → 184 **2**
- ☐☐ 環境 → 184 **3**
- ☐☐ 意思疎通 → 184 **4**
- ☐☐ 自己開示 → 184 **4**
- ☐☐ 雑音 → 185 **5**
- ☐☐ 物理的雑音 → 185 **5**
- ☐☐ 身体的雑音 → 185 **5**
- ☐☐ 心理的雑音 → 185 **5**
- ☐☐ 社会的雑音 → 185 **5**

◆科目5単元2　介護場面における利用者・家族とのコミュニケーション
- ☐☐ SOLER → 188 **1**
- ☐☐ 第一次共感 → 188 **3**
- ☐☐ 第二次共感 → 188 **3**
- ☐☐ 閉じられた質問 → 189 **4**
- ☐☐ 開かれた質問 → 189 **4**
- ☐☐ 焦点化 → 189 **6**
- ☐☐ 明確化 → 189 **6**
- ☐☐ 直面化 → 190 **7**
- ☐☐ バイステックの7つの原則 → 190 **9**
- ☐☐ 個別化の原則 → 190 **9**
- ☐☐ 意図的な感情表出の原則 → 190 **9**
- ☐☐ 統制された情緒的関与の原則 → 190 **9**
- ☐☐ 受容の原則 → 190 **9**
- ☐☐ 非審判的態度の原則 → 190 **9**
- ☐☐ 自己決定の原則 → 190 **9**
- ☐☐ 秘密保持の原則 → 190 **9**
- ☐☐ ストレングス視点 → 190 **10**
- ☐☐ 筆談 → 191 **15**
- ☐☐ 読話 → 191 **15**
- ☐☐ 構音障害 → 193 **18**
- ☐☐ 失語症 → 193 **18**

◆科目5単元3　介護におけるチームのコミュニケーション
- ☐☐ 記録の目的 → 196 **1**
- ☐☐ 叙述体 → 196 **2**
- ☐☐ 圧縮叙述体 → 196 **2**
- ☐☐ 過程叙述体 → 196 **2**
- ☐☐ 要約体 → 196 **2**
- ☐☐ ホウ・レン・ソウ → 198 **6**
- ☐☐ ケアカンファレンス → 199 **9**

科目群3　「科目3　社会の理解」

◆科目3単元1　生活と福祉
- ☐☐ 家族 → 42 **1**
- ☐☐ 世帯 → 42 **1**
- ☐☐ 家庭 → 42 **1**
- ☐☐ 親族世帯 → 42 **1**
- ☐☐ 非親族世帯 → 42 **1**
- ☐☐ 単独世帯 → 42 **1** **2**
- ☐☐ 親族 → 42 **1**
- ☐☐ 核家族世帯 → 42 **2**
- ☐☐ 三世代世帯 → 42 **2**
- ☐☐ 高齢者世帯 → 42 **2**
- ☐☐ 母子世帯 → 42 **2**
- ☐☐ 父子世帯 → 42 **2**
- ☐☐ ライフサイクル → 43 **4**
- ☐☐ ライフステージ → 43 **4**
- ☐☐ ファミリーライフサイクル → 43 **4**
- ☐☐ 定位家族（出生家族） → 43 **5**
- ☐☐ 創設家族（生殖家族） → 43 **5**

- ☐☐ 核家族 → 43 **5**
- ☐☐ ライフコース → 44 **7**
- ☐☐ コミュニティ → 44 **9**
- ☐☐ 第一次集団 → 44 **10**
- ☐☐ 第二次集団 → 44 **10**
- ☐☐ ゲマインシャフト → 44 **10**
- ☐☐ ゲゼルシャフト → 44 **10**
- ☐☐ グループ支援 → 45 **13**
- ☐☐ エンパワメント → 45 **14**
- ☐☐ 少子化 → 46 **17**
- ☐☐ 合計特殊出生率 → 46 **17**
- ☐☐ ワーク・ライフ・バランス → 46 **18**
- ☐☐ 健康寿命 → 46 **19**
- ☐☐ 生涯学習 → 46 **21**
- ☐☐ 産業化 → 47 **23**
- ☐☐ 都市化 → 47 **24**
- ☐☐ 過疎化 → 47 **25**
- ☐☐ 自助 → 48 **28**
- ☐☐ 互助 → 48 **29**
- ☐☐ 公助 → 48 **30**

◆ 科目3 単元2　社会保障制度
- ☐☐ 社会保障 → 50 **1**
- ☐☐ 日本国憲法 → 50 **2**
- ☐☐ 生活保護法 → 50 **3**、51 **4**
- ☐☐ 措置制度 → 50 **3**
- ☐☐ 福祉三法 → 51 **4**
- ☐☐ 国民皆保険・皆年金 → 51 **5**
- ☐☐ 社会福祉法 → 51 **6**
- ☐☐ 福祉六法 → 52 **7**
- ☐☐ 福祉八法の改正 → 52 **9**
- ☐☐ 地方分権一括法 → 52 **9**
- ☐☐ 法定受託事務 → 52 **9**
- ☐☐ 自治事務 → 52 **9**
- ☐☐ 社会福祉基礎構造改革 → 53 **10**
- ☐☐ 社会保障関係費 → 53 **11**
- ☐☐ 社会保険 → 54 **12**
- ☐☐ 職域保険 → 54 **12**
- ☐☐ 地域保険 → 54 **12**

- ☐☐ 公的扶助 → 54 **13**
- ☐☐ ナショナル・ミニマム → 54 **13**
- ☐☐ 年金保険 → 54 **14**
- ☐☐ 基礎年金制度 → 54 **14**
- ☐☐ 被用者年金 → 54 **14**
- ☐☐ 国民年金 → 54 **14**
- ☐☐ 被保険者 → 54 **14**
- ☐☐ 医療保険 → 56 **15**
- ☐☐ 組合管掌健康保険 → 56 **15**
- ☐☐ 全国健康保険協会管掌健康保険 → 56 **15**
- ☐☐ 医療給付（現物給付） → 56 **15**
- ☐☐ 現金給付 → 56 **15**
- ☐☐ 雇用保険 → 57 **16**
- ☐☐ 労働者災害補償保険（労災保険） → 57 **17**
- ☐☐ 民間保険制度 → 57 **18**
- ☐☐ 人口動態 → 57 **19**
- ☐☐ 人口構造 → 57 **19**
- ☐☐ 人口ピラミッド → 57 **19**
- ☐☐ 高齢化率 → 57 **19**
- ☐☐ 少子高齢化 → 57 **19**
- ☐☐ 持続可能な社会保障制度 → 58 **20**

◆ 科目3 単元3　介護保険制度
- ☐☐ 介護保険法 → 62 **1 2**
- ☐☐ 介護保険制度改革 → 62 **3**
- ☐☐ 保険者 → 64 **4**
- ☐☐ 被保険者 → 64 **5**
- ☐☐ 介護給付 → 65 **7**
- ☐☐ 予防給付 → 68 **8**
- ☐☐ 市町村特別給付 → 68 **9**
- ☐☐ 特定疾病 → 69 **13**
- ☐☐ 介護予防 → 70 **15**
- ☐☐ 要介護認定 → 70 **16**
- ☐☐ 一次判定 → 70 **16**
- ☐☐ 二次判定 → 70 **16**
- ☐☐ 要介護 → 71 **17**
- ☐☐ 要支援 → 71 **18**
- ☐☐ 居宅サービス計画 → 71 **19**
- ☐☐ 施設サービス計画 → 71 **20**

キーワードチェック
科目群3

- □□ 居宅サービス → 73 **21**
- □□ 居宅療養管理指導 → 73 **21**
- □□ 特定施設入居者生活介護 → 73 **21**
- □□ 介護保険施設 → 74 **22**
- □□ 指定介護老人福祉施設 → 74 **22**
- □□ 介護老人保健施設 → 74 **22**
- □□ 地域密着型サービス → 74 **23**
- □□ 特定地域密着型サービス → 74 **23**
- □□ 定期巡回・随時対応型訪問介護看護 → 74 **23**
- □□ 夜間対応型訪問介護 → 74 **23**
- □□ 認知症対応型通所介護 → 74 **23**
- □□ 小規模多機能型居宅介護 → 74 **23**
- □□ 認知症対応型共同生活介護 → 74 **23**
- □□ 地域密着型特定施設入居者生活介護 → 74 **23**
- □□ 地域密着型介護老人福祉施設入所者生活介護 → 74 **23**
- □□ 複合型サービス → 74 **23**
- □□ 介護予防サービス計画 → 76 **24**
- □□ 介護予防サービス → 76 **25**
- □□ 介護予防特定施設入居者生活介護 → 76 **25**
- □□ 地域密着型介護予防サービス → 77 **26**
- □□ 特定地域密着型介護予防サービス → 77 **26**
- □□ 介護予防認知症対応型通所介護 → 77 **26**
- □□ 介護予防小規模多機能型居宅介護 → 77 **26**
- □□ 介護予防認知症対応型共同生活介護 → 77 **26**
- □□ 居宅介護支援 → 78 **27**
- □□ 介護予防支援 → 78 **27**
- □□ 地域支援事業 → 79 **28**
- □□ 介護予防・日常生活支援総合事業 → 79 **28**
- □□ 介護予防事業 → 79 **28**
- □□ 包括的支援事業 → 79 **28**
- □□ 地域ケア会議 → 79 **28**
- □□ 指定サービス事業者 → 81 **31**
- □□ 国民健康保険団体連合会 → 82 **32**
- □□ 介護支援専門員（ケアマネジャー） → 82 **33**
- □□ 主任介護支援専門員 → 82 **34**

◆科目3 単元4　障害者自立支援制度

- □□ 障害者プラン～ノーマライゼーション7か年戦略～ → 86 **1**
- □□ 支援費制度 → 86 **2**
- □□ 障害者基本計画 → 86 **3**
- □□ 障害者総合支援法（障害者自立支援法） → 87 **5**、88 **6**
- □□ 自立支援給付 → 89 **7**
- □□ 障害福祉サービス → 90 **8**
- □□ 介護給付 → 90 **8**
- □□ 訓練等給付 → 90 **8**
- □□ 相談支援 → 90 **9**
- □□ 障害支援区分（障害程度区分） → 90 **10**
- □□ サービス等利用計画案の作成 → 90 **10**
- □□ サービス担当者会議 → 90 **10**
- □□ 相談支援事業者 → 90 **10**
- □□ 補装具 → 91 **12**
- □□ 応能負担 → 91 **13**
- □□ 地域生活支援事業 → 92 **14**

◆科目3 単元5　介護実践に関連する諸制度

- □□ 個人情報の保護に関する法律 → 96 **1**
- □□ 成年後見制度 → 96 **2**
- □□ 福祉サービス利用援助事業（日常生活自立支援事業） → 97 **3**
- □□ 消費者保護 → 97 **4**
- □□ クーリングオフ制度 → 98 **6**
- □□ 高齢者虐待の防止、高齢者の養護者に対する支援等に関する法律（高齢者虐待防止法） → 99 **7**
- □□ 障害者虐待の防止、障害者の養護者に対する支援等に関する法律（障害者虐待防止法） → 100 **8**
- □□ 保健所 → 100 **9**
- □□ 市町村保健センター → 100 **10**
- □□ 生活習慣病予防 → 100 **11**
- □□ メタボリックシンドローム（内臓脂肪症候群） → 100 **11**
- □□ 健康日本21 → 101 **12** **13**
- □□ 健康増進法 → 102 **14**
- □□ 高齢者医療制度 → 102 **15**

- □□ 特定健康診査 → 103 ⑯
- □□ 特定保健指導 → 103 ⑯
- □□ エイズ → 104 ⑲
- □□ 医師法 → 104 ⑳
- □□ 保健師助産師看護師法 → 104 ㉑
- □□ 理学療法士及び作業療法士法 → 104 ㉒
- □□ 精神保健福祉士法 → 105 ㉓
- □□ 医療法 → 105 ㉔
- □□ 病院 → 105 ㉔
- □□ 診療所 → 105 ㉔
- □□ 地域医療支援病院 → 105 ㉔
- □□ 特定機能病院 → 105 ㉔
- □□ 臨床研究中核病院 → 105 ㉔
- □□ 精神保健及び精神障害者福祉に関する法律（精神保健福祉法）→ 105 ㉕
- □□ 生活保護法 → 106 ㉖
- □□ 生活扶助 → 107 ㉘
- □□ 介護扶助 → 107 ㉘
- □□ 現物給付 → 107 ㉘
- □□ 金銭給付 → 107 ㉘
- □□ 保護施設 → 108 ㉚

科目群4　「科目6　生活支援技術」

◆科目6 単元1　生活支援
- □□ 生活 → 218 ❶
- □□ 生活の3要素 → 218 ❶
- □□ 生活行為 → 218 ❷
- □□ 生活経営 → 218 ❸
- □□ 生活支援 → 218 ❹

◆科目6 単元2　自立に向けた住環境の整備
- □□ 転倒防止 → 220 ❶
- □□ アイデンティティ → 221 ❷
- □□ 生活の場 → 221 ❸
- □□ ADL（日常生活動作）→ 221 ❸
- □□ QOL（生活の質）→ 221 ❸
- □□ できている活動 → 221 ❹
- □□ できそうな活動 → 221 ❹
- □□ できない活動 → 221 ❹
- □□ 手すり → 222 ❻
- □□ 足下灯 → 222 ❻
- □□ 引き戸 → 223 ❽
- □□ 洋式トイレ → 224 ❿
- □□ 住宅改修 → 224 ⓫
- □□ バリアフリー → 224 ⓬
- □□ ユニバーサル・デザイン → 224 ⓬
- □□ なじみの生活空間づくり → 225 ⓭
- □□ グループホーム → 225 ⓮
- □□ ユニットケア → 225 ⓮
- □□ 介護支援専門員（ケアマネジャー）→ 226 ⓯

◆科目6 単元3　自立に向けた身じたくの介護
- □□ 残存機能 → 228 ❶
- □□ 福祉用具 → 228 ❶
- □□ 生活のリズム → 228 ❸
- □□ 整容 → 229 ❹
- □□ 洗面 → 229 ❹
- □□ ひげの手入れ → 229 ❹
- □□ 整髪 → 229 ❹
- □□ 爪の手入れ → 229 ❹
- □□ 化粧 → 229 ❹
- □□ 口腔ケア → 230 ❺
- □□ ブラッシング法 → 230 ❺
- □□ うがい → 230 ❺
- □□ 口腔清拭 → 230 ❺
- □□ 脱健着患 → 230 ❻
- □□ 熱さ → 231 ❼
- □□ 痛み → 231 ❼
- □□ 福祉用具プランナー → 231 ❿
- □□ 歯科医師 → 231 ❿
- □□ 歯科衛生士 → 231 ❿

◆科目6 単元4　自立に向けた移動の介護
- □□ 移動 → 234 ❶

- ☐☐ 座位の保持 → 234 **2**
- ☐☐ 立位の保持 → 234 **2**
- ☐☐ 社会参加 → 234 **3**
- ☐☐ 余暇活動 → 234 **3**
- ☐☐ レクリエーション → 234 **3**
- ☐☐ 杖 → 235 **4**
- ☐☐ 3動作歩行 → 235 **4**
- ☐☐ 支持基底面 → 235 **4**
- ☐☐ 健側 → 235 **4**、236 **6**、238 **11**
- ☐☐ 患側 → 235 **4**、238 **11**
- ☐☐ 車いすへの移乗 → 236 **6**
- ☐☐ スライディングボード → 236 **6**
- ☐☐ 良肢位 → 237 **10**
- ☐☐ 体位変換 → 238 **11**
- ☐☐ 仰臥位 → 238 **11**
- ☐☐ 端座位 → 238 **11**
- ☐☐ 起立性低血圧 → 238 **11**
- ☐☐ 側臥位 → 238 **11**
- ☐☐ 介助の負担軽減 → 238 **11**
- ☐☐ ガイドヘルプ（手引き歩行）→ 239 **12**
- ☐☐ 白杖（盲人安全杖）→ 239 **12**
- ☐☐ 点字ブロック → 239 **12**
- ☐☐ 短下肢装具 → 239 **13**

◆科目6 単元5　自立に向けた食事の介護

- ☐☐ 摂食機能 → 242 **2**
- ☐☐ 嗜好 → 243 **3**
- ☐☐ 寝食分離 → 243 **4**
- ☐☐ 献立の説明 → 243 **4**
- ☐☐ 食器 → 243 **4**
- ☐☐ 自助具 → 243 **4**
- ☐☐ クロックポジション → 244 **5**
- ☐☐ 失行 → 245 **7**
- ☐☐ 異食 → 245 **7**
- ☐☐ 拒食 → 245 **7**
- ☐☐ 過食 → 245 **7**
- ☐☐ 誤嚥性肺炎 → 245 **8**
- ☐☐ 誤嚥防止 → 245 **8**
- ☐☐ 背部叩打法 → 245 **8**

- ☐☐ 腹部突き上げ法（ハイムリック法）→ 245 **8**
- ☐☐ 脱水 → 247 **9**
- ☐☐ 栄養マネジメント加算 → 247 **10**
- ☐☐ 管理栄養士 → 247 **10**

◆科目6 単元6　自立に向けた入浴、清潔保持の介護

- ☐☐ 温熱作用 → 250 **1**
- ☐☐ 静水圧作用 → 250 **1**
- ☐☐ 浮力作用 → 250 **1**
- ☐☐ 爽快感 → 251 **4**
- ☐☐ リラックス → 251 **4**
- ☐☐ 入浴時間 → 252 **5**
- ☐☐ 湯温 → 252 **5**
- ☐☐ 入浴用いす（シャワーチェア）→ 252 **5**
- ☐☐ バスボード → 252 **5**
- ☐☐ 入浴用介助ベルト → 252 **5**
- ☐☐ シャワー浴 → 253 **6**
- ☐☐ 足浴 → 253 **7**
- ☐☐ 手浴 → 253 **8**
- ☐☐ 洗髪 → 253 **9**
- ☐☐ オイルシャンプー → 253 **9**
- ☐☐ ドライシャンプー → 253 **9**
- ☐☐ 全身清拭 → 254 **10**
- ☐☐ 陰部洗浄 → 254 **11**

◆科目6 単元7　自立に向けた排泄の介護

- ☐☐ 恒常性（ホメオスタシス）→ 258 **1**
- ☐☐ 排泄習慣 → 258 **2**
- ☐☐ 羞恥心 → 259 **3**
- ☐☐ トイレ誘導 → 259 **3**、262 **11**
- ☐☐ プライバシー → 259 **3**
- ☐☐ 腹圧性尿失禁 → 259 **4**
- ☐☐ 骨盤底筋訓練 → 259 **4**
- ☐☐ 膀胱炎 → 259 **4**
- ☐☐ トイレ → 259 **5**
- ☐☐ ポータブルトイレ → 260 **6**
- ☐☐ 採尿器 → 260 **7**
- ☐☐ 差し込み便器 → 260 **7**
- ☐☐ おむつ → 261 **8**

- □□ 膀胱留置カテーテル → 261 ❽
- □□ 排泄のサイン → 262 ⓫
- □□ 排泄パターン → 262 ⓫
- □□ 排便習慣 → 262 ⓬
- □□ 食物繊維 → 262 ⓬
- □□ 摘便 → 262 ⓬
- □□ 下痢 → 262 ⓬
- □□ 失禁のタイプ → 263 ⓮

◆**科目6 単元8　自立に向けた家事の介護**
- □□ 家事 → 266 ❶
- □□ 家事援助（生活援助） → 266 ❸
- □□ 調理 → 267 ❺
- □□ 洗濯 → 267 ❻
- □□ 洗剤 → 267 ❻
- □□ しみ抜き → 267 ❻
- □□ 掃除 → 268 ❼
- □□ ごみ捨て → 268 ❼
- □□ 裁縫 → 268 ❽
- □□ 買い物 → 268 ❿
- □□ 高齢無職世帯 → 268 ⓫
- □□ 家計収支 → 268 ⓫
- □□ 電磁調理器 → 269 ⓬
- □□ 福祉住環境コーディネーター → 269 ⓯

◆**科目6 単元9　自立に向けた睡眠の介護**
- □□ 疲労の回復 → 272 ❶
- □□ レム睡眠 → 272 ❶
- □□ ノンレム睡眠 → 272 ❶
- □□ 不眠障害 → 272 ❷
- □□ 生活のリズム → 272 ❸、273 ❺
- □□ 寝室の環境 → 273 ❹
- □□ 寝具 → 273 ❹
- □□ 運動習慣 → 273 ❺
- □□ 入眠儀式 → 273 ❺
- □□ 低温やけど → 274 ❻
- □□ 不眠の原因 → 274 ❾

◆**科目6 単元10　終末期の介護**
- □□ 終末期医療の決定プロセスに関するガイドライン → 276 ❶
- □□ インフォームド・コンセント → 276 ❶ ❷
- □□ 事前の意思確認 → 276 ❷
- □□ リビングウィル → 277 ❸
- □□ 看取り介護加算 → 277 ❹
- □□ 日常生活継続支援加算 → 277 ❺
- □□ バイタルサイン → 278 ❽
- □□ ホスピスケア → 278 ❿
- □□ 緩和ケア → 278 ❿
- □□ 悲嘆のプロセス → 279 ⓬
- □□ グリーフケア → 279 ⓭ ⓮ ⓯

科目群5　「科目7　介護過程」

◆**科目7 単元1　介護過程の意義／介護過程の展開**
- □□ 介護過程 → 290 ❶
- □□ QOL（生活の質） → 290 ❷
- □□ 自立支援 → 290 ❷
- □□ 客観的な情報 → 291 ❹
- □□ 主観的な情報 → 291 ❹
- □□ 情報収集 → 291 ❺
- □□ 観察 → 291 ❺
- □□ アセスメント → 291 ❻
- □□ 生活課題（利用者のニーズ） → 291 ❻ ❼
- □□ 目標の設定 → 291 ❽
- □□ 長期目標 → 291 ❽
- □□ 短期目標 → 291 ❽
- □□ 介護計画 → 292 ❾
- □□ 実施 → 292 ❿ ⓫
- □□ 評価 → 292 ⓭ ⓮
- □□ 再アセスメント → 293 ⓯

◆**科目7 単元2　介護過程の実践的展開／介護過程とチームアプローチ**
- □□ 利用者主体 → 296 ❶

- ☐☐ ケアマネジメント → 296 **2**
- ☐☐ 社会資源 → 296 **2**
- ☐☐ 自己決定支援 → 296 **3**
- ☐☐ ケースカンファレンス → 297 **7**
- ☐☐ サービス担当者会議 → 297 **8**
- ☐☐ 介護支援専門員（ケアマネジャー）→ 297 **8 9**
- ☐☐ ケアプラン → 297 **9**
- ☐☐ 個別援助計画 → 297 **9**

科目群6 「科目8 発達と老化の理解」

◆科目8 単元1 人間の成長と発達の基礎的理解
- ☐☐ 発達 → 306 **1**
- ☐☐ エリクソンの発達段階説 → 306 **2**
- ☐☐ 心理社会的危機 → 306 **2**
- ☐☐ ピアジェの発達段階説 → 306 **3**
- ☐☐ 感覚運動期 → 306 **3**
- ☐☐ 前操作期 → 306 **3**
- ☐☐ 具体的操作期 → 306 **3**
- ☐☐ 形式的操作期 → 306 **3**
- ☐☐ フロイトの発達段階説 → 307 **4**
- ☐☐ 口唇期 → 307 **4**
- ☐☐ 肛門期 → 307 **4**
- ☐☐ 男根期（エディプス期）→ 307 **4**
- ☐☐ 潜在期 → 307 **4**
- ☐☐ 性器期 → 307 **4**
- ☐☐ 発達課題 → 307 **5**
- ☐☐ 生得説 → 308 **7**
- ☐☐ 経験説 → 308 **8**
- ☐☐ 輻輳説 → 308 **9**
- ☐☐ 環境閾値説 → 308 **10**

◆科目8 単元2 老年期の発達と成熟
- ☐☐ 老年期 → 310 **1**
- ☐☐ 老人福祉法 → 310 **2**
- ☐☐ 高齢者医療制度 → 310 **3**
- ☐☐ 生涯発達 → 310 **4**
- ☐☐ 人格者 → 310 **5**
- ☐☐ ハヴィガーストによる老年期の発達課題 → 310 **6**
- ☐☐ エリクソンによる老年期の発達課題 → 311 **7**
- ☐☐ 老性自覚 → 311 **8**
- ☐☐ 喪失体験 → 311 **10**
- ☐☐ セクシュアリティ → 312 **13**
- ☐☐ サクセスフル・エイジング → 312 **14**
- ☐☐ プロダクティブ・エイジング → 312 **15**

◆科目8 単元3 老化にともなうこころとからだの変化と日常生活
- ☐☐ 防衛反応（反射神経）→ 314 **1**
- ☐☐ 回復力（抵抗力）→ 314 **2**
- ☐☐ 免疫力 → 314 **2**
- ☐☐ 適応力（順応力）→ 314 **3**
- ☐☐ 結晶性知能 → 315 **5**
- ☐☐ 流動性知能 → 315 **5**
- ☐☐ 短期記憶 → 316 **6**
- ☐☐ ワーキングメモリー → 316 **6**
- ☐☐ エピソード記憶 → 316 **6**
- ☐☐ 手続き記憶 → 316 **6**
- ☐☐ 意味記憶 → 316 **6**
- ☐☐ 円熟型 → 317 **10**
- ☐☐ 安楽いす型 → 317 **10**
- ☐☐ 憤慨型（外罰型）→ 317 **10**
- ☐☐ 自責型（内罰型）→ 317 **10**
- ☐☐ 装甲型（自己防衛型）→ 317 **10**

◆科目8 単元4 高齢者と健康
- ☐☐ かゆみ → 320 **2**
- ☐☐ 痛み → 320 **3**
- ☐☐ 不眠 → 321 **4**
- ☐☐ 冷え → 321 **5**
- ☐☐ しびれ → 321 **6**
- ☐☐ むくみ（浮腫）→ 322 **7**

- □□ めまい → 322 [8]
- □□ 下痢 → 322 [9]
- □□ 便秘 → 323 [10]
- □□ 生活習慣病 → 323 [12]
- □□ 虚血性心疾患 → 324 [13]
- □□ 高血圧 → 324 [14]
- □□ 動脈硬化 → 325 [15]
- □□ 肺炎 → 325 [16]
- □□ 肺結核 → 325 [17]
- □□ 腎炎・腎不全 → 326 [18]
- □□ 排尿障害 → 327 [19]
- □□ 前立腺肥大 → 327 [20]
- □□ 脳血管疾患（脳血管障害）→ 327 [21]
- □□ パーキンソン病 → 328 [22]
- □□ 認知症 → 329 [23]
- □□ 感覚器疾患 → 329 [24]
- □□ 関節リウマチ → 330 [25]
- □□ 骨粗鬆症 → 330 [26]
- □□ 運動器疾患 → 330 [27]
- □□ 骨折 → 331 [28]
- □□ 糖尿病 → 331 [29]
- □□ 脂質異常症 → 332 [30]
- □□ 老人性掻痒症 → 332 [31]
- □□ 悪性腫瘍（がん・悪性新生物）→ 332 [32]
- □□ 褥瘡 → 333 [33]
- □□ 廃用症候群（生活不活発病）→ 333 [34]
- □□ 保健医療職 → 334 [35]

科目群7 「科目9 認知症の理解」

◆科目9 単元1 認知症を取り巻く状況
- □□ ノーマライゼーション → 344 [1]
- □□ グループホーム → 344 [1]
- □□ パーソン・センタード・ケア → 345 [2]
- □□ 認知症高齢者の日常生活自立度判定基準 → 345 [4]
- □□ 認知症を知り地域をつくる10か年 → 345 [5]
- □□ 認知症施策推進5か年計画（オレンジプラン）→ 345 [6]
- □□ 認知症施策推進総合戦略（新オレンジプラン）→ 345 [6]
- □□ 地域密着型サービス → 346 [7]
- □□ 認知症コールセンター → 346 [9]
- □□ 権利擁護 → 346 [10]

◆科目9 単元2 医学的側面からみた認知症の基礎
- □□ 中核症状 → 348 [1]
- □□ 記憶障害 → 348 [1]
- □□ 見当識障害 → 348 [1]
- □□ リアリティ・オリエンテーション（現実見当識訓練）→ 348 [1]、353 [20]
- □□ 失語 → 348 [1]
- □□ 失行 → 348 [1]
- □□ 失認 → 348 [1]
- □□ 判断力の障害 → 348 [1]
- □□ 実行（遂行）機能障害 → 348 [1]
- □□ 周辺症状 → 349 [2]
- □□ BPSD（認知症の行動・心理症状）→ 349 [2]
- □□ 老年期うつ病 → 349 [3]
- □□ せん妄 → 349 [4]
- □□ アルツハイマー病 → 349 [5]
- □□ 脳血管疾患（脳血管障害）→ 350 [6]
- □□ レビー小体病 → 350 [7]
- □□ 前頭側頭葉変性症（ピック病）→ 351 [8]
- □□ クロイツフェルト・ヤコブ病 → 351 [9]
- □□ 慢性硬膜下血腫 → 351 [10]
- □□ 正常圧水頭症 → 351 [11]
- □□ 若年性認知症 → 352 [12]
- □□ 改訂長谷川式簡易知能評価スケール → 352 [14]
- □□ MMSE → 352 [15]
- □□ CDR → 352 [16]
- □□ 柄澤式「老人知能の臨床的判定基準」

キーワードチェック 科目群7／科目群8

- □□ → 352 **17**

◆科目9単元3　認知症にともなうこころとからだの変化と日常生活
- □□ 徘徊 → 356 **2**
- □□ せん妄 → 356 **3**
- □□ 抑うつ → 356 **3**
- □□ 幻覚 → 356 **3**
- □□ 妄想 → 356 **3**
- □□ 不眠障害 → 356 **3**
- □□ 混乱 → 357 **4**
- □□ 不安 → 357 **4**
- □□ リロケーション・ダメージ → 358 **8**
- □□ なじみの人間関係 → 358 **9**

◆科目9単元4　連携と協働
- □□ 地域包括支援センター → 360 **1**
- □□ 地域連携 → 360 **2**
- □□ コミュニティ → 360 **2**
- □□ 認知症サポーター → 360 **3**
- □□ 市民後見人 → 360 **4**
- □□ 継続的ケア → 360 **5**

◆科目9単元5　家族への支援
- □□ 家族の認知症の受容 → 362 **1**
- □□ 家族の介護力 → 362 **2**
- □□ レスパイトケア → 362 **3**
- □□ 家族会 → 362 **4**
- □□ ピアサポート → 362 **4**
- □□ 認知症カフェ → 363 **5**
- □□ 認知症地域支援推進員 → 363 **5**

科目群8　「科目10　障害の理解」

◆科目10単元1　障害の基礎的理解
- □□ 障害者 → 372 **1**
- □□ 身体障害者障害程度等級表 → 373 **2**
- □□ 障害種別 → 373 **2**
- □□ 障害等級 → 373 **2**
- □□ 身体障害 → 373 **3**
- □□ 知的障害 → 373 **4**
- □□ 精神障害 → 373 **5**
- □□ ICF（国際生活機能分類） → 374 **6**
- □□ ICIDH（国際障害分類） → 374 **6**
- □□ ノーマライゼーション → 374 **7**
- □□ ニィリエの原則 → 374 **7**
- □□ PASS → 374 **7**
- □□ 知的障害者の権利宣言 → 375 **8**
- □□ 障害者の権利宣言 → 375 **9**
- □□ 国際障害者年 → 375 **10**
- □□ 国際障害者年行動計画 → 375 **10**
- □□ 国連・障害者の10年 → 375 **10**
- □□ 障害者の権利に関する条約 → 376 **11**
- □□ 自立生活運動（IL運動） → 376 **12**
- □□ リハビリテーション → 376 **13**
- □□ インテグレーション → 376 **14**
- □□ インクルージョン → 377 **15**

◆科目10単元2　障害の医学的側面の基礎的理解
- □□ 視覚障害 → 380 **1**
- □□ 聴覚障害 → 380 **2**
- □□ 言語障害 → 380 **3**
- □□ 肢体不自由 → 381 **4**
- □□ 幻肢 → 381 **4**
- □□ 内部障害 → 381 **5**
- □□ 統合失調症 → 381 **6**
- □□ 陽性症状 → 381 **6**
- □□ 陰性症状 → 381 **6**
- □□ 気分障害 → 382 **7**
- □□ 躁状態 → 382 **7**
- □□ うつ状態 → 382 **7**
- □□ 仮面うつ病 → 382 **7**
- □□ 不安神経症 → 382 **8**
- □□ 強迫神経症 → 382 **8**
- □□ 心気神経症 → 382 **8**

- ☐☐ 解離性障害（転換性障害）→ 382 [8]
- ☐☐ 離人神経症 → 382 [8]
- ☐☐ 心的外傷後ストレス障害（PTSD）→ 382 [8]
- ☐☐ 高次脳機能障害 → 383 [9]
- ☐☐ 知的障害 → 384 [10]
- ☐☐ ダウン症候群 → 384 [11]
- ☐☐ 発達障害 → 384 [12]
- ☐☐ 学習障害（LD）→ 384 [13]
- ☐☐ 注意欠如・多動性障害（AD/HD）→ 384 [14]
- ☐☐ 自閉症スペクトラム障害 → 385 [15]
- ☐☐ 自閉症 → 385 [15]
- ☐☐ アスペルガー症候群 → 385 [15]
- ☐☐ 特定医療費の支給 → 385 [16]
- ☐☐ 指定難病 → 385 [16]
- ☐☐ 障害過大視 → 386 [18]
- ☐☐ 障害の受容 → 386 [19] [20] [21]

- ☐☐ 価値転換説 → 386 [22]
- ☐☐ 適応 → 387 [23]
- ☐☐ 適応機制（防衛機制）→ 387 [24]

◆科目10単元3　連携と協働
- ☐☐ 協議会（自立支援協議会）→ 390 [2]
- ☐☐ 地域活動支援センター → 390 [3]
- ☐☐ 相談支援専門員 → 390 [4]

◆科目10単元4　家族への支援
- ☐☐ 家族の障害の受容 → 392 [2]
- ☐☐ 家族の介護力 → 392 [3]
- ☐☐ レスパイトケア → 392 [4]
- ☐☐ アウト・オブ・ホーム・サービス → 392 [4]
- ☐☐ イン・ホーム・サービス → 392 [4]
- ☐☐ フォーマルな社会資源 → 393 [5]
- ☐☐ インフォーマルな社会資源 → 393 [5]

科目群9　「科目11　こころとからだのしくみ」

◆科目11単元1　こころのしくみの理解
- ☐☐ 基本的欲求 → 408 [1]
- ☐☐ 生理的欲求 → 408 [1]
- ☐☐ 安全の欲求 → 408 [1]
- ☐☐ 社会的欲求 → 408 [2]
- ☐☐ 所属・愛情の欲求 → 408 [2]
- ☐☐ 承認・自尊の欲求 → 408 [2]
- ☐☐ 自己実現の欲求 → 408 [2]
- ☐☐ 欲求の階層説 → 408 [3]
- ☐☐ 欠乏欲求 → 408 [3]
- ☐☐ 成長欲求 → 408 [3]
- ☐☐ 自己概念 → 409 [4] [5]
- ☐☐ 自己決定・自己選択 → 410 [6]
- ☐☐ 生きがい → 410 [8]
- ☐☐ 精神分析学 → 411 [9]
- ☐☐ イド（エス）→ 411 [9]
- ☐☐ 自我 → 411 [9]
- ☐☐ 超自我 → 411 [9]
- ☐☐ 行動主義 → 411 [9]

- ☐☐ 情報処理モデル → 411 [9]
- ☐☐ 学習 → 412 [10]
- ☐☐ レスポンデント条件づけ → 412 [10]
- ☐☐ 反射 → 412 [10]
- ☐☐ 無条件反射 → 412 [10]
- ☐☐ 条件刺激 → 412 [10]
- ☐☐ オペラント条件づけ → 412 [10]
- ☐☐ 記憶 → 412 [11]
- ☐☐ 記銘 → 412 [11]
- ☐☐ 保持 → 412 [11]
- ☐☐ 想起 → 412 [11]
- ☐☐ 感覚記憶 → 412 [11]
- ☐☐ 短期記憶 → 412 [11]
- ☐☐ 長期記憶 → 412 [11]
- ☐☐ ワーキングメモリー → 412 [11]
- ☐☐ 思考の発達 → 413 [12]
- ☐☐ 末梢起源説 → 414 [13]
- ☐☐ 中枢起源説 → 414 [13]
- ☐☐ 意欲 → 414 [14]

キーワードチェック
科目群9

- ☐☐ 外発的動機づけ → 414 **14**
- ☐☐ 内発的動機づけ → 414 **14**
- ☐☐ 適応 → 414 **15**

◆科目11単元2　からだのしくみの理解

- ☐☐ 恒常性（ホメオスタシス）→ 418 **1**
- ☐☐ 体温 → 418 **2**
- ☐☐ 脈拍 → 418 **3**
- ☐☐ 呼吸 → 419 **4**
- ☐☐ 血圧 → 419 **5**
- ☐☐ 循環器 → 420 **7**
- ☐☐ 血液 → 420 **8**
- ☐☐ 心臓 → 421 **9**
- ☐☐ 血液循環 → 421 **10**
- ☐☐ 肺循環 → 421 **10**
- ☐☐ 体循環 → 421 **10**
- ☐☐ 呼吸器 → 422 **11**
- ☐☐ 消化管 → 423 **12**
- ☐☐ 胃 → 423 **13**
- ☐☐ 小腸 → 423 **14**
- ☐☐ 大腸 → 424 **15**
- ☐☐ 肝臓 → 424 **16**
- ☐☐ 泌尿器 → 424 **17**
- ☐☐ 神経系 → 425 **18**
- ☐☐ 脳 → 425 **19**
- ☐☐ 脊髄 → 426 **20**
- ☐☐ 脳神経 → 426 **21**
- ☐☐ 脊髄神経 → 426 **21**
- ☐☐ 自律神経系 → 426 **22**
- ☐☐ 内分泌腺 → 427 **23**
- ☐☐ 外分泌腺 → 427 **23**
- ☐☐ 下垂体 → 428 **24**
- ☐☐ 眼 → 428 **25**
- ☐☐ 耳 → 429 **26**
- ☐☐ 骨格 → 429 **27**
- ☐☐ 筋肉 → 430 **28**
- ☐☐ 関節 → 431 **29**
- ☐☐ 主動作筋 → 431 **29**
- ☐☐ ボディメカニクス → 431 **30**

◆科目11単元3　身じたくに関連したこころとからだのしくみ

- ☐☐ 身じたく → 434 **1**
- ☐☐ 爪 → 434 **2**
- ☐☐ 口腔 → 435 **3**
- ☐☐ 咽頭 → 435 **3**
- ☐☐ 毛髪 → 435 **4**
- ☐☐ 皮脂腺 → 435 **4**
- ☐☐ 口臭 → 435 **5**
- ☐☐ 口腔ケア → 435 **5**
- ☐☐ 更衣・整髪・洗面 → 436 **6**
- ☐☐ 脳血管障害 → 436 **7**
- ☐☐ 歯の喪失 → 436 **7**
- ☐☐ 摂食・嚥下障害 → 437 **8**
- ☐☐ チームアプローチ → 437 **10**

◆科目11単元4　移動に関連したこころとからだのしくみ

- ☐☐ 移動 → 440 **1**
- ☐☐ 体位変換 → 440 **1**
- ☐☐ 負荷 → 440 **1**、442 **9**
- ☐☐ 重心 → 440 **2**
- ☐☐ 支持基底面 → 440 **3**
- ☐☐ 重心線 → 440 **3**
- ☐☐ 良肢位 → 441 **4**
- ☐☐ 不良肢位 → 441 **4**
- ☐☐ 臥床移動 → 442 **6**
- ☐☐ 歩行 → 442 **6**、442 **8**
- ☐☐ 抗重力筋 → 442 **7**
- ☐☐ 筋線維 → 442 **9**
- ☐☐ 骨芽細胞 → 442 **9**
- ☐☐ 廃用症候群（生活不活発病）→ 443 **11**
- ☐☐ 過用症候群 → 443 **12**
- ☐☐ 誤用症候群 → 443 **12**
- ☐☐ 転倒 → 444 **13**
- ☐☐ 骨折 → 444 **13**

◆科目11単元5　食事に関連したこころとからだのしくみ

- ☐☐ 五大栄養素 → 446 **1**

- ☐☐ 三大栄養素 → 446 ❶
- ☐☐ 日本人の食事摂取基準 → 446 ❶
- ☐☐ BMI → 446 ❶
- ☐☐ 炭水化物（糖質）→ 446 ❷
- ☐☐ ぶどう糖 → 446 ❷
- ☐☐ 食物繊維 → 446 ❷
- ☐☐ 脂質 → 447 ❸
- ☐☐ コレステロール → 447 ❸
- ☐☐ 飽和脂肪酸 → 447 ❸
- ☐☐ 不飽和脂肪酸 → 447 ❸
- ☐☐ たんぱく質 → 449 ❹
- ☐☐ 必須アミノ酸 → 449 ❹
- ☐☐ 無機質（ミネラル）→ 449 ❺
- ☐☐ ビタミン → 449 ❻
- ☐☐ 脂溶性ビタミン → 449 ❻
- ☐☐ 水溶性ビタミン → 449 ❻
- ☐☐ 味蕾 → 451 ⓫
- ☐☐ 先行期 → 451 ⓯
- ☐☐ 準備期 → 451 ⓯
- ☐☐ 口腔期 → 451 ⓯
- ☐☐ 咽頭期 → 451 ⓯
- ☐☐ 食道期 → 451 ⓯
- ☐☐ 嚥下障害 → 452 ⓱
- ☐☐ 食欲不振 → 452 ⓱
- ☐☐ 脱水のタイプ → 454 ⓴

◆科目11単元6　入浴、清潔保持に関連したこころとからだのしくみ

- ☐☐ 皮膚 → 456 ❷
- ☐☐ 体温調節 → 456 ❷
- ☐☐ 防御機能 → 456 ❷
- ☐☐ リラックス → 456 ❸
- ☐☐ あか → 456 ❹
- ☐☐ 発汗 → 457 ❺
- ☐☐ 体圧反射 → 457 ❺
- ☐☐ 老人性掻痒症 → 457 ❼
- ☐☐ 白癬 → 457 ❼
- ☐☐ かぶれ → 458 ❾

◆科目11単元7　排泄に関連したこころとからだのしくみ

- ☐☐ 排泄 → 460 ❶
- ☐☐ 無尿 → 460 ❷
- ☐☐ 欠尿 → 460 ❷
- ☐☐ 多尿 → 460 ❷、461 ❻
- ☐☐ ビリルビン → 460 ❸
- ☐☐ 尿の生成 → 461 ❹
- ☐☐ 排尿 → 461 ❹
- ☐☐ 便の生成 → 461 ❺
- ☐☐ 排便 → 461 ❺
- ☐☐ 尿閉 → 461 ❻
- ☐☐ 頻尿 → 461 ❻
- ☐☐ 尿失禁 → 461 ❻
- ☐☐ 切迫性尿失禁 → 461 ❻
- ☐☐ 腹圧性尿失禁 → 461 ❻
- ☐☐ 溢流性尿失禁 → 461 ❻
- ☐☐ 機能性尿失禁 → 461 ❻
- ☐☐ 尿路感染症 → 461 ❻
- ☐☐ 便秘 → 462 ❼
- ☐☐ 下痢 → 462 ❼
- ☐☐ ストマ → 463 ❽
- ☐☐ パウチ → 463 ❽
- ☐☐ 尿路ストマ → 463 ❽
- ☐☐ 消化管ストマ → 463 ❽

◆科目11単元8　睡眠に関連したこころとからだのしくみ

- ☐☐ レム睡眠 → 466 ❹
- ☐☐ ノンレム睡眠 → 466 ❹
- ☐☐ 自律神経系 → 466 ❺
- ☐☐ 内分泌系 → 466 ❺
- ☐☐ 免疫系 → 466 ❺
- ☐☐ 概日リズム（サーカディアンリズム）→ 467 ❻ ❼
- ☐☐ 不眠障害 → 467 ❼
- ☐☐ 入眠障害 → 467 ❼
- ☐☐ 熟睡障害 → 467 ❼
- ☐☐ 中途覚醒 → 467 ❼

キーワードチェック
科目群9

- ☐☐ メラトニン → 467 **7**
- ☐☐ 過眠障害 → 468 **8**
- ☐☐ ナルコレプシー → 468 **8**
- ☐☐ 睡眠時無呼吸症候群 → 468 **8**
- ☐☐ レストレスレッグス症候群 → 468 **8**
- ☐☐ 周期性四肢運動障害 → 468 **8**

◆科目11単元9　死にゆく人のこころとからだのしくみ

- ☐☐ 生物学的な死 → 470 **1**
- ☐☐ 臨床的な死 → 470 **1**
- ☐☐ 法律的な死 → 470 **2**
- ☐☐ 脳死 → 470 **2**
- ☐☐ 尊厳死 → 470 **3**
- ☐☐ 死前喘鳴 → 470 **4**
- ☐☐ チェーンストークス呼吸 → 470 **4**
- ☐☐ 死冷 → 471 **5**
- ☐☐ 死後硬直 → 471 **5**
- ☐☐ 死斑 → 471 **5**
- ☐☐ キューブラー・ロス → 472 **7**
- ☐☐ 死の受容 → 472 **7**
- ☐☐ 否認 → 472 **7**
- ☐☐ 怒り → 472 **7**
- ☐☐ 取引 → 472 **7**
- ☐☐ 抑うつ → 472 **7**
- ☐☐ 受容 → 472 **7**
- ☐☐ 終末期医療 → 472 **9**、473 **10**

ミネルヴァ書房ワークブック編集委員会

／所属；担当科目。掲載順。＊は委員長

＊高橋幸三郎（たかはし　こうざぶろう）／東京家政学院大学現代生活学部人間福祉学科教授
　大熊信成（おおくま　のぶなり）／佐野短期大学総合キャリア教育学科教授；科目1・科目2
　嶋田芳男（しまだ　よしお）／東京家政学院大学現代生活学部人間福祉学科准教授；科目3・科目4
　根本曜子（ねもと　ようこ）／植草学園短期大学福祉学科児童障害福祉専攻准教授；科目5
　森千佐子（もり　ちさこ）／佐野短期大学総合キャリア教育学科教授；科目6・科目8
　和田晴美（わだ　はるみ）／佐野短期大学総合キャリア教育学科教授；科目7・科目9
　市川和男（いちかわ　かずお）／東京家政学院大学現代生活学部人間福祉学科助教；科目10・科目11

執筆協力

介護福祉士国家試験研究会

参考文献

介護福祉士養成テキストブック①～⑬（ミネルヴァ書房）
MINERVA福祉資格テキスト介護福祉士　人間と社会編・介護編・こころとからだのしくみ編（ミネルヴァ書房）
新・セミナー介護福祉〔三訂版〕①～⑬（ミネルヴァ書房）
シリーズ・基礎からの社会福祉①～⑤（ミネルヴァ書房）

本文デザイン　栗谷佳代子
図作成　小林辰江・レオプロダクト
DTP　レオプロダクト
編集　ワードクロス
編集協力　下村良枝
企画制作　SIXEEDS

	確実に合格する 介護福祉士ワークブック2016	
2015年7月10日 初版第1刷発行		〈検印省略〉
		定価はカバーに表示しています
編 者	ミネルヴァ書房ワークブック編集委員会	
発行者	杉 田 啓 三	
印刷者	平 野 竜 太 郎	

発行所　株式会社　ミネルヴァ書房
607-8494　京都市山科区日ノ岡堤谷町1
電話代表075-581-5191
振替口座01020-0-8076

©SIXEEDS, 2015　　　　　　　　シナノ書籍印刷

ISBN978-4-623-07399-3
Printed in Japan

MINERVA福祉資格テキスト
介護福祉士（全3巻）

人間と社会編

吉賀成子　監修
ミネルヴァ書房テキストブック編集委員会　編
人間の尊厳と自立／人間関係とコミュニケーション／
社会の理解　を収録
Ｂ５判・208頁・本体2800円

介護編

小櫃芳江・鈴木知佐子　監修
ミネルヴァ書房テキストブック編集委員会　編
介護の基本／コミュニケーション技術／生活支援技術／
介護過程／介護総合演習・介護実習　を収録
Ｂ５判・336頁・本体3700円

こころとからだのしくみ編

石井享子　監修
ミネルヴァ書房テキストブック編集委員会　編
発達と老化の理解／認知症の理解／障害の理解／
こころとからだのしくみ　を収録
Ｂ５判・288頁・本体3500円

────── ミネルヴァ書房 ──────
http://www.minervashobo.co.jp/